Felix Holzmeister, Jürgen Huber, Michael Kirchler, Klaus Schredelseker

Grundlagen der Finanzwirtschaft

Felix Holzmeister, Jürgen Huber,
Michael Kirchler, Klaus Schredelseker

Grundlagen der Finanzwirtschaft

Ein informationsökonomischer Zugang

4., überarbeitete und erweiterte Auflage

DE GRUYTER
OLDENBOURG

ISBN 978-3-11-077035-3
e-ISBN (PDF) 978-3-11-077054-4
e-ISBN (EPUB) 978-3-11-077065-0

Library of Congress Control Number: 2022931915

Bibliografische Information der Deutschen Nationalbibliothek
Die Deutsche Nationalbibliothek verzeichnet diese Publikation in der Deutschen
Nationalbibliografie; detaillierte bibliografische Daten sind im Internet über
http://dnb.dnb.de abrufbar.

© 2022 Walter de Gruyter GmbH, Berlin/Boston
Einbandabbildung: calvindexter / DigitalVision Vectors / Getty Images
Satz: le-tex publishing services GmbH, Leipzig
Druck und Bindung: CPI books GmbH, Leck

www.degruyter.com

Vorwort zur 4. Auflage

Die ersten beiden Auflagen dieses Buches erschienen in der Alleinautorenschaft von *Klaus Schredelseker*, der für die dritte Auflage mit *Felix Holzmeister* und *Jürgen Huber* zwei seiner Schüler eingeladen hatte, das Buch um Beiträge aus ihrem Forschungsbereich zu erweitern. In der vierten Auflage wurde mit *Michael Kirchler* das Autorenteam um einen weiteren Schüler und nunmehrigen Professor der Universität Innsbruck erweitert. Die 4. Auflage zeichnet sich dadurch aus, dass insbesondere weitere Ansätze und Beispiele aus der verhaltenswissenschaftlichen Wirtschaftsforschung (*Behavioral Finance*, *Behavioral Economics*) hinzugekommen sind.

Dabei wurde das reale Entscheidungsverhalten von Individuen im Wirtschaftsleben und vor allem auf Finanzmärkten stärker in den Fokus gestellt. Das geschah primär mit der Einbindung experimenteller Studien zu sogenannten Behavioral Biases und Entscheidungsheuristiken, die Abweichungen im Verhalten von theoretischen Optima aufzeigen.

Neben diesen Ergänzungen und einigen redaktionellen Änderungen wurde das Buch gekürzt, ohne jedoch die Kerninhalte und die charakteristische Herangehensweise (informationsökonomischer Zugang) zu verändern.

Innsbruck
November 2021
Felix Holzmeister, Jürgen Huber, Michael Kirchler und Klaus Schredelseker

https://doi.org/10.1515/9783110770544-201

Vorwort

When you do physics your're playing against God;
in finance, you're playing against God's creatures.

Emanuel Derman

Finanzwirtschaft (*Finance*) war in den vergangenen Jahrzehnten eine der dynamischsten Teildisziplinen der Wirtschaftswissenschaften: Die heutige Finanzwirtschaftslehre hat mit der, die der Verfasser während seines Betriebswirtschaftsstudiums in den sechziger Jahren kennen gelernt hatte, inhaltlich wie methodisch so gut wie nichts mehr zu tun. Viele Finanzwirtschaftler (*Modigliani, Markowitz, Miller, Sharpe, Merton, Scholes, Tobin, Engle*) wurden mit dem Nobelpreis für Ökonomie ausgezeichnet, weil sie völlig neue Methoden und Denkstile in das finanzökonomische Denken eingeführt hatten, die weltweit heute in ähnlicher Weise an den Universitäten gelehrt und weitgehend auch unmittelbar in der Praxis umgesetzt werden. Innerhalb der Wirtschaftswissenschaft stellt die moderne Finanzwirtschaft das Bindeglied zwischen Volks- und Betriebswirtschaftslehre dar: Mit der ersten hat sie die klare, um Exaktheit bemühte Methodik einer modellhaften Theoriebildung gemein, mit der zweiten das Bestreben, konkrete und praktisch umsetzbare Hilfestellungen bei der Lösung wirtschaftlicher Probleme geben zu können. Die im Jahr 2007 aufgebrochene Finanzkrise hat allerdings das Bild erheblich eingetrübt. Viele geben der akademischen Finanzwirtschaft Mitschuld an der weltweit schwersten Wirtschaftskrise der Nachkriegszeit: Schließlich sei das rein auf Markterfolg ausgerichtete Denken an den Universitäten gelehrt worden und viele der verwirrenden neuen Produkte, mit denen die Finanzmärkte überschwemmt und die Menschen überfordert wurden, seien in den Studierstuben von Finanztheoretikem erdacht und entwickelt worden.

Allerdings ist eine etwaige Mitschuld weniger darin zu erkennen, was die Finanztheorie hervorgebracht hat, sondern darin, was hervorzubringen sie verabsäumt hat[1]. Finanzmärkte sind von einem extrem hohen Maß an Komplexität gekennzeichnet, der die Theorie nur sehr bedingt gerecht werden konnte. Dies hat seine Ursachen in den Grundlagen der Disziplin: Betriebswirtschaftliches Denken hat ingenieurwissenschaftliche Wurzeln und thematisiert den Markt, wenn überhaupt, dann nur als Datum für betriebswirtschaftliches Handeln; im Rahmen der vom Markt gesetzten Bedingungen hat der Unternehmer (Investor) eine für ihn optimale Entscheidung zu treffen. Die Volkswirtschaftslehre tritt zwar von ihrem Anspruch her eher marktorientiert auf, hat aber mit der Neoklassik den Marktbezug weitgehend der formalen Eleganz geopfert: überall dort, wo repräsentative Akteure (Arbeitnehmer, Investoren, Unter-

---

1 Ergänzend dazu: Schredelseker, Klaus: Finanzkrise – Mitschuld der Theorie?, Zeitschrift für betriebswirtschaftliche Forschung 2012, S. 833–845

https://doi.org/10.1515/9783110770544-202

nehmer) unterstellt werden, ist das für den Markt kennzeichnende autonome Handeln unterschiedlich interessierter und informierter Individuen nicht mehr erkennbar.

Die vorliegende Schrift versteht sich als ein Grundlagentext im ursprünglichen Wortsinn, sie will dem Leser das spezifisch finanzwirtschaftliche Denken nahebringen und legt demzufolge ihr Gewicht auf die Vermittlung der Basiswerkzeuge finanzwirtschaftlicher Theoriebildung: Zahlungsstromdenken, Zukunftsorientierung, Rationalprinzip, Arbitragefreiheit. Besonderes Gewicht wird aber auf den Marktbezug gelegt: Das, was wir als Markt erkennen, ist für den Verfasser nicht Bedingung/*für*, sondern Folge *von* menschlichem Handeln.

Häufig ist die Lektüre finanzwirtschaftlicher Texte durch das enorm hohe mathematische Anforderungsniveau einigermaßen erschwert. In diesem Lehrbuch ist der mathematische Aufwand auf das Minimum dessen reduziert, was zum Verstehen finanzwirtschaftlicher Zusammenhänge unabdingbar ist. Wer den Text aufmerksam gelesen hat, sollte vielmehr in der Lage sein, auf Fragen Antworten zu geben, die den Kern finanzwirtschaftlichen Denkens ausmachen und die in den meisten finanzwirtschaftlichen Abhandlungen kaum oder überhaupt nicht zur Sprache kommen:

– Warum ist es durchaus sinnvoll, an einem Spiel teilzunehmen, in dem man sich regelmäßig auf der Verliererseite befindet?
– Warum ist die Performance hoch bezahlter Profis im Portfoliomanagement normalerweise geringer als die eines Dartpfeil werfenden Affen?
– Warum bekennen sich alle zur Portfoliotheorie, aber keiner setzt sie wirklich um?
– Ist die Renditendifferenz zwischen Aktien und Anleihen tatsächlich nur Folge der Risikoaversion, wie es der Begriff *Risikoprämie* unterstellt?
– Warum kommt ein absoluter Nichtskönner bei der Formel Eins als letzter ins Ziel, im Finanzmarkt hingegen schneidet er besser ab als die meisten anderen?
– Warum ist eine in den Naturwissenschaften unbestrittenermaßen gültige Entscheidungsregel wie das Bayes'sche Updating in Finanzmärkten fragwürdig?
– Meteorologen können gute Prognosen abgeben, Finanzfachleute nicht. Sind sie dümmer als jene?
– Warum haben wir kaum umsetzbare Verfahren zur Bewertung einer Aktie, sehr wohl aber für das viel kompliziertere Instrument einer Option auf diese Aktie?

Gerade diese letzte Frage ist kennzeichnend für den aktuellen Zustand des Fachs. Viele moderne Finanztheoretiker verfügen über ein überaus beeindruckendes Instrumentarium an vorwiegend mathematischen Methoden und handeln im Sinne des amerikanischen Sprichworts *If you have a hammer all problems seem to be nails.* In vielen Lehrbüchern erfolgt die Auswahl der zu behandelnden Probleme nämlich nicht nach dem Kriterium der praktischen Relevanz, sondern der methodischen Eleganz und der Verfügbarkeit an Lösungsmethoden. Fragen Sie einen Treasurer oder Fondsmanager, wie viel Zeit er am Tag für das Sammeln, Auswerten und Interpretieren der aus unterschiedlichsten Quellen stammenden Informationen benötigt und wie viel Zeit er der Berechnung von effizienten Grenzen, Minimumvarianzportefeuilles und von Barrieroptions widmet. Vergleichen Sie seine Antwort mit der Schwerpunktsetzung in anerkannten internationalen Finance-textbooks.

Dieses Buch setzt die Schwerpunkte anders. Besonderes Augenmerk wird auf die Verarbeitung von Informationen gelegt, auf die klassische *Finanzanalyse*, die Bewertung der originären Instrumente *(underlyings)*. Sie stellt die Grundlage für alles Weitere dar: Portefeuillebildung baut auf einer erfolgreichen Finanzanalyse auf, die Kapitalmarkttheorie auf der Portefeuilletheorie, die Bewertung von derivativen Finanzinstrumenten auf der Kapitalmarkttheorie, das financial engineering auf der Bewertung von Derivaten. Gleichwohl fristet die Finanzanalyse in finanzwirtschaftlichen Lehrtexten eine untergeordnete Rolle. Wenn sie überhaupt thematisiert wird, dann allenfalls in einem rein instrumentellen Sinne: Welche Instrumente gibt es, welche Aussagekraft kommt bestimmten Indikatoren zu, wie lassen sich Detailinformationen zu einem Gesamturteil zusammenfassen?

Finanzanalyse findet aber im Markt statt: Andere Marktteilnehmer bedienen sich derselben Regeln und Instrumente, sie versuchen sich ebenso Vorteile über uns zu verschaffen wie wir es über sie versuchen. Mit jeder Entscheidung Einzelner wird das Entscheidungsfeld der anderen neu definiert. Diese permanente Reflexivität der Entscheidungen ist es, die den Finanzmarkt zu einem Musterbeispiel eines komplexen adaptiven Systems macht. In einem solchen System greifen einfache Optimierungskalküle regelmäßig zu kurz und informationsökonomische Prinzipien, die für Entscheidungen gegen die Natur unbestritten sind, verlieren ihre Gültigkeit. Angemessen können diese Zusammenhänge nur mit Methoden erfasst werden, die der Individualität der Entscheidungen Raum lassen. Dies ist der Fall in agentenbasierten Modellierungen, die sich meist als Computersimulationen darstellen. Wesentlichstes Kennzeichen dieser Methode ist, dass die Systemdynamik Folge der Handlungen einzelner Agenten ist und nicht extern vorgegeben wird. Als um die Jahrtausendwende eines der ersten Bücher zur Verwendung von Simulationen in der Finanzforschung publiziert wurde, war Altmeister *Markowitz* der Ansicht, dass genau dies den Weg in die Zukunft der Finanzökonomie weise: Wer sich darauf beschränke, nur Probleme zu lösen, die einer analytischen Lösung zugänglich seien, mache Theorie zu seiner Unterhaltung, nicht aber zum Zweck, die Welt zu verstehen und zu gestalten. Der letzte Teil dieses Buchs ist einer derartigen agentenbasierten Studie des Finanzmarkts gewidmet: Mithilfe eines einfachen agentenbasierten Modells gelingt es, auf die oben gestellten Fragen zumindest vorläufige Antworten zu geben.

Die akademische Finanzwirtschaftslehre hat sich in den sechziger und siebziger Jahren zu einer hochgradig formalisierten und mathematischen Disziplin entwickelt; für viele Beobachter hat sie damit nicht selten den Bezug zur finanzwirtschaftlichen Realität verloren. In den achtziger und neunziger Jahren hatte es mit der *Behavioural Finance* den Anschein, als wollte sie sich von der Mathematik lösen und der Sozialpsychologie zuwenden. Mit der Methode agentenbasierter Modellierungen könnte sie endlich das werden, was sie nach Ansicht des Verfassers sein sollte: *Financial economics* statt *Finance*. Seit über zweieinhalb Jahrhunderten befassen sich die Wirtschaftswissenschafter mit Märkten; so ganz erfasst haben wir sie noch nicht. Wenn wir sie richtig verstehen wollen, brauchen wir vielleicht auch Mathematik und Sozialpsychologie, zu allererst brauchen wir aber gute Ökonomie.

Innsbruck und Sassetta
Juli 2013
Klaus Schredelseker

Inhalt

Abbildungsverzeichnis

https://doi.org/10.1515/9783110770544-203

1 Der Zahlungsstrom

1.1 Was ist Finanzwirtschaft?

Die Lehre von den Finanzen ist eine ungemein dynamische und spannende Teil-
disziplin der Wirtschaftswissenschaft; wir sagen ganz bewusst nicht der Betriebswirtschaftslehre, denn wie wir noch sehen werden, verbietet sich eine eindeutige
Zuordnung der Finanzwirtschaft zu den speziell im deutschsprachigen Raum klar
(manchmal zu klar) unterschiedenen Teildisziplinen Volkswirtschaftslehre (VWL)
und Betriebswirtschaftslehre (BWL). Dies gilt gleichermaßen für den Gegenstand des
Fachs, für die üblicherweise verwendete Methode und für den wissenschaftlichen
Anspruch:

- Finanzwirtschaft beschäftigt sich mit Investitions- und Finanzierungsentschei-
dungen in Unternehmen, mit Fragen nach der Gestaltung eines finanzwirtschaftlichen Rechnungs- und Berichtswesens, mit der Frage der Zuordnung finanzwirtschaftlicher Aufgaben in der Unternehmensorganisation etc. und betreibt
insofern BWL im ureigensten Sinne; sie beschäftigt sich aber auch mit genuin
volkswirtschaftlichen Fragestellungen wie der Funktionsweise von Aktienmärk-
ten, Terminmärkten, Devisenmärkten, Märkten für Anleihen etc.; sie stellt Fragen
nach einer marktgleichgewichtigen Bewertung von Finanztiteln oder nach dem
Zusammenhang zwischen den Zukunftserwartungen der Marktteilnehmer und
den Marktpreisen, mithin Fragen, die üblicherweise der VWL zugeordnet werden.
- Die Betriebswirtschaftslehre definiert sich über ihren Gegenstand und nicht über
ihre Methodik: BWL ist die Lehre von den Problemen, die gemeinhin in privaten oder öffentlichen Unternehmen auftreten und gelöst werden müssen. Da
sich diese Probleme nicht an fachdisziplinären Abgrenzungen orientieren, ist es
verständlich, dass es eine eigenständig betriebswirtschaftliche Methodik nicht
geben kann: Wo es um eher technische Fragestellungen (z. B. optimale Maschi-
nenbelegung, Minimierung der Energiekosten) geht, dominiert eine ingenieurwissenschaftliche oder formale Problemlösungsmethode, wo es um rechtliche
Fragestellungen (z. B. Rechtsformwahl, steueroptimale Vertragsgestaltung) geht,
dominieren juristische Methoden, wo es primär um den Menschen geht (z. B.
Motivation der Mitarbeiter, Kundenbeeinflussung durch Werbung), herrschen so-
zialwissenschaftliche Methoden vor. In der Finanzwirtschaft bedient man sich
häufig einer mikroökonomischen Methodik. Zum einen können finanzwirtschaftliche Fragestellungen in der Regel einigermaßen präzise formuliert werden: Es
handelt sich – in der Sprache der Entscheidungstheorie – um weitgehend wohl-
strukturierte Probleme, die eine Anwendung des mikroökonomischen Rational-
prinzips erlauben. Zum anderen wird in der modernen Finanzierungstheorie mit
einzelwirtschaftlichen Entscheidungen immer auch gleich der Marktkontext mit-

https://doi.org/10.1515/9783110770544-001

gedacht: Es wird gefragt, was passiert, wenn die anderen Marktteilnehmer auch so entscheiden, wie es das betrachtete Entscheidungssubjekt tut, und welche Konsequenzen daraus für das eigene Verhalten zu ziehen sind.

– Wenn sich in ihrem wissenschaftlichen Anspruch Betriebswirtschaftslehre und Volkswirtschaftslehre u. a. auch darin unterscheiden, dass das primäre Interesse der Betriebswirtschaftslehre eher auf Gestaltung (Wie ist ein guter Finanzplan zu erstellen?), das der Volkswirtschaftslehre eher auf Erklärung (Warum gibt es Unternehmungen?) gerichtet ist, so zeigt sich auch hier deutlich die Zwischenstellung, die das Fach einnimmt: Auf der einen Seite nimmt auch die Finanzwirtschaft für sich in Anspruch, praktisch umsetzbare Verhaltensempfehlungen abgeben und nützliche Gestaltungsvorschläge machen zu können; dass sie dies zu leisten vermag, zeigt die enorme Verbreitung, die rein der Theorie entstammende Konzepte wie die Portfoliotheorie oder die Theorie der Bewertung derivativer Finanzinstrumente in der Praxis gefunden haben. Andererseits hat die finanzwirtschaftliche Forschung unter Einsatz mikroökonomischer Methoden die Sinnhaftigkeit verbreiteter Gestaltungs- und Handlungsempfehlungen massiv in Frage gestellt. So hat die bis heute dominierende These von der Informationseffizienz der Kapitalmärkte dem größten Teil der praktisch tätigen Finanzfachleute weitgehend die Legitimation für ihr Tun entzogen.

Im angelsächsischen Sprachraum sind demzufolge Vertreter des Fachs „Finance" sowohl an der „Business School" als auch am „Department of Economics" zu finden; manche amerikanischen Universitäten haben die Wirtschaftswissenschaften in ein „Department of Economics", ein „Department of Business Administration" und ein „Department of Finance" gegliedert. Auch bei den führenden Fachzeitschriften wie dem Journal of Finance, dem Journal of Financial Economics, der Review of Financial Studies, um nur einige zu nennen, ist eine Zuordnung zu BWL oder VWL sinnvollerweise nicht möglich.

Definitorische Abgrenzungen bergen stets die Gefahr in sich, Zusammengehörendes zu trennen, in verschiedene Schubladen zu packen und unnötige bzw. schädliche Denkbarrieren zu errichten. Da sie andererseits ein unverzichtbares Instrument sind, den eigenen Gedankenhaushalt zu ordnen und sich im Dickicht der Theorien, Fragen, Begriffe und Tatsachen zurechtzufinden, kommt keine Disziplin ohne sie aus. Bevor wir allerdings den Versuch unternehmen, das Fach Finanzwirtschaft begrifflich abzugrenzen, sollten wir ein wenig Finanzwirtschaft betreiben.

1.1.1 Das Fisher-Modell

In einer Geldwirtschaft benötigen Menschen, um leben zu können, Einkommen, d. h. Geld, das ihnen zufließt und das sie für Konsumzwecke ausgeben können: Solches Einkommen kann aus Arbeitslöhnen stammen, aus unternehmerischer Tätigkeit, aus

Vermögenserträgen, aus Diebstählen, aus Schenkungen, aus Erbschaften, aus Stipendien, aus Betrug, aus Lotteriegewinnen, aus Pensionen u. v. m. Einkommen können unterschiedlich hoch sein, sie können eine unterschiedliche zeitliche Struktur (heutiges Einkommen; zukünftiges Einkommen; regelmäßiges Einkommen; unregelmäßiges und mehr oder minder häufig zufließendes Einkommen; einmaliges Einkommen) aufweisen und sie können in unterschiedlichem Maße mit Risiko behaftet sein (sichere Einkommen; vom Eintreten bestimmter Ereignisse abhängige Einkommen; vom Zufall abhängige Einkommen o. ä.).

Hinsichtlich der Dimension *Höhe* gehen wir grundsätzlich davon aus, dass Wirtschaftssubjekte ein höheres Einkommen einem geringeren vorziehen. Diese Annahme ist für das finanzwirtschaftliche Denken notwendig und sogar für einen Großteil finanztheoretisch begründeter Aussagen (für jene, die auf der Annahme der Arbitragefreiheit beruhen) bereits hinreichend.

Zunächst abstrahieren wir von der bedeutsamen Dimension des Risikos und nehmen an, dass Zahlungen mit Sicherheit zufließen; dabei sollten wir uns bewusst sein, dass diese vereinfachende Annahme nicht lange wird aufrechterhalten werden können, da für den größten Teil finanzwirtschaftlicher Entscheidungen das Risikoelement konstitutiv ist: Ohne die Risikodimension würden sich die meisten finanzwirtschaftlichen Fragen gar nicht stellen.

Betrachten wir zuerst einmal die Komponente *Zeit*: Es ist nicht nur entscheidend, *wie viel* Einkommen jemandem zufließt, sondern auch, wann das der Fall ist: Niemandem nützt die Zusage auf ein extrem hohes Einkommen in später Zukunft, wenn er aktuell vor dem Verhungern ist. Besteht keine Möglichkeit, heutiges Einkommen in die Zukunft zu verlagern oder künftiges Einkommen zeitlich vorzuziehen (d. h.: existiert kein Kapitalmarkt), so ist man genötigt, das Einkommen gerade so zu konsumieren, wie es zufließt. Sehen wir uns in einer solchen Welt einmal den einfachsten Fall eines Einkommensstroms an, der nur zwei Zeitpunkte umfasst: Ein bestimmter Betrag fließt heute zu, ein anderer Betrag in einem Jahr; es macht einen großen Unterschied, ob man den Anspruch auf einen Einkommensstrom vom Typus A (heute wenig und viel in einem Jahr), vom Typus B (heute und in einem Jahr gleich viel) oder vom Typus C (heute viel und wenig in einem Jahr) besitzt:

Konsum	heute	in einem Jahr
Einkommensstrom A:	27,00	81,00
Einkommensstrom B:	54,00	54,00
Einkommensstrom C:	81,00	27,00

Da es keine Möglichkeit der Verlagerung von Einkommen gibt, d. h. Geld sofort ausgegeben werden muss und nicht „aufgehoben" oder verzinslich angelegt werden kann, sind Einkommensstrom und Konsumplan identisch. Welcher Einkommensstrom = Konsumplan vorgezogen wird, hängt unter diesen Umständen von den individuellen Präferenzen ab: So wird ein sehr sparsamer Mensch den Einkommensstrom A vorziehen, ein anderer, eher ausgeglichener Mensch den Einkommensstrom B präferieren und ein Dritter, ein dem *carpe diem* verpflichteter Lebemann den Einkommensstrom C. Diese, in der Mikroökonomie als „Zeitpräferenzen" bezeichneten individuellen Vorlieben können formal in Zeit-Indifferenzkurven dargestellt werden. Wie Güter-Indifferenzkurven den ökonomischen Ort aller Güterkombinationen (etwa zwischen Brot und Wein) darstellen, die von einem Individuum als gleichwertig angesehen werden, geben Zeit-Indifferenzkurven den ökonomischen Ort aller Konsumpläne zu zwei unterschiedlichen Zeitpunkten an, die dem Wirtschaftssubjekt einen Nutzen in gleicher Höhe bereiten. Der hyperbelförmige Verlauf der Indifferenzkurven erklärt sich wie bei den Güter-Indifferenzkurven aus dem Gesetz des abnehmenden Grenznutzens: Wenn das gegebene Konsumniveau in einem Zeitpunkt vergleichsweise hoch ist, ist man bereit, davon für eine Einheit Mehrkonsum zum anderen Zeitpunkt viel zu opfern; ist es hingegen niedrig, so muss schon viel Mehrkonsum im jeweils anderen Zeitpunkt geboten werden, um auf eine Einheit zu verzichten. Je steiler allerdings die Indifferenzkurve eines Menschen im Gegenwart-Zukunfts-Raum verläuft, umso jetzt-bezogener wird er sein: Für nur eine kleine Einheit heutigen Mehrkonsums ist er bereit, auf erheblichen Zukunftskonsum zu verzichten. Die folgenden Darstellungen (Abb. 1.1) zeigen die unterschiedlichen Indifferenzkurvensysteme der skizzierten Wirtschaftssubjekte und machen deutlich, warum – bei Fehlen eines Kapitalmarkts – sich für jeden ein anderer Einkommensstrom und damit ein anderer Konsumplan als optimal erweist: Jeder wird den Konsumplan wählen, der auf der höchsten Indifferenzkurve liegt, der ihm also den größten Nutzen stiftet.

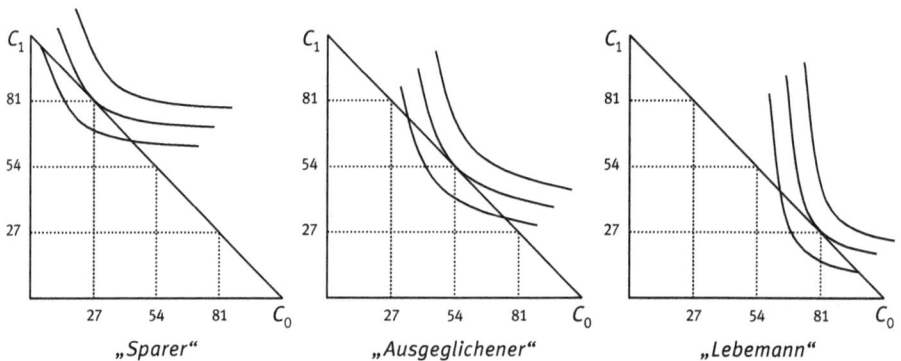

Abb. 1.1: Optimale Konsumpläne ohne Kapitalmarkt

Blickt man etwa zurück in die Zeit der Hyperinflation in Deutschland im Jahr 1923, so finden wir ziemlich genau eine derartige Situation vor: Wenn sich die Kaufkraft des Geldes rasant und in völlig unkontrollierter Weise verschlechtert, ist jeder bestrebt, Geld, das er erhält, sofort auszugeben. Niemand will Bargeld sparen und langfristige Konsumgüter, die als „Geldspeicher" hätten Verwendung finden können (z. B.

Immobilien, Edelmetalle, Antiquitäten, Kunst) sind nicht zu erhalten, da sich niemand gegen Geld von Sachwerten trennen will. Dementsprechend ist es auch unmöglich, Kredite aufzunehmen: Niemand war damals bereit, zu annehmbaren Bedingungen heutiges Geld zu verleihen, um später wertlose Papierschnipsel dafür zu erhalten (Abb. 1.2).

Einen augenfälligen Eindruck von den verheerenden Auswirkungen der Inflation vermittelt die im Oktober 1923 von der Deutschen Post herausgegebene Briefmarke über 50 Milliarden Mark.

Abb. 1.2: Inflationsbriefmarke

Zu normaleren als diesen Zeiten besteht allerdings sehr wohl die Möglichkeit, Einkommensströme zeitlich zu verlagern: Es existiert ein *Kapitalmarkt*, der es möglich macht, Geld verzinslich anzulegen und Kredite aufzunehmen, d. h. zu „investieren" und zu „finanzieren". Damit können Einkommensströme verändert und an die individuell gewünschten Konsumpläne angepasst werden. Nehmen wir zur Vereinfachung zunächst einmal an, wir hätten es mit einem *vollkommenen Kapitalmarkt* zu tun. Von einem vollkommenen Kapitalmarkt spricht man dann, wenn es nur einen einzigen Zinssatz r gibt, zu dem Geld angelegt und aufgenommen werden kann; Sollzinsen und Habenzinsen sind somit gleich hoch.

Auf den ersten Blick wirkt diese Annahme sehr unrealistisch. Allerdings ist etwa die Zinsspanne eines größeren Unternehmens, das über eine einwandfreie Bonität und ein effizientes Cash-Management verfügt, i. d. R. kaum größer als ein Prozentpunkt. Die Annahme einer Zinsspanne von null ist damit zwar nach wie vor unrealistisch, aber keineswegs mehr so weit von der Realität entfernt, wie es manchem erscheinen mag.

Würde ein derartiger vollkommener Kapitalmarkt existieren, so lassen sich Einkommensströme ohne Probleme in ihrer zeitlichen Struktur verändern und den gewünschten Konsumplänen anpassen. Die Rate, zu der diese Anpassung erfolgt, ist der Zinssatz r. Im Zwei-Zeitpunkt-Modell, auf das wir uns hier beschränkt haben, kann nämlich heutiges Einkommen in Höhe von 100 angelegt und damit in künftiges Einkommen in Höhe von $100 \cdot (1 + r)$ umgewandelt werden; ebenso kann ein künftiges Einkommen in Höhe von 100 auf den Jetztzeitpunkt verlagert werden, indem man einen Kredit über $100 / (1 + r)$ aufnimmt, der nach einer Periode aus dem dann zufließenden Einkommen zurückgezahlt werden kann. Im ersten Fall spricht man von *Sparen* oder *Investition*, d. h. heutiger Konsum ist in die Zukunft verlagert worden; im zweiten Fall spricht man von *Verschuldung* oder *Finanzierung*, d. h. auf möglichen künftigen Konsum wurde zugunsten sofortiger Konsumption verzichtet.

Die Konsequenzen eines derartigen Mechanismus zur zeitlichen Verschiebung von Zahlungsströmen sind erheblich: Die drei obigen Wirtschaftssubjekte werden nämlich, wenn ihnen ein Kapitalmarkt das Sparen und Finanzieren erlaubt, die alternativen Einkommensströme jetzt nicht mehr nach ihrer zeitlichen Verteilung, sondern *nur noch nach der Höhe* beurteilen. Wenn wir unterstellen, der Zinssatz betrage $r = 8\%$, so kann der „Sparer", der in einer Periode das Dreifache des heutigen Konsums haben möchte, dies auf verschiedene Weise erreichen (nach der Lektüre weiterer Buchkapitel wird Ihnen die Umsetzung der nötigen Berechnungen sehr leichtfallen):

Konsum	C_0	C_1	Investition/Finanzierung in t_0		
Einkommensstrom A:	27,00	81,00	keine		
Einkommensstrom B:	27,53	82,59	Investition:	26,47	$(26{,}47 \cdot 1{,}08 = 28{,}59)$
Einkommensstrom C:	28,06	84,18	Investition:	52,94	$(52{,}94 \cdot 1{,}08 = 57{,}18)$

Da eindeutig Einkommensstrom C, nach der 1 : 3-Regel transformiert, am höchsten ist, wird der „Sparer" sich für diesen entscheiden und einen Teil der ihm in t_0 zufließenden Mittel bis t_1 anlegen.

Entsprechend kalkuliert derjenige, der in beiden Perioden das gleiche Konsumniveau realisieren will:

Konsum	C_0	C_1	Investition/Finanzierung in t_0		
Einkommensstrom A:	52,96	52,96	Finanzierung:	25,96	$(25{,}96 \cdot 1{,}08 = 28{,}04)$
Einkommensstrom B:	54,00	54,00	keine		
Einkommensstrom C:	55,04	55,04	Investition:	25,96	$(25{,}96 \cdot 1{,}08 = 28{,}04)$

Wieder ist es Einkommensstrom C, der, jetzt nach der 1 : 1-Regel transformiert, das höchste Konsumniveau erlaubt. Schließlich kalkuliert der „Lebemann", der jetzt dreimal so viel konsumieren will wie in einer Periode:

Konsum	C_0	C_1	Investition/Finanzierung in t_0		
Einkommensstrom A:	77,94	25,98	Finanzierung:	50,94	$(50{,}94 \cdot 1{,}08 = 55{,}02)$
Einkommensstrom B:	79,47	26,49	Finanzierung:	25,47	$(25{,}47 \cdot 1{,}08 = 27{,}51)$
Einkommensstrom C:	81,00	27,00	keine		

Auch er entscheidet sich, wenn alle Zahlungsströme in die gewünschte 3 : 1-Struktur transformiert werden, wieder für Strom C.

Unter der Existenz eines Kapitalmarkts wurde somit die Bewertung eines Einkommensstroms abgekoppelt von den individuellen Präferenzen: Obwohl die drei betrach-

teten Wirtschaftssubjekte durch völlig unterschiedliche Konsumpräferenzen gekennzeichnet sind, wählen sie alle *denselben* Einkommensstrom.

Die Transformation von Einkommensströmen lässt sich anhand der Zinslinie, der
Geraden mit einer Steigung von $-(1 + r)$ darstellen: Alle Punkte auf dieser Linie sind
Transformationen eines Einkommensstroms und repräsentieren Konsumpläne, die
mit diesem Einkommensstrom erreichbar sind. Betrachten wir diese Zinslinie für Ein-
kommensstrom A (Abb. 1.3), bei dem in t_0 ein Betrag in Höhe von 27 und in t_1 ein
Betrag in Höhe von 81 zufließt:

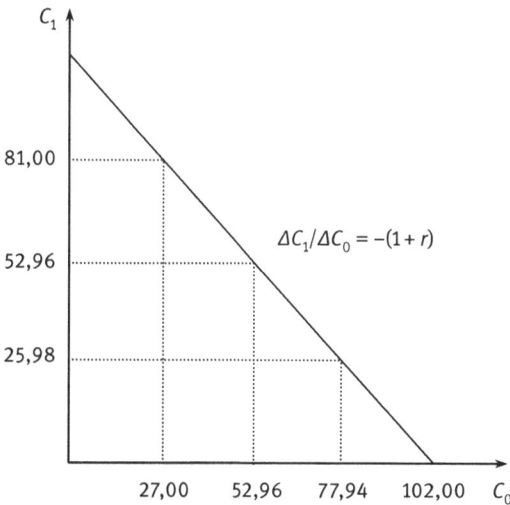

Abb. 1.3: Zinslinie (Iso-Barwertlinie) für den Einkommensstrom A

Oben haben wir die drei Konsumpläne

$$C_0 = 27,00 \quad C_1 = 81,00 \quad \text{(vom „Sparer" bevorzugt)}$$
$$C_0 = 52,96 \quad C_1 = 52,96 \quad \text{(vom „Ausgeglichenen" bevorzugt)}$$
$$C_0 = 77,94 \quad C_1 = 25,98 \quad \text{(vom „Lebemann" bevorzugt)}$$

betrachtet, die Einkommensstrom A erlaubt. Natürlich gibt es neben der 3 : 1-, der
1 : 1- und der 1 : 3-Aufteilung noch weitere mögliche Konsumpläne, nämlich alle,
die auf der Zinslinie liegen. Einem dieser unendlich vielen Konsumpläne kommt
allerdings per Konvention eine besondere Bedeutung zu: derjenigen Transformation des Einkommensstroms, bei der *alle Zahlungen jetzt* erfolgen und keine Zahlung in der Zukunft mehr zu erwarten ist. Würde jemand, der einen Anspruch auf
Einkommensstrom A hat, einen Kredit über 75,00 aufnehmen, so würde er heute
über 27,00 + 75,00 = 102,00 verfügen und nach einer Periode über nichts mehr:
er benötigt die ihm zufließenden Mittel gerade, um den Kredit zurückzuzahlen:

$81,00 - 75,00 \cdot 1,08 = 0,00$. Die so ermittelte, ausschließlich in t_0 zufließende Zahlung und damit der Schnittpunkt der Zinslinie mit der Abszisse wird als *Kapitalwert* oder *Barwert* (present value) oder einfach als *Wert* des Zahlungsstroms bezeichnet. Da die Zinslinie alle Transformationen eines Einkommensstroms enthält, die den gleichen Barwert aufweisen, wird sie auch Iso-Barwertlinie genannt.

Der Barwert stellt jenen Betrag dar, den, wenn ein Kapitalmarkt existiert, ein potenzieller Käufer maximal für den Anspruch auf einen jeden auf der Zinslinie liegenden Zahlungsstrom bezahlen würde; zugleich ist er jener Betrag, den ein potenzieller Verkäufer eines solchen Einkommensstroms mindestens fordern würde. Damit ist er, sofern ein Markt existiert, auf dem derartige Einkommensströme gehandelt werden können, auch gleich deren *Marktpreis*. Auf einem funktionsfähigen Markt dürfen identische Güter keine unterschiedlichen Marktpreise haben, da sonst Arbitrageure auf den Plan gerufen werden, die aus der Preisdifferenz Gewinn ziehen, indem sie die billigere Variante kaufen und die teurere verkaufen (*law of one price*).

Wäre das *law of one price* verletzt und würde der Einkommensstrom A

- zum Preis von 100 gehandelt werden, so würde ihn ein Arbitrageur kaufen. Vom Kaufpreis würde er 25 € aus den sofort zufließenden 27 € begleichen; darüber hinaus würde er einen Kredit in Höhe von 75 aufnehmen, den er in einem Jahr aus den ihm dann zufließenden Einkommen in Höhe von $75 \cdot 1,08 = 81$ € zurückzahlen könnte. Dies entspricht einem Arbitragegewinn (*free lunch*) von 2 €;
- zum Preis von 104 € gehandelt werden, so würde ihn ein Arbitrageur verkaufen. Aus dem erhaltenen Betrag würde er zunächst die sofort fälligen 27 € bezahlen und von den verbleibenden 77 € würde er 75 € anlegen, um in einem Jahr die dann fälligen $75 \cdot 1,08 = 81$ € zahlen zu können. Dies entspricht wiederum einem Arbitragegewinn von 2 €.

Die in der Finanzwirtschaft als Werkzeug eingesetzte *Arbitragefreiheitsbedingung* geht davon aus, dass derartige Gewinnmöglichkeiten nicht, oder allenfalls nur extrem kurzfristig existieren können. Aus der Annahme, dass die Wirtschaftssubjekte mehr Geld weniger Geld vorziehen, folgt, dass Möglichkeiten, arbeits- und risikolose Einkommen zu erzielen, so lange auch wahrgenommen werden, bis sich diese Möglichkeiten aufgelöst haben: Dadurch, dass von zwei gleichen Gütern die billigere Variante gekauft und die teurere verkauft wird, steigt die erste im Preis, während die zweite fällt; somit wird die Arbitragemöglichkeit sehr schnell durch das Handeln von Marktakteuren ausgelöscht.

Zurück zum Beispiel: Zu jedem die Zeitpunkte t_0 und t_1 erfassenden Einkommensstrom gibt es genau eine Zinslinie und genau einen Barwert: $27 + 81 / 1,08 = 102$ bei Einkommensstrom A, $54 + 54 / 1,08 = 104$ bei Einkommensstrom B und $81 + 27 / 1,08 = 106$ bei Einkommensstrom C.

Somit gilt stets auch, dass ein Einkommensstrom mit einem höheren Barwert einem anderen mit geringerem Barwert vorzuziehen ist. In einem vollkommenen Kapitalmarkt ohne Risiko ist somit das Barwertkriterium eine zwingende Entscheidungsregel und die zeitliche Struktur des Einkommens ist irrelevant: Im vollkommenen Markt zählt der Barwert, nichts als der Barwert. Natürlich sind reale Kapitalmärkte nicht vollkommen, gleichwohl kann der Barwert sich wenigstens näherungsweise auf ein rationales Kalkül stützen, was für andere Verfahren der Investitionsentscheidung (z. B. Kostenvergleichsverfahren, Gewinnvergleichsverfahren, Pay-off-Methode) nicht gilt.

Das heißt dann aber auch, dass die Bewertung eines Einkommensstroms oder eines Konsumplans unabhängig von den individuellen Präferenzen der Beteiligten ist: Solange wir es mit konvexen Indifferenzkurven zu tun haben (d. h. mit einem abnehmenden Grenzertrag des Konsums) wird der nutzenmaximale Konsumplan stets auf der am weitesten rechts oben liegenden Zinslinie liegen; in unserem Beispiel ist das die Zinslinie des Einkommensstroms C. Sie weist den höchsten Kapitalwert auf (Abb. 1.4).

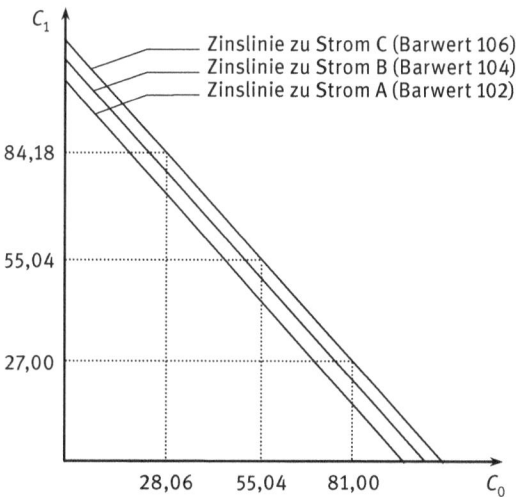

Abb. 1.4: Optimale Konsumpläne bei vollkommenem Kapitalmarkt

Stellen wir uns nun einen Unternehmer vor, der über eine bestimmte Summe verfügt und diese produktiv in *Realinvestitionen* einsetzen will. Im Gegensatz zu Finanzinvestitionen, wo Mittel am Kapitalmarkt oder bei der Bank angelegt werden, handelt es sich bei Realinvestitionen um den Erwerb und die wirtschaftliche Nutzung von Maschinen, Unternehmen, Patenten o. ä. Anders als bei den Finanzinvestitionen, bei denen die Rendite eine vom Markt bestimmte Größe (der jeweilige Marktzinssatz) ist, die für alle gleichermaßen gilt, können die Renditen von Realinvestoren stark voneinander abweichen; dies ist allein deswegen der Fall, weil die Menschen unterschiedliche Begabungen haben und unterschiedlich ausgebildet sind: Ein Metzger wird eine Maschine zur Wursterzeugung eben effizienter einsetzen können als ein Gärtner. Da wir uns noch immer in unserer einfachen Welt mit den zwei Zeitpunkten t_0 und t_1 befinden, d. h. alle Investitionen nach einer Periode zurückgezahlt werden, ermittelt sich die Rendite für eine Person, die in t_0 einen gewissen Betrag investiert, ganz einfach als

$$\text{Rendite einer Investition} = \frac{\text{Wert der Investition in } t_1}{\text{Wert der Investition in } t_0} - 1$$

Da auch Realinvestitionen zur Folge haben, dass der Investor auf heutigen Konsum zugunsten künftigen Konsums verzichtet, lassen sie sich einfach im C_0/C_1-Raum darstellen: Einem Unternehmer, der derzeit über einen Betrag in Höhe von 500 € verfügt, stehen folgende Realinvestitionsmöglichkeiten offen, wobei auch hier wieder – extrem vereinfachend – angenommen wird, dass wir es mit einem Zwei-Zeitpunktmodell zu tun haben und die Zahlungen in t_1 mit Sicherheit in der angegebenen Höhe eingehen, die ermittelte Rendite also nicht mit Risiko behaftet ist.

Investition	heutige Zahlung	künftige Zahlung	Rendite
1	−60,00	66,00	10 %
2	−100,00	109,00	9 %
3	−100,00	107,00	7 %
4	−50,00	52,00	4 %
5	−150,00	168,00	12 %
6	−40,00	42,00	5 %
7	−50,00	53,00	6 %

Ein Unternehmer, der seinen monetären Nutzen maximieren will, wird stets zuerst diejenige Investition wählen, die ihm die höchste Rendite bringt, dann die mit der zweithöchsten Rendite etc. Damit ergeben sich folgende Investitionspläne (= Bündel von Einzelinvestitionen): Im Investitionsplan A wird ausschließlich die Investition 5 realisiert, in Plan B erfolgen die beiden Investitionen 5 und 1, Plan C umfasst die Investitionen 5, 1 und 2 etc. Jedem dieser Investitionspläne ist eine bestimmte Rendite (gewogene Durchschnittsrendite der realisierten Investitionen) sowie ein bestimmter Konsumplan zugeordnet; dieser ergibt sich in t_0 als Residualgröße nach Abzug der Investitionssumme vom angenommenen Budget in Höhe von 500 €. Würde der Investor sein gesamtes Geld investieren, so wären seine Mittel mit den sechs Investitionen des Investitionsplans F (alle, außer Investition 4) ausgeschöpft:

Einzelinvestition				Investitionsprogramm				Konsumplan	
Nr.	t_0	t_1	Rendite	Nr.	t_0	t_1	Rendite	t_0	t_1
5	−150	168	12,00 %	A	−150	168	12,00 %	350	168
1	−60	66	10,00 %	B	−210	234	11,43 %	290	234
2	−100	109	9,00 %	C	−310	343	10,65 %	190	343
3	−100	107	7,00 %	D	−410	450	9,76 %	90	450
7	−50	53	6,00 %	E	−460	503	9,35 %	40	503
6	−40	42	5,00 %	F	−500	545	9,00 %	0	545
4	−50	52	4,00 %	–	–	–	–	–	–

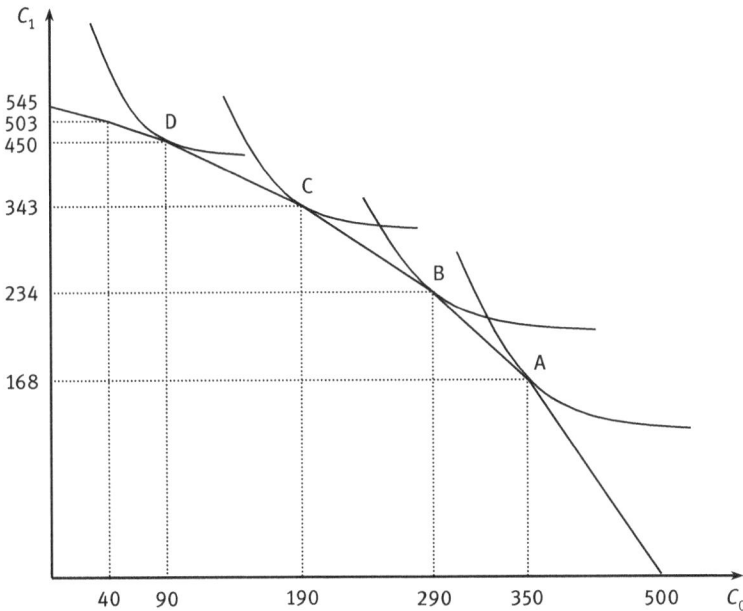

Abb. 1.5: Optimaler Realinvestitionsplan ohne Kapitalmarkt

Wie wir bereits oben gesehen haben, hängt die zeitliche Verteilung des Konsums von den individuellen Präferenzen der Wirtschaftssubjekte ab. Wenn es keinen Kapitalmarkt gibt, auf dem es möglich ist, Geld aufzunehmen oder Geld anzulegen, wird demzufolge auch der Investitionsplan, den der Unternehmer mit seinen 500 € realisieren wird, von seinen individuellen Präferenzen abhängen (Abb. 1.5):

– ist er extrem sparsam, so wird er z. B. Investitionsplan D realisieren, was ihm 410 € abverlangt und einen heutigen Konsum von 90 ermöglicht; nach einem Jahr kann er dann stattliche 450 € verbrauchen;
– ist er zwar sparsam aber nicht so sehr wie zuvor, so wird er vielleicht Investitionsplan C realisieren, was ihn 310 € kostet und ihm einen heutigen Konsum von 190 ermöglicht; nach einem Jahr kann er dann 343 € verbrauchen;
– ist er eher lebenslustig, so wird er mit den Investitionen 5 und 1 Plan B realisieren, was ihn 210 € kostet und ihm einen heutigen Konsum von 290 ermöglicht; nach einem Jahr kann er noch 234 € verbrauchen;
– ist er ein echter „Lebemann", so wird er nur Investition 5 und somit Plan A realisieren, was ihm einen heutigen Konsum von 350 ermöglicht; nach einem Jahr muss er sich mit 168 € zufriedengeben.

Jeder wählt den Investitionsplan, der seinen Nutzen maximiert, der auf der am weitesten nordöstlich liegenden Indifferenzkurve liegt. Da der optimale Investitionsplan je nach Zeitpräferenz des Unternehmers ein anderer ist, kann über ihn nur derjenige eine Entscheidung treffen, der die Präferenzen des Unternehmers kennt. Weist das Unternehmen mehrere Gesellschafter auf, kann es zu Konflikten zwischen ihnen oder zu Loyalitätskonflikten in der Person eines allen Gesellschaftern verpflichteten Geschäftsführers kommen.

Anders stellt sich der Zusammenhang zwischen Konsum- und Investitionsentscheidungen dar, wenn wir die Existenz eines vollkommenen Kapitalmarkts unterstellen. Nehmen wir wieder an, es sei jederzeit möglich, Geld zu 8 % anzulegen oder Kredit zu diesem Satz aufzunehmen, so wird

- kein Unternehmer eine Investition tätigen, wenn sie eine kleinere Rendite abwirft als eben diese 8 %, da er sich mit einer Finanzanlage zu 8 % besserstellt: Die Investitionen 3, 4, 6 und 7 sind somit auszuscheiden;
- kein Unternehmer eine Investition, deren Rendite 8 % übersteigt, nicht tätigen, da sie selbst dann lohnt, wenn sie über einen Kredit zu finanzieren ist: Die Investitionen 1, 2 und 5 werden auf jeden Fall realisiert.

Damit aber ist der Investitionsplan unabhängig von den Konsumpräferenzen des Unternehmers und auch unabhängig von seiner Vermögenssituation: Gemäß Investitionsplan C werden heute 310 € investiert, die in einer Periode mit 343 € zurückgezahlt werden. Die Realisierung der optimalen Verteilung von Konsumeinkommen und u. U. die Finanzierung der Investition erfolgen ausschließlich über den Kapitalmarkt, durch Aufnahme und Anlage von Geldern zum Marktzinssatz:

- Der Unternehmer, der extrem sparsam war und sich mit einem heutigen Konsum von 90 zufriedengegeben hat, wird nun folgende Dispositionen treffen:

	t_0	t_1
Investitionsplan C:	310,00	343,00
Finanzinvestition zu 8 %:	100,00	108,00
Konsum:	90,00	451,00

Gegenüber vorher, als er auch noch die Realinvestition 3 durchgeführt hat, kann er nunmehr nach einer Periode eine Geldeinheit mehr verbrauchen.

- Der sparsame Unternehmer, der sich mit einem heutigen Konsum von 190 zufriedengegeben hat, disponiert wie folgt:

	t_0	t_1
Investitionsplan C:	310,00	343,00
Konsum:	190,00	343,00

Da der vom optimalen Investitionsplan bereitgestellte Einkommensstrom seinem optimalen Konsumplan entspricht, ändert sich in seiner Situation nichts.

– Der eher lebenslustige Unternehmer, der heute 290 € zu konsumieren beabsichtigt, nimmt einen Kredit auf und disponiert folgendermaßen:

	t_0	t_1
Investitionsplan C:	310,00	343,00
Kreditaufnahme zu 8 %:	100,00	108,00
Konsum:	290,00	235,00

Auch er kann nunmehr nach einer Periode eine Geldeinheit mehr verbrauchen als dies vorher der Fall war.

– Letztlich muss auch der extrem jetztbezogene Unternehmer, der heute 350 € verbrauchen will, Kredit aufnehmen und erreicht die Position:

	t_0	t_1
Investitionsplan C:	310,00	343,00
Kreditaufnahme zu 8 %:	160,00	172,80
Konsum:	350,00	170,20

Für ihn hat die Nutzung des Kapitalmarkts nach Ablauf einer Periode einen Vorteil in Höhe von 2,2 € gebracht.

In Abb. 1.6 wird das Ergebnis grafisch dargestellt. Die Realinvestitionskurve weist jetzt eine kontinuierliche Krümmung auf: Wir haben einfach angenommen, dass wir es mit einer sehr großen Zahl von nach ihrer Rendite geordneten Realinvestitionen zu tun haben, sodass die Knickstellen verschwinden. Ein Unternehmer verfüge in t_0 über den Betrag X. Um den optimalen Investitionsplan, der sich in der Höhe ergibt, in der die Rendite der letzten gerade noch zu tätigenden Investition (= der marginale interne

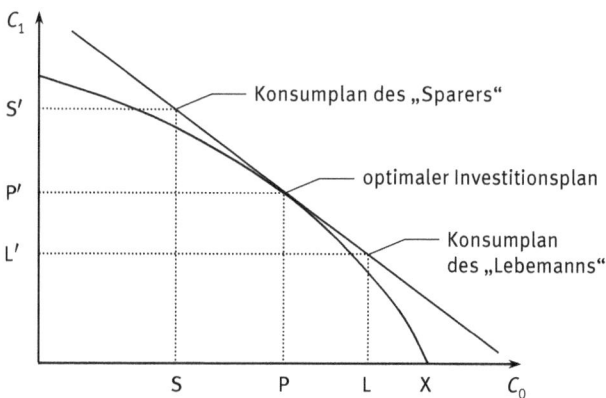

Abb. 1.6: Optimaler Investitionsplan und optimale Konsumpläne bei vollkommenem Kapitalmarkt

Zinsfuß) gleich dem Zinssatz r ist,[1] zu realisieren, muss er den Betrag $X - P$ real investieren. Damit wäre ein Konsumplan von heute P und in einer Periode P' verbunden, was nur in einem extremen Ausnahmefall auch das gewünschte Ergebnis sein dürfte. Fast immer dürfte es hingegen nötig sein, den so erhaltenen Zahlungsstrom zu transformieren:

- Etwa so wie es der „Sparer" tut, der $X - P$ real investiert, $P - S$ zum Marktzins anlegt und S in t_0 verbraucht. In t_1 hat er zum einen die Rückzahlung aus dem optimalen Investitionsplan in Höhe von P', zum anderen die Rückzahlung seiner Geldanlage in Höhe von $(P - S) \cdot (1 + r) = S' - P'$; er kann somit in t_1 den Betrag S' konsumieren.
- Oder so wie es der „Lebemann" getan hat, der ebenfalls $X - P$ real investiert hat, dann aber einen Kredit in Höhe von $L - P$ aufgenommen hat, um sich eines heutigen Konsums in Höhe von L erfreuen zu können. In t_1 hat auch er die Rückzahlung P' aus der optimalen Investition; allerdings muss er davon $(L - P) \cdot (1 + r) = P' - L'$ verwenden, um seinen Kredit zurückzuzahlen, sodass er nur L' konsumieren kann.

Wie wir gesehen haben, vereinfachen sich unter der Existenz eines Kapitalmarktes die Probleme in erheblicher Weise. Die Beurteilung eines gegebenen Einkommensstroms (Zahlungsstroms) erfolgt, solange sich die Wirtschaftssubjekte rational verhalten, unabhängig von ihren individuellen Konsumpräferenzen. Dies ist alles andere als eine triviale Aussage, da „Bewerten" und „Beurteilen" kognitive Prozesse sind, die üblicherweise anders als subjektiv bestimmt nicht gedacht werden können. Wenn aber ein Markt existiert und nur angenommen wird, dass die Beteiligten ein höheres Einkommen einem niedrigeren vorziehen, können wir von den subjektiven Vorlieben und Neigungen abstrahieren: Der Barwert erweist sich dann als ein zwingendes und für jedermann gültiges Bewertungskriterium für einen Zahlungsstrom. Selbstverständlich gilt das auch für Zahlungsströme, die mehr als nur zwei Zeitpunkte umfassen; gibt es einen einheitlichen Zinssatz r, so lassen sich alle Zahlungen nach Belieben zeitlich verschieben: durch Finanzinvestitionen von einem früheren in einen späteren, durch Finanzierungen von einem späteren in einen früheren Zeitpunkt.

Da der Barwert eine *präferenzfreie Bewertungsregel* darstellt, wird von verschiedenen Investitionsplänen jeder Unternehmer genau denjenigen wählen, der den höchsten Barwert aufweist. Welcher dies ist, hängt ausschließlich vom Zinssatz r ab und nicht von den Konsumpräferenzen des Bewertenden oder von seiner finanziellen Situation. Die Konsequenzen für die Unternehmensführung sind erheblich:

---

1 Dies ist dort der Fall, wo die Zinslinie zur Tangente an der Realinvestitionskurve wird: Hier ist der marginale interne Zinsfuß (= die um eins verminderte Steigung der Realinvestitionskurve) gleich dem Zinssatz (= die um eins verminderte Steigung der Zinslinie).

- Erst die Präferenzunabhängigkeit erlaubt es, Entscheidungen über die Investitionspolitik einer Aktiengesellschaft zu treffen, ohne dass dabei Interessenkonflikte zwischen unterschiedlichen Aktionären auftreten.
- Dies wiederum erlaubt es den Gesellschaftern, die Entscheidung über die Investitionspolitik des Unternehmens einem Geschäftsführer anzuvertrauen, solange gewährleistet ist, dass dieser nicht seine eigenen Interessen vor die seiner Auftraggeber setzt.

Da es für das Ergebnis irrelevant ist, ob der Unternehmer über die Mittel verfügt (Eigenkapital) oder ob er sie sich erst über einen Kredit beschaffen muss (Fremdkapital), kann bei allen Investitionsentscheidungen vereinfachend unterstellt werden, dass zu ihrer Finanzierung hinreichend Eigenmittel zur Verfügung stehen.

1.1.2 Finanzwirtschaftliche Methodik

Wir werden hier zunächst einmal unsere finanzwirtschaftlichen Überlegungen beenden und uns die Methodik vergegenwärtigen, mit der wir gerade eben versucht haben, Probleme zu lösen.

(1) Wir haben ein einigermaßen komplexes Ergebnis aus einfachen und für Jeden nachprüfbaren Annahmen logisch nachvollziehbar und zwingend abgeleitet. Damit haben wir uns möglicherweise der folgenden Kritik zu stellen: Unsere Ergebnisse wären dann fragwürdig, wenn (a) die Deduktion logische Fehler aufweisen würde, oder (b) wenn das Problem, das wir gelöst haben, mit realen Problemen dieser Welt nichts zu tun hätte, oder wenn (c) die Methode, die wir gewählt haben, nicht problemadäquat wäre.

(2) Das „Material", mit dem wir typischerweise gearbeitet haben, ist ein Einkommens- oder *Zahlungsstrom*: Geldbeträge, die einem Wirtschaftssubjekt zu- oder von ihm abfließen. Damit haben wir die zentrale Größe der Finanzwirtschaft kennen gelernt: In der Buchhaltung, für Zwecke der Einkommensbesteuerung, im Bereich der handelsrechtlichen Unternehmenspublizität wird durchweg mit Aufwendungen und Erträgen, in der betrieblichen Sphäre und in der Kalkulation mit Kosten und Leistungen gerechnet; finanzwirtschaftliche Kalküle hingegen haben stets nur Einzahlungen und Auszahlungen, *Cashflows* zum Gegenstand.

(3) Wir haben *Modelltheorie* betrieben, d. h. wir haben uns ein Problem so vereinfacht, dass es einfach zu lösen ist. Ein Modell ist ein „Aussagesystem, dessen Elemente, die Einzelaussagen, hierarchisch geordnet sind, so dass sich Annahmen (Prämissen) und Implikationen (Modellergebnisse) unterscheiden lassen."[2] Mit

---

2 *Schmidt, Reinhard; Schor, Gabriel*: Modell und Erklärung in den Wirtschaftswissenschaften, in: *Schmidt, Reinhard; Schor, Gabriel* (Hrsg.): Modelle in der Betriebswirtschaftslehre, Wiesbaden 1987.

Modellen wird zunächst nur Komplexität reduziert: Es wird von allem, was zwar die Realität kennzeichnet, uns aber im Moment nicht interessiert, abstrahiert, um das, was uns interessiert, klarer erkennen zu können. Auch der Kartograf, dessen Aufgabe darin besteht, eine Karte der Alpen zu zeichnen, reduziert auf das Wesentliche, auf Täler, Berge, Städte, Flüsse, Straßen etc. und vieles, was ihn gerade nicht interessiert, lässt er weg: die Bäume, die Menschen, die Autos, die Felder. Er abstrahiert (malt Städte nur als Kreise) und zeichnet vielleicht sogar Dinge ein, die es in der Realität gar nicht gibt: So wie wir mit Indifferenzkurven (= Iso-Nutzen-Linien) gearbeitet haben, die es in der realen Welt nicht gibt, arbeitet er mit Iso-Höhen-Linien, die es natürlich genauso wenig gibt. Selbstverständlich vermag eine noch so exakt gezeichnete Karte der Alpen nichts von der Faszination dieser Landschaft zu vermitteln, ist aber gleichwohl äußerst hilfreich für denjenigen, der sich zurechtfinden will; eine 1 : 1-Karte, auf der buchstäblich alles drauf ist, wäre absolut unnütz. Auch wir haben bei unserer Modellbildung von vielen Eigenschaften realer finanzwirtschaftlicher Probleme abstrahiert: Wir haben – entgegen realer Erfahrungen – angenommen, dass die zukünftigen Zahlungen in ihrer Höhe bekannt und frei von Risiken sind; wir haben weiter angenommen, dass Sollzinsen und Habenzinsen gleich sind, dass die Transaktionen selbst kostenfrei durchführbar sind, dass die Zahlungen nur zu zwei exakt definierten Zeitpunkten anfallen, dass es keine Steuern oder Abgaben gibt, und dass die Menschen sich im Sinne unserer Logik entscheiden (letzteres wird in Kapitel 2.3.2 zu menschlichen Verhaltensverzerrungen (Behavioral Biases) und Entscheidungsheuristiken kritisch beleuchtet). Hätten wir diese Vereinfachungen nicht vorgenommen, sondern uns gleich der vollen Komplexität der Realität gestellt, hätten wir wahrscheinlich kaum irgendwelche haltbaren und gültigen Aussagen jenseits von Illustration oder mehr oder minder plausiblen Ad-hoc-Erklärungen abgeben können. Im Laufe der weiteren Beschäftigung mit Finanzwirtschaft werden wir einige dieser vereinfachenden Annahmen aufgeben und zu allgemeingültigeren und damit auch realitätsnäheren Lösungen gelangen.

(4) Wir haben ein zentrales Bewertungskonzept und auch eine in der Praxis weit verbreitete Form der Beurteilung von Investitionen, das *Barwertkalkül* (Kapitalwert, Present Value) aus einigen simplen Grundannahmen abgeleitet: Gelten diese Annahmen, so *muss* ein rationales Wirtschaftssubjekt auf der Basis dieses Kalküls entscheiden. Wir wissen allerdings, dass die Annahmen, die wir gemacht haben, nicht gelten; daraus folgt für die Gültigkeit des Barwertkalküls nur, dass es nicht zwingend gelten *muss*, nicht aber, dass es nicht gelten *kann*.

Auch das physikalische Fallgesetz ist unter einer Annahme formuliert, die es nicht gibt und die nicht einmal mit aufwendigsten Experimentieranordnungen hergestellt werden kann: der eines absoluten Vakuums. Gleichwohl ist es vernünftig, unter einem Balkon, von dem sich Teile lösen, nicht stehen zu bleiben.

Auch das Barwertkonzept erscheint in diesem Sinne als „vernünftig". Für viele andere Wertbestimmungsverfahren (Investitionskalküle), die in der traditionellen Finanzierungslehre vorgeschlagen wurden,[3] gibt es allerdings nicht einmal irgendeine Begründung, geschweige denn eine Vorstellungswelt, aus der man ihre Gültigkeit zwingend ableiten könnte.

(5) Wir haben *methodischen Individualismus* betrieben, d. h. wir haben ökonomische Aussagen aus den Entscheidungen einzelner Individuen abgeleitet.[4] Für neoklassische Finanzwirtschaftler ist beispielsweise alles, was in der Gesellschaft ist, Ergebnis individueller Entscheidungen von Menschen, das Ergebnis von Entscheidungen, die es zu erkennen und zu analysieren gilt, die allerdings auch unerkennbar sein mögen, gleichwohl aber vorhanden sind. Wenn man sich diesem Denkrahmen unterwirft, gibt es keinen „Zeitgeist", keine „objektiven Bewegungsgesetze des Kapitals", keine kollektiven Bedürfnisse (wohl aber Bedürfnisse vieler oder auch aller), keine kollektiven Pflichten oder nationalen Gefühle (wohl aber Nationalgefühle von Individuen).

(6) Wir haben unterstellt, dass die Menschen sich *rational* verhalten, wobei uns bewusst ist, dass sowohl der Begriff der Rationalität einer weiteren Erläuterung bedarf als auch zugestanden werden muss, dass menschliches Handeln in der Realität von beschränkt rationalen Zügen gekennzeichnet ist. Gleichwohl lässt sich die Annahme des Rationalverhaltens aus Vereinfachungsgründen rechtfertigen, wenn unterstellt werden kann, dass die rationalen Beweggründe die irrationalen Handlungsmotive dominieren und wir mit der Beschränkung auf die rationalen Antriebe das Wesentliche erfassen oder wenn unterstellt werden darf, dass die irrationalen Elemente im menschlichen Handeln zufälliger Natur sind und sich weitestgehend in ihrer Wirkung gegeneinander aufheben (in finanzwirtschaftlicher Diktion: sich wegdiversifizieren). Wir werden beispielsweise im Kapitel 2.3.2 näher auf Abweichungen von theoretisch postuliertem rationalem Verhalten eingehen und beleuchten wie Individuen tatsächlich Entscheidungen treffen und welchen Heuristiken und Verhaltensverzerrungen (Behavioral Biases) sie unterliegen. Dieser innovative Strang der wirtschaftswissenschaftlichen Methodik – die verhaltenswissenschaftliche Wirtschaftsforschung oder Behavioral Economics (Finance) – gilt als eine der zukunftsweisenden Forschungsrichtungen mit vielen praxisnahen Einsichten und Anwendungen.[5]

---

3 So z. B. die Gewinnvergleichsrechnung, die Kostenvergleichsrechnung, das MAPI-Verfahren, die Amortisationsrechnung (Pay-off-Methode).

4 Der methodische Individualismus ist eine der zentralen Kennzeichen der sog. österreichischen Schule der Nationalökonomie (Austrian Economics).

5 Die Nobelpreise für Wirtschaftswissenschaften (Preis der Schwedischen Nationalbank in Wirtschaftswissenschaft in Erinnerung an Alfred Nobel) der Jahre 2002, 2012, 2013 und 2017 gingen mit *Vernon Smith* und *Daniel Kahneman* (2002), *Alvin Roth* (2012), *Robert Shiller* (2013) und *Richard Thaler* (2017) an Forscher dieser Fachrichtung.

(7) Wir haben die Verbindung zwischen individuellem Handeln und dem *Markt* hergestellt. Die moderne Finanzierungslehre, speziell die aus der Portfolio-Theorie erwachsene Kapitalmarkttheorie, ist betont marktorientiert: Bei Entscheidungen einzelner Wirtschaftssubjekte wird stets gefragt, welche Konsequenzen es hätte, wenn alle anderen ähnliche Entscheidungen träfen, welche Auswirkungen das auf die Marktpreise hätte, welche gleichgewichtigen Lösungen zu erwarten wären etc. Interaktive Ansätze wie etwa die der Spieltheorie haben daher für die finanzwirtschaftliche Theoriebildung zentrale Bedeutung erlangt.

(8) Eine besondere Konkretisierung hat das marktbezogene Denken im *Arbitragefreiheitsprinzip* erfahren, mit dem wir eines der zentralen Werkzeuge im Instrumentenkasten der modernen Finanztheorie kennen gelernt haben: Viele wegbereitende Arbeiten der letzten Jahrzehnte bauen darauf auf. Wenn es darum geht, einen neuen komplexen Finanztitel zu bewerten, wird man immer versuchen, eine dem zu bewertenden Titel äquivalente Struktur aus bekannten Bausteinen zusammenzustellen: Wenn es gelingt, einen in seiner Zahlungsstromcharakteristik gleichen Titel synthetisch zu erzeugen, verlangt das *law of one price*, dass beide am Markt gleich zu bewerten sind. Eng damit verwandt ist die Überlegung, dass die Herbeiführung eines Zustandes einem Individuum keinen Nutzen verschafft, wenn es kostenfrei diesen Zustand auch allein hätte erreichen können: Wer am Kapitalmarkt jederzeit einen gegebenen Einkommensstrom in einen anderen transformieren kann, zahlt einem anderen, der dies für ihn tut, kein Honorar dafür.

(9) Wir haben, indem wir z. B. die Entscheidung nach dem optimalen Investitionsplan von der Entscheidung über den optimalen Konsumplan abgekoppelt haben, noch ein weiteres für die Finanzwirtschaft typisches Werkzeug kennen gelernt: ein *Separationstheorem*. Die reale Welt, mit der wir es als Wirtschaftswissenschaftler zu tun haben, ist gekennzeichnet durch ein extremes Maß an Komplexität. Nahezu alles ist von anderem abhängig, wirkt auf anderes ein: Es gibt kaum eine Entscheidung, die neben der beabsichtigten Wirkung nicht auch eine Fülle von Nebenwirkungen nach sich zieht, wobei jede wieder zum Auslöser einer neuen Ursache-Wirkungs-Beziehung werden kann. Die heute sehr populäre und sicher auch richtige Forderung nach ganzheitlichem und vernetztem Denken ist als Anspruch leichter eingefordert als eingelöst: Am ehesten ist dies wohl der Portfolio-Theorie gelungen, die – von der Finanztheorie ausgehend – mittlerweile in der gesamten Betriebswirtschaftslehre Fuß gefasst hat und den Wert einer Sache nicht aus sich selbst heraus erklärt, sondern als denjenigen Wertbeitrag, den die Sache einem Portfolio, dem sie beigegeben wird, hinzufügt. In einer komplexen, vernetzten Welt ist es äußerst wertvoll, wenn es gelingt, wissenschaftlich nachvollziehbar angeben zu können, dass ein zunächst als zusammenhängend formuliertes Problem zerlegt, *separiert* werden kann. Normalerweise führt die Zerlegung eines Problems in Teilprobleme und die sukzessive Behandlung dieser Teilprobleme zu einem Verlust an Exaktheit und u. U. zu erheblichen Fehlern. Separationstheoreme geben Problembereiche an, bei denen das nicht der Fall ist.

1.1.3 Finanzwirtschaft: Versuch der Abgrenzung

Das 1930 von dem amerikanischen Wirtschaftswissenschaftler *Irving Fisher*[6] in seinen Grundzügen entwickelte und von *Jack Hirshleifer*[7] weiterentwickelte Separations-Modell (häufig als *Fisher-Separation* bezeichnet) weist bereits vieles von dem auf, was die Finanztheorie heute kennzeichnet. Finanztheorie befasst sich mit Entscheidungen einzelner, als vernünftig angenommener Personen über die verschiedensten Formen von Zahlungsströmen. Diese Entscheidungen sind eingebettet in einen Marktzusammenhang, der es erforderlich macht, auch die Entscheidungen anderer Personen in das Kalkül einzubeziehen. Dieses konsequent am Markt ausgerichtete, auf reflexiven Wirkungszusammenhängen basierende Denken ist kennzeichnend für die Finanzwirtschaftslehre und wesentlicher Grund dafür, dass die Finanztheorie die oben skizzierte Mittlerstellung zwischen Betriebswirtschaftslehre und Volkswirtschaftslehre einnimmt.

Ein zentrales Element der modernen Finanztheorie blieb allerdings bislang unberücksichtigt, die Tatsache nämlich, dass Zahlungen zukunftsgerichtet und insoweit notwendigerweise mit *Unsicherheit* bzw. *Risiko* behaftet sind. Im realen Wirtschaftsleben sind nahezu alle Größen, mit denen wir rechnen und über die wir entscheiden, das Ergebnis mehr oder minder guter Schätzungen. Sie basieren auf Versprechungen, die auch gebrochen werden können, sie sind nicht prognostizierbaren Änderungen in den wirtschaftlichen Rahmenbedingungen unterworfen etc. Risiko und Unsicherheit sind dabei nicht Verkomplizierungen der Entscheidungsprobleme, die man akzeptieren oder nicht akzeptieren kann (je nachdem, wie viel Komplexität man sich zumuten möchte), sondern sind für eine Vielzahl finanzwirtschaftlicher Probleme konstituierend: Gäbe es keine Unsicherheit, so gäbe die Unterscheidung in Eigen- und Fremdkapital keinen Sinn, es gäbe keine Aktienmärkte, keine Terminmärkte, kein unternehmerisches Risikomanagement, keine Kreditwürdigkeitsanalyse etc. Letztlich gäbe bzw. bräuchte es keine Finanztheorie. Wir werden uns daher noch sehr eingehend mit der Unsicherheits- und Risikoproblematik auseinander zu setzen haben.

Finanzwirtschaft, so wie sie in diesem Buch verstanden wird, lässt sich somit wie folgt abgrenzen: Gegenstand von Finanzwirtschaft sind Entscheidungen über unsichere Zahlungsströme in Märkten für Geld und Kapital.

---

6 *Fisher, Irving*: The Theory of Interest, New York (Kelley Publishers) 1965 (Originalausgabe 1930).
7 *Hirshleifer, Jack*: Kapitaltheorie, Köln (Kiepenheuer&Witsch) 1974; Original 1970 bei Prentice Hall unter dem Titel „Investment, Interest and Capital".

1.2 Zahlungsstromorientiertes Denken

1.2.1 Begriff des Zahlungsstroms (Cashflow)

Unter einem Zahlungsstrom oder Cashflow (CF) versteht man jede Form einer Zahlung: Dies kann eine einzelne Ein- oder Auszahlung sein, es kann sich aber auch um eine Abfolge von Zahlungen zu verschiedenen Zeitpunkten handeln. In sehr viel größeren Zusammenhängen wird unter dem Begriff Cashflow aber auch eine Kennzahl zur Beurteilung der in der Vergangenheit erbrachten (retrospektiver CF) oder der in der Zukunft erwarteten (prospektiver CF) finanzwirtschaftlichen Leistung einer Unternehmung verstanden; hierbei handelt es sich im Grunde um die Gesamtsumme der den Eigentümern eines Unternehmens im Laufe eines Geschäftsjahrs zu- oder abfließenden liquiden Mittel. Aus der Gegenüberstellung von Gewinn einerseits und Cashflow andererseits wird der fundamentale Unterschied zwischen erfolgswirtschaftlichem und finanzwirtschaftlichem Denken offenkundig:

- Mit einem Gewinn (Verlust) erhöht (vermindert) sich das Eigenkapital eines Unternehmens. Er ergibt sich als Differenz zwischen Erträgen und Aufwendungen, d. h. als Saldo aller Erfolgskonten, denen damit der Charakter von Unterkonten zur Kontengruppe „Eigenkapital" zukommt.
- Mit einem positiven (negativen) Cashflow erhöht (vermindert) sich der Bestand an liquiden Mitteln eines Unternehmens. Er ergibt sich als Differenz zwischen Einzahlungen und Auszahlungen, d. h. als Saldo aller Zahlungsmittelkonten, denen damit der Charakter von Unterkonten zur Kontengruppe „Liquide Mittel" zukommt; nach den derzeitigen Rechnungslegungsnormen gehören dazu die „cash and cash equivalents", d. h. Barmittel, kurzfristig fällige Sichteinlagen und äußerst liquide Finanzmittel.

Die nachstehende grafische Darstellung[8] (Abb. 1.7) macht den Zusammenhang deutlich. Das buchhalterische Ergebnis (Gewinn/Verlust) ergibt sich als Saldo aller Bewegungen auf den Erfolgskonten, den Unterkonten des Kapitalkontos. Das finanzwirtschaftliche Ergebnis (Cashflow) ergibt sich als Saldo aller Bewegungen auf den Zahlungsmittelkonten, den Unterkonten des Kassakontos. Damit wird auch klar, dass der Unterschied zwischen dem erfolgswirtschaftlichen Gewinn und dem finanzwirtschaftlichen Cashflow ausschließlich in erfolgsneutralen Einzahlungen und Auszahlungen bzw. in finanzneutralen Erträgen und Aufwendungen zu sehen ist. Die in der Praxis häufig vorgenommene Rechnung

$$\text{Cashflow} = \text{buchhalterischer Erfolg} + \text{Abschreibungen}$$

---

8 *Schredelseker, Klaus*: Cash Flow, in *Küpper, Hans-Ulrich; Wagenhofer, Alfred* (Hrsg.): Handwörterbuch Unternehmensrechnung und Controlling, Stuttgart (Schäffer/Poeschel) 2002, S. 251–260.

liquide Mittel zu Jahresbeginn	Eigenkapital zu Jahresende				

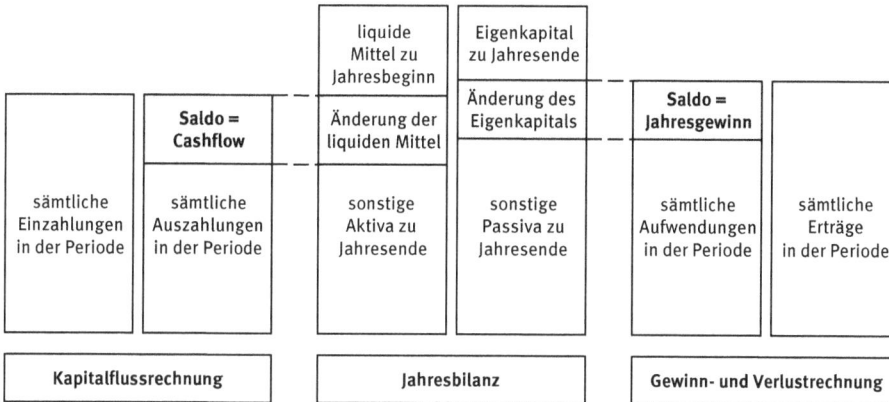

Abb. 1.7: Zusammenhang zwischen Cashflow und Erfolg

ist damit oft eine hinreichend gute Annäherung, da die Abschreibungen i. d. R. den größten Anteil der zahlungsneutralen Aufwendungen darstellen.

Im Folgenden betrachten wir jedoch erst einmal einfache Zahlungsströme wie die aus der Investition in Maschinen, Rechte, Wertpapiere etc. Jedem Zeitpunkt t_i wird dabei eine Zahlung zugeordnet, wobei positive Zahlen Einzahlungen bedeuten (dem Wirtschaftssubjekt fließt Geld zu) und negative Zahlen für Auszahlungen stehen (Geld fließt ab). I. d. R. haben wir es mit Nettozahlungsströmen zu tun, bei denen sämtliche zu einem Zeitpunkt (in einer Zeitspanne) anfallende Zahlungen saldiert sind; bei Bruttozahlungsströmen ist eine derartige Saldierung noch nicht erfolgt.

Die Zeitspannen auf der Zeitskala (die Perioden) werden stets als gleich lang angenommen, wobei die Periodenlänge frei gewählt werden kann (Jahr, Halbjahr, Monat, Woche, Tag etc.). Je kürzer die Perioden sind, umso genauer können Zahlungsströme abgebildet werden. Im Extremfall geht man von einem zeitkontinuierlichen, d. h. permanent fließenden Zahlungsstrom aus (continuous time finance).

Vereinfachend wird angenommen, dass Zahlungen nicht zwischen verschiedenen Zeitpunkten, sondern nur exakt zu diesen Zeitpunkten (d. h. exakt am Ende der Periode) erfolgen; führt diese Annahme zu nicht vertretbaren Fehlern, so muss die Periodenlänge eben so weit verkürzt werden, dass die Fehler hinnehmbar werden. Auf diese Weise wird sichergestellt, dass es keine zwischenzeitlichen Liquiditätsprobleme gibt. Wäre diese Bedingung verletzt, so könnte u. U. im vorigen Beispiel das Problem auftreten, dass in der ersten Periode (= Zeitspanne zwischen t_0 und t_1) die Zahlungen fällig würden, bevor die Frachterlöse eingingen und dies eine kurzfristige Kreditaufnahme notwendig machen würde.

Zahlungen, die in der Zukunft anfallen, sind mit Risiken behaftet. Sie sind das Ergebnis individueller Prognosen und Planungen, wobei vieles nur grob abschätzbar ist, Fehler unvermeidbar sind und unerwartete Ereignisse eintreten können, die ein vom Erwarteten abweichendes Ergebnis zur Folge haben können. Wenn wir es mit derart

Als Beispiel betrachten wir eine Realinvestition (z. B. ein LKW), für die in t_0 der Betrag von 100.000 € (Anschaffungskosten), von 12.000 € (Fahrerlohn), 14.000 € (Treibstoff) und 6.000 € Versicherungsprämien gezahlt werden muss; auf der Einnahmeseite sind Frachterlöse in Höhe von 60.000 € zu vereinnahmen. Weitere Aus- und Einzahlungen fallen in den folgenden Perioden an; nach zwei Perioden soll das Fahrzeug zum Preis von 50.000 € verkauft werden. Der Bruttozahlungsstrom (Finanzplan) sieht wie folgt aus:

Zeit	Ursache	Kontoform		Staffelform
		Einzahlungen	Auszahlungen	Cashflow
t_0	LKW-Kauf		100.000 €	−100.000 €
	Fahrerlohn		12.000 €	−12.000 €
	Treibstoff		14.000 €	−14.000 €
	Versicherung		6.000 €	−6.000 €
	Frachterlöse	60.000 €		60.000 €
t_1	Fahrerlohn		13.000 €	−13.000 €
	Treibstoff		16.000 €	−16.000 €
	Versicherung		10.000 €	−10.000 €
	Frachterlöse	90.000 €		90.000 €
t_2	LKW-Verkauf	50.000 €		50.000 €
	Fahrerlohn		8.000 €	−8.000 €
	Treibstoff		9.000 €	−9.000 €
	Versicherung		6.000 €	−6.000 €
	Frachterlöse	30.000 €		30.000 €

Vereinfacht zum Nettozahlungsstrom ergibt sich:

t_0	Zahlungsüberschuss	−72.000 €
t_1	Zahlungsüberschuss	51.000 €
t_2	Zahlungsüberschuss	57.000 €

risikobehafteten Zahlungsströmen zu tun haben, können wir darauf auf verschiedene Weise reagieren:
(1) Wir können die Unsicherheit schlicht negieren und mit realistischen Erwartungen (= mathematischen Erwartungswerten) rechnen, sollten uns der damit verbundenen Gefahren allerdings bewusst sein.
(2) Wir können, wie es im handelsrechtlichen Rechnungswesen üblicherweise der Fall ist, mit *vorsichtig geschätzten* Zahlungen operieren („kaufmännische Vorsicht"). Der oben dargestellte Nettozahlungsstrom könnte auf diese Weise, durch vorsichtige Schätzung der einzelnen Zukunftsparameter entstanden sein: Frachteinnahmen und Verkaufspreis werden eher ein bisschen niedriger als erwartet eingeschätzt, Treibstoffausgaben, Fahrerlöhne und Steuern werden eher ein bisschen höher als erwartet eingeschätzt. Beim „vorsichtigen Schätzen" kann aller-

dings sehr leicht der Fall eintreten, dass man zu einem extrem pessimistischen Ergebnis kommt, wenn mehrere Risiken aufeinandertreffen.

Beispiel. Ein Unternehmer plane ein Freiluftkonzert. Ob es ein Erfolg sein wird, hänge davon ab, ob

a) es ihm gelingt, eine bestimmte Pop-Gruppe zu verpflichten;
b) er das Gelände zu günstigen Preisen wird mieten können;
c) das Wetter gut sein wird;
d) nicht gleichzeitig die heimische Fußballmannschaft ein Ligaspiel zu spielen hat.

Der Unternehmer weiß, dass er, sollte in allen vier Fällen ein negatives Ergebnis eintreten, völlig ruiniert wäre. Zwar sei die „objektive" Wahrscheinlichkeit für ein negatives Ergebnis in allen vier Fällen $1/3$; da unser Unternehmer eher „vorsichtig" kalkuliert, weist er jedem negativen Fall eine Wahrscheinlichkeit von $1/2$ zu. Damit hat er allerdings dem möglichen Ruin eine dramatisch höhere und nicht, wie beabsichtigt, eine etwas höhere Eintrittswahrscheinlichkeit zugeordnet: Gegenüber der „realistischen" Ruinwahrscheinlichkeit von $(1/3)^4 = 1{,}23\,\%$ rechnet er, wenn wir unterstellen, dass die Wahrscheinlichkeiten voneinander unabhängig sind, nunmehr mit $(1/2)^4 = 6{,}25\,\%$, einer mehr als fünfmal so hohen Ruinwahrscheinlichkeit. Voraussichtlich hat sich der Veranstalter damit längst aus dem Markt „herauskalkuliert" und das Geschäft anderen überlassen.

(3) Wir können versuchen der Unsicherheit dadurch gerecht zu werden, dass wir verschiedene, nach vernünftigen Überlegungen mögliche Konstellationen nebeneinanderstellen und vergleichen. Diese, als *Szenariotechnik* bekannte, Methode wird vor allem bei Investitionsentscheidungen gerne angewendet: Man plant z. B. ein beabsichtigtes Investitionsvorhaben einmal unter sehr widrigen, einmal unter realistischen und einmal unter sehr vorteilhaften Bedingungen (selbstverständlich können auch mehr Szenarien betrachtet werden). Auf diese Weise erhält man mehrere Zahlungsströme, die miteinander verglichen werden können, um Risiken und Chancen gegeneinander abzuschätzen; im LKW-Beispiel könnte dies so aussehen:

schlechtes Szenario		normales Szenario		gutes Szenario	
Jahr	Netto-CF	Jahr	Netto-CF	Jahr	Netto-CF
t_0	−82.000 €	t_0	−72.000 €	t_0	−68.000 €
t_1	38.000 €	t_1	51.000 €	t_1	58.000 €
t_2	44.000 €	t_2	57.000 €	t_2	66.000 €

Eine allgemein gültige Regel, wie mit diesen Ergebnissen weiter zu verfahren ist, lässt sich allerdings nicht angeben: Die Beurteilung der so gewonnenen Ergebnisse bleibt dem Einzelnen überlassen.

(4) Etwas formalisierter, aber in der Grundidee dasselbe, ist das Rechnen mit *zu-standsabhängigen Ansprüchen* (*contingent claims*). Hier wird die Unsicherheit unmittelbar in die Zahlungsströme „eingebaut", indem jede einzelne Zahlung als Zufallsvariable modelliert wird, deren Höhe vom Eintreten bestimmter Umweltzustände abhängig gemacht wird; jedem dieser Umweltzustände werden Wahrscheinlichkeiten für ihr Eintreten zugeordnet.

So mag in unserem obigen Beispiel die Höhe der für die nächste Periode erwarteten Frachteinnahmen zum einen davon abhängen, ob eine geplante Schnellstraße gebaut wird, zum anderen davon, ob die Konkurrenzspedition in dasselbe Geschäft einsteigen wird oder nicht: Wir erhalten somit vier verschiedene Umweltzustände mit den dazugehörigen Umsatzschätzungen:

	Zustand	Umsatz
(1)	Straße wird gebaut, Konkurrenz bleibt fern	2.100 €
(2)	Straße wird nicht gebaut, Konkurrenz bleibt fern	1.500 €
(3)	Straße wird gebaut, Konkurrenz kommt	900 €
(4)	Straße wird nicht gebaut, Konkurrenz kommt	700 €

Belegt der Investor den Fall, dass die Schnellstraße gebaut wird, mit 60 % Wahrscheinlichkeit und den Fall, dass die Konkurrenz dem Markt fernbleibt mit 75 % Wahrscheinlichkeit, wobei angenommen werde, die beiden Zufallsvariablen seien voneinander unabhängig, so errechnen sich die Eintrittswahrscheinlichkeiten für die vier möglichen Zustände mit

$$w(\text{Fall 1}) = 0{,}60 \cdot 0{,}75 = 45\,\% \qquad w(\text{Fall 2}) = 0{,}40 \cdot 0{,}75 = 30\,\%$$
$$w(\text{Fall 3}) = 0{,}60 \cdot 0{,}25 = 15\,\% \qquad w(\text{Fall 4}) = 0{,}40 \cdot 0{,}25 = 10\,\%$$

Würde der Investor den Umsatz erwartungstreu schätzen, so ergäbe sich

$$E(U) = 0{,}45 \cdot 2.100 + 0{,}30 \cdot 1.500 + 0{,}15 \cdot 900 + 0{,}10 \cdot 700 = 1.600$$

Allerdings ist die erwartungstreue Schätzung nur eine Möglichkeit der Aggregation von vorliegenden Informationen; später werden wir als Alternative das sog. *Sicherheitsäquivalent* kennen lernen.

Häufig kann die Zustandsvariable nicht nur eine von mehreren gegebenen Möglichkeiten annehmen (diskrete Zustandsvariable), sondern unendlich viele Ausprägungen aufweisen, hinsichtlich derer eine bestimmte Verteilung angenommen wird (stetige Zustandsvariable). So könnte der zu erwartende Umsatz in der nächsten Periode z. B. auch als eine normalverteilte Variable mit Erwartungswert 1.600 und einer Standardabweichung von 500 modelliert werden (die Zahl der Umweltzustände ist in diesem Fall unbegrenzt). Im Zusammenhang mit der formalen Behandlung von Entscheidungsproblemen werden wir uns noch intensiver mit verschiedenen Formen zustandsabhängiger Ansprüche zu beschäftigen haben.

Zunächst allerdings verhalten wir uns wie unter (1), d. h. wir negieren die den Zahlungen anhaftende Unsicherheit und tun so, als wären auch künftige Cashflows in der jeweils angegebenen Höhe eindeutig gegeben.

Dieter Schneider bedient sich einer einprägsamen Abgrenzung von *Bertil Hållsten* und unterscheidet Zahlungsströme grundsätzlich in:[9]

- *Finanzierungen*: Das sind Zahlungsströme, die mit einer Einzahlung beginnen. Wer einen Bankkredit aufnimmt, erhält von der Bank einen Betrag, den er in der Zukunft nach einem bestimmten Zins- und Tilgungsplan zurückzahlen muss. Etwas weniger streng wäre die Formulierung, dass bei Finanzierungen der zeitliche Schwerpunkt der Einzahlungen vor dem zeitlichen Schwerpunkt der Auszahlungen liegt: Selbstverständlich sprechen wir auch dann noch von einer Finanzierung, wenn etwa zur Erlangung des Kredits eine vorherige Abschlussgebühr zu entrichten wäre.

- *Investitionen*: Das sind Zahlungsströme, die mit einer Auszahlung beginnen. Wer heute Aktien in der Erwartung kauft, künftig gute Dividenden zu erhalten und die Aktien in der Zukunft mit Gewinn wieder verkaufen zu können, tätigt eine Investition (auch, wenn sich die Investition später als „Fehlinvestition" erweisen sollte). Auch hier gibt es die etwas weniger strenge Variante, von einer Investition generell dann zu sprechen, wenn der zeitliche Schwerpunkt der Einzahlungen nach dem zeitlichen Schwerpunkt der Auszahlungen liegt. Als *Normalinvestitionen* werden allerdings nur diejenigen Investitionen bezeichnet, die mit einer Auszahlung beginnen, der dann nur noch Einzahlungen (Einzahlungsüberschüsse in der jeweiligen Periode) folgen.

Die etwas formal wirkende Unterscheidung zwischen Finanzierung und Investition macht deutlich, dass es sich bei den beiden Phänomenen um im Grunde nicht voneinander trennbare Tatbestände, um die berühmten zwei Seiten derselben Medaille handelt.

Zahlungsströme, über die in finanzwirtschaftlich korrekter Weise entschieden werden soll, müssen das Entscheidungsproblem vollständig abbilden: Sie müssen alle entscheidungsrelevanten Zahlungen enthalten und sie dürfen keine Zahlungen enthalten, die für die anstehende Entscheidung irrelevant sind:

(1) Ist etwa eine Entscheidung darüber zu treffen, ob ein bestimmtes Investitionsprojekt durchgeführt werden soll oder nicht, müssen alle diejenigen Zahlungen berücksichtigt werden, die durch das in Frage stehende Investitionsprojekt neu ausgelöst werden. Bleiben wir bei unserem Beispiel einer Entscheidung über den Kauf eines neuen LKW: Es kann sehr wohl sein, dass durch den Erwerb eines weiteren Fahrzeugs die Werkstatt überfordert ist und wir einen neuen Mechaniker einstellen müssen; da der derzeitige Personalstand ausreicht, um den aktuellen Bestand an Fahrzeugen ordnungsgemäß zu warten, wäre es falsch, die Zahlun-

---

9 *Schneider, Dieter*: Investition, Finanzierung und Besteuerung, 7. Aufl., Wiesbaden (Gabler) 1992, S. 20 f. (in Anlehnung an *Bertil Hållsten*: Investment and Financing Decisions, Stockholm 1966, S. 17 f.).

gen für den künftigen Personalstand gleichmäßig auf die Zahl der Fahrzeuge zu verteilen, um so die anstehende Belastung zu ermitteln. Die zusätzlichen Ausgaben für den neuen Mitarbeiter sind ausschließlich auf den Erwerb eines weiteren Fahrzeugs zurückzuführen und müssen demzufolge auch diesem allein zugerechnet werden. Im Grunde geht es darum, einen „Ohne-Mit-Vergleich" durchzuführen: Der entscheidungsrelevante Zahlungsstrom ist die Differenz zwischen dem Zahlungsstrom, der ohne Durchführung des Projekts zu erwarten wäre, und dem Zahlungsstrom, der anfiele, wenn das Projekt durchgeführt werden sollte.

(2) Zahlungen, die vor dem Entscheidungszeitpunkt liegen, sind irrelevant. Insbesondere gilt dies für die sog. *sunk costs*, d. h. bereits in der Vergangenheit erbrachte Investitionsausgaben. Die Aussage, dass man schon viel für eine Sache ausgegeben habe und dass daher die Einstellung des Projekts zu erheblichen Verlusten führen würde, ist finanzwirtschaftlich ebenso wenig haltbar wie die Aussage, ein Projekt dürfe nicht weitergeführt werden, weil nicht die Chance bestünde, die aufgebrachten Investitionsausgaben wieder hereinzuholen.

Beispiel: Ein Hotel hat in beiden vergangenen Jahren (t_{-1} und t_{-2}) erhebliche Ausgaben für die Errichtung eines Golfplatzes aufgebracht. Aufgrund der Errichtung einer neuen Anlage im Nachbarort müssen jetzt allerdings die Erwartungen bezüglich der Auslastung der eigenen Anlage deutlich zurückgenommen werden. Angesichts dessen, dass in der Zukunft mit jährlich 150 € nicht einmal ein Cashflow erwartet werden kann, der so hoch ist wie der 8%-Zinsertrag auf eine Anlage in Höhe der noch in t_0 aufzubringenden Mittel von 2.000 €, sollte man die vorherigen Ausgaben „abschreiben" und nicht dem schlechten Geld auch noch das gute Geld hinterherwerfen. Der mögliche Verweis auf die bereits erbrachten Leistungen geht ins Leere.

Zeit	Netto-Cashflow
t_{-2}	−1.000 €
t_{-1}	−2.000 €
t_0	−2.000 €
ab t_1	p. a. 150 €

In einem anderen Fall wurden Vorleistungen in ähnlicher Höhe erbracht. Hier wird argumentiert, eine Weiterführung des Projekts solle unterbleiben, da der zu erwartende künftige Cashflow von 360 € angesichts der investierten Summen von 5.000 € eine unzureichende Rendite von nur 7,2 % darstelle. Da lediglich heutige und zukünftige Zahlungen entscheidungsrelevant sind (dadurch, dass das Projekt eingestellt wird, werden die bereits investierten 3.000 € nicht ungeschehen gemacht), ergibt sich mit 18 % eine ordentliche Verzinsung auf den in t_0 noch aufzubringenden Investitionsbetrag von 2.000 €. Der Verweis auf Zahlungen, die vor t_0 erfolgt sind, geht ins Leere.

Zeit	Netto-Cashflow
t_{-2}	−1.000 €
t_{-1}	−2.000 €
t_0	−2.000 €
ab t_1	p. a. 360 €

1.2.2 Zahlungen und andere Rechengrößen

Die Finanzwirtschaft hat es offenbar nur mit Geldbewegungen, mit Einzahlungen und Auszahlungen zu tun; der Cashflow ist die übliche Rechengröße. In der betrieblichen Praxis gibt es allerdings auch Kosten und Leistungen bzw. Aufwendungen und Erträge, Größen, die in den finanzwirtschaftlichen Überlegungen keine Verwendung finden. Anhand eines auf *Schmalenbach* zurückgehenden klassischen Abgrenzungsschemas (Abb. 1.8) sei der Unterschied zwischen den wichtigsten Rechengrößen verdeutlicht:

Auszahlungen und Einzahlungen sind die uns bereits bekannten unmittelbaren Zahlungsgrößen, die im finanzwirtschaftlichen Denken, in der Investitionsrechnung und in Finanzrechnungen Anwendung finden. Durch Auszahlungen und Einzahlungen wird der Bestand an flüssigen Mitteln verändert; zu den liquiden Mitteln rechnet man regelmäßig den Geldbestand sowie sämtliche Bestände auf kurzfristig fälligen Konten.

Auszahlung = Abfluss liquider Mittel (negativer Cashflow)

Einzahlung = Zufluss liquider Mittel (positiver Cashflow)

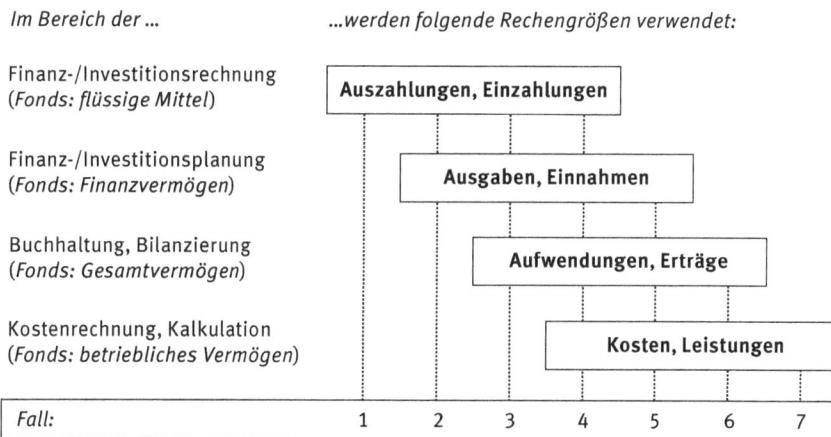

Im Bereich der ...	...werden folgende Rechengrößen verwendet:
Finanz-/Investitionsrechnung (*Fonds: flüssige Mittel*)	**Auszahlungen, Einzahlungen**
Finanz-/Investitionsplanung (*Fonds: Finanzvermögen*)	**Ausgaben, Einnahmen**
Buchhaltung, Bilanzierung (*Fonds: Gesamtvermögen*)	**Aufwendungen, Erträge**
Kostenrechnung, Kalkulation (*Fonds: betriebliches Vermögen*)	**Kosten, Leistungen**
Fall:	1 2 3 4 5 6 7

Abb. 1.8: Betriebswirtschaftliche Rechengrößen

Ausgaben und Einnahmen sind ebenfalls Begriffe aus dem finanzwirtschaftlichen Bereich, die überwiegend in der Finanzplanung Anwendung finden. Die obige Darstellung soll verdeutlichen, dass die beiden Begriffe zwar für einen Großteil von Vorgängen gleichermaßen zutreffen, keineswegs aber deckungsgleich sind. Im Gegensatz zu reinen Zahlungen werden mit Ausgaben und Einnahmen nämlich sämtliche Veränderungen im Finanzvermögen, somit z. B. auch Veränderungen im Bereich der Forderungen und Verbindlichkeiten erfasst:

Ausgaben = Auszahlungen + ΔVerbindlichkeiten − ΔForderungen

Einnahmen = Einzahlungen + ΔForderungen − ΔVerbindlichkeiten

Aufwendungen und Erträge sind Begriffe aus dem handels- und steuerrechtlichen Rechnungswesen. Da es die zentrale Aufgabe des Rechnungswesens ist, einen weitgehend periodengerechten Gewinn zu ermitteln, der für Dividendenentscheidungen Verwendung finden kann und an den auch steuerliche Konsequenzen geknüpft werden können, ist das Unternehmen gezwungen, die Ausgaben und Einnahmen verursachungsgerecht auf die einzelnen Perioden zu verrechnen. Im Interesse der Vergleichbarkeit und Rechtssicherheit schreibt der Gesetzgeber weitestgehend die Regeln vor, nach denen diese Verrechnung zu erfolgen hat. Dem hat die Definition von Aufwendungen und Erträgen Rechnung zu tragen:

Aufwendungen = Periodisierte Ausgaben (nach gesetzlichen Vorschriften)

Erträge = Periodisierte Einnahmen (nach gesetzlichen Vorschriften)

Mit Aufwendungen und Erträgen wird das Gesamtvermögen eines Kaufmanns verändert: Aufwendungen machen ihn ärmer, Erträge reicher. Dieses „Reicherwerden" kann sich allerdings rein buchmäßig niederschlagen und heißt nicht, dass dem Kaufmann auch Geld zufließt. Es kann sehr wohl sein, dass ein Unternehmen Gewinne erzielt (buchhalterischer Begriff als Differenz von Erträgen und Aufwendungen), zugleich aber Konkurs anmelden muss, weil es zahlungsunfähig ist (finanzwirtschaftlicher Begriff als Differenz zwischen Auszahlungsverpflichtungen und liquiden Mitteln).

Kosten = Bewerteter, leistungsbezogener Güterverzehr

Leistungen = Ergebnis der betrieblichen Leistungserstellung

Sehr deutlich wird der fundamentale Unterschied, der zwischen den betriebswirtschaftlichen Rechengrößen besteht, an den Abschreibungen: Die Tatsache, dass im *Handels- und Steuerrecht* die Abschreibungen dem Zweck dienen, die Anschaffungsausgaben für ein langlebiges Wirtschaftsgut auf die Jahre der Nutzung zu verteilen, hat zur Konsequenz, dass bei kürzerer als geplanter Nutzung (etwa aufgrund einer unfallbedingten Zerstörung des Wirtschaftsguts) eine Sonderabschreibung erfolgen muss, um die restlichen Anschaffungsausgaben auch noch zu „verteilen" oder dass im Falle einer längeren als geplanten Nutzung weitere Abschreibungen nicht mehr erfolgen dürfen: Es ist ja bereits alles „verteilt". Ganz anders die Abschreibungen in der *Betriebsbuchhaltung* bzw. der Kostenrechnung: Hier wird etwa bei einem Lastwagen, dessen betriebsgewöhnliche Nutzungsdauer zehn Jahre beträgt, pro Jahr der Nutzung ein Zehntel eines Lastwagens verbraucht; dieser „leistungsbezogene Güterverzehr", die technische Mengenkomponente ist sodann zu bewerten, wobei man sich selbstverständlich an den aktuellen Marktpreisen für derartige Wirtschaftsgüter orientiert: Unabhängig von der tatsächlichen Zeit der Nutzung und unabhängig von den historischen Anschaffungskosten des Fahrzeugs wird, solange und nur solange es genutzt wird, pro Jahr ein Zehntel der aktuellen Anschaffungskosten als kalkulatorische Abschreibung angesetzt. Im *finanzwirtschaftlichen Bereich* schließlich, in Investitionsrechnungen, Finanzplänen etc. bleiben Abschreibungen unberücksichtigt, da sie in der jeweiligen Periode nicht zu Zahlungen oder zu Veränderungen des

Finanzvermögens führen; eine finanzwirtschaftliche Wirkung kann allerdings indirekt dadurch ausgelöst werden, dass durch die steuerlichen Abschreibungen die Zahlungsverpflichtungen bzw. -ansprüche gegenüber dem Finanzamt eine Veränderung erfahren.

Die folgenden beispielhaft ausgewählten Geschäftsvorfälle (die Zahlen beziehen sich auf die obige grafische Darstellung) sollen ein wenig Vertrautheit mit den Begriffen vermitteln:

Fall 1: Hier handelt es sich um eine reine Einzahlung, die nicht zugleich eine Einnahme ist, z. B. der Eingang einer Debitorenforderung.

Fall 2: Eine Auszahlung, die zugleich Ausgabe ist, ohne Aufwand zu sein, wäre z. B. der Barkauf einer Maschine: Das Finanzvermögen erfährt eine Verminderung, das Gesamtvermögen des Unternehmens bleibt unverändert.

Fall 3: Der Verkauf eines nicht zum Betriebsvermögen gehörenden Grundstücks stellt einen Ertrag (sofern Verkaufspreis > Buchwert), eine Einnahme und bei sofortiger Bezahlung auch eine Einzahlung dar; eine betriebliche Leistung wurde damit nicht erbracht.

Fall 4: Wird Lohn bar gezahlt, so handelt es sich um eine Auszahlung, eine Ausgabe, eine Aufwendung und um Kosten: Sowohl die liquiden Mittel, als auch das Finanz- und das Gesamtvermögen vermindern sich; i. d. R. liegen auch Kosten vor (u. U. anders verrechnet).

Fall 5: Die Lieferung von Erzeugnissen auf Ziel stellt eine Einnahme, einen Ertrag und eine betriebliche Leistung dar; lediglich eine Einzahlung, ein Cashflow ist noch nicht erfolgt.

Fall 6: Abschreibungen sind Aufwand ohne finanzwirtschaftliche Konsequenzen; i. d. R. stellen sie auch Kosten dar (jedoch anders berechnet).

Fall 7: Kalkulatorische Zinsen auf das Eigenkapital stellen Kosten dar, haben aber weder finanz- noch erfolgswirtschaftliche Auswirkungen.

1.2.3 Planung und Kontrolle von Zahlungsströmen

Zahlungsströme sind zukunftsorientiert. Eine der zentralen Aufgaben des Finanzmanagements besteht somit darin, sich ein möglichst genaues Bild über die in näherer und weiterer Zukunft zu erwartenden Einzahlungen und Auszahlungen des Unternehmens zu verschaffen. Dazu müssen die künftigen Zahlungsströme, die das finanzwirtschaftliche Abbild sämtlicher betrieblicher Prozesse darstellen, geschätzt und aufeinander bezogen werden. Dies erfolgt in der Finanzplanung, deren primäre Aufgabe es ist, die jederzeitige Zahlungsfähigkeit des Unternehmens sicherzustellen, ohne dabei Finanzmittel der produktiven Verwendung im Unternehmen vorzuenthalten.

Wie bei jeder Form von Planung ist der Anspruch, der an die Finanzplanung gestellt wird, ein zweifacher. Zum einen ist auf der Grundlage von Zukunftserwartungen, Erfahrungswerten, der Fortschreibung vergangener Trends o. ä. eine mög-

lichst realistische Einschätzung zukünftiger Zahlungsströme vorzunehmen, um nach
Möglichkeit gegen alle Eventualitäten gewappnet zu sein (*Prognosefunktion der Finanzplanung*). Zum anderen ist der Finanzplan auch ein Instrument der aktiven
Zukunftsgestaltung auf der Basis von Grundphilosophie und Vision der jeweiligen
Unternehmung. Strategische Optionen sind zu durchdenken, auf ihre Machbarkeit
hin zu überprüfen und in allen ihren finanzwirtschaftlichen Auswirkungen genau
zu durchleuchten, um die unternehmenspolitischen Entscheidungen treffen zu können, die ihrer Verwirklichung dienlich sind (*Gestaltungsfunktion der Finanzplanung*).
Üblicherweise wird in eine kurzfristige, eine mittelfristige und eine langfristige Finanzplanung unterschieden, wobei bei der kurzfristigen eher die Prognosefunktion,
bei der langfristigen eher die Gestaltungsfunktion dominiert. Ein typischer Finanzplan könnte in etwa die folgende Gestalt aufweisen:

A. Zahlungsmittelbestand zu Periodenanfang

B. Auszahlungen
    1. ordentliche Auszahlungen (Löhne, Gehälter, Rohstoffe, Hilfsstoffe, Vorprodukte, Energie, Steu-
        ern und Abgaben, Versicherungsprämien, sonstige laufende Auszahlungen)
    2. außerordentliche Auszahlungen (Sachinvestitionen, Finanzinvestitionen, Gewinnausschüttun-
        gen, Kredittilgung, Privatentnahmen, sonstige außerordentliche Auszahlungen)

C. Einzahlungen
    1. ordentliche Einzahlungen (Barverkäufe, Eingänge von Forderungen aus Lieferungen und Leis-
        tungen, sonstige ordentliche Einzahlungen)
    2. außerordentliche Einzahlungen (Anlagenverkäufe, Zinserträge, Beteiligungserträge, Auflösung
        von Finanzinvestitionen, beschlossene Kapitalerhöhungen, sonstige außerordentliche Einzah-
        lungen)

D. Über- oder Unterdeckung (= $A - B + C$)

E. Ausgleichs- und Anpassungsmaßnahmen
    1. bei Unterdeckung (Kontoüberziehung, Wertpapierverkäufe, verzögerte Zahlung, Kreditaufnah-
        me, Eigenkapitalerhöhung, zusätzliche Desinvestitionen, Einforderung gewährter Darlehen,
        sonstige Maßnahmen)
    2. bei Überdeckung (Kreditrückzahlungen, Anlagen am Kapitalmarkt, Anlage am Geldmarkt, sons-
        tige Maßnahmen)

F. Zahlungsmittelbestand zu Periodenende

Bei der kurzfristigen Finanzplanung steht das Ziel im Vordergrund, die jederzeitige
Zahlungsfähigkeit des Unternehmens zu sichern; sie ist ein unverzichtbares Instrument im Rahmen des sog. Cash Managements. Die Planungseinheit ist ein Tag und
der Planungshorizont geht selten über einen Monat hinaus; i. d. R. wird der Plan
rollierend angepasst, d. h. zum einen täglich so ergänzt, dass der Planungshorizont
selbst konstant bleibt, zum anderen immer wieder auf Basis neuer Informationen
aktualisiert. Im Rahmen eines solchen, häufig auch als Liquiditätsstatus bezeichneten kurzfristigen Finanzplans werden sämtliche erwarteten Ein- und Auszahlungen
erfasst; meist wird dabei in ordentliche Zahlungen (aus dem betrieblichen Umsatzpro-

zess resultierend) und außerordentliche Zahlungen (überwiegend aus Investitions- und Finanzierungstätigkeit) unterschieden. Bei internationalen Unternehmen, die ein aktives Währungsmanagement betreiben, erfolgt die Erfassung dieser Zahlungsströme getrennt nach den wichtigsten Währungen. Außerdem werden die absehbaren Ausgleichs- und Anpassungsmaßnahmen bei Finanzmittelüber- bzw. Unterdeckungen aufgeführt. Ein in dieser Weise aufgebauter Finanzplan könnte in etwa dem oben dargestellten Muster entsprechen.

Geht es bei der kurzfristigen Finanzplanung in erster Linie um die Sicherung der jederzeitigen Zahlungsbereitschaft bei gleichzeitiger Beachtung des Prinzips wirtschaftlichen Kapitaleinsatzes, so stehen bei der mittel- und langfristigen Finanzplanung strategische Überlegungen und die damit verbundenen Veränderungen im Kapitalbedarf der Unternehmung im Vordergrund. Der Planungshorizont bei der mittelfristigen Finanzplanung beläuft sich auf drei bis fünf Jahre, wobei es im Wesentlichen darum geht, den Kapitalbedarf für die während des Planungshorizonts vorgesehenen Investitionen sicherzustellen und zu optimieren: dabei sind u. a. Fragen nach dem Timing etwaiger Kapitalmaßnahmen, nach dem Verhältnis zwischen Eigen- und Fremdkapital, nach der Art der Kapitalbeschaffung (z. B. Wertpapieremission, Bankkredit, Selbstfinanzierung) zu beantworten. Das wesentliche Instrument der mittelfristigen Finanzplanung ist die prospektive Kapitalflussrechnung, in der Mittelverwendung und Mittelherkunft einander gegenübergestellt werden. Die langfristige Finanzplanung ist Ausfluss der strategischen Orientierung des Unternehmens und erstreckt sich üblicherweise über einen Zeitraum von fünf bis zwanzig Jahren. Dabei geht es um Fragen der grundsätzlichen Unternehmensausrichtung, um etwaige Änderungen der Rechtsform, um geplante Abstoßung von Unternehmensteilen, um beabsichtigte Unternehmenskäufe und Fusionen (M&A-Geschäft) etc. Seinen Niederschlag findet die langfristige Finanzplanung typischerweise in Planbilanzen und Plan-Erfolgsrechnungen, die anzeigen sollen, wo das Unternehmen nach dem derzeitigen Stand der Planung in Zukunft zu stehen beabsichtigt.

1.3 Bewertung von Zahlungsströmen unter Sicherheit

Die ökonomische Begründung für die Wahl des Barwerts als Bewertungskriterium eines Zahlungsstroms haben wir im Rahmen des *Fisher*-Modells bereits kennen gelernt: Existiert annahmegemäß ein vollkommener Kapitalmarkt, so ist zur Beurteilung eines sicheren Zahlungsstroms ausschließlich seine Höhe von Bedeutung: Maßstab für die Höhe des Zahlungsstroms ist der Barwert.

In der Realität ist die Bedingung des vollkommenen Kapitalmarkts natürlich nicht erfüllt, wenngleich nicht grob verletzt, wenn wir es mit einem Unternehmen zu tun haben, das selbst kapitalmarktfähig ist und über ein gutes Cash-Management verfügt. Dennoch orientiert sich die Praxis nicht an einem noch so logischen wirtschaftstheoretischen Modell, sondern sucht Wege, ein gegebenes Problem zu lösen. Die Bewertung von Zahlungsströmen ist zweifelsohne ein für die betriebliche Praxis extrem wichtiges Problem, zu dessen Lösung verschiedene Ansätze entwickelt wurden. Viele dieser Lösungsvorschläge sind allerdings dermaßen fragwürdig, dass man nicht mehr tun sollte, als sie zu erwähnen. Dies gilt z. B. für die

- *Kostenvergleichsmethode*, bei der ausschließlich die entstehenden Kosten alternativer Projekte gegenübergestellt werden und die daher nur dann sinnvollerweise angewandt werden kann, wenn sich diese in allen anderen Leistungsmerkmalen (Projektlaufzeit, Erlöse, zeitliche Verteilung von Kosten und Erlösen u. a.) nicht unterscheiden; genau dies dürfte im Regelfall nicht gegeben sein, da zu erwarten ist, dass Projekte, die höhere Kosten verursachen, auch höhere Leistungspotenziale aufweisen;
- *Gewinnvergleichsmethode*, die das vorgenannte Problem zwar etwas entschärft, aber ebenfalls insofern problematisch ist, dass sie aufgrund einer einfachen Extrapolation des nächsten Gewinns in die Zukunft dem Unterschied im zeitlichen Anfall der Gewinne nicht Rechnung trägt; hinzu tritt das Problem, dass ein buchhalterischer statt eines ökonomischen, wertorientierten Gewinnbegriffs handlungsleitend wird;
- *Pay-off-Methode*, die zwar durchaus zahlungsstromorientiert ist, da sie die Investitionsalternativen danach unterscheidet, wie lange es dauert, bis die anfängliche Investitionsausgabe durch Rückflüsse abgedeckt ist; indem sie jedoch die zeitlich nach dem pay-off erfolgenden Zahlungen vernachlässigt, verzichtet sie auf wichtige Informationen.

Im Folgenden wenden wir uns daher nur den (häufig als dynamisch bezeichneten) Verfahren zu, die sich ausschließlich an erwarteten Cashflows orientieren und die der zeitlichen Struktur der Zahlungsvorgänge in vollem Umfang Rechnung tragen.

1.3.1 Der Kapitalwert

Der Kapitalwert K_0 einer von $t = 0 \ldots n$ laufenden Zahlungsreihe berechnet sich als die Summe sämtlicher auf den Jetztzeitpunkt bezogener Barwerte, d. h. aller auf den Jetztzeitpunkt t_0 abgezinster Zahlungen Z_t:

$$K_0 = Z_0 + \frac{Z_1}{q} + \frac{Z_2}{q^2} + \frac{Z_3}{q^3} + \cdots + \frac{Z_n}{q^n} = \sum_{t=0}^{n} \frac{Z_t}{q^t}$$

$q = 1 + r$ (Zinsfaktor)

In diesem Text wird unter dem Begriff *Barwert* jedwede auf t_0 („heute") abgezinste Zahlung oder Zahlungsreihe verstanden; als *Kapitalwert* wird ein Barwert nur dann bezeichnet, wenn er sämtliche Zahlungen eines Zahlungsstroms, mithin auch die Anfangsauszahlung umfasst, als *Ertragswert*, wenn bei Finanz- oder Realinvestitionen der anfänglich investierte Betrag, die Anfangsauszahlung Z_0, unberücksichtigt bleibt.

In der angelsächsischen Literatur wird der Kapitalwert üblicherweise als *net present value* (NPV) und der Ertragswert als *present value* (PV) bezeichnet.

Da der Kapitalwert angibt, wie hoch angesichts des gewählten Zinssatzes der Gegenwartswert des Zahlungsstroms ist, gilt, dass es vorteilhafter ist, über einen Zahlungsstrom mit positivem Kapitalwert zu verfügen, als dies nicht zu tun. Das Entscheidungskriterium lautet somit: Eine Investition oder eine Finanzierung ist stets dann vorteilhaft,

- wenn der Kapitalwert (NPV) positiv ist;
- oder, was dasselbe aussagt, wenn bei Normalinvestitionen der Ertragswert größer als der zu investierende Betrag Z_0 ist.

Da es unter Existenz eines vollkommenen Kapitalmarkts letztlich nur auf die Höhe des Zahlungsstroms ankommt, gilt auch, dass bei Auswahlentscheidungen diejenige Investition anderen vorzuziehen ist, die den höchsten Kapitalwert aufweist.

Beispiel: Von den folgenden vier Zahlungsströmen A, B, C und D

t	A	B	C	D
t_0	−100	200	−156	120
t_1	30	−18	50	0
t_2	35	−18	50	0
t_3	20	−18	50	0
t_4	40	−218	50	−180

erweisen sich bei einem Zinssatz von 8 % die Zahlungsströme A und C als vorteilhaft.

$$K_{0A} = -100 + 30/1{,}08 + 35/1{,}08^2 + 20/1{,}08^3 + 40/1{,}08^4 = 3{,}06$$
$$K_{0B} = 200 - 18/1{,}08 - 18/1{,}08^2 - 18/1{,}08^3 - 218/1{,}08^4 = -6{,}62$$
$$K_{0C} = -156 + 50/1{,}08 + 50/1{,}08^2 + 50/1{,}08^3 + 50/1{,}08^4 = 9{,}61$$
$$K_{0D} = 120 \qquad\qquad\qquad\qquad\qquad - 180/1{,}08^4 = -12{,}31$$

Bei einer Zinsrate von 10 % jedoch erweisen sich die Zahlungsströme B und C als vorteilhaft:

$$K_{0A} = -100 + 30/1{,}10 + 35/1{,}10^2 + 20/1{,}10^3 + 40/1{,}10^4 = -1{,}46$$
$$K_{0B} = 200 - 18/1{,}10 - 18/1{,}10^2 - 18/1{,}10^3 - 218/1{,}10^4 = 6{,}34$$
$$K_{0C} = -156 + 50/1{,}10 + 50/1{,}10^2 + 50/1{,}10^3 + 50/1{,}10^4 = 2{,}49$$
$$K_{0D} = 120 \qquad\qquad\qquad\qquad\qquad - 180/1{,}10^4 = -2{,}94$$

Wie zu erkennen ist, ist eine Investition (A, C) umso günstiger, je niedriger der Kalkulationszins ist, eine Finanzierung (B, D) hingegen ist umso günstiger, je höher der Zins ist.

Wenn die Zahlungsreihe aus stets gleichen Zahlungen besteht, lässt sich die Kapitalwertformel vereinfachen. Betrachten wir eine nachschüssige Rentenzahlung in Höhe von Z. Multipliziert man den Zahlungsstrom mit $-q$ und addiert diesen zum ursprünglichen Zahlungsstrom dazu, so erhält man:

$$K_0 = \quad +\frac{Z}{q} + \frac{Z}{q^2} + \frac{Z}{q^3} + \cdots + \frac{Z}{q^{n-1}} \quad + \frac{Z}{q^n}$$

$$-q \cdot K_0 = -Z - \frac{Z}{q} - \frac{Z}{q^2} - \frac{Z}{q^3} - \cdots - \frac{Z}{q^{n-1}}$$

$$\overline{K_0(1-q) = -Z \hspace{5cm} + \frac{Z}{q^n}}$$

$$K_0 = \frac{Z \cdot (q^n - 1)}{(q^n \cdot r)} \quad \text{(Barwert einer endlichen Rente)}$$

Der Bruch stellt den *Rentenbarwertfaktor* dar, mit dem der Ertragswert nachschüssiger, über n Perioden laufender Renten einfach ermittelt werden kann. Geht n gegen unendlich, so konvergiert Z/q^n gegen null:

$$K_0 = -\frac{Z}{(1-q)} = \frac{Z}{r} \quad \text{(Barwert einer unendlichen Rente)}$$

Beispiel: Bei einem Zinssatz von 8 % weist eine Rente von jährlich 2.000 € und fünf Jahren Laufzeit einen Wert von

$$K_0 = 2.000 \cdot (1{,}08^5 - 1)/(1{,}08^5 \cdot 0{,}08) = 7.985{,}42 \, €$$

auf. Eine ewige Rente von 2.000 € hingegen hätte einen Wert von

$$K_0 = 2.000/0{,}08 = 25.000 \, € \, .$$

Kapitalwert und Kalkulationszinssatz

Das Entscheidende bei der Ermittlung des Kapitalwerts ist die Wahl des Kalkulationszinses. In einer Welt sicherer Erwartungen und unter Geltung eines vollkommenen Kapitalmarkts ist die Wahl des Zinssatzes kein Problem: Wenn es zu jeder Zeit möglich ist, zu einem bestimmten Zinssatz Geld anzulegen oder Geld aufzunehmen, kann der richtige Kalkulationszinssatz nur der Marktzinssatz r sein. Sind die Bedingungen eines vollkommenen Kapitalmarkts nicht erfüllt, so ist zu unterscheiden:
- Wer zur Durchführung der Investition einen Kredit aufnehmen muss, muss in der Lage sein, aus den Rückflüssen mindestens den Kredit einschließlich der Kreditzinsen zurückzuzahlen; da somit die *Fremdkapitalkosten* den Maßstab bilden, sind sie als Kalkulationszins anzusetzen.
- Wer hingegen für die Investition eigene Mittel aufbringt, wird die Eigenkapitalkosten ansetzen. Da für Eigenkapital keine Zinszahlungen zu entrichten sind, sind die nach dem Opportunitätskostenprinzip ermittelten *Eigenkapitalkosten* anzu-

setzen: Die entgangenen Zinsen auf die beste durch die Investition gerade verdrängte Alternative. Die beste verdrängte Alternative kann
- der Zinssatz sein, der mit der besten alternativen Realinvestition hätte erzielt werden können (= deren interner Zins; dazu s. u.);
- der Habenzins auf dem Kapitalmarkt für Anlagen sein, die der Investitionssumme nach Betrag und Bindungsdauer entsprechen;
- der sofortige Konsum der Mittel sein, wenn der Zinssatz geringer ist als die Zeitpräferenzrate des Investors, d. h. wenn der in Aussicht gestellte künftige Mehrkonsum dem Investor keinen hinreichenden Anreiz liefert, auf heutigen Konsum zu verzichten.
- Bei Finanzierungen sind die Zinsen, die für die Alternative mit den besten Konditionen gezahlt werden müssten, als Kalkulationszinssatz anzusetzen.

Grundsätzlich gilt, dass je höher der Zinssatz ist, mit dem die Abzinsung erfolgt, umso niedriger ist ceteris paribus der Kapitalwert eines Investitionsprojekts bzw. umso höher ist der Kapitalwert einer Finanzierung. Dieser Zusammenhang findet seinen Ausdruck in der Kapitalwertfunktion $K_0(r)$, die unterschiedliche Verläufe annehmen kann, wie zunächst einmal am Beispiel der beiden Zahlungsströme A und B (Abb. 1.9) gezeigt werden soll.

t	t_0	t_1	t_2	t_3	t_4
Zahlungsstrom A	−100	30	35	20	40
Zahlungsstrom B	200	−18	−18	−18	−218

Zahlungsstrom A stellt eine einfache Investition, Zahlungsstrom B eine einfache Finanzierung dar. Ein Zahlungsstrom gilt dann als „einfach", wenn er nur einen Vorzeichenwechsel aufweist; da dieser bei Zahlungsstrom A unmittelbar nach der Anfangsauszahlung erfolgt, handelt es sich sogar um eine Normalinvestition. Einfache Zahlungsströme sind im Bereich positiver Zinsen monoton fallend (Investitionen)

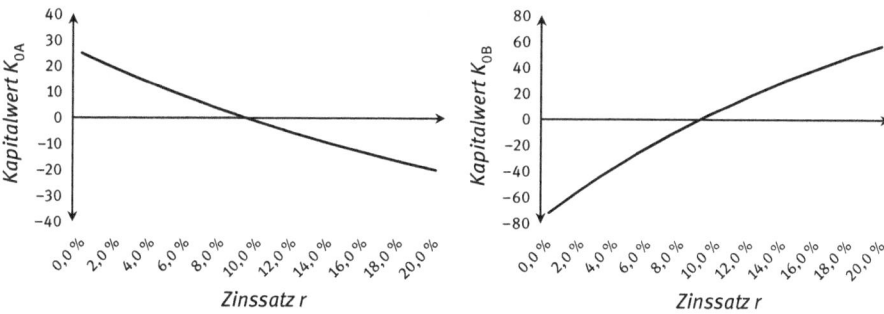

Abb. 1.9: Die Kapitalwertfunktion

oder monoton steigend (Finanzierungen); sie weisen damit auch nur höchstens einen Schnittpunkt mit der Abszisse auf.

Der Ordinatenabschnitt der Kapitalwertfunktion entspricht, da bei einem Zinssatz von 0 % keine Abzinsung künftiger Zahlungen erfolgt, der Summe aller Zahlungen (+25 bei Zahlungsstrom A; −72 bei Zahlungsstrom B); geht der Zinssatz gegen unendlich, so geht der Barwert aller künftigen Zahlungen gegen null und die Kapitalwertfunktion nähert sich asymptotisch der Anfangszahlung Z_0 an (−100 bei Zahlungsstrom A; +200 bei B).

Zinsen und Zeit

Wer einen Bankkredit aufnimmt, zahlt mit seinen Zinsen für drei verschiedene Dinge: Er zahlt zunächst einmal dafür, dass der Kapitalgeber ihm finanzielle Mittel für eine bestimmte Zeitdauer überlässt (*price of time*), weiter dafür, dass die Bank das Risiko auf sich nimmt, u. U. die versprochene Rückzahlung nicht zu erhalten (*price of risk*), und letztlich zahlt er natürlich auch seinen Teil für die ihm erbrachte Dienstleistung, für die der Bank Kosten entstanden sind sowie für den Gewinn der Bank (*price of service*). Da wir bislang von der Risikodimension abstrahiert haben und Transaktionskostenfreiheit unterstellen, ist vorerst der *price of time*, der Faktor Zeit, die zentrale Dimension von Zinsen. Wenn von Zinsen die Rede ist, sollte mindestens klar sein:

– zu welchen Zeitpunkten die Zinsen anfallen;
– für welche Zeitspannen die Zinsen gezahlt werden;
– für welche Laufzeiten die Zinsen vereinbart werden;
– wann die Zahlungsströme, für die die Zinsen gelten, beginnen.

Im Allgemeinen gehen wir davon aus, dass Zinszahlungen am Ende der Periode erfolgen, für die sie bezahlt werden. In diesem Fall spricht man von nachschüssigen oder dekursiven Zinsen. Es kann allerdings auch vorkommen, dass vorschüssige oder antizipative Zinsen vereinbart werden, bei denen die Zahlung jeweils am Beginn der jeweiligen Zinsperiode zu erfolgen hat.

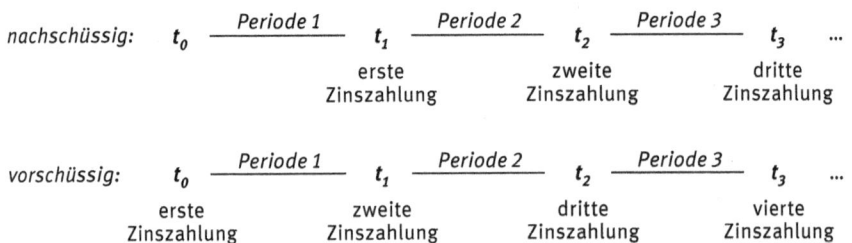

		Periode 1		Periode 2		Periode 3		
nachschüssig:	t_0		t_1		t_2		t_3	...
			erste Zinszahlung		zweite Zinszahlung		dritte Zinszahlung	
vorschüssig:	t_0		t_1		t_2		t_3	...
		erste Zinszahlung		zweite Zinszahlung		dritte Zinszahlung		vierte Zinszahlung

Die Umrechnung nachschüssiger (r) in vorschüssige Zinsen (r_{vor}) ist einfach: Fließen die Zinsen schon zu Beginn der Periode zu und können für den Rest der Periode zum

Satz r angelegt werden, so muss gelten, dass $r = r_{\text{vor}} \cdot (1 + r)$, d. h. der äquivalente vorschüssige Zins errechnet sich als:

$$r_{\text{vor}} = \frac{r}{(1 + r)}$$

Im Rahmen dieses Textes wird, wenn nichts Anderes gesagt ist, allerdings stets angenommen, dass Zinsen nachschüssig zu zahlen sind.

Beispiel: Ein über drei Jahre laufender Kredit über 100 mit einem Zinssatz von 8 % (nachschüssig) führt zum selben Ergebnis wie ein Kredit, dessen Zinsen antizipativ in Höhe von $r_{\text{vor}} = 0{,}08/1{,}08 = 0{,}0740740\ldots$ gezahlt würden. Die Zahlungsströme ohne Anfangsauszahlung, jeweils mit 8 % aufgezinst nach t_3, ergeben:

t	nachschüssige Verzinsung CF	nachschüssige Verzinsung aufgezinst nach t_3	vorschüssige Verzinsung CF	vorschüssige Verzinsung aufgezinst nach t_3
t_0	–	–	7,41	9,33
t_1	8,00	9,33	7,41	8,64
t_2	8,00	8,64	7,41	8,00
t_3	108,00	108,00	100,00	100,00
		Wert in t_3: 125,97		**Wert in t_3: 125,97**

Die Kapitalwerte beider Zahlungsströme sind natürlich null.

Zinsen werden grundsätzlich in *Prozent pro Jahr* (p. a. = per annum) ausgewiesen, was die Vergleichbarkeit von Zinssätzen, etwa für Kredite mit verschiedenen Laufzeiten, wesentlich vereinfacht. Dies macht allerdings dann Anpassungen erforderlich, wenn die Zahlungsströme nicht in Jahreszeitspannen, sondern halbjährlich, quartalsmäßig, monatlich, wöchentlich o. ä. ausgewiesen sind; bei Bank- oder Bausparkrediten ist dies regelmäßig der Fall. Erfreulicherweise müssen mittlerweile lt. Verordnung Nr. 1072/2013 der Europäischen Zentralbank bei allen Konsumenten- und Wohnbaukrediten (an private Haushalte) auch die effektiven Jahreszinsen angegeben werden.

Ein finanzwirtschaftlich korrekter unterjähriger Zinssatz ist der *konforme Zins*, derjenige Zinssatz, der bei unterjähriger Verzinsung unter Berücksichtigung der Wiederanlage zu einem Ergebnis führt, das einer Jahresanlage zum jeweiligen Zins p. a. entspricht. Bei einer Anlage von 1 € zum jährlich nachschüssig gezahlten Zinssatz r wird nach einem Jahr ein Betrag von $1 + r$ erzielt; fließen hingegen die Zinsen m-mal während des Jahres (d. h. jeweils in Höhe von einem m-tel des Jahreszinses) zu, so muss gelten:

$$(1 + r) = \left(1 + \frac{r_m}{m}\right)^m$$

Löst man nach r_m auf, so erhält man den konformen (oder äquivalenten) unterjährigen Zins $r_m = m \cdot [(1 + r)^{1/m} - 1]$. Geht m gegen unendlich, so erhalten wir als Grenzwert des konformen Zinses die kontinuierliche Zinsrate (*continuous rate of return*), die bei finanztheoretischen Modellierungen häufig Anwendung findet. Die folgende Tabelle zeigt zu einigen gängigen Jahreszinssätzen die dazu gehörenden unterjährigen Zinssätze sowie den kontinuierlichen Zinssatz; wie man sieht, ist bereits bei wöchentlichen Zinssätzen der Unterschied zur kontinuierlichen Verzinsung minimal:

Zahlungsweise	Zahlungen p. a.	konformer Zinssatz			
jährlich		4,0000 %	6,0000 %	8,0000 %	10,0000 %
halbjährlich	2	3,9608 %	5,9126 %	7,8461 %	9,7618 %
quartalsweise	4	3,9414 %	5,8695 %	7,7706 %	9,6455 %
zwei-monatlich	6	3,9349 %	5,8553 %	7,7457 %	9,6071 %
monatlich	12	3,9285 %	5,8411 %	7,7208 %	9,5690 %
wöchentlich	52	3,9236 %	5,8302 %	7,7018 %	9,5398 %
täglich	365	3,9223 %	5,8274 %	7,6969 %	9,5323 %
kontinuierlich	unendlich	3,9221 %	5,8269 %	7,6961 %	9,5310 %

Beispiel: Einem Jahreszins von 8 % bei jährlicher Zinsabrechnung entspricht ein monatlicher Zins in Höhe von 7,7208/12 = 0,6434 % bzw. ein kontinuierlicher Zins in Höhe von 7,6961 %, denn es gilt, dass $e^{0,076961} - 1 = 0,08$.

Auf der anderen Seite kann natürlich auch zu einem unterjährigen, banktypisch verrechneten Nominalzins der Effektivzins ermittelt werden:

Zahlungsweise	Zahlungen p. a.	Effektivzinssatz			
Nominalzins		4,0000 %	6,0000 %	8,0000 %	10,0000 %
halbjährlich	2	4,0400 %	6,0900 %	8,1600 %	10,2500 %
quartalsweise	4	4,0604 %	6,1364 %	8,2432 %	10,3813 %
monatlich	12	4,0673 %	6,1678 %	8,3000 %	10,4713 %
wöchentlich	52	4,0742 %	6,1800 %	8,3220 %	10,5065 %
täglich	365	4,0795 %	6,1831 %	8,3278 %	10,5156 %
kontinuierlich	unendlich	4,0808 %	6,1837 %	8,3287 %	10,5171 %

Beispiel: Bei einem Zinssatz p. a. von 8 % ist monatlich 8/12 = $^2/_3$ % zu bezahlen; dies entspricht einem jährlichen Effektivzins von 8,3 %; eine kontinuierliche Verzinsung in Höhe von 8 % führt zu einer effektiven Zinsbelastung von $e^{0,08} - 1 = 0,083287$.

Bislang war immer nur von dem Jahreszins die Rede, d. h. es wurde implizit unterstellt, dass es einen Zinssatz gibt, der für alle Laufzeiten, auf kurze wie auf lange Fristen gleich ist. In der Realität ist das regelmäßig nicht der Fall: Zinsen variieren mit den Fristigkeiten, was seinen Ausdruck in der sog. *Zinskurve* oder *Zinsstruktur* (term structure of interest rates) findet; die Zinskurve stellt den Zusammenhang zwischen den Restlaufzeiten für Kredite (korrekterweise nicht ausfallgefährdete Zero-Bonds) und

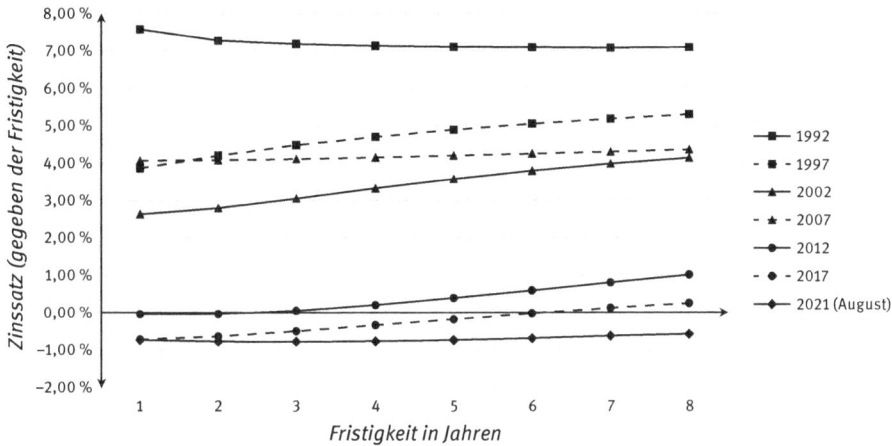

Abb. 1.10: Exemplarische Zinsstrukturkurven

den derzeit am Markt gehandelten Zinssätzen für eben diese Restlaufzeiten dar. Je nach Verlauf der Zinskurve spricht man von einer

- *steigenden Zinsstruktur*, wenn die Zinsen umso höher sind, je langfristiger die Mittel gebunden sind; da moderat steigende Zinskurven im langjährigen Mittel überwiegen, spricht man dabei auch von einer *normalen Zinsstruktur*;
- *flachen Zinsstruktur*, wenn die Zinsen für alle Fristigkeiten gleich sind;
- *fallenden Zinsstruktur*, wenn die Zinsen für kurze Fristen höher sind als die für lange Fristen; da dies eher selten auftritt, spricht man auch von einer *inversen Zinsstruktur*.

Ein Blick in die Zinsstatistik der Deutschen Bundesbank[10] macht deutlich, dass es in den letzten Jahrzehnten die unterschiedlichsten Formen von Zinsstrukturen gegeben hat. Abb. 1.10 veranschaulicht eine Auswahl von Zinsstrukturkurven. Während in den Jahren 1991 und 1992 eine inverse Zinsstruktur bei extrem hohem Zinsniveau zu verzeichnen war, verliefen die Zinsen in den Jahren 1993, 1998, 2000 und 2005–2007 im Wesentlichen flach, d. h. der achtjährige Zins lag nicht um mindestens hundert Basispunkte über dem für einjährige Anlagen. In den Jahren ab 2008 herrschte eine normale, d. h. mehr oder minder stark steigende Zinsstruktur vor, wobei ein hoher Zinsspread (Differenz zwischen kurz- und langfristigen Zinssätzen) wie in den Jahren 1997 oder 2002 darauf hindeutet, dass der Markt mit einem Anstieg des Zinsniveaus gerechnet hat. Die Auswirkungen der Finanzkrise im Jahr 2008, der Schuldenkrise in Europa ab dem Jahr 2010 und der Covid-19 Pandemie in den Jahren 2020 und 2021

---

10 *Deutsche Bundesbank*, Kapitalmarktstatistik (erscheint monatlich als „Statistisches Beiheft"), www.bundesbank.de, Tabelle 2, 7e.

sind deutlich an den dramatisch gesunkenen Zinsen, die seitdem vorherrschen, zu erkennen. Im Jahr 2011 wurden am Rentenmarkt, erstmalig in der Geschichte, negative Zinssätze für kurze Fristigkeiten verzeichnet. Im Jahr 2016 sowie in den Jahren 2019–2021 verlief die Zinsstrukturkurve für Restlaufzeiten von bis zu zehn Jahren im negativen Bereich.

Im Falle anderer als flacher Zinskurven ist die obige Kapitalwertformel natürlich inkorrekt; jede in t_n liegende Zahlung muss mit dem Zinsfaktor q_n abgezinst werden, der für eine entsprechende Mittelbindung am Markt notiert; es muss also geschrieben werden:

$$K_0 = Z_0 + \frac{Z_1}{q_1} + \frac{Z_2}{q_2^2} + \frac{Z_3}{q_3^3} + \cdots + \frac{Z_n}{q_n^n} = \sum_{t=0}^{n} \frac{Z_t}{q_t^t}$$

$$q_t = 1 + r_t \quad \text{(Zinsfaktor für } t\text{-periodige Mittelbindung)}$$

Beispiel: Betrachten wir noch einmal die obige Investition A. Ihr Kapitalwert wurde bei 8 % (flache Zinsstruktur) kalkuliert und betrug 3,06. Unterstellen wir allerdings die steigende Zinsstruktur

Restlaufzeit in Jahren:	1	2	3	4
Zinssatz in %:	6,0	7,0	7,5	8,0

so ergibt sich ein Kapitalwert in Höhe von 4,37:

Zeit	CFA	flache Zinsstruktur (8,0 %)		steigende Zinsstruktur	
t_0	−100,00		−100,00		−100,00
t_1	30,00	$30/1{,}08^1 =$	27,78	$30/1{,}060^1 =$	28,30
t_2	35,00	$35/1{,}08^2 =$	30,01	$35/1{,}070^2 =$	30,57
t_3	20,00	$20/1{,}08^3 =$	15,87	$20/1{,}075^3 =$	16,10
t_4	40,00	$40/1{,}08^4 =$	29,40	$40/1{,}080^4 =$	29,40
		Kapitalwert:	**3,06**	**Kapitalwert:**	**4,37**

Bei Zahlungsströmen, bei denen es auf höchste Genauigkeit ankommt, wird in dieser Weise verfahren; dies ist z. B. bei der Bewertung börsennotierter Anleihen oder bestimmter derivativer Finanztitel der Fall. Bei Aktien hingegen oder bei den meisten Realinvestitionen ist angesichts dessen, dass der Zahlungsstrom das Ergebnis von Prognosen und Planungen ist, die mit erheblicher Unsicherheit behaftet sind, eine zinskurvengerechte Abzinsung ein übertriebener Aufwand.

Die Statistiken der Notenbanken berichten über die Zinssätze, die in der Vergangenheit zu zahlen waren. Die aktuelle Zinskurve gibt an, welche Zinsen für Kredite mit unterschiedlichen Laufzeiten zu zahlen sind, wenn diese Kredite heute aufgenommen werden. Im Wirtschaftsleben ist aber häufig wichtig, heute diejenigen Zinssätze zu kennen, die für in der Zukunft aufzunehmende oder anzulegende Gelder gezahlt werden: Der Bauherr, der weiß, dass er in einem halben Jahr einen Kredit aufnehmen muss, ist ebenso an künftigen Zinssätzen interessiert wie der Cash-Manager eines Unternehmens, dem in einem Quartal eine größere Summe zufließt, die er dann möglichst gut für ein weiteres halbes Jahr anlegen soll. Zinssätze, die auf Zahlungsströme Anwendung finden, die heute beginnen, nennt man *Kassa-Zinssätze* oder *spot rates*, Zinssätze, die auf Zahlungsströme Anwendung finden, die zwar heute vereinbart werden, die aber erst in der Zukunft beginnen, nennt man *Termin-Zinssätze* oder *forward rates*. Zur Kennzeichnung der Zinssätze ist es zweckmäßig, die folgende Notation zu verwenden: Dem Zinssatz r werden zwei Indexziffern angefügt, von denen die erste den Zeitpunkt markiert, an dem der Zahlungsstrom beginnt, und die zweite Indexziffer den Zeitpunkt, an dem er endet; alle Zinssätze, bei denen die erste Indexziffer eine null ist (wie r_{01}, r_{02}, r_{03}) sind folglich Kassa-Zinssätze (spot rates) und alle Zinssätze, bei denen die erste Indexziffer größer als null ist (wie r_{12}, r_{13}, r_{45}), sind Termin-Zinssätze (forward rates):

r_{01}	$t_0 — t_1$	spot rate für Jahresgelder
r_{02}	$t_0 ———— t_2$	spot rate für Zwei-Jahresgelder
r_{04}	$t_0 ———————— t_4$	spot rate für Vier-Jahresgelder
r_{13}	$t_1 ———— t_3$	forward rate für Zwei-Jahresgelder, beginnend in t_1
r_{14}	$t_1 ———————— t_4$	forward rate für Drei-Jahresgelder, beginnend in t_1
r_{23}	$t_2 — t_3$	forward rate für Jahresgelder, beginnend in t_2
r_{34}	$t_3 — t_4$	forward rate für Jahresgelder, beginnend in t_3

Wenn wir es mit einem vollkommenen Kapitalmarkt zu tun haben, in dem Soll- und Habenzinsen gleich sind, ergeben sich die forward rates aufgrund der Arbitragefreiheitsbedingung zwingend aus den spot rates, denn selbstverständlich darf es dann keinen Unterschied machen, ob jemand, der sein Geld für zwei Jahre anlegen will, dies durch eine Anlage zum aktuellen Zwei-Jahres-Kassa-Zins tut, oder derart, dass er es zunächst zum Ein-Jahres-Kassazins und nach einem Jahr zum Ein-Jahres-Terminzins anlegt. Grundsätzlich muss für jeden Zeitpunkt t_X ($t_0 < t_X < t_N$) gelten, dass

$$(1 + r_{0N})^N = (1 + r_{0X})^X \cdot (1 + r_{XN})^{N-X}$$

Löst man dies nach r_{XN} auf, so erhält man die *implizite forward rate*

$$r_{XN} = \left[\frac{(1 + r_{0N})^N}{(1 + r_{0X})^X} \right]^{\frac{1}{N-X}} - 1$$

d. h. die Termin-Zinsrate, die sich aus einer gegebenen Zinskurve errechnet und die unter den Bedingungen eines vollkommenen Kapitalmarktes, in dem Arbitragemöglichkeiten ausgeschlossen wären, gelten müsste.

Beispiel: Unter Geltung der Zinskurve

Restlaufzeit in Jahren:	1	2	3	4
Zinssatz in %:	2,0	3,0	3,5	4,0

errechnet sich z. B. der Terminzins r_{24}, der Zins, der heute für Zwei-Jahres-Anlagen, die in zwei Jahren beginnen, vereinbart wird, als

$$r_{24} = [1,04^4/1,03^2]^{1/2} - 1 = 0,0500971 \approx 5,0\,\%$$

Ein Kapitalanleger, der 10 € für vier Jahre zum Zinssatz r_{04} oder erst für zwei Jahre zu r_{02} und dann für weitere zwei Jahre zu r_{24} anlegt, erreicht in t_4 das gleiche Endvermögen in Höhe von

$$10\,€ \cdot 1,04^4 = 10\,€ \cdot 1,03^2 \cdot 1,05^2 \approx 11,70\,€$$

Selbstverständlich wird jemand, der Geld anzulegen hat und mit steigenden Zinssätzen rechnet, es vorziehen, sein Geld zunächst kurzfristig zu veranlagen, um es dann später zu besseren Zinsen neu anlegen zu können. Andererseits wird ein Kreditnehmer, der mit einem Anstieg des Zinsniveaus rechnet, versuchen, noch rechtzeitig einen möglichst langfristigen Kredit aufzunehmen. Erwartet die Mehrheit der Marktteilnehmer steigende Zinsen, so müsste, um einen Marktausgleich herbeizuführen, bereits jetzt der Zinssatz für langfristige Titel höher sein als der für kurzfristige: die Anleger erhalten so eine Entschädigung für den Verzicht auf den Revolvierungsvorteil und die Kreditnehmer sind bereit, etwas mehr für die längerfristige Zinsfestschreibung zu zahlen. Dementsprechend nähme die Zinskurve einen steigenden Verlauf; andererseits wäre eine fallende Zinskurve Folge einer Erwartung, die auf eine Zinssenkung gerichtet ist.

Zinsstrukturtheorien werfen die Frage auf, ob die Zinskurven und die aus ihnen ermittelten Terminzinssätze Ausdruck der Marktmeinung sind und somit auch unmittelbar zu Zwecken der Prognose zukünftiger Kassazinssätze verwendet werden können. Dies behauptet die reine Erwartungshypothese, gemäß der der implizite Forwardzins stets auch den besten Schätzer für den zukünftigen Kassazinssatz darstellt; sie gilt dann, wenn die Marktteilnehmer zwischen der Alternative

- Geld zum geltenden Marktzinssatz r_{0N} zu veranlagen, und
- Geld zum geltenden Marktzinssatz r_{0X} und anschließend zum erwarteten Zinssatz $E(r_{XN})$ anzulegen

indifferent sind. Die Zinskurve muss dann so verlaufen, dass die aus ihr abgeleitete forward rate diesem erwarteten Zinssatz entspricht: $E_0(r_{XN}) = r_{XN}$.

Ein Blick in die Statistik der vergangenen Jahrzehnte zeigt jedoch, dass die Zinskurven überwiegend einen steigenden Verlauf hatten, ein Ergebnis, dass sich in allen Finanzmärkten der Welt bestätigen lässt. Unter Geltung der reinen Erwartungshypothese würde das bedeuten, dass der Markt regelmäßig mit steigenden Zinssätzen hätte rechnen müssen. Dass aber die Zinsen eher steigen als fallen, ist empirisch nicht haltbar: langfristig schwanken die Zinsen um einen gewissen Mittelwert, zu dem sie immer wieder hintendieren (*mean reversal*). Somit greift die reine Erwartungshypothese offenbar zu kurz, um die beobachtete Zinsdynamik in den Finanzmärkten zufriedenstellend erklären zu können. Man geht deswegen heute überwiegend von der um die Liquiditätspräferenzhypothese erweiterten Erwartungstheorie aus: Da die Wirtschaftssubjekte risikoscheu sind, ziehen sie es vor, wenn Anlagerisiken in die Zukunft verlagert werden können und präferieren daher Veranlagungen, bei denen auf kurze Frist keine (oder zumindest geringere) Risiken entstehen. Dieser Liquiditätspräferenz geben Sie dadurch Ausdruck, dass sie bei Anlagen, die auf kurze Sicht kaum Risiken aufweisen, bereit sind, einen niedrigeren Zinssatz hinzunehmen.

Beispiel: Das derzeitige Zinsniveau betrage annahmegemäß 4 % (flach), was nach der reinen Erwartungstheorie darauf hindeuten müsste, dass der Markt nicht mit einer Zinsänderung rechnet. Ein Investor, der für zwei Jahre 100.000 € anzulegen hat, aber nicht ausschließen kann, über das Geld bereits nach einem Jahr verfügen zu wollen, teilt die Marktmeinung. Er weiß, dass das Zinsniveau in einem Jahr mit gleicher Wahrscheinlichkeit unverändert bleiben, um einen Prozentpunkt fallen oder um einen Prozentpunkt steigen wird. Da er sein Geld für zwei Jahre oder revolvierend für zwei aufeinander folgende Einjahreszeiträume anlegen kann, stellt er folgende Rechnung an:

	Wert in t_0	Wert in t_1	Wert in t_2
Zwei-Jahresanlage			
Zins fällt in t1 auf 3 %	100.000	105.010	108.160
Zins bleibt in t1 bei 4 %	100.000	104.000	108.160
Zins steigt in t1 auf 5 %	100.000	103.009	108.160
Revolvierende Anlage			
Zins fällt in t1 auf 3 %	100.000	104.000	107.120
Zins bleibt in t1 bei 4 %	100.000	104.000	108.160
Zins steigt in t1 auf 5 %	100.000	104.000	109.200

Da bei der Zweijahresanlage der Wert nach einer Periode unsicher ist (er entspricht dem abgezinsten sicheren Betrag in t_2) und die Unsicherheit bei der revolvierenden Anlage erst in zwei Perioden auftritt, sieht der risikoaverse Investor letztere vor, es sei denn, die Zweijahresanlage würde ihm durch einen entsprechend höheren Zins schmackhaft gemacht. Dies hat zur Folge, dass die Zinskurve einen leicht ansteigenden Verlauf annimmt, obwohl der Markt nicht mit einer Zinsänderung rechnet.

Obwohl die Erwartungshypothese in ihrer reinen Form nicht vertreten werden kann, gilt, dass der Zinskurve und den aus ihr abgeleiteten impliziten forward rates Informationsgehalt hinsichtlich der Zinsen zukommt, mit denen der Markt in Zukunft rechnet. Aufgrund der Liquiditätspräferenz der Marktteilnehmer ist allerdings regelmäßig damit zu rechnen, dass die impliziten forward rates höher sind als die vom Markt erwarteten zukünftigen spot rates. Gleichwohl geht für jeden, der eine Aussage über die mutmaßliche Zinssituation in der Zukunft machen möchte, der Blick zunächst einmal auf die aktuelle Zinskurve.

Ergänzungsinvestitionen und Wiederanlagen

Wir haben gesehen, dass beim Vergleich mehrerer Investitionsalternativen derjenigen der Vorzug zu geben ist, die den höchsten Kapitalwert aufweist. Haben wir da nicht unzulässiger Weise Unvergleichbares miteinander verglichen, da sich verschiedene Zahlungsströme sowohl hinsichtlich des zu investierenden Betrags als auch hinsichtlich der zeitlichen Verteilung ihrer Mittelbindung unterscheiden können? Betrachten wir z. B. die beiden folgenden Investitionsprojekte X und Y:

t	Projekt X	Projekt Y
t_0	−100	−150
t_1	0	164
t_2	0	0
t_3	130	0

Um die beiden Projekte vergleichen zu können,
- muss unterstellt werden, dass man in der Lage ist, in t_0 den Betrag von 150 € aufzubringen; wäre das nicht der Fall, so läge kein Entscheidungsproblem vor, da Projekt Y sofort auszuscheiden wäre. Was geschieht aber mit den verbleibenden 50 €, wenn man sich für X entscheiden sollte?
- muss unterstellt werden, dass man in der Lage ist, auf die Rückzahlung seines investierten Kapitals mindestens drei Jahre warten zu können; wäre das nicht der Fall, so läge kein Entscheidungsproblem vor, da Projekt X sofort auszuscheiden wäre. Was geschieht aber mit den in t_1 zufließenden Mitteln, wenn man sich für Y entscheidet?

Offenbar ist das Entscheidungsproblem erst dann korrekt gestellt, wenn wir Ergänzungsinvestitionen (Projekt X') vornehmen, um die beiden Projekte vom investierten Betrag her gleich zu machen und wenn wir frühzeitig zurückfließende Mittel wieder anlegen (Projekt Y'), um die Zahlungsströme in ihrer zeitlichen Struktur vergleichen zu können. Nunmehr sind die Projekte $X + X'$ und $Y + Y'$ sowohl volumenmäßig wie zeitlich vergleichbar.

t	Projekt X	Projekt X′	Projekt Y	Projekt Y′
t_0	−100	−50	−150	0
t_1	0	0	164	−164
t_2	0	0	0	0
t_3	130	x	0	y

Das Kapitalwertkonzept ergibt sich, wie wir wissen, als zwingende Folge der Annahme eines vollkommenen Kapitalmarkts. Gilt diese Annahme, so erfolgen die Ergänzungsinvestitionen und Wiederanlagen selbstverständlich zum Kapitalmarktzins r, dem Zins, mit dem auch die Abzinsung vorgenommen wird. Wird aber ein Zahlungsstrom, der sich aufgrund einer x-prozentigen Verzinsung errechnet, mit einem Kalkulationssatz von $x\%$ abgezinst, so ergibt sich notwendigerweise ein Kapitalwert von null. Daraus folgt, dass nur dann, wenn implizit angenommen wird, dass alle Ergänzungsinvestitionen und Wiederanlagen zum Kalkulationssatz selbst vorgenommen werden können, der Vergleich betrags- und zeitmäßig unterschiedlicher Zahlungsströme mittels der Kapitalwertmethode zulässig ist, dass nur dann nicht Äpfel und Birnen addiert werden.

Im obigen Beispiel haben die notwendigen Differenzinvestitionen auf den Kapitalwert nur dann keinen Einfluss, wenn bei einem Kalkulationszinssatz von 8 % gilt, dass $x = 50 \cdot 1{,}08^3 = 62{,}99$ und $y = 164 \cdot 1{,}08^2 = 191{,}29$. Die Kapitalwerte der Ursprungszahlungsströme

$$K_{0X} = -100 + 130/1{,}08^3 = 3{,}20$$
$$K_{0Y} = -150 + 164/1{,}08 = 1{,}85$$

sind identisch den Kapitalwerten der um X' und Y' vermehrten Zahlungsströme:

$$K_{0X} = -150 + 130/1{,}08^3 + 62{,}99/1{,}08^3 = 3{,}20$$
$$K_{0Y} = -150 + 191{,}29/1{,}08^3 = 1{,}85$$

Unter realen Bedingungen kann selbstverständlich die Prämisse, Ergänzungs- und Wiederanlageinvestitionen erfolgten zum Kalkulationszins, zu Ungenauigkeiten führen. In aller Regel können die dadurch ausgelösten Fehler hingenommen werden. Gleichwohl wurden Verfahren entwickelt, die die in der Ergänzungs- und Wiederanlageprämisse angelegten Fehlerquellen zu umgehen versuchen. Die einfachste Form ist die Zukunftswertmethode (Endwertmethode).

Der Zukunftswert (Endwert)

Errechnet man für ein Investitionsprojekt den Reichtum, über den der Investor nach Beendigung dieser Investition verfügen kann, so ist man frei, positive Zinsspannen oder unterschiedliche Zinssätze für verschiedene Formen von Krediten oder Kapitalanlagen zu unterstellen. Liegen die Informationen über die verschiedenen Zinssätze vor, so werden alle Zahlungen mit dem für sie gültigen Zinssatz belegt und auf das Ende des Planungszeitraums aufgezinst. Beim Vergleich mehrerer Investitionsprojekte wird bis zur Beendigung des am längsten laufenden Projekts gerechnet.

Betrachten wir nochmals die im vorigen Abschnitt untersuchten Projekte X und Y. Unterstellt, der Investor verfüge über 130 €; die Sollzinsen betragen 10 %; die Habenzinsen liegen für Kleinbeträge (unter 100 GE) bei 4 % und für höhere Anlagebeträge bei 8 %. Das längere Investitionsprojekt markiert den Zeitpunkt, auf den hin die Rechnung vorzunehmen ist: drei Jahre. Im Vergleich stellen sich beide Projekte einschließlich ihrer Ergänzungs- und Wiederanlageinvestitionen wie folgt dar:

	t_0	t_1	t_2	t_3
Ursprungsprojekt X	−100,00			130,00
Ergänzungsinvestition in t_0 (4 %)	−30,00			33,75
Gesamtprojekt auf Endwert	−130,00	0,00	0,00	**163,75**

	t_0	t_1	t_2	t_3
Ursprungsprojekt Y	−150,00	164,00		
Finanzbedarf in t_0 (10 %)	20,00	−22,00		
Wiederanlage in t_1 (8 %)		−142,00		165,63
Gesamtprojekt auf Endwert	−130,00	0,00	0,00	**165,63**

Unter der Annahme der vorstehenden Zinssätze ist es für einen Investor, der über 130 € verfügt, besser, Projekt Y zu wählen. Unterstellen wir hingegen, sein Ausgangsvermögen hätte sich auf 110 € belaufen, so erhalten wir das gegenteilige Bild:

	t_0	t_1	t_2	t_3
Ursprungsprojekt X	−100,00			130,00
Ergänzungsinvestition in t_0 (4 %)	−10,00			11,25
Gesamtprojekt auf Endwert	−110,00	0,00	0,00	**141,25**

	t_0	t_1	t_2	t_3
Ursprungsprojekt Y	−150,00	164,00		
Finanzbedarf in t_0 (10 %)	40,00	−44,00		
Wiederanlage in t_1 (8 %)		−120,00		139,97
Gesamtprojekt auf Endwert	−110,00	0,00	0,00	**139,97**

Das Ergebnis zeigt wieder das aus der theoretischen Analyse bekannte Bild: Unter Wegfall der Bedingungen eines vollkommenen Kapitalmarkts sind Bewertungen nicht mehr frei von subjektiven Gegebenheiten. Da die *Fisher-Separation* nicht mehr gilt, präferiert der wohlhabendere Investor (mit einem Vermögen von 130 €) Projekt Y, während der etwas ärmere Investor Projekt X vorzieht.

Der Vorteil der Endwertmethode ist der, dass die Problematik der Finanzierungskosten, der Ergänzungs- und Wiederanlageinvestitionen voll ins Bewusstsein gebracht wird und die damit verbundenen Fehler vermieden werden können. Nachteilig wirkt sich allerdings der erhebliche Aufwand bei der Ermittlung aller Supplement-Zahlungsströme aus: In der Regel sind die Zahlungsströme verschiedener Investitionen derart miteinander verbunden (positive Cashflows eines Projekts werden gegen negative Cashflows eines anderen Projekts aufgerechnet), sodass die Zurechnung zu einem einzelnen Investitionsvorhaben nicht nur äußerst schwierig, sondern auch irreführend sein dürfte. Außerdem ist es meist nicht möglich, einen Endtermin, auf den hin die Rechnung durchgeführt wird, zu finden: Kurze Investitionen stehen neben langen, einmalige Investitionen stehen neben solchen, die einige Male oder immer wieder wiederholt werden sollen. Trotz der überzeugenden Lösung des Problems fehlerhafter Annahmen über Ergänzungs- und Wiederanlagen ist die Endwertmethode als Verfahren zur Bewertung von Zahlungsströmen in der Praxis eher seltener anzutreffen: bei einmaligen Projektkalkulationen oder dann, wenn sehr hohe Differenzen zwischen Soll- und Habenzinsen (z. B. aufgrund sehr hoher Risikoprämien, die das Unternehmen im Markt zahlen muss) vorliegen.

Kapitalwert und Steuern

Bislang haben wir bei unseren Überlegungen völlig davon abstrahiert, dass Wirtschaftende regelmäßig Steuern zu zahlen haben: Damit sind Veränderungen in den Zahlungsströmen verbunden, die nicht unberücksichtigt bleiben dürfen. Eine zugleich umfassende wie allgemeingültige, alle steuerlichen Auswirkungen der Investitionen berücksichtigende Berechnungsmethode gibt es allerdings nicht: Zu unterschiedlich sind die fallspezifischen Bedingungen und die steuerlichen Kontextfaktoren, um allgemeine Aussagen machen zu können. Stets gilt jedoch, dass der Zahlungsstrom, den es zu bewerten gilt, im Wege des „Mit-Ohne-Vergleichs" zu ermitteln ist: Nimmt man diesen Auftrag ernst, so dürfen die steuerlichen Auswirkungen (und Auswirkungen dieser Auswirkungen ...) natürlich nicht außer Acht gelassen werden. Die folgenden Überlegungen sind weit von einem derartigen Anspruch entfernt; sie sollen lediglich vor voreiligen Fehlschlüssen warnen und einen ersten Schritt zu einer finanzwirtschaftlich korrekten Problemlösung zeigen.[11]

Prima facie könnte man meinen, dass eine Investition, deren Kapitalwert negativ ist und die sich demzufolge nicht lohnt, sich dann erst recht nicht lohnt, wenn auch Einkommensteuern berücksichtigt werden: Schließlich verringern Steuern den Zahlungsstrom, was zu einem noch niedrigeren Kapitalwert führen muss. Eine derartige Überlegung ist zwar nicht falsch, lässt aber völlig außer Acht, dass sich die Steuern auch auf den Kalkulationszinssatz auswirken können. Welche Konsequenzen das haben kann, sei an einem kleinen Beispiel demonstriert.

Gegeben sei ein über fünf Perioden laufendes Investitionsprojekt, dessen Anschaffungsausgaben 10.000 betragen und das einen Cashflow vor Steuern (CF) in folgender Höhe verspricht:

T	t_0	t_1	t_2	t_3	t_4	t_5
CF	−10.000	2.100	2.100	2.100	2.100	3.200

Bei einem Kapitalmarktzins von 5 % ergibt sich ein negativer Kapitalwert in Höhe von

$$K_0 = -10.000 + 2.100/1{,}05 + 2.100/1{,}05^2 + 2.100/1{,}05^3 + 2.100/1{,}05^4$$
$$+ 3.200/1{,}05^5 = -46{,}22 \,.$$

---

11 Vgl. *Schneider, Dieter*: Investition, Finanzierung und Besteuerung, 7. Aufl., Wiesbaden (Gabler) 1992, S. 246 ff.

Nun betrachten wir den Fall, dass auf alle Einkünfte eine Steuer in Höhe von 50 % zu zahlen ist. Wenn wir unterstellen, dass die einzigen nicht finanzwirksamen Aufwendungen die Abschreibungen (fünf Jahre, linear) sind, errechnen sich die Jahresgewinne und damit der Cashflow nach Steuern (= Cashflow vor Steuern minus Steuerzahlung) wie folgt:

t	CF vor St.	Abschreibung	Gewinn	Steuer	CF nach St.
t_0	−10.000				−10.000
t_1	2.100	2.000	100	50	2.050
t_2	2.100	2.000	100	50	2.050
t_3	2.100	2.000	100	50	2.050
t_4	2.100	2.000	100	50	2.050
t_5	3.200	2.000	1.200	600	2.600

Natürlich ist der Zahlungsstrom nach Steuern geringer als vor Steuern. Andererseits ist zu bedenken, dass die bestmögliche Alternativanlage nunmehr ebenfalls besteuert wird: Nach dem Opportunitätskostenprinzip dürfen somit nur 2,5 % als Zinsen (nach Steuern) angesetzt werden, was zu einem positiven Kapitalwert in Höhe von

$$K_0 = -10.000 + 2.050/1,025 + 2.050/1,025^2 + 2.050/1,025^3 + 2.050/1,025^4$$
$$+ 2.600/1,025^5 = 10,07$$

führt. Ein Blick auf die Kapitalwertfunktion zeigt, wieso es zu diesem Ergebnis kommt (Abb. 1.11). Wird eine Investition unter Einbeziehung einer Einkommensteuer gerechnet, greifen zwei Effekte ineinander:
- Zum einen wird der Zahlungsstrom, der abgezinst werden muss, kleiner; dieser *Volumeneffekt* zeigt sich darin, dass die Kapitalwertfunktion nach Steuern tiefer verläuft als die vor Steuern.
- Zum anderen bewegt man sich auf dieser niedrigeren Kurve aufgrund des *Zinseffekts* nach links: Je geringer der Kalkulationszins, umso größer ist der Kapitalwert eines Investitionsprojekts.

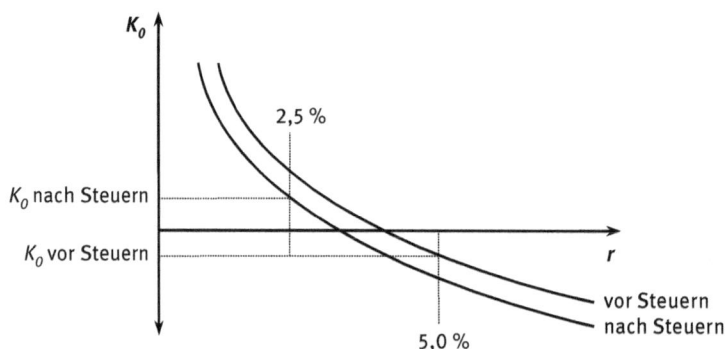

Abb. 1.11: Das Steuerparadoxon

Die Frage, ob der eine oder der andere Effekt überwiegt, muss jeweils im Einzelfall beantwortet werden. Dabei ist zu beachten, dass in vielen Ländern die Steuersätze auf Gewinne (Einkünfte aus Gewerbebetrieb) und auf Finanzanlagen (Einkünfte aus Kapitalvermögen) unterschiedlich hoch sind, was allerdings an den grundsätzlichen Zusammenhängen nichts ändert.

1.3.2 Die Annuität

Unter Geltung eines vollkommenen Kapitalmarkts ist es möglich, jeden Zahlungsstrom durch Investitions- und Finanzierungsmaßnahmen in einen anderen Zahlungsstrom umzuwandeln. Der Kapitalwert ist das Ergebnis einer derartigen Umwandlung: Alle Zahlungen werden wie mit einem Brennglas auf einen Punkt, den Jetztzeitpunkt, fokussiert. Dadurch werden Zahlungsströme unterschiedlicher zeitlicher Verteilung miteinander vergleichbar gemacht. Allerdings ist der Kapitalwert nur *eine* mögliche Konvention, auf die man sich hat einigen können; um die gewünschte Vergleichbarkeit unterschiedlicher Zahlungsströme zu erreichen, wären noch *viele andere* Konventionen denkbar. Eine davon ist die Annuität, die Verteilung des Zahlungsstroms in gleiche Periodenzahlungen auf die gesamte Laufzeit.

Oben haben wir bereits den Rentenbarwertfaktor kennen gelernt, der es ermöglicht, den Barwert einer wiederkehrenden Zahlung in gleicher Höhe zu ermitteln, ohne jede Zahlung einzeln abzinsen zu müssen. Da es sich bei der Annuität um genau das entgegengesetzte Problem handelt, muss nunmehr der Kapitalwert durch den Rentenbarwertfaktor dividiert[12] werden, um ihn in gleiche jährliche Raten auf die Laufzeit zu verteilen:

$$\text{Ann} = K_0 \cdot \frac{(q^n \cdot r)}{(q^n - 1)}$$

Die Verteilung des Kapitalwerts (NPV) über die Laufzeit wird auch als Gewinnannuität bezeichnet, um sie von der Bruttoannuität, der Verteilung des Ertragswerts (PV) über die Laufzeit zu unterscheiden.

Da die Annuität lediglich eine Transformation der Kapitalwertmethode ist, weist sie im Wesentlichen die gleichen Eigenschaften auf:

– Eine Investition oder eine Finanzierung ist dann und nur dann vorteilhaft, wenn die Annuität positiv ist.

– Die Methode unterstellt implizit, dass Ergänzungsinvestitionen und Wiederveranlagungen freiwerdender Mittel zum Kalkulationssatz *r* erfolgen.

– Wird Zahlungsstrom A dem Zahlungsstrom B nach dem Kapitalwertkriterium vorgezogen, so gilt dies auch nach dem Kriterium der Annuität; man beachte aller-

---

12 Häufig wird der Kehrwert des Rentenbarwertfaktors als Annuitätenfaktor oder Wiedergewinnungsfaktor bezeichnet, mit dem dann der Kapitalwert einer Zahlungsreihe *multipliziert* werden muss, um die Annuität zu erhalten.

Beispiel: Für den Zahlungsstrom

t	t_0	t_1	t_2	t_3
CF_t	−100	40	50	60

errechnet sich bei $r = 8\%$ ein Kapitalwert in Höhe von $K_0 = -100 + 40/1{,}08 + 50/1{,}08^2 + 60/1{,}08^3 = 27{,}53$ und damit eine Gewinnannuität in Höhe von

$$Ann = 27{,}53 \cdot (1{,}08^3 \cdot 0{,}08)/(1{,}08^3 - 1) = 10{,}68 \,,$$

sowie eine Bruttoannuität in Höhe von

$$Ann_{brutto} = 127{,}53 \cdot (1{,}08^3 \cdot 0{,}08)/(1{,}08^3 - 1) = 49{,}49 \,.$$

Somit sind bei einem Zinssatz von 8 % die folgenden vier Zahlungsströme äquivalent:

	t_0	t_1	t_2	t_3
a)	−100,00	40,00	50,00	60,00
b)	27,53	0,00	0,00	0,00
c)	−100,00	49,49	49,49	49,49
d)	0,00	10,68	10,68	10,68

dings, dass nur Annuitäten gleicher Laufzeit miteinander verglichen werden dürfen, denn selbstverständlich ist eine über fünf Jahre laufende Annuität mehr wert als eine nur unwesentlich höhere, die in drei Jahren endet.

Der Grund, weswegen anstelle der Kapitalwertmethode häufig die Annuitätenmethode Anwendung findet, ist in der Interpretation der Annuität als eine Art Gewinngröße zu sehen, die für manche intuitiv besser verständlich ist als die abstrakte Größe Kapitalwert. *Schmidt/Terberger* weisen darauf hin, dass die Annuität als der „ökonomische Gewinn" eines Investitionsprojekts (u. U. eines ganzen Unternehmens), als der periodische Zahlungsüberschuss interpretiert werden kann, der entnommen werden kann, ohne die wirtschaftliche Leistungsfähigkeit des Projekts (des Unternehmens) und damit ohne die Reichtumsposition des Investors zu vermindern.[13] Zwar ist ein so verstandener ökonomischer Gewinn etwas anderes als ein buchhalterischer, dennoch tun sich offenbar viele Praktiker damit, dass sich überhaupt eine gedankliche Verbindung zu einem erfolgswirtschaftlichen Begriff herstellen lässt, leichter.

---

13 *Schmidt, Reinhard H.; Terberger, Eva*: Grundzüge der Investitions- und Finanzierungstheorie, 3. Aufl., Wiesbaden (Gabler) 1996, S. 139 f.

1.3.3 Der interne Zinssatz (Rendite)

Weil der Kapitalwert etwas abstrakt wirkt und sich insbesondere Laien intuitiv nicht so leicht erschließt, wird in der betrieblichen Praxis häufig dem Kriterium des internen Zinses (*internal rate of return*, IRR) der Vorzug gegeben. Dabei wird die Kapitalwertrechnung quasi „umgedreht" und gefragt, mit welchem Zinssatz „sich der Zahlungsstrom verzinst", d. h. mit welchem Zinssatz IRR der Zahlungsstrom abgezinst werden muss, um einen Kapitalwert von null zu erhalten. Ein Zinssatz wirkt als Beurteilungskriterium für eine Investition greifbarer und ist daher besser kommunizierbar: „Diese Investition weist eine Rendite von 12 % auf" lässt sich besser verstehen als „Diese Investition hat einen Kapitalwert von 143.000 €". Gerade in dieser Einfachheit liegt aber eine nicht unerhebliche Gefahr.

Grafisch stellt der interne Zins den Schnittpunkt der Kapitalwertfunktion mit der Abszisse dar; mathematisch ergibt er sich durch die Auflösung der Kapitalwertformel, in der K_0 gleich null gesetzt ist, nach dem Zinssatz IRR:

$$\sum_{t=0}^{n} \frac{Z_t}{(1 + \text{IRR})^t} = 0 \rightarrow \text{auflösen nach IRR}$$

Eine Normalinvestition ist dann als vorteilhaft anzusehen, wenn der interne Zinssatz höher ist als der Kalkulationssatz: Bei Normalinvestitionen nimmt die Kapitalwertfunktion einen monoton fallenden Verlauf an, was bedeutet, dass immer dann, wenn der interne Zinssatz höher ist als der Kalkulationssatz r, der mithilfe von r ermittelte Kapitalwert positiv sein muss (Abb. 1.12).

Der als Vergleichsmaßstab heranzuziehende Kalkulationssatz ist grundsätzlich der gleiche wie bei der Ermittlung des Kapitalwerts: Nach dem Opportunitätskostenprinzip entspricht er dem internen Zins der besten durch das in Frage stehende Investitionsobjekt gerade verdrängten Alternative.

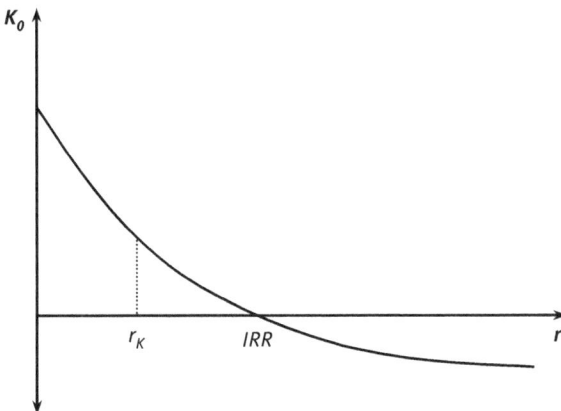

Abb. 1.12: Kapitalwertfunktion einer Normalinvestition

Eine Finanzierung hingegen ist dann als vorteilhaft anzusehen, wenn ihr interner Zins geringer ist als der Kalkulationszinssatz; in diesem Fall entspricht der Kalkulationszinssatz – nach dem Opportunitätskostenprinzip – den Kapitalkosten für das gerade am günstigsten erhältliche Kapital. Bei Finanzierungen verläuft die Kapitalwertfunktion steigend: Ist der interne Zins einer Finanzierung niedriger als der Kalkulationszinssatz, so bedeutet das, dass der in Frage stehende Kredit einen positiven Kapitalwert aufweisen muss.

Der interne Zins einer Investition bringt deren Effektivverzinsung, die *Rendite* zum Ausdruck, mit der sich die Investition „rechnet"; der interne Zins einer Finanzierung hingegen stellt die Kapitalkosten eines Kredits dar, die, um die Finanzierung interessant zu machen, niedriger sein müssen als die Kosten für die nächst günstigere Finanzierung.

Bei der Ermittlung des internen Zinssatzes ist eine explizite Lösung allerdings nur in Ausnahmefällen (z. B. ein- oder zwei-periodiger Zahlungsstrom, ewige Rente) möglich. In aller Regel muss die Lösung für IRR mittels Iteration (durch „Probieren") gefunden werden.

Beispiel: Der Zahlungsstrom

t	t_0	t_1	t_2	t_3
CF_t	−100	40	50	60

weist einen internen Zins von IRR = 21,65 % auf, wie die folgenden Iterationsschritte (von oben und von unten) zeigen:

Kalkulationszins in %	K_0	Kalkulationszins in %	K_0
20,00	2,78	23,00	−2,19
21,00	1,08	22,00	−0,58
21,50	0,24	21,80	−0,25
21,60	0,08	21,70	−0,09
21,64	0,01	21,66	−0,01

Die finanzwirtschaftliche Kritik, die *Kruschwitz* veranlasst hat, in seinem Lehrbuch[14] dem Abschnitt über den internen Zinssatz den Untertitel „*ein Kapitel, das Sie eigentlich nicht lesen sollten*" anzufügen, wird uns im Folgenden noch etwas beschäftigen.

Ein erstes Problem kann sich dadurch ergeben, dass es sich bei der Kapitalwertformel für einen Zahlungsstrom, der über n Perioden läuft, um eine Gleichung n-ten Grades handelt, die bis zu n Lösungen aufweisen aber auch gänzlich ohne Lösung sein kann. Lediglich bei einfachen Zahlungsströmen, die nur einen Vorzeichenwech-

---

14 *Kruschwitz, Lutz*: Investitionsrechnung, 10. Aufl., München-Wien (Oldenbourg) 2005, S. 106.

sel aufweisen, gibt es maximal einen Schnittpunkt der Kapitalwertfunktion im positiven Bereich der Abszisse; zwar sind die meisten Investitionen und Finanzierungen dieser Art, es gibt aber hinreichend viele Fälle, wo mehrere Vorzeichenwechsel und somit auch mehrere interne Zinssätze möglich sind; Beispiele wären

- Finanzierungen, bei denen vor Auszahlung des Kreditbetrags Kapitalbeschaffungskosten zu entrichten sind: Erst ist eine Auszahlung zu leisten, sodann fließt der Kreditbetrag zu und schließlich ist der Kredit einschließlich Zinsen zurückzuzahlen.
- Bausparverträge bestehen aus einer Ansparphase (Auszahlungen), der Rückzahlung des Ersparten und gleichzeitiger Kreditgewährung (Einzahlung) und der Rückzahlungsphase (Auszahlungen).
- Verträge zur Ausbeutung von Naturschätzen (Bergwerk, Kiesgrube o. ä.) sehen i. d. R. vor, dass der Betreiber nach Beendigung der Ausbeutung den ursprünglichen Zustand wiederherstellen muss; damit ergibt sich der typische Verlauf von Auszahlungen (Errichtung), Einzahlungen (Ausbeutungsphase) und Auszahlungen (Abriss der Anlage und Wiederherstellung des vorherigen Zustands).
- Aufträge, bei denen ein Vorschuss vereinbart wurde: Zunächst wird der Vorschuss vereinnahmt, sodann sind die vertraglichen Leistungen zu erbringen, die regelmäßig mit Auszahlungen verbunden sind und schließlich begleicht der Auftraggeber die Restschuld.

In allen diesen Fällen weist der Zahlungsstrom Eigenschaften einer Investition wie Eigenschaften einer Finanzierung auf: Man kann z. B. einen Bausparvertrag, bei dem man während der Ansparphase regelmäßig nur Zinsen erhält, die deutlich unter den Marktzinsen liegen, interpretieren als eine Investition, wobei das Investitionsgut, das erworben und durch Zinsverzicht „bezahlt" wird, im Anspruch darauf besteht, im Zuteilungszeitpunkt eine günstige Finanzierung zu erhalten. Selbstverständlich ist es auch vertretbar, von vornherein einen Bausparvertrag als Finanzierungsinstrument anzusehen. Damit ist die Anwendung des internen Zinsfußes generell fragwürdig: Bei Investitionen sollte er höher, bei Finanzierungen niedriger sein als der Marktzins. Sehen wir uns die Problematik eines derartigen Zahlungsstroms an folgendem Beispiel an:

t_0	−2.500	(2.500)
t_1	5.400	(−5.400)
t_2	−2.912	(2.912)

Das Projekt weist die beiden internen Zinssätze 4 % und 12 % auf:

$$K_0 = -2.500 + 5.400/1{,}04 - 2.912/1{,}04^2 = 0$$
$$K_0 = -2.500 + 5.400/1{,}12 - 2.912/1{,}12^2 = 0$$

Werfen wir einen Blick auf die Kapitalwertfunktion (Abb. 1.13):

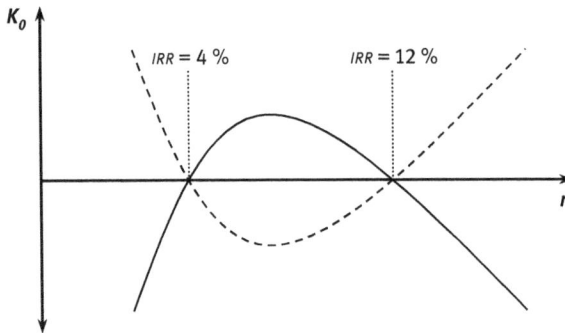

Abb. 1.13: Kapitalwertfunktion mit zwei Nullstellen

Offenbar wäre das Projekt nach dem Kapitalwertkriterium bei jedem Kalkulationszins unter 4 % sowie bei jedem Kalkulationszins über 12 % abgelehnt worden, wohingegen es bei Kalkulationszinsen zwischen 4 % und 12 % einen positiven Kapitalwert aufweist und somit angenommen worden wäre. Für den in Klammern stehenden Zahlungsstrom, der lediglich umgekehrte Vorzeichen aufweist, ergäben sich natürlich die gleichen internen Zinssätze von 4 % und 12 %; die Kapitalwertfunktion (strichliert) verläuft somit genau umgekehrt: Ein positiver Kapitalwert ergäbe sich bei Kalkulationszinssätzen unter 4 % und über 12 %.

Welcher der beiden internen Zinssätze ist denn jetzt eigentlich der richtige? Zu welchem Satz „rentiert" sich denn das Investitionsprojekt wirklich? Was soll ein Investor tun, für den eine Rendite von 4 % zu gering, eine Rendite von 12 % hingegen annehmbar wäre? Kann er einfach das für ihn ungünstigere Ergebnis unterschlagen und das Projekt mit der Erwartung auf eine zwölfprozentige Rendite in Angriff nehmen?

Zur Beantwortung dieser Fragen müssen wir nochmals vergegenwärtigen, dass die Methode des internen Zinssatzes nichts anderes als die „Umkehrung" des Kapitalwertkriteriums ist: Auch hier wird ein Barwert gerechnet, allerdings gerade mit dem Zins IRR, bei dem der Kapitalwert null wird. Bei der Kapitalwertmethode wurde implizit unterstellt, dass zu dem Zins, mit dem die Abzinsung erfolgt, auch die Wiederanlage freiwerdender Mittel erfolgen kann. Genau das machen wir beim internen Zinssatz wieder: Wir unterstellen, dass freigesetzte Gelder genau zu dem Zins, mit dem die Abzinsung erfolgt, wieder veranlagt werden können: Das ist aber der interne Zinssatz selbst.

Nehmen wir an, die in t_1 freiwerdenden Mittel des Zahlungsstroms würden zum internen Zinssatz bis t_2 wiederveranlagt, so

– erhalten wir bei einem internen Zinssatz von 4 % in t_2 einen Betrag in Höhe von
$5.400 \cdot 1{,}04 - 2.912 = 2.500 \cdot 1{,}04^2 = 2.704;$

– erhalten wir bei einem internen Zinssatz von 12 % in t_2 einen Betrag in Höhe von
  $5.400 \cdot 1,12 - 2.912 = 2.500 \cdot 1,12^2 = 3.136$.

Damit ist jedes der beiden Ergebnisse nur dann „ökonomisch richtig", wenn die Voraussetzung, dass Mittel zum internen Zins wiederveranlagt werden können, auch tatsächlich gegeben ist: Kann eine Wiederanlage zu 4 % erfolgen, so rentiert sich die Anlage zu 4 %, kann sie zu 12 % erfolgen, so rentiert sie sich zu 12 %. Beide Ergebnisse können allerdings nicht zugleich gültig sein. Gäbe es nämlich wirklich die Möglichkeit, Geld zu 4 % oder zu 12 % anzulegen, so würde niemand von der ersten Gebrauch machen; damit hätte der interne Zins von 4 % keinen sinnvollen ökonomischen Gehalt mehr. Im Fall des in Klammern dargestellten Zahlungsstroms würde gelten: Niemand würde den in t_1 erforderlichen Kredit über 5.400 zu 12 % aufnehmen, wenn er ihn auch zu 4 % erhalten könnte; in diesem Fall hätte der interne Zins von 12 % keinen ökonomischen Gehalt mehr.

Die vorstehenden Überlegungen haben deutlich gemacht, dass das zentrale Problem der Methode des internen Zinssatzes die implizite Annahme ist, Ergänzungs- und Wiederanlageinvestitionen seien zum internen Zinssatz selbst möglich. Da nicht jedem, der sich der Methode bedient, die Konsequenzen aus dieser Annahme klar sind, kann es dann zu erheblichen Fehleinschätzungen kommen, wenn z. B. außergewöhnlich gute Projekte zu beurteilen sind: Es ist dann nämlich nicht anzunehmen, dass in diesem Fall die Wiederanlageprämisse zu halten ist, d. h. dass auch die Rückflüsse zu derart guten Bedingungen veranlagt werden können.

Beispiel: Ein Unternehmer, dessen eingesetztes Kapital sich in seinem Unternehmen üblicherweise mit 10 % verzinst, hat unter Einsatz von 1.000 € ein neues Produkt entwickelt, auf das der Markt schon seit langem gewartet hat und dem daher außergewöhnliche Gewinnchancen eingeräumt werden. Eine realistische Vorausschau auf den Zahlungsstrom der nächsten fünf Jahre sieht wie folgt aus:

t_n	t_0	t_1	t_2	t_3	t_4	t_5
CF_n	−1.000	400	400	300	260	220

Er berechnet einen internen Zinssatz von 20 % und realisiert das Projekt. Die Zahlungen stellen sich genauso ein, wie der Unternehmer es erwartet hatte und nach fünf Jahren macht er eine Nachkalkulation. Er ist enttäuscht, weil das Projekt tatsächlich nicht einmal eine Rendite von 15 % erzielt hat, wie die folgende Rechnung zeigt. Verzinsen sich nämlich alle freiwerdenden Mittel zu den betriebsüblichen 10 %, so verfügt der Investor in t_5 über 1.987 €, was einer Verzinsung von 14,72 % ($1.000 \cdot 1,1472^5 = 1.987$) entspricht.

t_n	t_1	t_2	t_3	t_4	t_5	
CF_n	400	400	300	260	220	
CF_5	585,64 +	532,40 +	363,00 +	286,00 +	220,00 =	**1.987,04**

Die Wiederanlageprämisse lässt die Methode des internen Zinssatzes dann besonders fragwürdig werden, wenn mehrere Zahlungsströme miteinander verglichen werden sollen. Betrachten wir die Projekte A und B:

t_n	t_0	t_1	t_2	t_3	t_4	t_5	IRR
Projekt A:	−100,00	44,00	72,60	0,00	0,00	0,00	10 %
Projekt B:	−100,00	0,00	20,00	10,00	0,00	110,00	8 %

Wird nun behauptet, dass Projekt A mit einem internen Zins von 10 % besser sei als Projekt B, dessen interner Zinssatz nur 8 % betrage, so wird damit implizit auch behauptet, es sei möglich, Geld zu 8 % und zu 10 % anzulegen, was, wie gesehen, einen offensichtlichen Unfug darstellt. Wenn die freiwerdenden Mittel zu 10 % angelegt werden können, stimmt der interne Zins von Projekt B nicht, wenn sie zu 8 % angelegt werden können, stimmt der von Projekt A nicht und wenn der Zinssatz weder 8 % noch 10 % beträgt, stimmen beide nicht. Es kann auch dazu kommen, dass die aufgrund des Kriteriums des internen Zinssatzes vorgenommene Projektreihung falsch ist, wie ein Blick auf die Kapitalwertfunktionen zeigt.

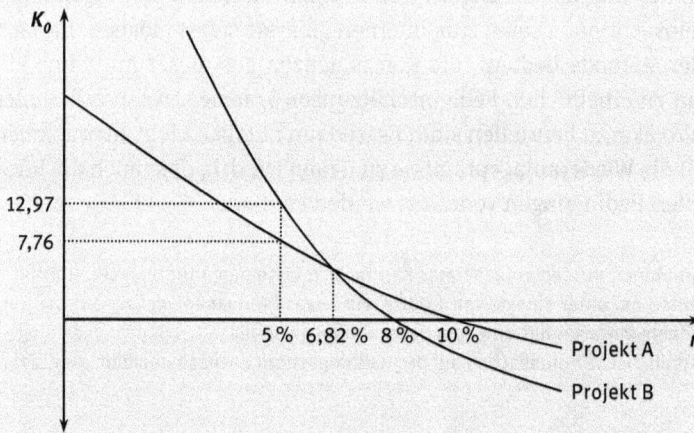

Abb. 1.14: Vergleich von Kapitalwert und internem Zinsfuß

Sollte sich der Kapitalmarktzinssatz, zu dem auch die Wiederveranlagungen erfolgen, auf 5 % belaufen, so ist Projekt B mit einem Kapitalwert von 12,97 eindeutig dem Projekt A, dessen Kapitalwert nur 7,76 beträgt, vorzuziehen. Die Aussage, dass A einen höheren internen Zinssatz, eine höhere Rendite aufweise als B, ist angesichts dessen, dass beide Renditen inkorrekt berechnet sind, ohne Belang. Wie Abb. 1.14 zeigt, schneiden sich die beiden Kapitalwertfunktionen; der Schnittpunkt entspricht dem internen Zinsfuß der Differenzinvestition A−B:

t_n	t_0	t_1	t_2	t_3	t_4	t_5	IRR
Projekt A−B:	0,00	44,00	52,60	−10,00	0,00	−110,00	6,82 %

Dies hat zur Folge, dass für alle Kalkulationszinssätze,

- die über 6,82 % liegen, der Kapitalwert für Projekt A höher ist als der für Projekt B: Damit führen Kapitalwertmethode und Methode des internen Zinses zum gleichen Ergebnis: Projekt A wird gegenüber Projekt B vorgezogen;
- die unter 6,82 % liegen, der Kapitalwert für Projekt A niedriger ist als der für B. Jetzt führen Kapitalwertmethode und Methode des internen Zinses zu unterschiedlichen Ergebnissen: nach der Kapitalwertmethode wird Projekt B, nach der Methode des internen Zinsfußes Projekt A vorgezogen.

Selbstverständlich führt im letztgenannten Fall der interne Zinsfuß in die Irre, weil die Wiederanlageprämisse gröblich verletzt ist. Die Annahme, freiwerdende Mittel ließen sich stets zum internen Zinsfuß anlegen, kann auch zu unsinnigen Änderungen der Rangordnung führen, wenn konstante Zahlungen hinzugerechnet oder abgezogen werden. Betrachten wir die beiden Projekte A und B:

Projekt	t_0	t_1	t_2	Interner Zins
A	−1.000	1.080	144	20 %
B	−1.000	180	1.180	18 %

Mit Projekt A wird mit 20 % eine um 2 % bessere Rendite als mit Projekt B erzielt. Unterstellen wir allerdings, der Erwerb beider Anlagen verteuere sich um 100, so ergibt sich das folgende Bild:

Projekt	t_0	t_1	t_2	Interner Zins
A*	−1.100	1.080	144	10 %
B*	−1.100	180	1.180	12 %

Beide Projekte weisen natürlich aufgrund der höheren Anschaffungskosten eine geringere Rendite auf; allerdings liegt nunmehr die Rendite von Projekt B* um 2 % über der von Projekt A*. Dieses Ergebnis ist zwar mathematisch korrekt und auf die Wiederanlageprämisse zurückzuführen,[15] ist aber wirtschaftlich durch nichts zu begründen: Warum sollte sich die Präferenz zwischen zwei Alternativen ändern, wenn beide durch die gleiche Konstante vermehrt oder vermindert werden? Das Prinzip der Unabhängigkeit[16] ist eines der zentralen Grundprinzipien rationalen Entscheidens; es besagt, dass durch Hinzufügung einer Konstanten c eine Präferenzrelation nicht verändert werden dürfe: wenn A besser eingeschätzt wird als B, dann müsste auch $A + c$ höher geschätzt werden als $B + c$. Das Kriterium des internen Zinsfußes verletzt somit u. U. elementare Anforderungen an eine rationale Entscheidungsfindung.

---

15 Grafisch kann man sich den Effekt anhand der Kapitalwertfunktionen verdeutlichen: Vergleicht man, wie etwa in Abb. 1.14, zwei Projekte, deren Kapitalwertfunktionen sich schneiden, dann ist, wenn der Schnittpunkt der beiden Funktionen im positiven (negativen) Bereich liegt, die Investition mit der flacher (steiler) verlaufenden Kapitalwertfunktion vorzuziehen. Vermindert (erhöht) man nun die Zahlungsströme um eine Konstante, und zwar so, dass die Kapitalwertfunktionen so weit fallen (steigen), dass ihr Schnittpunkt im negativen (positiven) Bereich liegt, wird die Investition mit der steileren (flacheren) Kapitalwertfunktion vorgezogen.

16 Siehe Kapitel 2.1.1 „Das Rationalitätspostulat".

Es gibt verschiedene Modifikationen der Methode des internen Zinsfußes, bei denen die Probleme, die mit der Wiederanlageprämisse zusammenhängen, vermieden werden können, sich gleichwohl aber ein interner Zins ermitteln lässt. Eine mögliche Form ist die, zunächst einen Endwert zu berechnen, bei dem, wie wir wissen, verschiedene unterschiedliche Zinssätze Anwendung finden können, und dann die Verzinsung zu ermitteln, die genau diesen Endwert ergibt (sog. *qualifizierter interner Zinsfuß*).

Beispiel (Fortführung): Die Überlegungen, die wir bei der Nachkalkulation des Zahlungsstroms

t_n	t_0	t_1	t_2	t_3	t_4	t_5
CF_n	−1.000	400	400	300	260	220

angestellt haben, entsprechen genau dieser Vorgehensweise. Der interne Zinsfuß, nach der Standardmethode berechnet, beträgt 20 %. Berechnen wir hingegen, welchen Endwert die Investition nach fünf Jahren haben wird, wenn alle freiwerdenden Mittel zu 10 % wieder angelegt werden können, so kommt man auf einen Wert von:

$$400 \cdot 1,1^4 + 400 \cdot 1,1^3 + 300 \cdot 1,1^2 + 260 \cdot 1,1 + 220 = 1.987,04\,,$$

was einem qualifizierten internen Zins von $1,987^{0,2} - 1 = 14,7\,\%$ entspricht.

Die Methode des qualifizierten internen Zinsfußes umgeht zwar recht elegant die Fallstricke der impliziten Wiederanlageprämisse, hat sich aber gleichwohl nicht so recht durchsetzen können. Da sie den „Umweg" über den Endwert der Investition nimmt, gelten alle Einwände, die gegen die Endwertmethode vorgebracht werden (unbestimmte Dauer der Investitionsprojekte, Unsicherheit über die zukünftigen Zinssätze) ebenso gegen die Methode des qualifizierten internen Zinsfußes. Zudem ist aufgrund des höheren Erklärungsbedarfs der Hauptvorteil der Methode des internen Zinsfußes gegenüber der Kapitalwertmethode, die Anschaulichkeit und einfachere Kommunizierbarkeit, in Frage gestellt.

Bei Finanzinvestitionen wie festverzinslichen Wertpapieren oder ähnlichen Titeln ist das Renditemaß sehr gebräuchlich und trotz des Wiederanlageproblems auch in aller Regel unproblematisch. Der Kurs (= Ertragswert) eines festverzinslichen Wertpapiers errechnet sich durch Diskontierung des Zahlungsstroms mit dem gültigen Marktzinssatz (der gültigen Zinskurve). Damit ist der Kapitalwert eines derartigen Papiers nahe bei null und die Annahme, dass freiwerdende Mittel zum Marktzinssatz ≈ IRR wieder veranlagt werden können, ist nicht so weit mit Fehlern behaftet, dass die ermittelte Rendite als fragwürdig angesehen werden müsste.

1.4 Standardisierte Zahlungsströme (Wertpapiere)

Zahlungsströme, die wirtschaftlich und rechtlich mehr oder minder stark standardisiert sind und somit auf den Finanzmärkten gehandelt werden können, werden hier als *Wertpapiere* bezeichnet. Wir nehmen dabei die Abweichung vom juristischen Wertpapierbegriff in Kauf, der vor allem auf das Vorhandensein einer Urkunde abstellt:[17] Dadurch, dass ein Recht in einer Urkunde verbrieft ist, wird es zur „Sache" und kann im Rahmen sachenrechtlicher Normen zum Gegenstand des Rechtsverkehrs werden. In einigen Fällen wird es keinen Unterschied zwischen dem finanzwirtschaftlichen und dem juristischen Begriff geben (z. B. bei Aktien, Anleihen, Investmentzertifikaten, etc.), in anderen hingegen schon:

- Finanzwirtschaftlich werden Optionen, Termingeschäfte, Swaps o. ä. als *derivative Wertpapiere* bezeichnet, obwohl sie i. d. R. nicht in Form einer Urkunde verbrieft sind und somit rechtlich keine Wertpapiere darstellen.
- Finanzwirtschaftlich besteht nur ein gradueller Unterschied zwischen einer Aktie, d. h. einem Anteil an einer AG, und einem Geschäftsanteil einer GmbH; juristisch sind nur Aktien als Wertpapiere anzusehen.
- Grundschuldbriefe, Theaterkarten, Lagerscheine u. a. Wertpapiere im juristischen Sinn werden finanzwirtschaftlich nicht als Wertpapiere bezeichnet.

Seit den 1980er-Jahren ist weltweit eine Tendenz dahingehend festzustellen, finanzielle Ansprüche in Wertpapierform zu verbriefen und somit handelbar zu machen (*Securitization*). Dies gilt für Eigenkapital (in Deutschland und Österreich gab es in den 1980er-Jahren geradezu eine Renaissance der Aktie: es sind pro Jahr mehr neue Aktiengesellschaften an die Börse gegangen als in den fünfzig Jahren davor zusammengenommen) und auch für Fremdkapital (die nahezu verschwundene Industrieobligation wurde wiederentdeckt). Aus diesem Grund wird den Wertpapieren in den finanzwirtschaftlichen Texten eine herausragende Rolle eingeräumt. Wir werden uns allerdings hier auf Aktien, Anleihen und die gängigsten Formen derivativer Wertpapiere beschränken.

1.4.1 Aktien

Eine Aktie verkörpert einen Anteil an einer AG: Wer eine Aktie besitzt, ist Mitglied der Aktionärsgemeinschaft und somit Miteigentümer des Gesamtvermögens der AG. Mit einer Aktie sind grundsätzlich die folgenden Rechte verbunden:
a) Anspruch auf anteiligen Gewinn (Dividende)
b) Recht auf Teilnahme an der Hauptversammlung der AG

---

17 Vgl. *Roth, Günter H.*: Handels- und Gesellschaftsrecht, 6. Aufl., München (Vahlen) 2001, S. 411 ff.

c) Stimmrecht in der Hauptversammlung der AG
d) Antrags-, Auskunfts- und Anfechtungsrechte
e) Recht auf anteiligen Erlös bei einer Liquidation der AG
f) Anspruch auf Bezugsrecht bei der Ausgabe neuer Aktien

Finanzwirtschaftlich sind weniger die mitgliedschaftsrechtlichen (b, c, d) als die finanziellen Ansprüche (a, e, f) von Interesse, wenngleich für die Bewertung der Aktien die Ausstattung der Papiere von entscheidender Bedeutung sein kann.

Üblicherweise unterscheidet man zwischen

– *Inhaberaktien und Namensaktien:* Bei Inhaberaktien ist dem Unternehmen die Identität ihrer Aktionäre nicht bekannt: Die Übertragung der Aktien erfolgt nach den üblichen Regeln eines Kaufvertrags und löst keine Mitteilungspflichten an die Gesellschaft aus; in Deutschland und in Österreich waren bis zur Jahrtausendwende die meisten Aktien Inhaberpapiere. Bei den Namensaktien hingegen muss eine Eintragung in das Aktienregister erfolgen. Diese Aktienform ist traditionell in den USA (aber auch in Großbritannien, Japan, Italien etc.) gebräuchlich. Eine besondere Form sind die *vinkulierten Namensaktien*, bei denen die Veräußerung der Aktie an die Zustimmung der Gesellschaft gebunden ist; insbesondere bei Familienunternehmen, die einer unkontrollierten Verschiebung im Machtgefüge der Gesellschaft vorbeugen wollen, findet sich diese in der Regel nicht börsengängige Aktienform.

– *Stammaktien und Vorzugsaktien:* Stammaktien genießen in vollem Umfang die oben erwähnten Rechte. Vorzugsaktien hingegen sind meistens zunächst einmal mit einem Nachteil ausgestattet: Sie verfügen über kein Stimmrecht (daher auch: stimmrechtslose Vorzugsaktien); dafür werden sie allerdings i. d. R. bei der Gewinnverteilung gegenüber den Stammaktien bevorzugt: Dieser Vorzug kann z. B. in einer Überdividende (etwa: 2 % über der für die Stammaktien) oder einer Vorab-Dividende (etwa: bevor nicht 4 % auf das Vorzugskapital ausgeschüttet ist, dürfen keine Gewinne auf das Stammkapital gezahlt werden) bestehen. Der Ausschluss vom Stimmrecht bleibt allerdings solange unwirksam, wie die Gesellschaft mit der Auszahlung der Vorzugsdividende (auch für zurückliegende Jahre) im Verzug ist. Ob eher die Stammaktien oder die Vorzugsaktien im Markt höher bewertet werden, ist nicht allgemein zu beantworten: Das hängt davon ab, ob dem Vorzug wirklich ein ökonomischer Wert zukommt und ob der Erwerb von Minderheits- oder Mehrheitsbeteiligungen von bestimmten Investoren als attraktiv eingeschätzt wird. Da allerdings die stimmrechtslosen Vorzugsaktien primär im deutschsprachigen Raum verbreitet sind und von einem internationalen Anlegerpublikum nicht immer verstanden und daher eher kritisch betrachtet werden, haben bereits einige Gesellschaften ihre Vorzugsaktien abgeschafft. Die früher üblichen Mehrstimmrechtsaktien, mit denen sich oft Unternehmensgründer einen dauerhaften Einfluss gesichert hatten, erlebten in den letzten Jahren

v. a. in den USA eine Renaissance, da v. a. Internet-Unternehmensgründer sich so dauerhaft Einfluss in „ihrem" Unternehmen sichern.

– *Nennwertaktien und Stückaktien:* Im deutschsprachigen Raum war bis Ende der 1990er-Jahre ausschließlich die Nennwertaktie zulässig: Jede einzelne Aktie lautet auf einen Nennwert (heute mindestens ein Euro) und die Summe der Nennwerte aller ausgegebenen Aktien ergibt das in der Bilanz ausgewiesene Grundkapital der Gesellschaft. Im Zuge der Umstellung auf den Euro wurde es den Unternehmen ermöglicht, auf das in den USA übliche System der Stückaktie überzugehen, wobei sich der Anteil aus der Zahl der ausgegebenen Aktien ergibt. Für den Aktionär spielt der Unterschied keine Rolle: Im einen Fall besitzt er eine Nennwertaktie über 10 € einer AG, deren Grundkapital 500 Mio. € beträgt; im anderen Fall besitzt er ein Stück von 50 Mio. Stück ausgegebenen Aktien. In beiden Fällen beträgt sein Anteil 1/50.000.000, worauf sich sein Dividendenanspruch, sein Bezugsanspruch und sein Stimmrecht begründen.

Für weiterführende Überlegungen sei auf die aktienrechtliche Spezialliteratur verwiesen, in der ausführlich die rechtlichen und wirtschaftlichen Unterschiede zwischen den einzelnen Aktiengattungen dargestellt werden.

Kurswert und Kursnotierung

Aus finanzwirtschaftlicher Sicht könnte man der Stückaktie deswegen den Vorzug geben, weil sie nicht zu einem bei Laien oft anzutreffenden Missverständnis Anlass gibt, dem nämlich, der aufgedruckte Nennwert habe irgendetwas mit dem „Wert" der Aktie zu tun. Dies ist natürlich nicht der Fall: Der Nennwert bringt nicht einmal den Buchwert der Aktie zum Ausdruck, da das Grundkapital nur eine unter mehreren Positionen des bilanziellen Eigenkapitals darstellt.

Dieser Tatsache wird durch den sog. Bilanzkurs Rechnung getragen, der angibt, wie hoch der Wert der Aktie (in % des Nennwerts) sein müsste, wenn sämtliche (damit auch die nicht bilanzierungsfähigen) Vermögenswerte und Schulden des Unternehmens zu ihrem korrekten Marktwert in der Jahresbilanz ausgewiesen wären:

$$\text{Bilanzkurs} = \frac{100 \cdot \text{Eigenkapital}}{\text{Grundkapital}}$$

Aufgrund bindender Normen ist allerdings so gut wie ausgeschlossen, dass die Bilanz diese Bedingung erfüllt. Dennoch kommt dem Bilanzkurs im Rahmen der Finanzanalyse eine nicht unwesentliche Rolle zu (etwa bei der Bestimmung der sog. book-to-market-ratio).

Entscheidend für die Beurteilung einer Aktie ist nicht das Ergebnis irgendwelcher Bilanzierungstechniken, sondern der Preis, zu dem die Aktie an der Börse notiert: *Res tantum valet quantum vendi potest.* Dieser Preis (Kurs) ist das Ergebnis des Ausgleichs von Angebot und Nachfrage der Marktteilnehmer und wird an der Börse nach klar festgelegten Bedingungen berechnet. International haben sich als Techniken zur Kursermittlung herausgebildet:

- Auktionsverfahren oder Call-Markt (order-driven, Einzelauktion)
- Market-maker-Verfahren (quote-driven, Fortlaufender Handel)
- Hybridverfahren (quote-and-order-driven, Anfangsauktion – fortlaufender Handel – u. U. Zwischenauktion – fortlaufender Handel – Schlussauktion)

Beim *Auktionsverfahren* ergibt sich der Kurs nach dem Meistausführungsprinzip. Dieses Prinzip findet in Deutschland und Österreich zur Kursermittlung von Aktien Anwendung, für die nur einmal täglich ein Kurs festgestellt wird, aber auch zur Ermittlung des Eröffnungskurses von Aktien, die fortlaufend notiert werden. Unter der Aufsicht amtlicher Kursmakler (in Österreich: Sensale) werden die vorliegenden Kauforders nach absteigender Folge und die Verkaufsorders nach aufsteigender Folge geordnet und kumuliert: Wer höchstens zu 112 kaufen will, kauft auch zu 110; wer mindestens 109 erlösen will, verkauft auch gerne zu 112. Sodann wird derjenige Preis gesucht, bei dem der mögliche Umsatz maximal ist: Das ist der Preis, bei dem das Minimum aus kumulierten Kauf- und kumulierten Verkaufsorders am höchsten ist.

Beispiel: Dem Kursmakler liegen folgende Kauf- und Verkaufsaufträge vor:

A will 60 Stk. kaufen:	Limit 111	G will 90 Stk. verkaufen:	Limit 112
B will 120 Stk. kaufen:	Limit 107	H will 110 Stk. verkaufen:	Limit 113
C will 80 Stk. kaufen:	Limit 112	I will 80 Stk. verkaufen:	Limit 110
D will 90 Stk. kaufen:	Limit 110	J will 70 Stk. verkaufen:	Limit 109
E will 110 Stk. kaufen:	Limit 108	K will 150 Stk. verkaufen:	unlimitiert
F will 70 Stk. kaufen:	unlimitiert		

Preis	Käufer	Stück	kumuliert	Umsatz	kumuliert	Stück	Verkäufer
unlimitiert					150	150	K
107	B	120	530	140	150		
108	E	110	410	140	150		
109			300	210	220	70	J
110	D	90	300	(max) **300**	300	80	I
111	A	60	210	210	300		
112	C	80	150	150	390	90	G
113			70	70	500	110	H
unlimitiert	F	70	70				

Aufgrund der geordneten und kumulierten Orders ergibt sich ein Marktpreis nach dem Meistausführungsprinzip in Höhe von $P = 110$, zu dem sämtliche Kaufwünsche von F, C, A und D und die Verkaufswünsche von K, J und I ausgeführt werden können; die Kaufinteressenten B und E sowie die Verkaufsinteressenten H und G können nicht bedient werden. Der Umsatz beträgt 300 Stück; zu jedem anderen Preis könnten nur weniger Umsätze getätigt werden.

Es kann leicht der Fall eintreten, dass zum umsatzmaximalen Preis nicht gleich viele Kauf- wie Verkaufsorders vorliegen. In diesem Fall übernehmen entweder die Kursmakler selbst oder die an der Börse agierenden Großbanken den Spitzenausgleich; wo dies nicht der Fall ist, muss eine Repartierung durchgeführt werden, bei der die Kauf- oder die Verkaufaufträge nur begrenzt zugeteilt werden. Hätte z. B. K nur 120 Aktien unlimitiert angeboten, so hätten zum Gleichgewichtspreis von 110 den 300 Kaufwünschen nur 270 Verkaufswünsche gegenübergestanden; dies hätte zu einer begrenzten Zuteilung in dem Sinne führen können, dass jeder Käufer pro zehn geordnete Aktien lediglich neun erhalten hätte.

Beim *Market-maker-Verfahren* verpflichten sich bestimmte Marktteilnehmer, eben die Market-maker, jederzeit verbindliche An- und Verkaufspreise (= Geld- und Briefkurse, „Quotes") zu stellen, um die jederzeitige Marktliquidität sicherzustellen. An der Deutschen Börse werden die Market-maker auch als „Betreuer" (designated sponsors) bezeichnet.

Beim *Auktionssystem* ist der dem Käufer belastete Preis gleich dem, den der Verkäufer gutgeschrieben bekommt; die Vergütung der Börse (der Makler) erfolgt durch Zahlung einer Provision (Courtage) der zum Zug kommenden Marktparteien. Beim Market-maker-System hingegen kauft der Käufer zum Briefkurs, während der Verkäufer lediglich den (niedrigeren) Geldkurs erhält; die Vergütung der Marktleistung des Market-makers besteht in diesem Fall im sog. spread, der Differenz zwischen Brief- und Geldkurs; eine Aktie gilt als umso liquider, je niedriger der spread ist. Das XETRA-System der Deutsche Börse AG ist ein Hybridsystem, in dem sowohl Elemente des Auktionsverfahrens wie des Market-maker-Verfahrens verwirklicht sind.

Grundprinzipien der Bewertung von Aktien

Das Meistausführungsprinzip beschreibt lediglich die technische Durchführung der Preisermittlung, sagt aber nichts darüber aus, warum sich der Kurs gerade dort einstellt, wo er sich einstellt, warum er gegenüber dem Vortag fällt oder steigt. Hinter der Aussage, der Kurs ergebe sich als Ausgleich von Angebot und Nachfrage verbirgt sich eine riesige Zahl individueller Bewertungsakte: In der Regel wird ein Investor, bevor er ein Kauf- oder Verkaufsgebot abgibt, sich genau informieren (später werden wir allerdings sehen, dass es auch gute Gründe gibt, sich nicht zu informieren). Er wird versuchen abzuschätzen, was die Aktie wirklich wert ist und diesen „inneren Wert" (instrinsic value) zum Aktienkurs in Beziehung setzen: Wenn ihm eine Aktie eher „unterbewertet" zu sein scheint, wird er sie zu dem nach seiner Ansicht günstigen Preis zu kaufen versuchen; wenn hingegen eine Aktie, die er in seinem Portefeuille hält, zu einem höheren Kurs an der Börse notiert als er es für angemessen hält (die Aktie ist somit aus seiner Sicht „überbewertet"), wird er den Zeitpunkt für geeignet halten, das Papier zu verkaufen. Dieser Prozess der individuellen Wertbeimessung, die sog. Finanz- oder Wertpapieranalyse, gehört zu den schwierigsten und vielleicht deswegen relativ wenig erforschten Kapiteln der Finanzwirtschaft.

Da sich die Zahlungen, die eine Aktie abwirft, im Wesentlichen auf die Dividenden beschränken, kann der innere Wert als ein Ertragswert verstanden werden, der sich als Gegenwartswert aller in der Zukunft zu erwartender Dividendenzahlungen errechnet (discounted dividend model):

$$S_0 = \frac{E(D_1)}{q} + \frac{E(D_2)}{q^2} + \frac{E(D_3)}{q^3} + \frac{E(D_4)}{q^4} + \cdots + \frac{E(D_\infty)}{q^\infty}$$

$$S_0 = \sum_{i=1}^{\infty} \frac{E(D_i)}{q^i}$$

S_0 (errechneter) „stock price" in t_0

$E(D_i)$ erwartete Dividende in t_i

q risikoangepasster[18] Zinsfaktor $(= 1 + r)$

Dies macht deutlich, dass es ein praktisch wirklich umsetzbares Verfahren für die Berechnung des inneren Wertes nicht gibt und nicht geben kann: Niemand kann auch nur mit annähernder Genauigkeit die Dividendenzahlungen in näherer und weiterer Zukunft, schon gar nicht die „in der Unendlichkeit" abschätzen. Andererseits gibt es nichts anderes als die erwarteten Dividenden, was man zur Wertabschätzung der Aktie heranziehen könnte. Die häufig geäußerte Empfehlung, man solle die Dividenden nur solange abzinsen, wie man sie einigermaßen realistisch abschätzen kann und dann an die Stelle des weiteren Dividendenstroms den erwarteten Kurswert setzen, löst das Problem keineswegs. Wenn man dies für z. B. vier Jahre täte, erhielte man

$$S_0 = \frac{E(D_1)}{q} + \frac{E(D_2)}{q^2} + \frac{E(D_3)}{q^3} + \frac{E(D_4)}{q^4} + \frac{E(S_4)}{q^4}$$

Da der zukünftige Kurs nichts anderes als die dann abgezinsten zukünftigen Dividenden, ergibt sich wegen

$$S_4 = \frac{E(D_5)}{q} + \frac{E(D_6)}{q^2} + \frac{E(D_7)}{q^3} + \frac{E(D_8)}{q^4} + \cdots + \frac{E(D_\infty)}{q^\infty}$$

$$S_4 = \sum_{i=5}^{\infty} \frac{E(D_i)}{q^i}$$

wieder derselbe Ausdruck wie zuvor:

$$S_0 = \sum_{i=1}^{\infty} \frac{E(D_i)}{q^i}$$

Auch die in der Praxis üblichen Bewertungsregeln wie das bekannte Kurs-Gewinn-Verhältnis (price-earnings-ratio) oder die sog. *Gordon*'sche Formel lösen das Problem nicht, sondern nehmen lediglich Vereinfachungen vor, die zwar praktikabel sein mögen, ökonomisch aber kaum zu rechtfertigen sind. Wir werden uns im Zusammenhang mit der Finanzanalyse noch eingehend mit diesen Fragen zu beschäftigen haben.

---

18 Was sich unter einem „risikoangepassten Zins" verbirgt, wird im Rahmen der Kapitalmarkttheorie noch zu behandeln sein.

Kapitalerhöhungen

An der Börse werden regelmäßig nur umlaufende Wertpapiere gehandelt, Papiere, die irgendwann in der Vergangenheit emittiert wurden und nunmehr nur noch vom einen zum anderen Besitzer übertragen werden. Aktientransaktionen am *Sekundärmarkt*, wie dieser Teil des Kapitalmarkts genannt wird, berühren das emittierende Unternehmen nur mittelbar; hat es Inhaberaktien ausgegeben, so erfährt es in aller Regel nicht einmal davon, dass es einen Wechsel in seiner Eigentümerschaft gegeben hat. Eine Finanzierungswirkung für die jeweilige AG ist durch den Handel natürlich auch nicht gegeben. Auf dem *Primärmarkt* hingegen, der meist außerbörslich stattfindet, werden Aktien einer Gesellschaft erstmals platziert: Das vom Käufer gezahlte Entgelt fließt dabei dem emittierenden Unternehmen direkt zu. Dabei kann es sich um den Fall handeln, dass eine bestehende und bereits börsennotierte Gesellschaft durch Ausgabe neuer Aktien ihr Kapital erhöht, oder um den Fall, dass eine Unternehmung erstmals den Schritt an die Börse vollzieht (IPO, *initial public offering*).

Bei einer *ordentlichen Kapitalerhöhung* beschließt die Hauptversammlung, das Kapital der Gesellschaft durch Ausgabe neuer Aktien zu erhöhen; dabei sind u. a. der Zeitpunkt, zu dem die Maßnahme wirksam werden soll, der Kurs, zu dem die neuen Aktien ausgegeben werden sollen (Bezugskurs) und das Ausmaß der Kapitalerhöhung (Bezugsverhältnis) festzulegen.

Beispiel: Die Hauptversammlung der X-AG beschließt im Mai, eine Erhöhung des bisherigen Grundkapitals von vier Mio. € auf fünf Mio. € vorzunehmen; da auf vier Mio. altes Kapital eine Mio. neues Kapital entfällt, ergibt sich ein Bezugsverhältnis von 4 : 1. Das Kapital soll am 1. Oktober durch Ausgabe von 200.000 neuen Aktien erhöht werden; wie die alten Aktien sollen auch die neuen einen Nennwert von 5 € aufweisen. Da der derzeitige Aktienkurs bei 24 € liegt und sichergestellt werden soll, dass die neuen Aktien auch dann aufgenommen werden, wenn die Börsentendenz rückläufig sein sollte, wird als Bezugskurs ein Preis von 14 € pro Aktie festgesetzt.

Das Aktienrecht sieht allerdings vor, dass die Altaktionäre durch sog. *Bezugsrechte* vor einer Beeinträchtigung ihrer aktuellen Position zu schützen sind: Ihnen müssen die neuen Aktien zuerst angeboten werden, um zu verhindern, dass durch die Kapitalerhöhung ihr relativer Anteil am Unternehmen sinkt und dass ihr Aktienbestand aufgrund des Verwässerungseffekts an Wert verliert; letzteres wäre der Fall, wenn die Altaktionäre keinen Ersatz dafür bekämen, dass die Neuaktionäre die neuen Aktien zu Kursen erwerben können, die niedriger sind als der aktuelle Börsenkurs. Bis zum Abschluss der Kapitalmaßnahme können diese Bezugsrechte an der Börse ge- und verkauft werden; dies erlaubt es den Altaktionären, frei und ohne finanzielle Benachteiligung darüber zu entscheiden, ob sie sich an der Kapitalerhöhung beteiligen wollen oder nicht.

Beispiel (Fortführung): Gehen wir von den geltenden Marktbedingungen aus, so beläuft sich der Wert des Unternehmens derzeit auf 19,2 Mio. €. Im Rahmen der Kapitalerhöhung fließen der AG finanzielle Mittel in Höhe von 200.000 · 14 = 2,8 Mio. € zu. Künftig wird der Unternehmenswert sich somit auf 19,2 + 2,8 = 22 Mio. € belaufen und auf eine Mio. Aktien aufgeteilt sein. Ceteris paribus wird somit mit einem Rückgang des Kurses auf 22 € pro Aktie (Mischkurs) zu rechnen sein. Um den Altaktionär schadlos zu halten, muss daher der Wert des Bezugsrechts bei 24 − 22 = 2 € liegen.

Dieses Ergebnis für den rechnerischen Wert des Bezugsrechts (BR) hätte man auch durch Anwendung der Bezugsrechtsformel

$$BR = \frac{Aktienkurs - Bezugskurs}{Bezugsverhältnis + 1}$$

$$BR = (24 - 14)/(4 + 1) = 2\,€$$

ermitteln können. Wie die folgende Gegenüberstellung zeigt, ist es bei diesem Kurs des Bezugsrechts für einen Altaktionär, der über 100 Aktien (Wert: 2.400 €) verfügt, finanziell irrelevant, ob er die Kapitalerhöhung zeichnet oder seine Bezugsrechte veräußert:

Beteiligt er sich an der Kapitalerhöhung, so kann er bei dem Bezugsverhältnis von 4 : 1 gerade 25 neue Aktien zum Kurs von 14 € erwerben; der Kaufpreis (14 · 25 = 350 €) entspricht dann dem Anstieg des Werts seiner Beteiligung (125 · 22 − 100 · 24 = 350 €).

Verkauft er seine Bezugsrechte so erlöst er 100 · 2 € = 200 €; auf der anderen Seite büßt er pro Aktie gerade 2 € an Kursverlust ein.

Allerdings gilt diese Irrelevanz lediglich für die rein finanzielle Position; will er den relativen Anteil am Unternehmen (evt. eine Sperrminorität) halten, so ist er gezwungen, die Kapitalerhöhung mit zu vollziehen.

Auch für den an der AG bislang nicht beteiligten Investor ist es irrelevant, ob er die Aktie im Markt kauft (im Beispiel zum Kurs von 22 €) oder ob er vier Bezugsrechte zum Preis von zusammen 8 € erwirbt und die Aktie zum Bezugskurs von 14 € kauft.

Selbstverständlich bildet sich der Kurs der Bezugsrechte am Markt nach Angebot und Nachfrage; dies kann im Einzelfall durchaus zu Notierungen führen, die geringfügig vom rechnerischen Kurs des Rechts abweichen.

Andere Formen der Kapitalerhöhung sind
– die *bedingte Kapitalerhöhung*, bei der die Durchführung der Kapitalmaßnahme vom Eintreten eines zunächst noch unsicheren Ereignisses abhängig gemacht wird (z. B. Umwandlung von Wandelschuldverschreibungen, Ausübung des Optionsrechts bei Optionsanleihen, Annahme einer Belegschaftsaktienaktion durch die Arbeitnehmer);
– die Einrichtung eines *genehmigten Kapitals*, wobei die Hauptversammlung den Vorstand ermächtigt, zu einem von ihm gewählten Zeitpunkt das Kapital durch Ausgabe von Aktien um einen im Rahmen der Genehmigung liegenden Betrag zu erhöhen; der Vorstand kann auf diese Weise recht flexibel einen etwaigen Finanzmittelbedarf decken;
– die *Kapitalerhöhung aus Gesellschaftsmitteln*, die dem US-amerikanischen stock split verwandt ist und bei der dem Unternehmen kein neues Geld zufließt: Es wird lediglich die Zahl der ausgegebenen Aktien erhöht, indem Rücklagen der Ge-

sellschaft in Grundkapital umgewandelt werden. Je nach Bezugsverhältnis erhalten die Aktionäre für eine bestimmte Zahl ihrer Aktien eine neue („Gratisaktie"); da sich durch diese Maßnahme das Kapital der Unternehmung nicht verändert, ist mit einem entsprechenden Nachgeben der Kurse zu rechnen. Man könnte daher meinen, eine Kapitalerhöhung aus Gesellschaftsmitteln sei eine im Grunde ziemlich sinnlose, rein buchhalterische Angelegenheit. Gleichwohl finden Kapitalerhöhungen aus Gesellschaftsmitteln statt, um z. B. den Aktienkurs einer Unternehmung, der „zu schwer" geworden ist (die einzelne Aktie notiert zu hoch) „leichter" und damit die Aktie marktgängiger zu machen; häufig verbirgt sich hinter der Kapitalerhöhung aus Gesellschaftsmitteln auch eine Dividendenerhöhung, wenn dieselbe Dividende pro Aktie wie in den Vorjahren gezahlt wird, obwohl nunmehr mehr Aktien zu bedienen sind.

Initial Public Offerings

Unter einem Initial Public Offering (IPO) versteht man den erstmaligen Börsengang einer Aktiengesellschaft; dabei erfolgt die Umgründung eines Unternehmens in eine Aktiengesellschaft häufig erst, um das „going public" zu ermöglichen. Die Gründe für ein Unternehmen, seine Anteile einem breiteren Anlegerpublikum anzudienen, sind vielfältig. Im Vordergrund stehen dabei stets unmittelbare Finanzierungsüberlegungen im Sinne der Verstärkung der Eigenkapitalbasis, es können aber auch verschiedene andere Gründe mitspielen: die Regelung von Nachfolgeproblemen, die Medienwirkungen eines Börsengangs, Marketingüberlegungen,[19] die bessere Publizität der Unternehmensdaten, eine verstärkte Disziplinierung des Managements, Zugang zu anderen Kapitalmarktinstrumenten (z. B. Obligationen, Optionsanleihen), Erleichterung von Unternehmensaquisitionen, Realisierung und Diversifikation des Vermögens der Alteigentümer, etc.

Auf die professionelle Vorbereitung und Durchführung eines Börsengangs haben sich größere Unternehmens- und Rechtsberatungsgesellschaften spezialisiert. Dabei haben sich Standards herausgebildet, die international in ungefähr ähnlicher Weise praktiziert werden:
- Zunächst gilt es, die *Börsenreife* (Professionalität des Managements, Strategische Grundorientierung, Innovations- und Veränderungspotenzial, Unternehmenspublizität etc.) des Unternehmens festzustellen, bzw. durch geeignete Maßnahmen herbeizuführen.
- Entscheidend ist die Wahl der die Emission begleitenden Investmentbank (u. U. Bankenkonsortium); die potenziellen Bewerber präsentieren im Rahmen eines sog. *beauty contest* ihre Bedingungen, ihre Vorstellungen hinsichtlich des erzielbaren Emissionspreises, ihre Platzierungsstrategien etc.

---

19 Dass das Vorarlberger Modeunternehmen Wolford bei seinem Gang an die Börse auch eine Zulassung an der Pariser Börse erwirkt hat, hatte seine Ursache sicher eher in Marketing- denn in Finanzierungsüberlegungen.

– Über das anzuwendende Emissionsverfahren ist zu entscheiden: Beim reinen *Kommissionsverfahren* (open pricing) liegt das volle Begebungsrisiko beim Emittenten; beim *Übernahmeverfahren* (fixed pricing) übernehmen die Emissionsbanken die Papiere in vollem Umfang und platzieren sie auf eigenes Risiko im Markt; beim heute meist angewandten *Bookbuildingverfahren* geben potenzielle institutionelle Anleger vorab und ohne rechtliche Bindung bekannt, zu welchem Preis sie welche Volumina der Emission zu übernehmen bereit wären; auf dieser Basis werden Emissionspreis und Emissionsvolumen festgelegt, wobei sowohl die Emissionsbanken als auch der Emittent einen Teil des Begebungsrisikos tragen.
– Mittels einer *Greenshoe-Option* wird einer Überhitzung im Falle einer starken Überzeichnung bzw. stark steigender Kurse nach erfolgter Emission vorgebeugt: Der Emittent ermöglicht der Emissionsbank, innerhalb einer gewissen Frist (meist vier bis sechs Wochen) weitere Aktien zum Emissionspreis (von den Altaktionären bzw. im Rahmen eines genehmigten Kapitals) zu beziehen.
– Für den Erfolg des Börsengangs ist eine gute, umfassende und vertrauenswürdige Information der potenziellen Investoren unerlässlich; das Unternehmen wird daher viel Mühe auf die Gestaltung des Emissionsprospektes und der Jahres- und Quartalsberichte zu legen haben, es wird *road shows* und *Analystentreffen* veranstalten, in denen umfassend über die Risiken und Chancen der Emission informiert wird, es wird sich über Ad-hoc-Mitteilungen an die financial community im Gespräch halten etc.

Die entscheidende Frage bei einem Börsengang ist zweifelsohne die Festlegung des Emissionspreises (*Pricing*). Hier treten auch am augenfälligsten die unterschiedlichen Interessen der Beteiligten hervor:
– Die Emittenten bzw. die im Rahmen des IPO ihre Anteile abstoßenden Altaktionäre wollen i. d. R. einen möglichst hohen Erlös für ihre Aktien erzielen.
– Die Emissionsbanken sind mit ihren Provisionen i. d. R. prozentual am Emissionserlös beteiligt und haben somit ebenfalls ein Interesse an hohen Ergebnissen; andererseits wollen sie ihren Ruf als solides Emissionshaus sowohl bei interessierten börsenreifen Unternehmen als auch bei den Investoren festigen, was ihnen am besten gelingt, wenn die Emissionspreise so marktgerecht wie möglich sind.
– Die Investoren sind, was den Informationsstand über das Unternehmen anbelangt, gegenüber den beiden Vorgenannten im Nachteil und wollen eine gute Rendite erzielen, ohne dabei besondere Risiken eingehen zu müssen.

In der jüngsten Vergangenheit gab es immer wieder Phasen, in denen die Neuemissionen systematisch zu niedrig angesetzt wurden (*Underpricing*), was zu erheblichen Kurssteigerungen in der Nachemissionsphase führte; es gab aber auch Phasen, in denen sie systematisch zu hoch waren (*Overpricing*) und die Zeichner der Anteile mit erheblichen Kursverlusten gegenüber dem Zeichnungspreis konfrontiert waren. Zu einem Underpricing kommt es typischerweise dann, wenn die Banken bewusst eine Kapitalmarktförderung betreiben und die mutigen Anleger, die sich zu einer Zeichnung von IPO-Aktien entschließen, „belohnen" wollen

Ein Overpricing hingegen kann die Folge des verschärften Wettbewerbs der Emissionshäuser um die lukrativen IPOs sein: Die Banken überbieten sich mit ihren Preisangeboten an die Emittenten und werden dabei Opfer des bekannten *winner's-curse*.

Unter dem *Winner's-curse*-Problem[20] versteht man das häufig zu beobachtende Phänomen, dass in Auktionen zu hohe Preise bezahlt werden. Nehmen wir an, ein wertvoller alter Teppich soll versteigert werden. Mehrere Bieter werden versuchen, den Wert des Teppichs einzuschätzen, wobei sie zwangsläufig Schätzfehler machen werden. Selbst wenn sie in ihrer Gesamtheit durchaus „richtig" oder sogar „vorsichtig" geschätzt haben, wird derjenige Bieter den Zuschlag bekommen, der die höchste Überschätzung vorgenommen hat. Oft ist daher der Sieger der Verlierer, da er die Sache zu einem Preis erwirbt, der über ihrem Wert liegt.

Eine verlässliche Antwort auf die Frage, ob zu einer bestimmten Zeit eher eine Tendenz zum Underpricing oder zum Overpricing besteht, lässt sich allerdings kaum geben.

1.4.2 Anleihen

Als Anleihen werden Wertpapiere bezeichnet, die ihrem Inhaber einen vertraglich zugesicherten Zahlungsstrom versprechen und dabei keinerlei unmittelbaren Eigentumsrechte am Emittenten begründen, wie das bei Aktien der Fall ist. Weitgehend synonym werden Begriffe wie Schuldverschreibungen, Obligationen, Forderungspapiere, Rentenpapiere, festverzinsliche Wertpapiere oder auch die angelsächsischen Begriffe Bonds bzw. Fixed-income-papers gebraucht. Die Vielfalt, der auf den heutigen Märkten umlaufenden Anleihen ist kaum noch zu überschauen: Der weitaus größte Teil der Finanzinnovationen der letzten Jahrzehnte betrifft diese Wertpapierform. Die folgende Übersicht sollte eine Vorstellung von dem nahezu unbegrenzten Gestaltungsspielraum beim Design einer Anleihe vermitteln:

Merkmal	Formen
Schuldner	Öffentliche Hand, Kreditinstitute, Versicherungen, Industrieunternehmen, Int. Organisationen
Laufzeit	kurzfristig, ein Monat bis etwa zwei Jahre (Bundesschatzanweisungen, US Treasury Bills); mittelfristig, etwa 1–8 Jahre (Deutsche Bundesschatzbriefe, US Treasury Notes); langfristig, etwa 5–30 Jahre (Bundesanleihen, US Treasury Bonds); unbegrenzt (z. B. Perpetual Floaters)

---

20 Vgl. *Thaler, Richard H.*: The Winner's Curse, New York (Free Press) 1992.

Merkmal	Formen
Tilgungsform	Gesamttilgung (endfällige Anleihen); Ratentilgung; Annuitätentilgung; Tilgung durch freihändigen Rückkauf (etwa für ewige Anleihen); Tilgung in beliebiger Höhe
Verzinsungsform	Festverzinsung, variable Verzinsung (Floater), variable Verzinsung mit Zinsuntergrenze (Floor) oder -obergrenze (Cap) oder beidem (Collar, Mini-Max-Floater), Drop-Lock-Floater, Reverse-Floater, wachsende Verzinsung (Stufenzins), inflationsindexierte Verzinsung
Platzierungsform	Öffentliche Zeichnung (Subskription), Mengentender, Zinstender, freihändiger Verkauf
Zinstermine	jährlich, halb- oder vierteljährlich, ohne lfd. Zinszahlung
Rückzahlungskurs	Nennwert (Regelfall), abweichender Tilgungskurs, aufgezinster Nennwert (Prämienanleihe), Tilgungsbetrag gekoppelt an einen Aktienindex (Indexzertifikate); Tilgungsbetrag gekoppelt an Geldentwertungsrate
Kündigungsrechte	ohne Kündigungsrecht, Schuldnerkündigungsrecht (Konvertierungsrecht), Gläubigerkündigungsrecht
Anleihenwährung	inländische Währung, ausländische Währung, Doppelwährungsanleihen (z. B. lauten Emissionsbetrag und Zinszahlungen auf eine andere Währung als die Tilgung)
Besicherung	besicherte Anleihen (Grundpfandrechte, öffentliche Bürgschaften, Patronatserklärungen o. ä.), Asset Backed Bonds, Anleihen mit Negativklausel, unbesicherte Anleihen
Optionsrechte	beim Zeichner: Wandelanleihen, Optionsanleihen; beim Emittenten: Rückzahlung vor Fälligkeit (callable Bonds), Rückzahlung zum Nennwert oder in Form von Aktien (Aktienanleihen)
steuerliche Behandlung	voll der Besteuerung unterliegende Anleihen, steuerbegünstigte Anleihen, steuerfreie Anleihen

Die Anleihe gilt traditionell als eher risikoarme Anlageform, die sich nach einer verbreiteten Ansicht besonders als Einstieg für den unerfahreneren Anleger sowie für den Anleger, der an sicheren regelmäßigen Erträgen interessiert ist, eignet. Im langjährigen Schnitt liegen sowohl Risiko also auch Rendite von Anleihen deutlich unter den entsprechenden Zahlen von Aktien. Kurzfristig kann die Aktienanlage natürlich auch hinter der Anleihe zurückbleiben, langfristig ist dies allerdings kaum zu erwarten, wie die ehemals von *Morningstar* jährlich herausgegebenen „Equity Risk Premia Reports"[21] belegen. In der folgenden Tabelle sind für den deutschen Markt die langfristigen Risikoprämien (long term equity premia), d. h. die annualisierten Differenzen

---

[21] Die „Equity Risk Premia Reports" werden in dieser Form von *Morningstar* seit einigen Jahren nicht mehr veröffentlicht. Frei zugängliche, aktuelle Daten zu Risikoprämien werden unter anderem regelmäßig von *Dimson/Marsh/Staunton* („Credit Suisse Global Investment Returns Yearbook") und *Ibbotson/Harrington* („Stock, Bonds, Bills, and Inflation (SBBI) Yearbook") publiziert, dürfen aber aufgrund von Urheberrechtsbeschränkungen in diesem Text nicht abgedruckt werden.

zwischen der durchschnittlichen Aktienrendite und der durchschnittlichen Rendite auf länger laufende Staatspapiere[22] aufgeführt:

gehalten bis Ende ...	Risikoprämien bei Beginn des Investments Anfang ...							
	1974	1979	1984	1989	1994	1999	2004	2009
2000	8 %	9 %	11 %	10 %	12 %	11 %		
2002	5 %	5 %	6 %	3 %	1 %	−12 %		
2004	6 %	6 %	7 %	5 %	5 %	−2 %	4 %	
2006	7 %	7 %	8 %	7 %	7 %	4 %	18 %	
2008	6 %	6 %	7 %	5 %	4 %	0 %	4 %	
2010	6 %	7 %	7 %	6 %	6 %	3 %	7 %	17 %

In der nachstehenden Tabelle sind die Risikoprämien der 26 10-Jahreszeiträume zwischen 1976 und 2010 aufgeführt. Wie zu erkennen ist, gab es in dieser Zeit nur eine einzige Zehn-Jahres-Spanne, in der ein Aktieninvestment zu geringeren Ergebnissen geführt hätte als eine Anlage in Staatsanleihen: wer Anfang 2000 Aktien gekauft hatte, musste sich bis Ende 2009 mit einer Minderrendite von 1,3 % gegenüber deutschen Bundesanleihen zufriedengaben. Dennoch legen die Zahlen ganz klar die Annahme nahe, dass aufgrund der historischen Erfahrungen für längerfristige Anlagehorizonte die Aktie der Anleihe überlegen sein dürfte.

von Anfang	76	77	78	79	80	81	82	83	84	85	86	87	88
bis Ende	85	86	87	88	89	90	91	92	93	94	95	96	97
Risikoprämie	10 %	11 %	6 %	9 %	14 %	12 %	13 %	11 %	11 %	9 %	2 %	3 %	12 %

von Anfang	89	90	91	92	93	94	95	96	97	98	99	00	01
bis Ende	98	99	00	01	02	03	04	05	06	07	08	09	10
Risikoprämie	10 %	11 %	12 %	10 %	7 %	6 %	8 %	10 %	9 %	7 %	0 %	−1 %	2 %

Es ist offenbar etwas dran an der alten Börsenweisheit: „Wer gut essen will, kauft Aktien, wer gut schlafen will, kauft Anleihen."

Grundprinzipien der Bewertung von Anleihen

Anleihen stellen zwar eine risikoärmere Anlageform dar als Aktien, gleichwohl haftet aber auch ihnen ein nicht zu unterschätzendes Risiko an: Zinsen können sich unerwartet ändern, die Rückzahlungstermine liegen nicht eindeutig fest, der Schuldner kann in Zahlungsschwierigkeiten kommen und bei Fremdwährungsanleihen können die Wechselkurse Veränderungen unterliegen. Zunächst werden wir von diesen Risiken abstrahieren und uns den einfachsten Prinzipien für die Bewertung von Anleihen unter der Annahme flacher Zinsstrukturen zuwenden.

---

22 Die sog. „short term risk premia" errechnen sich dagegen als Differenz zwischen Aktienrenditen und den jeweiligen Geldmarktsätzen.

Auch eine Anleihe ist als Abfolge von Cashflows (Kupons, Tilgungsbeträge) anzusehen und als solche zu bewerten. Bezeichnen wir den Wert einer über n Jahre laufenden endfälligen Anleihe (*Bond*) mit B_0 und unterstellen wir jährliche Kupons (K_t) sowie einen Nennwert[23] von 100, so erhalten wir bei einem laufzeitunabhängigen, flachen Kapitalmarktzinssatz (für Anleihen gleichen Risikos) von r

$$B_0 = \frac{K_1}{(1+r)} + \frac{K_2}{(1+r)^2} + \frac{K_3}{(1+r)^3} + \ldots + \frac{(100 + K_n)}{(1+r)^n}$$

bzw. wenn man sich des Zinsfaktors $q = 1 + r$ bedient:

$$B_0 = \sum_{t=1}^{n} \frac{K_t}{q^t} + \frac{100}{q^n}$$

Am Zinsabschlagstag entspricht der so ermittelte Barwert dem Kurs, zu dem die Anleihe im Markt notiert. Im Einzelfall kann es zwar gewisse Abweichungen zwischen rechnerischem Kurswert und Notierung geben, die Differenzen sind aber äußerst gering, da der Markt Fehlbewertungen fast immer sehr schnell korrigiert.

Die elementaren Formen von Anleihen, aus denen sich die meisten Sonderformen ableiten lassen, sind die reine Diskontanleihe (*Zero-Bond*), die reine Marktzinsanleihe (*Par-Bond*) und die variabel verzinsliche Anleihe (*Floater*).

Bei einem Zero-Bond erfolgt lediglich eine einzige Zahlung am Ende der Laufzeit; der Zinsertrag eines Zero-Bond besteht ausschließlich in der Differenz zwischen dem Kurs bei Erwerb und dem Kurs bei der Rückzahlung bzw. Veräußerung. Die Bewertung einer derartigen Zahlungsreihe ist denkbar einfach: Der rechnerische Wert eines bis t_n laufenden Zero-Bonds in t_0 entspricht dem um n Perioden abgezinsten Nennwert N:

$$B_0 = \frac{N}{(1+r)^n} = \frac{N}{q^n}$$

Ebenso einfach ist die Bewertung des Par-Bonds, eines reinen Marktzinspapiers, für das die Bedingung Kupon = Marktzins gilt: Ein Titel, der sich so verzinst, wie es der Markt es erfordert, muss selbstverständlich zum Nennwert bewertet werden; für den Par-Bond ergibt sich somit:

$$B_0 = N$$

Die meisten im Umlauf befindlichen *Standardanleihen* weisen allerdings einen Nominalzins auf, der nicht gleich dem aktuellen Marktzins ist. Dies kann auf mehrere Gründe zurückzuführen sein, so z. B. darauf, dass die Anleihe zwar als Par-Bond emittiert wurde, sich der Zinssatz aber verändert hat, oder dass die Anleihe im Interesse eines runden Kupons zu einem nur nahe am Marktzins liegenden Nominalzinssatz emittiert wurde, oder dass bewusst bei der Emission ein gegenüber dem Marktzins deutlich niedrigerer oder höherer Kupon gewählt wurde. Die Bewertung einer solchen

---

23 Es ist zweckmäßig, bei Anleihen generell von einem Nennwert 100 auszugehen, da in diesem Fall Prozentnotiz und Stücknotiz ident sind.

Standardanleihe ist kein Problem, da es sich dabei um eine Kombination aus einem Par-Bond mit einem hypothetischen Nennwert von $N_{Par} = K/r$ und einem Zero-Bond mit einem hypothetischen Nennwert von $N_{Zero} = 100 - K/r$ handelt. Betrachten wir eine Anleihe mit jährlichem Kupon und Nennwert $N = 100$; durch Auflösung der Zahlungsreihe in ihre Bestandteile erhält man:

	Standardanleihe	= Par-Bond	+ Zero-Bond
t_0	$-B_0$	$-K/r$	$-(100 - K/r)/q^n$
t_1	K	K	0
t_2	K	K	0
...	...	...	...
t_n	$100 + K$	$K/r + K$	$100 - K/r$

Somit ergibt sich der rechnerische Wert einer Standardanleihe als:

$$B_0 = N_{Par} + \frac{N_{Zero}}{q^n} = \frac{K}{r} + \frac{\left(100 - \frac{K}{r}\right)}{q^n}$$

Beispiel: Unter Geltung eines laufzeitunabhängigen Zinses von 6 % wird eine am 31.12.2027 endfällige Anleihe mit einem jährlichen Kupon von 4½ % zum 1.1.2022 wie folgt bewertet:

$$B_0 = 4,5/0,06 + (100 - 4,5/0,06)/1,06^6$$
$$B_0 = 75 + 25/1,4185 = 92,62$$

Der Kauf der Anleihe ist also dasselbe wie der Kauf eines Par-Bonds mit Nennwert 75 und Kupon 4½ (= 6 % von 75) und Kauf eines Zero-Bonds mit Nennwert 25.
Betrachten wir nunmehr unter denselben Zinsbedingungen eine Anleihe mit einem jährlichen Kupon von 7½ % und gleicher Laufzeit:

$$B_0 = 7,5/0,06 + (100 - 7,5/0,06)/1,06^6$$
$$B_0 = 125 - 25/1,4185 = 107,38$$

Der Kauf dieser Anleihe ist gleichbedeutend dem Kauf eines Par-Bonds mit Nennwert 125 und Kupon 7½ (= 6 % von 125) und dem Verkauf eines Zero-Bonds mit Nennwert 25.
Die folgende Darstellung zeigt für beide Anleihen die Aufteilung in die beiden Elementarformen:

	Kuponanleihe 4½ %			Kuponanleihe 7½ %		
	Anleihe	= Par-Bond	+ Zero-Bond	Anleihe	= Par-Bond	+ Zero-Bond
t_0	$-92,62$	$-75,00$	$-17,62$	$-107,38$	$-125,00$	$17,62$
t_1	$4,50$	$4,50$	0	$7,50$	$7,50$	0
t_2	$4,50$	$4,50$	0	$7,50$	$7,50$	0
t_3	$4,50$	$4,50$	0	$7,50$	$7,50$	0
t_4	$4,50$	$4,50$	0	$7,50$	$7,50$	0
t_5	$4,50$	$4,50$	0	$7,50$	$7,50$	0
t_6	$104,50$	$79,50$	$25,00$	$107,50$	$132,50$	$-25,00$

Da Anleihen stets ex Kupon notieren (s. u.), ist der Wert des Par-Bondanteils unabhängig davon, ob die Bewertung unmittelbar zu einem Zinsstichtag erfolgt oder zu einem beliebigen Zeitpunkt. Es muss demnach lediglich der Zero-Bondanteil laufzeitgerecht abgezinst werden, um den Wert der Anleihe exakt zu ermitteln.

Beispiel: Eine Anleihe, die jährlich am 31.10. einen Kupon in Höhe von 4 % bezahlt und am 31.10.2026 endfällig ist, soll am 31.7.2022 bewertet werden; damit beträgt die Restlaufzeit noch 4 Jahre und 3 Monate. Der Marktzinssatz (flach) liege bei 5½ %.

$$B_0 = 4/0{,}055 + (100 - 4/0{,}055)/1{,}055^{4{,}25}$$
$$= 72{,}73 + 27{,}27/1{,}2611 = 94{,}45$$

Erfolgt die Kuponzahlung nicht jährlich, sondern halb- oder vierteljährlich (in Höhe der Hälfte oder eines Viertels des nominellen Kupons), so

- sind entweder die Zinsperioden als Rechnungsperioden zu sehen und der Marktzins ist entsprechend anzupassen (einer Verzinsung in Höhe von 6 % jährlich entspricht eine halbjährliche Verzinsung von $1{,}06^{0{,}5} - 1 = 2{,}956\,\%$ (= konformer Zinssatz von 5,91 % p. a.));
- oder es ist der äquivalente Jahreskupon zu berechnen, d. h. der Kupon, der bezahlt werden müsste, wenn dem Investor am Jahresende gleichviel Geld zufließen sollte, wie er bei unterjähriger Zinszahlung bekommt: wer bei 6 % p. a. halbjährlich 3 GE erhält, verfügt am Ende des Jahres über $3 \cdot 1{,}06^{0{,}5} + 3 = 6{,}09$ GE (= Effektivzins von 6,09 %).

Beispiel: Unter Geltung eines laufzeitunabhängigen Zinses von 6 % wird eine am 31.12.2027 endfällige Anleihe mit einem Kupon von 5 %, zahlbar in zwei Halbjahreskupons (am 30.6. und am 31.12.) von je 2½ %, am 31.3.2022 wie folgt bewertet:

Erste Methode: Äquivalenter Halbjahreszins: $1{,}06^{0{,}5} - 1 = 2{,}956\,\%$

$$B_0 = 2{,}5/0{,}02956 + (100 - 2{,}5/0{,}02956)/1{,}06^{5{,}75}$$
$$= 84{,}57 + 15{,}43/1{,}398 = 95{,}61$$

Zweite Methode: Äquivalenter Kupon: $2{,}5 \cdot 1{,}06^{0{,}5} + 2{,}5 = 5{,}074$

$$B_0 = 5{,}074/0{,}06 + (100 - 5{,}074/0{,}06)/1{,}06^{5{,}75}$$
$$= 84{,}57 + 15{,}43/1{,}398 = 95{,}61$$

In Deutschland und Österreich wurden in den letzten Jahren kaum noch Anleihen mit unterjährigen Zinsen emittiert. Hingegen sind in den internationalen Kapitalmärkten, insb. in den USA, Anleihen mit halb- und vierteljährigen Zinszahlungen durchaus gebräuchlich.

Grundsätzlich einfach zu bewerten ist der dritte Grundtyp von Anleihen, die Floating Rate Note oder Anleihe mit variabler Verzinsung (Floater), bei der der Zinssatz in periodischen Abständen (z. B. halb- oder vierteljährlich) an die Bedingungen im Geldmarkt angepasst wird. Der Zins, den die Anleihe zahlt, orientiert sich dabei in der Regel an einem Referenzzins wie dem EURIBOR oder LIBOR zuzüglich eines unternehmensindividuellen, primär von der Bonität des Emittenten abhängigen, Aufschlags. Da die Anleihe stets einen Zinssatz zahlt, der nicht oder nur unwesentlich vom jeweiligen Marktzins abweicht, weist auch ihr Wert am Zinsanpassungszeitpunkt nicht oder nur unwesentlich vom Nennwert ab, zumindest solange die Prämie, die für das Bonitätsrisiko veranschlagt wird (dazu s. u.), unverändert bleibt. Es gilt somit für den rechnerischen Kurswert einer variabel verzinsten Anleihe am Zinsanpassungszeitpunkt $B_0 = N$.

Stückzinsen (Marchzinsen)

Wie wir gesehen haben, ist der Par-Bondanteil einer Anleihe unabhängig davon zu bewerten, ob der nächste Zinstermin in weiter Ferne ist oder kurz bevorsteht. Dies ist eine Besonderheit bei der Notierung von Anleihen, die sich von der Aktiennotierung grundlegend unterscheidet.

Es leuchtet unmittelbar ein, dass Anleihen ceteris paribus unmittelbar vor einem Zinstermin um den Kupon wertvoller sind als unmittelbar nach dem Zinstermin. Diese Höherbewertung könnte grundsätzlich auf zwei Arten erfolgen. Im einen Fall würde die Anleihe *cum-Kupon* notieren, d. h. der Kurs der Anleihe würde bis zum Abschlagstag den kuponinduzierten Wertsteigerungen folgen, um dann am Abschlagstag wieder auf sein Normalniveau herabzufallen (sog. Flat-Notierung). Der Kursverlauf einer Marktzinsanleihe würde dann ceteris paribus die Form eines Sägeblatts aufweisen (Abb. 1.15):

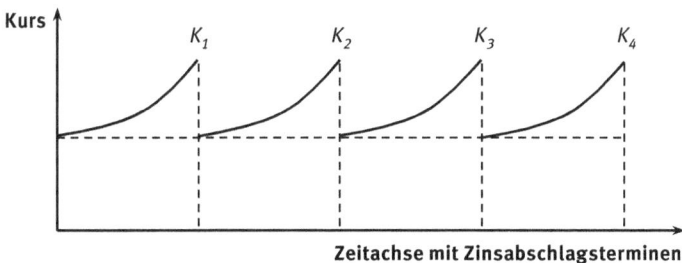

Abb. 1.15: Anleihenkurs bei cum-Kupon-Notierung

Diese Börsennotation ist von Aktien her bekannt, die am Tag der Auszahlung der Dividende mit einem Kursabschlag notieren („ex Dividende").

Im anderen Fall notiert die Anleihe *ex-Kupon*, d. h. der Kurs ist vom Zeitpunkt des letzten Zinstermins unabhängig. Dies ist die an den internationalen Börsen für Anleihen praktizierte Form. Wird die Anleihe zwischen zwei Kuponterminen verkauft, so werden die seit dem letzten Zinsabschlag aufgelaufenen Zinsen dem Käufer vom

Verkäufer in Form sogenannter *Stückzinsen* in Rechnung gestellt. Die Stückzinsenverrechnung erfolgt allerdings in der Bankpraxis nicht finanzmathematisch korrekt, sondern linear nach der Formel

$$\text{Stückzins} = \text{Kupon} \cdot (\text{Tage seit letztem Zinstermin})/365$$

wodurch der Erwerber benachteiligt wird: Er muss die Zinsen, die er erst später erhält, dem Veräußerer bereits heute zinslos vorfinanzieren.

Die Effektivverzinsung (Rendite)

Aus Laufzeit, Kupon und Marktzins haben wir den rechnerischen Kurswert (Barwert) einer Anleihe ermittelt. In der Praxis zieht man vielfach eine umgekehrte Fragestellung vor und fragt nach der Effektivverzinsung, d. h. nach dem (flachen) Zins, mit der sich die Anleihe angesichts des bekannten aktuellen Kurses verzinst (Rendite). Finanzmathematisch ist dies der interne Zinsfuß der Zahlungsreihe: In der Bond-Berechnungsformel wird derjenige Zinssatz r_e gesucht, bei dem sich als rechnerischer Wert gerade der am Markt tatsächlich notierte Anleihenkurs B_M ergibt:

$$B_M = \frac{K}{r_e} + \frac{\left(100 - \frac{K}{r_e}\right)}{(1 + r_e)^n} \quad \text{(auflösen nach } r_e\text{)}$$

Ein eindeutiges, einfach zu ermittelndes Ergebnis ist nur in Ausnahmefällen möglich: Bei Zero-Bonds, bei Anleihen mit nur zwei Jahren Restlaufzeit, bei ewigen Anleihen und bei Anleihen, die zu ihrem Nennwert notieren. In allen anderen Fällen muss ein Iterationsverfahren ("Lösung durch Probieren") Verwendung finden: Man setzt so lange alternative Werte für r_e in die Gleichung ein, bis die Gleichheitsbedingung erfüllt ist, eine Aufgabe, die man dem Taschenrechner bzw. Computer überlässt.

Beispiel: Eine endfällige Anleihe mit Jahreskupon von 4 % und einer Restlaufzeit von 6 Jahren notiert zu 88,80. Durch "Ausprobieren" ergibt sich eine effektive Verzinsung von 6,3 %.

r	B_0	
0,060	90,17	
0,061	89,71	
0,062	89,25	
0,063	88,80	$(= B_M)$
0,064	88,35	

Die derart ermittelte Rendite bringt die Verzinsung zum Ausdruck, die die Anleihe einbrächte, wenn sie bis zum Ende der Laufzeit gehalten würde und die Kuponerträge zu eben diesem Zins angelegt werden können; im internationalen Sprachgebrauch wird dieses Renditemaß als *yield to maturity* (YTM) bezeichnet. Demgegenüber misst die "laufende Rendite", der *current yield* (CY), lediglich die im Kupon enthaltene Verzinsung des eingesetzten Kapitals.

Beispiel: Für die obige Anleihe errechnet sich eine „laufende Rendite" von $r_L = K/B_M = 4/88{,}8 = 0{,}045 = 4{,}5\,\%$

Trotz der Verbreitung dieses Maßes in der Praxis kommt ihm finanzwirtschaftlich keinerlei Bedeutung zu, denn es ist nicht einzusehen, warum die Höhe des Rückzahlungsbetrags für die Renditenbeurteilung unbeachtet bleiben soll; ein Zero-Bond weist bspw. stets eine laufende Rendite von null auf.

Bewertung bei nicht flacher Zinsstruktur

Bislang sind wir immer davon ausgegangen, dass ein Marktzinssatz existiert, der für alle Laufzeiten gleich (oder zumindest nicht allzu verschieden) ist; d. h. wir haben eine flache Zinsstruktur unterstellt. Wenn dies nicht der Fall ist, was eher die Regel als die Ausnahme sein wird, muss dem bei der Anleihenbewertung Rechnung getragen werden; die aus Vereinfachungsgründen häufig unterstellte Laufzeitunabhängigkeit der Zinsen kann allzu leicht zu erheblichen Fehleinschätzungen führen.

Im Falle einer nicht-flachen Zinskurve muss jede einzelne Zahlung mit dem für die jeweilige Laufzeit gültigen Zinssatz abgezinst werden; d. h. die Anleihe wird als eine Abfolge von Zero-Bonds in Höhe des jeweiligen Kupons und des Tilgungsbetrags betrachtet:

$$B_0 = \frac{K_1}{q_1^1} + \frac{K_2}{q_2^2} + \frac{K_3}{q_3^3} + \cdots + \frac{K_n}{q_n^n} + \frac{T_n}{q_n^n}$$

$$B_0 = \sum_{t=1}^{n} \frac{K_t}{q_t^t} + \frac{T_n}{q_n^n}$$

Beispiel: Unter Geltung der folgenden Zinskurve

Laufzeit:	1	2	3	4	5	6
Zinssatz:	3,4 %	4,2 %	4,6 %	4,9 %	5,2 %	5,4 %

wird eine am 1.7.2028 endfällige Anleihe mit einem jährlich am 1.7. zahlbaren Kupon von 5 % am 1.7.2022 wie folgt bewertet:

Kupon in t_1	5	$5/1{,}034^1$	=	4,84
Kupon in t_2	5	$5/1{,}042^2$	=	4,61
Kupon in t_3	5	$5/1{,}046^3$	=	4,37
Kupon in t_4	5	$5/1{,}049^4$	=	4,13
Kupon in t_5	5	$5/1{,}052^5$	=	3,88
100 + Kupon in t_6	105	$105/1{,}054^6$	=	76,59
B_0				98,40

Hätte man anstatt mit laufzeitgerechten Zinsen mit dem für sechsjährige Veranlagungen geltenden Zins von 5,4 % gerechnet, so wäre ein deutlich zu niedriges Ergebnis entstanden:

$$P_0 = 5/0{,}054 + (100 - 5/0{,}054)/1{,}054^6 = 98{,}00\,.$$

Auch hier gilt, dass in einer Zeit, in der jeder über moderne Rechenanlagen verfügt, das Argument für die früheren Vereinfachungen seine Gültigkeit verloren hat: Wenn es gleichviel Mühe kostet, richtig wie falsch zu rechnen, kann die Entscheidung nur zugunsten des korrekten Kalküls fallen.

Eine Ermittlung des *Effektivzinses* ist unter Geltung einer nicht-flachen Zinskurve nicht möglich, da es sich um eine Gleichung mit so vielen Unbekannten wie Zinszahlungsterminen handelt. Löst man die Bewertungsgleichung trotz nicht-flacher Zinsstruktur nach einem einheitlichen r auf, so kann dies insbesondere bei Auswahlentscheidungen leicht in die Irre führen.

Beispiel: Unter Geltung der obigen Zinskurve stehen zwei Anleihen A und B mit gleicher Bonität zur Auswahl:

A: Endfällig in sechs Jahren, Jahreskupon 6 %, $B_{MA} = 103{,}75$

B: Endfällig in vier Jahren, Jahreskupon 4 %, $B_{MB} = 96{,}80$

Vergleicht man die rechnerischen Werte

$$B_{0A} = 6/1{,}034 + 6/1{,}042^2 + 6/1{,}046^3 + 6/1{,}049^4 + 6/1{,}052^5 + 106/1{,}054^6 = 103{,}50$$
$$B_{0B} = 4/1{,}034 + 4/1{,}042^2 + 4/1{,}046^3 + 104/1{,}049^4 = 96{,}94$$

mit den Börsenkursen B_M, so zeigt sich, dass Anleihe B (am Markt unterbewertet) der Anleihe A (am Markt überbewertet) vorzuziehen ist. Vergleicht man dagegen die (unzulässigerweise als solche ermittelten) Renditen, so ergibt sich das umgekehrte Bild: Anleihe A weist eine *Effektivverzinsung* von 5,26 % und Anleihe B von 4,90 % auf.

Im Folgenden stellt sich die Frage, wie sich der rechnerische Kurs einer Anleihe im Zeitablauf ändert, wenn die Zinskurve in ihrer Höhe und ihrer Gestalt unverändert bleibt (= Annahme einer *stationären Zinsstruktur*).

Im Falle einer *flachen Zinskurve* bleibt der Par-Bondanteil einer Anleihe im Zeitablauf unverändert bei K/r; nur der Zero-Bondanteil wird im Laufe der Zeit immer weniger abgezinst, bis die Anleihe am Fälligkeitstag zu „pari" notiert (Nennwertkonvergenz). Vor Fälligkeit gilt, dass

- der Wert der Anleihe stets bei pari liegt, wenn $K/100 = r$: da der Par-Bondanteil = 100 und der Zero-Bondanteil = 0 ist, gilt, dass $B_0 = 100$;
- der Wert der Anleihe stets über pari liegt, wenn $K/100 > r$: da der Par-Bondanteil > 100 und der Zero-Bondanteil negativ, aber absolut kleiner ist als Par-Bondanteil −100, gilt, dass $B_0 > 100$;
- der Wert der Anleihe stets unter pari liegt, wenn $K/100 < r$: da der Par-Bondanteil < 100 und der Zero-Bondanteil positiv, aber absolut kleiner ist als Par-Bondanteil −100, gilt, dass $B_0 < 100$;
- die Nennwertkonvergenz im Zeitablauf immer stärker wird; die Wertverlaufskurve ist somit für über pari notierende Titel konkav, für unter pari notierende Titel konvex.

Somit lassen sich die Wertverläufe von Standardanleihen bei flacher, stationärer Zinsstruktur wie folgt darstellen (Abb. 1.16):

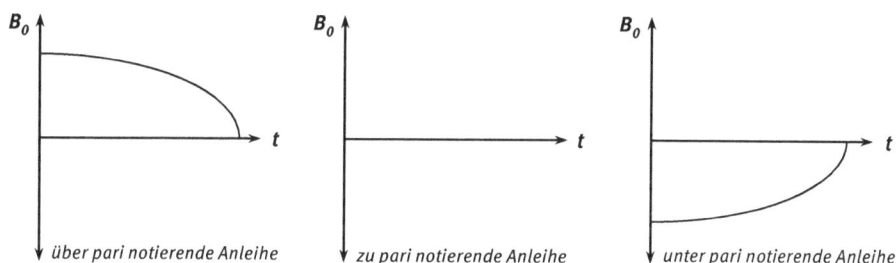

über pari notierende Anleihe   zu pari notierende Anleihe   unter pari notierende Anleihe

Abb. 1.16: Standardanleihen bei flacher, stationärer Zinsstruktur

Im Falle nicht flacher Zinskurven kommen bei der Bewertung der Anleihe eine Reihe
von Faktoren zusammen, die sich in ihrer Gesamtwirkung teils kumulieren, teils kompensieren, sodass nicht immer ein klares Bild entsteht. So wird im Falle einer *steigenden Zinsstruktur* der Marktwert
- eines *über pari* notierenden Titels zunächst kaum fallen oder sogar weiter ansteigen (da der schon zu Beginn hohe Kupon mit abnehmender Restlaufzeit verglichen zum dann niedrigeren Marktzinsniveau relativ noch höher wird), um dann
  steil gegen den Nennwert zu fallen;
- eines *zu pari* notierenden Titels erst ansteigen und dann wieder bis zum Nennwert
  fallen;
- eines *unter pari* notierenden Titels anfangs stark ansteigen und u. U. sogar in den
  Bereich einer über-pari-Bewertung gelangen, um dann dem Nennwert zuzustreben.

Wertverläufe von Anleihen bei steigender, stationärer Zinsstruktur (Abb. 1.17):

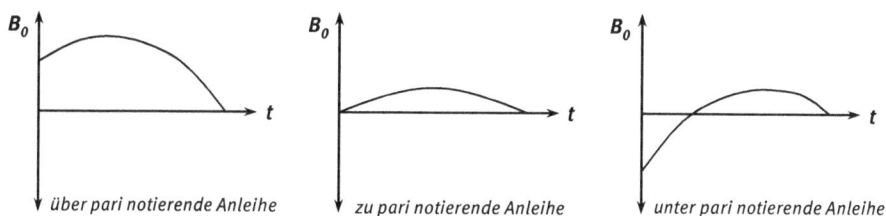

über pari notierende Anleihe   zu pari notierende Anleihe   unter pari notierende Anleihe

Abb. 1.17: Standardanleihen bei steigender, stationärer Zinsstruktur

Liegt eine *fallende (inverse) Zinsstruktur* vor, so wird der Marktwert
- eines *über pari* notierenden Titels zunächst stark fallen (und u. U. sogar unter pari sinken), um dann wieder dem Nennwert zuzustreben;
- einer *zu pari* notierenden Anleihe erst fallen und dann wieder bis zum Nennwert steigen;
- einer *unter pari* notierenden Anleihe anfangs kaum steigen oder sogar noch weiter fallen (da der niedrige Kupon mit abnehmender Restlaufzeit verglichen zum dann höheren Marktzinsniveau relativ noch niedriger wird), um dann gegen den Nennwert wieder zu steigen.

Wertverläufe für eine fallende Zinskurve (Abb. 1.18):

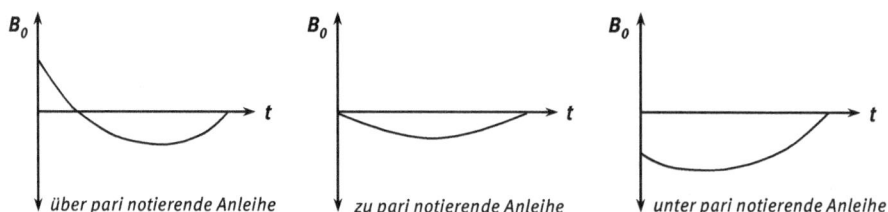

über pari notierende Anleihe   zu pari notierende Anleihe   unter pari notierende Anleihe

Abb. 1.18: Standardanleihen bei fallender (inverser), stationärer Zinsstruktur

Es sei jedoch betont, dass die hier unterstellte Ausnahme einer stationären Zinsstruktur speziell in den Fällen einer stark steigenden oder einer inversen Zinskurve kaum haltbar sein dürfte, da damit ja gerade Zinsänderungserwartungen verbunden sind. Die dargestellten Kursverlaufsbilder sollen daher lediglich ein Gespür für die mögliche Kursdynamik vermitteln und nicht als Prognoseinstrument für Kursbewegungen missverstanden werden.

Risiken von Anleihen
Bislang haben wir bei unseren Überlegungen stets sichere Zahlungsströme unterstellt, d. h. von allen Risiken, denen Anleihen ausgesetzt sein können, abstrahiert. Anleihen gelten zwar als eher risikoarme Anlageformen, sind aber weit davon entfernt, risikolos zu sein: Auch Anleihen sind einer Fülle von Unwägbarkeiten ausgesetzt. Hier geht es nur darum, eine Vorstellung von Art und Wirkung der wichtigsten Risiken zu bekommen.

(1) *Kurt Tucholsky* umschreibt das wohl zentrale Risiko sämtlicher Kredite, das *Bonitätsrisiko* (Kreditrisiko), mit den Worten: „Jede Wirtschaft beruht auf dem Kreditsystem, das heißt auf der irrtümlichen Annahme, der Andere würde gepumptes Geld wieder zurückzahlen".
Bonität (lat. bonitas: Güte, Redlichkeit) ist eine moralische Kategorie und drückt das Vertrauen aus, das jemand den Zusagen eines anderen entgegenbringt. Wer ei-

ne Aktie kauft, hat Vertrauen in die wirtschaftliche Leistungskraft der jeweiligen AG, erhält aber keinerlei bindende Zusage auf zukünftige Zahlungen; sein Risiko besteht darin, dass er diese Leistungskraft falsch einschätzt oder dass Umweltzustände eintreten, die zu einem anderen als dem erwarteten Ergebnis führen. Ein Bonitätsproblem besteht nicht.

Demgegenüber gibt der Emittent dem Zeichner einer Anleihe ein bindendes Versprechen ab, an diesen in der Zukunft einen exakt definierten Zahlungsstrom zu leisten. Die gleichwohl bestehende Möglichkeit, dass die Zahlungen nicht oder nur verspätet erbracht werden, ist dem Investor bekannt und findet bei seinen Investmententscheidungen Berücksichtigung: Er wird seine Entscheidungen nicht an zugesicherten, sondern an von ihm erwarteten Zahlungen orientieren. Machen wir uns den Zusammenhang an einem Beispiel klar.

Beispiel: Eine Unternehmung emittiert einen in einem Jahr fälligen Zero-Bond; der risikofreie Ein-Jahres-Zins betrage 5 %. Zu welchem Preis wird der Markt die Anleihe aufnehmen?
Würde der Markt das Bonitätsrisiko mit null einschätzen, d. h. jedwede Zahlungsstörung für ausgeschlossen halten, so wäre er

$$100/1,05 = 95,24$$

zu zahlen bereit. Zugesicherte Rendite, erwartete Rendite und, wenn sich der Markt in der Bonitätseinschätzung nicht getäuscht hat, auch die realisierte Rendite wären gleich dem risikofreien Zins von 5 %.
Belegen die Investoren hingegen die Möglichkeit,
- dass der Emittent im nächsten Jahr völlig zahlungsunfähig wird, mit einer Wahrscheinlichkeit von 0,4 %,
- und dass im nächsten Jahr im Wege eines Vergleichs nur mit 50 % der ausstehenden Forderungen gerechnet werden kann, mit einer Wahrscheinlichkeit von 0,6 %,

so ergibt sich eine erwartete Zahlung nach einem Jahr von

$$0,004 \cdot 0 + 0,006 \cdot 50 + 0,99 \cdot 100 = 99,30 \ .$$

Wären die Investoren strikt risikoneutral, so würden sie für die Anleihe 99,3/1,05 = 94,57 zu zahlen bereit sein; da der Markt jedoch für die Übernahme eines Risikos eine Prämie fordert, werde lediglich ein Betrag von 93,90 bezahlt. Die versprochene Rendite liege somit bei 100/93,90 − 1 = 6,5 %, während der Markt mit einer Rendite von 99,30/93,90 − 1 = 5,75 % rechnet. Die realisierte Rendite hingegen kann nach den gemachten Annahmen 6,5 % betragen, aber auch −100 % (Totalausfall) oder etwa −47 % (Vergleich).
Häufig wird die Differenz zwischen der versprochenen Rendite und der risikofreien Zinsrate (Euribor, prime rate, o. ä.) als *Risikoprämie* bezeichnet. Finanzwirtschaftlich ist dies nicht korrekt, denn nur die Differenz zwischen der erwarteten Rendite und der risikofreien Zinsrate (im Beispiel: 5,75 % −5,00 % = 0,75 %) ist Ausdruck der Risikoscheu des Kapitalmarkts, nur diese Differenz kann durch Streuung wegdiversifiziert werden. Nicht diversifizierbar ist das Ausfallrisiko selbst, denn auch ein breit gestreutes Anleihenportefeuille, das aus Titeln mit einem durchschnittlichen Ausfallrisiko von 1 % besteht, ist mit einem 1%-Ausfallrisiko belastet.

Wer einem anderen Kredit gibt, wird sich zuvor ein Bild über die Bonität seines Schuldners zu machen versuchen. Allerdings ist es selbst für eine Bank, die gewöhnlich gut über den Schuldner informiert ist, nur bedingt möglich, eine valide Kreditwürdigkeitsanalyse vorzunehmen. Für den Außenstehenden, der auf allgemeine veröffentlichte Informationen zurückgreifen muss, ist es nahezu unmöglich. Aus diesem Grund sind schon zu Beginn des 20. Jh. in den Vereinigten Staaten sogenannte Rating-Agenturen entstanden; die bedeutendsten sind *Standard & Poor's*, *Moody's* Investors Service, *Moody's* und *Fitch* Ratings. Sie haben die Aufgabe übernommen, die Qualität öffentlicher wie privater Schuldner zu beurteilen und sie in einer Stufenskala zu klassifizieren. Dabei sind sie zu anerkannten Institutionen der Finanzmärkte geworden, die lange Zeit ein hohes Vertrauen genossen, obschon es sich um rein private, gewinnorientierte Unternehmen handelt. Die globale Finanzkrise 2008–2009 hat allerdings die Glaubwürdigkeit der Agenturen stark schwinden lassen, da es zu erheblichen Forderungsausfällen selbst bei erstklassig gerateten Titeln kam.

Wer eine Anleihe auf den internationalen Kapitalmärkten auflegen will, kommt gleichwohl um ein Rating nicht herum:
- Je besser die Beurteilung eines Emittenten ausfällt, umso günstiger sind die Bedingungen, zu denen er Kapital aufnehmen kann.
- Ein Großteil der institutionellen Investoren ist durch Gesetz oder Satzung verpflichtet, nur Anleihen einer bestimmten Mindestqualität in ihr Portefeuille aufzunehmen.
- Auch ein etwas schlechteres Rating ist besser als gar keines, da Anleihen, die nicht aufscheinen, von den meisten Investoren überhaupt nicht zur Kenntnis genommen werden.

S&P	Moody's	Bonitätsurteil
AAA	Aaa	höchstmögliche Bonitätsstufe, Zins- und Tilgungsleistungen sind extrem gesichert, sehr robust gegenüber negativen gesamtwirtschaftlichen oder branchenspezifischen Entwicklungen
AA	Aa	Bonität deutlich über dem Durchschnitt, Zins- und Tilgungsleistungen sind sehr gut gesichert, robust gegenüber negativen gesamtwirtschaftlichen oder branchenspezifischen Entwicklungen
A	A	gute Bonität, Zins- und Tilgungsleistungen sind gut gesichert, obgleich gesamtwirtschaftliche oder branchenspezifische negative Entwicklungen sich auf den Schuldner spürbar auswirken können
BBB	Baa	angemessene Bonität, Fähigkeit zu Zins- und Tilgungsleistungen ist durchschnittlich: Übergang zu spekulativen Papieren, durchaus anfällig gegenüber negativen gesamtwirtschaftlichen oder branchenspezifischen Entwicklungen
BB	Ba	spekulative Papiere, Zins- und Tilgungsleistungen nur bei positivem gesamtwirtschaftlichem Umfeld gesichert, hohes Maß an Unsicherheit
B	B	Zins- und Tilgungsleistungen auf längere Frist nicht gesichert
CCC	Caa	schwaches Standing, Zahlungsschwierigkeiten durchaus absehbar
CC	Ca	hoch spekulative Papiere mit offenkundiger Gefährdung oder bereits mit Zahlungen im Verzug
C	C	Schuldner ist bereits mit Zahlungen im Verzug, sehr geringe Wahrscheinlichkeit dafür, je wieder Investment-Standing zu erreichen
D (nur *S&P*)		Schuldner ist zahlungsunfähig, alle Zahlungen sind in Verzug

Die Übersicht gibt eine Kurzdefinition der von *Standard & Poor's* (ähnlich *Fitch*) und von *Moody's* verwendeten Symbole zur Bonitäts-Klassifizierung von Anleihen; auf die Darlegung kleinerer Unterschiede in der Beurteilung der beiden Agenturen wurde zugunsten der synoptischen Darstellung verzichtet. Zur weiteren Differenzierung verwenden die Institute noch Zeichen (+ und – bei *Standard & Poor's* und *Fitch*; 1, 2 oder 3 bei *Moody's*), die eine weitere Unterscheidung innerhalb der Gruppen ermöglichen.

Üblicherweise werden Anleihen, die mit den ersten vier Stufen bewertet werden, als Papiere mit „investment grade" bezeichnet und viele institutionelle Investoren (z. B. amerikanische Pensionsfonds) dürfen nur solche Anleihen erwerben. Papiere mit schlechterem Rating gelten als spekulativ und werden häufig als „Junk Bonds" bezeichnet. Der starke Sprung zwischen BBB-gerateten Anleihen und solchen mit einem BB-Rating zeigt sich auch an den Credit Spreads (Differenz zwischen der versprochenen Anleihenrendite und dem risikofreien Zins); *Kiesel/Perraudin/Taylor*[24] ermittelten die folgenden Spreads (in Basispunkten) für Anleihen mit Restlaufzeiten von zehn Jahren:

Rating-Klasse (S&P)	AAA	AA	A	BBB	BB	B
Credit-Spread (in Basispunkten)	30,7	36,3	58,7	80,5	216,9	350,9

Unter dem Begriff Kreditrisiko verbirgt sich allerdings nicht nur die Wahrscheinlichkeit, dass es bei einem Schuldner tatsächlich zu Zahlungsstörungen kommt, sondern auch die Gefahr des Wertverfalls eines Anleihenportefeuilles aufgrund eines „Downgradings" von Seiten der Ratingagenturen. Wird eine Anleihe nämlich schlechter geratet als zuvor, so hat dies zur Folge, dass ihr Marktwert aufgrund des gestiegenen Diskontierungssatzes fällt; dies hat dann u. U. einen dramatischen Wertberichtigungsbedarf in den Bilanzen der Investoren zur Folge. In der modernen Bankpraxis wird diesem Risiko durch sog. Migrationsmatrizen Rechnung getragen; eine solche erfasst statistisch die Wahrscheinlichkeit, dass ein Schuldner, der sich in einer bestimmten Ratingklasse befindet, innerhalb einer bestimmten Zeitspanne (i. d. R. ein Jahr) in eine andere Klasse umgeratet wird. Die nachstehende Migrationsmatrix basiert auf Daten von *Standard & Poors* und bildet die globalen Übergangswahrscheinlichkeiten zwischen den Rating-Kategorien im Jahr 2019 ab:[25]

---

24 *Kiesel, Rudiger; Perraudin, William; Taylor, Alex*: The structure of credit risk: Spread volatility and ratings transitions, Journal of Risk 2003, S. 1–36. *Moody's* erfasst credit spreads für Aaa- und Baa-geratete Unternehmensanleihen relativ zu 10-jährigen Staatsschuldverschreibungen laufend. Aktuelle Daten sind über die *Federal Reserve Bank of St. Louis* (https://fred.stlouisfed.org) frei zugänglich, dürfen aus urheberrechtlichen Gründen aber nicht in diesem Buch abgedruckt werden.
25 *S&P Global Ratings*: Default, Transition, and Recovery: 2019 Annual Global Corporate Default and Rating Transition Study, S. 46, www.spglobal.com/ratingsdirect.

		Rating in einem Jahr								
		AAA	**AA**	**A**	**BBB**	**BB**	**B**	**CCC/C**	**Ausfall**	**Nicht geratet**
derzeitiges Rating	AAA	100,0 %	0,0 %	0,0 %	0,0 %	0,0 %	0,0 %	0,0 %	0,0 %	0,0 %
	AA	0,0 %	93,3 %	2,2 %	0,0 %	0,0 %	0,0 %	0,0 %	0,0 %	4,6 %
	A	0,0 %	0,7 %	93,7 %	1,9 %	0,0 %	0,0 %	0,0 %	0,0 %	3,6 %
	BBB	0,0 %	0,0 %	2,7 %	91,4 %	1,2 %	0,1 %	0,0 %	0,1 %	4,5 %
	BB	0,0 %	0,0 %	0,1 %	2,6 %	83,0 %	5,0 %	0,3 %	0,0 %	9,0 %
	B	0,0 %	0,0 %	0,0 %	0,0 %	2,2 %	78,6 %	5,1 %	1,5 %	12,6 %
	CCC/C	0,0 %	0,0 %	0,0 %	0,0 %	0,5 %	8,4 %	45,8 %	30,1 %	15,3 %

Mit *Credit Default Swaps* (CDS), dem verbreitetsten und im Rahmen der Finanzkrise von 2008/09 am stärksten in Misskredit geratenen Kreditderivat, ist es möglich, das Ausfallrisiko von einer Anleihe zu trennen und an einen anderen zu übertragen: der Käufer (Sicherungsnehmer) eines CDS leistet an den Verkäufer (Sicherungsgeber) eine periodische Zahlung in Höhe eines festen Prozentsatzes auf das versicherte Kreditvolumen und erwirbt dafür das Recht, dann, wenn die Anleihe in Zahlungsverzug gerät, d. h. ein sog. Credit event eintritt, vom Verkäufer den Schaden ersetzt zu bekommen bzw. ihm die zugrunde liegende Anleihe zum Nennwert verkaufen zu können.

(2) Das zweite zentrale Risiko, dem Anleihen ausgesetzt sind, ist das *Zinsänderungsrisiko*. Ändern sich die Marktzinsen, die für vergleichbare Anlagen gefordert und bezahlt werden, so ändert sich der Wert der Anleihe; es ändert sich aber auch der Zins, zu dem freiwerdende Mittel wie Kupon- oder Tilgungserträge wieder angelegt werden können. Das damit verbundene Risiko wird als Zinsänderungsrisiko bezeichnet; angesichts der hohen Zinsvolatilitäten der letzten Jahrzehnte hat es besondere Aufmerksamkeit erlangt. Der Gesamtertrag aus einer Kuponanleihe stellt sich als die Summe dreier Komponenten dar:
- *Zinsertrag* (= Summe aller erhaltenen Kuponerträge)
- *Zinseszinsertrag* (= Erträge aus der Wiederveranlagung der Kupons)
- *Kursänderung* (= Differenz zwischen Kauf- und Verkaufskurs)

Vor dem Hintergrund der erwarteten Zinsentwicklung ist der aus der Anleihe fließende Zahlungsstrom eindeutig definiert. Unerwartete Zinsänderungen führen somit zu Enttäuschungen, die auf die genannten Ertragskomponenten in unterschiedlicher Weise einwirken:

	Zinsniveau steigt	*Zinsniveau fällt*
Zinsertrag	bleibt unverändert	bleibt unverändert
+ Zinseszinsertrag	Zinseszinsertrag steigt	Zinseszinsertrag fällt
+ Kursänderung	Kurs fällt	Kurs steigt
= Gesamtertrag	???	???

Da offenbar die Auswirkungen einer Zinsänderung auf die einzelnen Komponenten des Ertrags einer Anleihe gegenläufiger Natur sind, kommt es auf den Einzelfall an, ob eine Marktzinssteigerung oder eine Marktzinssenkung zu höheren oder niedrigeren als den erwarteten Erträgen führt.

Betrachten wir den Fall einer einzigen Zinssatzänderung unmittelbar nach Erwerb einer über mehrere Jahre laufenden endfälligen Kuponanleihe:

– Für einen Investor, der die Anleihe nach einem Jahr wiederverkaufen will, schlägt sich nur die Kursänderung nieder: steigt der Zins, so erlöst er beim Verkauf weniger als erwartet; fällt der Zins, so kann er einen höheren Verkaufserlös verbuchen. Da noch kein Kupon gezahlt wurde, fallen keine Zinseszinsen an.

– Für einen Investor hingegen, der die Anleihe bis zur Endfälligkeit hält, gibt es keine Überraschungen beim Kurs, da er genau den vereinbarten Tilgungsbetrag erhält. Die Zinseszinsen hingegen werden höher sein als erwartet, wenn es anfangs eine Zinssteigerung gab; sie werden niedriger sein, wenn das Zinsniveau gefallen sein sollte.

Wenn also bei kurzen Haltedauern das Kursänderungsrisiko überwiegt und bei langen Haltedauern das Zinseszinsrisiko, gibt es eine Haltedauer, bei der sich beide Effekte gegeneinander aufheben: Dies ist die *Duration* einer Anleihe, die angibt, wie lange das investierte Geld im Durchschnitt gebunden ist (daher die deutsche Bezeichnung „mittlere Restbindungsdauer").

Beispiel: Ein Investor erwirbt eine in acht Jahren fällige Anleihe mit einem Jahreskupon von 4 %. Da der aktuelle Marktzins ebenfalls bei 4 % (flach) liegt, notiert die Anleihe zu pari (100 €). Die Tabelle gibt an, mit welchem Betrag ein Investor rechnen kann, wenn er irgendwann zwischen einem und acht Jahren das Engagement beendet; dabei betrachten wir den Fall einer Zinssenkung auf 3 %, den Fall eines unveränderten Zinsniveaus und den Fall eines Zinsanstiegs auf 5 % (jeweils einmalig im ersten Jahr). Dargestellt werden das Endvermögen (EndV), sowie die unerwarteten Änderungen im Zinseszinsertrag (ΔZZ) und im Kursertrag (ΔKurs):

Dauer	Zins sinkt auf 3 %			Zins bleibt bei 4 %			Zins steigt auf 5 %		
	EndV	ΔZZ	ΔKurs	EndV	ΔZZ	ΔKurs	EndV	ΔZZ	ΔKurs
1 Jahr	110,23	0,00	6,23	104,00	0,00	0,00	98,21	0,00	−5,79
2 Jahre	113,54	−0,04	5,42	108,16	0,00	0,00	103,12	0,04	−5,08
3 Jahre	116,94	−0,12	4,58	112,49	0,00	0,00	108,28	0,12	−4,33
4 Jahre	120,45	−0,25	3,72	116,99	0,00	0,00	113,69	0,25	−3,55
5 Jahre	124,07	−0,43	2,83	121,67	0,00	0,00	119,38	0,44	−2,72
6 Jahre	127,79	−0,66	1,91	126,53	0,00	0,00	125,35	0,68	−1,86
7 Jahre	131,62	−0,94	0,97	131,59	0,00	0,00	131,62	0,97	−0,95
8 Jahre	135,57	−1,29	0,00	136,86	0,00	0,00	138,20	1,34	0,00

Wie leicht zu erkennen ist, reagiert der Zinseszinsertrag umso stärker, je länger die Haltedauer ist; andererseits ist die Kursdifferenz umso ausgeprägter, je kürzer die Haltedauer, d. h. je länger die Restlaufzeit der Anleihe ist. Bei einem Planungshorizont von sieben Jahren heben sich die beiden Effekte gegeneinander nahezu auf. Dies entspricht der mittleren Restbindungsdauer (Duration) der Anleihe.

Da bei einem Zero-Bond die investierten Mittel in voller Höhe bis zum Ende seiner Laufzeit gebunden sind, lässt sich die in den 1930er-Jahren von *Macaulay*[26] entwickelte Kennzahl Duration einer Kuponanleihe dadurch ermitteln, dass man sie in eine Abfolge von Zero-Bonds auflöst und das gewogene arithmetische Mittel der jeweiligen Bindungsdauern bildet. Somit ergibt sich als Berechnungsformel für die Duration D_{Mac}:

$$D_{\text{Mac}} = \frac{\sum_{t=1}^{n} t \cdot \frac{K}{q^t} + \frac{100 \cdot t}{q^t}}{B_0}$$

Beispiel (Fortführung): Ein Investor, der die Anleihe in t_0 zum Preis von 100 € erwirbt, kauft im Grunde acht Zero-Bonds, die unterschiedliche Laufzeiten haben: damit bindet er 3,85 % des Geldes für ein Jahr, 3,70 % für zwei Jahre, 3,56 % für drei Jahre etc. Im Durchschnitt hat er somit sein Geld für etwa sieben Jahre gebunden.

Zero-Bond (Zt)	Laufzeit des Zero-Bonds	Barwert des Zero-Bonds	relativer Barwert	rel. Barwert · Laufzeit
4	1 Jahr	3,85	0,0385	0,0385
4	2 Jahre	3,70	0,0370	0,0740
4	3 Jahre	3,56	0,0356	0,1067
4	4 Jahre	3,42	0,0342	0,1368
4	5 Jahre	3,29	0,0329	0,1644
4	6 Jahre	3,16	0,0316	0,1897
4	7 Jahre	3,04	0,0304	0,2128
104	8 Jahre	75,99	0,7599	6,0793
		100,00	1,0000	$D_{\text{Mac}} = 7{,}0021$

Als Maß für die Bindungsdauer weist die Kennzahl D_{Mac} eine Zeitdimension (in Jahren) auf. Die Duration kann allerdings auch als erste Ableitung der Bond-Formel nach dem Zinssatz errechnet werden und bekommt dann den Charakter einer Elastizitätsgröße, die angibt, um wie viel sich der Kurs einer Anleihe ändert, wenn sich der Zinssatz ändern sollte. Von der Bond-Formel

$$B_0 = \frac{K}{r} + \frac{\left(100 - \frac{K}{r}\right)}{q^n}$$

---

26 *Macaulay, Frederick R.*: Some Theoretical Problems Suggested by the Movements of Interest Rates, Bond Yields and Stock Prices in the United States since 1856, New York (National Bureau of Economic Research) 1938.

wird die erste Ableitung nach r gebildet und zum Wert der Anleihe in Beziehung gesetzt:

$$\frac{\frac{dB_0}{dr}}{B_0} = \frac{\left(-\frac{K}{r^2} - \frac{n \cdot 100}{q^{n+1}} + \frac{K}{r^2 \cdot q^n} + \frac{n \cdot K}{r \cdot q^{n+1}} \right)}{B_0} = D_{\text{Mod}}$$

Dies ist die sog. *modified Duration* D_{Mod}, die sich von der *Macaulay-Duration* lediglich um den Zinsfaktor unterscheidet: $D_{\text{Mod}} = D_{\text{Mac}}/q$. Während allerdings D_{Mac} in Jahren ausgedrückt wird, ist D_{Mod} eine Prozentgröße. Sie gilt als wichtigstes Maß für die Bestimmung der Volatilität einer Anleihe. Multipliziert man wiederum D_{Mod} mit dem Kurswert der Anleihe, so erhält man die *Euro-Duration* (Dollar-Duration) $\text{\euro}D = D_{\text{Mod}} \cdot B_0$, die die zinsänderungsbedingte Kursänderung in Geldeinheiten ausdrückt.

Allerdings sollte man sich stets bewusst sein, dass die Verwendung der Duration als Elastizitätsmaß nur bei sehr kleinen Änderungen der unabhängigen Variablen Zins exakt ist: mit D_{Mac} wird die Steigung der konvexen Barwertfunktion in einem bestimmten Punkt gemessen. Wendet man das Maß daher auf größere Zinssatzänderungen an, so wird man Kursrückgänge aufgrund von Zinsanstiegen überschätzen und Kursgewinne aufgrund von Zinsrückgängen unterschätzen. In der Praxis wird daher häufig zusätzlich das Konvexitätsmaß (die zweite Ableitung der Kapitalwertfunktion, bezogen auf den Kurswert der Anleihe) herangezogen, um eine Vorstellung über die Höhe dieses Fehlers zu erhalten.

Beispiel (Fortführung): Für die obige Anleihe errechnet sich bei einem Zinssatz von 4 % ein Kurswert von 100 €, eine D_{Mac} von sieben Jahren und eine D_{Mod} von $7/1{,}04 = 6{,}733$.
Würde der Zinssatz
- um zehn Basispunkte auf 3,9 % fallen, so würde der Kurs um 0,68 % auf $B_0 = 4/0{,}039 + (100 - 4/0{,}039)/1{,}039^8 = 100{,}68$ steigen;
- um zehn Basispunkte auf 4,1 % steigen, so würde der Kurs um 0,67 % auf $B_0 = 4/0{,}041 + (100 - 4/0{,}041)/1{,}041^8 = 99{,}33$ fallen;
- um fünfzig Basispunkte auf 3,5 % fallen, so würde der Kurs um 3,44 % auf $B_0 = 4/0{,}035 + (100 - 4/0{,}035)/1{,}035^8 = 103{,}44$ steigen;
- um fünfzig Basispunkte auf 4,5 % steigen, so würde der Kurs um 3,30 % auf $B_0 = 4/0{,}045 + (100 - 4/0{,}045)/1{,}045^8 = 96{,}70$ fallen.

Die folgenden genauen Berechnungen (vier Kommastellen auf der Basis $\text{\euro}D$ bei 100 € Nennwert) zeigen, dass der Fehler in den ersten Fällen vernachlässigbar gering (unter einem Basispunkt) ausfällt, im Fall höherer Zinssprünge aber erheblich werden kann:

	korrekte Wertänderung	mithilfe der D_{Mod} ermittelte Wertänderung	Fehleinschätzung
Zinsrückgang 10 BP	+0,6761	+0,6733	0,0028
Zinsanstieg 10 BP	−0,6705	−0,6733	−0,0028
Zinsrückgang 50 BP	+3,4370	+3,3664	0,0706
Zinsanstieg 50 BP	−3,2979	−3,3664	−0,0685

Die Duration ist die zentrale Kennzahl zur Abschätzung des Zinsänderungsrisikos von Anleihen und damit zum Management von Anleihenportefeuilles: Je höher die durchschnittliche Duration der im Portefeuille enthaltenen Anleihen, umso empfindlicher wird sein Wert auf Änderungen im Zinsniveau reagieren. Darüber hinaus kann die Duration dazu Verwendung finden, ein auf einen klar definierten Planungshorizont hin gehaltenes Portefeuille vor zinssatzbedingten Wertänderungen zu schützen; wenn das Portefeuille im Zeitablauf immer so angepasst wird, dass die Duration dem verbleibenden Planungshorizont entspricht, kann es nahezu vollständig gegen das Zinsänderungsrisiko „immunisiert" werden.

Da variabel verzinste Anleihen aufgrund der kurzfristigen Zinsanpassungen stets um pari notieren, weisen sie kein Zinsänderungsrisiko auf und haben demzufolge auch eine Duration von praktisch null.

(3) Das Risiko, dass der Schuldner von einem etwaigen Recht auf vorzeitige Rückzahlung Gebrauch macht, wird als *Kündigungsrisiko* bezeichnet. Da es sich finanzwirtschaftlich um eine Kaufoption des Schuldners handelt, werden derartige Anleihen auch als *callable bonds* bezeichnet, deren Kurswert um den Wert der Call-Option unter dem nicht kündbarer Anleihen liegt. Die Höhe dieses Abschlags hängt vom Einzelfall ab und kann mithilfe der Optionspreistheorie ermittelt werden.

(4) Das *Inflationsrisiko* besteht darin, dass Kupon- und Tilgungszuflüsse real einen anderen Wert aufweisen können als bei ihrem Erwerb erwartet wurde. Inflationseffekte sind dann von besonderer Bedeutung, wenn man die steuerlichen Auswirkungen mit in Betracht zieht, wie die Zahlen des folgenden Beispiels belegen:

Beispiel: Der aktuelle Zins (flache Zinsstruktur) liege bei 5 % und die für die nächste Periode erwartete Geldentwertung mache 2 % aus. Ein Investor, der für ein Jahr anlegen will und Zinseinkünfte mit 40 % versteuert, kann eine Anleihe mit 4 % Jahres-Kupon (erstmals fällig nach einem Jahr) und drei Jahren Laufzeit zu 97,28 € erwerben.

Unter der Annahme sich nicht ändernder Zinsen und Inflationsraten erzielt er bei einem Kurs von 98,14 € in einem Jahr eine Rendite in Höhe von

$$\text{nominal, vor Steuer:} \quad (98{,}14 + 4)/97{,}28 - 1 = 5{,}00\,\%$$

$$\text{nominal, nach Steuer:} \quad (98{,}14 + 0{,}6 \cdot 4)/97{,}28 - 1 = 3{,}36\,\%$$

$$\text{real, vor Steuer:} \quad (98{,}14 + 4)/(97{,}28 \cdot 1{,}02) - 1 = 2{,}94\,\%$$

$$\text{real, nach Steuer:} \quad (98{,}14 + 0{,}6 \cdot 4)/(97{,}28 \cdot 1{,}02) - 1 = 1{,}33\,\%$$

Nominal liegt die effektive Steuerbelastung unter Berücksichtigung der Steuerfreiheit des Kursgewinns bei $(5 - 3{,}36)/5 = 33\,\%$; real wirkt sich die Steuer aber deutlich stärker mit $(2{,}94 - 1{,}33)/2{,}94 = 55\,\%$ aus.

Unterstellt man, dass im ersten Jahr die Inflationsrate überraschend auf 3 % gestiegen wäre, so ergäbe sich bei unverändertem Zinssatz eine Rendite in Höhe von

$$\text{real, vor Steuer:} \quad (98{,}14 + 4)/(97{,}28 \cdot 1{,}03) - 1 = 1{,}94\,\%$$

$$\text{real, nach Steuer:} \quad (98{,}14 + 0{,}6 \cdot 4)/(97{,}28 \cdot 1{,}03) - 1 = 0{,}34\,\%$$

Aufgrund der höheren Geldentwertungsrate werden die Kapitalerträge nunmehr mit stattlichen $(1{,}94 - 0{,}34)/1{,}94 = 82\,\%$ besteuert.

Wenn man schließlich realistischerweise unterstellt, dass mit gestiegener Inflationsrate auch der Zinssatz auf 6 % gestiegen und damit der Kurs nach einem Jahr auf 96,33 zurückgegangen wäre, ergäbe sich eine Rendite in Höhe von

real, vor Steuer: $(96{,}33 + 4)/(97{,}28 \cdot 1{,}03) - 1 = 0{,}14\,\%$

real, nach Steuer: $(96{,}33 + 0{,}6 \cdot 4)/(97{,}28 \cdot 1{,}03) - 1 = -1{,}46\,\%$

Folgt der Zins der gestiegenen Geldentwertungsrate, so beläuft sich die effektive Steuerbelastung bereits auf mehr als das zehnfache der realen Bruttoerträge.

Nach dem *internationalen Fisher-Effekt* müssten auf den internationalen Geld- und Kapitalmärkten Nominalzinsen, erwartete Inflationsraten und Währungsparitäten sich derart im Gleichgewicht befinden, dass die realen Zinsen überall gleich sind: in Ländern mit einer hohen erwarteten Inflation wären auch die Nominalzinsen hoch. Dieser Zusammenhang ist über längere Fristen empirisch gut belegbar; kurz- und mittelfristig kann es indes zu erheblichen Verwerfungen kommen.

(5) Damit ist ein anderes Risiko angesprochen, mit dem bei Fremdwährungsanleihen gerechnet werden muss, das *Währungsrisiko*. Häufig werden Fremd- oder Doppelwährungsanleihen speziell zu dem Zweck erworben, bestehende Währungsrisiken aus anderen Geschäfte abzusichern oder zumindest abzufedern. Zur Eingrenzung und Steuerung von Währungsrisiken bieten die Terminmärkte eine Fülle von Instrumenten wie Futures, Forwards, Optionen, Swaps an.

(6) Häufig erfolgt die Tilgung einer Anleihe nicht auf einmal (endfällige Anleihe), sondern in Serien, die nach dem Zufall ausgewählt werden. Damit ist dann die Unsicherheit verbunden, dass die Anleihe früher oder später als erwartet zurückgezahlt wird (*Auslosungsrisiko*).

(7) Insbesondere bei Anleihen aus Nicht-OECD-Staaten kann es zu unvorhersehbaren *Transferrisiken* kommen: Trotz gegebener Zahlungsbereitschaft des Schuldners kann die Zahlung aufgrund administrativer Maßnahmen wie Devisenverkehrsbeschränkungen, politischer Unruhen, Streiks o. ä. nicht erbracht werden.

(8) Bei Anleihen kleinerer Emittenten und mit geringen Volumina können *Liquiditätsrisiken* in dem Sinne eintreten, dass die Anleihe zum gewünschten Zeitpunkt nicht ohne Kursabschläge im Markt verkauft werden kann. Ein wichtiger Indikator zur Abschätzung der Liquiditätsrisiken ist der bid-ask-spread der Börsenhändler: je größer diese Spanne, umso geringer ist i. d. R. die Marktaktivität.

(9) Das Risiko, dass steuerliche Maßnahmen wie z. B. die Einführung einer Quellensteuer zu einem niedrigeren als erwarteten Nettozufluss führen, wird als *Steuerrisiko* bezeichnet. Dazu gehört auch die Tatsache, dass die Märkte recht empfindlich auf geplante Steueränderungen reagieren und u. U. internationale Kapitalbewegungen (Kapitalflucht) auslösen, die erhebliche Auswirkungen auf die Kurse haben können.

(10) Das *Abschreibungsrisiko* betrifft zwar nicht direkt den Zahlungsstrom, mit dem der Investor rechnet, kann aber fallweise zu höchst unangenehmen Konsequenzen im Gewinnausweis führen. Wenn aufgrund eines Anstiegs im Marktzinsniveau die Anleihenkurse stark nachgeben, so entsteht aufgrund bilanzrechtlicher Vorschriften ein Abschreibungsbedarf, der zu einer unerwünschten Gewinnminderung/Verlustmehrung führen kann.

1.4.3 Termin- und Optionsgeschäfte

Aktien und Anleihen sind Wertpapiere, die auf Kassamärkten gehandelt werden: Geschäftsabschluss und Abwicklung des Geschäfts finden *uno actu* oder zumindest in engem zeitlichen Konnex statt. Auf Terminmärkten hingegen werden heute die Bedingungen fixiert, zu denen in der Zukunft Geschäfte abgeschlossen werden sollen. Von Termingeschäften wird bereits im Altertum, in Griechenland, Phönizien und im Römischen Reich berichtet; eine Blütezeit erlebten die Termingeschäfte im Mittelalter: Im 10. Jahrhundert entwickelte sich in Venedig ein organisierter Markt für Warenterminkontrakte, was bald in anderen bedeutenden Handelszentren der Welt Nachahmer fand. Ursprünglich von rein kaufmännischen Interessen der Risikoverteilung und -absicherung getragen, bemächtigten sich allerdings häufig unsaubere Händler, Glücksritter und Spekulanten der Terminmärkte, was sie oftmals in Verruf brachte und z. B. in England zu einem gänzlichen Verbot durch den Bernhard's Act von 1733 führte. Von einer echten Renaissance der Termingeschäfte kann erst ab Mitte des 19. Jahrhunderts die Rede sein: Zu dieser Zeit wurden in Chicago als Reaktion auf die stark gestiegenen Preisrisiken der wichtigsten landwirtschaftlichen Produkte des amerikanischen Mittelwestens organisierte Terminmärkte geschaffen, um den Farmern und den Abnehmern ihrer Produkte verlässliche längerfristige Planungen und Kalkulationen zu ermöglichen. Dabei wurden im Wesentlichen auch die Kontrakt- und Handelsformen entwickelt, die bis heute die organisierten Terminmärkte kennzeichnen (Margin-System, tägliche Abrechnung, etc.). Termingeschäfte auf rein finanzielle Basistitel weisen hingegen eine sehr junge Geschichte auf: 1972 wurde der International Monetary Market in Chicago gegründet, der den ersten standardisierten Finanz-Terminkontrakt, einen Financial Future auf Fremdwährungen, einführte; 1973 wurde die Optionsbörse Chicago gegründet. Damit war eine neue Epoche in den internationalen Finanzmärkten eingeleitet worden: In den folgenden Jahren kam es weltweit zu einer Fülle von Neugründungen von Termin- und Optionsbörsen und heute sind deren Instrumente aus dem modernen Cash- und Portfolio-Management nicht mehr wegzudenken.

Grundsätzlich lassen sich Termingeschäfte in zwei Hauptgruppen unterteilen, je nachdem ob es sich um Kontrakte handelt, bei denen eine bindende Verpflichtung für die Zukunft eingegangen wird (unbedingte Termingeschäfte, Festgeschäfte oder Termingeschäfte i. e. S.) oder ob lediglich die Möglichkeit eines Geschäftsabschlusses vereinbart werden soll (bedingte Termingeschäfte oder Optionen).

Zur Gruppe der *Festgeschäfte* gehören vor allem die Forwards und die Futures, bei denen vereinbart wird, zu einem bestimmten Zeitpunkt in der Zukunft eine fixierte Menge eines genau spezifizierten Finanzinstruments zu einem im Voraus vereinbarten Preis zu kaufen oder zu verkaufen. Die Forwards stellen die klassische Terminvereinbarung zwischen zwei einander bekannten Handelspartnern dar, während es sich bei den moderneren Futures um hochstandardisierte und an einer Börse gehandelte Kontraktformen handelt, bei denen jeder der Geschäftspartner lediglich eine vertragliche Beziehung, zu der den Markt organisierenden Börse eingeht.

Die wichtigsten *Financial Futures*, die an den internationalen Terminbörsen gehandelt werden, sind die

- *Währungsfutures* (currency futures), die es für alle wichtigen Währungen der Welt gibt (insb. USD, EUR, GBP, JPY, CAD, AUD, CHF);
- *Indexfutures* (index futures), denen wichtige Aktienindices (S&P-500, DAX, STOXX, FTSE, CAC 40 etc.) zugrunde liegen;
- *Zinsfutures* (interest rate futures), bei denen standardisierte Anleihen (US-Treasury-Bonds, Deutsche Bundesanleihen) auf Termin gehandelt werden.

Ein Termingeschäft ist durch die folgenden Elemente definiert:
- Exakt spezifiziertes Basisobjekt (z. B. US-$, S&P-500-Index)
- Mengenangabe des Kontrakts (z. B. 125.000 CHF, 500·Index)
- Terminpreis (z. B. 1,2623 $/€, 1.823,50 $/oz.)
- Erfüllungszeitpunkt oder -zeitraum (z. B. 3. Freitag im Juni)

Derjenige Marktteilnehmer, der sich verpflichtet, in der Zukunft die dem Kontrakt zu Grunde liegende Ware (das Basisobjekt oder *underlying*) zu erwerben, geht eine *Long-Position* ein, der andere, der sich verpflichtet, am Ausübungstag die Ware zu liefern, übernimmt eine *Short-Position*.

Der Terminpreis, d. h. der Preis, zu dem in der Zukunft das Geschäft durchgeführt werden soll, ist dabei genau der Preis, bei dem die Marktteilnehmer in Summe gleich viele Long- wie Short-Positionen einzugehen wünschen, bei dem sich also Angebot und Nachfrage nach diesem Kontrakt exakt ausgleichen. Der aktuelle Wert des Terminkontrakts zum Zeitpunkt des Geschäftsabschlusses ist somit null, da keiner der beiden Vertragsparteien dem anderen einen ökonomischen Vorteil zukommen lässt.

Zur zweiten Gruppe der auf Termin abgeschlossenen Geschäfte gehören die verschiedensten Formen von *Optionen*. Eine Option (lateinisch optio = Wahlrecht) vermittelt dem Erwerber (der Long-Position) das Recht, eine Sache zu (oder bis zu) einem bestimmten Zeitpunkt in der Zukunft zu einem im Vorhinein festgelegten Preis, dem

Basispreis (exercise price), kaufen oder verkaufen zu dürfen: Im ersten Fall spricht man von einer Kaufoption (*Call*), im zweiten Fall von einer Verkaufsoption (*Put*). Die andere Marktseite, die Short-Position, die das Recht einräumt, bleibt zur Untätigkeit verurteilt: Sie muss im Fall der Kaufoption liefern oder im Fall der Verkaufsoption abnehmen, wenn die Long-Position es wünscht; sehr plastisch kommt diese Rolle in der deutschen Bezeichnung „Stillhalter" zum Ausdruck. Im Gegensatz zu den Termin-Festgeschäften sind hier die Rollen höchst ungleich verteilt. Die komfortable Situation, die Long von Short eingeräumt wird, muss selbstverständlich bezahlt werden: Die Option hat einen Wert und damit auch einen Preis.

Die wichtigsten *Finanzoptionen*, die an internationalen Terminbörsen angeboten werden, sind

- Optionen auf einzelne marktgängige Aktien;
- Optionen auf Aktienindices (i. d. R. auf die entsprechenden Futures);
- Optionen auf Anleihen (i. d. R. auf die entsprechenden Zinsfutures);
- Optionen auf Währungen (i. d. R. auf die entsprechenden Futures).

Eine Option (Call oder Put) ist definiert über die Elemente:

- exakte Definition des Basisobjekts (Underlying)
- genaue Mengenangabe
- Basispreis (Ausübungspreis, Strike price, Exercise price)
- Angabe des Verfallstags (Expiration day)
- Optionspreis (Prämie), die Long an Short zu zahlen hat.
- Fristenlauf: die amerikanische Option kann jederzeit bis zum Verfallstag, die europäische nur am Verfallstag ausgeübt werden

Mit den Termingeschäften und den Optionen haben wir die sechs finanzwirtschaftlichen Grundelemente kennengelernt, die sich in den vorstehenden Erfolgsprofilen (auch: Pay-Off-Profilen) veranschaulichen lassen (Abb. 1.19–1.21); dabei wird auf der

Termin-Festgeschäft (Future, Forward)

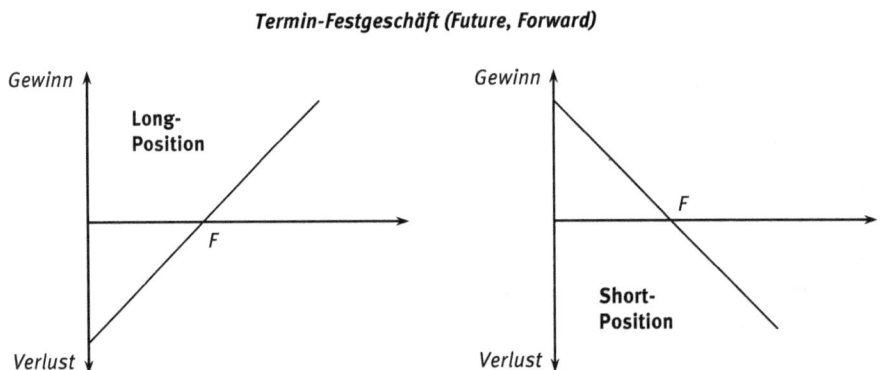

Abb. 1.19: Erfolgsprofile von Termin-Festgeschäften (z. B. Forwards und Futures)

Kauf-Option (Call)

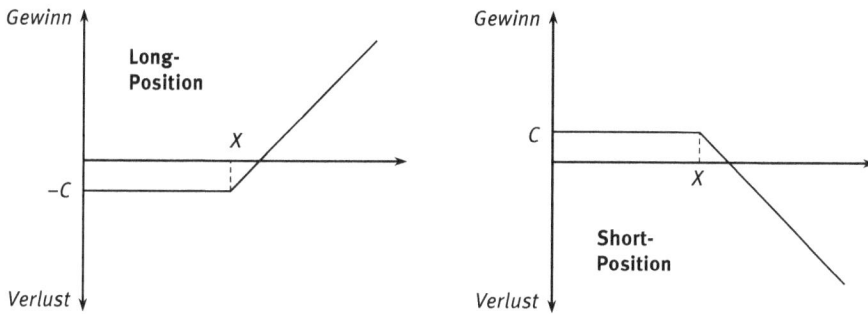

Gewinn

Long-
Position

X

−C

Verlust

Gewinn

C

X

Short-
Position

Verlust

Abb. 1.20: Erfolgsprofile von Kaufoptionen (Calls)

Verkaufs-Option (Put)

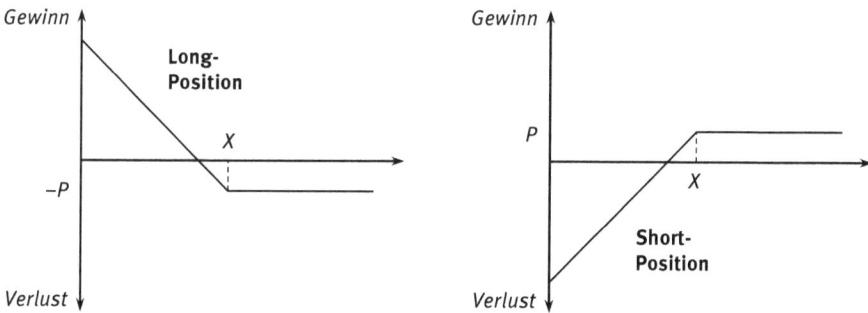

Gewinn

Long-
Position

X

−P

Verlust

Gewinn

P

X

Short-
Position

Verlust

Abb. 1.21: Erfolgsprofile von Verkaufsoptionen (Puts)

Abszisse der Kurs des jeweiligen Underlying abgetragen und auf der Ordinate der mit dem Instrument per Fälligkeit erzielte Gewinn bzw. Verlust:

Termin-Festgeschäft: Wer eine Long-Position in einem Termin-Festgeschäft eingeht, erzielt dann einen Gewinn, wenn der Preis des Underlying am Fälligkeitstag über dem Terminpreis F liegt; liegt der Preis darunter, so erleidet er einen Verlust. Umgekehrt ist die Situation für die Short-Position, die gewinnt, wenn der Kurs des Underlying fällt und verliert, wenn er steigt. Grundsätzlich ist das Erfolgsprofil der Termin-Long-Position gleich dem des Käufers des Basisobjekts im Kassamarkt; während jedoch der Käufer im Kassamarkt den gesamten Kaufpreis bezahlen muss, hat die Long-Position im Terminmarkt keine oder nur deutlich weniger liquide Mittel aufzubringen, was zu dramatischen Hebelwirkungen führen kann.

Kaufoption (Call): Im Gegensatz zu den Festgeschäften sind die Chancen und Risiken nicht symmetrisch: Die Long-Position in einem Call hat ein praktisch unbegrenztes Gewinnpotenzial, wenn die Kurse des Basisobjekts über den Ausübungspreis X steigen, kann aber maximal nur C, den Callpreis, verlieren. Die Short-Position im Call befindet sich hingegen in einer eher unangenehmen Situation: mehr als C wird sie niemals gewinnen können, das Verlustpotenzial hingegen ist unbegrenzt.

Verkaufsoption (Put): Hier hat die Long-Position ein hohes Gewinnpotenzial, wenn die Kurse des Basisobjekts unter den Strike price fallen; ihr maximaler Verlust ist P, der zu zahlende Putpreis. Die Short-Position kann niemals mehr als P gewinnen, andererseits bei einem starken Kursrückgang des Underlying viel (bis zu $X - P$) verlieren.

Termin-Festgeschäfte und Optionen sind finanzwirtschaftliche Verträge, die einen einmaligen Zahlungsaustausch zum Gegenstand haben: Wird das Geschäft vollzogen oder lässt man die Option verfallen, ist die Geschäftsbeziehung beendet. Daneben gibt es Terminkontrakte, die eine Serie von Geschäften zum Gegenstand haben: die wichtigsten sind die Swaps (= Serie von Festgeschäften), die Caps (= Serie von Calls) und die Floors (= Serie von Puts).

Ein *Swap* (engl. Tausch) ist ein Vertrag zwischen zwei Partnern, die sich verpflichten, in der Zukunft nach fest vereinbarten Regeln, bestimmte Cashflows zu tauschen. Der Grund für das Eingehen eines Swaps liegt entweder in relativen Konditionenvorteilen, die die Vertragsparteien in unterschiedlichen Marktsegmenten haben,[27] in unterschiedlichen Absicherungsbedürfnissen oder einfach in unterschiedlichen Erwartungen hinsichtlich der künftigen Zinsentwicklung. Der erstgenannte Fall sei am Beispiel des international meist verbreiteten Typs, des reinen Zins-Swaps (Plain vanilla swap) verdeutlicht:

Beispiel: Gegeben sei ein Handelsunternehmen H mit einem Schuldnerrating BB, das einen langfristigen Kredit zu fixen Konditionen aufzunehmen beabsichtigt, und ein Kreditinstitut K mit erstklassigem Rating (AA+), das eine variabel verzinste Refinanzierung benötigt. Die Unternehmen sehen sich in den beiden Marktsegmenten „Geldmarkt" (für kurzfristige und variabel verzinste Mittel) und „Kapitalmarkt" (für langfristige, fest verzinste Kontrakte) den folgenden Zinskonditionen gegenüber:

	H	K	Differenz
Geldmarkt	Euribor + $1\frac{3}{4}$ %	Euribor + $\frac{3}{4}$ %	1 pp
Kapitalmarkt	$6\frac{1}{2}$ %	$4\frac{1}{2}$ %	2 pp

Zwar genießt die Bank in beiden Marktsegmenten aufgrund ihres besseren Ratings die besseren Konditionen, ihr Vorteil ist allerdings im Kapitalmarkt deutlich höher ausgeprägt als im Geldmarkt. Daher nimmt K eine festverzinsliche Anleihe auf und H emittiert einen Floater. Im Swapvertrag wird vereinbart, dass H die Zinsverpflichtungen von K übernimmt und K diejenigen von H. Weiter zahlt H für die Bonitätsüberlassung eine Ausgleichszahlung in Höhe von $1\frac{1}{2}$ %, die gerade so bemessen wurde, dass der Vorteil (= Differenz der Differenzen) von einem Prozentpunkt (pp) beiden gleichermaßen zugutekommt; natürlich wäre auch eine andere, einen der beiden bevorzugende,

---

27 Im Grunde geht dies auf das Theorem der komparativen Kostenvorteile zurück, das *David Ricardo* erstmals formuliert hat und das besagt, dass Handel zwischen zwei Parteien (Volkswirtschaften) selbst dann beide wirtschaftlich besserstellt, wenn eine Partei alle gehandelten Güter absolut kostengünstiger (etwa gemessen in Arbeitsstunden pro Einheit) herstellt als die andere; entscheidend ist nur, dass die Vorteile bei den gehandelten Gütern unterschiedlich stark ausgeprägt sind.

Aufteilung möglich gewesen. Damit ergeben sich während der Laufzeit des Swaps folgende regelmäßigen Zahlungsverpflichtungen (Abb. 1.22):

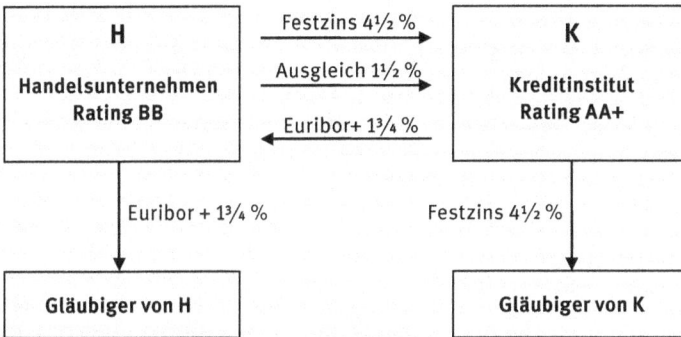

Abb. 1.22: Zahlungsverpflichtungen im Rahmen eines Zins-Swaps

Aufgrund der Swap-Vereinbarung ergibt sich folgende Zinsbelastung für die Beteiligten:
- Für das Unternehmen H ist die variable Zinszahlung, die es an seine Gläubiger zahlen muss,
  ein durchlaufender Posten. Die effektive Zinsbelastung beläuft sich auf 6 % fix und liegt damit
  um einen halben Prozentpunkt unter dem Zins, den H am Kapitalmarkt ohne den Swap hätte
  zahlen müssen.
- Für die Bank K hingegen ist der Festzins ein durchlaufender Posten und ihre effektive Zinsbelastung liegt bei Euribor $+1/4$ %, mithin um einen halben Prozentpunkt unter dem Zins, den sie
  am Geldmarkt ohne den Swap hätte zahlen müssen.

Selbstverständlich berührt der Abschluss eines Swaps die Rechtsverhältnisse der Beteiligten zu
ihren Gläubigern nicht: nach wie vor steht dem Inhaber der Schuldverschreibungen deren Emittent
als einziger Vertragspartner für alle Verpflichtungen gerade. Woher die Mittel stammen, die der
Emittent zur Begleichung seiner Verbindlichkeiten heranzieht, interessiert den Gläubiger nicht,
da es an seiner finanziellen Position so gut wie nichts ändert; dies ist auch der Grund dafür, dass
i. d. R. nicht bekannt ist, ob einer Anleihe ein Swap zugrunde liegt oder nicht.
Die finanzielle Position, die ein Schuldner nach Abschluss eines Zinsswaps innehat, kommt einer
Folge von Zinstermingeschäften gleich. Im obigen Beispiel haben die Partner H und K das vorhandene Zinsdifferential von einem Prozent fair untereinander aufgeteilt und beide haben gleichermaßen vom Abschluss des Swaps profitiert, d. h. keiner hat bei Vertragsabschluss einen Vorteil
zulasten des anderen erlangt. Sollte aber nach Abschluss des Swaps das Zinsniveau steigen, so
ist H im Vorteil und K im Nachteil: H zahlt nach wie vor 6 % Fixzins, erhält aber dafür von K nunmehr
einen höheren variablen Zins, den es an seine Gläubiger weiterleitet; umgekehrt würde ein Rückgang im Zinsniveau einen Vorteil für K und einen Nachteil für H bedeuten. Das bloße „Durchleiten"
darf nicht zu der Annahme verleiten, die Zinsänderung wirke sich auf die finanzielle Situation der
Beteiligten nicht aus, denn wenn man annimmt, H wolle den Swap nach einer Zinssteigerung an X
weiterverkaufen (X habe die gleiche Bonität wie K und K sei mit dem Weiterverkauf einverstanden):
Da nun X den Anspruch auf die Zahlung von Euribor + $1\frac{3}{4}$ erhält, dafür aber jetzt nur 6 % zu bezahlen sind, wird er H diesen geldwerten Vorteil vergüten. Laut Swap-Vereinbarung zahlt U an jedem
Zinstermin die vereinbarten 6 % vom vereinbarten Grundbetrag (dem sog. *notional amount* oder
principal) und erhält dafür die bei Vertragsabschluss unbekannten Euribor + $1\frac{3}{4}$. Dies ist gleichbedeutend einer Folge von ebenso vielen Terminkontrakten (Forwards) auf den vereinbarten Geldmarktzins, wie es Zinstermine gibt.

In der Praxis hat sich eine Fülle von Spezialformen von Zinsswaps herausgebildet, von denen lediglich einige beispielhaft genannt seien:
- der Basisswap, bei dem variable Zinsverpflichtungen unterschiedlicher Art (z. B. Euribor gegen Kapitalmarktzins) getauscht werden;
- der Zero Coupon Swap, bei dem seitens der Long-Position (wie bei einem Zero-Bond) eine Zahlung erst bei Ende des Swaps erfolgt;
- der Amortisations-Swap, bei dem sich der Grundbetrag entsprechend der Rückzahlung durch den Schuldner (Annuitätenschuld) vermindert;
- der Forward Rate Swap, bei dem heute eine Vereinbarung über die Konditionen eines Zins-Swaps, der erst zu einem bestimmten Zeitpunkt in der Zukunft zu laufen beginnt, abgeschlossen wird;
- die Swaption, bei der dem Käufer lediglich das Recht, nicht aber die Plicht eingeräumt wird, einen Zins-Swap in der Zukunft zu kaufen (Call-Swaption) oder zu verkaufen (Put-Swaption).

Neben den Zinsswaps sind Währungsswaps, bei denen die Parteien unterschiedliche Konditionen in unterschiedlichen Währungsgebieten ausnutzen, und Cross-Currency-Coupon-Swaps, eine Kombination aus Währungs- und Zinsswaps, und die oben bereits erwähnten Credit Default Swaps sehr verbreitet. Manche Swap-Konstruktionen sind überaus komplex und umfassen mehrere, von einer Bank oder einem Bankenkonsortium koordinierte Partner.

Beispiel: Gegeben seien die Unternehmen A, B und C sowie das Kreditinstitut K als Arrangeur. Die drei Unternehmen sehen sich folgenden Konditionen in den Märkten gegenüber:

Unternehmen: Kapitalbedarf in	A $/variabel	B $/fix	C €/fix
Dollar-Geldmarkt	Primerate + ½%	Primerate + 1¼%	Primerate + 1%
Dollar-Kapitalmarkt	5%	6¼%	6%
Euro-Geldmarkt	Euribor + ½%	Euribor + ¾%	Euribor + 1%
Euro-Kapitalmarkt	5%	5¼%	6%

Die Bank K schließt mit allen drei Unternehmen je einen Swap-Vertrag ab, wobei jedes Unternehmen diejenigen Gelder aufnimmt, bei denen es die relativ besten Konditionen hat. Das Gesamtergebnis könnte sich folgendermaßen darstellen:

A nimmt im US-Kapitalmarkt einen fixen $-Kredit zu 5% auf
B nimmt im Euro-Kapitalmarkt einen fixen €-Kredit zu 5¼% auf
C nimmt im US-Geldmarkt einen Kredit zu Primerate+1% auf

Somit könnte folgendes Gesamtergebnis eintreten (Abb. 1.23):

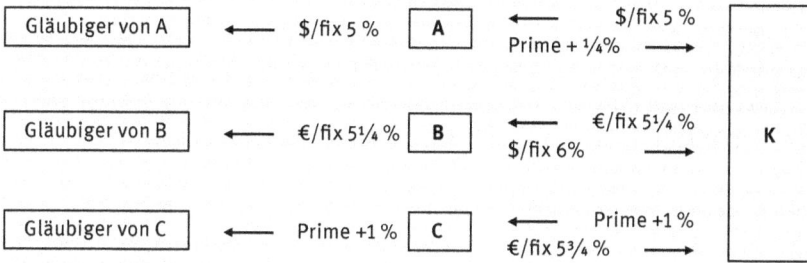

Gläubiger von A	← $/fix 5 %	A	← $/fix 5 % Prime + ¼% →	
Gläubiger von B	← €/fix 5¼ %	B	← €/fix 5¼ % $/fix 6% →	K
Gläubiger von C	← Prime +1 %	C	← Prime +1 % €/fix 5¾ % →	

Abb. 1.23: Zahlungen im Swap

Die Vorteile für die Beteiligten:		Vorteil
A zahlt Prime +¼ statt Prime +½		0,25 pp
B zahlt 6 % statt 6¼ % auf Dollarbasis		0,25 pp
C zahlt 5¾ % statt 6 % auf Eurobasis		0,25 pp
K erhält 5¾ % und zahlt 5¼ % (€/fix)	0,50 pp	
K erhält 6 % und zahlt 5 % ($/fix)	1,00 pp	
K erhält Prime +¼ und zahlt Prime +1	−0,75 pp	0,75 pp
Gesamtes Zinsdifferential:		**1,50 pp**

Selbstverständlich ist die im Beispiel vorgenommene Aufteilung des Zinsdifferentials auf die Beteiligten nicht zwingend: jede andere Aufteilung, solange nur jeder bessergestellt ist, als er ohne das Swap-Arrangement wäre, ist gleichermaßen möglich. Letztlich ist die Verteilung des Zinsdifferentials das Ergebnis von Zufall, Macht, Verhandlungsgeschick o. a.

Die Swaps sind in den modernen internationalen Finanzmärkten die weitaus umsatzstärksten Terminkontrakte. Ihre wichtigsten Einsatzgebiete:

- Absicherung gegen Zins- und Währungsrisiken; dies ist mit Swaps oftmals kostengünstiger zu erreichen als mit herkömmlichen Termininstrumenten oder mit klassischen Umschuldungsmaßnahmen;
- Herbeiführung einer gewünschten bilanziellen Fristenkongruenz: Mit dem Eingehen einer Short-Position in Zinsswaps kann z. B. die Duration von Anleihenportefeuilles vermindert werden;
- Umgehung von Kapitalverkehrskontrollen (der erste Swap wurde 1981 zwischen Renault und der japanischen Bank Yamaichi abgeschlossen, da damals für ein französisches Unternehmen der Zugang zum japanischen Kapitalmarkt nicht möglich war);
- Erzeugung maßgeschneiderter und strukturierter Finanzprodukte;
- Abtrennung und damit Handelbarmachung des Bonitätsrisikos;
- Spekulation auf unerwartete Zinsänderungen.

So wie sich ein Swap als Serie von Termin-Festgeschäften darstellt, sind *Caps* und *Floors* jeweils Serien von Optionen. Ihr Haupteinsatzgebiet liegt im Management zinsvariabler Anleihen. So schützt sich der Emittent einer zinsvariablen Anleihe mit einem *Cap* dagegen, dass seine Zinsbelastung ein bestimmtes Maximalniveau überschreitet. Dabei handelt es sich um eine Abfolge von Call-Optionen auf den Zinssatz, bei der der Emittent die Long-Position einnimmt; die Short-Position wird entweder von den Zeichnern der Anleihe (offener Cap) übernommen oder von einer Bank.

Beispiel: Unternehmen U ist aufgrund seiner Bonität in der Lage, zinsvariable Mittel zu einem Aufschlag von 1 % auf den Geldmarktzins aufzunehmen. Derzeit liegt der Euribor bei 4½ % und U will auf keinen Fall mehr als 7 % bezahlen.
Variante I: U legt einen entsprechenden Floater zu Euribor +1½ % auf (sechs Jahre Laufzeit, jährlicher Zinstermin) und vereinbart mit den Zeichnern der Anleihe eine Zinsobergrenze von 7 %.
Variante II: U legt einen entsprechenden Floater zu Euribor +1 % auf und kauft bei der Bank einen Cap mit einer Cap Rate von 5½ %, für den die Bank einen Betrag von ½ % pro Zinstermin berechnet.
Unter der Annahme der nachstehenden Zinsentwicklung stellt sich die Zinsbelastung des Unternehmens wie folgt dar:

Zinsniveau in Jahr:	1	2	3	4	5	6
Euribor	4½ %	5 %	5½ %	6½ %	7 %	5 %
I *Anleihe mit Cap*	**6 %**	**6½ %**	**7 %**	**7 %**	**7 %**	**6½ %**
II *Anleihe ohne Cap*	5½ %	6 %	6½ %	7½ %	8 %	6 %
Cap-Kosten	½ %	½ %	½ %	½ %	½ %	½ %
Cap-Ertrag	0 %	0 %	0 %	1 %	1½ %	0 %
Gesamtbelastung	**6 %**	**6½ %**	**7 %**	**7 %**	**7 %**	**6½ %**

Mit einem *Floor* hingegen wird sichergestellt, dass der Zinssatz nicht unter ein fixiertes Mindestniveau fällt. Der Begünstigte ist der Zeichner der Anleihe, der sich in der Long-Position einer Serie von Put-Optionen auf den Zinssatz befindet; die Short-Position übernimmt i. d. R. der Emittent selbst, der sich damit in den Vorteil eines günstigeren Aufschlags bringt.

Beispiel: Unternehmen U (Aufschlag auf den Euribor von 1 %) garantiert seinen Gläubigern einen Mindestzins in Höhe von 6 % und emittiert einen Floater zu Euribor +½ %. Bei der angenommenen Zinsentwicklung stellt sich die Zinsbelastung von U wie folgt dar:

Zinsniveau in Jahr:	1	2	3	4	5	6
Euribor	4½ %	5 %	5½ %	6½ %	7 %	5 %
Anleihe mit Floor	**6 %**	**6 %**	**6 %**	**7 %**	**7½ %**	**6 %**

Weist eine variabel verzinste Anleihe sowohl eine Zinsobergrenze wie eine -untergrenze auf, so spricht man von einem *Collar*; aus der Sicht des Emittenten ist ein Collar dann kostenlos, wenn der Ertrag aus dem Floor gerade die Kosten für den Cap deckt (Zero-cost-collar).

Beispiel: Unternehmen U (Aufschlag auf den Euribor von 1 %) garantiert seinen Gläubigern einen Mindestzins in Höhe von 6 % und vereinbart zugleich eine Zinsobergrenze von 7 %. Es emittiert einen Floater zu Euribor +1 % mit der nachstehenden Zinsbelastung:

Zinsniveau in Jahr:	1	2	3	4	5	6
Euribor	$4\frac{1}{2}$ %	5 %	$5\frac{1}{2}$ %	$6\frac{1}{2}$ %	7 %	5 %
Anleihe mit Floor	6 %	6 %	$6\frac{1}{2}$ %	7 %	7 %	6 %

Einsatzmöglichkeiten: Hedging, Financial Engineering

Neben Aktien und Anleihen sind die Termingeschäfte und Optionen die Grundelemente eines modernen, finanzmarktorientierten Finanzmanagements. Ihre primären Funktionen sind einmal die Absicherung von Risiken (Hedging) und zum anderen die Schaffung komplexer oder „strukturierter" Finanzprodukte (Financial Engineering).

Ein *Hedger* ist jemand, der sich, aus welchem Grund auch immer, in einer Risikoposition befindet, die er ausschalten oder zumindest verringern will:

- Ein deutscher Unternehmer hat eine Forderung gegen einen Kunden in US-$, die in drei Monaten beglichen werden soll; damit hat er das Risiko, dass der Dollarkurs gegenüber dem Euro fällt;
- Ein Cash-Manager weiß, dass er in einem halben Jahr einen größeren Kredit aufnehmen muss und befürchtet einen Anstieg der Zinsen;
- Eine Kaffeerösterei muss im Herbst größere Mengen Rohkaffee einkaufen und hält einen Preisanstieg der Rohware für möglich;
- Ein Kapitalanleger hat ein gut diversifiziertes Portefeuille an europäischen Aktien und rechnet mit einer Baisse an der Börse.

Beispiele dieser Art ließen sich noch beliebig fortsetzen. In allen diesen Fällen geht es darum, ein Finanzprodukt zu finden, das möglichst genau das entgegengesetzte Risiko aufweist und auf diese Weise das bestehende Risiko neutralisiert.

Wer eine Dollarforderung hat, hätte einen Vorteil, wenn der Dollarkurs bis zur Fälligkeit steigt und einen Nachteil, wenn er bis dahin sinkt. Geht er eine Short-Position in einem Dollar-Terminkontrakt ein (d. h. er verkauft die Dollar per Termin), so ist das Gewinnprofil dieses Kontrakts genau umgekehrt: Wenn der Kurs fällt, macht der Kontrakt Gewinn, wenn er steigt, schließt er mit Verlust ab. In der Summe heben sich beide Effekte auf und der Unternehmer kann mit einem sicheren Betrag in Euro rechnen.

Nicht immer allerdings lässt sich zu dem bestehenden Risiko genau ein Gegenrisiko finden; hier muss dann mithilfe ähnlicher Risikoprofile versucht werden, eine möglichst gute Risikoeingrenzung (= Problem der optimalen Hedge-Ratio) herbeizuführen. Ein solcher Fall wäre etwa gegeben, wenn ein Aktienportefeuille, das in seiner Zusammensetzung nicht dem Index entspricht, auf den standardisierte Futures gehandelt werden, gegen Kursrisiken abgesichert werden soll.

Natürlich können Termin- und Optionsgeschäfte nicht nur in risikoabsichernder, sondern auch in rein spekulativer Weise eingesetzt werden. Obwohl dies in den Finanzmärkten eine untergeordnete Rolle spielt, werden Termingeschäfte in der öffentlichen Diskussion oft nur als Spekulationsinstrumente angesehen. Dabei ist häufig das Gegenteil der Fall: nicht derjenige, der sich dieser Instrumente bedient, geht eine spekulative Position ein, sondern der, der dies nicht tut; nicht der Kaufmann, der seine Dollarforderung absichert, ist ein Spekulant, sondern der, der sie ungesichert stehen lässt.

Die folgenden Darstellungen sollen dies verdeutlichen; zuerst sehen wir die Position eines Spekulanten, der mit steigenden Kursen des Underlying rechnet: er hat anfangs kein Risiko, geht dann eine Terminposition (z. B. Kauf von US-$ per Termin) ein und befindet sich schließlich in der gewünschten Risikoposition (Abb. 1.24):

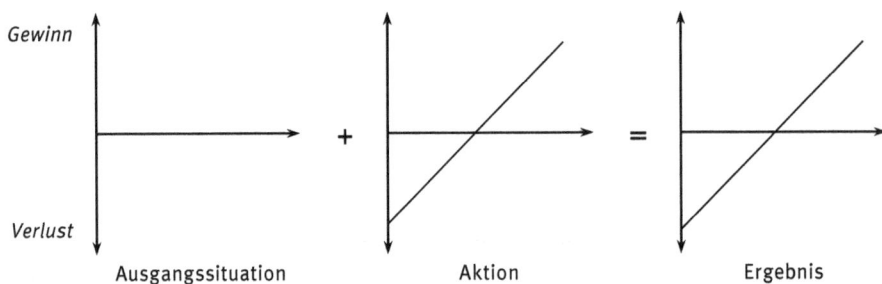

Abb. 1.24: Position des Spekulanten

Der Hedger hingegen hat ein Risiko (Dollarforderung), sichert es ab (durch Terminverkauf), und ist dann in einer risikolosen Position (Abb. 1.25):

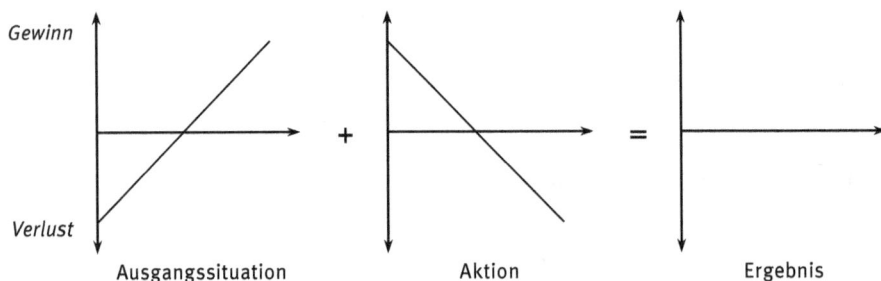

Abb. 1.25: Position des Hedgers

Der Nicht-Hedger, schließlich, sichert sein bestehendes Risiko nicht ab und ist am Ende in der gleichen Position wie der Spekulant (Abb. 1.26):

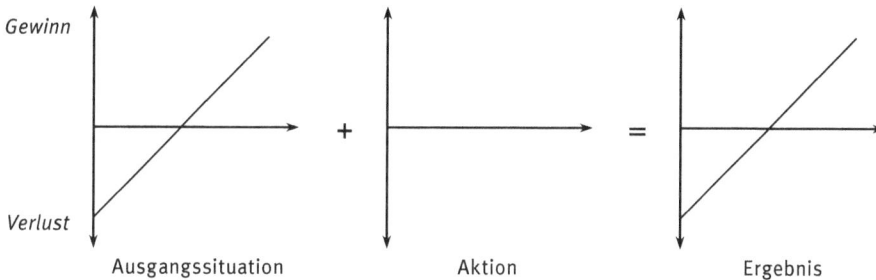

Abb. 1.26: Position des Nicht-Hedgers

Komplexere Finanzprodukte sind größtenteils Kombinationen und z. T. Verfeinerungen der sechs Grundelemente. Wie der Ingenieur aus der Kombination von Mechanik und Elementarkräften (Magnetismus, Trägheit, Hebel, Reibung o. ä.) hochkomplizierte technische Systeme erstellt oder wie der Chemiker aus den Grundelementen komplizierte Molekülstrukturen schafft, ist es Ziel des *financial engineering*, aus den Grundelementen der Finanzwirtschaft höchst spezifische, an den unterschiedlichsten individuellen Bedürfnissen der Kunden orientierte finanzielle Positionen zu konstruieren. Wo komplexe Produkte in einfache zerlegt werden, spricht man von *stripping* bzw. *unbundling* (z. B. die Aufspaltung von Kuponanleihen in einzeln am Markt angebotene Zero-Bonds), wo bestehende Instrumente verbunden werden, spricht man von *bundling* oder von der Erzeugung *strukturierter Produkte*. Oft geht es auch gar nicht um die Erzeugung neuer finanzieller Positionen, sondern um die synthetische Erzeugung bekannter Positionen auf anderem Wege, um Kosten zu sparen oder um bestehende rechtliche Restriktionen zu umgehen. Diese, auch als *Duplikation* bezeichneten Techniken spielen eine zentrale Rolle bei der Bewertung von Finanzprodukten: Wenn es gelingt, ein neues Finanzprodukt aus einfacheren und in ihrem Wert bekannten Finanzkontrakten nachzubilden, ergibt sich sein Wert aufgrund des Arbitragefreiheitspostulats als Summe seiner Teile.[28]

Die Techniken des financial engineering sind äußerst vielfältig und verlangen ein hohes Maß an finanzwirtschaftlichem Verständnis; in einem Grundlagentext wie diesem kann es allenfalls darum gehen, anhand von ein paar einfachen Beispielen die Vorgehensweise verständlich zu machen.

---

28 Dabei wird vorausgesetzt, dass die Finanzmärkte so effizient bewerten, dass das Wertadditivitätsprinzip Anwendung finden kann.

So zeigen die folgenden Darstellungen, dass die sechs oben dargestellten Grundpositionen bereits Redundanzen aufweisen. Diese Redundanz ist gewollt und dient der Schaffung einer finanzwirtschaftlichen Homöostase. Da jede der Positionen durch Kombination von anderen Positionen erzeugbar ist, sind lokale Fehlbepreisungen nicht von Dauer: Ist ein Instrument zu „teuer", so muss es sich der Konkurrenz durch seinen synthetischen „Bruder" stellen, was sofort zu den notwendigen Preisanpassungen führt.

Eine Long-Position in einem Call kann auch durch eine Long-Position in einem Termin-Festgeschäft und gleichzeitiges Eingehen einer Long-Position in einem Put erzeugt werden (Abb. 1.27): bis zum Basispreis des Put heben sich die beiden Positionen, Put und Festgeschäft, gegeneinander auf, danach wirkt nur noch das positive Erfolgsprofil des Festgeschäfts:

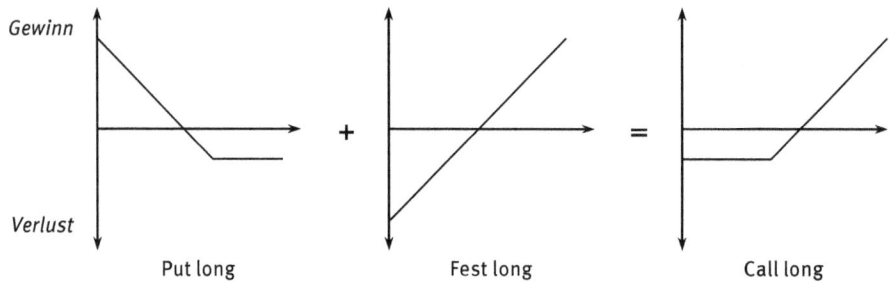

Abb. 1.27: Synthetische Long-Position in Calls

Umgekehrt kann natürlich eine Long-Position in einem Put durch Erwerb eines Calls und Leerverkauf des Basisobjekts nachgebildet werden (Abb. 1.28):

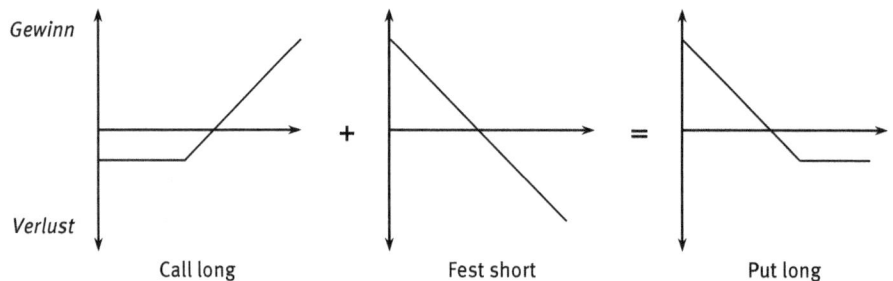

Abb. 1.28: Synthetische Long-Position in Puts

Oder es kann ein sog. *Leerverkauf*, d. h. eine Short-Position im Basisobjekt durch gleichzeitigen Kauf eines Put und Verkauf eines Calls (mit gleichem Basispreis) dargestellt werden (Abb. 1.29):

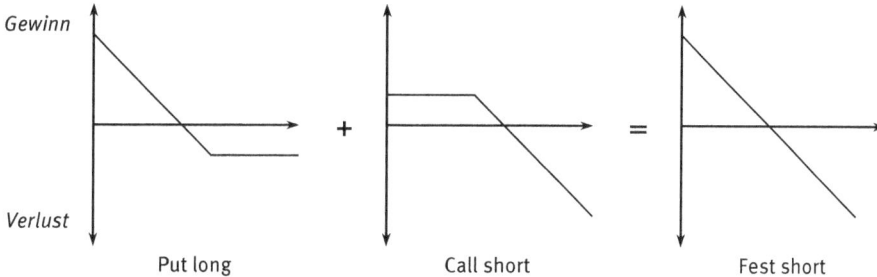

Abb. 1.29: Synthetische Leerverkaufsposition

Aufgrund dieser Identitäten bilden in einem liquiden Markt die einzelnen Teilmärkte eine Art System kommunizierender Röhren, in dem die Preise im Verhältnis zueinander „stimmig" sein müssen, da anderweitig Arbitrageprozesse ausgelöst würden: Wären die Calls relativ zu teuer, so würden sofort Arbitrageure sie verkaufen und aus dem Erlös eine identische Position aus Puts und Festgeschäften eingehen; damit würden die Preise der Calls fallen und die der Puts steigen, bis keine weiteren Arbitragegewinne mehr möglich wären.[29] Man kann ziemlich sicher sein, dass, wenn die veröffentlichten Preise diesen Anforderungen nicht genügen, der Grund in mangelnder Marktliquidität liegt: Zu den veröffentlichten Preisen haben Umsätze in nennenswertem Maße nicht stattgefunden. Die Beispiele zeigen auch die Fragwürdigkeit vieler Regulierungsmaßnahmen: In einem Markt, in dem Aktienoptionen gehandelt werden, gibt es keinen Sinn, Leerverkäufe verbieten zu wollen, da dann die Position synthetisch erzeugt würde.

Durch Kombination der Grundelemente können auch neue Finanzpositionen erzeugt werden. So ergibt etwa die Kombination einer Long-Position in einem Call mit einer Long-Position in einem Put (gleicher Basispreis) einen *Straddle long* (Abb. 1.30), d. h. eine Position, bei der der Investor mit einer starken Bewegung des Kurses des Underlying rechnet, ohne aber abschätzen zu können, ob es sich um eine Auf- oder eine Abwärtsbewegung handelt.

---

29 *Larry Summers*, wirtschaftspolitischer Berater von Präsident Obama und der Nobelpreisträger *Paul Krugman* bezeichneten die Tatsache, dass Ökonomen häufig nur das relative Preisgefüge in Betracht ziehen, nicht aber die fundamentale Angemessenheit der Preise selbst, etwas abschätzig als „ketchup economy": Daraus, dass zwei Flaschen Ketchup das Doppelte von einer Flasche kosten, schließe man, dass die Preise effizient seien. Vgl. *Krugman, Paul*: Why Did Economists Get It So Wrong? in: New York Times vom 2.9.2009.

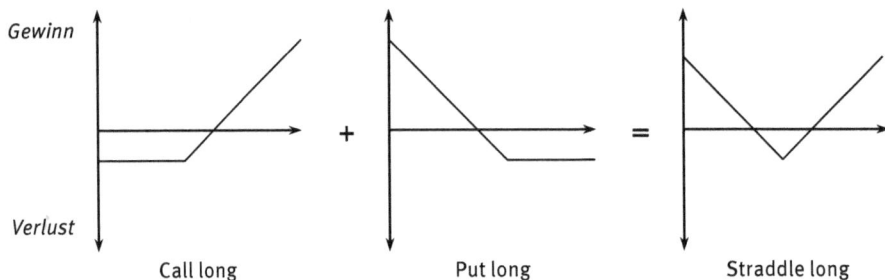

Abb. 1.30: Erzeugung einer Straddle-Long-Position

Analog dazu würde ein Investor, der mit keinen oder nur geringen Kursänderungen rechnet, die Position eines *Straddle short* (Abb. 1.31) eingehen wollen, die sich aus Call-short und Put-short zusammensetzt:

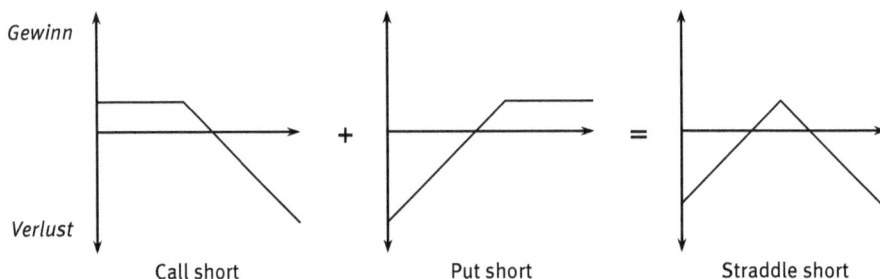

Abb. 1.31: Erzeugung einer Straddle-Short-Position

Ein Investor hingegen, der zwar grundsätzlich mit steigenden Kursen rechnet, dem der Erwerb eines Calls allerdings zu teuer ist, könnte sich einen Teil der Kosten dadurch ersparen, dass er gleichzeitig zum Kauf des Calls einen Call mit höherem Basispreis verkauft und somit eine *Bull-Spread*-Position (Abb. 1.32) eingeht (gleichermaßen mit Puts erzeugbar; Abb. 1.33): Mit dem Verzicht auf hohe Gewinne ermöglicht er sich einen niedrigeren Einstandspreis:

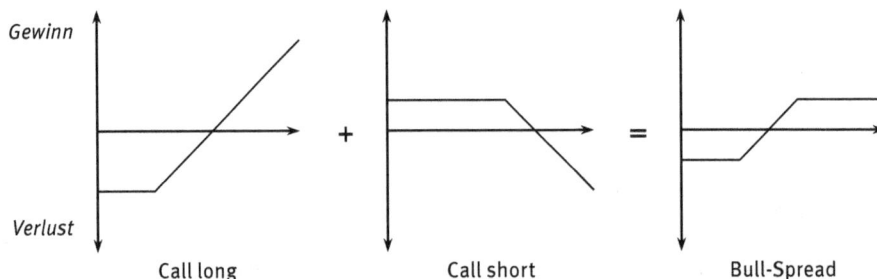

Abb. 1.32: Erzeugung einer Bull-Spread-Position (mit Calls)

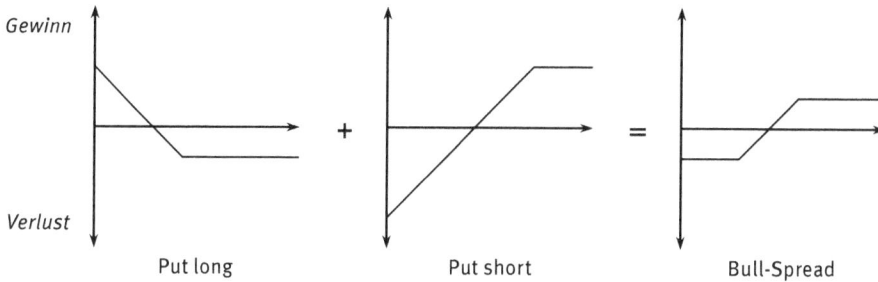

Abb. 1.33: Erzeugung einer Bull-Spread-Position (mit Puts)

Die umgekehrte Position, bei der der Investor eher mit dem Fallen der Kurse rechnet, ist der *Bear-Spread* (Abb. 1.34), bei dem der Basispreis der Short-Position unter dem der Long-Position liegt (gleichermaßen auch mit Puts möglich):

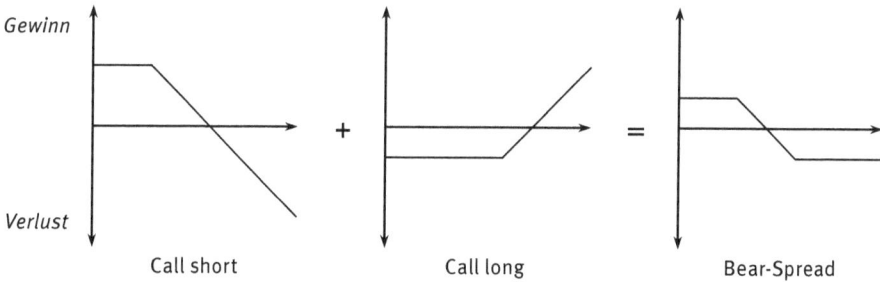

Abb. 1.34: Erzeugung einer Bear-Spread-Position (mit Calls)

Kombiniert man zwei Spread-Positionen miteinander (z. B. Bear-Spread mit Bull-Spread), so erhält man einen *Butterfly-Spread* (Abb. 1.35), bei dem in der hier dargestellten Short-Position der Investor mit starken Kursbewegungen rechnet, sich aber durch Verzicht auf sehr hohe Gewinne einen günstigeren Einstandspreis sichert; auch wäre es wieder möglich gewesen, den Butterfly-Spread mithilfe von Puts zu erzeugen. Die Short-Position in Butterfly-Spreads ergibt sich analog durch Vertauschen von long- und Short-Positionen.

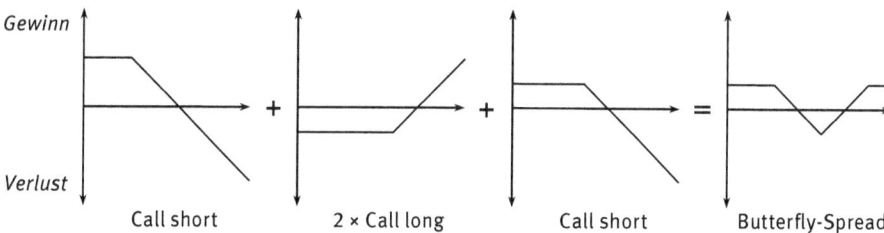

Abb. 1.35: Erzeugung einer Butterfly-Spread-Position (mit Calls)

Dies ließe sich noch beliebig fortsetzen: Der finanzwirtschaftlichen Fantasie sind kaum Grenzen gesetzt. Abschließend seien noch zwei Beispiele aus der Anlagepraxis aufgeführt, bei denen originäre und derivative Wertpapiere miteinander verbunden werden. Im ersten Fall handelt es sich um eine Spekulation auf den idiosynkratischen Teil der Rendite einer Aktie:

Beispiel: Nehmen wir an, ein Investor habe eine positive Meinung zur A-Aktie, sei sich aber hinsichtlich der Entwicklung des Aktienmarkts als Ganzem unsicher. Er befürchtet, dass, wenn er die Aktie kauft und die Börse in eine Baisse-Phase eintritt, er auch mit der A-Aktie (nach seiner Ansicht vielleicht nicht so stark, aber eben doch) verlieren kann. Finanzwirtschaftlich gesprochen möchte er sich auf das unsystematische Risiko der A-Aktie einlassen, nicht aber auf das damit verbundene systematische Risiko.[30] Er tut dies, indem er die Aktie kauft und durch eine Short-Position in Indexfutures das Marktrisiko aus ihr herausnimmt (Abb. 1.36):

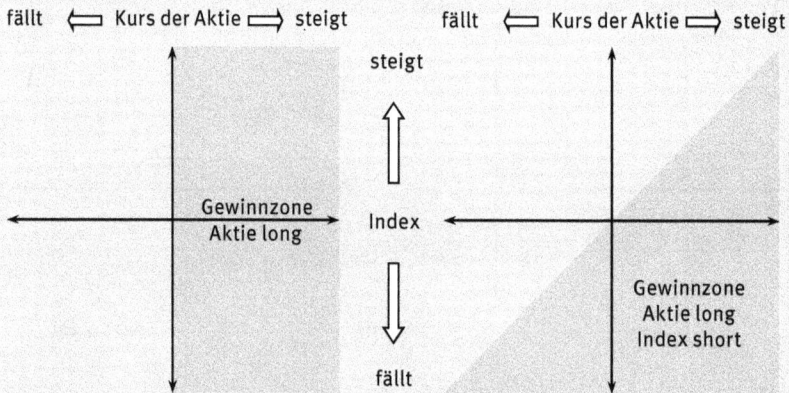

Abb. 1.36: Drehung der Gewinnzone um 45°

Der reine Aktienbesitzer (linke Grafik) gewinnt dann, wenn die Aktie steigt und verliert dann, wenn sie fällt; somit entspricht seine Gewinnzone der grau unterlegten Fläche. Mit dem gleichzeitigen Eingehen einer Short-Position in Indexfutures (rechte Grafik) gelingt es, die Gewinnschwelle um 45° zu drehen, d. h. dann zu gewinnen, wenn die A-Aktie stärker steigt oder weniger fällt als der Markt und dann zu verlieren, wenn das Gegenteil der Fall ist.

Im folgenden Fall geht es um eine Absicherung eines Aktienportefeuilles nach unten; derartige „Garantieprodukte" werden seit vielen Jahren in vielfältigen Varianten von den Kreditinstituten angeboten und erfreuen sich großer Beliebtheit bei den Investo-

---

30 In der Portefeuilletheorie bezeichnet man den Teil des Risikos einer Aktie, der mit allgemeinen Marktbewegungen (Konjunktur, Zinssatzänderungen etc.) einhergeht, als systematisches Risiko und den Teil, der seine Ursache ausschließlich in der individuellen Sphäre des jeweiligen Unternehmens hat, als unsystematisches Risiko (genaueres s. u.).

ren. Allerdings darf das Zinsniveau nicht zu niedrig sein, wenn der finanzwirtschaftliche Zweck erreicht werden soll.

Beispiel: Ein Investor möchte 100.000 € in einem Aktienindex anlegen, möchte aber kein Geld
verlieren. Nach vier Jahren will er, wenn sich der Aktienmarkt gut entwickelt hat, einen Gewinn
verbuchen oder aber seine 100.000 € zurückhaben. Da der Zinssatz für vierjährige Anlagen 5 %
beträgt, werden erstklassige Zero-Bonds mit vier Jahren Restlaufzeit zu $B_0 = 100/1{,}05^4 = 82{,}27$
gehandelt. Er kauft 1.000 Zero-Bonds zum Preis von 82.270 € und legt die verbleibenden 17.730 €
in vier Jahre laufenden Call-Optionsscheinen auf den Aktienindex an. Der derzeitige Index steht
bei 240 und ein Optionsschein mit Basispreis 280 koste derzeit 30 €; er kann somit 591 Scheine
kaufen. Nach vier Jahren stellt sich die Rendite dieser Anlage, verglichen mit den Alternativen „nur
Bonds" und „nur Index" so dar:

Index-stand	Wert eines Call-OS bei Fälligkeit	Wert von 591 Call-OS	Portefeuille nach vier Jahren	Rendite Portfolio	Rendite nur Bonds	Rendite nur Index
210	0	0	100.000	0,00	5,00	−3,28
220	0	0	100.000	0,00	5,00	−2,15
230	0	0	100.000	0,00	5,00	−1,06
240	0	0	100.000	0,00	5,00	0,00
250	0	0	100.000	0,00	5,00	1,03
260	0	0	100.000	0,00	5,00	2,02
270	0	0	100.000	0,00	5,00	2,99
280	0	0	100.000	0,00	5,00	3,93
290	10	5.910	105.910	1,45	5,00	4,84
300	20	11.820	111.820	2,83	5,00	5,74
310	30	17.730	117.730	4,16	5,00	6,61
320	40	23.640	123.640	5,45	5,00	7,46
330	50	29.550	129.550	6,69	5,00	8,29
340	60	35.460	135.460	7,88	5,00	9,10
350	70	41.370	141.370	9,04	5,00	9,89
360	80	47.280	147.280	10,16	5,00	10,67

Der Investor „bezahlt" verglichen mit dem Investment nur in Zero-Bonds seine Gewinnchancen
durch Verzicht auf irgendeine Rendite im Falle von sinkenden oder nur mäßig steigenden Aktienkursen und verglichen mit dem Aktieninvestment seine Sicherheit durch Verzicht auf einen Teil an
möglicher Rendite.

Das financial engineering ist eine der anspruchsvollsten Aufgaben der modernen Finanzwirtschaft: z. T. sind die auf dem Finanzmarkt angebotenen „strukturierten" Produkte von einer Komplexität, die auch für den Fachmann nur schwer zu durchschau-
en sind. Hier konnte es selbstverständlich nur darum gehen, eine Vorstellung von den
Grundprinzipien zu bekommen; für eine genauere Darstellung wird auf Spezialliteratur verwiesen.

Grundprinzipien der Bewertung von Termin-Festgeschäften (Forwards, Futures)

Termin-Festgeschäfte können in individueller Form als Forwards, oder in standardisierter Form als Futures abgeschlossen werden. Die nachfolgende Übersicht stellt die wesentlichen Unterschiede beider Formen gegenüber:

Forwards	Futures
Der Vertrag wird mit Handelspartner, der gegenläufiges Interesse hat, abgeschlossen.	Der Vertrag wird mit einer Wertpapierbörse (bzw. deren Clearing-Haus) abgeschlossen.
Risiken der Nicht- oder Mindererfüllung	durch Clearing-Haus größte Sicherheit
Suchkosten nach Kontraktpartner fallen an	jederzeitige Abschlussmöglichkeit
grundsätzlich alle denkbaren Basisobjekte	Beschränkung auf Angebote der Börsen
Laufzeit und Kontraktsumme ist vereinbar	standardisierte Laufzeit und Kontraktsumme
Kontraktpreis bleibt über die Laufzeit fix; damit ändert sich der Wert eines Forward-Kontrakts im Zeitablauf	Kontraktpreis wird ständig angepasst und die Wertänderung dem Kunden gutgeschrieben bzw. belastet; damit ist der Wert des Kontrakts stets null (marking to market)
Sicherheitsleistung ist abhängig von der individuellen Bonitätseinschätzung der Partner	Das Clearing-Haus verlangt eine für jedermann gleiche und verbindliche Margin.
Auflösung des Kontrakts ist nur bei Einwilligung des Vertragspartners möglich	jederzeitige Glattstellungsmöglichkeit durch Abschluss eines Gegengeschäfts
Die Erfüllung erfolgt i. d. R. durch physische Andienung bzw. Abnahme	Statt Erfüllung erfolgt überwiegend ein Ausgleich der Preisdifferenz (Glattstellung).
Erfüllung erfolgt zum anfangs vereinbarten Terminpreis.	Erfüllung erfolgt zum bei Erfüllung gültigen Kassapreis.

Grundsätzlich wird der Terminpreis F_0 bei beiden Formen von Termin-Festgeschäften so festgesetzt, dass der Wert des Kontrakts null ist: Im Zeitpunkt des Vertragsabschlusses erfolgen keine Zahlungen zwischen der Long- und der Short-Position. Völlig unterschiedlich ist allerdings das weitere Procedere:

- Bei den *Forwards* wird bei Vertragsabschluss der Terminpreis F_0, zu dem die Sache zu kaufen/verkaufen sein wird, vereinbart und sodann passiert bis zur Fälligkeit nichts; am Fälligkeitstag wird das Geschäft zu F_0 vollzogen, wobei die Long-Position dann einen Gewinn gemacht hat, wenn der Preis des Underlying über F_0 liegt, und dann einen Verlust erlitten hat, wenn der Preis des Underlying unter F_0 liegt; für die Short-Position stellt sich das genau umgekehrte Ergebnis ein.
- Bei den *Futures* hingegen wird täglich an der Börse nach Angebot und Nachfrage ein neuer Terminpreis F_t für den vereinbarten Fälligkeitstermin bestimmt; die Differenz zum Vortag $(F_t - F_{t-1})$ wird dann den an der Börse geführten Konten der beiden Vertragspartner gutgeschrieben bzw. belastet. Damit wird täglich der Wert wieder auf null gestellt und eine etwaige Erfüllung des Kontrakts findet zum Terminpreis statt, der am Fälligkeitstag gleich dem Kassapreis ist.

Die Tatsache, dass bei Beginn einer Geschäftsbeziehung mit der Börse ein Konto eingerichtet werden muss, auf das auch ein bestimmter Betrag einzuzahlen ist, darf nicht als eine Art Kaufpreis missverstanden werden. Die Börse sichert sich mit dieser *Margin* lediglich gegen das Risiko ab, dass ein Geschäftspartner, dessen Position stark an Wert verloren hat, seinen Ausgleichsverpflichtungen nicht nachkommen kann; ähnlich verfährt eine Bank, die für einen Kunden ein Forward-Geschäft abschließt und sich dabei den Zugriff auf bestehende Konten oder Depots ausbedingt. Die Höhe der Margin ist von Börse zu Börse unterschiedlich und hängt primär von der Volatilität des Basisobjekts ab. In der Regel wird sie verzinst oder kann in Form von festverzinslichen Wertpapieren eingebracht werden. Entwickelt sich die Position eines Marktteilnehmers positiv, so kann er Mittel von seinem Margin-Konto abziehen, entwickelt sie sich negativ, so erfolgt u. U. ein „margin call", bei der die Börse die sofortige Wiederauffüllung des Margin-Kontos verlangt; dies ist i. d. R. dann der Fall, wenn 25 % der „initial margin" verbraucht sind.

Beispiel Forward-Kontrakt: A vereinbart am 1. Okt. mit B, von diesem am Montag, den 19. Okt. eine Mio. Euro zum Preis von 1,3568 $/€ zu kaufen. Die einzige Zahlung erfolgt am Fälligkeitstag, dem 19. Oktober: A zahlt an B 1.356.800 $ und erhält dafür 1.000.000 €.

Beispiel Futures-Kontrakt: A geht am 1. Okt. eine Long-Position in Euro-Futures über eine Mio. Euro ein; die Kontrakte laufen bis zum 19.10. (noch 12 Börsentage).

Marktentwicklung			Marginkonto A (long)		Marginkonto B (short)	
Datum	Terminkurs	Gewinn	Kontostand	Abhebung/Call	Kontostand	Abhebung/Call
1.10.	1,3568		10.000	0	10.000	0
2.10.	1,3572	400	10.400	0	9.600	0
5.10.	1,3576	400	10.800	0	9.200	0
6.10.	1,3582	600	11.400	0	8.600	0
7.10.	1,3590	800	12.200	1.500	7.800	0
8.10.	1,3595	500	11.200	0	7.300	−2.700
9.10.	1,3585	−1.000	10.200	0	11.000	0
12.10.	1,3574	−1.100	9.100	0	12.100	0
13.10.	1,3566	−800	8.300	0	12.900	0
14.10.	1,3557	−900	7.400	−2.600	13.800	3.000
15.10.	1,3546	−1.100	8.900	0	11.900	1.500
16.10.	1,3532	−1.400	7.500	−2.500	11.800	0
19.10.	1,3518	−1.400	8.600	0	13.200	0

Sie notieren derzeit zu 1,3568 $/€ und die von der Börse geforderte „initial margin" beläuft sich auf 1 % des Notional; ein Margin-Call erfolgt bei 75 % dieser Summe. B geht bei der Börse eine entsprechende Short-Position ein. Die Übersicht zeigt den Kursverlauf bis zur Fälligkeit und die entsprechenden Bewegungen auf den Marginkonten: Gut- und Lastschriften der Börse, Abhebungen und Nachschüsse. Anfangs liefen die Kurse gut für A, dessen Kontostand wuchs und es ihm am 7.10. sogar erlaubte, eine Abhebung vorzunehmen; danach änderte sich die Tendenz und A musste zweimal einen Margincall erfüllen, um seine Verluste abzudecken. B dagegen hatte beim

Kurshoch sein Konto aufzufüllen und konnte beim nachfolgenden Kursverfall erhebliche Abhebungen vornehmen. Wird der Kontrakt bis zur Endfälligkeit gehalten, so erwirbt A am 19. Okt. von der Börse 1.000.000 € zum Preis von 1.351.800$ und B führt die entsprechende Gegentransaktion aus. Somit ergibt sich das folgende Endergebnis:

Gesamtrechnung für A (long):			Gesamtrechnung für B (short):		
Marginzahlung	1.10.	−10.000	Marginzahlung	1.10.	−10.000
Abhebung	7.10.	1.500	Margincall	8.10.	−2.700
Margincall	14.10.	−2.600	Abhebung	14.10.	3.000
Margincall	16.10.	−2.500	Abhebung	15.10.	1.500
Kontoschluss	19.10.	8.600	Kontoschluss	19.10.	13.200
Erfüllung	19.10.	−1.351.800	Erfüllung	19.10.	1.351.800
Total:		**−1.356.800**			**1.356.800**

Von geringen Zinseffekten abgesehen, ist das Ergebnis das gleiche wie es bei Abschluss eines Forwards gewesen wäre: In diesem Fall kauft A von B 1.000.000 Euro zum vereinbarten Preis von 1.356.800 Dollar; sein Nachteil besteht darin, dass er somit am 19. Oktober 5.000$ mehr als am Kassamarkt hat zahlen müssen. Im Fall des Futures hingegen erwirbt A die Euro zum niedrigeren Kassakurs; an den Vortagen hat er aber insgesamt Verluste aus dem Future in Höhe von 5.000$ erzielt, sodass er letztlich wieder genauso gestellt ist.

Wie das Beispiel zeigt, führen Forwards und Futures zum im Wesentlichen gleichen Ergebnis; dies erlaubt es uns, für die Bestimmung des Terminpreises nur den von seiner Zahlungsstruktur her einfacheren Forward zu betrachten. Ausgangspunkt ist das uns bekannte Arbitragefreiheitsprinzip: In einem vollkommenen Markt, in dem keine Transaktions- oder Informationskosten anfallen und in dem ein Zins existiert, zu dem jeder Mittel risikofrei anlegen oder aufnehmen kann, muss gelten, dass es keine risikolosen Sofortgewinne geben darf. Betrachten wir unter dieser Perspektive einmal einen Forward auf ein Basisobjekt, das während der Laufzeit weder irgendwelche Zahlungen abwirft noch Kosten für die Lagerung verursacht (z. B. einen Zero-Bond): Wer am Ende der Laufzeit des Forwards das Basisobjekt haben will, kann es jetzt zum Preis von B_0 kaufen und liegen lassen oder er kann einen Forward mit Terminpreis F_0 abschließen und auf ein Konto einen Betrag einzahlen, der bis zur Fälligkeit (in t Jahren) auf F_0 angewachsen ist. Da bei Geschäftsabschluss der Terminpreis eines Forwards definiert ist „as the delivery price which would make that contract have zero value",[31] muss gelten, dass $B_0 = F_0 \cdot q^{-t}$. Daraus folgt dann als gleichgewichtiger Terminpreis

$$F_0 = B_0 \cdot q^t$$

Der Terminpreis für ein Basisobjekt, das während der Laufzeit weder Zahlungen erbringt noch erfordert, entspricht dem aufgezinsten Kassapreis.

31 *Hull, John*: Introduction to Futures and Options Markets, Englewood Cliffs (Prentice-Hall) 1991, S. 39.

Beispiel: Auf einen Zero-Bond existiert ein Forwardkontrakt mit einer Laufzeit von einem halben Jahr. Der Zero-Bond notiert derzeit bei 92 € und die risikofreie Zinsrate liegt bei 6 % p. a. Damit ergibt sich ein Terminkurs in Höhe von

$$F_0 = 92 \cdot 1{,}06^{1/2} = 94{,}72 \,.$$

Ob jemand heute den Zero-Bond erwirbt oder eine Long-Position im Forward eingeht und seine 92 € verzinslich anlegt, am Laufzeitende wird er stets im Besitz eines Zero-Bonds sein. Bei jedem anderen Forward-Wert ergäben sich Arbitragegewinne:
-   Läge der Terminkurs bei 94 €, so könnte ein Investor, der den Bond besitzt, ihn zum Kassapreis von 92 € verkaufen und eine Long-Position im Forward eingehen; um diesen erfüllen zu können, legt er 94/1,06$^{1/2}$ = 91,30 zu 6 % an. Die Differenz in Höhe von 0,70 ist ein *free lunch*, ein risikoloser Arbitragegewinn.
-   Umgekehrt könnte, wenn der Terminkurs bei 95 € liegen würde, ein Investor eine Short-Position im Forward eingehen, einen Kredit in Höhe von 95/1,06$^{1/2}$ = 92,27 aufnehmen und den Bond für 92 € erwerben. In einem halben Jahr liefert er den Bond und erhält die 95 €, die er braucht, um seinen Kredit zurückzuzahlen. Wieder verbleibt ihm ein Arbitragegewinn in Höhe von 0,27 €.

Dieser Logik folgend lassen sich auch arbitragefreie Terminpreise für Forwardkontrakte finden, deren Underlying Zahlungen abwirft (z. B. Aktienportefeuilles, Anleihen) und/oder Zahlungen verursacht (z. B. Lager- und Transportkosten bei Waren- und Edelmetallfutures). Da in einem funktionierenden Markt die Preise der Instrumente unter Berücksichtigung aller dieser sog. Cash-and-Carry-Kosten gerade so hoch sein müssen, dass Arbitragen nicht lohnend sind, spricht man auch von einer *Cash-and-Carry-Bewertung*. Betrachten wir nur noch das sehr verbreitete Währungstermingeschäft, das man bei jeder Bank abschließen kann.

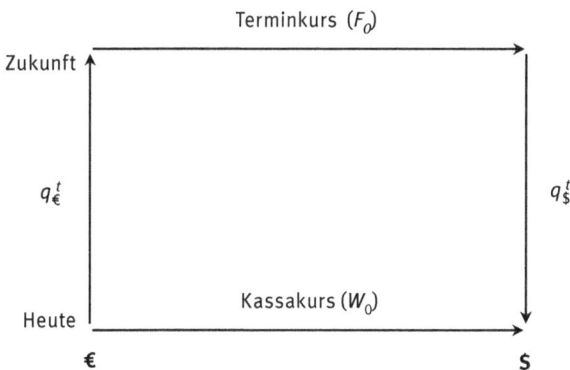

Abb. 1.37: Währungstermingeschäft

Wer heute Euro besitzt und in der Zukunft Dollar haben aber kein Währungsrisiko eingehen möchte, hat grundsätzlich zwei Möglichkeiten: er kann seine Euro zum €-Zins anlegen und zugleich die Dollar auf Termin kaufen oder er kann seine Euro zum Kassa-Wechselkurs W_0 in Dollar wechseln und den Betrag zum \$-Zins veranlagen. Unter der Gültigkeit der Arbitragefreiheitsbedingung müssen beide Wege (in Abb. 1.37 einmal über links oben, das andere Mal über rechts unten) zum selben Ergebnis führen. Es muss also gelten, dass $W_0 \cdot q_\$^t = q_\text{€}^t \cdot F_0$, woraus ein Terminpreis von

$$F_0 = W_0 \cdot \frac{q_\$^t}{q_\text{€}^t}$$

folgt.

> **Beispiel:** Wenn bei einem Kassakurs von 1,3800 \$/€ der Euro-Halbjahres-Zins bei 2 % und der Dollar-Zins bei 4 % liegt, hat jemand, der in sechs Monaten 100.000\$ benötigt, zwei Möglichkeiten: Er wechselt 71.056,57 € zum Kassakurs in 98.058,07\$, die er im US-Geldmarkt anlegt, was ihm nach 6 Monaten die gewünschten $98.058,07 \cdot 1,04^{1/2} = 100.000\$$ beschert. Bei einem Halbjahres-Terminkurs von
>
> $$F_0 = W_0 \cdot q_\$^t/q_\text{€}^t = 1,38 \cdot 1,04^{1/2}/1,02^{1/2} = 1,3935$$
>
> hätte er seine 71.056,57 € auch zu 2 % im Euro-Geldmarkt anlegen können und dafür nach einem halben Jahr $71.056,57 \cdot 1,02^{1/2} = 71.763,62$ € erhalten, was ihm angesichts des errechneten Terminkurses ebenfalls $71.763,62 \cdot 1,3935 = 100.000$ \$ eingebracht hätte.

Der Terminpreis ist somit eine Funktion der Zinsdifferenz in den beiden Ländern und entspricht damit dem bekannten *Fisher*-Effekt: Da, soweit keine Kapitalverkehrsbeschränkungen existieren, die Realzinsen in verschiedenen Ländern gleich sein müssen, sind Zinsunterschiede Ausdruck unterschiedlicher Inflationserwartungen; diese schlagen sich in der Weise in den Wechselkursen nieder, dass ein Land mit höherer Geldentwertungsrate mit einer Verschlechterung seines Wechselkurses rechnen muss. Die Differenz zwischen dem Devisenkassakurs und dem Terminkurs wird regelmäßig als Swapsatz bezeichnet: als Deport, wenn $F_0 < W_0$ und als Report, wenn $F_0 > W_0$.

Häufig findet man die Aussage, dass Terminkurse die erwarteten Kassakurse am Fälligkeitstermin darstellen, dass es die Preise sind, die der Markt als die wahrscheinlichsten künftigen ansieht. Wie passt das zusammen mit den soeben abgeleiteten Bewertungsformeln? Ist nicht Erwartungsbildung ein komplexer geistiger Vorgang, in den vieles einfließt, was sich nicht in simplen mathematischen Operationen abbilden lässt? Der Widerspruch ist nur ein scheinbarer, denn erwartet der Markt ein Steigen oder Fallen der Preise des Basisobjekts, so schlägt sich das sofort in der aktuellen Bewertung im Kassamarkt nieder: Auch das Basisobjekt ist ein Zahlungsstrom, der ausschließlich nach seinen Zukunftserwartungen bewertet wird. Der komplexe Vorgang der *Bewertung* findet im Kassamarkt statt, bei der Bewertung originärer Finanztitel und nicht im Terminmarkt, bei der Bewertung derivativer Finanzkontrakte.

In einem funktionierenden Markt gibt es für *eigenständige* Erwartungsbildungen im Terminmarkt keinen Raum. Die Aussage, die Terminpreise seien Ausdruck der vom Markt erwarteten künftigen Kassapreise, ist zwar richtig, aber nicht, weil Terminkontrakte in die Zukunft gerichtet sind, sondern weil sie über enge Arbitragebeziehungen an einen anderen Markt, an dem Zukunftserwartungen gehandelt werden, gekoppelt sind. Auch die Zukunftsorientierung der Terminmärkte ist eine „derivative", eine vom Kassamarkt abgeleitete. Der vermutete Widerspruch besteht somit nicht.

Grundprinzipien der Bewertung von Optionsgeschäften

Die Bewertung von Optionen war lange Zeit ein ungelöstes Problem der Finanztheorie und hat erst im Jahr 1973 eine befriedigende Lösung gefunden, als es *Black/Scholes* und *Merton*[32] gelang, eine von individuellen Präferenzen der Investoren unabhängige Bewertungsformel für europäische Optionen zu entwickeln. Die Optionspreistheorie hat eine bis heute anhaltende Flut an weitergehender Forschung ausgelöst und gleichermaßen auf breiter Front Eingang in die Praxis gefunden. Leider erschwert die meist aufwändige und komplexe Mathematik den Zugang zur Optionsbewertung; da es uns hier nur um das Grundprinzip gehen kann, werden wir uns eines sehr vereinfachten Modells von *Cox/Ross/Rubinstein*[33] bedienen.

Wer einen europäischen Call kauft, erwirbt das Recht, am Verfallstag das Basisobjekt (im Folgenden eine Aktie, die während der Laufzeit der Option keine Dividende zahlt) zu einem vorher festgelegten Preis, dem Basispreis X (Ausübungspreis, exercise price, strike price), zu erwerben. Selbstverständlich kann C_0, der Wert des Calls,
- nie negativ werden, da man jederzeit die Option verfallen lassen kann;
- niemals höher sein als der derzeitige Preis der Aktie selbst (S_0);
- niemals niedriger sein als die Differenz zwischen dem Aktienkurs S_0 und dem Barwert des Ausübungspreises; wäre dies der Fall, so könnte ein Arbitragegewinn erzielt werden, indem man die Aktie verkauft, den Call kauft und X/q^t anlegt.

Somit muss der Preis eines europäischen Calls (Abb. 1.38) im Bereich der schraffierten Fläche (nach oben offen) liegen. Selbstverständlich ist damit der Callpreis noch sehr unpräzise definiert. Wir gehen daher ein Stück weiter und nehmen an, heute (t_0) sei ein Call zu bewerten, der nach einer Periode (im Zeitpunkt t_1) verfällt. Die zugrundeliegende Aktie habe heute einen Kurs S_0, der sich bis t_1 entweder auf S^+ (mit der Wahrscheinlichkeit p) oder auf S^- ($S^+ > S^-$) verändere (mit $1 - p$). Im ersten Fall wird die Rendite $r^+ = S^+/S_0 - 1$, im zweiten Fall die Rendite $r^- = S^-/S_0 - 1$ erzielt. Daraus

32 *Black, Fisher; Scholes, Myron*: The Pricing of Options and Corporate Liabilities, Journal of Political Economy 1973, S. 637–659; *Merton, Robert C.*: Theory of Rational Option Pricing, Bell Journal of Economics and Management Science 1973, S. 141–183.
33 *Cox, John C.; Ross, Stephen A.; Rubinstein, Mark*: Option Pricing: A Simplified Approach, Journal of Financial Economics 1979, S. 229–263.

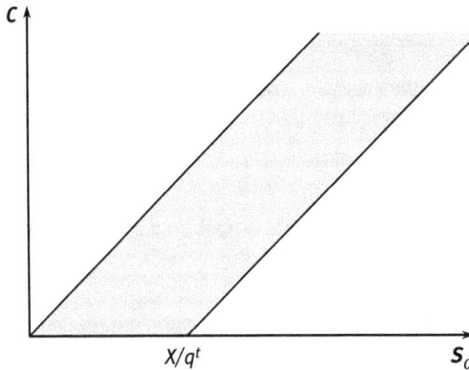

Abb. 1.38: Wertgrenzen eines europäischen Call

ergibt sich folgender einfacher Zustandsbaum für die Aktienkurse:

$$S_0 \begin{cases} S^+ = (1 + r^+) \cdot S_0 & \text{mit Wahrscheinlichkeit } p \\ S^- = (1 + r^-) \cdot S_0 & \text{mit Wahrscheinlichkeit } 1 - p \end{cases}$$

Bei gegebenem Basispreis X ist der Wert des Calls im Verfallszeitpunkt t_1 entweder null, wenn $S_1 < X$ (die Option „liegt aus dem Geld" und verfällt), oder $S_1 - X$, wenn $S_1 > X$ (die Option „liegt im Geld" und wird ausgeübt). Der Wert des Calls in t_1 beträgt also

$$C = \max(S_1 - X, 0).$$

Somit ergibt sich der folgende Zustandsbaum für die Optionswerte in t_0 und in t_1:

$$C_0 \begin{cases} C^+ = \max[(1 + r^+) \cdot S_0 - X; 0] & \text{mit Wahrscheinlichkeit } p \\ C^- = \max[(1 + r^-) \cdot S_0 - X; 0] & \text{mit Wahrscheinlichkeit } 1 - p \end{cases}$$

Nun lässt sich ein der Option identischer Zahlungsstrom unter der Annahme eines vollkommenen Kapitalmarkts auch durch Kombination einer risikolosen Anlage mit der der Option zugrundeliegenden Aktie erreichen. Betrachten wir ein Portefeuille Pf, das aus x Stück der Aktie und dem Geldbetrag G, angelegt oder aufgenommen zum risikolosen Zins r_F, besteht. Für dieses Portefeuille ergibt sich der folgende Zustandsbaum:

$$\text{Pf}_0 \begin{cases} \text{Pf}^+ = x \cdot (1 + r^+) \cdot S_0 + (1 + r_F) \cdot G & \text{mit Wahrscheinlichkeit } p \\ \text{Pf}^- = x \cdot (1 + r^-) \cdot S_0 + (1 + r_F) \cdot G & \text{mit Wahrscheinlichkeit } 1 - p \end{cases}$$

Das Portefeuille ist dann äquivalent einer Call-Option, wenn gilt:

$$C^+ = x \cdot (1 + r^+) \cdot S_0 + (1 + r_F) \cdot G$$
$$C^- = x \cdot (1 + r^-) \cdot S_0 + (1 + r_F) \cdot G.$$

Löst man dieses Gleichungssystem nach x und nach G auf, so ergibt sich:

$$x = \frac{C^+ - C^-}{r^+ \cdot S_0 - r^- \cdot S_0}$$

$$G = \frac{-(1+r^-) \cdot C^+ - (1+r^+) \cdot C^-}{(1+r_F) \cdot (r^+ - r^-)}$$

Ein Portefeuille Pf, bestehend aus x Stück der Aktie und einem Kredit in Höhe von G, führt somit zum gleichen Ergebnis wie der Call. Aufgrund der Arbitragefreiheitsbedingung muss somit gelten, dass

$$C_0 = x \cdot S_0 + G \, .$$

Setzt man nun die ermittelten Werte für x und G ein, so erhält man:

$$C_0 = S_0 \cdot \frac{C^+ - C^-}{r^+ \cdot S_0 - r^- \cdot S_0} - \frac{-(1+r^-) \cdot C^+ - (1+r^+) \cdot C^-}{(1+r_F) \cdot (r^+ - r^-)}$$

$$C_0 = \frac{(1+r_F) \cdot C^+ - (1+r_F) \cdot C^- - (1+r^-) \cdot C^+ - (1+r^+) \cdot C^-}{(1+r_F) \cdot (r^+ - r^-)}$$

$$C_0 = \frac{\frac{C^+ \cdot (r_F - r^-)}{(r^+ - r^-)} + \frac{C^- \cdot (r^+ - r_F)}{(r^+ - r^-)}}{(1+r_F)}$$

Definiert man zur Vereinfachung $\pi = \frac{(r_F - r^-)}{(r^+ - r^-)}$ so erhält man die Call-Bewertungsgleichung unter der Bedingung von Arbitragefreiheit:

$$C_0 = \frac{C^+ \cdot \pi + C^- \cdot (1 - \pi)}{(1+r_F)}$$

Beispiel: Betrachten wir eine Aktie, deren Kurs $S_0 = 100$ beträgt; der Kurs in t_1 könne bei $S^+ = 118$ oder $S^- = 98$ liegen; damit ist $r^+ = 0{,}18$ und $r^- = -0{,}02$; der risikolose Zins betrage $r_F = 0{,}05$. Der Basispreis sei 106 und somit errechnen sich die Callwerte in t_1 als $C^+ = \max(118-106; 0) = 12$ und $C^- = \max(98 - 106; 0) = 0$.
Der Wert für π beträgt $(0{,}05 + 0{,}02)/(0{,}18 + 0{,}02) = 0{,}35$ und damit C_0, der Callwert heute:

$$C_0 = (0{,}35 \cdot 12 + 0{,}65 \cdot 0)/1{,}05 = 4{,}00$$

Die Werte für G und x errechnen sich als:

$$G = -(0{,}98 \cdot 12 - 1{,}18 \cdot 0)/(1{,}05 \cdot 0{,}20) = -56{,}00$$

$$x = (12 - 0)/(0{,}18 \cdot 100 + 0{,}02 \cdot 100) = 0{,}60$$

d. h. ein dem Call äquivalentes Portefeuille setzt sich aus 0,6 Aktien und einer Kreditaufnahme von 56,00 zusammen:

	Wert in t_0	Wert bei t_1^+	Wert bei t_1^-
Kauf 0,6 Aktien	−60,00	70,80	58,80
Kreditaufnahme	56,00	−58,80	−58,80
Portefeuille:	**−4,00**	**12,00**	**0,00**

Sowohl ein höherer als auch ein niedrigerer Optionspreis hätte Arbitragemöglichkeiten ausgelöst: So könnte bei einem Optionspreis von $C_0 = 4,20$ ein Investor den Call verkaufen, das Duplikationsportefeuille erwerben und so einen Arbitragegewinne von 0,20 lukrieren:

	Wert in t_0	Wert bei t_1^+	Wert bei t_1^-
Kauf 0,6 Aktien	−60,00	70,80	58,80
Kreditaufnahme	56,00	−58,80	−58,80
Short-Position im Call:	4,20	−12,00	0,00
Gesamtposition:	**0,20**	**0,00**	**0,00**

Bei einem Callpreis von 3,80 hätte ein umgekehrtes Vorgehen zu einem Arbitragegewinn von 0,20 geführt:

	Wert in t_0	Wert bei t_1^+	Wert bei t_1^-
Verkauf 0,6 Aktien	60,00	−70,80	−58,80
Festgeldanlage	−56,00	58,80	58,80
Long-Position im Call:	−3,80	12,00	0,00
Gesamtposition:	**0,20**	**0,00**	**0,00**

Dieses extrem vereinfachte Beispiel mit nur einer Periode und nur zwei möglichen Renditenausprägungen (deshalb: „einperiodisches Binomialmodell") lässt bereits eine Reihe von Eigenschaften erkennen, die für die Bewertung von Optionen kennzeichnend sind. Der Preis eines Calls hängt nur ab vom aktuellen Kurs der Aktie S_0, von den in der Zukunft möglichen Kursen S_1^+ und S_1^-, vom Basispreis X und vom risikolosen Zinssatz r_F. Wichtiger noch: Der Optionspreis hängt nicht ab von

- der Risikoneigung der Investoren; da die Arbitrage risikolos ist, ist sie für jeden Investor, sei er risikoavers, risikoneutral oder risikoscheu, gleichermaßen vorteilhaft;
- den Einschätzungen der Eintrittswahrscheinlichkeiten p und $1 - p$ der künftigen Aktienkurse, da in beiden Zuständen der Welt das Arbitrageportefeuille gleichermaßen den Wert null annimmt.

Gerade diese letzte Eigenschaft könnte leicht zu Verwirrungen führen. Lässt man nämlich p höher werden, müsste dann der Optionspreis nicht dem Wert $S^+/(1 + r_F) - X$ immer näherkommen? Wenn im Beispiel die Wahrscheinlichkeit dafür, dass der Kurs in der nächsten Periode bei 112 liegt, 99 % betrüge, wäre dann nicht ein Optionspreis von 2,26 lächerlich niedrig? Andererseits: Würde der Call-Preis tatsächlich höher liegen, so würden in großem Umfang Arbitrageprozesse einsetzen, die ihn wieder auf den arbitragefreien Wert zurückführen würden. Dieser Widerspruch löst sich schnell auf, wenn man bedenkt, dass in dem Fall der Markt ein anderes Bewertungsprinzip verletzt haben müsste, nämlich das der Bewertung der Aktie zum Barwert ihrer erwarteten Zahlungen (die Aktie im Beispiel würde deutlich höher als 100 notieren müssen, wenn ihr Wert nach einer Periode mit 99%-iger Wahrscheinlichkeit 112 betragen würde). Wie auch schon bei den Termin-Festgeschäften erkennen wir, dass eine rationale Preisbestimmung des derivativen Wertpapiers Option nur möglich ist, wenn auch die zugrundeliegende Aktie korrekt bewertet ist. Die wirkliche Herausforderung an die finanzwirtschaftliche Bewertung liegt allemal im Kassamarkt, bei der Bewertung der originären Finanztitel und nicht bei der Bewertung der Derivate.

Natürlich sind nahezu alle Optionen in der Praxis wesentlich komplexer als das einperiodische Binomialmodell: Optionen laufen über mehrere Monate und die Kursveränderung vom einen auf den anderen Tag kann nahezu unendlich viele Ausprägungen annehmen. Bleiben wir zunächst einmal bei einer Aktie mit binomialer Renditenverteilung (= nur zwei mögliche Kursveränderungen um den Faktor q^+ oder q^-), unterstellen aber drei Perioden $t_0 \ldots t_3$; damit erhalten wir den folgenden Zustandsbaum der Aktienkurse:

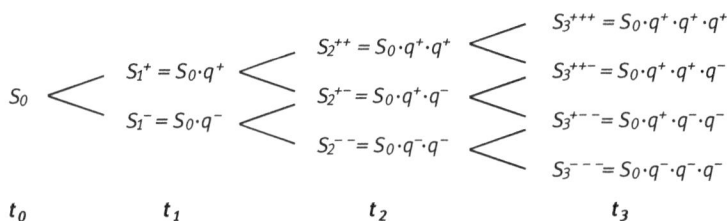

$$S_0 <\begin{array}{c} S_1^+ = S_0 \cdot q^+ \\ S_1^- = S_0 \cdot q^- \end{array} <\begin{array}{c} S_2^{++} = S_0 \cdot q^+ \cdot q^+ \\ S_2^{+-} = S_0 \cdot q^+ \cdot q^- \\ S_2^{--} = S_0 \cdot q^- \cdot q^- \end{array} <\begin{array}{c} S_3^{+++} = S_0 \cdot q^+ \cdot q^+ \cdot q^+ \\ S_3^{++-} = S_0 \cdot q^+ \cdot q^+ \cdot q^- \\ S_3^{+--} = S_0 \cdot q^+ \cdot q^- \cdot q^- \\ S_3^{---} = S_0 \cdot q^- \cdot q^- \cdot q^- \end{array}$$

$$t_0 \qquad t_1 \qquad t_2 \qquad t_3$$

Eine europäische Call-Option mit Fälligkeit in t_3 und einem Basispreis von X weist in t_3 einen Wert von $C_3 = \max(S_3 - X; 0)$ auf, was es uns nach der obigen Methode erlaubt, das jeweilige C_2 zu ermitteln, daraus dann C_1 etc.

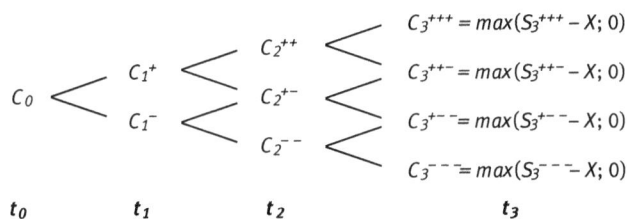

$$C_0 <\begin{array}{c} C_1^+ \\ C_1^- \end{array} <\begin{array}{c} C_2^{++} \\ C_2^{+-} \\ C_2^{--} \end{array} <\begin{array}{c} C_3^{+++} = \max(S_3^{+++} - X; 0) \\ C_3^{++-} = \max(S_3^{++-} - X; 0) \\ C_3^{+--} = \max(S_3^{+--} - X; 0) \\ C_3^{---} = \max(S_3^{---} - X; 0) \end{array}$$

$$t_0 \qquad t_1 \qquad t_2 \qquad t_3$$

Sämtliche möglichen Callpreise, somit auch der heutige, C_0, können also rekursiv aus der Kenntnis der zum Fälligkeitszeitpunkt t_n möglichen Werte $C_n = \max(S_n - X; 0)$ der Option errechnet werden.

Beispiel: Betrachten wir wieder eine Aktie mit $S_0 = 100$. Wieder sei angenommen, die Perioden-rendite betrage entweder 18 % oder −2 %. Über drei Perioden betrachtet kann der Kurs dieser Aktie somit nur die folgenden Werte annehmen:

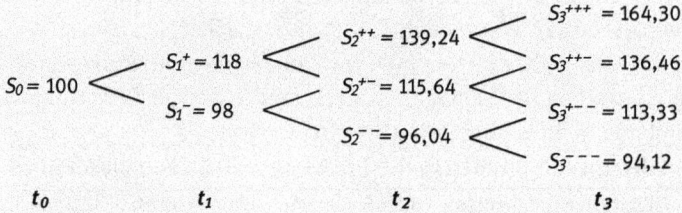

$$
\begin{array}{ccccc}
 & & & & S_3^{+++} = 164{,}30 \\
 & & S_2^{++} = 139{,}24 & & \\
 & S_1^{+} = 118 & & & S_3^{++-} = 136{,}46 \\
S_0 = 100 & & S_2^{+-} = 115{,}64 & & \\
 & S_1^{-} = 98 & & & S_3^{+--} = 113{,}33 \\
 & & S_2^{--} = 96{,}04 & & \\
 & & & & S_3^{---} = 94{,}12
\end{array}
$$

$$t_0 \qquad\qquad t_1 \qquad\qquad t_2 \qquad\qquad t_3$$

Die Preise eines Calls mit einer Laufzeit von drei Perioden und einem Basispreis von $X = 120$ ergeben sich durch die genannte Rückwärtsrechnung: Aus den Callpreisen in t_3 werden die Preise in t_2, aus den Preisen in t_2 diejenigen in t_1 und schließlich aus diesen der gesuchte Callpreis C_0 berechnet:

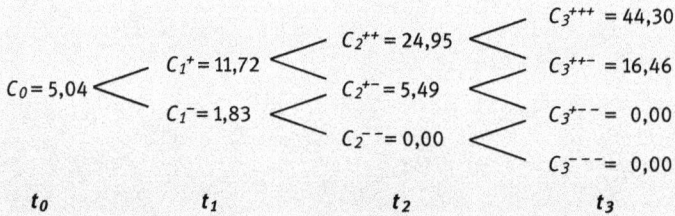

$$
\begin{array}{ccccc}
 & & & & C_3^{+++} = 44{,}30 \\
 & & C_2^{++} = 24{,}95 & & \\
 & C_1^{+} = 11{,}72 & & & C_3^{++-} = 16{,}46 \\
C_0 = 5{,}04 & & C_2^{+-} = 5{,}49 & & \\
 & C_1^{-} = 1{,}83 & & & C_3^{+--} = 0{,}00 \\
 & & C_2^{--} = 0{,}00 & & \\
 & & & & C_3^{---} = 0{,}00
\end{array}
$$

$$t_0 \qquad\qquad t_1 \qquad\qquad t_2 \qquad\qquad t_3$$

Selbstverständlich sind die Parameter in jeder Periode neu zu ermitteln und das Portefeuille muss entsprechend angepasst werden. Nehmen wir einmal an, der Aktienkurs sei in der ersten Periode um 2 % gefallen, in den beiden folgenden Perioden dann aber um 18 % gestiegen; in t_3 lag er somit bei 136,46, was einem Callwert von 16,46 entspricht. Ein Investor, der nur die möglichen Kursver-läufe kennt und ein dem Call identisches Duplikationsportefeuille nachbilden möchte, berechnet in t_0

$$x = (11{,}72 - 1{,}83)/(0{,}18 \cdot 100 + 0{,}02 \cdot 100) = 0{,}4945$$

und

$$G = -(0{,}98 \cdot 11{,}72 - 1{,}18 \cdot 1{,}83)/[1{,}05 \cdot (0{,}18 + 0{,}02)] = -44{,}41 \,,$$

nimmt einen Kredit über 44,41 € auf und kauft 0,4945 Aktien, was ihn in t_0 genau 5,04 € kostet. In t_1 kann sein Portefeuille somit nur 11,72 € oder 1,83 € wert sein; annahmegemäß gilt mit $0{,}4945 \cdot 98 - 44{,}41 \cdot 1{,}05$ das letztere. Der Investor stellt seine Positionen glatt und errechnet in t_1

$$x = (5{,}49 - 0{,}00)/(0{,}18 \cdot 98 + 0{,}02 \cdot 98) = 0{,}2801$$

und

$$G = -(0{,}98 \cdot 5{,}49 - 1{,}18 \cdot 0{,}00)/[1{,}05 \cdot (0{,}18 + 0{,}02)] = -25{,}62 \,.$$

Er nimmt einen Kredit über 25,62 € auf und kauft 0,2801 Aktien, was ihn in t_1 genau 1,83 € kostet, den Betrag, den er aus dem Verkauf des ersten Calls erlösen konnte. In t_2 kann sein Portefeuille nur

5,49 € oder 0 € wert sein. Annahmegemäß gilt das erste: $0{,}2801 \cdot 115{,}64 - 25{,}62 \cdot 1{,}05 = 5{,}49$ €. Der Investor stellt seine Positionen glatt und errechnet in t_2

$$x = (16{,}46 - 0{,}00)/(0{,}18 \cdot 115{,}64 + 0{,}02 \cdot 115{,}64) = 0{,}7115$$

und

$$G = -(0{,}98 \cdot 16{,}46 - 1{,}18 \cdot 0{,}00)/[1{,}05 \cdot (0{,}18 + 0{,}02)] = -76{,}79 \,.$$

Er nimmt einen Kredit über 76,79 € auf und kauft 0,7115 Aktien, was ihn in t_2 5,49 € kostet. In t_3 kann sein Portefeuille somit nur 16,46 € oder 0 € wert sein; wir haben das erste angenommen. Der Investor hat mit dem Erwerb von Aktien auf Kredit exakt denselben Zahlungsstrom erzeugt, wie er ihn mit der Option auch hätte haben können: er hat in t_0 5,04 € bezahlt und in t_3 16,46 € erlöst. Selbstverständlich wäre es auch bei jedem anderen Kursverlauf möglich gewesen, eine derartige Arbitragesequenz zu erzeugen.

Der Wert eines europäischen Calls auf eine Aktie, deren Renditen binomialverteilt sind, lässt sich nach dieser Methode natürlich für eine beliebige Zahl von Schritten ausrechnen. Da sich die Binomialverteilung mit steigender Zahl von Schritten der Normalverteilung annähert, kann das berühmte von *Black/Scholes* und *Merton* entwickelte kontinuierliche Modell als der Grenzübergang eines immer dichter werdenden binomialen Prozesses angesehen werden. Die *Black/Scholes*-Bewertungsgleichung für europäische Calls auf Aktien, die während der Optionslaufzeit keine Dividenden abwerfen, lautet:

$$C_0 = S_0 \cdot N(d_1) - X \cdot e^{-rt} \cdot N(d_2)$$

wobei... $$d_1 = \frac{\ln\left(\frac{S_0}{X}\right) + \left(r + \frac{\sigma^2}{2}\right) \cdot t}{\sigma \cdot t^{0,5}}$$

$$d_2 = \frac{\ln\left(\frac{S_0}{X}\right) + \left(r - \frac{\sigma^2}{2}\right) \cdot t}{\sigma \cdot t^{0,5}} = d_1 - \sigma \cdot t^{0,5}$$

S_0 Preis des Underlying in t_0 X Ausübungspreis, Strike
t Zeit bis Verfall r risikolose Zinsrate
$N(x)$ kumulierte Standard-normalverteilung σ Standardabweichung des Kurses des Underlying

Beispiel: Gegeben sei ein europäischer Call auf eine Aktie, deren derzeitiger Kurs bei 82 € liege. Der Ausübungspreis betrage 80 €, die Laufzeit des Calls sei sechs Monate, der risikofreie Zins 5 % und die Volatilität (Standardabweichung) betrage 15 %. Somit errechnet sich der heutige Preis C_0:

$$d_1 = [\ln(82/80) + (0{,}05 + 0{,}15^2/2) \cdot 0{,}5]/[0{,}15 \cdot 0{,}25] = 0{,}5215$$
$$d_2 = [\ln(82/80) + (0{,}05 - 0{,}15^2/2) \cdot 0{,}5]/[0{,}15 \cdot 0{,}25] = 0{,}4155$$

$$N(d_1) = 0{,}6990 \quad N(d_2) = 0{,}6611 \quad X \cdot e^{-rt} = 78{,}02$$

$$C_0 = 82 \cdot 0{,}6990 - 78{,}07 \cdot 0{,}6611 = 5{,}74$$

Abbildung 1.39 zeigt die aus der Black-Scholes-Bewertungsgleichung hervorgehenden Beziehungen zwischen Callpreis C, dem Kurs des Underlying S und dem Ausübungspreis X bei einem gegebenen risikolosen Zinssatz r:

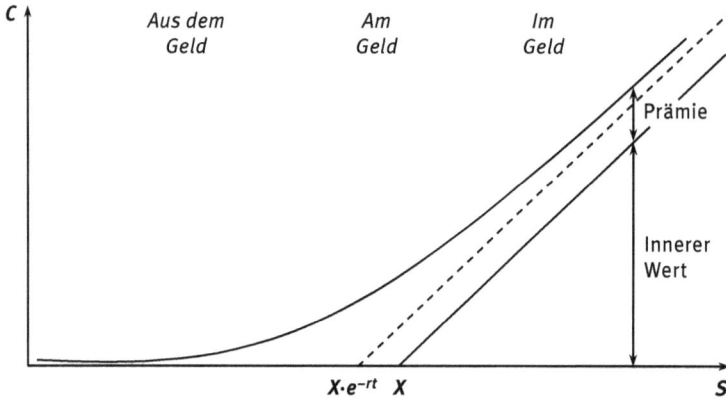

Abb. 1.39: Bewertungsfunktion für Calls

Eine Kaufoption wird als „im Geld" liegend bezeichnet, wenn der Kurs der Aktie über dem Ausübungspreis liegt (in-the-money-option), sie ist „am Geld", wenn sich Kurs und Strike price etwa entsprechen (at-the-money-option) und sie ist „aus dem Geld", wenn der Kurs unter dem Ausübungspreis liegt (out-of-money-option). Der Preis einer Option setzt sich zusammen aus seinem „inneren Wert" $S - X$ und der Prämie (auch Aufgeld oder Hoffnungswert genannt). Der innere Wert ist der Betrag, den man bei sofortiger Ausübung lukrieren könnte; er ist null, wenn $S \leq X$ und $S-X$, wenn $S > X$. Das Aufgeld wird für die Chance bezahlt, dass die Option (noch weiter) „ins Geld läuft". Es ist am größten, wenn die Option am Geld liegt: Für eine weit aus dem Geld liegende Option wird kaum etwas bezahlt, da die Wahrscheinlichkeit dafür, dass die Option noch ins Geld läuft, sehr gering ist; andererseits wird auch für eine weit im Geld liegende Option kaum noch ein Aufgeld gezahlt, weil der Unterschied zum Direktinvestment in der zugrundeliegenden Aktie immer kleiner wird (keine Hebelwirkung mehr). Damit nähert sich die Bewertungsfunktion an beiden Seiten asymptotisch ihren Wertgrenzen null bzw. X/q^t.

Die erste Ableitung der Callpreisfunktion nach S (d. h. ihre Steigung) wird als „Delta" (Δ) der Option bezeichnet. Delta gibt an, um wie viel sich der Wert einer Option ändert, wenn der Kurs des Underlying um eine Geldeinheit steigt oder fällt. Die Kennzahl spielt eine wichtige Rolle im Rahmen der Risikosteuerung von Portefeuilles: Die einfachste Form eines „delta-neutralen" Portefeuilles wäre die Kombination aus einer Long-Position in x Aktien und einer Short-Position in x/Δ Calloptionen: es wäre gegen allfällige Veränderungen des Aktienkurses immunisiert.

Beispiel (Fortführung): Für den obigen Call errechnet sich ein Delta in Höhe von

$$\Delta = \frac{dC}{dS} = N(d_1) = 0{,}5215$$

d. h. steigt der Aktienkurs um einen infinitesimal kleinen Betrag an, so erhöht sich der Wert des Calls um 52,15 % dieses Anstiegs. Ein Portefeuille aus 10.000 Aktien und einer Short-Position in 19.174 (= 10.000/0,5215) Calloptionen weist derzeit einen Wert von

$$Pf = 10.000 \cdot 82 - 19.174 \cdot 5{,}74 = 710.018 \,€$$

auf. Steigt der Aktienkurs auf 83 €, so errechnet sich ein Callpreis

$$d_1 = [\ln(83/80) + (0{,}05 + 0{,}15^2/2) \cdot 0{,}5]/[0{,}15 \cdot 0{,}25] = 0{,}6358$$
$$d_2 = [\ln(83/80) + (0{,}05 - 0{,}15^2/2) \cdot 0{,}5]/[0{,}15 \cdot 0{,}25] = 0{,}5298$$

$$N(d_1) = 0{,}7376 \qquad N(d_2) = 0{,}7019 \qquad X \cdot e^{-rt} = 79{,}98$$

$$C_0 = 83 \cdot 0{,}7376 - 79{,}98 \cdot 0{,}5298 = 6{,}45$$

Der Wert des Portefeuilles beläuft sich somit auf

$$Pf = 10.000 \cdot 83 - 19.174 \cdot 6{,}45 = 706.241 \,€ \,.$$

Wäre der Aktienkurs hingegen auf 81 € gefallen, so hätte der Portefeuillewert bei einem Callpreis von $C_0 = 5{,}06$

$$Pf = 10.000 \cdot 81 - 19.174 \cdot 5{,}06 = 713.028 \,€$$

betragen.

Man beachte, dass Delta aufgrund der Konvexität der Callpreisfunktion einen Wertanstieg des Calls etwas unterschätzt und einen Wertrückgang überschätzt; das Ausmaß dieses Fehlers wird durch den Parameter Gamma (γ), die zweite Ableitung der Callpreisformel, erfasst.

Gleichermaßen wie für Calls gibt es eine Bewertungsformel für europäische Puts, die man ebenfalls als Grenzübergang einer entsprechend breiten Binomialverteilung darstellen kann. In aller Regel bedient man sich aber zur Bewertung von Verkaufsoptionen der Tatsache, die wir bereits im Zusammenhang mit dem financial engineering kennengelernt haben, dass das System der sechs finanzwirtschaftlichen Grundpositionen redundant ist, d. h. dass es möglich ist, jede Position synthetisch aus anderen zu erzeugen. Jemand, der die Aktie besitzt, befindet sich in derselben Situation ist wie derjenige, der

- eine Longposition in einem Call ($+C$) innehat und zugleich;
- eine Shortposition in einem Put ($-P$) mit demselben Basispreis hat; und
- über den Betrag ($+X/q^t$) verfügt, der bis zum Ausübungszeitpunkt auf den Basispreis angewachsen ist.

Es gilt somit $S_0 = C_0 - P_0 + \frac{X}{q^t}$.

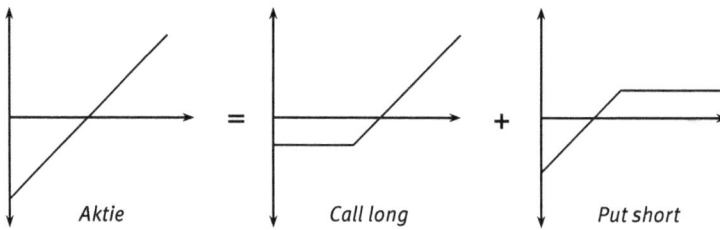

Abb. 1.40: Put-Call-Parität

Stellt man um, erhält man die sog. *Put-Call-Parität* (Abb. 1.40): $P_0 = C_0 + \frac{X}{q^t} - S_0$.

Beispiel (Fortführung): Da der obige Call zu $C_0 = 5{,}74 \,€$ notiert, muss aufgrund der Put-Call-Parität ein Put mit dem gleichen Basispreis einen Wert von $P_0 = 5{,}74 + 80/1{,}05^{0,5} - 82 = 1{,}81$ aufweisen.

Die große praktische Bedeutung, die die Optionspreisformel erlangt hat, rührt daher, dass sie im Wesentlichen nur bekannte und unstreitige Parameter verwendet: den Aktienkurs S, den Ausübungspreis X, die Laufzeit t und den gültigen Marktzinsatz r; einzig die Standardabweichung, die sog. *Volatilität* der Kurse, muss geschätzt werden, wobei diese Schätzungen meist auf vergangenen Daten basieren.

Weder die mathematische Herleitung noch eine eingehende Diskussion der Eigenschaften der Bewertungsformel entsprechen den Intentionen dieses Textes. Zum besseren ökonomischen Verständnis sei jedoch auf ein paar wichtige Besonderheiten und Zusammenhänge hingewiesen:

- Hohe Standardabweichungen werden bei originären Wertpapieren als Ausdruck eines hohen Risikos empfunden und vom Markt mit entsprechenden Risikoprämien quittiert: Ceteris paribus wird eine Aktie umso niedriger bewertet, je höher ihr Risiko ist. Optionen sind asymmetrische Finanzinstrumente, für die genau das Gegenteil zutrifft. Da das downside-risk ausgeschaltet ist (der Inhaber eines Calls kann nicht mehr als den Optionspreis verlieren), interessiert nur das Upside-Potenzial: Je höher die Volatilität des Basisobjekts ist, umso wertvoller wird die Option sein (gilt gleichermaßen für Calls wie Puts).

- Da es sich bei der *Black/Scholes*-Formel um eine zeitkontinuierliche Betrachtung handelt, tritt an die Stelle der regelmäßigen Portefeuilleanpassungen, wie wir sie im obigen binomialen Beispiel gesehen haben, ein permanentes „Navigieren" des Arbitrageportefeuilles: Wie der Autofahrer auf jede Veränderung der Straße, des Verkehrs, der Windverhältnisse etc. momentan reagiert, muss der Portefeuillemanager, der eine Option synthetisch nachbilden will, jederzeit auf jede noch so kleine Änderung in den Parametern (Kurs, Zinssatz, Laufzeit etc.) mit einer Adaptation des Arbitrageportefeuilles reagieren. Da dies faktisch nicht möglich ist und aus

Kostengründen auch nicht sinnvoll wäre, ist Arbitragefreiheit im Fall der *Black/Scholes*-Bewertung lediglich eine theoretische Leitidee, eröffnet aber kaum eine praktisch wirklich umsetzbare Handlungsmöglichkeit.

– Problematisch wird die Verwendung der Optionspreisformel allerdings dann, wenn die Bildung eines Duplikationsportefeuilles nicht nur aus Kosten- und Praktikabilitätsgründen fragwürdig, sondern schlechthin unmöglich ist. Dies ist z. B. beim sog. Realoptionenansatz der Fall, der häufig bei der Unternehmensbewertung Anwendung findet und der Tatsache Rechnung tragen soll, dass Unternehmen neben dem laufenden Geschäftsbetrieb über eine Fülle weiterer Handlungsmöglichleiten (Geschäftsideen, Patente, laufende Forschungsprojekte etc.) verfügen, die sie – ähnlich einer Option – umsetzen können oder nicht. Derartige *Realoptionen* sind aber i. d. R. nicht einmal annäherungsweise duplizierbar.[34]

– Die Voraussetzung zur Bewertung von derivativen Finanzinstrumenten, nämlich die Annahme einer korrekten Bewertung des Underlying, schlägt sich bei der Optionspreisformel in der Unterstellung nieder, der Aktienkurs folge einem Zufallspfad, genauer: einem lognormalverteilten Random-Walk. Wie werden noch sehen, dass die Zufallspfadeigenschaft der Kurse eine Eigenschaft eines effizient bewertenden Finanzmarkts ist und sich als notwendige Folge eines rationalen Anlegerverhaltens ergibt. Die häufig in der Praxis zu findende unkritische Verwendung der *Black/Scholes*-Formel und ihrer Weiterentwicklungen bei gleichzeitiger Ablehnung der Random-Walk-Hypothese als „praxisfern" ist ein Widerspruch, der nur mit mangelndem Problemverständnis erklärt werden kann.

– Andererseits ist es gerade die Annahme eines (log-)normalverteilten Aktienkurses, die zu heftiger Kritik Anlass gibt. So geht *Benoît Mandelbrot*, der Entdecker der Fraktale und der häufig als „chaotisch" bezeichneten Kursdynamiken, davon aus, dass die von *Black/Scholes* entwickelte Bewertungsformel „schlicht falsch"[35] ist, da weder die Normalverteilungsannahme, noch die Annahme konstanter Volatilitäten mit den Beobachtungen in realen Finanzmärkten in Einklang zu bringen sei: große Abweichungen vom langjährigen Durchschnitt sind weit häufiger als es die *Gauss*'sche Formel unterstellt, und das Ausmaß der Kursschwankungen ist alles andere als im Zeitablauf konstant.

Die Optionspreisformel wurde für dividendenlose europäische Aktienoptionen entwickelt und hat im Laufe der Jahre eine Fülle von Ergänzungen und Erweiterungen erfahren.

---

[34] *Kruschwitz* nennt den Realoptionenansatz deswegen auch einen „Irrweg": *Kruschwitz, Lutz*: Investitionsrechnung, 10. Aufl., München – Wien (Oldenbourg) 2005, S. 403 ff.

[35] *Mandelbrot, Benoît B.; Hudson, Richard L.*: Fraktale und Finanzen – Märkte zwischen Risiko, Rendite und Ruin, München (Piper) 2005, S. 365.

Heute liegen Bewertungsansätze vor für:

- *Europäische* und *amerikanische Optionen*, wobei letztere grundsätzlich höher bewertet werden, da sie aufgrund der jederzeitigen Ausübbarkeit mehr Handlungsspielräume eröffnen. Wenn jedoch während der Optionsfrist keine Dividenden gezahlt werden, lohnt es sich für den Inhaber einer amerikanischen Calloption niemals, diese vorzeitig auszuüben, da er damit auf das Aufgeld der Option verzichten würde; somit ist für diesen Typ von Optionen die Bewertung einer amerikanischen gleich der einer europäischen Option.
- Optionen auf Aktien, die während der Laufzeit *Dividenden* zahlen. In diesem Fall ist damit zu rechnen, dass der Aktienkurs am Tag der Dividendenzahlung um den Dividendenbetrag fällt; bei der Optionsbewertung schlägt sich dies in einer Verminderung des Aktienkurses S_0 um den Barwert der erwarteten Zahlungen nieder.
- *Langfristige Optionen* mit sich verändernden Volatilitäten.
- *Exotische Optionen* wie z. B. Barrier Options (bei Erreichen einer bestimmten Grenze verliert oder erhält der Kontrakt Optionscharakter), Compound Options (Optionen auf Optionen), Digitale Optionen (z. B. Cash-or-nothing-Option), As-You-Like-Options (der Inhaber kann innerhalb einer Frist entscheiden, ob es sich beim eingegangenen Kontrakt um einen Call oder einen Put handeln soll) u. v. m.

Dies alles liegt weit jenseits eines Grundlagentextes und wird hier nicht weiter behandelt.

Grundprinzipien der Bewertung von Termingeschäfts-Serien (Swaps, Caps, Floors)

Die Bewertung von Termingeschäftsserien folgt grundsätzlich den vorstehenden Überlegungen: Caps sind Portefeuilles von Call-Optionen auf den Zinssatz und Floors sind Portefeuilles von Put-Optionen auf den Zinssatz (äquivalent zu dieser Aussage ist es, Caps als Portefeuilles von Put-Optionen auf mit der Cap rate abgezinste Diskontpapiere anzusehen; Floors sind dann Portefeuilles von Call-Optionen auf entsprechende Diskontpapiere). Als solche sind sie auch zu bewerten und ergeben sich additiv aus dem Wert der einzelnen Optionsrechte.

Swaps sind Serien von Forwardkontrakten, die grundsätzlich ebenso bewertet werden können. Wie alle Termin-Festgeschäfte haben sie im Zeitpunkt des Vertragsabschlusses keinen Wert; erst im Zeitablauf läuft der Kontrakt (die Kontraktserie) für den einen Vertragspartner „ins Geld" und für den anderen „aus dem Geld". Einen Sonderfall stellen die Zinsswaps dar, bei denen unterschiedliche Zinsen, die aus verschiedenen Anleihentypen resultieren, getauscht werden. Unterstellt man kein oder nur ein vernachlässigbares Bonitätsrisiko, so ergibt sich der Wert einer Swap-Position einfach aus der Differenz der beiden zugrundeliegenden Anleihen.

Beispiel: Eine Long-Position in einem fünf Jahre laufenden Zinsswap über 10 Mio. € und den Bedingungen 5 % gegen Euribor entspricht der Begebung eines Fünf-Jahres-Bond mit 5 % Kupon und der Anlage der Mittel in einem Euribor-Floater. Bei Abschluss war die Zinsstruktur flach bei 5 % und der Swap entsprach den Marktbedingungen: Zahlungen waren daher nicht zu erbringen. Nach zwei Jahren sei das Zinsniveau (flach) auf 3 % gefallen, was für die Long-Position (= Fixzinszahler) von Nachteil und für die Short-Position von Vorteil ist:

$$\text{Wert des Swap} = \text{Wert der Kuponanleihe} - \text{Wert des Floaters}$$
$$= 5/0{,}03 + (100 - 5/0{,}03)/1{,}03^3 - 100$$
$$= 5{,}65722$$

Angesichts eines Notional von 10 Mio. € hat der Fixzinszahler einen Wertverlust in Höhe von 565.722 € hinnehmen müssen, während die Short-Position im Swap denselben Betrag gewonnen hat.

Ähnlich wie bei den Einmalgeschäften (Forwards, Calls, Puts) lassen sich auch die Seriengeschäfte im Wege des Financial Engineering synthetisch durch Kombination anderer Konstrukte erzeugen.

Beispiel: Angesichts der unterstellten Zinsentwicklung werden in der folgenden Tabelle die Zahlungen für verschiedene Kontrakte (jeweils Long-Positionen) dargestellt:

Periode	1	2	3	4	5	6
Euribor	*5*	*3*	*4*	*6*	*7*	*8*
A. Anleihe mit 5%-Kupon fix	5	5	5	5	5	5
B. Floater zu Euribor	5	3	4	6	7	8
C. Swap (5 % fix gegen Euribor)	0	−2	−1	1	2	3
D. Cap (cap-rate 5 %)	0	0	0	1	2	3
E. Floor (floor-rate 5 %)	0	2	1	0	0	0

Wie zu sehen ist, entsprächen sich unter den gegebenen Bedingungen
- eine Fixzinsanleihe und ein Swap einem Floater (A + C = B)
- ein Floater mit einem Cap (short) und einem Floor (long) einer Festzinsanleihe (B − D + E = A)
- ein Cap (long) und ein Floor (short) einem Swap (D − E = C)
- ein Floor einem Cap und einem Swap (short) (D − C = E)

Auch hier hat die enorme Redundanz der Finanzinstrumente eine stark regulierende Wirkung auf das Bewertungssystem: aufgrund der jederzeitig bestehenden Möglichkeit, das gewünschte Ergebnis auch auf einem anderen als dem direkten Weg zu erreichen, „zurrt" sich das Preisgefüge quasi selbständig fest.

1.5 Die Unternehmung als Zahlungsstrom: Der Shareholder-Value-Ansatz

Für viele Finanzwirtschaftler ist es seit der eingangs erwähnten theoretischen Grundlegung von *Irving Fisher* aus den 1930er-Jahren, spätestens aber seit den bahnbrechenden Arbeiten von *Modigliani* und *Miller* im Jahr 1958 selbstverständlich, dass Unternehmen, die wirtschaftlich vernünftig geführt werden sollen, sich bei ihren Entscheidungen am Marktwert des Eigenkapitals zu orientieren haben. Auch ganze Unternehmen sind nichts anderes als Ansprüche ihrer Eigentümer auf künftige Zahlungsströme und damit Vermögensgegenstände (assets), die in einer Marktwirtschaft nach dem Kapitalwertkriterium beurteilt und bewertet werden müssen: „Finance as a profession is anchored on the premise that the value of an asset is predicated on its future cash flows, discounted by a factor that is concomitant with the degree of risk that individuals associate with the uncertainty of these cash flows. This is why the wealth maximization maxim replaced the profit maximization maxim some four decades ago".[36]

Ein Management, das danach trachtet den Wert für die Aktionäre zu maximieren, wird also nicht sozial blind sein und sich um die Interessen anderer, wie der Konsumenten, der Öffentlichkeit oder der Arbeitnehmer, aber auch der Umwelt kümmern. Der Vorstand eines Unternehmens, dessen Interesse darauf gerichtet ist, die langfristigen Gewinne des ihm anvertrauten Unternehmens möglichst hoch werden zu lassen (oder, was dasselbe ist, den Kapitalwert des Unternehmens zu maximieren), wird versuchen,

- Produkte auf den Markt zu bringen, die so gut wie möglich den Bedürfnissen der Konsumenten gerecht werden; er tut dies nicht, weil er den Abnehmern seiner Erzeugnisse etwas Gutes tun will, sondern deswegen, *weil* er ihnen, geleitet von den Interessen der Aktionäre, soviel Geld wie möglich aus den Taschen ziehen will und weiß, dass ihm dies nur dann gelingen wird, wenn er ihre Bedürfnisse optimal befriedigt; dass er dabei mit Hilfe von Marketingmaßnahmen diese Bedürfnisse mitgestaltet, sei ihm zugestanden, solange seine Konkurrenten dieselben Möglichkeiten haben;
- durch attraktive Arbeitsbedingungen und leistungsgerechte Löhne solche Arbeitnehmer an sein Unternehmen zu binden und sie immer wieder zu motivieren, die er zur Erfüllung seiner Ziele benötigt;
- gesellschaftlichen Ansprüchen in Bezug auf Umweltschutz, moralische Integrität, fiskalische Korrektheit soweit gerecht zu werden, dass er nicht Gefahr läuft, reputationsschädliche Angriffe Dritter auf sich zu ziehen, u. a. da deren negative Wirkungen oft größer als die anfallenden Kosten sind.

---

36 *Frankfurter, George M.*: Comment: Is a Misconception a Paradox? The European Journal of Finance 1995, S. 31.

Selbstverständlich läuft auch dieser idealtypisch dargestellte Mechanismus nicht in der gewünschten Perfektion in der Praxis ab, denn Konsumenten sind manipulierbar und folgen eher emotionalen als rationalen Antrieben, Arbeitnehmer sind bisweilen erpressbar und für Umweltagenden setzt sich letztlich niemand so ein wie es aus wissenschaftlicher Sicht in Anbetracht der Umweltprobleme und der Klimakrise nötig wäre. Gleichwohl erwies sich das marktwirtschaftliche System, das die Verfolgung der mutmaßlichen Interessen von Kunden, Arbeitnehmern und Öffentlichkeit zu den ureigensten Aufgaben der leistungsfähigsten und bestbezahlten Agenten einer modernen Industriegesellschaft macht, bisher jedem anderen System überlegen.[37]

Es ist daher in einer hochkomplexen Gesellschaft unverzichtbar, dass diejenigen, um die es geht, ihre Interessen immer wieder artikulieren und durchzusetzen versuchen können. Nur dem politischen Druck von Seiten der Konsumentenschutzorganisationen, der Gewerkschaften, der Umweltorganisationen, der Bürgerinitiativen o. ä. ist es zu verdanken, dass die Manager immer wieder zu ihren Pflichten gerufen werden.

1.5.1 Das Problem der Fremdorganschaft (principal-agent-problem)

Eine wichtige Herausforderung einer marktwirtschaftlich organisierten Gesellschaft, und seit mehr als zweihundert Jahren heftig diskutiert, ist das Problem der Fremdorganschaft. Die Kernfrage ist, wie es Aktionären gelingt, sicherzustellen, dass die von ihnen bestellten Manager tatsächlich im Interesse der Aktionäre und nicht im Eigeninteresse handeln. Schon *Adam Smith* stand aus grundsätzlichen Überlegungen der damals aufkommenden Aktiengesellschaft äußerst kritisch gegenüber und schrieb im Jahre 1776:

> Da jedoch die Directoren solcher Gesellschaften eher die Verwalter von anderer Leute Vermögen als von ihrem eigenen sind, kann man nicht wohl erwarten, dass sie es mit derselben ängstlichen Sorgfalt überwachen, wie die Teilhaber einer Privatgesellschaft das ihrige. Gleich den Verwaltern

---

37 Dass die Entwicklung der Gesellschaften, trotz diverser Rückschläge, in den letzten Jahrhunderten überwiegend eine Gute war, belegen die beeindruckenden Bücher von Hans Rosling und KoautorInnen. Sie zeigen auf Basis wissenschaftlicher Daten, dass sich viele Parameter wie Gesundheit, Kriminalität, Wirtschaftswachstum, Armut, u. a. m. in den letzten Jahrhunderten verbessert haben (*Rosling, Hans; Rosling Rönnlund, Anna; Rosling Ola*: Factfulness: Wie wir lernen, die Welt so zu sehen, wie sie wirklich ist, Berlin (Ullstein Taschenbuchverlag) 2019; *Rosling, Hans; Paterson, Anna*: How I learned to Understand the World: A Memoir, London (Hiodder & Stoughton) 2020.). Die Kehrseite dieser wirtschaftlichen Entwicklung war eine Marktversagen hinsichtlich Umweltzerstörung und Klimakrise, da die Marktpreise nicht die wahren Kosten der Produktion (z. B. Umweltverschmutzung) widergespiegelt haben (wissenschaftliche Fakten zur Klimakrise finden sich hier: https://scientists4future.org/). Es bleibt zu sehen, ob die Menschheit, trotz der Entwicklungen in den oben genannten Bereichen, auch dieses sogenannte „collective action problem" in den kommenden Jahren lösen wird können. Die Zeit drängt.

eines reichen Mannes neigen sie sehr dazu, die Inachtnahme von Kleinigkeiten als der Ehre ihrer Herren zuwiderlaufend zu betrachten und entschlagen sich sehr leicht dieser Pflicht. Nachlässigkeit und Vergeudung müssen deshalb stets mehr oder minder in der Geschäftsleitung solcher Gesellschaften obwalten.[38]

In ähnlicher Weise äußerte sich *John Stuart Mill:*„Die Verwaltung einer Aktiengesellschaft ist im Wesentlichen eine Verwaltung durch gemietete Diener [...] Man kann selten erwarten, dass jemand ein so intensives Interesse an Gegenständen fühlt, der ein Geschäft als bezahlter Angestellter zum Nutzen eines anderen leitet."[39] Oder *Karl Marx*, für den mit der Aktiengesellschaft die„Verwandlung des wirklich fungierenden Kapitalisten in einen bloßen Dirigenten, Verwalter fremden Kapitals" vollzogen wurde, was für *Marx* – in der Logik seiner dialektisch-materialistischen Geschichtsphilosophie – notwendigerweise zur „Aufhebung der kapitalistischen Produktionsweise innerhalb der kapitalistischen Produktionsweise selbst"[40] führen musste.

Das Thema ist aktuell wie je: Wie sind Verträge zwischen Auftraggebern (hier: der Aktionäre) und Auftragnehmern (hier: der Geschäftsführer bzw. der Mitglieder des Vorstands) zu gestalten, damit den Interessen aller Beteiligten möglichst gut Rechnung getragen wird? Wie kann der Auftraggeber sicherstellen, dass der Beauftragte nach Möglichkeit eine *diligentia quam in suis* walten lässt, mindestens aber den Einsatz erbringt, den zu erbringen er vertraglich versprochen hat? Wie kann der Auftraggeber bei einem schlechten (guten) Erfolg der vom Auftragnehmer geleiteten Unternehmung feststellen, ob der Beauftragte schlecht (gut) gearbeitet hat oder ob er lediglich Pech (Glück) gehabt hat? Auf diese und verwandte Fragen versucht die von den Finanzwirtschaftlern *Jensen* und *Meckling*[41] entwickelte *Agency-Theorie* eine Antwort zu geben.

Je präziser die Unternehmung verfasst ist, je klarer das System aus Anreizen und Handlungsbeschränkungen funktioniert, durch das die Machtsphären der Beteiligten gegeneinander abgesteckt und ihre Verhaltensweisen zielgerichtet werden, umso eher weiß jeder, woran er ist, umso geringer ist sein Risiko, zugunsten anderer, vielleicht politisch geschickterer Akteure benachteiligt zu werden. Je mehr Spielräume und Unschärfebereiche hingegen das System für das Handeln der Manager offenlässt, umso größer wird die Gefahr, dass diese sich opportunistisch verhalten: Dabei steht zu erwarten, dass sie, unbeschadet der Interessen, die zu verfolgen sie vorgeben, zunächst einmal ihre eigenen Interessen im Auge haben. Dass sie dies tun, ist nicht in moralisierender Weise den Managern zum Vorwurf zu machen, sondern Ausdruck eines unzureichenden Anreiz- und Kontrollsystems, eines ordnungspolitischen Defizits.

38 *Smith, Adam*: Natur und Ursachen des Volkswohlstandes, Berlin 1879 (Jubiläumsausgabe), Bd. II, S. 254–255.
39 *Mill, John Stuart*: Grundsätze der politischen Ökonomie, Jena 1924, Erster Band, 2. Aufl., S. 208–209.
40 *Marx, Karl*: Das Kapital, Bd. III, Marx-Engels-Werke Bd. 25, Berlin, S. 452–454.
41 *Jensen, Michael C.; Meckling, William H.*: Theory of the Firm: Managerial Behavior, Agency Costs and Ownership Structure, Journal of Financial Economics 1976, S. 305–360.

Kapitalgeber können sich gegen opportunistisches Verhalten der Manager auf zweierlei Weise zu schützen versuchen:

– Sie können, da sie im Besitz der formalen Machtinstrumente sind (vgl. Aktiengesetz), bis zu einem gewissen Maß die Bedingungen fixieren, unter denen sie bereit sind, Manager mit der Leitung ihres Unternehmens zu beauftragen, und versuchen, Anreize zu schaffen, die die Manager aus ihrem Eigeninteresse heraus zur Verfolgung von Aktionärsinteressen anleiten.

– Sie können Fehlverhalten dadurch sanktionieren, dass sie durch Verkauf der Aktie dieser einen niedrigeren Wert beimessen; die damit notwendigerweise steigenden Kapitalkosten zwingen die Unternehmensleitung zu erhöhten Anstrengungen, wenn sie ihre Unabhängigkeit bewahren wollen: Ihre Angst vor take-overs oder „feindlichen Übernahmen" wird somit zu einem handlungsleitenden Disziplinierungsinstrument. In jüngerer Zeit, befeuert durch die Klimakrise, werden von größeren Kapitalgebern verstärkt „divestments" aus Aktien von Unternehmen der Erdölindustrie vorgenommen. Diese „divestment movement" kann als eine Art Disziplinierungsmaßnahme für die entsprechenden Unternehmen gesehen werden, wonach die Investoren Klimaschutz in ihre Einschätzungen aufgenommen haben.[42]

Gerade die letzte Möglichkeit, die Reaktion über den Markt, bleibt anderen Stakeholdern mehr oder minder verschlossen: Reaktionen auf den Gütermärkten und noch viel mehr auf dem Arbeitsmarkt sind wesentlich langwieriger und aufwändiger als solche auf den hochmobilen Kapitalmärkten. Daraus folgt auch, dass opportunistisches Verhalten der Manager die Kapitalgeber dauerhaft nicht beeinträchtigen kann: Sollten sie tatsächlich eine Generation von Aktionären durch ein Verhalten, das an anderen Zielen orientiert ist als dem der Shareholder-Value-Maximierung, enttäuschen, so hat dies zunächst nur ein Fallen des Aktienkurses zur Folge. Die zu diesen niedrigeren Kursen neu einsteigenden Aktionäre erhalten wieder eine faire Verzinsung ihres Kapitals und zusätzlich die Chance,[43] dass ein „corporate raider" die Situation ausnutzt, indem der die unterbewerteten Aktien erwirbt, das Management auswechselt und wie-

---

42 Eine breit angelegte Studie von *Plantinga/Schultens* zeigt, dass Portfolios ohne Aktien der Erdölindustrie in den letzten Jahrzehnten keine schlechteren Renditen erwirtschaften konnten als Portfolios, die einen Teil in diese Unternehmen investiert hatten (*Plantinga, Auke; Schultens, Bert*: The Financial Impact of Fossil Fuel Divestment, Climate Policy, Vol. 21, 2021, S. 107–119). Siehe auch *Krueger et al.* (2020), die in einer Survey zeigen, dass institutionelle Investoren verstärkt Klimarisiken in ihre Bewertungsmodelle aufnehmen (*Krueger, Philipp; Sautner, Zacharias; Starks, Laura T.*: The Importance of Climate Risks for Institutional Investors, The Review of Financial Studies, Vol. 33(3), 2020, S. 1067–1111).

43 Diese Chance kann finanzwirtschaftlich als eine Long-Position in einem Put interpretiert werden; da dieser Put im Aktienkurs mitbezahlt werden muss und sich somit auf die aktuelle Rendite der Aktie negativ auswirkt, wird im Markt ein weiterer Druck auf eine möglichst baldige „Normalisierung", d. h. auf die Rückkehr einer am Shareholder-Value orientierten Unternehmensführung, ausgeübt.

der eine „normale", am Shareholder-Value orientierte Unternehmensführung herbeiführt. Da somit ein Abweichen vom Denken in Unternehmenswertkategorien die Kapitalgeber, in gesamtwirtschaftlicher Sicht verstanden, nicht zu schädigen vermag, geht es letztlich zulasten derjenigen Stakeholder, die sich nicht so einfach wehren können, der Kunden und der Arbeitnehmer. Je besser es daher den Eigentümern gelingt, die Manager auf das Interesse der Maximierung des Unternehmenswerts zu verpflichten, umso mehr ist somit *allen* am Unternehmen Beteiligten gedient.

Wenn es eine unmittelbare Auswirkung der Globalisierung der Wirtschaft gibt, so ist es die, dass die Kapitalkosten tendenziell zu einer unveränderlichen Größe, zu einer Konstanten im Kalkül der Unternehmen (und der Volkswirtschaften) werden. Kurzfristig ist der Gewinn, das Spiegelbild der Kapitalkosten, eine Residualgröße: Er ist, so wie es die klassische volkswirtschaftliche Theorie formuliert, das, was übrigbleibt, wenn vom Rohbetriebsergebnis alle vertraglich und gesetzlich fixierten Verpflichtungen (Löhne, Zinsen, Steuern etc.) geleistet wurden. Langfristig hingegen dreht sich das Verhältnis um: Eine ineffiziente Volkswirtschaft kann ihren Arbeitnehmern geringere als weltmarktübliche Löhne zahlen, sie kann von ihren Konsumenten höhere als weltmarktübliche Preise verlangen, aber sie kann, solange sie Teil dieser globalen Ökonomie ist, ihre Kapitalgeber nicht mit geringeren Renditen abspeisen. Dasselbe gilt in gleicher Weise für die Unternehmen. Während die Mobilität von Arbeitnehmern und Konsumenten notgedrungen eingeschränkt ist, ist die der Kapitalgeber weitestgehend uneingeschränkt: Sie wandern augenblicklich und ohne Rücksicht auf nationale Grenzen von der weniger attraktiven zur lukrativeren Anlage. Dies hat zur Folge, dass langfristig gesehen die Kapitalkosten eine weder betriebs- noch volkswirtschaftspolitisch veränderbare Funktion der Zeitpräferenzrate und der Risikoneigung des global agierenden Kapitalanlegers sind. Die Qualität der Residualgröße müssen zwangsläufig andere Kostenarten übernehmen.

1.5.2 Die Umsetzung des Shareholder Value-Prinzips

Das Ziel der Marktwertmaximierung verlangt ein konsequentes Denken in finanzwirtschaftlichen statt in erfolgswirtschaftlichen Kategorien: Nicht der Gewinn als Überschuss der Erträge über die Aufwendungen, eine in hohem Maße durch zivil- und steuerrechtliche Zweckmäßigkeitsüberlegungen deformierte Größe, sondern die Cashflows stehen im Vordergrund der Überlegungen. Da Zahlungsströme stets in die Zukunft gerichtet sind, bedeutet ein solches Denken auch notwendigerweise eine klare Zukunftsorientierung der Unternehmenspolitik: Mögen die Buchhalter und Bilanzierer Jahresabschlüsse erstellen, die minutiös aufführen, was im vergangenen Jahr geschehen ist, für die Politik des Unternehmens bergen diese Informationen nur wenig Handlungsrelevanz.

Zahlungsströme können aber erst dann bewertet werden, wenn sie gleichnamig gemacht werden; dies geschieht durch die Diskontierung mit einem dem Risiko an-

gepassten Kapitalisierungszinssatz;[44] was für die Beurteilung einzelner Investitionsvorhaben gilt, muss gleichermaßen für die Bewertung ganzer Unternehmen gelten.
Eine am DCF (Discounted Cashflow) orientierte Unternehmensführung ist sich somit
in jedem Moment sowohl der Langfristigkeit unternehmerischer Entscheidungen als
auch der Risiken bewusst, die mit diesen Entscheidungen einhergehen. Für Betriebs-
wirte, die eher einem erfolgswirtschaftlichen Denken verhaftet sind, reduziert sich Ri-
sikobewusstsein häufig auf das einperiodische Gewinndenken und auf das doch recht
undifferenzierte und bei dynamischer Betrachtung problematische Prinzip der kaufmännischen Vorsicht.

Der häufig gegen eine Marktwertorientierung der Unternehmensführung geäußerte Vorwurf, ein solches Konzept verleite zu einem extrem kurzfristigen Manage-
ment-Denken, ist verfehlt. Der Übergang vom Gewinnmaximierungs- zum Wertmaxi-
mierungsdenken war u. a. gerade von dem Bestreben geleitet, zu einem längerfris-
tigen, strategischen Denken zu kommen. Vergleicht man den DCF mit der konkur-
rierenden Leitgröße Gewinn, so wird dies offensichtlich: Während der Gewinn eine
einperiodische Größe ist, die etwas über das vergangene, das laufende und vielleicht
auch über das kommende Jahr aussagt, ist der DCF prinzipiell zeitlich unbegrenzt.
Dass allerdings bei einem Kapitalmarktzins von 5 % ein heutiger Überschuss von 100
einem Überschuss von 110 in fünf Jahren vorgezogen wird, hat nichts mit kurzfristigem
Denken, viel aber mit ökonomischer Vernunft zu tun.

Dass Manager in Zahlungsströmen und Unternehmenswerten denken *können*,
ist eine Sache. Die andere ist es, dafür zu sorgen, dass sie es auch *tun*. Es gibt verschiedene Möglichkeiten, mittels organisatorischer Maßnahmen und mittels Setzens
geeigneter Anreize die Managerinteressen stärker an die Interessen der Anteilseigner
zu koppeln und somit das Managerhandeln in Richtung auf ein Wohlfahrtsoptimum
zu lenken. Die international verbreitetste und immer wieder kontrovers diskutierte
Methode sind dabei Optionspläne. Mittlerweile ist es eine Selbstverständlichkeit, dass
die Leitungsorgane von Unternehmen einen Teil ihrer Vergütung in Form von Optionen auf Aktien des eigenen Unternehmens erhalten. Als Basispreis der Optionen wird
i. d. R. der aktuelle Börsenkurs, erhöht um die innerhalb der Laufzeit durchschnittlich erwartete Kurssteigerung, angesetzt. Gelingt es der Unternehmensleitung, den
Unternehmenswert darüber hinaus zu erhöhen, so läuft die Option ins Geld und beschert ihr einen oftmals stattlichen Gewinn. Gelingt es nicht, so müssen die Manager
mit ihrem vertraglich gesicherten Grundgehalt das Auslangen finden. Die Gefahr derartiger Vergütungssysteme besteht allerdings darin, dass Manager unter derartigen
Bedingungen dazu tendieren, überhöhte Risiken einzugehen, um eine hohe Rendite
zu erreichen, denn nach unten sind sie durch den fixen Gehaltsbestandteil abgesi-

---

44 Antworten auf die Frage, wie hoch der risikoangepasste Abzinsungssatz sein soll, liefert die Kapitalmarkttheorie, insb. das aus der Portefeuilletheorie hervorgegangene Capital Asset Pricing Model
(CAPM).

chert.[45] Auch können, wenn die Laufzeit der Optionen zu kurz angesetzt wird, nicht erwünschte *short-term incentives* die Folge sein: kurzfristige Ergebnisverbesserungen gehen zulasten des Unternehmenswerts, Window-dressing bei der Bilanzierung täuscht ein Ergebnis vor, das ökonomisch nicht erzielt wurde. Moderne Anreizsysteme versuchen, diesen *Misincentives* entgegenzuwirken, indem bei amerikanischen Optionen bestimmte Wartezeiten vorgegeben werden oder auf europäische Optionen übergegangen wird; auch wird bisweilen direkt in Aktien anstatt in Optionen gezahlt, da damit auch ein downside risk für die Manager besteht; der Gefahr des Window-dressing versucht man dadurch zu begegnen, dass als Maßgröße nicht der Gewinn oder der ROI verwendet wird, sondern eine wertbasierte Kennzahl wie der sog. EVA (economic value added). Trotz all dieser Vorkehrungen bleibt allerdings der grundsätzliche Konflikt bestehen: ein zu hoher Anteil der variablen Vergütungen kann eine Risikobereitschaft der Manager zur Folge haben, die von den Aktionären nicht gewünscht wird. Nicht die Tatsache, dass das Leistungsverhalten der Manager am Shareholder-Value orientiert wird, führt zu myopischem und riskantem Verhalten der Agenten, sondern die Methode, mit der Anreizpolitik betrieben und der handlungsleitende Shareholder-Value ermittelt wird.[46]

45 Siehe dazu bspw. *Kirchler, Michael, Lindner, Florian und Weitzel, Utz.* Rankings and risk-taking in the finance industry. Journal of Finance 2018, Vol. 73, S. 2271–2302.

46 Vgl. *Winter, Stefan*: Zur Eignung von Aktienoptionsplänen als Motivationsinstrument für Manager, Zeitschrift für betriebswirtschaftliche Forschung 1998, S. 1120–1142; *Bernhardt, Wolfgang; Witt, Peter*: Stock Options und Shareholder Value, Zeitschrift für Betriebswirtschaft 1997, S. 85–101.

2 Finanzwirtschaftliche Entscheidungen und Information

Die Aussage, ein Investor solle von mehreren Investitionsmöglichkeiten diejenige aus-
wählen, die den höchsten Kapitalwert aufweise, ist eine theoriegestützte Empfehlung:
Mit dem Kapitalwertkriterium haben wir *Entscheidungstheorie* betrieben und das mit
dem Ziel, praktische *Entscheidungshilfe* zu leisten. Wirtschaftswissenschaft ist Theorie der Wahlhandlungen, beschäftigt sich mit der Frage, wie sich Wirtschaftssubjekte
angesichts verschiedener Alternativen entscheiden und entscheiden sollen; wo nicht
zwischen verschiedenen Handlungsmöglichkeiten ausgewählt werden kann, besteht
kein wirtschaftliches Problem. Speziell die BWL, die sich als angewandte Wissenschaft versteht, war in diesem Sinne stets „entscheidungsorientiert", wenngleich erst
seit Ende der 1960er-Jahre von einem „entscheidungsorientierten Ansatz"[1] die Rede
ist. Allerdings verbergen sich hinter diesem Begriff völlig unterschiedliche Fragestellungen, je nachdem ob die präskriptive oder die deskriptive Variante gemeint ist.

Anliegen der *präskriptiven Entscheidungstheorie* ist es, Empfehlungen darüber abzugeben, wie Entscheidungen in rationaler Weise getroffen werden *sollen* (daher auch
normative Entscheidungstheorie). *Harsanyi*, mit *Selten* und *Nash* Nobelpreisträger der
Ökonomie im Jahr 1994 und einer der Pioniere der spieltheoretischen Entscheidungstheorie (für ihn ist daher ein Entscheidungssubjekt auch ein „player" und ein Entscheidungsproblem ein „game"), formulierte dies so:

> [...] our theory is a *normative* (prescriptive) theory rather than a positive (descriptive) theory. At
> least formally and explicitly it deals with the question of how each player *should* act in order to
> promote his own interests most effectively in the game and not with the question of how he [...]
> *will* actually act in a game of this particular type.[2]

Zentrales Element der präskriptiven Entscheidungstheorie ist das Rationalitätspostulat. Aufgrund der Annahme, dass sich Menschen rational verhalten, ist es möglich,
aus einer begrenzten Zahl von Annahmen und im Kontext einigermaßen abstrakter
und vereinfachender Modelle sehr präzise und logisch zwingende Entscheidungsregeln abzuleiten; dabei bedient man sich formaler, auch spieltheoretischer Überlegungen, weswegen diese Form auch als Entscheidungslogik bezeichnet wird. Sie ist kennzeichnend für die Mikroökonomik und für jene Teile der BWL, in denen eine betont
mikroökonomische Denkweise vorherrscht.

---

1 Vgl. *Heinen, Edmund*: Der entscheidungsorientierte Ansatz der Betriebswirtschaftslehre, Zeitschrift
für Betriebswirtschaft 1971, S. 429–444.
2 *Harsanyi, John*: Rational Behaviour and Bargaining Equilibrium in Games and Social Situations,
Cambridge (Cambridge University Press) 1977, S. 16.

https://doi.org/10.1515/9783110770544-002

Auf der anderen Seite sind viele betriebswirtschaftliche Probleme so geartet, dass eben die Ziele nicht klar formuliert sind, sondern sich erst im Laufe des Entscheidungsprozesses ausformen, dass die möglichen Handlungsalternativen zunächst unbekannt sind und sich nur zum Teil und das auch nur in einem zeitaufwendigen Prozess konkretisieren lassen. Wir wissen auch, dass das Handeln der Menschen nicht selten von Irrationalitäten geprägt ist. Dies ist das Feld der *deskriptiven Entscheidungstheorie*, die sich das Realverhalten von Entscheidungsträgern zum Gegenstand macht und untersucht, wie Entscheidungen tatsächlich getroffen werden und warum sie gerade so getroffen werden, wie sie getroffen werden. Im Gegensatz zur präskriptiven Entscheidungstheorie ist die deskriptive Entscheidungstheorie sozialwissenschaftlich, insbesondere verhaltenswissenschaftlich geprägt und bedient sich des gesamten Arsenals der experimentellen und empirischen Sozialforschung, um zu empirisch untermauertem Wissen über tatsächliche Abläufe komplexer Entscheidungen zu gelangen. Dabei wird Wissen z. B. mittels Umfragen, empirisch erhobenen Daten (Beobachtungsdaten), Feldexperimenten und Laborexperimenten generiert.

Der Disput darüber, welcher der beiden Zugänge der zielführende sei, ist einigermaßen sachfremd. Eine anwendungsorientierte BWL kommt nicht daran vorbei, beides zu tun. Mit der präskriptiven Entscheidungstheorie gelingt es, klar umrissene, auf ein Lösbarkeitsmaß hin zurechtgeschnittene Probleme in aller Klarheit auszuloten, mit der deskriptiven Entscheidungstheorie gelingt es, reale und hochkomplexe Entscheidungsprozesse zu erkennen und u. U. sogar zu einem gewissen Teil gestaltbar zu machen. Im einen Fall kommen wir zu klaren Handlungsempfehlungen für Probleme, die sich allerdings in der Praxis meist wesentlich komplexer darstellen als im analytischen Entscheidungsmodell. Im anderen Fall gelingt es uns, die Zusammenhänge zwischen verschiedenen Teilproblemen zu erkennen und aus der Fülle der Details das Wesentliche herauszufiltern, ohne aber zugleich auch eine Lösung angeboten zu bekommen.

Im Jahre 1978 erhielt *Herbert A. Simon* den Nobelpreis für Ökonomie für seine Forschungen zur verhaltenstheoretischen Unternehmenstheorie und zur begrenzten Rationalität (*bounded rationality*) des Menschen. In seiner Festrede anlässlich der Entgegennahme des Preises macht er deutlich, dass Ökonomen ihre Modelle auf zweierlei Art entwerfen können:[3]

> Bei der ersten soll die Optimierung gewahrt bleiben, aber es soll ausreichend vereinfacht werden, damit das Optimum (in der reduzierten Welt) kalkulierbar ist. Bei der zweiten Art soll man befriedigende Modelle konstruieren, die ausreichend gute Entscheidungen bei akzeptablen Berechnungskosten liefern. Verzichtet man auf die Optimierung, kann ein größerer Bestand an Eigenschaften der realen Welt in den Modellen verbleiben. Anders ausgedrückt: Entscheider können zu befriedigenden Ergebnissen kommen, wenn sie entweder optimale Lösungen für eine verein-

---

3 *Simon, Herbert A.*: Rationale Entscheidungsfindung in Wirtschaftsunternehmen, in: *Horst Claus Recktenwald*: Die Nobelpreisträger der ökonomischen Wissenschaft 1969–1988, Düsseldorf (Wirtschaft und Finanzen) 1989, S. 592–633, hier S. 604–605.

fachte Welt oder zufriedenstellende Lösungen für eine der Realität eher entsprechende Welt finden [...]. Wenn menschliche Entscheider so rational sind, wie ihre begrenzten Rechenfähigkeiten und ihre unvollständigen Informationen es erlauben, dann wird eine enge Beziehung zwischen normativer und deskriptiver Entscheidungstheorie bestehen.

Wir sind alle nur mit einem begrenzten Problemlösungsvermögen ausgestattet, das es uns leider nicht erlaubt, beides im an sich gebotenen Umfang zu tun: hoch komplexe und vielfach miteinander verwobene Probleme in ihrer gesamten Tiefe zu erfassen.

Daher kommt der verhaltenswissenschaftlich orientierten Wirtschaftswissenschaft (*behavioral economics* und *behavioral finance*) eine immer größere Rolle zu, da sie erklärt wie sich Menschen tatsächlich verhalten. Diese Einsichten haben maßgeblich zu einem besseren Verständnis menschlichen Verhaltens in ökonomischen und nicht-ökonomischen Entscheidungssituationen beigetragen. Das Nobelpreiskomitee begründete die Verleihung des Preises an *Richard Thaler* im Jahre 2017 wie folgt:

> Richard H. Thaler has incorporated psychologically realistic assumptions into analyses of economic decision-making. By exploring the consequences of limited rationality, social preferences, and lack of self-control, he has shown how these human traits systematically affect individual decisions as well as market outcomes.[4]

2.1 Entscheidungstheoretische Grundlagen

2.1.1 Das Rationalitätspostulat

Der zentrale Begriff der Entscheidungslogik ist *Rationalität*. Zunächst ist mit „rational" nur gemeint, dass der Akteur weiß, was *er* will, dass er über ein *konsistentes* Zielsystem verfügt, dass er weiß, welche Handlungsmöglichkeiten ihm offenstehen, und dass er sich dabei so verhält, dass *seine Ziele* auch erreicht werden. Die Bezugnahme auf die Ziele des Einzelnen ist für den Rationalitätsbegriff in zweierlei Hinsicht entscheidend: zum einen ist formale (nicht materiale) Rationalität gemeint, zum anderen ist subjektive (nicht objektive) Rationalität gemeint.

Formale Rationalität heißt, dass zwar an die innere Konsistenz des Zielsystems und an die Transformationsregeln bestimmte Anforderungen gestellt werden, dass es aber nicht darum gehen kann, die Ziele und Wünsche der Entscheidungssubjekte daraufhin zu bewerten, ob sie als vernünftig im Sinne einer übergeordneten Rationalität, gar im Sinne eines allgemein akzeptierten Gesellschaftsentwurfs sind. Der englische Mathematiker und Philosoph *Bertrand Russell* schreibt: „*Reason* has a perfectly clear and precise meaning. It signifies the choice of the right means to an end that you wish to achieve. It has nothing whatever to do with the choice of ends."[5]

---

4 *Nobel Prize Outreach AB*: The Prize in Economic Sciences 2017, NobelPrize.org/.
5 *Russell, Bertrand*: Human Society in Ethics and Politics, London (Allen &Unwin) 1954, S. viii.

Ein in diesem Sinne vom Individuum ausgehendes Rationalitätsverständnis verlangt zwar, dass von zwei Möglichkeiten stets diejenige präferiert wird, die das Individuum vorzieht, die ihm den größeren Nutzen verspricht; es verlangt somit eigennütziges Verhalten: Der *eigene Nutzen*, nicht der anderer Individuen oder der der Gemeinschaft ist Maßstab des Handelns. Es verlangt aber nicht egoistisches Verhalten. Es kann sehr wohl den Nutzen eines Menschen befördern, anderen zu helfen, zum Wohle der Familie, der Gesellschaft, einer Religionsgemeinschaft, einer politischen Idee o. ä. zu wirken. Nicht derjenige, der altruistisch zu handeln beabsichtigt, verstößt gegen das Rationalitätspostulat, sondern derjenige, der dabei Lösungen wählt, die seinen Zielen weniger förderlich sind als andere.

Ein anderes Missverständnis ist es, zu meinen, eine am Rationalprinzip ausgerichtete Ökonomie verkürze die Vielfalt menschlicher Antriebskräfte, Wünsche und Ziele auf die „rein wirtschaftlichen". Auch Wirtschaftstreibende verfolgen Ziele wie familiäre Harmonie, persönliches Wohlergehen, gesellschaftliche Anerkennung, Prestige oder Macht. Da das Postulat formaler Rationalität keine Aussage über Zielinhalte macht, geht eine derartige Kritik ins Leere; auch beim Streben nach Reputation kann man sich mehr oder minder rational verhalten. Wenn hingegen unter „wirtschaftlich" zu verstehen ist, dass die Handelnden versuchen, mit den ihnen zur Verfügung stehenden Mitteln einen möglichst hohen Grad an Zielerreichung zu bewirken, so ist dies tatsächlich der Kern formaler Rationalität. Wer sich nicht in diesem Sinne „rational" verhalten will, ist kein schlechter Mensch, aber er ist kein Klient von Entscheidungstheoretikern.

Wie *David Hume* es formulierte, ist Vernunft der Sklave der Leidenschaften.[6] Wer etwas wirklich will, wird sich bemühen, dieses Ziel so gut wie möglich zu erreichen. Die Leidenschaften mögen ehrenwert sein oder moralisch fragwürdig, die Tatsache, dass bei ihrer Verfolgung rational vorgegangen wird, ändert an der moralischen Bewertung nichts: Der Mörder, der seine Tat schlecht plant und durchführt, ist nicht moralisch höher einzuschätzen als derjenige, der den „perfekten Mord" begeht; auch darf derjenige, der sich bei einer Hilfsaktion „dumm anstellt", moralisch gegenüber einem effizienteren Helfer nicht abqualifiziert werden.

Häufig wird, wie bereits in dem Zitat von *Russell*, das bestimmende Element formaler Rationalität darin gesehen, dass nicht die Ziele selbst zur Diskussion stehen, sondern lediglich die Mittel, wie gegebene Ziele erreicht werden können. Diese Differenzierung ist zwar heuristisch durchaus brauchbar, in der Praxis allerdings nicht sehr hilfreich: Meist haben wir es mit Zielsystemen zu tun, bei denen bestimmte Ziele Mittelcharakter haben gegenüber übergeordneten Zielen, die wiederum Mittelcharakter haben gegenüber noch höher angesiedelten Zielen etc. Die Frage, was die Ziele sind und was die Mittel, ist oft nicht klar zu beantworten.

---

6 Dazu ausführlich: *Coleman, William O.*: Rationalism and Antirationalism in the Origins of Economics – The Philosophical Roots of 18th Century Economic Thought, Hants (Edward Elgar) 1995, S. 64 ff.

Die Rationalität der Entscheidungstheorie ist stets eine *subjektive*. Es kommt allein auf die Problemsicht des Entscheiders an und es ist nicht erforderlich, dass diese Vorstellungen auch mit der Realität übereinstimmen. Allerdings befasst sich die Entscheidungstheorie durchaus mit der Frage, ob ein gegebenes Informationsverhalten zweckmäßig ist: Es ist sicher nicht rational, sich umfassend zu informieren, wenn die möglichen Schäden einer Fehlentscheidung kleiner sind als die Informationskosten. Die damit angesprochenen informationsökonomischen Fragen werden noch behandelt werden müssen.

Beschränkt man sich auf subjektive Rationalität, so kann leicht der Fall eintreten, dass verschiedene Personen mit grundsätzlich gleichen Zielsetzungen zu unterschiedlichen Entscheidungen kommen: In den Finanzmärkten geschieht dies tagtäglich, wenn von manchen Marktteilnehmern Aktien, Dollars o. ä. gekauft und von anderen Aktien, Dollars o. ä. verkauft werden. Da der Kauf oder Verkauf umlaufender Wertpapiere nach den Worten von *Arrow* lediglich „a complicated bet, that is, a zero-sum transaction (between individuals who are identical apart from information)"[7] darstellt, können nicht beide Akteure von „richtigen" Erwartungen ausgehen: Entweder keiner hat recht (und das Ergebnis ist rein zufällig) oder lediglich einer der beiden hat recht (denn das Ergebnis ist grundsätzlich vorhersehbar). Solange allerdings die Entscheidungsprozeduren in dem Sinne rational sind, dass die Entscheidungen vor dem Hintergrund der je subjektiven Erwartungen zielführend sind, kann für jede dieser Entscheidungen gleichermaßen das Prädikat rational in Anspruch genommen werden. Es ist nämlich unzulässig, „rational" mit „erfolgreich" gleichzusetzen. Grundsätzlich sagt der Erfolg oder Misserfolg nichts über die der Entscheidung zugrundeliegende Rationalität aus: Der Schluss von Einzelbeobachtungen auf allgemeine Gesetzmäßigkeiten („anekdotische Evidenz") ist ein gefährliches Instrument der Erkenntnis, das allzu leicht in die Irre führt.

Dessen sollte man sich stets dann bewusst sein, wenn – wie es in der populärwissenschaftlichen Managementliteratur allzu gerne geschieht – aus dem Erfolg darauf geschlossen wird, dass die jeweilige Unternehmensstrategie „richtig" gewesen sein muss: Oft genug war es eine glückliche Fügung, eine einzige, sich später als richtig erweisende Weichenstellung, ein genialer Einfall, der den unternehmerischen Erfolg ausmacht und eben nicht systematisches, ex ante richtiges, rationales Unternehmertum. Erich Kaufer hat zur Begrüßung eines in Innsbruck durchgeführten internationalen Symposions zum Thema „Strategisches Management in den neunziger Jahren" den anwesenden Managern und Unternehmensführungsspezialisten folgendes mit auf den Weg gegeben:

> [...] Ich frage nämlich, ob die Suche nach Exzellenz im Management wesentlich mehr ist als der vergebliche Versuch, in die Speichen des Rades von Göttin Fortuna zu greifen. Machen wir ein kleines Gedankenexperiment und denken uns, eine Volkswirtschaft beginne mit 50.000 neuen

---

7 *Arrow, Kenneth J.*: Economic Theory and the Hypothesis of Rationality, in: The New Palgrave – A Dictionary of Economics, London (Macmillan) 1987, Bd. 2, S. 74.

Unternehmen. Diese neuen Unternehmen werden durch 50.000 Münzwerfer dargestellt. Zahl gewinnt, Wappen verliert. Nach vier Runden sind 46.875 Unternehmen bereits aus dem Markt ausgeschieden. Nach weiteren sechs Runden gibt es nur noch 49 aktive Münzwerfer. Sie erlangen ob ihrer Fähigkeit, mit Sachverstand stets die Zahl zu treffen, bereits lokale Berühmtheit. Man sucht sie auf, man fragt um ihren Rat. Nach weiteren drei Runden haben noch sechs exzellente Münzwerfer überlebt, ihnen widmet man Lehrbücher, weil sie niemals verlieren [...][8]

Allerdings ist die statistische Analyse oft wiederkehrender Entscheidungen durchaus ein zulässiges Instrument der Evaluierung: Man wird vermuten dürfen, dass jemand, der meistens danebenliegt, mit höherer Wahrscheinlichkeit etwas falsch macht als der, dessen Entscheidungen sich überwiegend als richtig erweisen. Gewissheit gibt es allerdings nie.

Es ist auch keineswegs notwendig, dass sich der Entscheidende aller Informationen bedient, die er hat und diese umfassend auswertet, um eine Entscheidung als rational zu qualifizieren. So ist es manchmal durchaus rational, völlig auf Information zu verzichten und die Entscheidung dem Zufall zu überlassen.[9]

A und B spielen ein Spiel, bei dem sich jeder für eine Seite einer Münze entscheidet und diese dann offen auf den Tisch legt: Liegen beide Münzen gleich, so darf A sie behalten, liegen sie unterschiedlich, so gehören sie B. Wird das Spiel wenige Male gespielt, sind die Chancen, zu gewinnen, für beide gleich. Wird das Spiel aber oft wiederholt, so werden beide versuchen, den Zug des Gegners zu antizipieren, was grundsätzlich möglich ist: Jeder Mensch hat bestimmte Verhaltensweisen, eine bestimmte Mimik, bevorzugt bestimmte Muster und Sequenzen. Nehmen wir an, A gelinge es, in etwa 10 % der Fälle den Zug von B vorherzusehen, während B trotz aller Mühe lediglich in der Lage ist, in 5 % der Fälle zu sagen, was A tun wird. Noch immer ist es ein Nullsummenspiel, aber die Erwartungsgewinne sind nicht mehr null: Im Schnitt wird B pro Spiel etwas verlieren und A entsprechend viel gewinnen. Wenn nun B auf seine Information verzichtet und die Münzseite dem Zufall überlässt, hat er daraus einen zweifachen Vorteil: Er hat (1) keine Mühe mehr und (2) sein erwarteter Gewinn ist auf null gestiegen, denn gegenüber dem Zufall sind die Fähigkeiten von A wertlos.

Die Aussage von *Dieter Schneider* „Wer Entscheidungen ohne Nachdenken trifft, handelt zwar nicht immer schlecht, aber immer unvernünftig"[10] ist somit zu relativieren: Es kann sehr wohl vernünftig sein, bei Entscheidungen auf Nachdenken zu verzichten. Wenn es in bestimmten Entscheidungssituationen das „einzig Vernünftige [...] ist, unberechenbar zu sein",[11] so wird dieser Zustand höchster Vernunft am besten dann erreicht, wenn man sich eben nicht von seiner „Vernunft" leiten lässt.

8 *Kaufer, Erich*: Strategisches Management in den 90er Jahren – Randbemerkungen eines Widerspenstigen, unveröffentlichtes Typoskript 1989.
9 Vgl. das Spiel „Matching-pennies" bei *Gibbons, Robert*: A Primer in Game Theory, New York (Prentice Hall) 1992, S. 29 ff.
10 *Schneider, Dieter*: Investition und Finanzierung, 5. Aufl., Wiesbaden (Gabler) 1980, S. 246.
11 *Dixit, Avinash K.; Nalebuf, Barry J.*: Spieltheorie für Einsteiger, Stuttgart (Schäffer-Poeschel) 1995, S. 164.

Eine klare Antwort auf die Frage, was denn nun rational und was irrational sei, haben wir allerdings trotz all dieser Überlegungen noch immer nicht. Eine Definition vom Typus „Rational ist eine Entscheidung dann und nur dann, wenn …" gibt es nicht und wird es angesichts der Offenheit des Rationalitätskonzepts und der Vielfältigkeit möglicher Entscheidungssituationen auch nie geben. In der Theorie geht man daher den umgekehrten Weg und formuliert Prinzipien, die nicht verletzt sein dürfen, wenn eine Entscheidung als rational qualifiziert werden soll. Diese Prinzipien werden auch als *Rationalitätsaxiome* bezeichnet und obwohl sie lediglich Mindestanforderungen darstellen, die prima facie selbstverständlich zu sein scheinen, werden sie immer wieder verletzt und sind auch in ihrer Gültigkeit umstritten. Sehen wir uns einige dieser Prinzipien kurz an:

Das *Prinzip der Vollständigkeit* verlangt, dass der Entscheidungsträger in der Lage ist, verschiedene Entscheidungsergebnisse zueinander in Beziehung zu setzen, d. h. es muss bezüglich der Alternativen a und b entweder gelten, dass $a \succ b$ (a wird b vorgezogen), oder dass $a \prec b$ (*b* wird *a* vorgezogen) oder dass $a \sim b$ (*a* und *b* werden gleich bewertet). Ein Entscheidungsträger, der sich über seine Ziele im Unklaren ist, ist u. U. nicht in der Lage, derartige Beziehungen (Präferenz oder Indifferenz) herzustellen.

Das *Prinzip der Dominanz* findet primär bei der Entscheidung zwischen Alternativen Anwendung, die anhand mehrerer Kriterien (Ziele, Umweltzustände) zu beurteilen sind. Ist eine Alternative *a* nach keinem Kriterium schlechter zu beurteilen als *b*, ist aber nach mindestens einem Kriterium der Alternative *b* vorzuziehen, so muss gelten, dass $a \succ b$. Häufig wird eine Alternative, die in diesem Sinne dominant ist, auch als *effizient* bezeichnet.

Das *Prinzip der Unabhängigkeit* besagt, dass sich die Ordnung zweier Ergebnisse nicht ändern darf, wenn diese mit einem weiteren, aber für die Entscheidung irrelevanten Ergebnis verknüpft werden: wenn $a \succ b$, dann auch $(a+c) \succ (b+c)$. Wer Weißwein lieber mag als Rotwein, wird auch dann den Weißwein vorziehen, wenn jeder Käufer einer Flasche einen Korkenzieher dazu erhält. Das Prinzip der Unabhängigkeit gilt jedoch nur dann, wenn die Ergebnisse durch die Ergänzung keine Veränderung erfahren: Es ist selbstverständlich möglich, dass jemand eine Sachertorte einer Bratwurst vorzieht, sich dann aber, wenn beides mit Senf und Kren serviert wird, für die Bratwurst entscheidet.

Auch das *Prinzip der Konsistenz* ist eine Verknüpfungsregel. Nehmen wir an, Ergebnis a wird Ergebnis b vorgezogen: $a \succ b$. Wir betrachten nun ein Ergebnis c, das darin besteht, dass mit einer bestimmten positiven Wahrscheinlichkeit p das Ergebnis a oder mit der entsprechenden Gegenwahrscheinlichkeit $(1 - p)$ das Ergebnis b eintritt: $c = p \cdot a + (1 - p) \cdot b$. In diesem Fall muss gelten: $a \succ c \succ b$.

Das *Prinzip der Transitivität* verlangt, dass bei drei Ergebnissen *a*, *b* und *c* gelten muss: wenn $a \succ b \succ c$, dann auch $a \succ c$. Wer lieber Rotwein trinkt als Weißwein und lieber Weißwein als Bier, der trinkt auch lieber Rotwein als Bier. Dieses Prinzip gilt als logisches Grundpostulat und wird gleichwohl häufig verletzt.[12] Insbesondere bei Mehr-Personen-Entscheidungen kann leicht die Transitivität der Ordnungen verloren gehen.

Ein bekannter Fall ist das Abstimmungsparadox oder Condorcet-Problem. Die drei Freunde A, B und C wollen gemeinsam den Sonntag verbringen und sie haben folgende Möglichkeiten: Segeln, Wandern oder Radfahren. Die Präferenzen der einzelnen sind:
- für A: Segeln > Wandern > Radfahren
- für B: Wandern > Radfahren > Segeln
- für C: Radfahren > Segeln > Wandern

Werden jeweils zwei Möglichkeiten gegeneinander abgestimmt, so ergibt sich im Vergleich zwischen
- Wandern und Radfahren eine Mehrheit für Wandern (A und B)
- Segeln und Wandern eine Mehrheit für Segeln (A und C)
- Radfahren und Segeln eine Mehrheit für Radfahren (B und C).

Es gilt somit die nicht-transitive Ordnung:

Radfahren > Segeln > Wandern > Radfahren .

In derartigen Situationen ist regelmäßig entscheidend, wer die Macht hat oder raffiniert genug ist, die Abstimmungsregeln festzusetzen.

Diese Überlegungen machen deutlich, dass es einen großen Unterschied macht, ob wir es mit Individualentscheidungen oder mit Mehr-Personen-Entscheidungen zu tun haben. Insbesondere dann, wenn bei Gruppenentscheidungen die einzelnen Mitglieder strategisch handeln, d. h. durch Überlisten der anderen sich Vorteile zu verschaffen versuchen, kann aus individueller Rationalität sehr leicht kollektive Irrationalität erwachsen.

In Gremien wie dem Vorstand einer AG, einem Gemeinderat oder der Fakultät einer Universität werden i. d. R. Personalentscheidungen durch Abstimmung getroffen: Das Gremium wählt sich aus den eigenen Reihen seinen Vorsitzenden, Bürgermeister und Dekan selbst. Betrachten wir ein Gremium, bestehend aus den fünf Personen A, B, C, D und E. Ein neuer Vorsitzender soll gewählt werden und man einigt sich auf folgendes Verfahren: Jedes Mitglied erhält eine Liste der fünf Namen und ordnet diese nach ihrer Eignung für das hohe Amt: Der Geeignetste soll fünf Punkte erhalten, der Zweitbeste vier Punkte, etc. Derjenige, der die meisten Punkte auf sich vereinigen kann, soll die Wahl gewinnen. Nach allgemeiner Überzeugung ist A der beste Kandidat, B der zweitbeste etc.; allerdings neigt jede der fünf Personen dazu, sich selbst als den Geeignetsten einzuschätzen. Situation I zeigt die tatsächlichen Bewertungen jedes der fünf Mitglieder: Trotz der Selbstüberschätzung eines jeden Einzelnen würde Kandidat A mit beeindruckendem Vorsprung gewählt und wahrscheinlich wäre jeder im Grunde auch mit dem Ergebnis einverstanden.

12 Vgl. *Anand, Paul*: Foundations of Rational Choice under Risk, Oxford (Clarendon) 1993, S. 26 ff., 55 ff.

		Situation I						Situation II						Situation III				
	A	B	C	D	E	Σ	A	B	C	D	E	Σ	A	B	C	D	E	Σ
A:	5	4	4	4	4	21	5	1	4	4	4	18	5	1	1	1	1	9
B:	4	5	3	3	3	18	4	5	3	3	3	18	1	5	2	2	2	12
C:	3	3	5	2	2	15	3	2	5	2	2	14	2	2	5	3	3	15
D:	2	2	2	5	1	12	2	3	2	5	1	13	3	3	3	5	4	18
E:	1	1	1	1	5	9	1	4	1	1	5	12	4	4	4	4	5	21

Nehmen wir nun an, Mitglied B verhalte sich strategisch (Situation II). Will er selbst gewinnen, so muss er die Chancen von A, seinem Hauptkonkurrenten, vermindern, d. h. er darf ihm nur einen Punkt geben; auch C, der seiner Ansicht nach noch gewisse Chancen hat, erhält von ihm nur zwei Punkte; D und E, die Außenseiter, können ihm ja sowieso nicht gefährlich werden und erhalten je drei und vier Zähler. So abzustimmen hat sich für B ausgezahlt, denn nun ist er mit A gleichauf und das Los entscheidet. Was aber passiert, wenn sich alle fünf Mitglieder des Gremiums in einer derartigen Weise strategisch verhalten, zeigt Situation III: der offenbar Unfähigste wird mit einem klaren Votum zum Vorsitzenden gewählt.

Die Tatsache, dass Mehr-Personen-Entscheidungen offenbar eigenen Gesetzen unterliegen, macht die Übertragung von Rationalitätsprinzipien, die für einzelne Individuen gedacht sind, auf Gremien problematisch. Gerade betriebliche Entscheidungen sind aber heute überwiegend Entscheidungen von Personenmehrheiten (Teams), bei denen strategische Elemente im Entscheidungsverhalten der Beteiligten meist nicht zu vermeiden sind.

Im modernen entscheidungstheoretischen Denken spielt der Begriff der Strategie eine zentrale Rolle: Zunehmend dominiert die Spieltheorie die Szene. Bei den meisten Entscheidungen, die wir fällen, bewegen wir uns nämlich im sozialen Umfeld anderer Entscheidungsträger, die ihre Ziele erreichen wollen und deren Aktionen davon abhängen, mit welchen Entscheidungen sie bei uns rechnen; selbstverständlich werden wir dies dann auch in unsere Überlegungen einbeziehen müssen, was jene wiederum wissen etc. Aus einfacher wird reflexive Rationalität, was z. T. zu dramatischen Konsequenzen führt. In vielen Fragen stehen wir erst am Anfang bei der Erforschung der hoch komplexen Zusammenhänge sich gegenseitig bedingender Entscheidungen in einem Mehrpersonenkontext wie dem Markt. Was uns dabei erwartet, deutet *Arrow* an: „[...] many of the customary defences that economists use to argue, in effect, that decision problems are relatively simple, break down as soon as market power and the incompleteness of markets are recognized.“[13] Im Zusammenhang mit Entscheidungen gegen bewusst handelnde Gegenspieler kommen wir auf die Problematik strategischen Verhaltens und damit auf spieltheoretische Überlegungen zurück.

---

13 *Arrow, Kenneth J.*: Economic Theory and the Hypothesis of Rationality, in: The New Palgrave – A Dictionary of Economics, London (Macmillan) 1987, Bd. 2, S. 74.

Die empirische Geltung des Rationalitätspostulats ist immer wieder bestritten worden. Für den normativen Anspruch der Entscheidungstheorie ist diese Kritik ohne weitere Bedeutung: Für die Frage, wie sich Entscheidungssubjekte verhalten *sollen*, wenn sie rationale Entscheidungen zu treffen beabsichtigen, ist es irrelevant, zu wissen, in welchem Ausmaß reale Entscheider wirklich rationale Entscheidungen treffen *wollen und können*.

Anders ist die Frage nach der empirischen Gültigkeit der Rationalitätsannahme natürlich im Zusammenhang mit positiver, mit erklärender Theorie zu stellen: Wenn wir bei unseren Analysen von einem kontrafaktischen Menschenbild ausgehen, so laufen wir Gefahr, nicht nur falsche Erklärungen, sondern damit auch irreführende Prognosen abzugeben. Schon in frühen Arbeiten im Bereich der behavioral economics – z. B. Arbeiten des Nobelpreisträgers für Ökonomie des Jahres 1978 *Herbert Simon*[14] – wurde gezeigt, dass sich reale Entscheidungsträger lediglich in einer sehr begrenzten Klasse klarer und eindeutig formulierter Entscheidungsprobleme auch tatsächlich rational verhalten, während sie bei schwierigeren Entscheidungen, aber auch bei banalen Alltagsentscheidungen allenfalls noch eine beschränkte Rationalität (bounded rationality) erkennen lassen. Mittlerweile existiert eine umfassende und bedeutende Literatur zu einer Fülle von *Verhaltensanomalien*, die sich immer wieder bestätigt finden und die mit den üblichen Rationalitätsannahmen nicht in Einklang zu bringen sind. Bekannte Arbeiten stammen beispielsweise von den Entscheidungstheoretikern und Psychologen *Kahneman* und *Tversky*.[15] So wurde z. B. festgestellt (nähere Ausführungen zu Verhaltensanomalien und Behavioral Biases finden sich in Kapitel 2.3.2):[16]

- Viele Menschen lassen sich davon beeinflussen, in welchem gedanklichen Kontext ein Problem präsentiert wird (*Framing*): Ein Angebot vom Typus „Kaufpreis 800 €, bei Barzahlung 5 % Rabatt" wird i. d. R. dem Angebot „Kaufpreis 760 €, bei Ratenzahlung 40 € Aufschlag" vorgezogen, obwohl beide wirtschaftlich identisch sind.
- Das Unabhängigkeitspostulat wird häufig verletzt; ein bekanntes Beispiel ist das *Allais-Paradox*. In der von *Kahneman/Tversky* experimentell getesteten Version[17]

---

14 Vgl. *Simon, Herbert A.*: Models of Man, London und New York 1957; *Simon, Herbert A.*: Rational Decision Making in Business Organizations, American Economic Review 1979, S. 493–513 (Vorlesung, gehalten am 8.12.1978 anlässlich des Erhalts des Nobelpreises); *Simon, Herbert A.*: Bounded Rationality, in: The New Palgrave – A Dictionary of Economics, London (Macmillan) 1987, Bd. 1, S. 266 ff.

15 Vgl. *Tversky, A.; Kahneman, D.*: Rational Choice and the Framing of Decisions, Journal of Business 1986, S. 251 ff.

16 Weiterführende Literatur zu Grundlagen der Behavioral Economics: *Kahneman, Daniel*: Thinking, Fast and Slow, London (Penguin Books Ltd.) 2012; *Thaler, Richard H.*: Misbehaving: The Making of Behavioral Economics, New York (W. W. Norton & Company) 2016; *Lewis, Michael*: The Undoing Project, London (Penguin Books Ltd.) 2017.

17 Vgl. *Allais, Maurice*: Le comportement de l'hommerationeldevant le risque: Critique des postulatsetaxiomes de l'écoleaméricaine, Econometrica 1953, S. 503–546; *Kahneman, Daniel; Tversky, Amos*: Prospect Theory: An Analysis of Decisions Under Risk, Econometrica 1979, S. 313–327.

sind die Lotterien A (Wahl zwischen A1 und A2) und B (Wahl zwischen B1 und B2) gegeben, deren Auszahlungen von der Realisation einer Zufallsvariablen z ($1 \leq z \leq 100$, z ist gleichverteilt) abhängen:

Lotterie	$z = 1...33$	$z = 34$	$z = 35...100$	Präferenz
A → A1	2.500	0	2.400	18 %
→ A2	2.400	2.400	2.400	82 %
B → B1	2.500	0	0	83 %
→ B2	2.400	2.400	0	17 %

Da sich die B-Lotterien von den A-Lotterien nur darin unterscheiden, dass es im Fall von $z = 35...100$ keine Auszahlung gibt (ansonsten sind sie völlig identisch), müsste sich nach dem Unabhängigkeitsaxiom jemand, der sich für A1 (A2) entscheidet, auch für B1 (B2) entscheiden. Tatsächlich haben sich die Versuchspersonen, die an dem Experiment von *Kahnemann* und *Tversky* teilgenommen hatten, überwiegend für A2 (mit 82 %) und für B1 (mit 83 %) entschieden.

– Die meisten Menschen neigen dazu, sich zu überschätzen (*overconfidence*): Befragt man Autofahrer, ob sie denken, besser ein Auto lenken zu können als der Durchschnitt, so behaupten, je nach Studie, zwischen rund 70 und 95 %, dass dies der Fall ist;[18] es können aber nicht mehr als 50 % besser sein als der Durchschnitt.

– Menschen haben oft eine falsche Vorstellung von Zufallsprozessen: So wird beim Zahlenlotto 6 aus 45 die Folge 4-8-21-30-33-45 von vielen für wahrscheinlicher gehalten als die statistisch gleichwahrscheinliche Zahlenfolge 5-10-15-20-25-30.[19]

– Menschen können mit Wahrscheinlichkeiten nicht korrekt umgehen: Ein anschauliches Beispiel ist das Ziegenproblem, das weltweit zu langen und heftigen Diskussionen unter Fachleuten und Laien geführt hat und dem sogar ein Buch gewidmet wurde.[20] In einer Fernsehshow steht die Kandidatin vor drei verschlossenen Türen. Hinter einer der Türen ist ein attraktiver Preis verborgen, während sich hinter den beiden anderen Türen lediglich eine Ziege befindet. Der Showmaster fordert die Kandidatin auf, sich für eine der Türen zu entscheiden. Nachdem sie das getan hat, öffnet der Showmaster eine der beiden verbliebenen Türen und zeigt der Kandidatin die dahinter verborgene Ziege; sodann fragt er sie, ob sie bei ihrer Entscheidung bleiben wolle oder sich nicht doch für die andere verbliebene Tür entscheiden wolle. Die meisten Menschen nehmen an, dass ein Wechsel

---

18 *Svenson, Ola*: Are We All Less Risky and More Skillful than our Fellow Drivers?, Acta Psychologica 1981, Vol. 47(2), S. 143–148.

19 Siehe auch *Huber et al.* zu Gambler's Fallacy und Hot Hand Belief: *Huber, Jürgen; Kirchler, Michael; Stöckl, Thomas*: The Hot Hand Belief and the Gambler's Fallacy in Investment Decisions Under Risk, Theory and Decision 2010, Vol. 68, S. 445–462.

20 *von Randow, Gero*: Das Ziegenproblem – Denken in Wahrscheinlichkeiten, Reinbek bei Hamburg (Rowohlt) 1992.

die Chancen nicht verändert, und bleiben bei ihrer ursprünglichen Wahl. Denkt man das Problem indes wahrscheinlichkeitstheoretisch durch, zeigt sich, dass ein Wechsel die Gewinnchancen verdoppeln würde.[21]

Die Reihe von Verhaltensformen, bei denen Menschen typischerweise gegen das Rationalitätsprinzip verstoßen, ließe sich noch beliebig fortsetzen. Heißt das, dass deswegen das Prinzip aufgegeben werden sollte? Wohl nicht! Das Rationalitätspostulat gilt trotzdem als gutes Modell für viele Probleme. Gleichzeitig sind Irrationalitäten im menschlichen Verhalten nicht zufällig, sondern folgen gewissen empirisch belegten Mustern, weshalb wir in Anlehnung an *Dan Ariely* von „predictably irrational" behavior sprechen können.[22] Andernfalls wären Verhaltensprognosen weitestgehend unmöglich:

- Die Prognose, dass Boden, der zu Bauland umgewandelt wird, im Preis steigen wird, ist unhaltbar, wenn nicht unterstellt wird, dass Grundeigentümer einen hohen Ertrag einem niedrigen vorziehen und entsprechende Entscheidungen (Bebauung, Verkauf) treffen.
- Die Prognose, dass ein Anstieg der eigenen Währung zu einer Erschwerung der Exporte führen wird, ist unhaltbar, wenn wir nicht annehmen, dass rationale Konsumenten im Ausland niedrigere Preise höheren vorziehen und ihre Kaufentscheidungen entsprechend fällen.
- Die Prognose, dass es eher zu einer Wanderungsbewegung von einem im Bürgerkrieg befindlichen Land in ein friedliches Land kommt als umgekehrt, ist nicht haltbar, wenn wir nicht unterstellen, dass die Menschen lieber in Sicherheit leben als ihr Leben bedroht zu sehen und dass sie entsprechende Konsequenzen ziehen.
- Die demokratische Staatsform findet nur darin ihre Legitimation, dass angenommen werden kann, dass die Wähler ihre Stimme denjenigen geben, von denen sie ihre Ziele am besten vertreten sehen; sie mögen sich irren, aber wer meint, dass die Wähler fremdbestimmt sind und sachfremd entscheiden, kann im Grunde Demokratie nicht wollen.

Eine auf dem Rationalitätspostulat beruhende Ökonomie behauptet keineswegs, dass sich alle Menschen jederzeit und bei allen ihren Entscheidungen optimal verhalten. Wenn im Rahmen eines wirtschaftstheoretischen Modells eine derart strenge Annah-

---

21 Eine sehr einfache Erklärung ist die folgende: Wenn der Kandidat ursprünglich die richtige Tür gewählt hat, macht er mit einem Wechsel einen Fehler, wenn er hingegen ursprünglich eine falsche Tür gewählt hat, ist, da die verbleibende Tür ja den Gewinn enthalten muss, ein Wechsel vorteilhaft. Da aber die Wahrscheinlichkeit für das Zweite doppelt so groß ist wie für das Erste, führt ein Wechsel zu einer Verdopplung der Gewinnchancen.
22 *Ariely, Dan*: Predictably Irrational: The Hidden Forces That Shape Our Decisions, New York (Harper Collins) 2010.

me gemacht wird, dann dient das der für modelltheoretisches Denken typischen und notwendigen Komplexitätsreduktion und darf nicht als Aussage über die Realität missverstanden werden. Auch die moderne Physik hat ihr Gedankengebäude auf Annahmen errichtet, von denen jeder weiß, dass sie der Realität nicht entsprechen: es gibt kein absolutes Vakuum, keine isolierten Massen, keine idealen Gase und Flüssigkeiten, keine homogenen Gravitationsfelder, keine Bewegung ohne Reibung und keine verlustfreien Kraftübertragungen. Einem Naturwissenschaftler unterstellen zu wollen, er sei sich dessen nicht bewusst und habe daher ein falsches Bild von der Realität, wäre absurd. Für die Beurteilung modelltheoretisch abgeleiteter Aussagen ist es nicht von Bedeutung, ob die der Analyse zugrunde liegenden Annahmen der Realität entsprechen oder nicht: Nach *Friedman*[23] kommt es nicht darauf an, ob Annahmen, die zur Ableitung von Gesetzesaussagen gemacht wurden, der Realität entsprechen, sondern nur darauf, ob die mit ihrer Hilfe gewonnenen Theorien und theoriegestützten Prognosen nützlich sind. Einen Künstler beurteilt man nicht nach seinen Pinseln, sondern nach seinen Bildern.

Das Rationalitätspostulat besagt lediglich, dass Menschen grundsätzlich danach streben, ihre Ziele, seien sie instinkthaft, tradiert oder bewusst angestrebt, möglichst gut zu erreichen; das schließt nicht aus, dass sie
- aufgrund unzureichender Information falsch entscheiden;
- u. U. nicht in der Lage sind, ein Problem korrekt zu erfassen und in seinen Einzelheiten zu durchdenken;
- sich unter Zeitdruck mit einer sofortigen Lösung zufriedengeben, auch wenn sie wissen, damit das Optimum nicht erreicht zu haben;
- bewusst auch schon einmal etwas „Unsinniges" machen wollen;
- zuweilen Fehler machen und kognitiven Irrtümern unterliegen.

Wir bleiben bei der Arbeitshypothese, dass Wirtschaftssubjekte nach einem hohen Rationalitätsgrad ihrer Entscheidungen streben. Das Rationalitätsprinzip ist, wie *Tietzel* sagt, „unverzichtbar für die ökonomische Modellbildung, zugleich aber empirisch falsch [...] Und obwohl es falsch ist, stellt es doch eine hinreichend genaue Approximation an die Realität dar."[24] Genauso wie die Annahme friktionsfreier Kraftübertragungen in der physikalischen Mechanik: Falsch, aber unverzichtbar.

---

23 *Friedman, Milton*: The Methodology of Positive Economics, in: *Friedman, Milton*: Essays in Positive Economics, Chicago (University Press) 1953, S. 3–43; kritisch setzt sich mit dieser Position auseinander *Tietzel, Manfred*: „Annahmen" in der Wirtschaftstheorie, Zeitschrift für Wirtschafts- und Sozialwissenschaften 1981, S. 237–265.
24 *Tietzel, Manfred*: Wirtschaftstheorie und Unwissen, Tübingen (Mohr) 1985, S. 94 und 96.

2.1.2 Entscheidungsfeld, Zielsystem und Nutzenfunktion

Die Finanzierungstheorie hat es überwiegend mit wohlstrukturierten, gleichwohl aber vereinfachten Abbildern der Realität zu tun. Mit *Modellen* wird versucht, sich in einer logisch klaren und von jedermann nachvollziehbaren Weise einer komplexen und in ihrer Totalität nicht fassbaren Realität zu nähern. Modelle sind praktische Hilfsmittel im wissenschaftlichen Erkenntnisprozess und können verschiedenen Zwecken dienen: Sie können beschreibenden, erklärenden (und damit prognostizierenden) oder normativen Charakter haben. Die Modelle der rationalen Entscheidung unter Unsicherheit bzw. unter Risiko sind von der letzten Art: Sie versuchen, Aussagen darüber abzuleiten, wie ein Entscheider, der bestimmte Ziele verfolgt und der sich verschiedenen Handlungsmöglichkeiten gegenübersieht, zweckmäßigerweise entscheiden *sollte*. Wie bei jeder Modellbetrachtung konzentriert man sich auf die zentralen Aspekte einer Entscheidung und vernachlässigt bewusst alle weiteren Überlegungen, Gefühle, Hoffnungen, Ängste etc., die dem Akteur während des kognitiven Prozesses der Entscheidungsfindung sonst noch durch den Kopf gehen mögen. Wir behaupten nicht, dass die im Entscheidungsmodell thematisierten Elemente der Entscheidung die einzigen seien, sondern entscheiden in einem offenen Wertungsakt darüber, welche Elemente einer Entscheidung wir für die wichtigsten halten, welchen der unzähligen Komponenten einer Entscheidung wir die höchste Relevanz zumessen.

Die Handlungsalternativen

Nur derjenige, dem verschiedene Handlungsalternativen (*Aktionen, Strategien*) offenstehen, kann sinnvollerweise eine Auswahl treffen, indem er sich für eine von ihnen entscheidet. Die Menge der möglichen Handlungsalternativen, der *Alternativen- oder Aktionenraum A*

$$A = (a_1, a_2, a_3, a_4, \ldots, a_n)$$

ist somit eines der konstituierenden Merkmale eines Entscheidungsproblems. Dabei spielt es keine Rolle, ob diese Aktionen *einzelne Maßnahmen* (z. B. Aufnahme eines Bankkredits, Kauf einer Aktie), *Maßnahmenbündel* (z. B. Kapitalerhöhung mit gleichzeitiger Umstellung auf nennwertlose Quotenaktien, Erwerb einer Beteiligung mit sofortiger Umbesetzung der Geschäftsführung) oder *bedingte Maßnahmenfolgen* (z. B. Absicherung von jeweils 80 % der offenen Fremdwährungspositionen, regelmäßige Anpassung eines Wertpapierportefeuilles an veränderte Zinsbedingungen) sind. Entscheidend ist nur, dass der *Grundsatz der Alternativenexklusivität* eingehalten wird; danach ist bei der Formulierung des Aktionenraums darauf zu achten, dass

–   alle Alternativen, die dem Entscheidenden offenstehen, in *A* enthalten sind, der Entscheidende mithin gezwungen ist, sich für eine der Alternativen zu entscheiden (wobei selbstverständlich eine die sein kann, nichts zu tun);
–   nur eine Alternative gewählt werden kann, da sich die Handlungsmöglichkeiten gegenseitig ausschließen.

Beispiel: Ein Speditionsunternehmen verfügt über liquide Mittel in Höhe von 500.000 €. Am Kapitalmarkt kann derzeit Geld zu 5 % veranlagt werden. Dem Unternehmen, das sich nicht weiter verschulden kann und will, stehen folgende Möglichkeiten offen:
- einen neuen LKW für 350.000 € zu kaufen;
- einen lästigen Gesellschafter mit 150.000 € abzufinden;
- ein Grundstück zum Preis von 300.000 € zu erwerben.

Daraus lassen sich folgende Handlungsalternativen formulieren:
a_1 Kauf des LKW und Anlage von 150.000 € zu 5 %
a_2 Gesellschafterabfindung und Anlage von 350.000 € zu 5 %
a_3 Grundstückskauf und Anlage von 200.000 € zu 5 %
a_4 Grundstückskauf, Abfindung und Anlage von 50.000 €
a_5 Kauf des LKW und Gesellschafterabfindung
a_6 Veranlagung von 500.000 € zu 5 %

Der Aktionenraum $A = (a_1 \ldots a_6)$ ist vollständig formuliert: eine der Alternativen muss gewählt werden und nur eine kann gewählt werden.

Wie wir im Zusammenhang mit der Behandlung des Kapitalwertkriteriums bereits gesehen haben, kann unter den Bedingungen eines vollkommenen Kapitalmarkts auf die explizite Beachtung des Grundsatzes der Alternativenexklusivität bis zu einem gewissen Maß verzichtet werden, da sämtliche Finanzgeschäfte, Veranlagungen wie Kreditaufnahmen, zum einheitlichen Marktzinssatz erfolgen und somit einen Kapitalwert von null aufweisen; reine Differenzinvestitionen können daher unberücksichtigt bleiben.

Beispiel (Fortführung): Besteht ein vollkommener Kapitalmarkt mit einem Zins von 5 %, so hat die Budgetrestriktion von 500.000 € keine Bedeutung, da ja zum Marktzins jederzeit Kredite aufgenommen werden können. Es sind folglich unabhängig vom jeweiligen Finanzbedarf diejenigen der drei möglichen Investitionen (Kauf des LKW, Gesellschafterabfindung und Grundstückskauf) zu realisieren, deren Kapitalwert (mit 5 % Zins errechnet) positiv ist.

Die Zahl der betrachteten Aktionen kann sehr groß werden und im Grenzfall auch gegen unendlich gehen; dies wäre z. B. der Fall, wenn man annimmt, dass eine bestimmte Ressource auf mehrere Verwendungsformen in unterschiedlichen, kontinuierlich variierbaren Anteilen verteilt werden soll.

Beispiel: Ein Geldmarktfonds kann seine Mittel M in Geldmarkttiteln verschiedenster Währungen anlegen, solange nur die Summe der Anlagen nicht größer ist als M (in €), d. h. solange die Gleichung

$$M = x_{EUR}M + x_{USD}M + x_{GBP}M + x_{SFR}M + x_{JPY}M \ldots \left[\sum x = 1 \right]$$

gewahrt bleibt (x gibt dabei jeweils den in € gerechneten prozentualen Anteil an M an). Praktisch ist die Zahl der möglichen Aufteilungen und damit der Handlungsmöglichkeiten unbegrenzt.

Praktische Entscheidungen sind allerdings meist dadurch gekennzeichnet, dass die entscheidungsrelevanten Handlungsmöglichkeiten nicht a priori bekannt sind, sondern in einem langwierigen Suchprozess generiert werden müssen. Wie ein solcher Prozess zu gestalten ist, welche Techniken eingesetzt werden können, um zu neuen Ideen, Verfahren etc. zu kommen, wann ein Suchprozess abzubrechen ist, all das sind Fragen der betriebswirtschaftlichen Entscheidungstheorie, die hier nicht weiterverfolgt werden.

Umweltzustände, Unsicherheit und Risiko

Finanzwirtschaftliche Entscheidungen sind stets in die Zukunft gerichtet und mit Unsicherheit behaftet: Ihr Erfolg hängt von Umständen (Umweltzuständen, Szenarien, states of the world) ab, auf die der Entscheider keinen Einfluss hat: Neue Produkte kommen auf den Markt, die Nachfrage verschiebt sich, die Zinsen steigen, der Wechselkurs fällt, die politischen Verhältnisse ändern sich etc. Eine vernünftige Entscheidung darüber, welche der möglichen Handlungsalternativen gewählt werden soll, setzt allerdings voraus, dass der Entscheider diese Umweltzustände und ihre Auswirkungen auf die Entscheidungsergebnisse abschätzen kann. Die künftigen Zustände der Welt, die auf das Ergebnis der Entscheidung Einfluss nehmen können, bilden den *Zustandsraum Z*

$$Z = (z_1, z_2, z_3, z_4, \ldots, z_m)$$

des Entscheidungsfeldes. Die analytische Zerlegung des Entscheidungsproblems in einzelne Komponenten sollte nicht darüber hinwegtäuschen, dass die Entscheidungskomponenten in engem Zusammenhang stehen und sich gegenseitig bedingen. Natürlich hängen die Umweltzustände, die betrachtet werden und die für die Ergebnisbewertung von Relevanz sind, von der Fragestellung, insbesondere von den Zielen, die der Entscheider verfolgt, ab: Von den unendlich vielen zukünftigen Zuständen der Welt sind nur wenige entscheidungsrelevant.

Beispiel: Ein Unternehmen, das Tennisschläger herstellt und vertreibt, steht zum Verkauf. A und B sind potenzielle Interessenten, wobei A selbst Sportgeräte produziert und sein Produktprogramm arrondieren will, während B das Unternehmen schließen will, um auf dem Betriebsgelände eine Wohnanlage zu errichten. Entscheidungsrelevante Umweltzustände für A könnten sein: Wird die derzeitige Tennisbegeisterung weiter zunehmen oder abflauen; Wird das geplante Sportzentrum mit Tennisplätzen gebaut oder nicht; etc.? B hingegen interessiert sich dafür, ob die Zinsen steigen werden, ob die staatliche Förderung von Wohneigentum eingestellt wird oder nicht, etc. A und B stehen zwar vor derselben Entscheidung, sehen sich aber einem völlig anderen Entscheidungsproblem gegenüber.

Ähnlich wie schon zuvor für den Aktionenraum, gilt auch für den Zustandsraum der Grundsatz der Vollständigkeit; es gilt, dass
- alle möglicherweise auf das Entscheidungsergebnis einwirkenden Zustände in Z enthalten sein sollen; es sollte ausgeschlossen sein, dass es nach getroffener Entscheidung zu einer Situation kommt, die bei der Entscheidungsfindung in keiner Weise Berücksichtigung gefunden hat;
- nur einer der betrachteten Zustände (oder Szenarien) eintreten kann.

Wieder ähnlich wie beim Aktionenraum kann es dazu kommen, dass die Zahl der möglichen Zustände sehr groß wird und gegen unendlich geht; dies ist z. B. dann der Fall, wenn an die Stelle einer Auflistung verschiedener Zustände eine stetige statistische Verteilungsannahme tritt: Die Entscheidung hänge z. B. von der Höhe eines bestimmten Aktienkurses ab und dieser werde als normalverteilt mit Erwartungswert $\mu = 120$ und Standardabweichung $\sigma = 25$ angenommen.

Je nachdem, welche Kenntnisse der Entscheider über das Eintreten der Umweltzustände hat, kann bezüglich der Umweltzustände vorliegen:
- *Unsicherheit:* Es ist lediglich bekannt (oder abschätzbar), welche Umweltzustände eintreten können, ohne dass irgendetwas über die Eintrittswahrscheinlichkeiten gesagt werden kann.

   Beispiel. Durch Ziehen der „richtigen" Kugel aus einem Behälter können Sie einen attraktiven Preis gewinnen, müssen aber zuvor entscheiden, bei welcher gezogenen Farbe Sie gewinnen wollen. Sie haben keinerlei Information über die Farben der im Behälter befindlichen Kugeln.

- *Risiko (mit subjektiven Eintrittswahrscheinlichkeiten):* Der Entscheider ist in der Lage, den möglichen Umweltzuständen Wahrscheinlichkeiten zuzuordnen, die das Ergebnis seiner persönlichen Einschätzungen sind.

   Beispiel. Eine Boutique geht davon aus, dass ihr Sortiment von der derzeitigen Modeströmung begünstigt wird; man hält daher einen Umsatzanstieg um mehr als 25 % für durchaus vorstellbar und ordnet dem eine Wahrscheinlichkeit von $p = 0{,}4$ zu.

- *Risiko (mit objektiven Eintrittswahrscheinlichkeiten):* Dem Entscheider liegen eindeutige Informationen über die Eintrittswahrscheinlichkeit verschiedener Umweltzustände vor, die entweder aus der „Natur der Sache" oder aus verlässlichen statistischen Erhebungen resultieren.

   Beispiel. Der Roulettespieler weiß, dass die Wahrscheinlichkeit für rot $p = 18/37$ beträgt, was aus dem Konstruktionsprinzip der Roulettemaschine ebenso folgt wie die Wahrscheinlichkeit von $p = 1/6$ für einen „Sechser" beim Würfel oder die Wahrscheinlichkeit von $p = 1/2$ für „Zahl" bei einer Idealmünze (Wahrscheinlichkeiten aus der „Natur der Sache").

Ein Skiliftbetreiber kennt aus meteorologischen Beobachtungen die Wahrscheinlichkeit dafür, dass Skibetrieb an dieser Stelle an mehr als 90 Tagen p. a. möglich ist (statistische Wahrscheinlichkeit).
– *Sicherheit:* Es ist sicher, welcher der Umweltzustände eintreten wird.

Bei finanzwirtschaftlichen Fragestellungen haben wir es i. d. R. mit Entscheidungen unter *Risiko* zu tun: Meist liegen entweder statistische Regelmäßigkeiten und/oder subjektive Vorstellungen und Einschätzungen vor, die es dem Entscheider erlauben, Aussagen über Wahrscheinlichkeiten (sog. *Erwartungen*) zu machen. Für die formale Behandlung von Entscheidungsproblemen macht es allerdings so gut wie keinen Unterschied, ob die den verschiedenen Umweltzuständen zugeordneten Wahrscheinlichkeiten subjektiver oder objektiver Natur sind. Echte *Unsicherheits*situationen, in denen keinerlei Aussage über die Eintrittswahrscheinlichkeiten verschiedener Umweltsituationen gemacht werden können, dürften eher selten sein; allerdings kann, wie wir noch sehen werden, die Situation eintreten, dass alles, was man über zukünftige Entwicklungen wissen kann, vom Markt so perfekt in den Preisen verarbeitet wird, dass jenseits des Wissens über Preise nur noch Unsicherheit übrig bleibt (Informationseffizienz des Kapitalmarkts); auch haben die Ereignisse um und nach dem Covid-19-Crash von 2020 deutlich gemacht, das das Rechnen mit statistischen, aus der Vergangenheit berechneten Wahrscheinlichkeiten oftmals nicht gerechtfertigt ist.[25] Entscheidungen unter *Sicherheit* hingegen treten im Zusammenhang mit finanzwirtschaftlichen Problemen eigentlich nie auf; allerdings gibt es durchaus Zahlungsströme, bei denen das ihnen anhaftende Risiko so gering ist, dass es ohne nennenswerten Verzicht auf Exaktheit vernachlässigt werden kann.

Die Handlungskonsequenzen
Stehen die Handlungsmöglichkeiten fest und ist abschätzbar, mit welchen Umwelteinflüssen zu rechnen sein wird, kann jeder Aktions-Zustands-Kombination ein erwartetes Ergebnis zugeordnet werden: Wird Aktion a_x gewählt und tritt Umweltzustand z_y ein, so ist mit einem Ergebnis in Höhe von k_{xy} zu rechnen. Diese Ergebniszuordnung kann auf subjektiven Erwartungen, auf Erfahrungen, auf wissenschaftlichen Gesetzmäßigkeiten, auf Vereinbarungen o. a. basieren. Somit ist das Entscheidungsfeld in seinen Grundzügen definiert: Wir wissen,
– welche Handlungsmöglichkeiten uns offen stehen
   (Aktionenraum $A = a_1 \ldots a_m$; in den Zeilen)
– welche Umwelteinflüsse auf die Entscheidungen einwirken können
   (Zustandsraum $Z = z_1 \ldots z_n$ in den Spalten)

---

25 Vgl. *Taleb, Nassim Nichols*: Der Schwarze Schwan, München (Hanser) 2008.

– mit welchen Eintrittswahrscheinlichkeiten zu rechnen ist
   (Eintrittswahrscheinlichkeiten $p_1 \ldots p_n$ mit $\sum p = 1$ in den Spalten)
– welche Ergebnisse wir zu erwarten haben
   (Ergebnismatrix $K = k_{11} \ldots k_{mn}$).

		Zustandsraum $Z = z_1, z_2, z_3, \ldots, z_n$					
		Eintrittswahrscheinlichkeiten $\sum(p_1, p_2, \ldots, p_n) = 1$					
		z_1	z_2	z_3	z_4	$\ldots$	z_n
		p_1	p_2	p_3	p_4	$\ldots$	p_n
	a_1	k_{11}	k_{12}	k_{13}	k_{14}	$\ldots$	k_{1n}
	a_2	k_{21}	k_{22}	k_{23}	k_{24}	$\ldots$	k_{2n}
Aktionenraum	a_3	k_{31}	k_{32}	k_{33}	k_{34}	$\ldots$	k_{3n}
$A = a_1, a_2, a_3, \ldots, a_m$	a_4	k_{41}	k_{42}	k_{43}	k_{44}	$\ldots$	k_{4n}
	$\ldots$	$\ldots$	$\ldots$	$\ldots$	$\ldots$	$\ldots$	$\ldots$
	a_m	k_{m1}	k_{m2}	k_{m3}	k_{m4}	$\ldots$	k_{mn}

Entscheidend ist, wie zuverlässig die Ergebnisse den einzelnen Aktions-Zustands-Tupeln zugeordnet werden können; besteht ein eindeutiger Zusammenhang zwischen Aktion und Zustand einerseits und dem sich einstellenden Ergebnis andererseits, so haben wir es mit einer *Ergebnismatrix unter Sicherheit* zu tun.

Beispiel: Roulette hat eine klar definierte Struktur und einen eindeutigen Gewinnplan. Der Zustandsraum besteht aus 37 Zuständen (= Zahlen von 0 ... 36), wobei jedem Zustand die gleiche Wahrscheinlichkeit von 1/37 zukommt. Der Aktionenraum besteht aus der Menge aller zulässigen Züge (37 pleines, 57 chevaux, 12 transversales pleines, etc.) und die Ergebnismatrix ordnet jedem Aktions-Zustands-Tupel eine eindeutige Zahlung zu. Wenn z. B. die Kugel auf die 17 fällt und ein Spieler auf die mittlere colonne gesetzt hat, erhält er das Dreifache seines Einsatzes. Roulette verlangt somit eine Entscheidung unter Risiko bei einer Ergebnismatrix unter Sicherheit.

Häufig können aber den einzelnen Aktions-Zustands-Tupeln keine eindeutigen Ergebnisse, sondern nur mutmaßliche Ergebnisverteilungen zugerechnet werden; in diesen Fällen haben wir es mit einer *Ergebnismatrix unter Risiko* zu tun (u. U. sogar unter Unsicherheit, wenn es nicht einmal möglich ist, den Ergebnissen Wahrscheinlichkeiten zuzuordnen).

Beispiel: Ein Hotelier erwägt den Bau eines Übungslifts oder einer Sauna bei seinem Hotel (a_1 = Bau des Lifts; a_2 = Bau der Sauna). Er rechnet mit verschiedenen Szenarien (z. B. z_1 = Schneereicher Winter und günstiger Wechselkurs, z_2 = Schneereicher Winter und ungünstiger Wechselkurs, z_3 = Schneearmer Winter und günstiger Wechselkurs, z_4 = Schneearmer Winter und ungünstiger Wechselkurs). Er kann jedem der acht Aktions-Zustands-Tupel nur eine Schätzung möglicher Ergebnisse zuordnen. Es handelt sich um eine Entscheidung unter Risiko bei einer Ergebnismatrix unter Risiko.

Das Zielsystem

Jemand, der eine Entscheidung treffen will, muss wissen, was er will: Er muss seine Ziele (sein Zielsystem) formulieren können. Im Zusammenhang mit der Erörterung des Rationalitätspostulats haben wir bereits einige grundsätzliche Überlegungen angestellt; hier geht es darum, einige Voraussetzungen für ein operationales, rationale Entscheidungen ermöglichendes Zielsystem kennen zu lernen.

Ziele sind Leitlinien des Handelns, die es dem Entscheider ermöglichen, Präferenzrelationen zwischen Handlungsergebnissen zu bilden. In den Zielgrößen werden die Kriterien bestimmt, an denen die Ergebnisse und damit die Aktionen gemessen werden sollen.

Die Ergebnisse (oder auch die Aktionen) a und b können vor dem Hintergrund des Ziels folgendermaßen zueinander in Beziehung gesetzt werden

$a > b$ a wird b strikt vorgezogen (strikte Präferenz)

$a \succcurlyeq b$ a wird mindestens so hoch eingeschätzt wie b (Präferenz)

$a \sim b$ a und b werden einander gleichgeschätzt (Indifferenz),

was zur Voraussetzung hat, dass die folgenden Präferenzrelationen gebildet werden können:

– *Höhenpräferenz:* Soll die Zielgröße möglichst groß sein (*Maximierung*, z. B. Rendite), soll sie möglichst klein sein (*Minimierung*, z. B. Kapitalkosten) oder soll sie eine bestimmte Ober- oder Untergrenze haben (*Satisfizierung*, z. B. Mindesteigenkapital für Kreditvergabe; maximales Währungsexposure im Risikomanagement)?

– *Artenpräferenz:* Wie soll bei mehreren, zueinander in Konkurrenz stehenden Zielen (z. B. maximale Rendite bei möglichst niedrigem Risiko) verfahren werden? Soll ein Ziel absolut Vorrang vor anderen haben oder sollen die Ziele gegeneinander abgewogen werden?

– *Zeitpräferenz:* Wie sind Ergebnisse zueinander in Beziehung zu setzen, die zu unterschiedlichen Zeitpunkten anfallen? Bei finanzwirtschaftlichen Entscheidungen ist dies in aller Regel die Frage nach dem Zinssatz bzw. nach der Diskontierungsfunktion.

– *Unsicherheitspräferenz:* Wie ist zu verfahren, wenn Ergebnisse mehr oder minder mit Unsicherheit oder Risiko behaftet sind?

Ein Zielsystem als eine geordnete Menge aufeinander bezogener Einzelziele muss, wenn es ein rationales Entscheiden ermöglichen soll, eine Reihe von Bedingungen erfüllen, von denen als wichtigste zu nennen sind:

– *Vollständigkeit:* Nur wenn alle Ziele und Präferenzen explizit gemacht sind, lassen sich die Umweltzustände identifizieren, von denen die Bewertung der Handlungsalternativen abhängig gemacht werden soll. Insbesondere bei Mehr-Personenentscheidungen ist die Forderung nach Vollständigkeit von eminenter Bedeutung: Nur, wenn sich die Beteiligten über die Ziele und Beweggründe aller im Klaren sind, lassen sich Bewertungen anderer nachvollziehen. Jedoch wird es oft Gründe geben, seine Ziele nicht zu offenbaren, um damit einen Vorteil zu haben. Zuweilen werden auch Ziele im Verborgenen gehalten, weil sie moralisch fragwürdig oder tabuisiert, gleichwohl aber handlungsleitend sind.

Häufig lässt sich das Postulat der Vollständigkeit auch bei bestem Willen der Beteiligten nicht einhalten; bei betrieblichen Entscheidungen, die durch ein hohes Niveau an Innovation gekennzeichnet sind, verändern sich im Laufe des Prozesses die Ziele der Beteiligten und werden regelmäßig im Nachhinein an getroffene und (intuitiv) für richtig erkannte Entscheidungen angepasst, um diese besser legitimieren zu können.

- *Einfachheit:* Je mehr Ziele ein Zielsystem enthält und umso stärker es verschachtelt ist, umso schwieriger gestaltet sich die Bewertung der Alternativen. Um ein Zielsystem zu vereinfachen, kann man versuchen, verschiedene Ziele zu einer Zielgröße zusammenzufassen, was seinen formalen Ausdruck in der noch zu behandelnden Nutzenfunktion findet.

- *Operationalität:* Ziele müssen operational formuliert sein, um eine eindeutige Aussage über das Ausmaß der Zielerreichung machen zu können. So ist z. B. das Ziel „Maximiere den Gewinn" nicht operational formuliert: Es ist allenfalls die Höhenpräferenz (maximiere...) klar, nicht die Artenpräferenz (ist der buchhalterische Gewinn gemeint, der Überschuss der Einnahmen über die Ausgaben, der kalkulatorische Gewinn, der „ökonomische" Gewinn?), nicht die Zeitpräferenz (wie werden zukünftige Gewinne zu heutigen in Beziehung gesetzt?), nicht die Unsicherheitspräferenz (welches Risiko darf dabei eingegangen werden?). Das Postulat der Operationalität erhält besondere Bedeutung in arbeitsteiligen Prozessen: Wenn Entscheidungsbefugnisse delegiert werden sollen, müssen die Beauftragten wissen, was von ihnen erwartet wird und woran die von ihnen erbrachte Leistung gemessen werden soll.

- *Präferenzunabhängigkeit:* Die Beurteilung einer Handlungsalternative nach einem bestimmten Attribut sollte nicht davon abhängig sein, inwieweit ein anderes Attribut realisiert ist, da sonst die Bildung einer additiven multiattributiven Wertfunktion, die bei vielen in der Praxis angewandten Entscheidungsregeln (Scoring-Modelle wie Balanced Scorecard, Nutzwertanalyse, Punktbewertungsverfahren) unterstellt wird, nicht möglich ist.[26]

Beispiel. Jemand hat unter mehreren Menüvorschlägen zu wählen und entscheidet nach den drei Attributen Preis, Getränk und Hauptspeise: Hinsichtlich des Attributs Preis besteht Präferenzunabhängigkeit, denn ein niedrigerer Preis ist einem höheren immer vorzuziehen. Dies ist nicht der Fall bei den anderen Attributen: Gibt es als Hauptspeise Forelle, so erhält Weißwein eine höhere Bewertung, gibt es Schweinebraten, so wird Bier besser bewertet.

---

[26] Vgl. *Eisenführ, Franz; Weber, Martin*: Rationales Entscheiden, Berlin-Heidelberg (Springer) 1993, S. 110 ff.

Die Nutzenfunktion

Ist das Entscheidungsfeld definiert und liegt das Zielsystem des Entscheidungsträgers vor, so müssen die Handlungskonsequenzen bewertet werden; erst, wenn dies erfolgt ist, können die Handlungsmöglichkeiten, die Aktionen, bewertet und eine Auswahlentscheidung getroffen werden. Die Bewertungsakte erfolgen rein nach Maßgabe der *subjektiven* Wertzumessung des Entscheiders, nach dem *Nutzen*, den er sich aus der Sache erhofft. Es geht also darum, den einzelnen Handlungskonsequenzen den aus ihnen erwachsenden Nutzen zuzuordnen; später werden wir in einem zweiten Schritt auch die Aktionen mit Nutzengrößen zu belegen haben.

Die *Nutzenfunktion (utility function)* stellt die Abbildungsregel dar, mit der jedem Ergebnis k_{nm} eine Zahl $u(k_{nm})$ derart zugeordnet wird, dass gilt: Je höher das Ergebnis k_{nm} eingeschätzt wird, umso größer ist die Zahl $u(k_{nm})$. Eine derartige Nutzenfunktion kann nur dann gebildet werden, wenn die Axiome Transitivität und Vollständigkeit gewahrt sind. Es muss gelten:

$$\text{wenn:} \quad k_{nm} \succ k_{op} \quad \text{dann:} \quad u(k_{nm}) > u(k_{op})$$

$$\text{wenn:} \quad k_{nm} \succcurlyeq k_{op} \quad \text{dann:} \quad u(k_{nm}) \geq u(k_{op})$$

$$\text{wenn:} \quad k_{nm} \sim k_{op} \quad \text{dann:} \quad u(k_{nm}) = u(k_{op}) \,.$$

Da eine solche Nutzenfunktion lediglich die Rangfolge der Präferenzen zum Ausdruck bringt, kann sie ohne weiteres transformiert werden: Der Nutzenfunktion u ist jede Nutzenfunktion $\hat{u}$ äquivalent, die sich als streng monoton wachsende Transformation von u ergibt: So wird z. B. die durch die Funktion u beschriebene Präferenzreihung auch durch $\hat{u} = 3u^3 - 2{,}4$ wiedergegeben, denn wenn $u(x) > u(y)$ gilt, muss auch gelten $\hat{u}(x) > \hat{u}(y)$. Eine derartige *ordinale Nutzenfunktion* findet üblicherweise in der mikroökonomischen Haushaltstheorie Anwendung, ist aber für die meisten finanzwirtschaftlichen Fragestellungen nicht hinreichend:

–   Sie erlaubt keine Nutzenaggregationen beim Vorliegen mehrerer Ziele; bei finanzwirtschaftlichen Entscheidungen spielen aber meist mehrere Ziele eine Rolle. Wenn eine Finanzanlage zwar eine höhere Rendite erwarten lässt als eine andere, aber risikobehafteter ist, lässt sich auf der Basis rein ordinaler Beurteilungen keine Präferenzaussage ableiten.

–   Sie erlaubt keine Nutzenaggregationen beim Vorliegen mehrerer Zustände und ist somit nur auf Entscheidungen unter Sicherheit anwendbar; für finanzwirtschaftliche Entscheidungen ist indes die Risikodimension kennzeichnend. Wenn Anlage a_2 sich unter z_1 als besser erweist als a_1, unter z_2 aber gilt, dass $a_1 \succ a_2$, lässt sich mit rein ordinaler Beurteilung keine Präferenz ableiten.

In diesen Fällen ist eine *kardinale Nutzenfunktion* erforderlich, die auch etwas über das Maß der Vorziehenswürdigkeit aussagt; es muss gelten, dass der Übergang von v nach x genau dann dem Übergang von y nach z vorgezogen wird, wenn gilt, dass $u(x) - u(v) > u(z) - u(y)$. Es wird nicht nur ausgesagt, *dass* ein Ergebnis einem anderen vorgezogen wird, sondern auch *um wie viel* das der Fall ist. Auch eine kardinale

Nutzenfunktion u kann transformiert werden: Jede Nutzenfunktion $\hat{u}$ ist u äquivalent, die sich als positiv lineare Transformation von u ergibt: Die Funktion u ist äquivalent $\hat{u} = a + b \cdot u$ (für alle $b > 0$).

Ersetzt man in der Ergebnismatrix $K = k_{11}\ldots k_{mn}$ die Ergebnisse durch die ihnen aufgrund der Nutzenfunktion zugeordneten Nutzenwerte, so erhält man die *Nutzenmatrix* (auch *Entscheidungsmatrix*) $u(k_{11})\ldots u(k_{mn})$.

		Nutzen $U(a_i)$	Zustandsraum $Z = z_1, z_2, z_3, \ldots, z_n$ Eintrittswahrscheinlichkeiten $\sum(p_1, p_2, \ldots, p_n) = 1$					
			z_1 p_1	z_2 p_2	z_3 p_3	z_4 p_4	$\cdots$ $\cdots$	z_n p_n
	a_1	$U(a_1)$	$u(k_{11})$	$u(k_{12})$	$u(k_{13})$	$u(k_{14})$	$\ldots$	$u(k_{1n})$
	a_2	$U(a_2)$	$u(k_{21})$	$u(k_{22})$	$u(k_{23})$	$u(k_{24})$	$\ldots$	$u(k_{2n})$
Aktionenraum	a_3	$U(a_3)$	$u(k_{31})$	$u(k_{32})$	$u(k_{33})$	$u(k_{34})$	$\ldots$	$u(k_{3n})$
$A = a_1, a_2, a_3, \ldots, a_m$	a_4	$U(a_4)$	$u(k_{41})$	$u(k_{42})$	$u(k_{43})$	$u(k_{44})$	$\ldots$	$u(k_{4n})$
	$\ldots$	$\ldots$	$\ldots$	$\ldots$	$\ldots$	$\ldots$	$\ldots$	$\ldots$
	a_m	$U(a_m)$	$u(k_{m1})$	$u(k_{m2})$	$u(k_{m3})$	$u(k_{m4})$	$\ldots$	$u(k_{mn})$

Das Entscheidungsfeld auf der Basis der Nutzenmatrix unterscheidet sich von dem auf Basis der Ergebnismatrix durch die Spalte $U(a_i)$. Da die Entscheidung zwischen Aktionen zu erfolgen hat, mithin eine ganze Zeile von Handlungsergebnissen zu wählen ist, wird eine Bewertungsfunktion U erforderlich, die die Vielzahl der Nutzenwerte für die Ergebnisse zu einem Nutzenwert der Aktion aggregiert. Die bekannteste Form einer Bewertungsfunktion bei Entscheidungen unter Risiko ist die *Bernoulli*-Funktion, auch *von Neumann-Morgenstern*-Funktion,[27] bei der ein Nutzen-Erwartungswert gebildet wird, d. h. der Nutzen einer Aktion wird als der mathematische Erwartungswert (= die mit den Eintrittswahrscheinlichkeiten für die Zustände gewichtete Summe) der zustandsabhängigen Ergebnisse berechnet:

$$U(a_i) = p_1 \cdot u(k_{1i}) + p_2 \cdot u(k_{2i}) + p_3 \cdot u(k_{3i}) + \cdots + p_n \cdot u(k_{ni})$$

Liegen somit die den einzelnen Aktionen zugeordneten Nutzenwerte $U(a_1)\ldots U(a_m)$ vor, so ist das Entscheidungsproblem mithilfe einer einfachen, wenngleich nicht immer leicht zu berechnenden Maximierung

$$U(a_{\text{opt}}) = \max[U(a_1), U(a_2), U(a_3), \ldots, U(a_m)]$$

gelöst: Die optimale Aktion ist diejenige, deren Wert, gemessen an der Bewertungsfunktion U, maximal ist. In den nachfolgenden Abschnitten wird dies anhand konkreter Beispiele verdeutlicht. ·

---

27 Vgl. *von Neumann, John; Morgenstern, Oskar*: Theory of Games and Economic Behavior, Princeton (University Press) 1944, S. 15 ff.

2.2 Entscheidungen gegen die Natur

Die dargestellte Entscheidungsmatrix stellt eine typische Entscheidung gegen die Natur dar: Die Ergebnisse einer Aktion hängen ab von der Realisation eines Umweltzustandes, auf den der Entscheider keinen Einfluss hat; somit ist der eintretende Zustand eine reine Zufallsvariable und nicht eine Reaktion auf die gewählte Aktion. Die Roulettekugel ist weder unser Freund noch unser Feind: Sie fällt nicht auf Rot, *weil* wir auf Rot gesetzt haben (um uns zu erfreuen), aber auch nicht, weil wir auf schwarz gesetzt haben (um uns zu ärgern). Für Entscheidungen gegen die Natur hat die Entscheidungstheorie einige Entscheidungsregeln und -prinzipien entwickelt. Da finanzwirtschaftliche Probleme nahezu ausschließlich vor dem Hintergrund einer unsicheren Zukunft zu treffen sind, werden wir uns hier nur mit Entscheidungen befassen, bei denen das Eintreten der entscheidungsrelevanten Zustände mit Unsicherheit oder Risiko behaftet ist (Entscheidungen gegen die Natur). Darüber hinaus sind jedoch Entscheidungen zu betrachten, bei denen das Eintreten der entscheidungsrelevanten „Zustände" das Ergebnis interessegeleiteter Entscheidungen anderer sind (Spiele). Finanzwirtschaftliche Entscheidungen finden in der Regel in Märkten statt, in denen die anderen in gleicher Weise ihren Vorteil suchen wie wir selbst; nur ein Denkansatz, der wie die Spieltheorie die Wechselbeziehung zwischen Entscheidungssubjekt und aktiv handelnden „Anderen" thematisiert, ist in der Lage, die Komplexität einer solchen Marktbeziehung wenigstens ansatzweise zu erfassen.

2.2.1 Entscheidungen unter Unsicherheit

Während die auf *Frank Knight*[28] zurückgehende Unterscheidung in Unsicherheit (*uncertainty*) und Risiko (*risk*) für manche eine akademische Spitzfindigkeit ist, halten andere sie für ein unverzichtbares analytisches Instrument, um Dinge, die nichts miteinander zu tun haben, konzeptionell zu unterscheiden:[29] Es ist nicht das Gleiche, ob wir etwas über Eintrittswahrscheinlichkeiten wissen und es mit kalkulierbaren *Risiko*situationen zu tun haben, oder ob wir nichts darüber wissen. *Keynes* schreibt in seiner *Treatise on Probability*:

> By ‚uncertain' knowledge [...] I do not mean merely to distinguish what is known for certain from what is only probable. The game of roulette is not subject, in this sense, to uncertainty [...] The sense in which I am using the term is that in which the prospect of a European war is uncertain, or

---

28 *Knight, Frank N.*: Risk, Uncertainty and Profit, New York (Houghton Mifflin) 1921.
29 Vgl. Die Gegenüberstellung der Positionen bei *Davidson, Paul*: Some Misunderstanding on Uncertainty in Modern Classical Economics; in: *Schmidt, Christian* (Hrsg.): Uncertainty in Economic Thought, Cheltenham – Brookfield (Edward Elgar) 1996, S. 21–37.

the price of copper and the rate of interest twenty years hence [...] About these matters there is no scientific basis on which to form any calculable probability whatever. We simply do not know.[30]

Lucas hingegen erkennt nur Risikophänomene als legitimen Gegenstand der Ökonomie an: „in situations of risk the hypothesis of rational behavior [...] will have usable content, so that behavior may be explainable in terms of economic theory [...] In cases of uncertainty, economic reasoning will be of no value."[31]

In klarem Kontrast dazu steht die Position, die von Ökonomen der österreichischen Schule vertreten wird: Für sie ist die Realität der Märkte in einem derartigen Maß komplex, dass es kaum möglich ist, die Informationen, die der Markt aussendet, für sich zu nutzen. Dies liegt nicht darin begründet, dass der Mensch nur über begrenzte Problemlösungsfähigkeiten verfügt oder aufgrund zu hoher Kosten sich mit einer begrenzten Informationsauswertung begnügt, sondern es liegt in der Natur des Marktes als exzellentem Informationsverarbeiter: Da dieser die vorhandene Information, wozu auch Wahrscheinlichkeitsaussagen über zukünftige Zustände gehören können, bereits eingepreist hat, ist nicht-redundante Information über zukünftige Entwicklungen nicht mehr verfügbar. Zwischen Risiko und Unsicherheit bestehen fundamentale Unterschiede: Die eigentliche Herausforderung an die Ökonomie besteht allerdings im Umgang mit Unsicherheit, eine Aufgabe, bei deren Lösung kompetitive Märkte mit frei entscheidenden Wirtschaftseinheiten sich bisher gegenüber allen alternativen Allokationstechniken als überlegen erweisen.[32]

Die formale Behandlung der Lösung von Unsicherheitsproblemen bleibt indes hinter der logischen Stringenz und formalen Eleganz der modernen Entscheidungslogik, die primär normative Regeln für Entscheidungen unter Risiko zu begründen versucht, zurück. Die im Folgenden kurz behandelten Entscheidungsregeln unter Unsicherheit muten z. T. auch sehr abstrakt und für praktische Entscheidungen wenig hilfreich an; dass dies so ist, liegt, wie *Bamberg/Coenenberg* bemerken „eher an der Natur der Sache als an der mangelnden Kreativität der Theoretiker."[33]

Betrachten wir einmal das in der folgenden Entscheidungsmatrix gegebene Problem. Dem Entscheider stehen sechs Handlungsalternativen (Aktionen $a_1 \ldots a_6$) offen. Die Ergebnisse hängen von den vier Umweltzuständen $z_1 \ldots z_4$ ab, über deren Eintrittswahrscheinlichkeiten keine Informationen vorliegen; einen Wahrscheinlichkeitenvektor $p_1 \ldots p_4$ gibt es somit nicht. Die Ergebnisse sind Nutzengrößen; unter-

30 *Keynes, John Maynard*: Treatise on Probability, in: *Moggridge, Donald* (Hrsg.): The Collected Writings of John Maynard Keynes, Band VIII, Cambridge (University Press) 1973.
31 *Lucas, Robert E.*: Studies in Business Cycles Theory, Cambridge/Mass. (MIT Press) 1981, S. 224.
32 Für *Hayek* besteht die Überlegenheit eines marktwirtschaftlich-kapitalistischen Wirtschaftssystems primär in der Fähigkeit von Märkten, Information effizient zu verarbeiten; vgl. *von Hayek, Friedrich A.*: The Use of Knowledge in Society, American Economic Review 1945, S. 519–530.
33 *Bamberg, Günter; Coenenberg, Adolf G.*: Betriebswirtschaftliche Entscheidungslehre, 10. Aufl., München (Vahlen) 2000, S. 129.

stellt man eine Nutzenfunktion vom Typ $u(x) = x$, so kann man sie auch unmittelbar als Auszahlungen (etwa mit der Maßeinheit 1.000 €) interpretieren.

	z_1	z_2	z_3	z_4
a_1	5	6	5	6
a_2	9	2	3	1
a_3	5	8	4	6
a_4	6	6	5	4
a_5	2	7	8	7
a_6	5	7	4	6

Bei genauerem Hinsehen erkennt man sofort, dass die Aktion a_6 aufgrund der Dominanzregel ausgeschieden werden kann: Gegenüber a_3 sind die Ergebnisse in keinem der Umweltzustände besser und in einem Zustand, in z_2, schlechter. Handlungsalternative 6 ist somit *ineffizient* und wird nicht weiter betrachtet. Leider ist das Problem damit nur unwesentlich vereinfacht worden, denn zwischen den verbleibenden Alternativen ist nicht mehr so einfach zu entscheiden.

Die bekannteste Entscheidungsregel, das Problem zu lösen, ist die sog. *Mini-Max-Regel*, nach der man sich für diejenige Alternative entscheidet, bei der man, wenn es besonders ungünstig kommen sollte, wenigstens noch am besten gestellt ist. Man bewertet somit jede Alternative a_i mit dem schlechtestmöglichen Ergebnis $U(a_i) = \min(u_{1i} \ldots u_{ni})$, um sich dann für die Alternative mit dem höchsten Nutzen $U(a_{opt}) = \max[U(a_1) \ldots U(a_m)]$ zu entscheiden.

Minimax 1	Z_1	Z_2	Z_3	Z_4	$U(a_i)$
a_1	5	6	5	6	5!
a_2	9	2	3	1	1
a_3	5	8	4	6	4
a_4	6	6	5	4	4
a_5	2	7	8	7	2

Minimax 2	Z_1	Z_2	Z_3	Z_4	$U(a_i)$
a_1	5	5	5	5	5!
a_2	99	99	99	2	2
a_3	99	99	4	99	4
a_4	99	99	99	4	4
a_5	2	99	99	99	2

Gegen die Mini-Max-Regel lässt sich einwenden, dass sie von einer extremen Risikoscheu geprägt ist: Warum sollte immer gerade der ungünstigste Zustand eintreten? Zudem wird nur ein Teil der Information (das jeweilige Minimum) in die Überlegungen einbezogen, was mit einem rationalen Entscheidungsverhalten nur schwer in Einklang zu bringen ist. Während die Entscheidung für a_1 in der linken Matrix (Minimax 1) noch durchaus nachvollziehbar ist, dürfte im Fall der rechten Matrix (Minimax 2) sich kaum jemand für a_1 entscheiden.

Demgegenüber ist die *Maxi-Max-Regel* von einem grenzenlosen Optimismus geprägt: Man entscheidet sich stets nach dem bestmöglichen Ergebnis überhaupt: Jede Alternative i wird mit dem bestmöglichen Ergebnis $U(a_i) = \max(u_{1i} \ldots u_{ni})$ bewertet und dann die Alternative mit dem höchsten Nutzen $U(a_{opt}) = \max[U(a_1) \ldots U(a_m)]$ gewählt (wähle aus den Maxima das Maximum). Wie bei der Mini-Max-Regel wird auch hier nur ein Teil der Information benutzt, was leicht zu inakzeptablen Ergebnissen (vgl. rechte Matrix) führen kann.

Maximax 1	Z_1	Z_2	Z_3	Z_4	$U(a_i)$
a_1	5	6	5	6	6
a_2	9	2	3	1	**9!**
a_3	5	8	4	6	8
a_4	6	6	5	4	6
a_5	2	7	8	7	8

Maximax 2	Z_1	Z_2	Z_3	Z_4	$U(a_i)$
a_1	6	6	6	6	6
a_2	9	1	1	1	**9!**
a_3	8	8	8	8	8
a_4	6	6	6	6	6
a_5	8	8	8	8	8

Einen Kompromiss stellt die *Hurwicz-Regel* her, bei dem der Entscheider einen subjektiven Optimismus-Pessimismus-Parameter λ bestimmt, mit dem eine Kombination aus dem schlechtesten und dem besten Ergebnis entscheidungsrelevant wird: Jede Alternative i wird mit $U(a_i) = \lambda[\min(u_{1i}\dots u_{ni})] + (1-\lambda)[\max(u_{1i}\dots u_{ni})]$ bewertet und dann die Aktion mit dem höchsten Nutzen $U(a_{\text{opt}}) = \max[U(a_1)\dots U(a_m)]$ gewählt (in der nachstehenden Matrix gilt $\lambda = 0{,}6$):

Hurwicz	Z_1	Z_2	Z_3	Z_4	$U(a_i)$
a_1	5	6	5	6	5,40
a_2	9	2	3	1	4,20
a_3	5	8	4	6	**5,60!**
a_4	6	6	5	4	4,80
a_5	2	7	8	7	4,40

Savage/Niehans	Z_1	Z_2	Z_3	Z_4	$U(a_i)$
a_1	4	2	3	1	4
a_2	0	6	5	6	6
a_3	4	0	4	1	4
a_4	3	2	3	3	**3!**
a_5	7	1	0	0	7

Einen völlig anderen Ansatz verfolgt die *Savage-Niehans-Regel* (Kriterium des geringsten Bedauerns), bei der gefragt wird, wie hoch bei den Aktionen der Ärger werden kann, falsch entschieden zu haben. Dazu muss die Nutzenmatrix $u_{11}\dots u_{nm}$ zunächst in eine Schaden-Matrix $s_{11}\dots s_{nm}$ (*Regret-Matrix*) umgewandelt werden: Für jeden Zustand j errechnet sich der Schaden als Differenz zwischen dem Nutzen der gewählten zur besten Aktion: $s_{ji} = \max(u_{j1}\dots u_{jm}) - u_{ji}$; wählt z. B. jemand a_1 und z_1 tritt ein, so ist sein Ergebnis um $9 - 5 = 4$ schlechter als es bestenfalls (wenn er sich für a_2 entschieden hätte) hätte sein können. Auf die Schadensmatrix wird dann das Mini-Max-Kriterium angelegt, d. h. jede Aktion wird anhand des größtmöglichen Schadens bewertet $U(a_i) = \max(s_{1i}\dots s_{ni})$ und die Alternative gewählt, bei dem dieser minimal ist: $U(a_{\text{opt}}) = \min[U(a_1)\dots U(a_m)]$. Auch für die Hurwicz-Regel gilt, dass die Information nur partiell (nur Minima und/oder Maxima) genutzt wird. Dieser Mangel haftet der *Laplace-Regel* nicht an. Sie geht vom „Prinzip des unzureichenden Grundes" aus und unterstellt, dass, wenn schon nichts über die Eintrittswahrscheinlichkeiten gesagt werden könne, die Wahrscheinlichkeiten als gleich angenommen werden dürften. Damit lassen sich die Aktionen anhand des arithmetischen Durchschnitts ihrer

Ergebnisse bewerten: $U(a_i) = (u_{1i} + u_{2i} + u_{3i} + \cdots + u_{ni})/n$. Gewählt wird dann die Alternative $U(a_{\text{opt}}) = \max[U(a_1)\ldots U(a_m)]$.

Laplace 1	Z_1	Z_2	Z_3	Z_4	$U(a_i)$
a_1	5	6	5	6	5,50
a_2	9	2	3	1	3,75
a_3	5	8	4	6	5,75
a_4	6	6	5	4	5,25
a_5	2	7	8	7	**6,00!**

Laplace 2	Z_1	Z_2	Z_3	Z_4	Z_5	$U(a_i)$
a_1	5	6	5	6	5	5,40
a_2	9	2	3	1	9	4,80
a_3	5	8	4	6	5	**5,60!**
a_4	6	6	5	4	6	5,40
a_5	2	7	8	7	1	5,00

Die Anwendung des Prinzips des unzureichenden Grundes hat allerdings das Problem massiv verändert, wenn nicht sogar verfälscht. Es ist nicht dasselbe, ob bzgl. verschiedener Umweltzustände nichts bekannt ist oder ob Gleichwahrscheinlichkeit besteht: Würde z. B. jemand darauf verweisen, dass außer den vier betrachteten Zuständen noch ein fünfter möglich sei, so könnte dies ein anderes Ergebnis zur Folge haben, obwohl z_5 u. U. nur eine Variante von z_1 ist, die auf das Eintreten von z_2, z_3 und z_4 keinen Einfluss hat (vgl. Übergang von der linken zur rechten Matrix).

Die breite Akzeptanz des *Laplace*-Kriteriums deutet darauf hin, dass wir geneigt sind, uns von dem unangenehmen Unsicherheitsproblem hin zum „handhabbareren" Risikoproblem zu bewegen. Hinter den Versuchen, die Mini-Max-Regel oder die Maxi-Max-Regel ad absurdum zu führen, stand ebenfalls so etwas wie ein Prinzip des unzureichenden Grundes: In der Tabelle Mini-Max-Regel (2) erschien z. B. a_2 der Aktion a_1 angesichts dessen überlegen, dass sie in drei von vier Zuständen deutlich höhere Ergebnisse mit sich brachte; dahinter steht natürlich implizit eine Wahrscheinlichkeitsannahme. *Ellsberg*[34] hat an einem Experiment gezeigt, dass Menschen sich in Unsicherheitssituationen unwohler fühlen als in Risikosituationen und dies auch in ihren Präferenzen klar zum Ausdruck bringen.

In einer Urne sind 90 Bälle, von denen 30 rot und 60 entweder gelb oder schwarz gefärbt sind. Zuerst ist zwischen den Aktionen A_1 und A_2 zu wählen: Wählt der Entscheider A_1 und zieht (ohne hineinzusehen) eine rote Kugel, so erhält er 1.000 €; wählt er A_2 und zieht eine schwarze Kugel, so erhält er ebenfalls 1.000 €; in allen anderen Fällen erhält er nichts.

	rote Kugeln	schwarze Kugeln	gelbe Kugeln
Aktion	30 Stück	60 Stück	
A1	1.000 €	0 €	0 €
A2	0 €	1.000 €	0 €
B1	1.000 €	0 €	1.000 €
B2	0 €	1.000 €	1.000 €

34 *Ellsberg, Daniel*: Risk, Ambiguity and the Savage Axioms, Quarterly Journal of Economics 1961, S. 643–669.

Sodann ist eine Wahl zwischen B_1 und B_2 zu treffen, die sich von der ersten nur darin unterscheidet, dass im Fall des Ziehens einer gelben Kugel unabhängig von der gewählten Aktion der Betrag von 1.000 € ausgezahlt wird. Nach dem Unabhängigkeitspostulat müsste jeder, der sich für A_1 (A_2) entschieden hat, auch B_1 (B_2) wählen. Im Experiment allerdings wurde am häufigsten die Kombination A_1 und B_2 gewählt. *Ellsberg* erklärt dieses Phänomen damit, dass die Probanden offenbar eine Abneigung gegen Unsicherheitsphänomene haben und punktgenaue Wahrscheinlichkeiten vorziehen: Bei Wahl von A_1 wird in 1/3 der Fälle, bei Wahl von B_2 in 2/3 der Fälle gewonnen; bei Wahl der Aktionen A_2 oder B_1 können keine exakten Wahrscheinlichkeiten, sondern nur Bereiche angegeben werden.

Mit der *Laplace*-Regel wurde bereits das Terrain der Entscheidungen unter Unsicherheit verlassen: Offenbar tendieren Entscheider dazu, sich des unangenehmen Problems der Entscheidung unter Unsicherheit dadurch zu entledigen, dass sie es in ein Entscheidungsproblem unter Risiko uminterpretieren. Insbesondere im Zuge der jüngsten Finanzkrise wurde dies deutlich: Die durchaus verständliche Absicht, alle Unwägbarkeiten unternehmerischen Handelns im Rahmen des Risikomanagements zu erfassen und in den Frühwarnsystemen zu berücksichtigen, hat viele Risikomanager dazu veranlasst, durch die Zuweisung von Wahrscheinlichkeiten echte Unsicherheitsphänomene unzulässiger Weise in Risikophänomene umzudeuten.[35] Wenden wir uns daher den Entscheidungen unter Risiko zu.

2.2.2 Entscheidungen unter Risiko

Das Erwartungswertprinzip (μ-Prinzip)

Lassen sich den einzelnen Umweltzuständen $z_1 \ldots z_n$ Wahrscheinlichkeiten $p_1 \ldots p_n$ zuordnen, so kann für jede Aktion a_i das erwartete Ergebnis μ_i, die Summe der mit den jeweiligen Eintrittswahrscheinlichkeiten gewichteten Ergebnisse, berechnet werden:

$$\mu_i = (p_1 \cdot k_{1i} + p_2 \cdot k_{2i} + p_3 \cdot k_{3i} + \cdots + p_n \cdot k_{ni}) = \sum_{j=1}^{n} p_j \cdot k_{ji}$$

Das Prinzip, sich bei mehrwertigen Erwartungen am Erwartungswert zu orientieren, wird auch als *Bayes-Prinzip*, oder, da für den Erwartungswert einer Zufallsvariable meist μ steht, als $\mu - Regel$ bezeichnet. Lange Zeit war das Erwartungswertprinzip die allgemein akzeptierte Bewertungsregel nicht nur für Glücksspiele, sondern für jedwede Form risikobehafteter Prospekte: Es wird als fair empfunden, wenn bei Wetten der Einsatz so ist, dass alle Beteiligten die gleichen Chancen haben. Wenn A erklärt, an B 10 € zu zahlen, falls eine Münze auf „Zahl" fällt, gilt es als fair, wenn B für die

---

35 *Taleb* hat in seinen Schriften stets davor gewarnt, allzu voreilig von statistischen Wahrscheinlichkeiten auszugehen und damit die Unsicherheitsprobleme zu trivialisieren. Vgl. *Taleb, Nassim Nicholas*: Der Schwarze Schwan – Konsequenzen aus der Krise, München (Hanser) 2010.

Durchführung dieses Spiels den Erwartungswert von 5 € an A zahlt; nur in diesem Fall haben beide die gleichen Gewinn- und Verlustchancen.

Gleichwohl hat schon 1738 *Daniel Bernoulli*[36] das Erwartungswertprinzip in Frage gestellt. Anhand des *St. Petersburger Spiels* zeigte er, dass selbst ausgesprochene Spielernaturen manchem Glücksspiel einen Wert beimessen, der deutlich niedriger als der Erwartungswert liegt.

Das St. Petersburger Paradox: Es wird eine faire Münze mit den Seiten „Kopf" und „Zahl" geworfen. Fällt die Münze auf „Zahl", so erhält der Spieler zwei Rubel, fällt sie auf „Kopf", so wird sie nochmals geworfen. Fällt sie jetzt auf „Zahl", erhält der Spieler vier Rubel; anderenfalls wird sie wieder geworfen und der Spieler erhält bei „Zahl" acht Rubel, etc. D. h. es wird solange gespielt, bis die Münze das erste Mal auf „Zahl" fällt; ist dies im n-ten Wurf der Fall, so werden dem Spieler 2^n Rubel ausgezahlt und das Spiel ist beendet. Da die Wahrscheinlichkeit dafür, dass beim n-ten Wurf erstmals die Münze auf „Zahl" fällt, $p = (1/2)^n$ beträgt, errechnet sich der Erwartungswert μ dieses Spiels als

$$\mu = \frac{2}{2} + \frac{4}{4} + \frac{8}{8} + \frac{16}{16} + \cdots + \frac{2^n}{2^n} + \cdots = \infty$$

Vor die Wahl gestellt, ob sie lieber eine Million Euro haben oder das St. Petersburger Spiel spielen wollen, entscheiden sich alle Befragten für die Million. Üblicherweise ist kaum jemand bereit, mehr als 20 Rubel für die Durchführung des Spiels zu bezahlen.

Der Grund für das deutliche Zurückbleiben der Bewertungen hinter dem Erwartungswert ist darin zu suchen, dass auch eine noch so hohe Gewinnchance keinen ausreichenden Anreiz dafür liefert, erhebliche Geldbeträge aufs Spiel zu setzen: Immerhin ist beim St. Petersburger Spiel die Chance, mehr als 256 Rubel zu erhalten, geringer als 0,4 %. Offenbar haftet dem Erwartungswertprinzip der Mangel an, dass es dem Risikoaspekt nicht Rechnung trägt. Damit ist es für finanzwirtschaftliche Entscheidungen i. d. R. unbrauchbar: In der Praxis wird wohl kaum jemand im nachstehenden Beispiel die Aktionen a_1, a_2 und a_3 für gleich einschätzen.

	$z_1\ (p_1 = 0{,}2)$	$z_2\ (p_2 = 0{,}3)$	$z_3\ (p_3 = 0{,}5)$	μ_i
a_1	140	40	120	**120**
a_2	120	120	120	**120**
a_3	70	320	20	**120**
a_4	120	110	120	**117**

Viele werden trotz des geringeren Erwartungswerts die Aktion a_4 den Aktionen a_1 und a_3, die ein hohes Risiko aufweisen, vorziehen; lediglich die Reihung $a_2 > a_4$ ist, da hier ein Dominanzverhältnis besteht, unbestritten.

---

36 *Bernoulli, Daniel*: Specimen theoria enovae de mensura sortis, in: Commentari i academia e scienti arum imperialis Petropolitanae, tomus V, St. Petersburg 1738, S. 175–192.

Das Zwei-Parameter-Modell (μ-σ-Prinzip)

Da in der Finanzwirtschaft die relevanten Zustände (künftige Zinsen, Wechselkurse, Aktienkurse etc.) in der Form statistischer Zufallsvariablen erfasst werden können, bietet sich an, dem Risiko dadurch Rechnung zu tragen, dass neben der statistischen Maßzahl μ, dem Erwartungswert einer Verteilung, auch σ, die Standardabweichung, in das Kalkül einbezogen wird: Aus dem μ-Prinzip wird das μ-σ-Prinzip (auch: *Zwei-Parameter-Prinzip*), das der Portefeuilletheorie und damit auch weiten Teilen der Kapitalmarkttheorie zugrunde liegt. Als Variante findet sich in der Literatur auch das μ-σ^2-Prinzip oder Erwartungswert-Varianz-Prinzip.

Am anschaulichsten lässt sich das μ-σ-Prinzip in der Form von Indifferenzkurven darstellen: In ein Diagramm, auf dem auf der Abszisse die Standardabweichung und auf der Ordinate der Erwartungswert (die erwartete Rendite) abgetragen ist,[37] werden die Kombinationen von μ und σ, die dem Entscheider den gleichen Nutzen versprechen, als Indifferenzkurven dargestellt (Abb. 2.1): Für jede μ-σ-Kombination auf der Indifferenzkurve gilt, dass der Entscheider indifferent ist zwischen ihr und jeder anderen μ-σ-Kombination auf derselben Indifferenzkurve. Da die Steigung einer Indifferenzkurve die Grenzrate der Substitution zwischen den beiden „Gütern" zum Ausdruck bringt, gilt auch:

- Weist die Indifferenzkurve eine positive Steigung auf, so heißt dies, dass der Entscheider ein höheres Risiko nur dann in Kauf nimmt, wenn es ihm durch eine höhere Rendite abgegolten wird: In diesem Fall gilt der Entscheider als *risikoscheu* (*risikoavers*).
- Verläuft die Indifferenzkurve parallel zur Abszisse (Steigung = 0), so beurteilt der Entscheider den zugrundeliegenden Zahlungsstrom ausschließlich nach der erwarteten Rendite: In diesem Fall gilt der Entscheider als *risikoneutral*.
- Weist die Indifferenzkurve eine negative Steigung auf, so heißt das, dass der Entscheider für das Eingehen von Risiken auf Renditenerwartung verzichtet: In diesem Fall gilt der Entscheider als *risikofreudig*.

Natürlich gilt, dass unabhängig von der Risikoneigung eine μ-σ-Kombination, die auf einer höheren Indifferenzkurve liegt, jeder μ-σ-Kombination, die auf einer niedrigeren liegt, vorgezogen wird: ceteris paribus ist eine höhere Rendite einer niedrigeren stets vorzuziehen. Für risikoscheue Investoren gilt somit, dass von allen möglichen Investitionsmöglichkeiten gerade diejenige optimal ist, die auf der höchsten Indifferenzkurve liegt.

---

37 Dies ist die für portfoliotheoretische Probleme heute übliche Form; selbstverständlich könnten die beiden Parameter auch vertauscht werden.

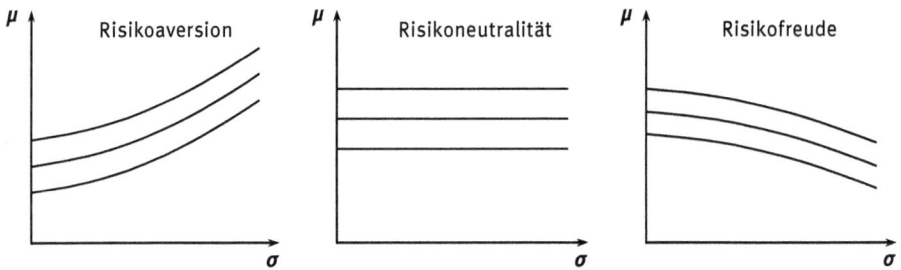

Abb. 2.1: Risikoneigung im μ-σ-Raum

Beispiel: Einem risikoscheuen Investor mit einer Risikoneigung, die der in Abb. 2.2 eingezeichneten Indifferenzkurvenschar entspricht, stehen die beiden Investitionsmöglichkeiten S und T offen: S ist eine risikolose Anlage mit einer Rendite in Höhe von μ_S und $\sigma_S = 0$; T ist eine risikobehaftete Anlage mit $\mu_T > \mu_S$ und $\sigma_T > 0$. Wenn Leerverkäufe ausgeschlossen sind, besteht sein Aktionenraum aus allen Kombinationen zwischen S und T: Diese liegen auf der Geraden ST. Optimal ist die Aktion, bei der das höchste Nutzenniveau erreicht ist: Das entspricht dem Punkt, in dem die höchstmögliche Indifferenzkurve noch die Gerade ST tangiert. Hier wird die Rendite μ_x mit einem Risiko von σ_x erzielt.

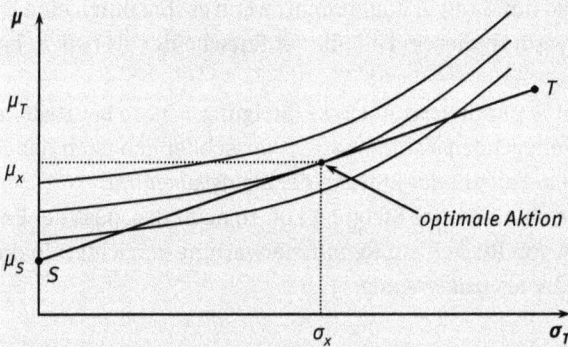

Abb. 2.2: Optimale Aktion im μ-σ-Raum

Die Risikoneigung eines Menschen kann in unterschiedlichen Situationen unterschiedlich sein: Die gleiche Person kann gerne Lotto oder Roulette spielen, d. h. bereit sein, dafür zu bezahlen, sicheres Geld einem Risiko auszusetzen zu dürfen,[38] und Versicherungen abschließen, d. h. bereit sein, dafür zu bezahlen, dass ihr ein anderer bestimmte Risiken abnimmt. Im ersten Fall erweist sie sich als risikofreudig,

---

[38] Einen Betrag von 10 € dem Risiko auszusetzen, „kostet" im Roulette etwa 0,28 € und im Lotto etwa 5 €.

im zweiten Fall als risikoscheu.[39] In der Finanzwirtschaft wird angenommen, dass Wirtschaftssubjekte durchweg von Risikoscheu geprägt sind, d. h. sich übernommene Risiken in Form positiver Risikoprämien bezahlen lassen, eine Beobachtung, für deren Gültigkeit sich eine Fülle empirischer Belege anführen ließe. Unter der *Risikoprämie* versteht man die Differenz zwischen dem Erwartungswert einer risikobehafteten Zahlung und dem Sicherheitsäquivalent, d. h. jener sicheren Zahlung, die den gleichen Nutzen erbringt wie die risikobehaftete Zahlung; haben wir es mit Renditen zu tun, so ist dies die ebenfalls in Renditen ausgedrückte Differenz zwischen der Erwartungsrendite eines risikobehafteten Zahlungsstroms und der Rendite eines risikolosen Zahlungsstroms (risk-free-rate).

Beispiel: Für jemanden, der indifferent ist zwischen einer sicheren Zahlung von 460 € (= Sicherheitsäquivalent, s. u.) und einer Lotterie, bei der er mit gleicher Wahrscheinlichkeit 1.000 GE oder nichts erhält, liegt die Risikoprämie bei

$$P = E(\text{Lotterie}) - \text{Sicherheitsäquivalent} = (1000 \cdot 0{,}5 + 0 \cdot 0{,}5) - 460 = 40 \,.$$

Ein Markt, in dem die langjährige Aktienrendite bei 8 % liegt, während die durchschnittliche Verzinsung sicherer Staatsanleihen sich auf 5 % beläuft, weist eine Risikoprämie von 3 % auf.

Wenn etwas umgangssprachlich davon die Rede ist, jemand sei ein „Spekulant" und somit besonders „risikofreudig", so ist i. d. R. damit gemeint, er habe eine nur gering ausgeprägte Risikoaversion. Im μ-σ-Raum weisen seine Indifferenzkurven eine zwar auch positive, aber eben weniger stark ausgeprägte Steigung auf: Bereits die Aussicht auf nur geringe Verbesserungen in der erwarteten Rendite lassen ihn erhebliche Mehr-Risiken eingehen.

Trotz seiner Verbreitung in der Finanzwirtschaft unterliegt das μ-σ-Prinzip erheblicher Kritik, da die Beschränkung der relevanten Parameter auf μ und σ unter bestimmten Bedingungen zu Ergebnissen führen kann, die mit allgemein akzeptierten Vorstellungen über rationales Verhalten nicht in Einklang zu bringen sind. So müsste ein risikoaverser Entscheider, der vor der Wahl zwischen den beiden Lotterien A und B steht, sich für Lotterie A entscheiden:

$$\text{Lotterie } A: \begin{cases} 5.000\,€ & p = \tfrac{1}{2} \\ -5.000\,€ & p = \tfrac{1}{2} \end{cases}$$

$$\text{Lotterie } B: \begin{cases} 10.000.000\,€ & p = 1/1.000.000 \\ -12\,€ & p = 999.999/1.000.000 \end{cases}$$

Es gilt nämlich, dass Lotterie A mit $\mu_A = 0$ und $\sigma_A = 5.000$ nach beiden Kriterien der Lotterie B mit $\mu_B = -2$ und $\sigma_B = 10.000$ überlegen ist: A weist gegenüber B einen hö-

---

39 Siehe dazu die Ausführungen zur Prospekttheorie von *Kahneman* und *Tversky* weiter unten.

heren Erwartungswert *und* eine geringere Standardabweichung auf. Da *A* somit eine dominante Aktion darstellt, müsste jeder risikoaverse μ-σ-Entscheider die Präferenz $A \succ B$ äußern. Es wird aber viele vernünftige Menschen geben, deren Präferenz $A \prec B$ lautet: Es handelt sich bei *B* um ein typisches Glücksspiel mit einem hohen aber unwahrscheinlichen Gewinn bei einem vergleichsweise geringen Einsatz von 12 €. Bei Lotterie *A* hingegen muss man mit recht hoher Wahrscheinlichkeit (50 %) mit einer empfindlichen finanziellen Einbuße rechnen.

Das Bernoulli-Prinzip (Nutzenerwartungswert)

Das Kernstück der Entscheidungstheorie unter Risiko ist das *Bernoulli*-Prinzip, das auf die Mathematiker *Cramer* und *Bernoulli*[40] zurückgeht, in der uns heute vertrauten Form aber durch *von Neumann* und *Morgenstern* formuliert wurde; häufig findet sich daher auch die Bezeichnung *von Neumann-Morgenstern-Prinzip*.

Wie die Überlegungen zum μ-σ-Prinzip gezeigt haben, ist eine Entscheidungsregel, die es erlaubt, Aussagen über Präferenzen von Individuen zu machen, ohne auf die spezifische Präferenzstruktur dieser Individuen zu rekurrieren, fragwürdig: Zwar ist der Verlauf der Indifferenzkurven im Rahmen des μ-σ-Prinzips Ausdruck der individuellen Risikoneigung, dennoch ist das Prinzip durch die Festlegung auf die beiden Entscheidungsparameter μ und σ zu inflexibel, um weitergehenden Präferenzen Rechnung tragen zu können. Das *Bernoulli*-Prinzip hingegen orientiert sich voll an den subjektiven Einschätzungen der Entscheider und erfüllt somit am ehesten die verschiedenen in der Literatur aufgestellten und oben diskutierten Rationalitätspostulate. Es besagt, der Entscheider solle jedem Ergebnis seinen erwarteten Nutzen zuordnen, sodann für jede Aktion den Erwartungswert dieser Nutzengrößen ermitteln und sich schließlich für die Aktion entscheiden, bei der dieser *Nutzenerwartungswert* maximal sei:

$$U(a_i) = p_1 \cdot u(k_{1i}) + p_2 \cdot u(k_{2i}) + \cdots + p_n \cdot u(k_{ni}) = \sum_{j=1}^{n} p_j \cdot u(k_{ji})$$

$$U(a_{\text{opt}}) = \max[U(a_1), U(a_2), \ldots, U(a_m)]$$

Wie beim μ-Kriterium ist ein Erwartungswert zu bilden, allerdings auf Basis der Nutzen $u(k_{ji})$ und nicht der Ergebnisse k_{ji}. Dies setzt eine *kardinale Nutzenfunktion* voraus, die bis auf positiv lineare Transformationen eindeutig ist; für eine solche Funktion finden sich die Bezeichnungen *Bernoulli*-Funktion, *von Neumann-Morgenstern*-Funktion oder einfach Nutzenfunktion.

---

40 Zur Entstehungsgeschichte des *Bernoulli*-Prinzips vgl. *Coleman, William O.*: Rationalism and Antirationalism in the Origins of Economics – The Philosophical Roots of 18th Century Economic Thought, Hants (Edward Elgar) 1995, S. 40 f.

Die Nutzenfunktion ordnet jedem Ergebnis eine Zahl $u(k)$ zu, sodass gilt: Je mehr der Entscheider ein Ergebnis k schätzt, ein umso höheres $u(k)$ wird er diesem Ergebnis zuordnen. Nutzenfunktionen können verschiedene Verläufe annehmen (Abb. 2.3):

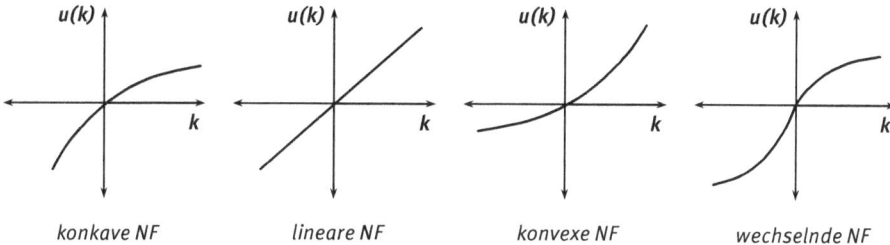

Abb. 2.3: Unterschiedliche Verläufe von Nutzenfunktionen

Von Neumann und *Morgenstern* unterstellen, dass Wirtschaftende risikoavers sind, und somit der *konkave Verlauf* (= abnehmendes Steigungsmaß) der Nutzenfunktion als typisch anzusehen: Mit steigendem Niveau nimmt der Nutzenzuwachs ab. *Bernoulli* ging bei seinen Überlegungen, insb. bei seiner Lösung des St. Petersburger Paradox, ebenfalls von einer konkaven Nutzenfunktion aus und hat damit etwas vorweggenommen, was in der Nationalökonomie mehr als hundert Jahre später als das *Gesetz vom abnehmenden Grenzertrag* (*Gossen, Jevons*) formuliert wurde. Es besagt, dass bei Gütern die subjektive Nutzempfindung mit steigender Menge zwar zunimmt, die Zuwachsrate hingegen immer geringer wird. Da Geld nichts anderes ist als der abstrakte Anspruch auf Güter, gilt dies für Geld gleichermaßen; die Freude über eine Gehaltserhöhung von 100 € ist bei jemandem, der 1.200 € im Monat verdient, ungleich höher als bei einem Manager, dessen Einkommen bei 100.000 € liegt. Aus empirischer und experimenteller Sicht trifft die konkave Nutzenfunktion für viele reale Entscheidungen, allerdings nicht für alle, zu. Wir werden im Kapitel zur Prospect Theory (siehe Kapitel 2.3.1) ein alternatives Modell kennenlernen, wonach Entscheider nur im Gewinnbereich risikoavers (konkaver Verlauf), im Verlustbereich aber risikofreudig agieren (konvexer Verlauf), und damit eine wechselnde Nutzenfunktion aufweisen.

Die für das *Bernoulli*-Prinzip typische Argumentation sei an einem Beispiel verdeutlicht. Eine Person mit der (konkaven) *Bernoulli*-Nutzenfunktion $u(k) = \log_{10}(k)$ habe die Wahl zwischen den Aktionen a_1 und a_2:

	z_1 $(p_1 = 0{,}25)$	z_2 $(p_2 = 0{,}75)$
a_1	10.000	1.000
a_2	2.500	2.500

Die beiden Aktionen werden wie folgt bewertet

$$U(a_1) = 0{,}25 \cdot \log(10.000) + 0{,}75 \cdot \log(1.000) = 0{,}25 \cdot 4{,}00 + 0{,}75 \cdot 3{,}00 = 3{,}25$$

$$U(a_2) = 0{,}25 \cdot \log(2.500) + 0{,}75 \cdot \log(2.500) = 0{,}25 \cdot 3{,}40 + 0{,}75 \cdot 3{,}40 = 3{,}40$$

und somit gilt $a_2 \succ a_1$. Errechnet man hingegen die Erwartungswerte der Ergebnisse, so ergibt sich $a_1 \succ a_2$ wegen

$$\mu(a_1) = 0{,}25 \cdot 10.000 + 0{,}75 \cdot 1.000 = 3.250$$

$$\mu(a_2) = 0{,}25 \cdot 2.500 + 0{,}75 \cdot 2.500 = 2.500 \, .$$

Die folgende grafische Darstellung von a_1 (Abb. 2.4) macht anschaulich, warum es auf der Basis der Nutzenerwartungswerte zu einer anderen Reihung kommt als auf Basis der Ergebniserwartungswerte:

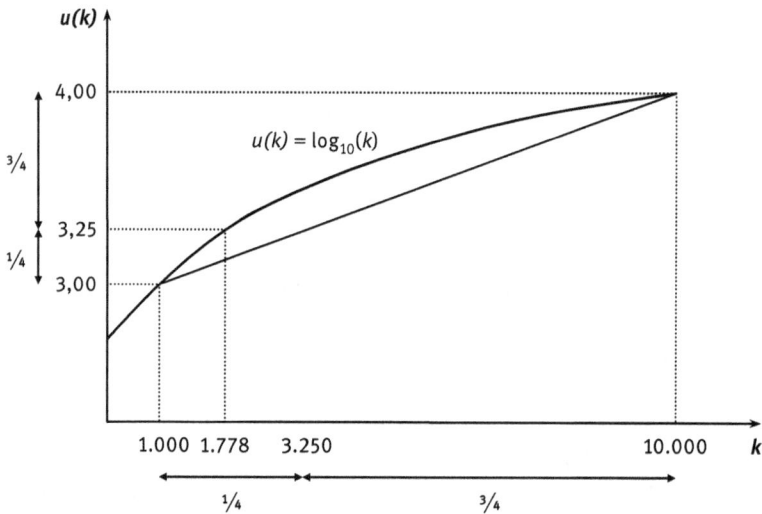

Abb. 2.4: Das Bernoulli-Prinzip

Wenn ein Entscheidungssubjekt zwischen einem sicheren Ergebnis und einem risikobehafteten Prospekt indifferent ist, wird das sichere Ergebnis als Sicherheitsäquivalent $\hat{S}$ des risikobehafteten Prospekts bezeichnet. Im Beispiel ist das bei $10^{3{,}25} = 1.778$ der Fall: Aktion a_1 wie auch eine Zahlung von $\hat{S} = 1.778$ verschaffen dem Entscheider mit 3,25 den gleichen Nutzen. Generell errechnet sich das Sicherheitsäquivalent zur Aktion i als

$$u\left(\widehat{S}_i\right) = \sum_{j=1}^{n} p_j \cdot u\left(k_{ji}\right)$$

$$\widehat{S}_i = u^{-1} \cdot \left[\sum_{j=1}^{n} p_j \cdot u\left(k_{ji}\right) \right]$$

Bei der angenommenen Nutzenfunktion liegt das Sicherheitsäquivalent unter dem Ergebniserwartungswert, was immer dann der Fall ist, wenn die Nutzenfunktion einen konkaven Verlauf annimmt, wenn also höhere Ergebnisse einen relativ geringeren Nutzen aufweisen als niedrigere. Ist dies der Fall, so wird der Entscheider als risikoscheu (risikoavers) bezeichnet: Für das Eingehen eines Risikos verlangt ein risikoscheuer Entscheider eine positive Risikoprämie in Höhe von RP $= \mu - \hat{S}$, die im Beispiel den Wert von $RP_j = 3.250 - 1.778 = 1.472$ annimmt. Um ihn für das mit a_1 gegenüber a_2 erhöhte Risiko zu entschädigen, verlangt er eine Erhöhung des erwarteten Ergebnisses um 1.472. Da bei Aktion a_1 die Standardabweichung der Ergebnisse $\sigma_1 = 3.897$ beträgt, gilt in μ-σ-Kriterien ausgedrückt, dass

$$\mu_1 = 3.250, \sigma_1 = 3.897 \approx \mu_S = 1.778, \sigma_S = 0$$

und da der Veranstalter der Lotterien a_1 und a_2 für die risikobehaftete Alternative lediglich eine Risikoprämie von RP $= 3.250 - 2.500 = 750$ zu zahlen bereit ist, kann er den risikoscheuen Entscheider nicht zur Annahme von a_1 bewegen.

Weist die Nutzenfunktion einen *linearen Verlauf* auf, so führt jeder Zuwachs um eine Ergebniseinheit zu einem Nutzenzuwachs in gleicher Höhe: Der Entscheider ist risikoneutral, die Sicherheitsäquivalente entsprechen den Ergebniserwartungswerten und die Risikoprämien sind null. Im Beispiel würde ein Entscheider mit der Nutzenfunktion $u(k_n) = 250 + 0,4 \cdot k_n$ die Aktionen wie folgt bewerten

$$U(a_1) = 0,25 \cdot (250 + 0,4 \cdot 10.000) + 0,75(250 + 0,4 \cdot 1.000) = 1.550$$
$$U(a_2) = 0,25 \cdot (250 + 0,4 \cdot 2.500) + 0,75(250 + 0,4 \cdot 2.500) = 1.250$$

und mit $a_1 \succ a_2$ zur gleichen Präferenzaussage kommen wie mit der Erwartungswertregel. Das Sicherheitsäquivalent von a_1 beträgt 3.250, da gilt, dass

$$U(3.250) = 250 + 0,4 \cdot 3.250 = 1.550 \,.$$

Da kardinale Nutzenfunktionen linear transformiert werden können, lässt sich jede lineare Nutzenfunktion in die Form $u(k) = k$ überführen. Damit entfällt jeder Unterschied zwischen *Bernoulli*-Prinzip und μ-Prinzip: Der Entscheider bewertet die Aktionen nach ihrem Ergebniserwartungswert.

Weist die Nutzenfunktion einen *konvexen Verlauf* auf, so haben wir es mit einem risikofreudigen Entscheider zu tun: Für ihn ist das Sicherheitsäquivalent eines unsicheren Zahlungsstroms höher als sein Erwartungswert und statt eine Risikoprämie einzufordern, ist er sogar bereit dafür zu zahlen, dass er sicheres Geld einem Risiko aussetzen darf. Ein solches Verhalten kann typischerweise nur im Zusammenhang mit Glücksspielen beobachtet werden, wenngleich nicht ausgeschlossen ist, dass sich auch in spekulativen Finanzmärkten (z. B. Aktienmarkt, derivative Märkte) einzelne Investoren primär wegen des Nervenkitzels und des Spielreizes engagieren und dabei bewusst Minderrenditen gegenüber anderen, „langweiligeren" Anlageformen in Kauf zu nehmen bereit sind.

Im Rahmen unserer finanzwirtschaftlichen Fragestellungen werden wir uns nur noch mit Risikoscheu, d. h. mit konkaven Nutzenfunktionen befassen. Dabei ist es natürlich unrealistisch, anzunehmen, es gäbe eine Funktion, anhand derer reale Entscheidungssubjekte ihre subjektive Nutzempfindung für komplexe, mehrwertige Erwartungen tatsächlich messen, bevor sie einen Auswahlentschluss fassen. Man muss das hier in seinen Grundzügen vorgestellte SEU-Paradigma (*Subjective Expected Utility*) als das sehen, was es sein soll und nicht unrealistische Ansprüche an es stellen. Das SEU-Paradigma ist keine allgemeine Theorie menschlichen Verhaltens, sondern ein normatives Entscheidungsmodell für die konzeptionelle Erfassung von Entscheidungen unter Risiko.

Um Nutzenfunktionen empirisch zu ermitteln, wurden verschiedene Verfahren entwickelt, deren Grundidee die Folgende ist: Zu wählen sei zwischen einer sicheren Zahlung N (Aktion a_1) und der angegebenen Lotterie (Aktion a_2):

$$a_1 \rightarrow N \quad (p = 1)$$

$$a_2 \rightarrow \begin{cases} 9.000 & (p = \frac{1}{2}) \\ 1.000 & (p = \frac{1}{2}) \end{cases}$$

Natürlich hängt die Wahl von der Höhe von N ab: Ist $N = 1.000$, so wird niemand a_1 wählen wollen, ist $N = 9.000$, so wird niemand a_2 wählen wollen. Für jeden Entscheider gibt es einen Betrag $\hat{S}$ ($1.000 < \hat{S} < 9.000$), bei dem er indifferent zwischen a_1 und a_2 ist: Für jedes $N > \hat{S}$ zieht er a_1 vor, für jedes $N < \hat{S}$ entscheidet er sich für a_2. Würde dieser Vorgang für mehrere Lotterien wiederholt, so ließen sich aus den ermittelten Sicherheitsäquivalenten die Nutzenfunktion und damit die Risikoaversion des Entscheiders abschätzen.

Zwar haben wir unterstellt, dass wir es in der Finanzwirtschaft durchwegs mit risikoaversen Akteuren zu tun haben, haben aber bis jetzt nur grobe Vorstellungen vom Ausmaß der Risikoscheu, das vom Verlauf, insb. von der Krümmung der Nutzenfunktion abhängt. Im obigen Beispiel gilt, dass die Risikoaversion umso ausgeprägter ist, je größer die Differenz $5.000 - N$ wird (bei $N = 5.000$ liegt Risikoneutralität, bei $N > 5.000$ liegt Risikofreude vor), jedoch ist die Differenz zwischen Sicherheitsäquivalent und Ergebniserwartungswert zu grob, um die Risikoeinstellung eines Entscheiders zu erfassen. Das gebräuchlichste Maß zur Messung von Risikoaversion wurde von *Arrow/Pratt* entwickelt und stellt sich dar als der negative Quotient zwischen der ersten und der zweiten Ableitung der Nutzenfunktion:

$$r(k) = -\frac{u''(k)}{u'(k)}$$

Mit dem *Arrow/Pratt*-Maß wird die *lokale Risikoeinstellung* des Entscheidungsträgers an der Stelle k gemessen: Liegt Risikofreude vor, ist das *Arrow/Pratt*-Maß negativ, es ist null im Falle von Risikoneutralität und es ist positiv im Normalfall einer Risikoaversion. Je nachdem, ob das Maß an Risikoaversion mit steigendem Ergebnisniveau zunimmt, gleich bleibt oder abnimmt, spricht man von *zunehmender, konstanter oder abnehmender Risikoaversion.*[41]

Die Tabelle verdeutlicht die Zusammenhänge anhand einer Reihe typischer Nutzenfunktionen:

Nutzenfunktion	bei:	$u'(k)$	$u''(k)$	Arrow-Pratt	Risikoeinstellung
$u(k) = k^2$	$k = 1$	2,0000	2,0000	−1,00	
konvex	$k = 2$	4,0000	2,0000	−0,50	Risikofreude
quadratisch	$k = 3$	6,0000	2,0000	−0,33	
$u(k) = 2 + 3k$	$k = 1$	3,0000	0,0000	0,00	
linear	$k = 2$	3,0000	0,0000	0,00	Risikoneutralität
linear	$k = 3$	3,0000	0,0000	0,00	
$u(k) = log(k)$	$k = 1$	0,4343	−0,4343	1,00	
konkav	$k = 2$	0,2171	−0,1088	0,50	abnehmende Risikoaversion
logarithmisch	$k = 3$	0,1447	−0,0483	0,33	
$u(k) = \sqrt{k}$	$k = 1$	0,5000	−0,2500	0,50	
konkav	$k = 2$	0,3536	−0,0884	0,25	abnehmende Risikoaversion
Wurzelfunktion	$k = 3$	0,2887	−0,0481	0,17	
$u(k) = - exp(-k)$	$k = 1$	0,3679	−0,3679	1,00	
konkav	$k = 2$	0,1353	−0,1353	1,00	konstante Risikoaversion
exponentiell	$k = 3$	0,0498	−0,0498	1,00	
$u(k) = 8k - k^2$	$k = 1$	6,0000	−2,0000	0,33	
konkav, solange $k < 4$	$k = 2$	4,0000	−2,0000	0,50	zunehmende Risikoaversion
quadratisch	$k = 3$	2,0000	−2,0000	1,00	

Bei finanzwirtschaftlichen Modellen finden i. d. R. Nutzenfunktionen Anwendung, die einem der beiden folgenden Typen zuzurechnen sind; beide weisen die erwünschte Eigenschaft auf, dass das finanzielle Ausgangsniveau vernachlässigt werden kann:
– Die *CARA-Funktion* (constant absolute risk-aversion), bei der eine Ergebnisverbesserung um eine Konstante (10 € mehr) stets zum gleichen Nutzenzuwachs führt. Ein typisches Beispiel wäre $u(k) = -e^{-ak}$; $a > 0$ bringt dabei das Ausmaß der Risikoaversion zum Ausdruck.
– Die *CRRA-Funktion* (constant relative risk-aversion), bei der eine prozentuelle Ergebnisverbesserung (10 % mehr) stets zum gleichen Nutzenzuwachs führt. Ein typisches Beispiel wäre $u(k) = k^{(1-a)}/(1-a)$, wobei $a \neq 0$ wieder das Ausmaß der Risikoaversion zum Ausdruck bringt.

Im Vergleich zwischen dem μ-σ-Prinzip und dem *Bernoulli*-Prinzip erweist sich das erstere als leichter handhabbar, da es die Beurteilung komplexer Handlungsalterna-

---

41 Sehr detailliert: *Pratt, John W.*: Risk Aversion, in: The New Palgrave Dictionary of Money and Finance, London 1992, Bd. 3, S. 365–371.

tiven anhand von nur zwei Parametern ermöglicht, während die Anwendung des *Bernoulli*-Prinzips bei einer Vielzahl von Umweltzuständen oder gar beim Vorliegen kontinuierlicher Verteilungen recht kompliziert werden kann. Andererseits ist es gerade die Verkürzung des Entscheidungsproblems auf den Erwartungswert und die Varianz einer Verteilung, die das μ-σ-Prinzip unflexibel werden lässt: In manchen Fällen kann, wie wir gesehen haben, die Anwendung des Prinzips zu Ergebnissen führen, die sich mit beobachtbarem Verhalten, aber auch mit einigen Grundannahmen rationalen Verhaltens nicht in Einklang bringen lassen.

Relativ unproblematisch ist der Fall, wenn die Ergebnisse einer Normalverteilung folgen. Dann ist die gesamte Verteilung durch die Parameter μ und σ vollständig beschrieben und das μ-σ-Kriterium stellt keine Einschränkung mehr dar. Ob allerdings dies bei Aktienkursen der Fall ist, kann generell nicht beantwortet werden. Ergebnisse der empirischen Kapitalmarktforschung deuten darauf hin, dass die Zeitreihen historischer Kurse nur unter Inkaufnahme nicht unerheblicher Fehler durch Normalverteilungen abgebildet werden können. Schon die Arbeiten von *Mandelbrot* und *Fama*[42] aus den 1960er-Jahren machen deutlich, dass vielmehr eine Pareto-Verteilung anzunehmen ist, die sich von der Normalverteilung durch stärkere Ausprägungen im Bereich kleiner Abweichungen, durch geringere Ausprägungen im Bereich mittlerer Abweichungen und wiederum durch stärkere Ausprägungen im Bereich großer Abweichungen (*fat tails*) vom Mittelwert unterscheidet: Offenbar ändert sich meist von einem Tag zu einem anderen kaum etwas und die Kurse verbleiben in der Nähe des Vorkurses; oder aber es gibt neue Informationen, die dann zu erheblichen Kurssprüngen nach oben oder unten führen.

Der Value-at-Risk

Gängige Risikomaße wie Standardabweichung und Varianz sind symmetrisch, d. h. positive und negative Abweichungen vom Mittelwert kommen vor bzw. sind bei einer Normalverteilung gleich wahrscheinlich. Dies ist aber nicht, was Privatpersonen normalerweise unter „Risiko" verstehen – nämlich die Gefahr, etwas zu verlieren. „Risikomanagement" als betriebliche Aufgabe befasst sich nicht mit unerwartet hohen Gewinnen, sondern ebenfalls nur mit Verlusten – benötigt wird also ein asymmetrisches Risikomaß, das einseitig auf Verluste abzielt.

Im Bereich des Risikomanagements hat sich als Maßzahl, die dem Rechnung trägt und nur die Möglichkeit echter Verluste erfasst, der *Value-at-Risk* (VaR) durchgesetzt. Der VaR beschreibt ein Verlust-Szenario, das gekennzeichnet ist durch: (1) Eine Zeitdauer, (2) ein Konfidenzniveau und (3) einen Schwellenwert in Geldbeträgen oder in Renditen. Eine VaR-Statistik könnte somit lauten: „Innerhalb des nächsten Monats

---

42 *Mandelbrot, Benoît*: The Variation of Certain Speculative Prices, Journal of Business 1963, S. 394–419; *Fama, Eugene F.*: The Behaviour of Stock Market Prices, Journal of Business 1965, S. 34–105.

wird es mit einer Wahrscheinlichkeit von 95 % nicht zu einem Verlust kommen, der drei Mio. Euro übersteigt."

Ein VaR lässt sich aufgrund von *historischen Daten* bestimmen, sofern die Annahme gerechtfertigt ist, dass sich die Verhältnisse in der Zukunft nicht wesentlich von denen in der Vergangenheit unterscheiden (wie fragwürdig diese Annahme ist, haben allerdings die Finanzkrise 2008 und der Covid-19-Crash 2020 gezeigt).

Beispiel: Eine Bank hat in den vergangenen vier Jahren (etwa 1.000 Börsentage) folgende Renditen für einen Aktienindex festgestellt: R ist die Tagesrendite; x die Anzahl der Tage, an denen diese Rendite zu verzeichnen war und w die kumulierte Wahrscheinlichkeit dafür, dass diese oder eine niedrigere Rendite erzielt wurde: So gab es z. B. zwölf Tage, an denen eine Rendite in Höhe von $R = -7\,\%$ erzielt wurde; in 30 Fällen (= 3 %) musste ein Kursrückgang um sieben oder mehr Prozent hingenommen werden.

R	x	w	R	x	w	R	x	w
−12 %	1	0,001	−3 %	67	0,199	6 %	34	0,957
−11 %	0	0,001	−2 %	84	0,283	7 %	14	0,971
−10 %	2	0,003	−1 %	106	0,389	8 %	12	0,983
−9 %	7	0,010	0 %	155	0,544	9 %	8	0,991
−8 %	8	0,018	1 %	115	0,659	10 %	4	0,995
−7 %	12	0,030	2 %	86	0,745	11 %	1	0,996
−6 %	20	0,050	3 %	73	0,818	12 %	3	0,999
−5 %	35	0,085	4 %	64	0,882	13 %	0	0,999
−4 %	47	0,132	5 %	41	0,923	14 %	1	1,000

Misst man historischen Daten Prognosekraft zu, so lassen sich z. B. folgende Aussagen treffen:
- Die Wahrscheinlichkeit dafür, dass der Index am Tag um mehr als 9 % fällt, liegt bei einem Prozent, d. h. mit 99-prozentiger Wahrscheinlichkeit wird ein Tagesverlust von 9 % nicht überschritten (Tages-VaR$_{99\,\%}$)
- Die Wahrscheinlichkeit, dass der Index um mehr als 6 % fällt, liegt bei fünf Prozent, d. h. mit 95-prozentiger Wahrscheinlichkeit wird ein Tagesverlust von 6 % nicht überschritten (Tages-VaR$_{95\,\%}$).

Am einfachsten lässt sich ein VaR nach der *Varianzmethode* berechnen, die allerdings nur dann zulässig ist, wenn die zugrundeliegende Zufallsvariable einer Normalverteilung folgt. In diesem Fall ist nämlich die Verteilung durch ihren Erwartungswert und ihre Standardabweichung vollständig beschrieben und der VaR$_{1-x\%}$ entspricht dem x-Quantil eben dieser Verteilung. Unter dem x-Quantil einer Verteilungsfunktion Φ versteht man den Wert z, für den gilt $\Phi(z) = x$; x % der Werte der Verteilung sind somit kleiner als z und $(1-x)$ % sind größer als z. Für unterschiedliche Konfidenzniveaus stellen sich die Quantile (VaR-Werte) wie folgt dar:

$$10\%\text{-Quantil (VaR}_{90\%}): \mu - 1{,}28\sigma \qquad 5\%\text{-Quantil (VaR}_{95\%}): \mu - 1{,}65\sigma$$

$$2\%\text{-Quantil (VaR}_{98\%}): \mu - 2{,}05\sigma \qquad 1\%\text{-Quantil (VaR}_{99\%}): \mu - 2{,}33\sigma$$

Da bei längeren Zeiträumen die Standardabweichung einer normalverteilten Zufallsvariable mit der Quadratwurzel der Zeit wächst, gilt (bei 21 Tagen/Monat):

$$\sigma_{\text{monatlich}} = \sigma_{\text{täglich}} \cdot 21^{\frac{1}{2}} \qquad \sigma_{\text{jährlich}} = \sigma_{\text{monatlich}} \cdot 12^{\frac{1}{2}} = \sigma_{\text{täglich}} \cdot 252^{\frac{1}{2}}$$

Beispiel: Der Wert eines Portefeuilles liege bei derzeit einer Mio. € und steige börsentäglich durchschnittlich um 0,05 % bei σ = 2 %. Der $VaR_{2\%}$ liegt somit bei 1.000.000 · (0,0005 − 2,05 · 0,02) = 40.500 € (Tagesbasis) und bei 1.000.000 · (0,0105 − 2,05 · 0,02 · $\sqrt{21}$) = 177.385,60 € (Monatsbasis). Bei einem Konfidenzniveau von 98 % kann man daher damit rechnen, dass das Portefeuille am nächsten Tag nicht einen Verlust von mehr als 40.500 € und im nächsten Monat von nicht mehr als 177.385,60 € erfährt.

In der Praxis findet das VaR-Konzept allerdings meist für komplexe Portefeuilles Anwendung, deren Bestandteile völlig unterschiedlichen Verteilungsgesetzen unterliegen und in unterschiedlicher Weise miteinander korreliert sind (z. B. das Gesamtportefeuille einer Bank). Hier sind statistische Verfahren entweder sehr komplex oder überhaupt nicht mehr anwendbar und die Berechnung das VaR erfolgt mithilfe von *Monte-Carlo-Simulationen*. Mit dieser Technik werden multivariate Verteilungen unter Zuhilfenahme von Zufallszahlen erzeugt, die möglichst strukturident zum tatsächlichen Risiko des Portefeuilles sind.

Im Risikomanagement werden neben dem VaR häufig auch „Stresstests" durchgeführt, bei denen bewusst Worst Case-Szenarien unterstellt werden, die jenseits des vom Konfidenzintervall des VaR erfassten Bereichs liegen: So werden Börsencrashs simuliert, Zins- und Wechselkursschocks oder Rezessionen, die sich auf die Bonität der Kreditnehmer auswirken, untersucht. Außerdem wird häufig das Shortfall-Risiko ermittelt, d. h. jener Wertverlust, der durchschnittlich zu erwarten ist, wenn das Risiko den Konfidenzbereich verlassen haben sollte.

2.3 Prospect Theory, Entscheidungsanomalien und -heuristiken

2.3.1 Die Prospect Theory

Da es sehr viele Menschen gibt, die gleichermaßen risikoscheues wie risikofreudiges Verhalten an den Tag legen, die morgens eine Versicherung abschließen und den Abend im Casino verbringen, sind Nutzenfunktionen entwickelt worden, die einen *wechselnden Verlauf* aufweisen. Das weitaus bekannteste und einflussreichste derartige Modell ist die *Prospect Theory* (auch Prospekt-Theorie oder Neue Erwartungstheorie genannt). Diese wurde 1979 von den Psychologen *Daniel Kahneman* und *Amos Tversky* als eine realistischere Alternative zur Erwartungsnutzentheorie vorgestellt und gründen auf experimentellen Studien.[43] *Kahneman* erhielt 2002 den Nobelpreis für Wirtschaftswissenschaften für seine Arbeiten auf diesem Gebiet (*Tversky* starb 1996). Die Prospect Theory wurde auf Basis von umfassenden empirischen Untersuchungen zum Entscheidungsverhalten von Menschen in Lotterien entwickelt, bei denen die Eintrittswahrscheinlichkeit und die gewinn- bzw. verlierbaren Beträge variiert wurden.

Kahneman und *Tversky* stellten mittels ihrer Experimente fest, dass es weniger absolute Geldbeträge, als vielmehr deren Veränderung (Gewinn oder Verlust) sind, die für menschliches Entscheidungsverhalten relevant sind. Nehmen wir als Beispiel Anton und Berta. Beide besitzen heute 2 Millionen Euro. Vor einem Jahr besaß Anton 4 Millionen Euro; Berta hingegen 1 Million Euro. Sind beide gleich zufrieden mit den 2 Millionen, die sie heute besitzen? Vermutlich nicht, denn Anton ist heute um die Hälfte ärmer als vor einem Jahr, während Berta doppelt so reich ist – Anton ist in der Verlustzone; Berta in der Gewinnzone. Es ist also weniger ihr absolutes Vermögen (das ja identisch ist) entscheidend, sondern vielmehr wie sich dieses verändert hat – das Vermögen von vor einem Jahr dient als Referenzpunkt, von dem aus Gewinne oder Verluste gesehen werden.

Ein zweites Beispiel, wie sich Referenzpunkt bzw. Gewinn- und Verlustzone auf Entscheidungsverhalten auswirken, ist das folgende: Angenommen Christian hat derzeit 1 Millionen Euro, während Dora 3 Millionen besitzt. Beide müssen sich nun zwischen *A* und *B* entscheiden: Option *A* resultiert in einem sicheren Vermögen von 2 Millionen Euro; Option *B* resultiert mit gleicher Wahrscheinlichkeit in einem Vermögen von 1 Million oder 3 Millionen Euro. Während es bei solchen Lotterien kein „richtig" oder „falsch" gibt, sondern nur die Präferenzen jedes Einzelnen relevant sind, konnten *Kahneman* und *Tversky* klar zeigen, dass die meisten Menschen sich in der Situation von Christian für *A* entscheiden – für Christian, der ein Ausgangsvermögen von 1 Million Euro hat, ist es eine Entscheidung zwischen einem sicheren Gewinn von 1 Million Euro (wenn er *A* wählt) oder 2 Million bzw. nichts mit einer 50 : 50 Wahrscheinlichkeit (wenn er *B* wählt). Wie schon frühere Modelle gezeigt hatten, verhalten sich die meisten Menschen hier risikoscheu und bevorzugen den sicheren Gewinn von 1 Million Euro. Ganz anders die Situation von Dora: Ihr Ausgangsvermögen ist 3 Millionen, d. h. für sie ist es eine Entscheidung zwischen dem sicheren Verlust von 1 Million (wenn sie *A* wählt) oder einer 50 : 50-Chance zwischen dem Verlust von 2 Millionen oder nichts (wenn sie *B* wählt). Hier zeigt sich, dass die überwiegende Mehrheit der Menschen *B* wählt – also das Risiko sucht (bzw. die Chance, nichts zu verlieren). Menschen entscheiden also je nach Referenzpunkt bzw. Ausgangssituation unterschiedlich.

---

43 Siehe *Kahneman, Daniel; Tversky, Amos* (1979): Prospect theory: An analysis of decision under risk. Econometrica, Vol. 47, S. 263–291 sowie *Tversky, Amos; Kahneman, Daniel* (1992): Advances in prospect theory: cumulative representation of uncertainty, in: *Kahneman, Daniel; Tversky, Amos* (Hrsg.): Choices, values and frames. Cambridge University Press, Cambridge 2000, S. 44–66.

Während vor *Kahneman* und *Tversky* fast nur mit Lotterien in der Gewinnzone geforscht wurde, haben die beiden Forscher systematisch auch die Verlustzone analysiert und gezeigt, dass sich die meisten Menschen *bei Verlusten risikofreudig* verhielten. Während Menschen in der Gewinnzone eine sichere Zahlung von 50 einer Lotterie, die mit gleicher Wahrscheinlichkeit 0 oder 100 auszahlt, vorziehen, d. h. sich risikoscheu verhalten, ist es in der Verlustzone umgekehrt: vor die Wahl gestellt, ob sie sicher –50 verlieren, oder aber 0 oder –100 mit gleicher Wahrscheinlichkeit, wählen die meisten Menschen die Lotterie [0 / –100] und verhalten sich damit risikofreudig. *Kahneman* und *Tversky* haben auch gezeigt, dass Menschen Verluste stärker gewichten als Gewinne in gleicher Höhe, dass Menschen im Schnitt also *verlustavers* sind.

Insgesamt basiert die *Prospect Theory* auf fünf Kernelementen, die in Laborexperimenten festgestellt wurden:

- Es gibt einen *Referenzpunkt*, von dem aus Gewinne und Verluste gesehen werden. Der Referenzpunkt kann je nach Entscheidungssituation z. B. das aktuelle Vermögen, der Kaufkurs einer Aktie, aber auch der aktuelle Job oder die aktuelle Wohnungssituation sein.
- In der *Gewinnzone*, d. h. bei Verbesserungen (relativ zum Referenzpunkt), sind Menschen überwiegend *risikoscheu*. Formal wird dies durch eine konkave Nutzenfunktion, beispielsweise $u(x) = x^\alpha$, abgebildet.
- In der *Verlustzone*, d. h. bei Verschlechterungen (relativ zum Referenzpunkt), sind Menschen überwiegend *risikofreudig*. Risikoaffinität in der Verlustzone wird durch eine konvexe Nutzenfunktion, beispielsweise $u(x) = -|x|^\beta$, abgebildet.
- Die meisten Menschen weisen *Verlustaversion*. auf, d. h. ein Verlust „schmerzt" mehr als ein Gewinn in gleicher Höhe Nutzen stiften würde. Formal wird Verlustaversion als multiplikativer Faktor λ in der Verlustzone modelliert.
- Die meisten Menschen *gewichten geringe Wahrscheinlichkeiten* über wohingegen hohe Wahrscheinlichkeiten tendenziell untergewichtet werden.

Die ersten vier der oben genannten Punkte drücken sich in der sogenannten Wertfunktion $v(x)$ aus, die schematisch in Abb. 2.5 dargestellt wird: Auf der horizontalen Achse werden Gewinne und Verluste relativ zum Referenzpunkt abgebildet. In der Gewinnzone sehen wir die typische, konkave Funktion, die Risikoaversion zum Ausdruck bringt, d. h. ein Gewinn von 100 stiftet einen höheren Nutzen als ein Gewinn von 50, aber eben nicht doppelt so viel. In der Verlustzone sehen wir eine konvexe Nutzenfunktion, die Risikofreude widerspiegelt: Der negative Nutzen aus einem Verlust von –100 ist weniger als doppelt so hoch als der negative Nutzen, der aus –50 resultiert. Außerdem ist ersichtlich, dass ein Gewinn von x_a weniger Nutzen stiftet als ein Verlust in gleicher Höhe, d. h. $-x_a$. Dies ist Ausdruck der Verlustaversion: der Faktor, um den Verluste schwerer wiegen als Gewinne, wird mit λ bezeichnet.

Die Übergewichtung geringer Wahrscheinlichkeiten ist als einziges der fünf Kernelemente der Prospect Theory nicht in Abb. 2.5 ersichtlich. *Kahneman* und *Tversky* entdeckten dieses Phänomen bei ihren Studien im Auftrag der amerikanischen Ener-

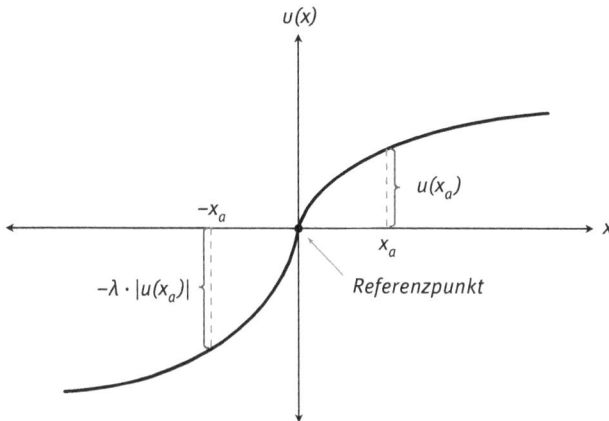

Abb. 2.5: Schematische Darstellung der Wertfunktion der Prospect Theory

giebehörden. Diese verstanden in den 1970er-Jahren nicht, warum zwar der Großteil der US-Bürger für Atomkraft war, es jedoch regelmäßig zu massiven Protesten der lokalen Bevölkerung kam, wenn ein Standort für ein geplantes neues Atomkraftwerk bekanntgegeben wurde. *Kahneman* und *Tversky* stellten fest, dass die Menschen durchaus glaubten, dass die Wahrscheinlichkeit für einen gefährlichen Atomunfall nur einen Bruchteil eines Prozents betrug; die leichte Visualisierbarkeit der schrecklichen Auswirkungen eines solchen Unfalls führte in ihren Köpfen aber dazu, dass die objektiv sehr geringe Wahrscheinlichkeit in ihren Überlegungen höher gewichtet wurde. Ähnliches stellten die beiden Autoren später in weiteren Experimenten fest, wo insbesondere sogenannte *lottery assets*, also Wertpapieren bei denen mit sehr geringer Wahrscheinlichkeit ein hoher Betrag gewonnen werden kann, regelmäßig überbewertet werden. Dies begründet im Übrigen auch die Popularität von Lotto rund um die Welt, da sich die Spieler sehr leicht vorstellen können, wie es wäre Millionen zu gewinnen bzw. diese auszugeben. Dass der Erwartungsgewinn dabei negativ ist (d. h. das Lottoticket mehr kostet als der durchschnittliche Gewinn sein wird), nehmen die Menschen in Kauf oder ist ihnen nicht bewusst.

Abb. 2.6 veranschaulicht die Übergewichtung geringer Wahrscheinlichkeiten und die Untergewichtung mittlerer bis hoher Wahrscheinlichkeiten: Auf der horizontalen Achse sieht man die tatsächlichen (objektiven) Wahrscheinlichkeiten, auf der vertikalen Achse die subjektiven Gewichtungen dieser Wahrscheinlichkeiten. In diesem Fall wird eine objektive Wahrscheinlichkeit von 5 % z. B. mit rund 10 % gewichtet, während 80 % Wahrscheinlichkeit nur ein Gewicht von 64 % haben.

Dass die aus Laborexperimenten identifizierten Kernelemente der Prospect Theory auch in realen Entscheidungen halten, zeigen folgende Beispiele zu drei der fünf Kernelemente:
–   *Camerer et al.* untersuchten in einer viel zitierten Studie, ob Wirtschaftssubjekte in ihren realen Entscheidungen sich an *Referenzpunkten* orientieren. Das

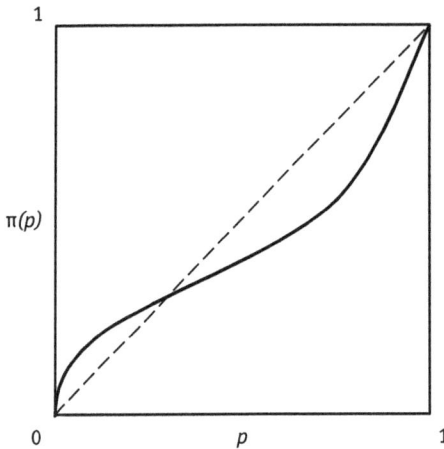

Abb. 2.6: Schematische Darstellung einer Wahrscheinlichkeitsgewichtungsfunktion

Forscherteam untersuchte rund 1.800 sogenannte „trip sheets" und fand einen negativen Zusammenhang von Einkommen und Arbeitsstunden pro Tag. Somit beendeten die Taxifahrer den Arbeitstag früher, die ein für sie adäquates tägliches Einkommen früher verdient haben (i.e., Referenzpunkt oder Referenzeinkommen) als jene Taxifahrer, die länger brauchten, um auf ihren mentalen Referenzpunkt zu kommen. Es scheint also, dass die Taxifahrer ihre Entscheidungen über Arbeitsstunden und Einkommen eher von Tag zu Tag treffen und einen Referenzpunkt in Form eines täglichen Einkommens mental abgespeichert haben.[44]

– In einer ebenfalls vielbeachteten Studie mit dem „innovativen" Titel „Is Tiger Woods Loss Averse? Persistent Bias in the Face of Experience, Competition, and High Stakes" gingen *Pope/Schweitzer* der Frage nach, ob in realen Situationen Wettbewerb, Erfahrung und hohe Incentives dazu führen können, dass Biases wie die Verlustaversion verschwinden. Via Lasermessungen untersuchten sie dabei 2.5 Millionen Puts (Schläge am Green) der PGA Tour (Tour mit Profigolfern, die international die besten Spieler anzieht und die höchsten Preisgelder zahlt) und kontrollierten für diverse Variablen wie Entfernung, Skills, Stand im Tur-

---

[44] *Camerer, Colin; et al.*: Labor Supply of New York City Cabdrivers: One Day at a Time, Querterly Journal of Economics 1997, Vol. 112, S. 407–441. Vgl. auch *Crawford/Meng*, die die ursprüngliche Modellbildung und Datenanalyse verfeinert haben und auch finden, dass Taxifahrer, die schon früh am Tag ein hohes relatives Einkommen erzielen, eher bereits sind ihren Arbeitstag früher zu beenden als solche, bei denen es zu Beginn des Tages aus Einkommenssicht nicht so gut lief (*Crawford, Vincent P.; Meng, Juanjuan*: New York City Cab Drivers' Labor Supply Revisited: Reference-Dependent Preferences with Rational-Expectations Targets for Hours and Income, American Economic Review 2011, Vol. 101(5), S. 1912–1932).

nier, etc. Golf und vor allem die PGA Tour bieten ein ideales Testumfeld, denn es handelt sich um die besten Golfer, die um Millionen US-Dollar Preisgeld spielen. Gleichzeitig existiert bei jedem der 72 Löcher eines Turniers ein Referenzpunkt. Dieses sogenannte „Par" 3, 4, 5 steht für „Professional Average Result" und ist eine Referenz wie schwer das jeweilige Loch zu bespielen ist und wie viele Schläge ein Profi brauchen „sollte". Die Autoren finden, dass Profigolfer verlustavers sind, da Puts (Schläge) für Par eine höhere Präzision aufweisen als jene für Birdie (in diesem Fall wären die Profis im „Gewinnbereich", da Birdie ein Schlag unter Par darstellt). Mit anderen Worten: der negative Nutzen im Verlustbereich führt dazu, dass sie mehr Präzision und Konzentration bei Par-Puts aufbringen und zeigt, dass Wettbewerb, Erfahrung und hohen Incentives nicht dazu führen, dass Verlustaversion „verschwindet".[45]

– Das Buch mit dem vielsagenden Titel „Struck by Lightning" von Jeffrey Rosenthal ist voll mit Praxisbeispielen, die zeigen, dass Menschen in unterschiedlichsten Situationen Wahrscheinlichkeiten falsch einschätzen. Konkret untergewichten wir hohe Wahrscheinlichkeiten und übergewichten niedrige Wahrscheinlichkeiten. So beträgt beispielsweise die Zahl der Todesopfer von Flugzeugabstürzen zumeist weit weniger als 1 % der Todesopfer im Straßenverkehr in westlichen Ländern. Trotzdem leiden mehr Menschen an Flugangst als an Angst am Straßenverkehr teilzunehmen.[46]

Die Prospect Theory wurde vor allem deshalb so einflussreich und verbreitet, weil sie tatsächliches Entscheidungsverhalten sehr gut erklären kann. So beschrieben bspw. *Shefrin* und *Statman*[47] 1985 den sogenannten *Dispositionseffekt*: Ihre empirische Arbeit zeigt, dass Investoren Gewinneraktien (deren Rendite über 0 % lag) deutlich häufiger verkauften als Verliereraktien (deren Rendite unter 0 % lag). Während alternative Nutzenfunktionen und Theorien dieses Ergebnis nicht erklären konnten, ist es durch die Prospect Theory leicht erklärbar: Der Kaufkurs der Aktien dient als Referenzpunkt. Steigt die Aktie, bewegt man sich in der Gewinnzone und agiert tendenziell risikoscheu: Eine solche Aktie zu verkaufen macht für den Investor Sinn, würde doch aufgrund der konkaven Nutzenfunktion ein Kursrückgang mehr Nutzen kosten als ein weiterer Kursanstieg ihn steigern würde. Bei Verliereraktien ist man hingegen in der Verlustzone und damit tendenziell risikofreudig: Solche Aktien werden nicht verkauft, sondern in der Hoffnung gehalten, dass sie sich wieder erholen, ist doch der Nutzengewinn durch einen Kursanstieg hier aufgrund der konvexen Nutzenfunk-

---

45 *Pope, Devin G.; Schweitzer, Maurice E.*: Is Tiger Woods Loss Averse? Persistent Bias in the Face of Experience, Competition, and High Stakes, American Economic Review 2011, Vol. 101(1), S. 129–157.
46 *Rosenthal, Jeffrey S.*: Struck by Lightning: The Curious World of Probabilities, Toronto (Harper-Collins Canada) 2010.
47 *Shefrin, Hersh; Statman, Meir.* The Disposition to Sell Winners Too Early and Ride Losers Too Long: Theory and Evidence. The Journal of Finance, Vol. 40, 1985, S. 777–790.

tion höher als ein gleich hoher Kursrückgang den Nutzen weiter senken würde. Wir werden im Weiteren wiederholt auf die Prospect Theory zurückgreifen um empirische Befunde der Behavioral Finance zu erklären.

2.3.2 Entscheidungsanomalien und –heuristiken

Als wesentliche Erweiterung zur klassischen Entscheidungstheorie, die primär normativer Art ist, hat sich in den letzten Jahrzehnten der Bereich der verhaltenswissenschaftlichen Wirtschaftsforschung sehr erfolgreich etabliert. Kurz zusammengefasst geht es darum, tatsächliches menschliches Verhalten mittels Experimenten zu messen, sowie Annäherungen an das in der Realität beobachtete Entscheidungsverhalten auch mittels theoretischer Modellbildung, zu beschreiben. Beispielsweise wird im Bereich der Behavioral Economics untersucht wie Altruismus, Fairnesspräferenzen und Vertrauen ökonomische Entscheidungen beeinflussen können – zum einen auf individueller Ebene und zum anderen im Aggregat (z. B.: Welche Auswirkungen hat zwischenmenschliches Vertrauen auf Steuerehrlichkeit). Im Bereich der Behavioral Finance wird das klassische Modell des homo oeconomicus erweitert, indem diverse experimentell und empirisch erforschte *Behavioral Biases* (systematische Abweichungen vom rationalen und (monetär) nutzenmaximierenden Verhalten) und Heuristiken (vereinfachte Entscheidungsregeln) mit in die Betrachtung integriert werden. Mit den Nobelpreisen für *Vernon Smith* und *Daniel Kahneman* 2002, *Alvin Roth* 2012, *Robert Shiller* 2013 und *Richard Thaler* 2017 zeigt sich die Wichtigkeit und der rasante Aufstieg dieser Forschungsrichtung im Bereich der Wirtschaftswissenschaften.

Im Folgenden präsentieren wir ein paar ausgewählte und wichtige Behavioral Biases, die ein konsistentes Abweichen menschlichen Verhaltens von einer rationalen Benchmark aufzeigen. Einige dieser Biases sind mit der weiter oben erwähnten Prospect Theory verwandt und können dadurch erklärt werden. Dazu zählen etwa der Endowment Effekt oder der breite Bereich der Framingeffekte. Andere Biases wie mangelnde Selbstkontrolle (lack of self control) wiederum, fußen auf der Hypothese, dass unsere Entscheidungen durch zwei „Systeme" im Gehirn getrieben werden, einem intuitiven System, das schnelle Entscheidungen heuristischer Art trifft, und einem reflexiven System, das überlegte Entscheidungen trifft. Forscher wie etwa *Richard Thaler* postulierten auch sogenannte *Planner-Doer*-Modelle, die darlegen, dass wir Entscheidungen zum Teil als recht unüberlegter, aber schneller „Doer" oder als überlegter und reflektierter „Planner" treffen.

Endowment Effect (Besitztumseffekt)
Wer kennt dieses Phänomen nicht? Man ist beispielsweise bereit bis zu 100 € für die Konzertkarte der Lieblingsband zu bezahlen. Ist das Ticket erst einmal im eigenen Besitz, würde man es hingegen nicht unter 250 € wiederverkaufen. Es scheint also, dass

der Wert von Gütern steigt, sobald sie in unserem Besitz sind. Ein Entscheider, der im Sinne des homo oeconomics entscheidet, würde in diesem Beispiel gänzlich anders vorgehen. Würde ihm etwa das Konzert 150 € wert sein (aufgrund ihrer Nutzenfunktion), so würde er Tickets bis zu einem Preis von 149,99 € kaufen und ab einem Preis von 150,01 € verkaufen (sobald das Ticket in seinem Besitz ist).

Reale Menschen agieren aufgrund des Endowment Effects (Besitztumseffekts), erstmals beschrieben von *Richard Thaler*, anders.[48] Zusammen mit *Daniel Kahneman* und *Jack Knetsch* setzte er folgendes Experiment auf, um zu zeigen, dass Entscheidungsträger Gütern unterschiedliche Werte beimessen, je nachdem wie die Ausgangssituation beschaffen ist (d. h., ob sie das jeweilige Gut besitzen oder eben nicht). Einer Gruppe von Studierenden wurde Geld gegeben und sie mussten angeben, wie viel sie für eine Tasse mit dem Universitätslogo zu zahlen bereit wären (willingness to pay, WTP). Einer anderen Gruppe von Studierenden wurde jeweils eine dieser Tassen gegeben und sie mussten angeben, um welchen Preis sie diese verkaufen würden (willingness to accept, WTA). Im Schnitt kam heraus, dass die Studierenden ohne Tasse lediglich $ 1,34 dafür zahlen wollten, während der Wert der Tasse für diejenigen, die sie besaßen, bei $ 8,83 lag. Hier liefert uns die Prospect Theory, genauer gesagt die Verlustaversion, eine Erklärung. Verluste (d. h., das Gut aufzugeben, auch wenn man monetär dafür entschädigt wird) werden stärker gewichtet als Gewinne (d. h., das Gut zu kaufen). Wenn wir an die Wertfunktion der Prospect Theory in Abb. 2.5 denken, so wissen wir, dass Vermögensänderungen von gleicher Höhe unterschiedliche Nutzenniveaus für den Entscheider resultieren. Der absolute Wert $v(-x)$ in der Verlustzone ist mehr als doppelt so groß als der absolute Wert in der Gewinnzone $v(x)$.

Nach wie vor ist die Erklärung über die Verlustaversion die gängigste für den Besitztumseffekt. Eine Metastudie von *Tuncel* und *Hammitt* aus dem Jahre 2014 zeigt über 76 Studien, dass das geometrische Mittel des Verhältnisses WTA/WTP im Schnitt 3,28 beträgt.[49] Es ist wichtig zu erwähnen, dass dieses Verhältnis mit der Art des Gutes korreliert. Die niedrigsten Werte findet man bei gut vertrauten Gütern mit monetärem Gegenwert und die höchsten Werte bei Gütern, die nicht auf Märkten gehandelt werden.

Das wirft die Frage auf, woher dieser Effekt und die Erklärung der Verlustaversion kommen. In einer innovativen Studie gehen *Brosnan* und Koautoren der Frage nach, ob evolutionäre Gründe die Ursache sein können. Dafür untersuchten sie unsere nächsten Verwandten im Tierreich, nämlich Schimpansen und deren Besitztums-

---

48 *Thaler, Richard H.*: Toward a Positive Theory of Consumer Choice. Journal of Economic Behavior and Organization 1, 1980, S. 39–60; *Kahneman, Daniel; Knetsch, Jack L.; Thaler, Richard H.*: Experimental Tests of the Endowment Effect and the Coase Theorem. Journal of Political Economy 98, 1990, S. 1325–1348.
49 *Tuncel, Tuba; Hammitt, James K.*: A New Meta-Analysis on the WTP/WTA Disparity. Journal of Environmental Economics and Management 68, 2014, S. 175–187.

effekt bei Nahrung.[50] In einem experimentellen Treatment konnten die Schimpansen zwischen Erdnussbutter und Saft wählen: Im Schnitt präferierten 58 % der Primaten die Erdnussbutter. Der Besitztumseffekt kam in zwei weiteren Treatments ins Spiel, bei denen die Schimpansen entweder mit Erdnussbutter oder mit Saft ausgestattet wurden. Als man ihnen jeweils die Möglichkeit eröffnete, ihre Ausstattung mit dem anderen Gut zu tauschen, schlug der Besitztumseffekt zu. Obwohl im Basistreatment nur 58 % die Erdnussbutter bevorzugten, stieg dieser Wert im „Erdnussbuttertreatment" auf 79 %. Auch diejenigen, die mit Saft ausgestattet waren, zeigten plötzlich ein stärkeres Verlangen bei ihrer Ausstattung zu bleiben, da 58 % den Saft behalten wollten (im Vergleich zu den 42 %, die den Saft im Basistreatment, präferierten). Es deutet also einiges auf eine evolutionäre Erklärung für den Besitztumseffekt und für Verlustaversion hin. Stellen wir uns einen unserer Vorfahren vor 20.000 Jahren vor. Die Möglichkeit plötzlich 50 % mehr essen zu können als zu durchschnittlichen Zeiten, ist durchaus schön und stiftet einen gewissen zusätzlichen Nutzen. Im Gegensatz dazu wäre die Aussicht auf 50 % der durchschnittlichen Nahrung verzichten zu müssen katastrophal und wohl lebensbedrohlich. Verluste sind also schmerzhafter, als Gewinne genussvoll sind.

Der Besitztumseffekt hat zudem eine weitere wichtige Implikation. Eine der zentralen Theorien der Mikroökonomik, das *Coase Theorem*[51], geht davon aus, dass die finale Allokation von Ressourcen, wenn man von Transaktionskosten und Einkommenseffekten abstrahiert, unabhängig von der Anfangsallokation ist (Invarianzthese). Entsprechend der verhaltenswissenschaftlichen Ergebnisse zum Besitztumseffekt scheint die ursprüngliche Ausstattung der Eigentumsrechte aber sehr wohl eine entscheidende Rolle für das Endergebnis zu spielen.

Anchoring (Ankereffekt)

Sind wir gänzlich „frei" in unseren Entscheidungen oder werden wir leicht durch sogenannte Anker – entscheidungsirrelevante Informationen – beeinflusst? Schauen wir uns dazu die folgenden zwei experimentellen Beispiele (a) und (b), die aus zwei Fragen bestehen, an.[52]

(a) Frage 1: Was denken Sie? Ist der höchste Baum der Welt (Redwood Tree) größer oder kleiner als 50 Meter?

Frage 2: Was ist ihre beste Schätzung für die Höhe des höchsten Baumes der Welt (Redwood Tree)?

---

50 *Brosnan, Sarah. F. et al.:* Endowment effects in chimpanzees, Current Biology 17(19), 2007, S. 1704–1707.

51 *Coase, Ronald H.:* The Problem of Social Cost. Journal of Law and Economics 3, 1960, S. 144.

52 Das Beispiel ist in adaptierter Form der Originalstudie von *Jacowitz/Kahneman* entnommen (*Jacowitz, Karen E.; Kahneman, Daniel:* Measures of Anchoring in Estimation Tasks, Personality and Social Psychology Bulletin 1995, Vol. 21(11), S. 1161–1166).

(b) Frage 1: Was denken Sie? Ist der höchste Baum der Welt (Redwood Tree) größer oder kleiner als 350 Meter?
Frage 2: Was ist ihre beste Schätzung für die Höhe des höchsten Baumes der Welt (Redwood Tree)?

Dieses aus *Jacowitz/Kahneman* adaptierte Beispiel verwenden die Autoren dieses Buches regelmäßig in diversen Einführungsveranstaltungen in Bachelor- oder Masterkursen. Es zeigt sich, dass die Medianschätzung (Frage 2) derer, die die Angabe (a) erhalten, rund die Hälfte der Medianschätzung von denen ist, die im Treatment (b) sind. Die Antwort auf die Frage 2 in (a) schwankt im Median zwischen 70 und 90 Metern pro Semester (jeweils Hunderte Studierende der Universität Innsbruck) und beträgt zwischen 150 und 200 Metern in Treatment (b). Dieses Beispiel und die umfassende Literatur zu diesem Thema zeigt, dass wir sehr leicht von einfachen Ankern – in den Experimenten oben sind es die Werte 50 und 350 – beeinflusst werden können. Dieser Prozess wird auch als „anchoring and adjustment" Heuristik bezeichnet. Man startet bei einem gewissen Wert – eben 50 oder 350 – und adaptiert dann in eine entsprechende Richtung.

Anker können große Wirkung entfalten und können auch die aktuelle Sicht auf das eigene Leben – die Lebenszufriedenheit – beeinflussen. In einer vielbeachteten Studie zeigten *Strack et al.*, dass die Art und Reihenfolge von Fragen die Antworten zu Lebenszufriedenheit beeinflussen können. Konkret wurden Collegestudenten zwei Fragen gestellt: (a) How happy are you? (b) How often are you dating? *Strack et al.* konnten zeigen, dass die Korrelation der Antworten zu beiden Fragen relativ niedrig ist (Korrelationskoeffizient von 0,11), wenn die Fragen in dieser Reihenfolge gestellt werden. Dreht man allerdings die Fragereihenfolge um und fragt zunächst nach der Dating-Frequenz und dann nach der Zufriedenheit, so steigt der Korrelationskoeffizient auf 0,62. Mit anderen Worten: Diejenigen, die in einem ersten Schritt ihre niedrige Rendezvous-Frequenz reflektieren, sind plötzlich weniger glücklich – „wie miserabel muss mein Leben sein, wenn ich so wenige Dates habe", könnte so mancher Gedankenprozess laufen.[53]

Der Anchoring Bias kann auch massive Auswirkungen auf Konsumentscheidungen und die sogenannte „willingness to pay" von Konsumenten haben. *Ariely et al.* konnten zeigen, dass die Kaufbereitschaft von Konsumenten von zufälligen Zahlen, die als Anker dienen, abhängt. Dazu dient folgendes Gedankenexperiment, in Anlehnung an die Originalstudie von *Ariely et al.* Schreiben sie zunächst die ersten zwei Zahlen ihrer Sozialversicherungsnummer auf ein Blatt Papier. Diese Nummer ist zufällig und wird zwischen 01 und 99 liegen. Sodann werden ihnen diverse Produkte, deren

──────────
53 *Strack, Fristz; Martin, Leonard L.; Schwarz, Norbert*: Priming and Communication: Social Determinants of Information Use in Judgements of Life Satisfaction, European Jouranl of Social Psychology 1988, Vol. 18(5), S. 429–442.

Preise sie nicht kennen, vorgelegt. In Studien mit Studierenden und unterschiedlichen Produkten wie belgischer Schokolade oder Weinflaschen hängen die Preisschätzungen und somit die Kaufbereitschaft stark vom Anker, der Zufallszahl, ab. Diejenigen mit Zahlen über 80 weisen im Schnitt eine 2 bis 3,5-fache höhere Zahlungsbereitschaft für diverse Produkte auf als jene mit Zahlen unter 20. Natürlich ist jedem klar, dass diese zwei Stellen der Sozialversicherungsnummer in keiner Weise einen Einfluss auf die Zahlungsbereitschaft haben sollen. Die Experimente zeigen aber, dass dies nicht der Fall ist und Anker unser Leben immer wieder stark beeinflussen.[54] Spannende Surveys und weiterführende Literatur zu diesem Thema findet sich in *Furnham/Boo*[55] und *Lieder et al.*[56]

Verfügbarkeitsheuristik (Availability Bias)

Verbunden mit dem Überschätzen von niedrigen und dem Unterschätzen von hohen Wahrscheinlichkeiten ist die sogenannte Verfügbarkeitsheuristik. Auf die Frage, ob es mehr Morde oder Selbstmorde gibt, werden wohl die meisten antworten, dass es klarerweise Morde sind, die häufiger vorkommen. Die Daten zeigen aber, dass Selbstmorde rund doppelt bis dreimal so oft vorkommen.[57] Der Grund für diese Fehleinschätzung liegt darin, dass wir versuchen uns an Beispiele zu erinnern; dabei kommen Selbstmorde kaum, Morde hingegen wesentlich öfter, vor. Der Grund ist der, dass über letztere wesentlich öfter medial berichtet wird – Selbstmorde bekommen auch aus Gründen des Nachahmens wenig mediale Aufmerksamkeit – und Morden wird somit eine höhere Eintrittswahrscheinlichkeit zugewiesen. Dieses Beispiel zeigt auch die fälschlich daraus gezogenen Konsequenzen auf, denn vor allem in den USA kaufen Menschen auch deshalb Waffen, um sich und ihre Familie zu Hause vor (sehr, sehr unwahrscheinlichen) Angriffen zu schützen. Statistisch gesehen erhöhen sie dadurch aber die Wahrscheinlichkeit, dass ein Familienmitglied Selbstmord begeht.

In einem vielbeachteten Aufsatz zeigt *Gigerenzer*, dass falsche Risikoeinschätzungen aufgrund der Mischung aus Verfügbarkeitsheuristik und der Übergewichtung geringer Wahrscheinlichkeiten massive soziale und wirtschaftliche Auswirkungen haben können. Aufgrund der Terroranschläge von 9/11 und der Angst einiger US-Amerikaner vor weiteren Flugzeugentführungen (durch die mediale Berichterstattung zu 9/11 war die Möglichkeit von Attentaten mit Flugzeugen sehr „präsent") stieg der Anteil des Straßenverkehrs am Gesamtverkehr in den Monaten nach 9/11 an. *Gigerenzer*

---

54 *Ariely, Dan; Loewenstein, George; Prelec, Drazen*: „Coherent Arbitrariness": Stable Demand Curves Without Stable Preferences, Quarterly Journal of Economics 2003, Vol. 118(1), S. 73–106.

55 *Furnham, Adrian; Boo, Hua C.*: A Literature Review of the Anchoring Effect, Journal of Socio-Economics 2011, Vol. 40(1), S. 35–42.

56 *Lieder, Frank; et al.*: The Anchoring Bias Reflects Rational Use of Cognitive Resources, Psychonomic Bulletin & Review 2017, Vol. 25(1), S. 322–249.

57 Siehe *World Life Expactancy*, www.worldlifeexpectancy.com.

fand, dass diese Reaktion und das erhöhte Verkehrsaufkommen dazu führten, dass –
im Vergleich zum 5-Jahreszeitraum vor 9/11 – 1500 „zusätzliche" US-Amerikaner den
Tod auf den Straßen der USA gefunden haben (man spricht hier von einer sogenannten
Übersterblichkeit im Vergleich zu einer Referenzperiode). Somit hatte diese falsche
Wahrscheinlichkeitseinschätzung drastische Folgen.[58] Weitere Beispiele zeigen, dass
direkt nach Erdbeben oder Flutkatastrophen Menschen plötzlich verstärkt entsprechende Versicherungen kaufen, obwohl sich die Eintrittswahrscheinlichkeiten nicht
geändert haben. Dieser Bias kann auch eine Erklärung liefern, warum Privatinvestoren sich hingerissen fühlen können Technologieaktien oder Kryptowährungen zu
kaufen; wenn diese in der Vergangenheit gut gelaufen sind, waren sie somit in der öffentlichen Diskussion „verfügbar" – andernfalls wären einige Privatinvestoren wohl
nicht auf diese Anlageobjekte aufmerksam geworden.

Representativitätsheuristik (Representativeness)

Auch die Representativitätsheuristik ist mit einer falschen Wahrscheinlichkeitseinschätzung verbunden. Konkret wird die Wahrscheinlichkeit von Ereignissen danach
bewertet, wie genau sie bestimmten Prototypen oder Stereotypen, die ein Entscheider
hat, entsprechen. Nehmen wir zur besseren Veranschaulichung das klassische Beispiel von *Tversky/Kahneman* her:[59]

> „Linda is 31 years old, single, outspoken, and very bright. She majored in philosophy. As a stu-
> dent, she was deeply concerned with issues of discrimination and social justice, and also partic-
> ipated in anti-nuclear demonstrations.
> Which of the following two statements is more likely to be true [die ProbandInnen mussten 8 Be-
> schreibungen entsprechend ihrer erwarteten Häufigkeit in eine Reihenfolge bringen; die 3 für das
> Experiment wichtigsten Beschreibungen zu Linda sind die folgenden]:
> (a) Linda is active in the feminist movement (F)
> (b) Linda is a bank teller (T)
> (c) Linda is a bank teller and is active in the feminist movement (T&F)."

Im Originalexperiment wiesen 85 % der ProbandInnen das Ranking F > T&F > T auf.
Mit anderen Worten glaubten die ProbandInnen, dass es am wahrscheinlichsten ist,
dass Linda in der Frauenbewegung aktiv ist, es weniger wahrscheinlich ist, dass sie
in einer Bank arbeitet und in der Frauenbewegung aktiv ist und dass es am unwahr-
scheinlichsten ist, dass sie nur in einer Bank arbeitet. Das ist allerdings ein logischer
Fehlschluss, denn es ist mathematisch nicht möglich, dass eine Kombination aus zwei
Events (T&F) wahrscheinlicher eintritt als beide Events separat (T). Bei diesem Beispiel haben uns wohl die Stereotype, die unser Denken beeinflussen, einen Streich

---

58 *Gigerenzer, Gerd*: Out of the Frying Pan into the Fire: Behavioral Reactions to Terrorist Attacks, Risk
Analysis 2006, Vol. 26(2), S. 347–351.
59 *Tversky, Amos; Kahneman, Daniel*: Extensional Versus Intuitive Reasoning: The Conjunction Fallacy in Probability Judgment, Psychological Review 1983, Vol. 90(4), S. 293–315.

gespielt. Die Coverstory über Linda weckt in uns das Stereotyp, dass Linda wohl in der Frauenbewegung tätig ist, negiert aber die zugrundeliegenden Wahrscheinlichkeiten; es ist eben wesentlich wahrscheinlicher, dass Linda einfach eine Bankangestellte ist. Nur im Falle, dass alle weiblichen Bankangestellten auch in der Frauenbewegung aktiv sind, wären T&F und T gleich wahrscheinlich.

Eine weitere Form der Representativitätsheuristik ist die sogenannte *Gambler's Fallacy*.[60] Diese gibt die inkorrekte Erwartung an, dass ein Zufallsereignis, nur weil es in der Vergangenheit öfter vorgekommen ist, in der Zukunft weniger oft auftreten wird. Dieser Bias findet sich empirisch oft bei Glückspielen, wenn Roulettespieler glauben, dass nach einer (zufälligen) Serie von drei Runden auf Schwarz es in der nächsten Runde wahrscheinlicher sein wird, dass die Kugel auf Rot fallen wird. Da die Roulette-kugel bekanntlich kein Gedächtnis hat, interessiert sie sich nicht für die vergangenen Runden und fällt somit, wie in jeder Runde, mit einer Wahrscheinlichkeit von 18/37 auf Rot.

Framing

Stellen Sie sich folgende (unschöne) Situation vor: Sie leiden an einem Herzproblem und Ihre Ärztin schlägt Ihnen eine komplizierte und riskante Operation vor. Als es um die Besprechung der Risiken und somit um Ihre Entscheidung bzgl. der Durchführung der Operation geht, sagt die Ärztin folgendes: „90 von 100 Patienten, die sich dieser Operation unterziehen, sind nach 5 Jahren am Leben." Wie klingt das in Ihren Ohren? Für die Komplexität und Schwere Ihres Problems gar nicht so schlecht? Wie wäre Ihre Entscheidung bei folgender Aussage der Ärztin: „10 von 100 Patienten, die sich dieser Operation unterziehen, sind nach 5 Jahren tot." Es geht Ihnen wohl nun, wie vielen Probanden in Experimenten auch, so, dass Sie die zweite Aussage als riskanter wahr-nehmen und bei dieser Aussage eher gewillt wären, auf die Operation zu verzichten. Obwohl das Entscheidungsproblem identisch ist (90 von 100 überleben die Operation in 5 Jahren), hat der sogenannte *Frame*, der Rahmen, in den die Entscheidung einge-bettet wird, große Auswirkungen auf Ihre Entscheidung.[61]

Das obige Beispiel ist, auch wenn es auf den ersten Blick vielleicht nicht sofort ersichtlich ist, mit den Kernelementen der Prospect Theory verwandt. Im Rahmen der Prospect Theory ist ein Großteil der Entscheider risikoavers im Gewinnbereich (gain domain) und risikofreudig im Verlustbereich (loss domain). Das folgende Beispiel aus einer klassischen Studie von *Tversky/Kahneman* (1981) soll das verdeutlichen.[62]

---

60 *Huber, Jürgen; Kirchler, Michael; Stöckl, Thomas*: The Hot Hand Belief and the Gambler's Fallacy in Investment Decisions Under Risk, Theory and Decision 2010, Vol. 68, S. 445–462.
61 *Tversky, Aamos; Kahneman, Daniel*: The Framing of Decisions and the Psychology of Choice. Science 211, 1981, S. 453–458 sowie *Thaler, Richard H.; Sunstein, Cass R.*: Nudge – Improving Decisions about Health, Wealth, and Happiness. New Haven: Yale University Press, 2008.
62 *Tversky, Amos; Kahneman, Daniel*: The Framing of Decisions and the Psychology of Choice. Science 211, 1981, S. 453–458.

Stellen Sie sich vor, dass Ihr Land sich auf den Ausbruch einer seltenen Krankheit (Asian disease) vorbereitet, die, so die Erwartungen, 600 Menschen das Leben kosten wird. Zwei alternative Programme zur Rettung werden vorgeschlagen: Wenn Programm A umgesetzt wird, werden 200 Menschen gerettet; wenn Programm B angewendet wird, besteht eine Wahrscheinlichkeit von 1/3, dass 600 Menschen gerettet werden und eine Wahrscheinlichkeit von 2/3, dass niemand gerettet wird.

Im Experiment von *Tversky/Kahneman* entschieden sich 72 % der Probanden für Programm A, also die risikofreie Alternative. Es zeigt sich also, dass die Entscheider i. d. R. risikoavers waren, denn sie gaben der sicheren Variante im Vergleich zur riskanten Lotterie mit gleichem Erwartungswert den Vorzug.

Die Hälfte der ProbandInnen erhielt aber einem alternativen Text, der sich nur im Frame der Entscheidungsprogramme unterschied (d. h. die Anleitungen zum Experiment waren identisch mit Ausnahme der folgenden Passagen): Wenn Programm C gewählt wird, werden 400 Menschen sterben; wenn Programm D umgesetzt wird, besteht eine Wahrscheinlichkeit von 1/3, dass niemand stirbt und eine Wahrscheinlichkeit von 2/3, dass 600 Menschen sterben.

Durch dieses Framing entschieden sich 78 % der Teilnehmer für Programm D, also für die riskante Variante mit gleichem Erwartungswert wie die risikoarme Variante. Durch das veränderte Framing befinden sich die Entscheider im Verlustbereich und zeigen risikofreudiges Verhalten. Im Vergleich dazu ist das erste Beispiel mit den Programmen A und B auf den Gewinnbereich geframed (wie viele Menschen können gerettet werden?) und somit zeigen die Entscheider, wie auch in der Prospect Theory mit monetären Lotterien, risikoaverses Verhalten. Framingeffekte sind eine der robustesten Biases, die durch Experimente erforscht werden. Wie wir gesehen haben, treten sie nicht nur bei nicht-monetären, sondern auch auf monetären Entscheidungen in den verschiedensten Bereichen auf (z. B. Gesundheitsentscheidungen, Finanzentscheidungen). Als eine der Haupterklärungsursachen wird oftmals die *Dual-Process Theory* verwendet, wonach wir Entscheidungen im groben anhand zweier Systeme treffen:[63] System 1 ist ständig aktiv und führt zu intuitiven, schnellen Entscheidungen, die an Heuristiken orientiert sind; System 2 hingegen ist langsamer, analytisch und muss erst aktiviert werden, um somit das intuitive Denken von System 1 zu überlagern. Auf Basis von Experimenten konnte gezeigt werden, dass Framingeffekte deshalb so robust sind, weil sie primär vom intuitiven System 1 getroffen werden.

Mental Accounting

Wir haben soeben erfahren, dass das Framing eines Entscheidungsproblems – der Rahmen, in dem es wahrgenommen wird – Auswirkungen auf unsere Entscheidungen hat. Schauen wir uns dazu das folgende Beispiel an und beantworten wir die folgenden beiden Fragen mit ja oder nein.

---

63 *Kahneman, Daniel*: Thinking, Fast and Slow. New York: Farrar, Straus, Giroux, 2011.

(a) Nehmen wir an, Sie wollen in ein Konzert gehen, wofür Sie 50 € Eintritt bezahlen müssen. Beim Konzertsaal angekommen bemerken Sie, dass Sie einen 50 €-Schein verloren haben. Würden Sie nun 50 € für das Ticket bezahlen?

(b) Nehmen wir an Sie wollen in ein Konzert gehen und Sie haben bereits 50 € für das Ticket bezahlt. Beim Konzertsaal angekommen merken Sie, dass Sie das Ticket verloren haben. Würden Sie erneut ein Ticket um 50 € kaufen?

Natürlich unterscheiden sich beide Fragen nicht. In beiden Fällen haben Sie 50 € verloren und stehen vor der Entscheidung ein Ticket für das Konzert zu kaufen. Für einen rational agierenden Entscheider sollte es egal sein, ob die 50 € in bar oder in Form eines vorher gekauften Tickets verloren gegangen sind. In einem Aufsatz von *Tversky/Kahneman* wurden die Fragen in sehr ähnlicher Art und Weise gestellt (der Unterschied war, dass es sich um $ 10-Tickets handelte): 88 % der Befragten würden bei Frage (a) das Ticket kaufen; allerdings würden nur 46 % der Befragten das Ticket bei (b) nochmals kaufen.[64]

Wir haben es hier offenkundig mit sogenannten mentalen Konten (Bargeldkonto, Konto für Konzertbesuche, etc.) zu tun. Dieses sogenannte Mental Accounting (oder auch mentale Buchführung) stellt eine Theorie dar, die beschreibt, wie beschränkte Rationalität unser Ausgaben-, Spar-, und Konsumverhalten beeinflusst, ausgehend davon, dass wir mentale (nicht reale) Konten für diverse Bereiche in unserem Kopf anlegen. Beispiele hierfür wären separate mentale Konten für Essen, Wohnung, Urlaub, Unterhaltung, Vermögensveranlagung, Pensionsvorsorge, Kredit, etc. Dabei hat jedes mentale Konto ein eigenes Budget (z. B., 1.000 € für den heurigen Urlaub) und einen jeweiligen Referenzpunkt (z. B. Kaufkurs der Aktie betrug 85,60 €), was bedeutet, dass die Fungibilität zwischen diesen Konten mental nur schwer möglich ist.

Am Beispiel eines Aktienkaufs kann dies anschaulich illustriert werden.[65] Wenn eine Aktie oder ein ETF gekauft wird, so wird ein neues mentales Konto (account) geöffnet und nicht selten dient der Kaufkurs als Referenzpunkt. Sofern Verluste und Gewinne erst evaluiert und erfahren werden, wenn ein mentales Konto geschlossen wird, werden Investoren eher jene Titel verkaufen, die im Preis gestiegen sind als solche, die im Preis gefallen sind (obwohl wir ja wissen, dass nicht der Kaufkurs, sondern die Zukunftsaussichten über Halte- und Verkaufsentscheidungen bestimmen sollten). Somit bleibt im Falle der „Verliereraktie" das mentale Konto des Titels offen, da ein Schließen des mentalen Kontos einen realen Verlust darstellt, was wir aufgrund von Verlustaversion nur ungern wollen.

---

64 *Tversky, Amos; Kahneman*, Danel: The framing of decisions and the psychology of choice, Science 211, 1981, S. 453–458.
65 *Thaler, Richard H.*: Mental accounting matters. Journal of Behavioral Decision Making 12(3), 1999, S. 183–206.

Das ermöglicht uns auch das Verhalten im obigen Beispiel zu erklären. Wenn alles zu unseren Gunsten verlaufen wäre, hätten wir die 50 € zwar ausgegeben, aber der Nutzen des Konzerts hätte diese Kosten überstiegen und somit hätten wir dieses Konzertkonto zufrieden mit einem subjektiven Gewinn geschlossen. Im Beispiel wird der Verlust der 50 €-Banknote allerdings nicht demselben Konto zugerechnet wie das Konzert, da letzteres noch gar nicht geöffnet wurde. Somit sind wir in Beispiel (a) eher gewillt das Ticket zu kaufen. Obwohl der Verlust der 50 € schmerzt, wird dieser Verlust nicht mit dem Kauf des Tickets in Verbindung gebracht. Im Beispiel (b) allerdings ist das Konzertkonto durch den Kauf des Tickets schon geöffnet und der abermalige Kauf eines Tickets würde den Preis des Konzertbesuchs auf 100 € erhöhen. Im Vergleich zum erwarteten Nutzen des Konzerts könnte dieser Preis zu hoch sein und somit entscheiden wir uns in Beispiel (b) häufiger dafür, das Ticket nicht nochmals zu kaufen.

Obwohl Mental Accounting, wie wir gesehen haben, zu nachteiligem und nicht optimalem Verhalten führen kann, gibt es doch auch positive Aspekte. Mentale (oder daraus folgend sogar physische) Konten können Probleme der Selbstkontrolle zu einem gewissen Grad lösen. So kann ein physisches Konto für beispielsweise die Altersvorsorge dazu führen, dass diszipliniert für die Pension gespart wird und das Geld nicht zwischenzeitlich für kurzfristige Gratifikationen wie teure Konsumgüter oder Urlaubsreisen verwendet wird. Das ist ein Grund dafür, dass in vielen Ländern Einzahlungen zur privaten Altersvorsorge auf eigene Konten gehen und es sehr schwer ist, diese vorzeitig aufzulösen. Mit dem „Problem" mangelnder Selbstkontrolle und deren ökonomischen Implikationen beschäftigen wir uns im nächsten Abschnitt.

Probleme der Selbstkontrolle

Stellen Sie sich vor Sie haben einen Bärenhunger, müssen aber vorher noch einkaufen gehen. Sie finden plötzlich viele verschiedene Speisen sehr verlockend und kaufen vorsichtshalber genug ein. Natürlich darf eine, nein doch besser zwei, Nachspeisen nicht fehlen. Schließlich verhungern Sie im Moment geradezu und wollen auf der sicheren Seite sein. Nachdem Sie fertig gegessen haben, entdecken Sie, dass Sie wieder einmal viel zu viel eingekauft haben.

Ein anderes klassisches Beispiel hängt mit Neujahrsvorsätzen (oder Vorsätzen nach dem Urlaub) zusammen: Sie planen für das kommende Jahr, dass Sie einen gesünderen Lebensstil pflegen, sich wesentlich öfter sportlich betätigen und mit dem Verzehr von Unmengen an Süßem und Fettem vorsichtiger sein wollen. Natürlich starten Sie nicht gleich am 1.1., wohl auch nicht in der ersten Woche des Jahres, sondern planen das für etwas später, um noch „Vorbereitungszeit" zu haben. Sie wollen ja nicht zu unmenschlich zu sich selbst sein und so etwas muss natürlich auch von langer Hand geplant sein. Wieder einmal entdecken Sie im Juni, dass ihren Vorsätzen leider keine Taten folgten (und es tröstet Sie zumindest ein wenig, dass Sie dieses Verhalten schon bei einigen Freunden und Verwandten beobachten konnten, also in „guter Gesellschaft" sind).

Dieses Verhalten widerspricht den Vorhersagen des neoklassischen Modells intertemporaler Präferenzen von *Irving Fisher* (1930) und *Paul Samuelson* (1937).[66] Entsprechend diesem normativen Modell haben Entscheider konsistente Präferenzen, die Präferenzumkehrungen und beispielsweise die Nachfrage nach externen Hilfen zur Selbstkontrolle nicht notwendig haben. Beispiele für solche externen Hilfen wären etwa Sparvereine um die Sparquote zu erhöhen, Blocker-Software, die temporär den Zugang zum Internet blockiert um ungehindert offline arbeiten zu können, das Diätmedikament Xenical, das Bauch- und Verdauungsschmerzen bei übermäßigem Nahrungskonsum hervorruft oder der Wecker Clocky, der während des morgendlichen Weckvorganges davonfährt und sich irgendwo versteckt, damit der/die Eigentümerin leidgeplagt aus dem Bett steigen muss. Diese Beispiele und wohl auch eigene Ihrer persönlichen Erfahrungen zeigen aber, dass wir, aufgrund unserer limitierten kognitiven Fähigkeiten und fehlender Willensstärke, nicht immer in unserem, auf lange Sicht, besten Interesse handeln.

Bereits sehr früh wurde fehlende Selbstkontrolle i.w.S. wissenschaftlich aufgegriffen. So formulierte bereits *Adam Smith* in seiner „Theory of Moral Sentiments" die Idee von zwei „Ichs" – einem planenden, vorausschauenden Ich und einem spontanen Ich –, deren Ziele immer wieder in Widerspruch stehen. Richtig Fahrt aufgenommen hat die Forschung in diesem Bereich mit den Arbeiten des österreichischen Psychologen *Walter Mischel*, der u. a. an den Universitäten Harvard und Stanford forschte und lehrte. In einfachen Experimenten mit Kindergartenkindern (und später auch mit diversen anderen Altersgruppen) untersuchte *Mischel* Gründe und Auswirkungen des Belohnungsaufschubs auf späteren sozialen und beruflichen Erfolg. Dabei wurden die Kinder einzeln in einen Raum gebeten, auf dessen Tisch ein Teller mit einem Marshmallow stand. Wenn sie es schafften den Verlockungen des köstlichen Marshmallows zu widerstehen, bekamen sie nach 10 Minuten Wartezeit einen weiteren. Dieses einfache Experiment zeigt sehr schön das immer wiederkehrende Spannungsfeld zwischen unmittelbarer Gratifikation (d. h. essen des Marshmallows) oder dessen Aufschub, um dann in der Zukunft mehr zu erhalten (d. h. Verzicht auf den einen Marshmallow, um dann zwei zu erhalten). In Längsschnittstudien beobachtete *Mischel* die Entwicklung der Kinder und fand heraus, dass diejenigen, die damals schon eher bereit waren abzuwarten, diejenigen waren, die später im Leben ein besseres soziales und berufliches Leben führten.[67] So waren diejenigen, die eher warten konnten, sowohl in der Schule als auch im Beruf erfolgreicher, rauchten weniger und hatten stabilere Beziehungen.

---

66 *Fisher, Irving*: The Theory of Interest, as Determined by Impatience to Spend Income and Opportunity to Invest it. New York: Macmillan, 1930; *Samuelson, Paul A.*: A Note on Measurement of Utility. Review of Economic Studies 4, 1937, S. 155–161.
67 *Mischel, Walter; Shoda, Yichi; Rodriguez, Monica L.*: Delay of Gratification. Science 244, 1989, S. 933–938; *Mischel, Walter*: The Marshmallow Test: Understanding Self-Control and How to Master

Theoretisch wurde diese Problematik in das sogenannte *Planner-Doer*-Modell von *Thaler/Shefrin*[68] oder in die sogenannte *Dual-Process Theory* (wie bereits oben erwähnt) gegossen.[69] Aus heuristischer Sicht ist das Planner-Doer-Modell wertvoll, da es ein Principial-Agent-Problem darstellt, bei dem der „Planner" der Prinzipal ist und den „Doer" (Agent) incentiviert und kontrolliert, um eine langfristige Nutzenmaximierung zu gewährleisten. Während der „Planner" eine Maximierung des Lebensnutzens (sehr langfristige Perspektive) anstrebt, kümmert sich der „Doer" primär um kurzfristige Nutzenmaximierung. In neurowissenschaftlichen Studien, die die Gehirnströme von Probanden in MRI-Scannern während einfacher Entscheidungsexperimente messen, zeigt sich, dass Modelle, die diese zwei „Ichs" abbilden, keine schlechte Approximation für Vorgänge im Gehirn darstellen. *McLure et al.* und *Camerer* zeigen beispielsweise, dass der präfrontale Cortex als Bereich im Gehirn identifiziert werden kann, der sich mit langfristigen Planungen beschäftigt, wohingegen sich das evolutionär gesehen wesentlich ältere limbische System eher mit kurzfristigen Emotionen und Bedürfnissen beschäftigt.[70]

Ein schönes Beispiel wie durch auf verhaltenswissenschaftlichen Erkenntnissen beruhender Entscheidungsarchitektur Vorsorgeentscheidungen verbessert werden können, ist der sogenannte SMarT-Plan („Save More Tomorrow") von *Thaler/Benartzi*.[71] Die Grundproblematik, die von den Autoren erkannt wurde, ist die, dass v. a. in den USA viele Berufstätige zu wenig für ihre private Pensionsvorsorge, die in den USA die wesentliche Säule für Ruhestandsbezüge ist, sparen. Meistens bestand (und besteht) das Problem, dass viele Erwerbstätige zu wenig sparen, da die Zukunft per definitionem noch in weiter Ferne ist und unmittelbare Gratifikationen (Urlaub, Konsum) meistens sehr verlockend sind. Die Autoren erkannten zudem, dass die Sparbeträge stark von Behavioral Biases beeinflusst werden. Aufgrund des *Status-quo bias* neigen wir dazu im Status Quo zu verweilen und somit prädeterminieren die anfänglichen Aktionen der Sparer die gesamte Sparleistung (z. B.: Welcher Anfangsbetrag wurde gesetzt? Gibt es Steigerungen der Sparrate?).

---

it. Little Brown and Company: New York, 2014. In den letzten Jahren fanden Studien heraus, dass die Originalergebnisse von *Walter Mischel* etwas mit Vorsicht zu genießen sind und nicht perfekt replizierbar sind. Gleichwohl hat er eine wesentliche Forschungsrichtung angestoßen, die sich mit der Wichtigkeit des Belohnungsaufschubs für zukünftigen beruflichen und privaten Erfolg beschäftigt (siehe *Sutter, Matthias et al.* Impatience and Uncertainty: Experimental Decisions Predict Adolescents' Field Behavior. American Economic Review 103(1), 2013, S. 510–531).

68 *Thaler, Richard H.*: Some Empirical Evidence on Dynamic Inconsistency. Economics Letters 8, 1981, S. 201–207; *Shefrin, Hersh M.; Thaler, Richard H.*: The Behavioral Life-Cycle Hypothesis. Economic Inquiry 26, 1988, S. 609–643.

69 *Kahneman, Daniel*: Thinking, Fast and Slow. New York: Farrar, Straus, Giroux, 2011.

70 *McClure, Samuel M. et al.*: Separate Neural Systems Value Immediate and Delayed Monetary Rewards. Science 306, 2004, S. 503–507; *Camerer, Colin F.*: Neuroeconomics: Using Neuroscience to Make Economic Predictions. Economic Journal 117, 2007, C26–C42.

71 *Thaler, Richard H.; Benartzi, Shlomo*: Save More Tomorrow™: Using Behavioral Economics to Increase Employee Saving. Journal of Political Economy 112, 2004, S. 164–187.

Das Ziel der Autoren war es einen Sparplan zu entwickeln, der Selbstkontrollprobleme und Biases überwinden sollte. Im Detail hat der Plan vier Kernpunkte:

- Erstens entscheiden SparerInnen viele Monate vor einer möglichen Gehaltsaufbesserung, ob und wieviel sie ihren Sparbetrag erhöhen wollen. Diese Entscheidung beinhaltet somit keinen Trade-off zwischen jetzigem Konsum und zukünftigem Sparen, sondern einen Trade-off zwischen Konsum und Sparen an zwei Punkten in der Zukunft, was das Problem der Selbstkontrolle reduziert (hyperbolische Diskontierung).
- Zweitens steigt der Sparbetrag erst nach der nächsten Gehaltserhöhung an, weshalb verlustaverse Sparer keine Reduktion ihres (nach Sparleistungen) verfügbaren Einkommens befürchten müssen (die Gehaltserhöhung fließt somit zum Teil in höheres Sparen und zum Teil in höheres verfügbares Einkommen).
- Drittens wird eine automatische Steigerung der Sparbeträge ganz zu Beginn vereinbart. Die Sparbeträge steigen bis zu einem ex ante definierten Maximum an und somit wirkt der *Status-quo bias* dahingehend, dass die Individuen über die Zeit tendenziell mehr sparen.
- Viertens kann der Sparer jederzeit aus dem Plan aussteigen, was für ihn weniger Überwindung hinsichtlich des Abschlusses des Plans bedeutet. Gleichzeitig wissen wir aber, dass diese Möglichkeit aufgrund des Status-quo Bias wohl nicht von vielen in Anspruch genommen wird.

Dieser SMarT-plan, der Studien zufolge die Sparquoten der teilnehmenden Haushalte innerhalb weniger Jahre etwa verdreifacht hat, war wichtig für den Pension Protection Act, der 2006 durch den US Kongress genehmigt wurde und der dieses automatische Enrollment und die automatische Steigerung der Sparbeträge in klassischen 401(k) Pensionsplänen vorsah. In den darauffolgenden fünf Jahren traten dadurch rund 4,1 Millionen US-Amerikaner solchen Sparplänen mit automatisch steigenden Sparbeträgen bei, was laut *Benartzi/Thaler* die jährlichen Sparbeträge im Jahr 2013 um rund 7,6 Mrd. US-$ erhöht hat.[72]

2.4 Rationale Gegner: Grundzüge der Spieltheorie

Bislang haben wir uns mit Entscheidungen beschäftigt, bei denen wir zwar unsicher darüber waren, welche entscheidungsrelevanten Zustände eintreten werden, andererseits aber wussten, dass sich diese Unsicherheit nicht gegen uns wendet. Der Hotelier, der eine Entscheidung darüber zu fällen hat, ob er lieber einen Skilift errichten oder ein Schwimmbad bauen soll, weiß, dass der wirtschaftliche Erfolg dieser Investitionen

72 *Benartzi, Shlomo; Thaler, Richard H.*: Behavioral Economics and the Retirement Savings Crises. Science 339, 2013, S. 1152–1153.

im Wesentlichen von klimatischen Bedingungen abhängen wird. Er weiß aber auch, dass die Schneemenge in den nächsten Jahren nichts damit zu tun hat, für welche der Investitionen er sich entscheiden wird: Es wird nicht deshalb schneearme Winter geben, *weil* wir in den Wintersport investiert haben. Immer dann, wenn das Eintreten entscheidungsrelevanter Zustände unabhängig ist von den Aktionen des Entscheiders, wenn sich die Umwelt *neutral* verhält, haben wir es mit Entscheidungen gegen die Natur zu tun.

(Finanz-)Wirtschaftliche Entscheidungen hingegen finden im Kontext direkter Auseinandersetzungen zwischen rationalen (oder zumindest interessegeleiteten) Akteuren statt: Somit hängt der Erfolg einer Entscheidung davon ab, was die „anderen" tun; dies können unsere unmittelbaren Konkurrenten, aber auch unbekannte Marktteilnehmer, der Fiskus o. a. sein. Wenn wir bedenken, welche Reaktionen eine bestimmte, von uns getroffene Entscheidung bei anderen auslösen könnte, wenn wir bedenken, wie wir dann wiederum auf deren Reaktionen reagieren sollten, etc., so handeln wir „strategisch". Die Disziplin der Sozialwissenschaft, die sich mit strategischem Denken in Politik, Wirtschaft und Gesellschaft befasst, ist die *Spieltheorie*, die in den 1940er-Jahren von dem Mathematiker *John v. Neumann* und dem Wirtschaftswissenschaftler *Oskar Morgenstern* entwickelt wurde.[73] Hinter der harmlosen Bezeichnung, der etwas unterhaltsames, eben „spielerisches" anhaftet, verbirgt sich eine sehr komplexe mathematische Theorie interaktiven Handelns, deren Bedeutung in allen Bereichen der Sozialwissenschaft 1994 durch die Vergabe des Nobelpreises für Ökonomie an die Spieltheoretiker *John Harsanyi*, *John Nash* und *Reinhard Selten* unterstrichen wurde. Hier kann es nur darum gehen, sich eine Vorstellung von der Grundstruktur einer rationalen interaktiven Entscheidung zu verschaffen und mit dem für die Spieltheorie typischen Denken in sozialen Zusammenhängen vertraut zu werden.

Für Spieltheoretiker ist jede soziale Situation, in der den Beteiligten eine Entscheidung abverlangt wird, die die möglichen Reaktionen und Gegenreaktionen anderer in die Überlegung einbezieht, ein „Spiel": Dies gilt gleichermaßen für Fußball, für Schach, für den Konkurrenzkampf in Oligopolen oder für die militärische Rüstung rivalisierender Staaten. Auch in der Finanzwirtschaft gibt es eine Fülle derartiger „Spiele", für deren Verständnis ein spieltheoretischer Ansatz hilfreich ist. Im Grunde fängt das bereits dort an, wo die Annahme vollkommener Märkte aufgegeben wird und die Akteure nicht mehr reine Preisnehmer sind, sondern selbst Einfluss auf die Marktpreise nehmen können. Drei Beispiele:

– *Aufteilung eines Marktes auf zwei Kreditinstitute:* Zwei Banken teilen sich den lukrativen Markt der gehobenen Privatkundschaft auf und sind bestrebt, ihre Markt-

---

73 Vgl. das richtungsweisende Buch *v. Neumann, John; Morgenstern, Oskar*: Theory of Games and Economic Behaviour, Priceton (University Press) 1944 (deutsch: Spieltheorie und wirtschaftliches Verhalten, Würzburg 1961).

position zu verbessern. Jeder hat eine Reihe verschiedener Strategien, um dieses Ziel zu erreichen: Kundenbetreuung, Preiskonditionen, Produktpalette, Werbung etc. Welche Strategien sollte ein jeder verfolgen, wissend, dass der andere natürlich auf gesetzte Aktionen reagieren wird?

- *Festlegung des Übernahmepreises bei einem Take-over:* Unternehmen A will Unternehmen B übernehmen und bietet denjenigen Aktionären von B, die ihm eine Mehrheitsposition verschaffen, den Preis von x pro Aktie, wobei x über p, dem derzeitigen Aktienkurs von B, liegt, aber niedriger ist als z, der Wert, den nach A's Vorstellungen eine Aktie von B nach der Übernahme haben wird (wäre $x > z$, so wäre ein Take-over für A uninteressant). Nicht auf das Angebot einzugehen, ist jedoch für die Aktionäre von A dominant: Gelingt der Take-over, so ist es besser, nicht verkauft zu haben, da $z > x$; misslingt der Take-over, so verbleibt dem Aktionär p, unabhängig davon, ob er ein Verkaufsangebot gemacht hat oder nicht.
- *Informationsbeschaffung an der Börse:* Üblicherweise informieren sich Investoren, bevor sie Kauf- oder Verkaufentscheidungen an der Börse treffen: Sie betreiben eigene Finanzanalysen, lassen sich beraten, lesen die Finanzpresse etc. Manchen Investoren gelingt dies besser, anderen schlechter, und entsprechend sind die Ergebnisse: Manche werden Renditen erzielen können, die höher sind als die des Marktes (des Börsenindex), andere werden sich mit Minderrenditen zufriedengeben müssen. Ist es in einer derartigen Situation für die unerfolgreicheren Investoren nicht besser, gänzlich auf Information zu verzichten und ihre Entscheidungen dem Zufall zu überlassen? Was wäre, wenn alle sich derart verhalten würden?

Die drei Beispiele zeigen nicht nur unterschiedliche Facetten finanzwirtschaftlicher Probleme, sondern machen auch deutlich, dass der Rekurs auf spieltheoretisches Denken recht unterschiedlich sein kann: Während im ersten Fall ein klassisches Zwei-Personen-Nullsummen-Spiel vorliegt, für das es, sofern die Auszahlungsfunktionen definiert werden können, eindeutige Lösungen gibt, haben wir es im zweiten Fall mit einem komplexeren Problem einer Vielzahl von Beteiligten mit unterschiedlichen Interessen zu tun; hier kann die Spieltheorie lediglich Teillösungen bereitstellen und Hilfestellung bei der Strategiefindung leisten. Im dritten Fall, dem strategischen Verhalten eines Einzelnen gegenüber einer großen Zahl anonymer Mitspieler, sind echte spieltheoretische Lösungen in weiter Ferne. Gleichwohl ist die Verwendung spieltheoretischer Begriffe (z. B. Nullsummeneigenschaft, Nash-Gleichgewicht, gemischte Strategien) bei der gedanklichen Durchdringung der Zusammenhänge äußerst hilfreich.

Gerade die Verwendung spieltheoretischen Denkens im Kontext von Kapitalmärkten zeigt, dass die Unterscheidung in „Entscheidungen gegen die Natur" und „Entscheidungen gegen bewusste Gegner" fließend ist:

Die Investmententscheidung eines einzelnen Kapitalanlegers kann als eine Entscheidung gegen die Natur angesehen werden: In diesem Fall entscheidet über das Ergebnis des Investments ein anonymer Markt, auf den der Einzelne keinen Einfluss zu nehmen vermag (*Price-taker*-Eigenschaft) und dessen Entwicklung unabhängig von der getroffenen Entscheidung ist. Wer von einer derartigen Problemsicht ausgeht, wird entweder versuchen, seinen Wissensstand zu optimieren und die kommende wirtschaftliche Entwicklung von Unternehmen, Branchen oder Volkswirtschaften möglichst gut zu prognostizieren, oder er wird Aktienkurse als das Ergebnis eines exogenen stochastischen Prozesses sehen.

Die Investmententscheidung eines Kapitalanlegers kann jedoch auch als Entscheidung gegen rationale Gegner angesehen werden: Auch in diesem Fall entscheidet über das Ergebnis des Investments der Markt, der allerdings gesehen wird als eine Vielzahl von Personen, die wie wir selbst auf ihren Vorteil bedacht sind und sich zulasten anderer bereichern wollen. Wer von einer derartigen Problemsicht ausgeht, wird sich stets bewusst sein, dass „die anderen" wahrscheinlich über die gleichen (zutreffenden oder unzutreffenden) Informationen verfügen, dass es, wo es Gewinner gibt, auch Verlierer geben muss, dass es sinnvoll sein kann, Informationen, die man besitzt, nicht zu nutzen, um nicht zusammen mit der Herde gleich Informierter auf die falsche Seite zu gehen etc. Wer von einer derartigen Problemsicht ausgeht, wird Preise nicht als gegeben, sondern als Ergebnis eines Markträumungsvorgangs unter heterogen informierten Investoren sehen.

Mit zunehmender Beschäftigung mit finanzwirtschaftlichen Problemen werden wir erkennen, dass es eher die zweite Problemsicht ist, die uns praktisch verwertbare Erkenntnisse über zweckmäßiges Entscheidungsverhalten in Finanzmärkten vermittelt. In spieltheoretischen Kategorien denken zu können, ist hierfür unverzichtbar.

2.4.1 Das Zwei-Personen-Nullsummenspiel

Vom Zwei-Personen-Nullsummenspiel in Normalform und endlicher Strategienzahl hat die Spieltheorie ihren Ausgang genommen: Es gebe nur zwei Spielteilnehmer, deren Gewinne sich auf null summieren, d. h. das, was der eine gewinnt, verliert der andere (Nullsummeneigenschaft); jeder der beiden Spieler führt unabhängig, d. h. ohne Kenntnis des Zugs des Gegenspielers, seinen Zug aus (Spiel in Normalform); da die Strategienmengen für beide Spieler endlich sind, kann das Spiel in Form einer Matrix dargestellt werden (Matrixspiel).

Betrachten wir zwei Banken A und B, die um Marktanteile im Privatkundengeschäft ringen; beide haben vier Handlungsalternativen zur Auswahl (die Zahl der Strategien kann, muss aber nicht gleich sein): Bank A könne zwischen den Strategien $A_1 \ldots A_4$ (etwa Erweiterung der Produktpalette, intensivere Kundenbetreuung, verstärkte Werbung, Senkung der Provisionssätze o. ä.) wählen. Bank B hingegen habe die Strategien $B_1 \ldots B_4$ (etwa Erwerb einer aufstrebenden Finanzboutique, Internationalisierung, Mitarbeiterqualifizierung, erfolgsabhängige Provisionen) zur Auswahl.

In der folgenden *Spielmatrix* sind die Zuwächse in Marktanteilsprozenten für Bank A, wenn es zu der jeweiligen Kombination von Strategien kommt, aufgeführt;

wir unterstellen, dass die dem jeweiligen Strategienpaar zugeordneten Konsequenzen beiden Spielern bekannt sind. Da es sich um ein Nullsummenspiel handelt, müssen diese Werte nur mit −1 multipliziert werden, um die Marktanteilsveränderungen für Bank B zu erhalten. Wählt z. B. Bank A die Strategie A_1 und Bank B die Strategie B_4, so erhöht sich der Marktanteil von Bank A um 1 %, während sich der von Bank B um 1 % vermindert.

	B_1	B_2	B_3	B_4
A_1	2	0	−4	1
A_2	−2	−1	1	−5
A_3	2	1	3	4
A_4	4	0	1	−5

Aus der Sicht von A sieht die Spielmatrix rein formal nicht anders aus als die uns bekannte Entscheidungsmatrix: In der Vorspalte haben wir den Aktionenraum $A_1 \ldots A_4$, wobei jetzt die Aktionen als Strategien bezeichnet werden; in der Kopfzeile haben wir die Ereignisse $B_1 \ldots B_4$, und in der Ergebnismatrix haben wir die Auszahlungen k_{ij}, die A erhält, wenn er Aktion i wählt und B_j eintritt. Trotz dieser vordergründigen Strukturgleichheit ist das Entscheidungsproblem, das sich A stellt, ein völlig anderes:

> Bei Entscheidungen gegen die Natur unter Unsicherheit wusste A nichts darüber, welcher der Umweltzustände $z_1 \ldots z_4$ eintreten wird; allenfalls konnten bei Entscheidungen unter Risiko Wahrscheinlichkeiten (subjektive oder objektive) für das Eintreten angegeben werden, die z. B. die Berechnung eines Nutzenerwartungswerts erlaubt hätten.
>
> Auch bei Entscheidungen gegen den Gegner B weiß A nicht mit Sicherheit, wie sich B angesichts der zur Wahl stehenden Strategien $B_1 \ldots B_4$ entscheiden wird. Allerdings weiß er, dass auch B bestrebt ist, das für ihn beste Ergebnis herauszuholen, und er weiß, dass ein für B gutes Ergebnis für ihn selbst ein schlechtes Ergebnis bedeutet. Die Wahl des Zustandes $B_j \in (B_1 \ldots B_4)$ ist folglich interessenbehaftet. Da dasselbe für B gilt (B weiß, dass es A's Bestreben sein wird, sich selbst zu nützen und ihm zu schaden), wird jeder der beiden Kontrahenten versuchen, vor dem Treffen einer eigenen Entscheidung in das Gewand des Gegners zu schlüpfen, um zu prüfen, was man selbst anstelle des jeweils anderen tun würde.

Hierin zeigt sich der Kern der Spieltheorie: reflexives Denken im Sinne eines Bedenkens der Aktionen des anderen und der möglichen Rückwirkungen auf das eigene Verhalten. Wer spieltheoretisch denkt, nimmt seinen Gegner ernst; er lässt sich nicht auf den wohlfeilen Gestus des Überlegenen ein, der andere in der Rolle der zu Manipulierenden und sich selbst in der Rolle des Machers sieht.

Betrachten wir unter dieser Perspektive nochmals die Spielmatrix. Bank A wie Bank B wissen, dass die jeweils andere unter den gegebenen Bedingungen ihren Vorteil suchen wird. Zwar würde Bank A gerne in die Position A_4/B_1 kommen, die ihr einen Marktanteilsgewinn von 4 % bescheren würde, sie weiß aber, dass, sollte sie A_4 wählen, Bank B sich durch Wahl von B_4 ihrerseits in den Genuss einer hohen

Marktanteilsverbesserung bringen könnte. Andererseits würde B gerne die Kombination A_4/B_4 realisiert sehen, läuft aber bei der Wahl von B_4 Gefahr, dass der Gegner die Strategie A_3 ergreift und sich eine Marktanteilsausweitung um 4 % sichert. Nach den Sternen zu greifen, ist extrem gefährlich.

Um aus diesem Dilemma herauszukommen, sollten wir uns einer Entscheidungsregel besinnen, die sich bei Entscheidungen gegen die Natur bewährt hat: die Dominanzregel. Mit ihr kommt man zu folgender Gedankenkette:

(1) Bank A wird auf keinen Fall A_2 wählen, da sie unter allen denkbaren Konstellationen damit schlechter fährt als mit A_3; A_2 wird von A_3 streng dominiert und ist demnach auszuscheiden:

	B_1	B_2	B_3	B_4
A_1	2	0	-4	1
~~A_2~~	~~2~~	~~1~~	~~1~~	~~5~~
A_3	2	1	3	4
A_4	4	0	1	-5

(2) B scheidet unter dieser Bedingung B_1 aus, da dies zu einem stets schlechteren Ergebnis führt als B_2:

	B_1	B_2	B_3	B_4
A_1	2	0	-4	1
~~A_2~~	~~2~~	~~1~~	~~1~~	~~5~~
A_3	2	1	3	4
A_4	4	0	1	-5

(3) A wird nunmehr auf keinen Fall A_4 wählen, da dies von A_3 dominiert wird; A_4 ist demnach auszuscheiden:

	B_1	B_2	B_3	B_4
A_1	2	0	-4	1
~~A_2~~	~~2~~	~~1~~	~~1~~	~~5~~
A_3	2	1	3	4
~~A_4~~	~~4~~	~~0~~	~~3~~	~~5~~

(4) Für B wird nunmehr B_4 von B_3 dominiert und ausgeschieden:

	B_1	B_2	B_3	B_4
A_1	2	0	-4	1
~~A_2~~	~~2~~	~~1~~	~~1~~	~~5~~
A_3	2	1	3	4
~~A_4~~	~~4~~	~~0~~	~~1~~	~~5~~

(5) Bank A wird nunmehr A_3 wählen, was sie in jedem Fall besserstellt:

	B_1	B_2	B_3	B_4
~~A_1~~	~~2~~	~~0~~	~~4~~	~~1~~
~~A_2~~	~~2~~	~~1~~	~~1~~	~~5~~
A_3	2	1	3	4
~~A_4~~	~~4~~	~~0~~	~~1~~	~~5~~

(6) Schließlich wird Bank B sich für B_2 entscheiden:

	B_1	B_2	B_3	B_4
~~A_1~~	~~2~~	~~0~~	~~4~~	~~1~~
~~A_2~~	~~2~~	~~1~~	~~1~~	~~5~~
A_3	2	1	3	4
~~A_4~~	~~4~~	~~0~~	~~1~~	~~5~~

Nach der sukzessiven Anwendung des Dominanzkriteriums ist das Strategienpaar A_3/B_2 „übrig" geblieben. Es stellt eine *Gleichgewichtslösung* in dem Sinne dar, dass keiner der beiden Beteiligten einen Anreiz hat, eine andere Strategie zu wählen, solange der Gegner bei seiner Strategie bleibt:

- Wenn Bank A die Strategie A_3 wählt, ist B_2 die „beste Antwort" für B; mit jeder anderen Strategie würde sich B schlechter stellen.
- Wenn Bank B die Strategie B_2 wählt, ist A_3 die „beste Antwort" für A; mit jeder anderen Strategie würde sich A schlechter stellen.

Damit haben wir eines der zentralen Konzepte der Spieltheorie kennengelernt: das sogenannte *Nash*-Gleichgewicht,[74] das immer dann vorliegt, wenn eine Situation erreicht ist, in der es für keinen der Beteiligten mehr vorteilhaft ist, isoliert seine Strategie zu verändern; die hier dargestellte Lösung in einem Zwei-Personen-Nullsummenspiel ist lediglich ein Spezialfall eines viel allgemeineren Konzepts, das nach den Worten von *Rieck* „auf dem besten Weg (ist), ein neues Paradigma der Sozialwissenschaften zu werden".[75] Ähnlich dem Pareto-Kriterium kann das Nash-Gleichgewicht als eine allgemeingültige Regel für gesellschaftlich akzeptierte Lösungen komplexer sozialer Probleme angesehen werden.

Wie *John v. Neumann* in einem sehr frühen spieltheoretischen Beitrag[76] gezeigt hat, kann dieses Ergebnis auch erreicht werden, indem die Beteiligten konsequent ei-

---

[74] Erstmals formuliert in *Nash, John F.*: Non-cooperative Games, Annals of Mathematics 1951, S. 286–295.

[75] *Rieck, Christian*: Spieltheorie – Einführung für Wirtschafts- und Sozialwissenschaftler, Wiesbaden (Gabler) 1993, S. 154.

[76] *Von Neumann, John*: Zur Theorie der Gesellschaftsspiele, Mathematische Annalen 1928, S. 295–320.

ne Mini-Max-Strategie verfolgen. War die Minimax-Regel im Kontext von Entscheidungen gegen die Natur noch fragwürdig, da sie als Ausdruck einer geradezu pathologischen Risikoaversion angesehen werden musste, ist sie in Spielsituationen die richtige Antwort auf einen rational handelnden Gegner, der das Beste für sich selbst und damit das Schlechteste für seinen Gegner, d. h. für uns will. Wenn Bank A damit rechnen muss, dass Bank B das für sie selbst beste Ergebnis anstrebt, so wird sie versuchen, ihr Minimum zu maximieren, d. h. eine Minimax-Strategie fahren. Auf der anderen Seite wird für Bank B, für die die in der Spielmatrix aufgeführten Ergebnisse mit -1 multipliziert werden müssen, eine Maximin-Strategie angeraten sein, bei der sie die maximalen Verluste minimiert. Verhalten sich beide in dieser Weise, d. h. bewertet Bank A alle Strategien nach dem schlechtestmöglichen Ergebnis ($\min A_i$) und wählt dann die, bei der sie noch am besten fährt (Minimax) und bewertet Bank B alle Strategien nach dem schlechtestmöglichen Ergebnis ($\max B_i$) und wählt dann die, bei der sie noch am besten fährt (Maximin), so ergibt sich wieder die Gleichgewichtslösung A_3/B_2:

	B_1	B_2	B_3	B_4	$\min A_i$
A_1	2	0	-4	1	-4
A_2	-2	-1	1	-5	-5
A_3	2	1	3	4	(max) 1
A_4	4	0	1	-5	-5
$\max B_i$	4	(min) 1	3	4	

Auch hier kommen wir wieder zum Nash-Gleichgewicht, das in Zwei-Personen-Matrixspielen auch als *Sattelpunkt* bezeichnet wird (Abb. 2.7): Es ist der Punkt, in dem sich die Linie, die die Zeilenminima miteinander verbindet, mit der Linie schneidet, die die Spaltenmaxima miteinander verbindet:

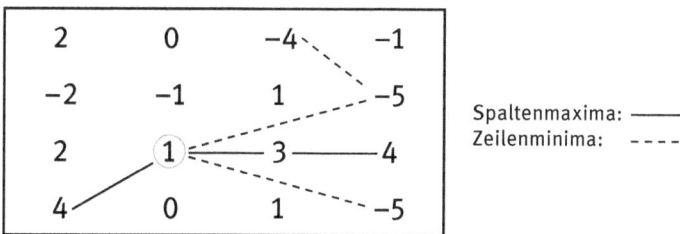

Spaltenmaxima: ——
Zeilenminima: - - - -

Abb. 2.7: Sattelpunkt eines Zwei-Personen-Spiels

Da beide Beteiligten ihre Minimax-Strategie einsetzen werden, ist mit dem Sattelpunkt auch der *Spielwert* eindeutig gegeben. Im Grunde bräuchte das Spiel nicht mehr gespielt zu werden: Liegt der Spielwert nicht bei null, so würde der Benachteiligte einfach dem Begünstigten diesen Spielwert auszahlen.

Allerdings haben nicht alle Zwei-Personen-Nullsummenspiele einen Sattelpunkt, bei dem die Minimax-Lösung des einen mit der Maximin-Lösung des anderen zusammenfällt. Betrachten wir die folgende Spielmatrix:

	B_1	B_2	B_3	B_4	$\min A_i$
A_1	6	0	-6	-5	-6
A_2	5	1	-5	-4	-5
A_3	4	-4	3	5	(max) -4
A_4	1	-5	2	0	-5
$\max B_i$	6	(min) 1	3	5	

Hier gibt es keine Strategienkombination, die eine wechselseitig beste Antwort darstellt: Wählt B mit B_2 seine Maximin-Strategie, so ist es für A sinnvoll, Strategie A_2 zu wählen; tut er das, so wäre es für B am besten, B_3 zu wählen, was wiederum A_3 zur Antwort hätte; darauf schließlich wäre B's beste Antwort B_2 und das Ganze beginnt von Neuem. Auch die Regel, nach der alle dominierten Strategien ausgesondert werden, führt zu keinem klaren Ergebnis:

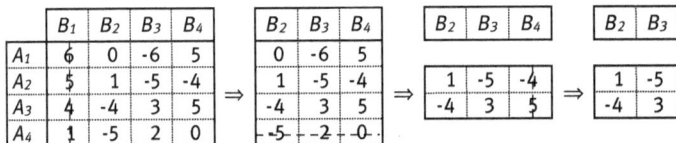

	B_1	B_2	B_3	B_4
A_1	6	0	-6	5
A_2	5	1	-5	-4
A_3	4	-4	3	5
A_4	1	-5	2	0

$\Rightarrow$

B_2	B_3	B_4
0	-6	5
1	-5	-4
-4	3	5
-5	-2	-0-

$\Rightarrow$

B_2	B_3	B_4
1	-5	-4
-4	3	5

$\Rightarrow$

B_2	B_3
1	-5
-4	3

Zuerst scheidet B Strategie B_1 aus (von B_2 dominiert), A scheidet sodann A_4 aus (von A_3 dominiert), A scheidet weiter A_1 aus (von A_2 dominiert), B scheidet sodann B_4 ausscheidet (von B_3 dominiert). Die verbleibenden Strategien ($A_2, A_3; B_2, B_3$) weisen keine Dominanzbeziehungen mehr auf.

Was werden die Beteiligten tun? Sie könnten versuchen, herauszufinden, welche Strategie der Gegner einschlagen wird und ihre eigene Strategie danach ausrichten; zugleich müssten sie natürlich versuchen, den Gegner über die eigene Strategiewahl zu täuschen. Dieses Wechselspiel der Raffinesse kann unentschieden ausgehen, es kann aber auch einer der beiden insofern als Sieger hervorgehen, dass es ihm häufiger gelingt als dem anderen, die Aktion seines Gegners zu antizipieren. Angenommen, sie würden beide aus Angst, der andere würde ihre Wahl antizipieren, eine Münze entscheiden lassen. In dem Fall hätte jedes der vier möglichen Ergebnisse (A_2/B_2, $A_2/B_3, A_3/B_2, A_3/B_3$) die gleiche Wahrscheinlichkeit, was einen Erwartungswert von $\mu = (1-5-4+3)/4 = -1,25$ ergäbe: Bank A müsste somit in der Erwartung mit einem Marktanteilsverlust von 1¼ % rechnen.

Allerdings ist dies noch keine befriedigende Lösung. Nehmen wir an, das Spiel würde viele Male gespielt und B würde zufallsbedingt beide Strategien gleich oft wählen. A wüsste, dass er mit A_2 im Schnitt 2 verliert, mit A_3 hingegen nur ½. Er sollte somit häufiger A_2 wählen als A_3 (immer A_2 zu wählen ginge nicht, da dann B stets B_3 wählen würde). Aus ähnlichen Gründen könnte B die Wahrscheinlichkeit für die Wahl von B_2 erhöhen. Nur: Um wie viel?

Von Neumann konnte zeigen, dass es für alle Zwei-Personen-Nullsummenspiele eine Gleichgewichtslösung gibt, wenn man in Erwartungswerten rechnet und sog. gemischte Strategien zulässt. Gemischte Strategien sind qualifizierte Zufallsstrategien, bei denen die reinen Strategien nach einer eindeutigen, sich nach dem Minimax/Maximin-Prinzip ergebenden Wahrscheinlichkeitsverteilung zum Einsatz kommen. Dies lässt sich am anschaulichsten grafisch zeigen (Abb. 2.8): Definiert man mit p_{Ai} die Wahrscheinlichkeit, mit der A die Strategie A_i wählt, so besteht A's Strategienraum nunmehr aus dem Kontinuum der Wahrscheinlichkeitsverteilungen $p_{A2} = 0 \ldots 1$ und entsprechend $p_{A3} = 1 - p_{A2} = 1 \ldots 0$; die ursprünglichen reinen Strategien A_2 bzw. A_3 entsprechen einem $p_{A2} = 1$ bzw. $p_{A3} = 1$. Dieses Wahrscheinlichkeitskontinuum ist auf der horizontalen Achse abgebildet. Wählt B die Strategie B_2, so wird das erwartete Ergebnis für A von seiner Wahrscheinlichkeitsverteilung abhängen: Wählt A mit Sicherheit A_2 ($p_{A2} = 1$), so erzielt sie einen Marktanteilsgewinn von 1 Prozent, wählt sie mit gleicher Wahrscheinlichkeit ihre beiden Strategien ($p_{A2} = p_{A3} = 0{,}5$), so verliert sie im Schnitt 1,5 $(0{,}5 \cdot 1 - 0{,}5 \cdot 4 = 1{,}5)$, und wählt sie mit Sicherheit A_3 ($p_{A2} = 0$), so muss sie einen Verlust von 4 Prozent hinnehmen: Der Erwartungsgewinn von A entspricht somit der Funktion $\mu_A \mid B_2$. Dementsprechend ist ihr Erwartungsgewinn für den Fall, dass sich B für B_3 entscheidet, durch die Funktion $\mu_A \mid B_3$ gegeben. Wendet A jetzt das Minimax-Kriterium an, d. h. entscheidet sie sich für die Wahrscheinlichkeitsverteilung, bei der das für sie schlechteste Ergebnis maximiert wird, so ergibt sich: $p_{A2} = 7/13 \approx 0{,}54$ und $p_{A3} = 6/13 \approx 0{,}46$. Mit einer gemischten Strategie, bei der sie mit einer Wahrscheinlichkeit von 54 % A_2 und sonst A_3 wählt, kann der Erwartungswert ihres Ergebnisses nicht unter $E(G_A) = -1{,}3 \%$ fallen. Dasselbe Er-

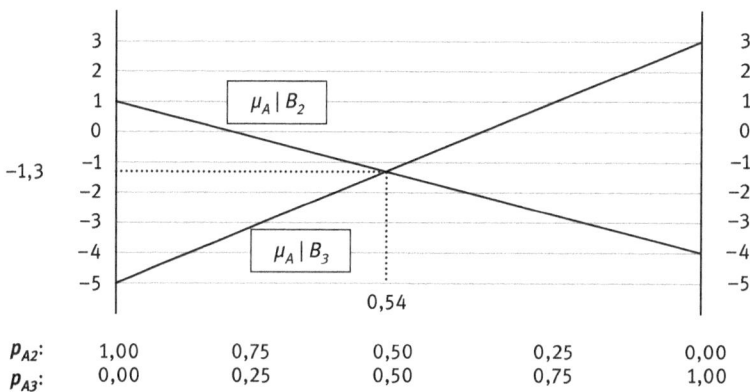

Abb. 2.8: Nash-Gleichgewicht bei gemischten Strategien

gebnis hätte man durch die Ermittlung der Maximinstrategie von B erreicht: B kann sich einen Erwartungswert von $E(G_B) = 1,3\%$ sichern, indem sie mit einer Wahrscheinlichkeit von $p_{B2} = 8/13 \approx 0,62 B_2$ und mit der Gegenwahrscheinlichkeit B_3 wählt.[77]

Wie zuvor im Sattelpunkt des determinierten Spiels fallen Minimax-Lösung des einen und Maximin-Lösung des anderen zusammen und jeder hat die beste Antwort auf die Strategie seines Gegners gefunden: Es ergibt sich ein Spielwert von 1,3 zugunsten von B. Würde, solange der andere bei seiner Strategie verbleibt, einer der Beteiligten von der Gleichgewichtslösung abweichen, so wäre es zum eigenen Nachteil. Nicht immer wird es allerdings gelingen, das Spiel durch Ausscheiden dominierter (ineffizienter) Strategien so zu vereinfachen, dass zumindest einer der Beteiligten nur noch zwischen zwei reinen Strategien zu wählen hat und somit die grafische Lösungsmethode Anwendung finden kann. In diesen Fällen muss eine Lösung im Wege der linearen Optimierung gefunden werden.

Das Zwei-Personen-Nullsummenspiel ist das bekannteste der von der Spieltheorie behandelten Spielsituationen. Es findet auch bei Mehrpersonenspielen Anwendung, wenn sich zwei einander gegenüberstehende Koalitionen bilden. Auch sog. Konstantsummenspiele, bei denen die Parteien pro Spiel eine konstante Summe gewinnen oder verlieren, lassen sich nach Korrektur der Auszahlungen um diese Konstante auf Nullsummenspiele zurückführen.

Die finanzwirtschaftlich wichtigste Botschaft aus den angestellten Überlegungen ist das *Prinzip der Unberechenbarkeit*.[78] In vielen sozialen Situationen ist derjenige im Nachteil, dessen Verhalten vom Gegner antizipiert werden kann. Wer seine Entscheidungen einem Zufallsmechanismus überlässt, wird *unberechenbar* und entzieht sich damit der Gefahr, dass sein Tun vom Gegner antizipiert wird. Unberechenbarkeit heißt aber, wie wir gesehen haben, nicht einfaches Werfen einer Münze, sondern kann eine ganz bestimmte Wahrscheinlichkeitsverteilung der Strategien erforderlich machen.

Wer eine gemischte Minimax-Strategie wählt, zwingt dem Gegner die gleiche Strategie auf und entzieht sich damit der Gefahr, vom anderen „ausgetrickst" zu werden

---

[77] Die Lösungen hätte auch rechnerisch durch Gleichsetzung der Gleichungen

$$\mu_A \mid B_2 = 5p_{A2} - 4 \quad \text{und} \quad \mu_A \mid B_3 = 3 - 8p_{A2} \Rightarrow p_{A2} = 7/13$$
$$\mu_B \mid A_2 = 6p_{B2} - 5 \quad \text{und} \quad \mu_B \mid A_3 = 3 - 7p_{B2} \Rightarrow p_{B2} = 8/13$$

und Einsetzen gefunden werden können:

$$E(G_A) = 5 \cdot 7/13 - 4 = -1,308\ldots$$
$$E(G_B) = 6 \cdot 8/13 - 5 = 1,308\ldots$$

[78] Vgl. *Nalebuff, Barry J.; Dixit, Avinash K.*: Spieltheorie für Einsteiger, Stuttgart (Schäffer/Poeschel) 1997, S. 164 ff.

(allerdings kann er auch selber nicht mehr „tricksen"). Betrachtet man die beiden möglichen „Meta-Strategien", nämlich

MS_1 Wähle Deine Strategie ($A_2 - A_3$; $B_2 - B_3$) nach einem bewussten taktischen Kalkül, d. h. versuche, den Gegner „auszutricksen";

MS_2 Wähle Deine Strategie ($A_2 - A_3$; $B_2 - B_3$) zufällig, d. h. wähle eine (optimale) gemischte Strategie;

so lässt sich diese Entscheidung auch als Spiel gegen die Natur mit der „Auszahlung" X (= Zahlung an A oder B) interpretieren:

	Z_1 (Wahrscheinlichkeit p) Ich bin trickreicher als Gegner	Z_2 (Wahrscheinlichkeit $1 - p$) Gegner ist trickreicher als ich	min S_i
MS_1 „Taktik"	X^+ > Spielwert	X^- < Spielwert	X^-
MS_2 „Zufall"	X = Spielwert	X = Spielwert	X = max

- Wer davon ausgeht (ausgehen muss), dass sein Gegner eher trickreicher ist als er selbst ($p < 0,5$), wird sich in jedem Fall für die Zufallsstrategie MS_2 entscheiden (Mini-Max-Lösung).
- Wer sich seinem Gegner als ebenbürtig ansieht, ohne sich dessen allerdings sicher zu sein ($p \approx 0,5$), wird sich, wenn er risikoavers ist, für MS_2 entscheiden: MS_1 und MS_2 führen dann zwar zum gleichen Erwartungswert, das Risiko ist allerdings bei MS_2 geringer.
- Nur wer sich ziemlich sicher ist, seinem Gegner intellektuell überlegen zu sein und das Risiko eines Irrtums hierüber in Kauf nimmt, wird sich für MS_1 entscheiden. Sollte seine Einschätzung richtig sein, so ist zu vermuten, dass der Gegner seine Unterlegenheit bemerkt und auf MS_2 übergeht: Damit wird beiden Kontrahenten ein Erwartungsergebnis in Höhe des Spielwerts aufgezwungen.
- Beobachten beide Beteiligten, dass der jeweils andere Strategie MS_1 fährt, so sollte dies zum Überdenken ihrer Ausgangsposition Anlass geben: Sicher liegt mindestens einer der beiden falsch.

Die Maxime, sich unberechenbar zu machen, findet nicht nur Anwendung bei wiederholten, sondern auch bei einmaligen Spielen, wie z. B. der Wahl des Angebotspreises bei öffentlichen Ausschreibungen, bei geplanten Unternehmensübernahmen, bei Joint Ventures etc. Auch der militärische Bereich hat es überwiegend mit einmaligen Entscheidungen gegen rationale Gegner zu tun und hier hat spieltheoretisches Denken eine beeindruckende Akzeptanz erfahren und in erheblichem Maße Eingang in konkretes strategisches Handeln gefunden.[79]

---

[79] Vgl. *Rapaport, Anatol*: Kämpfe, Spiele und Debatten, Darmstadt 1976.

> *Dixit* und *Nalebuff* berichten über einen genialen Zug der britischen Abwehr gegenüber dem Deutschen Reich im Zweiten Weltkrieg. Um ihre Landung in der Normandie vorzubereiten, mussten sie die Deutschen glauben lassen, die Landung erfolge bei Calais. Sie drehten einen deutschen Spion um und machten ihn zum Doppelagenten; anders als üblich ließen sie die Deutschen erfahren, dass ihr Spion ein Doppelagent ist, ließen sie aber natürlich nicht wissen, dass diese Information absichtlich durchgesickert war. In der Folge festigten sie durch schlechte Informationen dessen mangelnde Glaubwürdigkeit bei der deutschen Führung. Hinsichtlich des Orts der Landung jedoch gaben sie über ihn die richtige Information weiter, was die Deutschen in ihrer Überzeugung stärkte, die Landung erfolge bei Calais. Nach der erfolgten Landung zweifelten die Deutschen daran, dass ihr Agent ein Doppelagent sei, weil er ja offensichtlich eine wichtige Information richtig weitergegeben hatte. Das ermöglichte es den Briten, über ihn falsche Informationen zu übermitteln, denen Glauben geschenkt wurde. Hierzu *Dixit* und *Nalebuff*: „Das Problem [...] ist allerdings, dass die Deutschen die englische Strategie hätten vorhersehen müssen [...] Wenn Sie [...] wissen, dass ihr Gesprächspartner ein Interesse daran haben muss, Sie in die Irre zu führen, dann kann es das Beste sein, seine Aussagen einfach zu ignorieren – anstatt sie unbesehen zu übernehmen oder zu unterstellen, dass immer das Gegenteil der Fall ist."[80]

Wer seine spieltheoretische Lektion gelernt hat, wird bescheidener: Er unterstellt nicht so einfach, dass es ihm schon gelingen werde, sich auf Kosten der anderen Vorteile zu verschaffen. Er nimmt seinen Kontrahenten ernst und hält es gleichermaßen für möglich, dass jener es ist, der die Oberhand behält. Um sich davor zu schützen, ist, wie wir gesehen haben, das Prinzip der Unberechenbarkeit ein durchaus probates Mittel. Allerdings wird es nicht immer leicht sein, seine Mitstreiter, seien es Kollegen, Vorgesetzte oder Kunden, davon zu überzeugen, dass es in einer bestimmten Situation das Beste ist, sich bei den anstehenden Entscheidungen dem Zufall zu überlassen. In der Wirtschaft und speziell in der Finanzwirtschaft agieren Macher, Erfolgsmenschen, Kämpfer; sie wollen das Heft in der Hand behalten und sich nicht einem Würfel oder einer Münze ausliefern. Sie sind u. U. bereit, für Fehlentscheidungen die Verantwortung zu übernehmen, wollen sich aber im Falle des Erfolgs jedenfalls als dessen Urheber feiern lassen.

2.4.2 Das Gefangenendilemma

Das Zwei-Personen-Nullsummenspiel ist in besonderer Weise geeignet, sich mit dem für spieltheoretische Probleme typischen *reflexiven* Denken vertraut zu machen. Aufgrund seines vollständig kompetitiven Ansatzes bildet es allerdings nicht die für das Wirtschaftsleben typische Gleichzeitigkeit von kompetitiven und kooperativen Elementen ab, für die *Nalebuff* und *Brandenburger* die treffende Bezeichnung „Coopetition" (Kunstwort aus *coop*eration und comp*etition*) geprägt haben.[81] Eine derarti-

80 *Nalebuff, Barry J.; Dixit, Avinash K.*: Spieltheorie für Einsteiger, Stuttgart (Schäffer/Poeschel) 1997, S. 181.
81 *Nalebuff, Bary J.; Brandenburger, Adam M.*: Co-opetition, New York (Doubleday), 1996.

ge Konstellation beschreibt das bekannte Gefangenendilemma[82] (*prisoner's dilemma*), ein Zwei-Personen-Nicht-Nullsummenspiel des Typs:

	B_1	B_2
A_1	$v \mid v$	$x \mid u$
A_2	$u \mid x$	$w \mid w$

$$u > v > w > x$$

Da die Nullsummeneigenschaft nicht mehr gilt, müssen die Auszahlungen für beide Spieler explizit angegeben werden: Vor dem Strich steht die Zahlung an A, hinter dem Strich die an B. Betrachten wir den Fall zweier Banken, die sich den Markt aufgeteilt haben und vor der Entscheidung stehen, ob sie die Kreditzinsen konstant halten (Strategien A_1 und B_1) oder senken sollen (Strategien A_2 und B_2). Je nach Strategien der Konkurrenten seien die folgenden Gewinne zu erzielen:

	B_1 *(Zinsen konstant halten)*	B_2 *(Zinsen senken)*
A_1 *(Zinsen konstant halten)*	3 | 3	−4 | 5
A_2 *(Zinsen senken)*	5 | −4	−2 | −2

Aus der Sicht von Bank A ergeben sich, in der Reihenfolge der Erwünschtheit, die folgenden Resultate:

(1) A_2/B_1: Wir alleine senken die Zinsen und können damit der Konkurrenz viele Kunden abwerben; unser Gewinn steigt somit auf 5, während Bank B einen Verlust von −4 macht. Ein Traumergebnis für Bank A.

(2) A_1/B_1: Halten wir und auch die Konkurrenz die Zinsen konstant, so können wir beide mit einem befriedigenden Ergebnis von 3 rechnen.

(3) A_2/B_2: Senken beide die Zinsen, so bleiben die Marktanteile konstant und beide müssen einen Verlust von je 2 hinnehmen.

(4) A_1/B_2: Die Konkurrenz senkt die Zinsen, zieht uns die Kunden ab und wir haben das Nachsehen. Dies ist der sog. *Sucker's payoff*, das Ergebnis des trotteligen Verlierers.

Selbstverständlich sieht die Reihung aus der Sicht von B anders aus: Zwar bewertet sie A_1/B_1 und A_2/B_2 nicht anders als Bank A, für sie heißt jedoch das Traumergebnis A_1/B_2 und der auf jeden Fall zu vermeidende *sucker's payoff* ist A_2/B_1. Versuchen wir

---

82 Die Bezeichnung rührt daher, dass in der ursprünglichen Version das Spiel anhand des Entscheidungsproblems zweier Partisanen formuliert wurde, die in getrennten Verhören vor der Wahl standen, zu gestehen oder nicht: Leugnen beide, so erhalten sie eine mittlere Strafe, gestehen sie hingegen beide, so werden sie deutlich strenger bestraft; das Problem entsteht aber durch die Anwendung der Kronzeugenregelung: Gesteht nur einer von beiden, so wird dieser nur sehr gering, der andere aber sehr streng bestraft.

das Spiel nach der uns vertrauten Dominanzregel zu lösen, so ergibt sich ein eindeutiges Bild:

- Wählt die B-Bank B_1, so fährt A mit A_2 besser; wählt sie B_2, fährt A ebenfalls mit A_2 besser. A_2 ist also für A eine dominante Strategie.
- Wählt die A-Bank A_1, so fährt B mit B_2 besser; wählt sie A_2, fährt B ebenfalls mit B_2 besser. B_2 ist also für B eine dominante Strategie.

Damit ergibt sich das Strategienpaar A_2/B_2, bei dem beide Institute einen Verlust von zwei machen. Zu diesem Ergebnis kommen wir auch durch Anwendung des Minimax-Kriteriums: A_2/B_2 stellt ein Nash-Gleichgewicht dar, da jeder der Beteiligten sich durch eine isolierte Strategieänderung nur verschlechtern kann.

		B_1 min = −4	B_2 min = −2
A_1	Min = −4	3 | 3	−4 | 5
A_2	Min = −2	5 | −4	−2 | −2

Sehr wohl könnten sie sich allerdings verbessern, wenn *beide* auf ihre erste Strategie übergehen würden. A_1/B_1 dominiert nämlich A_2/B_2: Das mit A_2/B_2 verbundene Ergebnis ist ineffizient, d. h. nicht pareto-optimal und ist damit kaum eine befriedigende Lösung des Spiels. Auf der anderen Seite ist die pareto-superiore Allokation A_1/B_1 nicht stabil: Wenn sich beide Parteien darauf einigen, jeweils die Strategie A_1 bzw. B_1 zu fahren (d. h. zu *kooperieren*), hätte jeder einen Anreiz, sich im Vertrauen auf die Vertragstreue des anderen einen Vorteil zu verschaffen, indem er sich an die Abmachung nicht hält (d. h. zu *defektieren*). Da jeder befürchten muss von seinem Gegner in die Situation des „Trottels" (engl. „sucker") gebracht zu werden, kann auch das kooperative Verhalten nicht als Lösung angesehen werden. Hier hängt es von der Glaubwürdigkeit der Beteiligten, vom gegenseitigen Vertrauen und von persönlichkeitsbestimmten Faktoren ab, welche Strategien gewählt werden:

- Wo der *sucker's payoff* als sehr negativ eingeschätzt wird und auf jeden Fall vermieden werden soll, wird die Minimax-Lösung gewählt. Dies war der Fall beim Wettrüsten der beiden großen Militärblöcke NATO und Warschauer Pakt: Für beide wäre eine Rüstungsbegrenzung vorteilhaft gewesen, jeder befürchtete aber, der andere würde sich an die Abmachung nicht halten.
- Wenn ein Spiel nur einmal gespielt wird, wird i. d. R. die Minimax-Lösung gewählt, da jeder weiß, dass der andere ihn für sein Ausbrechen aus der gemeinsamen Lösung nicht sanktionieren kann.
- Wissen die Beteiligten hingegen, dass ihre Reputation als verlässliche Vertragspartner in Gefahr ist, wenn sie defektieren, werden sie bei der vereinbarten kooperativen Lösung bleiben.
- Gelingt es, bindend der wortbrüchigen Partei eine Strafe aufzuerlegen, die den Vorteil des *Traumergebnisses* überkompensiert, so kann das kooperative Verhal-

ten erzwungen werden; im Grund haben wir es aber dann nicht mehr mit einem Gefangenendilemma zu tun (letztlich ändert sich durch die Strafe die Matrix).

Ob es allerdings wünschenswert ist, dass die beteiligten Parteien die kooperative Lösung wählen können, ist eine grundsätzlich andere Frage und hängt vom jeweiligen Standpunkt ab. Gelingt es den beiden Banken, sich auf die kooperative Lösung zu einigen, so tun sie das auf dem Rücken der Kreditnehmer, die höhere Zinsen bezahlen müssen. Es ist eine der zentralen Aufgaben des Wettbewerbsrechts, das *prisoner's dilemma* aufrechtzuerhalten und das Ausweichen der Konkurrenten in die kooperative Strategie zu verhindern (durch Verbot von Kartellen und sonstigen wettbewerbsbeschränkenden Absprachen).

> Niedrigpreisgarantie im A-Markt. Im Interesse unserer Kunden sind wir bestrebt, zu günstigsten Preisen anbieten zu können. Wir garantieren: Sollten Sie ein Gerät in der Stadt irgendwo preisgünstiger als bei uns finden, so geben wir es Ihnen nicht nur auch zu diesem Preis, sondern wir schenken Ihnen darüber hinaus noch einen Einkaufsgutschein in Höhe der Differenz!

Natürlich versuchen Unternehmen immer wieder, sich zulasten der Konsumenten zu einigen. Besonders raffiniert ist es, ein Kartell zu erzwingen und sich zugleich als ein aggressiver Wettbewerber darstellen zu können, wie es obenstehendes Beispiel zeigt. Die Händler A und B teilen sich den Markt für Unterhaltungselektronik in einer Region auf. A veröffentlicht eines Tages die Anzeige, die von den Kunden als Ausdruck höchster Wettbewerbsgesinnung aufgenommen wird. A's Absicht ist jedoch eine völlig andere: Mit der Niedrigpreisgarantie verunmöglicht er es seinem Konkurrenten, die kooperative Position zu verlassen, denn senkt B tatsächlich seine (mehr oder minder akkordierten) Preise, so werden ihm seine Kunden weg- und zu A hinlaufen. A hat nicht nur das Kartell gefestigt, sondern zusätzlich seine Kunden zu kostenlosen Kartellwächtern bestellt. Derartige Praktiken werden daher vom amerikanischen Justizministerium als „tacit coordination between oligopolists" eingestuft.

Abschließend ist noch ein Blick auf experimentelle Ergebnisse zum Gefangenendilemma wichtig. Die obigen theoretischen Ausführungen zu dominanten Strategien und Gleichgewichten nehmen an, dass Wirtschaftssubjekte perfekt rationale Entscheidungen treffen. Im Sinne der präskriptiven Entscheidungstheorie ist die Nicht-Kooperation beider Akteure die Gleichgewichtslösung nach Nash. Um zu sehen, ob diese theoretischen Vorhersagen auch menschliches Verhalten erklären können, sind Experimente unumgänglich. In einem umfassenden Überblicksartikel analysiert *Jones* 36 Experimente zu wiederholten Gefangenendilemma Experimenten aus den Jahren 1959 bis 2003.[83] Bei wiederholten Spielen ist zwar die Gleichgewichtslösung nach

---

83 *Jones, Garett*: Are Smarter Groups More Cooperative? Evidence from Prisoner's Dilemma Experiments, 1959–2003, Journal of Economic Behavior & Organization 2008, Vol. 68(3–4), S. 489–497.

Nash auch eine Nicht-Kooperation ab Runde 1 (ermittelt mittels Rückwärtsinduktion), aber es zeigen sich in Experimenten höhere Kooperationsraten als in einperiodigen Spielen dieser Art. *Jones* berichtet von einer durchschnittlichen Kooperationsrate (d. h., beide Spieler wählen simultan die kooperative Strategie, die zum Pareto-Optimum führt) von 43 %. Diese Zahl ist bemerkenswert, da sie doch sehr weit von der theoretisch postulierten Gleichgewichtslösung in Höhe von 0 % entfernt ist. Dieses Beispiel zeigt eindrucksvoll auf, dass theoretische Vorhersagen immer mit großer Vorsicht betrachtet werden müssen und dass tatsächliches menschliches Verhalten stark davon abweichen kann. In Fall der Gefangenendilemmata scheinen Menschen wesentlich kooperativer zu sein als die theoretischen Vorhersagen es vermuten lassen.

2.4.3 Koordinations- und Diskoordinationsspiele

Unter Koordinationsspielen versteht man wechselseitige Entscheidungssituationen, bei den es darum geht, sich mit (einem) anderen auf ein gemeinsames Vorgehen zu einigen. Beim Diskoordinationsspiel hingegen ist es erstrebenswert, gerade etwas anderes zu tun als der/die Gegner/Partner. Eines der bekanntesten Koordinationsspiele ist der sog. „Kampf der Geschlechter"; hinter dieser Bezeichnung verbirgt sich die Geschichte eines Paares, das entscheiden muss, wie sie den nächsten Sonntag verbringen sollen. Da es in beider Interesse liegt, etwas Gemeinsames zu unternehmen, er aber lieber zum Wandern und sie lieber zum Baden an einen See gehen würde, ergibt sich die folgende Spielmatrix (vor dem Strich ist der Nutzen für sie, danach der Nutzen für ihn angeführt):

	Er geht baden	Er geht wandern
Sie geht baden	5 | 3	1 | 1
Sie geht wandern	0 | 0	3 | 5

Vergleichbare Situationen sind in der Finanzwirtschaft sehr häufig:
- Eine Bank muss ihre Kosten verringern und fordert die beiden Filialleiter einer Kleinstadt auf, sich auf eine gemeinsame Filiale zu einigen; könne man sich nicht einigen, so müsse man beide Filialen schließen.
- Zwei Banken wollen eine gemeinsame Niederlassung in Italien gründen und für beide ist eine Einigung erstrebenswert, da sie alleine die Kosten für eine Filiale nicht tragen können; allerdings zieht die eine Unternehmung Bozen als Standort vor, die andere Mailand.

In diesen Situationen geht das Dominanzkriterium in die Leere: Es gibt keine dominanten Strategien, da es für beide Beteiligten immer besser ist das zu tun, was der andere auch macht. Auch die Suche nach einem Nash-Gleichgewicht führt nicht zu einem Ergebnis, da es zwei derartige Situationen gibt: Sowohl Baden/Baden als auch

Wandern/Wandern sind Strategienpaare, bei denen keiner der Beteiligten einen Anreiz hat, seine Strategie zu wechseln. Natürlich ist auch keine der beiden Koordinationslösungen pareto-optimal, so dass einer der beiden bessergestellt werden könnte, ohne den anderen schlechter zu stellen.

Wenn beide ein starkes Interesse daran haben, dass das sie begünstigende Ergebnis zustande kommt, werden sie aus theoretischer Sicht versuchen, den anderen davon zu überzeugen, dass sie auf keinen Fall von ihrer Präferenz abrücken werden: Ich gehe auf jeden Fall zum Baden! Entweder wir gründen eine Filiale in Mailand oder gar keine! Meine Filiale wird nicht geschlossen: Du hast die freie Wahl, zu mir zu kommen oder arbeitslos zu werden. Wem es bei dieser Strategie gelingt, den anderen von der Unverbrüchlichkeit seiner Wahl zu überzeugen, hat gewonnen. In der Praxis allerdings werden derartige Koordinationsspiele nicht einmalig, sondern oftmals in gleichen Konstellationen wiederholt gespielt. Obwohl eine Selbstbindung aus theoretischer Sicht optimal ist, wird es in einigen wiederholten Situationen in der Praxis nicht optimal sein. Denken wir beispielsweise an einen Partner oder eine Partei in einer Koalition, der/die immer seine Interessen via Selbstbindungen durchsetzen will. Nach einigen Runden wird wohl keine Kooperation mehr möglich sein.

Wiederum lohnt sich ein Blick in experimentelle Studien, um zu sehen, wie hoch die Koordinationsraten in Koordinationsspielen tatsächlich sind. In einem Survey zur Rolle von Kommunikation in spieltheoretischen Experimenten beleuchtet *Crawford* auch Spiele vom Typus „Kampf der Geschlechter". Eine Koordination bei diesen Spielen tritt dann auf, wenn sich beide Probanden im Experiment auf ein Gleichgewicht einigen können. Er zeigt über verschiedene Studien hinweg, dass einseitige Kommunikation zu Spielbeginn – d. h., nur ein Spieler kann einen Strategievorschlag zur Koordination machen, der andere Spieler kann nicht kommunizieren – effektiver ist als beidseitige Kommunikation. Die Koordinationsraten fallen von 95 % bei einseitiger Kommunikation auf 55 % bei beidseitiger Kommunikation und auf 41 % bei keiner Kommunikation.[84]

Aus dem Zwei-Personen-Nullsummenspiel haben wir die Botschaft abgeleitet: *Mache dich unberechenbar*. Hier ist es eine geradezu entgegengesetzte Botschaft: *Versuche, dich selbst zu binden*. Gelingt eine solche Selbstbindung und, entscheidender noch, gelingt es, diese Selbstbindung glaubhaft dem anderen zu signalisieren, so ist man in derartigen Situationen stets im Vorteil: Dem anderen bleibt gar nichts übrig, als die Entscheidung mitzutragen, da er sich anderenfalls noch schlechter stellt.

Ein Anwendungsbeispiel für das Prinzip der glaubhaften Selbstbindung ist das sog. *Chicken game*, das in den 1970er-Jahren von amerikanischen Jugendlichen gern „gespielt" worden sein soll. Dabei geht es darum, mit Autos auf der Mittellinie einer

---

84 Siehe *Crawford* für eine Survey zu Experimenten mit Kommunikation unter den Spielern (*Crawford, Vincent*: A Survey of Experiments on Communication via Cheap Talk, Journal of Economic Theory 1998, Vol. 78(2), S. 286–298).

Landstraße aufeinander zu zurasen: Derjenige hat das Spiel verloren, der als erster ausweicht. Gelingt es einem der Kombattanten, dem anderen glaubhaft zu machen, dass er sein Lenkrad festgebunden und sich somit selbst der Möglichkeit auszuweichen beraubt hat, so hat er gewonnen, wenn dem anderen sein Leben etwas bedeutet.

Nicht immer muss die Selbstbindung derart drastisch erfolgen. Eine in der Praxis häufig beobachtbare Methode, seinen Versprechungen oder Drohungen Glaubwürdigkeit zu verleihen, ist die, sich eine Reputation als verlässlicher Handelspartner aufzubauen.[85] Reputation ist ein Vermögensgegenstand, den sich zu verschaffen sehr aufwändig ist, der aber sehr schnell vernichtet werden kann. Daher ist man geneigt, den Aussagen eines Verhandlungspartners, dessen Reputation auf dem Spiel steht, eher Glauben zu schenken. *Dixit* and *Nalebuff* verweisen allerdings darauf, dass es unter bestimmten Umständen ratsam sein kann, gerade durch Aufgabe der Reputation die gewünschte Selbstbindung zu erzeugen:[86] In der Absicht, nicht Ziel von Terroraktionen zu werden, erklärt eine Regierung, dass sie niemals Verhandlungen mit Flugzeugentführern aufnehmen werde. Potenziellen Terroristen wissen allerdings, dass die Regierung, sollte es zu einer Geiselnahme kommen, dem Druck der Öffentlichkeit letztlich nicht wird standhalten können. Wenn die Regierung wirklich mit Terroristen nicht verhandeln will, muss sie sich ihrer eigenen Reputation berauben, indem sie Verhandlungen aufnimmt, dabei Zusagen macht und diese bricht. Damit hat sie ihren Ruf als verlässlicher Kontrahent verloren und kann kaum noch unter Druck gesetzt werden.

Die gewünschte Selbstbindung kann auch einfacher, durch geeignete Verträge, durch das Wählen irreversibler Schritte (Brücken hinter sich abreißen) oder durch das Zwischenschalten eines Dritten in die Verhandlungen (ein Beauftragter ist immer weniger flexibel als sein Auftraggeber es wäre) erreicht werden. Oft ist es gerade das Einschränken von Handlungsmöglichkeiten, was neue Handlungsmöglichkeiten eröffnet.

Während Sie beim Koordinationsspiel dasselbe tun sollten wie Ihr Partner, geht es beim Diskoordinationsspiel darum, etwas anderes zu tun. Ein Beispiel ist das sog. *Minority Game*, ein Spiel für eine größere Zahl von Spielern, bei dem es darum geht, in der Minderheit zu bleiben, d. h. gerade das nicht zu tun, was die Mehrheit der anderen macht. Ein Minority Game wurde erstmals von *Brian Arthur*, einem Wirtschaftswissenschaftler am Santa Fe Institut zur Erforschung komplexer Strukturen, anhand des „El-Farol-Problems" vorgestellt:[87] In Santa Fe gibt es ein Lokal, die El Farol Bar, in der den Abend zu verbringen sehr angenehm und unterhaltsam ist; allerdings gilt dies

---

85 Vgl. zu verschiedenen Anwendungsmöglichkeiten von Reputation in der Finanzwirtschaft *Hirshleifer, David*: Reputation, Incentives and Managerial Decisions, in: The New Palgrave Dictionary of Money and Finance, London (Macmillan) 1992, Bd. 3, S. 332–337.

86 *Nalebuff, Barry J.; Dixit, Avinash K.*: Spieltheorie für Einsteiger, Stuttgart (Schäffer/Poeschel) 1997, S. 143 f.

87 *Arthur, W. Brian*: Inductive Reasoning and Bounded Rationality, American Economic Review (Papers and Proceedings) 1994, S. 406 ff.

nur, wenn die Bar nicht überfüllt ist. Jeder muss sich somit am Nachmittag überlegen, ob das Lokal voll sein wird oder nicht. Rechne ich damit, dass viele andere hingehen, bleibe ich besser zu Hause; vermute ich hingegen, dass nur wenige hingehen, möchte ich auch dabei sein. *Arthur* hat das Minority Game als ein Beispiel für eine sehr einfache komplexe Struktur angesehen, bei der das genaue Gegenteil von dem gilt, was üblicherweise in den Wirtschaftswissenschaften unterstellt wird:

- In der auf *Muth* und *Lukas* zurückgehenden Theorie der rationalen Erwartungen wird angenommen, dass das, was sich empirisch manifestiert, auch das ist, was von den Beteiligten erwartet worden ist (die Wirtschaftssubjekte täuschen sich zwar im Einzelnen, nicht aber systematisch und somit heben sich die Fehler im Aggregat auf). Im Rahmen eines Minority Games gilt allerdings genau das Gegenteil: Wenn wir beobachten, dass die Bar voller Menschen ist, können wir darauf schließen, dass die meisten erwartet haben, sie sei leer; ist hingegen kaum jemand da, so deutet das darauf hin, dass die meisten mit einer Überfüllung gerechnet haben.

- In der neoklassischen Ökonomie wird üblicherweise davon ausgegangen, dass es für ein bestimmtes Problem auch eine beste Lösung gibt, die sich durch logische Deduktion ermitteln lässt. Ist das der Fall, so können wir annehmen, dass sich alle vergleichbaren Wirtschaftssubjekte mehr oder weniger an dieser Optimallösung orientieren werden, was es wiederum erlaubt, sie zu „repräsentativen Agenten" (repräsentativer Konsument, Prioduzent, Investor, Arbeitnehmer etc.) zusammenzufassen. In einem Minority Game kann es aber keine allgemein rationale Entscheidung geben, eine Entscheidung, die für alle gleichermaßen gilt: Wenn alle sich in gleicher Weise entscheiden, verlieren sie alle.

Die Physiker *Damien Challet* und *Yi-Cheng-Zhang* von der Universität Freiburg (Schweiz) haben wenige Jahre nach dem Beitrag von *Arthur* das Minority Game auf die Finanzmärkte übertragen[88] und damit ein völlig neues interdisziplinäres Forschungsfeld, die „Econophysics" geschaffen. Im Zusammenhang mit unseren Überlegungen zur Informationsverarbeitung in Märkten werden wir darauf noch zurückkommen.

2.4.4 Survival of the fittest?

Es gehört zu den Grundfesten unserer Kultur, zu erwarten, dass derjenige, der eine ihm gestellte Aufgabe besser beherrscht, der stärker, reaktionsschneller, klüger, besser informiert, durchtriebener, durchsetzungsfähiger ist, Vorteile gegenüber demjenigen hat, der die zur Lösung bestimmter Probleme erforderlichen Eigenschaften nur

---

88 *Challet, Damien; Zhang Yi-Cheng*: Emergence of cooperation and organization in an evolutionary game, Physica A 1997 (Vol. 246), S. 407–418.

in geringerem Maße aufweist. Es soll auch hier nicht bestritten werden, dass die Regel des „survival of the fittest" grundsätzlich die Dynamik in Natur und Gesellschaft gut charakterisiert. Gleichwohl zeigen ein paar spieltheoretische Überlegungen, dass im sozialen Kontext sehr wohl auch das Gegenteil der Fall sein kann, was erhebliche Konsequenzen für finanzwirtschaftliche Entscheidungen mit sich bringt.

Das *Schweinespiel* stellt einen typischen Fall dar: Zwei Schweine, ein starkes und ein schwächliches, sind in einem Stall eingesperrt.[89] Am einen Ende des Stalls befindet sich ein Hebel, nach dessen Betätigung am anderen Ende des Stalls Futter ausgegeben wird. Das Schwein, das den Hebel drückt, muss somit bis zum anderen Ende des Stalls laufen, um an das Futter zu gelangen; während es diesen Weg zurücklegt, frisst das andere Schwein den größten Teil des Futters. Befinden sich beide gleichzeitig am Futtertrog, so verdrängt das starke Schwein das schwächliche. Welches Schwein sollte den Hebel drücken? Bei jedem Hebeldruck werden fünf Einheiten Futter ausgegeben: Drückt das schwache Schwein den Hebel, so frisst das starke alle fünf Futtereinheiten, drückt hingegen das starke Schwein den Hebel, kann das schwache Schwein drei Einheiten fressen, bevor es weggestoßen wird. Wenn beide gleichzeitig den Hebel drücken, wird das kleinere Schwein etwas schneller am Futter sein und drei Einheiten fressen, bevor es verdrängt wird. Schließlich ist die Anstrengung, den Hebel zu drücken und zum Futtertrog zu laufen, mit dem Verlust einer Futtereinheit verbunden. Damit ergibt sich die nachstehende Spielmatrix (vor dem Strich ist die Nettozahlung an das schwache, nach dem Strich die Zahlung an das starke Schwein vermerkt):

		starkes Schwein	
		drückt	drückt nicht
schwaches	drückt	2 | 1	−1 | 5
Schwein	drückt nicht	3 | 1	0 | 0

Das schwache Schwein wird sich für Nichtdrücken entscheiden, da es damit eine dominante Strategie hat; es stellt sich immer besser, wenn es nicht drückt, unabhängig von der Aktion des starken Schweins. Da das starke Schwein die Existenz einer dominanten Strategie auf Seiten des schwachen Schweins erkennt, kann es nur reagieren und selbst den Hebel drücken, um wenigstens eine Einheit Futter zu erhalten. Somit erhält das schwächliche Schwein mehr Futter als das starke. Der Grund dafür ist der, dass das Schwein, das den Hebel bedient, daraus einen Nachteil erleidet: Für das bereits benachteiligte schwache Tier kumulieren sich die Nachteile und es macht unter keinen Umständen mehr Sinn, den Hebel zu drücken. Für das starke Schwein hingegen ergibt sich immerhin noch ein positiver Nettoeffekt: Wenn es den Hebel drückt, verliert es zwar von den fünf Einheiten eine für die physische Leistung, die es erbringen muss, und drei an das schwache Schwein, das einen Fressvorsprung hat; dennoch

---

89 Vgl. *McMillan, John*: Games, Strategies and Managers, Oxford (University Press) 1992, S. 13 f.

verbleibt ihm eine Einheit. *McMillan* verweist auf Experimente, die von Verhaltensforschern mit Schweinen durchgeführt wurden und die in der Mehrzahl der Fälle genau zu diesem Ergebnis kamen: Das starke Schwein drückte den Hebel und musste sich mit einer kleineren Ration zufriedengeben. Dies ist nicht Ergebnis spieltheoretischen Kalküls, sondern ein Phänomen, das sich vielfach beobachten lässt: Der evolutorische Prozess von Versuch und Irrtum, bei dem die weniger erfolgreichen Elemente (Handlungen eines Akteurs oder Akteure selbst) ausgeschieden werden, führt grundsätzlich zu denselben Ergebnissen wie solchen, die durch rationales Handeln erreicht worden wären. Das Ergebnis, dass Stark-Sein nachteilig ist, weil dem Starken aufgrund seiner höheren Lasten-Tragfähigkeit mehr Lasten auferlegt werden, findet sich in vielen sozialen Situationen. So z. B. in der Politik, als der ehemalige US-Präsident Trump die NATO-Partner beschuldigte, zu wenig für Rüstung auszugeben und die ganze Last den USA aufzubürden.

Es kann auch leicht der Fall eintreten, dass, wo Starke und Schwache miteinander konkurrieren, die Starken sich erst einmal gegeneinander wenden und sich die Schwächeren für später vorbehalten. Welche Konsequenzen dies hat, wird in der folgenden Parabel vom *Triell* deutlich:

Albrecht, Bertram und Conrad streiten um einen unteilbaren Schatz. Da keiner nachgeben will, entscheidet man sich zu einem Triell. Alle stellen sich im Dreieck auf und geben auf Zeichen des Unparteiischen jeweils einen Schuss ab: Da sie gleich reaktionsschnell sind, fallen die Schüsse auch tatsächlich zeitgleich. Es wird solange geschossen, bis mindestens zwei der Beteiligten eliminiert sind. Allerdings sind sie unterschiedlich gute Schützen: Albrecht schießt schlecht und trifft nur in 40 % der Fälle; Bertram ist ein guter Schütze, der in 80 % der Fälle trifft, während Conrad immer trifft. Gleichwohl hat Albrecht die besten Chancen zu überleben, denn sowohl er als auch Bertram wählen beim ersten Schuss den gefährlichsten Gegner, also Conrad, als Ziel, während dieser erst einmal auf den für ihn gefährlicheren Bertram schießt. Nach dem ersten Schusswechsel ist Bertram damit sicher tot, während Conrad nur überlebt wenn sowohl Albrecht als auch Bertram nicht treffen – die Wahrscheinlichkeit hierfür liegt bei $0,6 \cdot 0,2 = 12\,\%$. Nach der ersten Runde ist also Albrecht, der schlechteste Schütze, auf den daher auch niemand geschossen hat mit 88 % Wahrscheinlichkeit der einzige Überlebende. Sollte es zu einer zweiten Runde kommen (12 % Eintrittswahrscheinlichkeit), so erschießt Conrad Albrecht und wird selbst mit 40 % Wahrscheinlichkeit getötet. Insgesamt ergibt sich also eine 88 % Wahrscheinlichkeit, dass Albrecht als einziger überlebt, mit 7,2 % überlebt Conrad als einziger und mit 4,8 % Wahrscheinlichkeit sind alle drei tot. Wenn überhaupt einer das Triell überlebt, dann ist es mit größter Wahrscheinlichkeit der schlechteste Schütze.

Dass sich die Starken, Schnellen, Klugen im täglichen Daseinskampf besser durchsetzen, kann so sein, muss aber nicht so sein. Ob man eher mit dem einen oder mit dem anderen rechnen sollte, muss für jede soziale Situation aufs Neue geprüft werden.

2.4.5 Spieltheoretisches Denken in der Finanzwirtschaft

Die vorangegangenen Überlegungen zur Spieltheorie sollten lediglich eine Vorstellung davon vermitteln, was es heißt, in reflexiven Zusammenhängen und gegenläufigen Wirkungsbeziehungen zu denken. Die Spieltheorie lehrt uns, die Wechselbeziehungen zwischen den einzelnen Elementen eines Systems zu erkennen, konzeptionell zu erfassen und zu verstehen. In den Wirtschafts- und Sozialwissenschaften sind die Systeme, mit denen wir es zu tun haben, soziale Systeme und die Elemente sind mehr oder minder vernünftig handelnde Individuen, die ihren Vorteil suchen und entsprechend agieren. Dabei stoßen sie auf andere, ebenfalls auf ihren Vorteil bedachte Menschen, mit denen sie sich irgendwo auf dem Kontinuum zwischen Kooperation und Konflikt auseinander zu setzen haben. Wenn es einen fundamentalen Unterschied zwischen naturwissenschaftlichem und sozialwissenschaftlichem Denken gibt, so ist es der, dass es in den Naturwissenschaften keine spieltheoretischen Probleme gibt.

Spieltheorie erhebt nicht den Anspruch, im Sinne der normativen Entscheidungstheorie Antworten auf die Frage zu geben, wie man sich in einer konkreten Situation entscheiden soll. Sie ist auch weit davon entfernt, rezeptartig allgemeine Regeln der Unternehmensführung präsentieren zu können. Sie stellt Prinzipien des Denkens in interaktiven sozialen Zusammenhängen bereit, wie sie für die Wirtschaft kennzeichnend sind. Spieltheorie ist eine komplexe Theorie der sozialen Interaktion, die zu verstehen ökonomische Denkfähigkeit *und* eine gewisse mathematische Vorbildung erfordert. *McMillan* ist gleichwohl der Überzeugung, dass „skilled and experienced managers understand these principles intuitively, but not necessarily in such a way that they can communicate their understanding to others."[90] Spieltheorie ist nicht „praxisorientiert" im üblichen Sinne, aber ungeheuer „praktisch"; wahrscheinlich ist sie viel praktischer als der größte Teil dessen, was im Rahmen der wirtschaftswissenschaftlichen Ausbildung unter dem Etikett der Praxisnähe angeboten wird, sich aber bei genauerem Hinsehen nur als bloße Darstellung dessen entpuppt, was in der Wirtschaftspraxis tatsächlich geschieht. Wenn Finanzwirtschaft im durchaus praktischen Sinne Sinn geben soll, so muss sie *erklären*, auf Warum-Fragen *Antwortengeben*, Überzeugungen von Praktikern *kritisch hinterfragen* und komplexe Erscheinungen *verständlich* machen.

Was wir hier getan haben, war nur, Grundzüge spieltheoretischen Denkens zu vermitteln und dabei ein paar Begriffe bereit zu stellen, die Kommunikation über komplexe soziale Interaktionen erleichtern sollen: Wohlweislich haben wir uns von der mathematisch exakten Lösung der Probleme ferngehalten. Es ging nur darum, dass der Verweis darauf, dass wir es z. B. mit einer *prisoner's dilemma* Situation zu tun haben, bei uns und bei unseren Partnern dasselbe Problemverständnis auslöst. Klas-

---

90 *McMillan, John*: Games, Strategies and Managers, Oxford (University Press) 1992, S. 9.

sische Entscheidungstheorie wie Spieltheorie sollen helfen, Probleme zu erkennen; lösen müssen wir sie selbst.

Es gibt andere Ansätze in den Wirtschafts- und Sozialwissenschaften, die davon ausgehen, dass die *anderen*, seien es Kunden, Mitarbeiter, Konkurrenten, Wähler oder einfach die Öffentlichkeit zu *bearbeiten* seien und auch bearbeitet werden können: Wer der Überzeugung ist, dass das Handeln der anderen primär fremdbestimmt ist, dass man sie dorthin „führen" könne, wo man es selbst für zweckmäßig hält, dass sie sich leicht verleiten und manipulieren lassen, dass sie überredet, instrumentalisiert, motiviert und überzeugt (natürlich immer im Sinne des Motivierenden, Überzeugenden) werden können, wird Spieltheorie für entbehrlich halten. Wer hingegen anderen genauso viel Vernunft unterstellt wie sich selbst, wer davon ausgeht, dass die anderen genauso klare (oder unklare) Ziele haben, wie wir und uns genauso clever instrumentalisieren wollen und können wie wir sie, wird bescheidener: Er wird Spieltheoretiker. Finanzwirtschaftler, die das verstanden haben, sind bescheidene Leute.

2.5 Information und Informationsbewertung

Wer Entscheidungen treffen will, benötigt Information. Die Wirtschaftspresse widmet der Wirtschafts-, Unternehmens- und Börsenberichterstattung viele Seiten, in Rundfunk und Fernsehen wird in erheblichem Umfang über Wirtschaftsdaten berichtet, im Internet und über andere elektronische Medien stellen Informationsbroker (z. B. Bloomberg, Reuters, etc.) Informationen zur Verfügung. Immer mehr entwickelt sich unsere Gesellschaft zu einer „Informationsgesellschaft", in der die Produktion, Verbreitung und Archivierung von Information zu einem Wirtschaftszweig wird, in dem Hunderttausende Beschäftigung finden; auf der anderen Seite sind wir immer weniger in der Lage, der auf uns täglich einprasselnden Informationsflut Herr zu werden und das Wesentliche vom Unwesentlichen zu trennen. Information ist die zentrale Kategorie der postindustriellen Gesellschaft.

Information spielte gleichwohl in der neoklassischen Ökonomie bis in die 1960er-Jahre keine entscheidende Rolle: Es wurde unterstellt, dass alle Akteure über die für ihre Entscheidungen notwendigen Informationen verfügen und dass es keine systematischen Informationsvorteile einer Gruppe von Entscheidungsträgern gegenüber anderen gibt; weiter galt der Einzelne vor dem Hintergrund eines großen anonymen Marktes als so schwach und einflusslos (Price-taker-Eigenschaft), dass Informationsvorteile ihm sowieso keinen erkennbaren Nutzen erbringen konnten. Auch die Arbeiten, welche die moderne Finanztheorie begründet haben, die Separationsmodelle von *Fisher* oder von *Modigliani/Miller* und das Capital Asset Pricing Model von *Sharpe/Lintner/Mossin* basieren auf der Annahme vollständiger und gleicher Informationen aller Beteiligter.

Zwar lässt sich grundsätzlich die generelle mikroökonomische Optimierungsbedingung auch auf die Frage der optimalen Informationsversorgung anwenden: „Beschaffe gerade so viel Information, dass die Grenzkosten der letzten Informationseinheit deren Grenzertrag entsprechen". Dies wäre unstreitig ökonomisch korrekt, doch praktisch nutzlos:[91] Es mag vielleicht noch angehen, die Grenzkosten der Information zu bestimmen, die sich in vertraute ökonomische Kategorien (Geld, Opportunitätskosten der Zeit) fassen lassen. Beim Grenzertrag stößt man allerdings sehr schnell an Grenzen, die aus der spezifischen Gutseigenschaft der Information resultieren. Der Ertrag aus einer Information hängt davon ab, (a) über welche Informationen „die anderen" verfügen, (b) welche Ergebnisse dem Entscheidungsträger zufließen, wenn er seine Information nicht erhöht, sondern vermindert oder sogar im Extremfall auf null reduziert, (c) wie gut die im Marktpreis enthaltene Information verglichen mit der privaten Information ist.

Die Informationsökonomie ist im Fluss und wird auch in den nächsten Jahren für Überraschungen sorgen. Endgültige Antworten dürfen nicht erwartet werden. Fragen gibt es allerdings in Hülle und Fülle und mit einigen dieser Fragen werden wir uns näher zu beschäftigen haben:

- Wie lässt sich der Wert einer Information bestimmen?
- Was ist, wenn zwei Kontrahenten unterschiedlich informiert sind?
- Ist es immer ratsam, besser informiert zu sein als andere?
- Wie kann man andere von der Richtigkeit einer Information überzeugen?
- Kann ich verhindern, dass andere ihren Informationsvorteil zu meinen Ungunsten ausnutzen?
- Welchen Einfluss hat die Tatsache unterschiedlicher Informationsstände auf die Form von Verträgen?
- Wie gut verarbeitet ein Markt die vorhandenen Informationen?
- Unter welchen Bedingungen ist ein „free-ride" auf der im Marktpreis vermittelten Information einer individuellen Informationsverarbeitung vorzuziehen?
- Sollte der Gesetzgeber die Nutzung von individuellen Informationsvorsprüngen (z. B. von Insidern) beschränken?
- Welche Auswirkungen hat die Erhöhung des jedermann zugänglichen öffentlichen Informationsniveaus?

---

91 Dies bringt den Verfassern eine Anekdote in Erinnerung, in der das typische Denken von Wirtschaftswissenschaftlern karikiert wird: Eine Gruppe von Freunden unternimmt bei strahlendem Wetter eine Ballonfahrt, wird aber von einem Schlechtwettereinbruch überrascht; durch Reduktion des Gasbrenners gelingt es, die Wolkendecke zu durchstoßen und die Insassen erkennen unter ihrem Ballon ein paar Spaziergänger, denen sie zurufen: „Wo sind wir?". Die Spaziergänger schauen nach oben, überlegen kurz und rufen zurück: „In einem Heißluftballon!". Die einhellige Reaktion der Ballonninsassen: „Das da müssen Ökonomen sein. Ihre Antwort kam schnell, präzise, absolut korrekt, ist aber völlig nutzlos!"

2.5.1 Information, Nachricht, Wissen, Meinung

Wer als Ökonom den Begriff Information verwendet, tut dies auf eine völlig andere Weise als etwa ein Informationstechniker oder Datenverarbeitungsspezialist, für den Information der technische Zustand eines Speichermediums bzw. ein Material ist, das entsprechend aufbereitet, verarbeitet, gespeichert, gesichert, übermittelt werden muss. Für den Wirtschaftswissenschaftler hingegen hat Information immer etwas mit wirtschaftlichen Entscheidungen zu tun:[92] *Information* ist „entscheidungsrelevantes Wissen", wie die Definition von *Wittmann* lautet.[93] Dabei wird explizit wie implizit fast immer angenommen, dass ein Mehr an Information immer auch eine verbesserte Entscheidung nach sich ziehe: So heißt es in der vierten Auflage des Handwörterbuchs der Betriebswirtschaftslehre: „*Informationen* sind die Rohstoffe der Entscheidungen. Je besser der Entscheidende informiert ist, desto besser ist seine Entscheidung."[94]

Wie wir jedoch noch sehen werden, ist die Annahme eines grundsätzlich positiven (oder zumindest nicht negativen) Informationsnutzens[95] uneingeschränkt nur in Entscheidungen gegen die Natur, nicht aber im spieltheoretischen Kontext, wie er für Märkte und damit für finanzwirtschaftliche Fragestellungen kennzeichnend ist, zulässig.

Die Art und Weise, wie Information ein Entscheidungsproblem beeinflusst, kann sehr vielfältig sein und lässt sich im Rahmen der Entscheidungstheorie nur sehr unvollkommen beschreiben. Gleichwohl vermittelt ein Blick auf die formale Entscheidungsmatrix einige wichtige Anhaltspunkte:

		Zustandsraum $Z = z_1, z_2, z_3, \ldots, z_n$					
		Eintrittswahrscheinlichkeiten $\sum(p_1, p_2, p_3, \ldots, p_n) = 1$					
		z_1	z_2	z_3	z_4	...	z_n
		p_1	p_2	p_3	p_4	...	p_n
	a_1	k_{11}	k_{21}	k_{31}	k_{41}	...	k_{n1}
	a_2	k_{12}	k_{22}	k_{32}	k_{42}	...	k_{n2}
Aktionenraum	a_3	k_{13}	k_{23}	k_{33}	k_{43}	...	k_{n3}
$A = a_1, a_2, a_3 \ldots a_m$	a_4	k_{14}	k_{24}	k_{34}	k_{44}	...	k_{n4}
	...	...	...	...	...	...	...
	a_m	k_{1m}	k_{2m}	k_{3m}	k_{4m}	...	k_{nm}

---

92 Vgl. erste Arbeiten zur modernen Informationstheorie bei *Drèze, Jacques*: Le paradoxe de l'information, Économie appliquée 1960, S. 71–80; *Marschak, Jakob*: Economics of Inquiring, Communicating, Deciding, American Economic Review 1968, S. 1–18.
93 Vgl. *Wittmann, Waldemar*: Unternehmung und unvollkommene Information. Unternehmerische Voraussicht – Ungewissheit und Planung, Köln-Opladen (Westdeutscher Verlag) 1959.
94 *Teichmann, Heinz*: Informationsbewertung, in: Handwörterbuch der Betriebswirtschaftslehre, 4. Aufl., Stuttgart (Poeschel) 1975, S. 1894.
95 Vgl. *Drukarczyk, Jochen*: Zum Problem der Bestimmung des Werts von Informationen, Zeitschrift für Betriebswirtschaft 1974, S. 1–18, insb. S. 9.

Neue Information kann dazu führen, dass das Entscheidungssubjekt

- über die Aktionsmöglichkeiten neue Kenntnis erlangt: Sein Aktionenraum A $(a_1 \ldots a_m)$ vergrößert oder vermindert sich (er erfährt z. B., dass eine Aktion aufgrund einer Gesetzesänderung nicht mehr zulässig ist);
- über den Ergebnisraum K $(k_{11} \ldots k_{nm})$ neue Kenntnis erlangt: Er wird nunmehr den Aktions-/Zustandskombinationen a_i/z_j neue Konsequenzen k_{ij} zuordnen;
- über den Zustandsraum Z $(z_1 \ldots z_n)$ neue Kenntnisse erlangt: Er erfährt, dass andere, bislang unbekannte Faktoren auf das Ergebnis einwirken können;
- über die Eintrittswahrscheinlichkeiten $p_1 \ldots p_n$ neue Kenntnisse erlangt.

Unterstellen wir, dass die Entscheidungen gut vorbereitet sind, dass die Handlungsmöglichkeiten bekannt sind, dass die auf die Entscheidung einwirkenden Zustände definiert werden und die Konsequenzen hinreichend exakt zugeordnet werden können, so können wir uns auf den letzten Fall konzentrieren, dem für finanzwirtschaftliche Entscheidungen die größte Relevanz zukommt: Information führt primär zur Veränderung der Wahrscheinlichkeiten entscheidungsrelevanter Umweltzustände.

Entscheidungen werden selbstverständlich stets auf der Basis einer subjektiven Problemsicht gefällt: Jemand entscheidet sich für Aktion a_i, weil *er* der persönlichen Überzeugung ist, damit den höchstmöglichen Nutzenbeitrag zu erhalten. Gleichwohl haftet dem Begriff der Information etwas Objektives an: Information wird oft als eine Aussage über die wahre, objektive Welt gesehen, sofern sie für eine anstehende Entscheidung von Relevanz ist. Wenn daher besonders betont werden soll, dass die der Entscheidung zugrundeliegende Information etwas rein Subjektives ist, verwenden wir im Folgenden auch den Begriff der *Meinungen* (beliefs), bzw. wenn der Zukunftsbezug betont werden soll, den Begriff der *Erwartungen* (expectations).

Information kann eine statische Größe oder eine dynamische Größe sein. Im ersten Fall beschreibt sie den *Bestand* an entscheidungsrelevantem Wissen; wenn gesagt wird, Entscheider i verfüge für eine bestimmte Entscheidung über den *Informationsstand* (information level) IL_i, so umfasst dies sein gesamtes Wissen, sofern er es für die Entscheidungsfindung heranzieht. Da Wissen das Ergebnis seiner Informationsverarbeitungsbemühungen ist, ist es subjektiv geprägt: Zwei Entscheider, die sich exakt derselben Informationsquellen bedienen, werden gleichwohl zu unterschiedlichen Meinungen (Informationsständen) kommen. Der eine interessiert sich bei der Lektüre einer Wirtschaftszeitung mehr für wirtschaftspolitische, der andere mehr für unternehmensbezogene Artikel. Auch mag es ausgeprägte Unterschiede in der Fähigkeit geben, Informationsquellen auszuwerten. Der eine kann mit einem Jahresabschluss eines Konzerns wenig anfangen, der andere ist ein versierter Bilanzanalytiker. Dennoch werden wir den Terminus Informationsstand im Folgenden unterschiedlich gebrauchen: einmal im hier dargelegten Sinne als Menge der von einer Person ihrer Entscheidung zugrunde gelegten Meinungen (Informationsstand i.w.S.) und einmal als Menge des einem Entscheider zur Verfügung stehenden „objektiven Wissens" (Informationsstand i.e.S.). Es wird jeweils deutlich zu machen sein, in welchem Sinne der Terminus zu verstehen ist.

Im dynamischen Sinne versteht man unter Information eine Flussgröße, die sich in einer *Nachricht* (message) niederschlägt, durch die ein Informationsstand eine Veränderung erfährt. Eine Nachricht ist stets eine beabsichtigte Übermittlung von Wissen von einer Person auf eine andere; unabhängig davon, ob sie zutreffend ist oder nicht, kann sie beim Empfänger zu einer Revision seiner Entscheidung führen. Im Gegensatz dazu ist ein *Signal* nicht notwendigerweise beabsichtigt: Wenn ein Insider Aktien kauft, signalisiert er damit ungewollt anderen, dass er im Besitz von Informationen ist, die eine Höherbewertung rechtfertigen. Auch dies kann beim Empfänger des Signals eine Änderung seiner Entscheidungen auslösen.

Von der Nachricht zu unterscheiden ist der *Nachrichtendienst* (message service), das Medium, über das Nachrichten verbreitet werden.[96] Da sich nicht Nachrichten, sondern nur Nachrichtendienste kaufen lassen, haben wir es beim Erwerb von Information grundsätzlich mit einer Entscheidung unter Unsicherheit zu tun: Ist es sinnvoll, Geld auszugeben für einen Nachrichtendienst, von dem man nicht wissen kann, ob die in ihm enthaltenen Nachrichten die Ausgabe rechtfertigen? Sofern es sich um regelmäßige Nachrichtendienste wie Zeitungen, Zeitschriften, laufende elektronische Informationsdienste o. ä. handelt, ist eine derartige Nutzenabschätzung u. U. aus der Erfahrung möglich; bei einmaligen Nachrichtendiensten gibt es kaum Anhaltspunkte.

Im Rahmen finanzwirtschaftlicher Entscheidungen ist es zweckmäßig, zwischen Informationen erster Ordnung und Informationen zweiter oder höherer Ordnung zu unterscheiden. *Informationen erster Ordnung* enthalten entscheidungsrelevantes Wissen über Handlungsalternativen, Umweltzustände, Eintrittswahrscheinlichkeiten; sie finden unmittelbar Eingang in die uns vertraute Entscheidungsmatrix. *Informationen höherer Ordnung* hingegen beziehen sich auf die Nachricht selbst, den Nachrichtendienst oder den Sender der Nachricht. Auch die Tatsache, dass eine Nachricht unterbleibt, kann eine Information höherer Ordnung darstellen.

Dass die meisten bei dem Begriff Information meist nur Information erster Ordnung vor Augen haben, verdeutlicht das folgende Problem: In einem dunklen Raum stehen drei Stühle unmittelbar hintereinander, auf denen drei Personen Platz nehmen. Jemand, der drei blaue und zwei rote Mützen besitzt, setzt nach dem Zufallsprinzip jedem der drei eine Mütze auf; die beiden verbleibenden Mützen werden entfernt. Nachdem das Licht eingeschaltet wurde, werden die drei Sitzenden nach der Farbe ihrer Mütze befragt: der erste sieht nichts, der zweite die Mütze des ersten und der dritte die Mützen der beiden vor ihm sitzenden. Wer die Farbe seiner Mütze nennt, erhält einen Preis; Falschangaben werden mit einer Strafzahlung belegt.

---

96 Vgl. *Hirshleifer, Jack; Riley, John G.*: The Analytics of Uncertainty and Information, Cambridge University Press 1992, S. 168.

Wenn sie wählen können, auf welchen Stuhl sie sich setzen, entscheiden sich die meisten für den letzten, den mit der meisten Information erster Ordnung. Tatsächlich ist aber die Chance zu gewinnen für den am höchsten, der auf dem ersten Stuhl Platz genommen hat:
– Wer auf dem letzten Stuhl sitzt, kennt nur dann die Farbe seiner Mütze, wenn er vor sich zwei rote Mützen sieht (10 % der möglichen Fälle).
– Wer auf dem mittleren Stuhl sitzt, kennt die Farbe seiner Mütze, wenn er vor sich eine rote Mütze sieht und der dritte sich nicht meldet: in diesem Fall muss er eine blaue Mütze auf dem Kopf haben (30 % der Fälle).
– Wer auf dem ersten Stuhl sitzt und weder vom dritten noch vom zweiten etwas hört, weiß, dass er nur eine blaue Mütze aufhaben kann (60 % der Fälle).

Natürlich ist auch das Wissen um das Nichtwissen anderer eine wertvolle Information.

Es macht auch einen erheblichen Unterschied, bei der Beurteilung einer Nachricht zu wissen, von wem sie kommt, bzw. welche Interessen der Sender an der Sache selbst hat. Weiter ist es für die Bewertung einer Information entscheidend, wie viele andere sie auch haben:
– Die Verbreitung der Information über Blitzableiter schadet dem einzelnen Verwender nicht: Dadurch, dass auch andere Hauseigentümer davon wissen, wird sein Vorteil aus der Information nicht geringer.
– Als Mobiltelefone Ende der 1990er-Jahre in breiter Menge Anwendung fanden, nützte dem einzelnen Verwender diese Information: Erst dadurch, dass viele davon wissen und sich ein Handy zulegen, wird das Mobiltelefon interessant.
– Wieder anders ist der Fall einer Insider-Information im Aktienmarkt: Je mehr Investoren diese Information kennen, umso geringer wird ihr Wert für den Einzelnen.

Information ist ein Gut besonderer Art: Im ersten Fall ist die Verbreitung einer Information für diejenigen, die sie besitzen, irrelevant, im zweiten Fall ist sie nützlich und im dritten Fall ist sie schädlich.

Wie wir noch sehen werden, geht es häufig nicht nur darum, ob eine Information geheim ist oder nicht (= Information zweiter Ordnung), sondern darum, ob der Kontrahent weiß, dass man über eine geheime Information verfügt (= Information dritter Ordnung); eine geheime Information zu besitzen, von deren Existenz (nicht aber von deren Inhalt, sonst wäre sie ja nicht geheim) ein anderer weiß, kann durchaus sogar nachteilig sein.

Wenn wir uns mit informationsökonomischen Problemen beschäftigen, produzieren wir selbstverständlich selbst Information höherer Ordnung: Wir schaffen Wissen über Information, das, sofern es geeignet ist, konkretes Entscheidungsverhalten zu verändern, selbst zur Information wird. Dabei kann durchaus der Fall eintreten, dass die Information höherer Ordnung darin besteht, Informationen niedriger Ordnung nicht in die Entscheidungen einzubeziehen.

2.5.2 Zum Nutzen von Informationen

Im Rahmen finanzwirtschaftlicher Entscheidungen dient uns Information primär dem Zweck, die Wahrscheinlichkeitsverteilung der entscheidungsrelevanten Umweltzustände zu verändern. Im Folgenden werden wir uns daher der Frage zuwenden, worin ein derartiges Nutzenkalkül besteht und wie Information bewertet werden kann. Dabei ist es zweckmäßig zu unterscheiden, ob wir es mit Entscheidungen im Individual-Kontext (Entscheidungen gegen die Natur) oder im Mehr-Personen-Kontext (Spiele, Markt) zu tun haben.

Information im Individualkontext

Grundsätzlich lässt sich der Wert einer Information fassen als die Differenz zwischen dem erwarteten Ergebnis mit dieser Information und dem erwarteten Ergebnis ohne diese Information. Betrachten wir einmal einen risikoneutralen Entscheider mit der Nutzenfunktion $U(x) = x$, der sich folgender Auszahlungsmatrix mit vier gleichwahrscheinlichen Zuständen $z_1 \ldots z_4$ gegenübersieht:

	$U(a_i)$	z_1	z_2	z_3	z_4
a_1	12,00	7	21	8	12
a_2	13,00	14	18	16	4
a_3	14,00	12	13	14	17

Er wird sich für a_3 entscheiden, da diese Alternative mit $U(a_3) = 14$ den höchsten Nutzen verspricht. Nun erhält er zwei Nachrichten: (1) FC Wacker Innsbruck hat gegen Inter Mailand im Europacup gewonnen, (2) Zustand z_4 wird nicht eintreten. Da bezogen auf die hier anstehende Entscheidung nur die zweite Nachricht entscheidungsrelevantes Wissen vermittelt, hat nur sie Informationsgehalt. Das Entscheidungsproblem stellt sich nunmehr so dar:

	$U(a_i \mid \text{non } z_4)$	z_1	z_2	z_3
a_1	12,00	7	21	8
a_2	16,00	14	18	16
a_3	13,00	12	13	14

Damit wird er sich für a_2 mit $U(a_2 \mid \text{non } z_4) = 16$ entscheiden. Die Information hat ihm gegenüber der Entscheidung ohne die Information einen Vorteil von 3 € gebracht, denn ohne die Information hätte er sich für die Strategie a_3 entschieden, die ihm angesichts der Tatsache, dass z_4 ausgeschlossen ist, lediglich einen Erwartungsnutzen von 13 eingebracht hätte. Der Wert der Information ist somit gleich

erwartetes Ergebnis mit der Information „non z_4":	16,00
erwartetes Ergebnis ohne die Information „non z_4":	−13,00
Wert der Information „non z_4":	3,00

Selbstverständlich führt die Information nur dann zu einer Revision der zu treffenden Entscheidung, wenn der Erwartungsnutzen der neu gewählten Alternative höher ist als der Nutzen der Alternative, für die man sich vor Erhalt der Information entschieden hätte. Im Grenzfall gilt, dass auch nach Zugang der Information der Erwartungsnutzen keiner anderen Alternative größer ist als der der ursprünglich gewählten: Das Entscheidungssubjekt bleibt bei seiner anfangs gewählten Aktion. Dies wäre z. B. der Fall, wenn durch die Information nicht Zustand 4, sondern Zustand 1 ausgeschlossen worden wäre:

	$U(a_i \mid \text{non } z_1)$	z_2	z_3	z_4
a_1	13,67	21	8	12
a_2	12,67	18	16	4
a_3	14,67	13	14	17

Der Entscheidungsträger wird wieder a_3 mit $U(a_3 \mid \text{non } z_1) = 14{,}67$ wählen. Die Information „non z_1" erweist sich damit als wertlos, da:

erwartetes Ergebnis mit der Information „non z_1":	14,67
erwartetes Ergebnis ohne die Information „non z_1":	−14,67
Wert der Information „non z_1":	0,00

Zwar rechnet der Entscheider nunmehr mit einem erwarteten Ergebnis von 14,67 und nicht mehr wie vor Zugang der Information mit 14,00. Hätte er jedoch die Information nicht erhalten, so hätte er sich gleichwohl für Alternative a_3 entschieden und eine Auszahlung von 14,67 erwarten können. Wenn wir Gleiches mit Gleichem vergleichen wollen, müssen wir die *mit* der Information gewählte Alternative derjenigen gegenüberstellen, die *ohne* die Information gewählt worden wäre; in beiden Fällen ist jedoch die Ergebniserwartung unter Kenntnis der Information zu ermitteln.

Diese Überlegungen machen deutlich, dass bei Entscheidungen der vorliegenden Art niemals der Fall eintreten kann, dass der Wert der Information negativ wird: Entweder bleibt die vor Informationszugang als optimal beurteilte Alternative weiterhin optimal (wenngleich mit u. U. verändertem Erwartungsergebnis) und der Informationswert ist null oder eine andere Alternative erweist sich als besser und der Informationswert ist positiv. So gesehen gleicht eine Information einer Option, die ihrem Inhaber dann einen Wert beschert, wenn sie im Geld liegt, und die dann ohne Wert ist, wenn dies nicht der Fall ist. Wer eine Information besitzt, kann sie nutzen, muss das aber nicht tun. Somit gilt für Entscheidungen gegen die Natur die *These von der Nicht-Negativität des Informationsnutzens*.

Wie hoch ist der *Preis*, den ein Entscheider für einen Nachrichtendienst zu zahlen bereit wäre, der Nachrichten dieser Art anbietet? Er weiß zwar im Vorhinein nicht, welche Nachricht geliefert wird, aber der Nachrichtendienst sichert ihm eine Nachricht zu, der zufolge genau *einer* der vier Zustände ausgeschlossen wird. Der Entscheider wird folgende Überlegungen anstellen: Sollte die Information besagen, dass Zustand x nicht eintreten wird (Nachricht: „non z_x"), so werden die verbleibenden Zustände jeweils mit $p = 1/3$ eintreten und a_1 wird einen Erwartungsnutzen von

wenn $x = 1$ $U(a_1 \mid \text{non } z_1) = 21/3 + 8/3 + 12/3 = 13{,}67$

wenn $x = 2$ $U(a_1 \mid \text{non } z_2) = 7/3 + 8/3 + 12/3 = 9{,}00$

wenn $x = 3$ $U(a_1 \mid \text{non } z_3) = 7/3 + 21/3 + 12/3 = 13{,}33$

wenn $x = 4$ $U(a_1 \mid \text{non } z_4) = 7/3 + 21/3 + 8/3 = 12{,}00$

liefern; analog wird der Erwartungsnutzen für die Handlungsalternative a_2

wenn $x = 1$ $U(a_2 \mid \text{non } z_1) = 18/3 + 16/3 + 4/3 = 12{,}67$

wenn $x = 2$ $U(a_2 \mid \text{non } z_2) = 14/3 + 16/3 + 4/3 = 11{,}33$

wenn $x = 3$ $U(a_2 \mid \text{non } z_3) = 14/3 + 18/3 + 4/3 = 12{,}00$

wenn $x = 4$ $U(a_2 \mid \text{non } z_4) = 14/3 + 18/3 + 16/3 = 16{,}00$

und für die Handlungsalternative a_3 berechnet:

wenn $x = 1$ $U(a_3 \mid \text{non } z_1) = 13/3 + 14/3 + 17/3 = 14{,}67$

wenn $x = 2$ $U(a_3 \mid \text{non } z_2) = 12/3 + 14/3 + 17/3 = 14{,}33$

wenn $x = 3$ $U(a_3 \mid \text{non } z_3) = 12/3 + 13/3 + 17/3 = 14{,}00$

wenn $x = 4$ $U(a_3 \mid \text{non } z_4) = 12/3 + 13/3 + 14/3 = 13{,}00$

In der folgenden Tabelle werden sodann für jede der vier Nachrichten die bedingten Erwartungsergebnisse aufgeführt und mit dem optimalen Ergebnis verglichen, demjenigen, mit dem ein Entscheidungsträger, der die jeweils optimale Alternative wählt, hätte rechnen können:

Nachricht:	non $z_1 (x = 1)$	non $z_2 (x = 2)$	non $z_3 (x = 3)$	non $z_4 (x = 4)$
$U(a_1 \mid \text{non } z_x)$	13,67	9,00	13,33	12,00
$U(a_2 \mid \text{non } z_x)$	12,67	11,33	12,00	16,00
$U(a_3 \mid \text{non } z_x)$	14,67	14,33	14,00	13,00
$U(a_{\text{opt}} \mid \text{non } z_x)$	14,67	14,33	14,00	16,00
Nutzen der Information:	0,00	0,00	0,00	3,00
$U(a_{\text{opt}} \mid \text{non } z_x) - U(a_3 \mid \text{non } z_x)$				

Wie zu erkennen ist, würde der Entscheider im Fall, dass aufgrund der Nachricht
- z_1 ausgeschlossen wird, a_3 wählen: $E(a_3 \mid \text{non } z_1) = 14{,}67$
- z_2 ausgeschlossen wird, a_3 wählen: $E(a_3 \mid \text{non } z_2) = 14{,}33$
- z_3 ausgeschlossen wird, a_3 wählen: $E(a_3 \mid \text{non } z_3) = 14{,}00$
- z_4 ausgeschlossen wird, a_2 wählen: $E(a_2 \mid \text{non } z_4) = 16{,}00$

Da er in den Fällen „non z_1", „non z_2" und „non z_3" dieselbe Alternative als optimale wählt, die er auch ohne die Information gewählt hätte, nämlich a_3, ist in diesen Fällen

der Nutzen der Information null. Lediglich für den Fall, dass die Nachricht „non z_4"
lautet, hätte er seine Wahl revidiert und a_2 anstelle von a_3 gewählt; in diesem Fall
hätte ihm die Information einen Nutzen von 3,00 erbracht. Da wir es als gleich wahrscheinlich angenommen haben, welchen der Zustände die Nachricht ausschließen
wird, errechnet sich der Informationswert des Nachrichtendienstes als:

$$\frac{\sum_{x=1}^{4}\left[U\left(a_{\mathrm{opt}} \mid \mathrm{non}\, z_x\right) - U\left(a_3 \mid \mathrm{non}\, z_x\right)\right]}{4} = \frac{(16 - 13)}{4} = 0,75$$

Ein risikoneutraler Entscheider hätte für den Nachrichtendienst maximal einen Betrag von 0,75 € geboten, um die Information zu erhalten.

Der Nachrichtendienst hat eine Nachricht in Aussicht gestellt, die genau einen
der vier Umweltzustände ausschließt. Ein Dienst, der *zwei* Zustände z_x und z_y ausschließt, wäre natürlich wertvoller gewesen, wie die folgenden Überlegungen zeigen:
Werden z. B. z_1 und z_2 ausgeschlossen, so lässt sich der Erwartungsnutzen von Handlungsalternative a_1 berechnen als:

$$U(a_1 \mid \mathrm{non}\, z_1, z_2) = 8/2 + 12/2 = 10,00$$

und analog für alle anderen möglichen Nachrichten und Handlungsalternativen als:

Nachricht:	non z_1, z_2	non z_1, z_3	non z_1, z_4	non z_2, z_3	non z_2, z_4	non z_3, z_4
$U(a_1 \mid \mathrm{non}\, z_x, z_y)$	10,00	16,50	14,50	9,50	7,50	14,00
$U(a_2 \mid \mathrm{non}\, z_x, z_y)$	10,00	11,00	17,00	9,00	15,00	16,00
$U(a_3 \mid \mathrm{non}\, z_x, z_y)$	15,50	15,00	13,50	14,50	13,00	12,50
$U(a_{\mathrm{opt}} \mid \mathrm{non}\, z_x, z_y)$	15,50	16,50	17,00	14,50	15,00	16,00
Nutzen der Information:	0,00	1,50	3,50	0,00	2,00	3,50
$U(a_{\mathrm{opt}} \mid \mathrm{non}\, z_x, z_y)$						
$- U(a_3 \mid \mathrm{non}\, z_x, z_y)$						

Auch hier ergibt sich in einigen Fällen (wenn z_1/z_2 bzw. wenn z_2/z_3 ausgeschlossen
werden), dass der Entscheider seine Wahl nicht ändert und somit der Information kein
Wert zukommt. In den anderen Fällen errechnen sich Vorteile aufgrund der Nachricht. Ein risikoneutraler Entscheider wäre somit bereit, für den Nachrichtendienst,
der Nachrichten in Aussicht stellt, durch die genau zwei Zustände ausgeschlossen
werden, bis zu einem Betrag von

$$\frac{\sum_{x=1}^{4} \sum_{y=1\,(\text{wenn } y > x)}^{4}\left[U\left(a_{\mathrm{opt}} \mid \mathrm{non}\, z_x, z_y\right) - U\left(a_3 \mid \mathrm{non}\, z_x, z_y\right)\right]}{6} =$$

$$\frac{(0,00 + 1,50 + 3,50 + 0,00 + 2,00 + 3,50)}{6} = 1,75$$

zu bezahlen.

Selbstverständlich wäre eine Information z_x, die *drei* Zustände ausschließt oder,
was dasselbe ist, den tatsächlich eintretenden Zustand nennt, noch wertvoller: Die

Information transformiert das Entscheidungsproblem unter Risiko in ein Entscheidungsproblem unter Sicherheit: Der Entscheider würde die für jeden Umweltzustand beste Aktion (a_2 in z_1; a_1 in z_2; etc.) wählen:

Nachricht:	z_1 tritt ein	z_2 tritt ein	z_3 tritt ein	z_4 tritt ein
$U(a_1 \mid z_x)$	7,00	21,00	8,00	12,00
$U(a_2 \mid z_x)$	14,00	18,00	16,00	4,00
$U(a_3 \mid z_x)$	12,00	13,00	14,00	17,00
$U(a_{opt} \mid z_x)$	14,00	21,00	16,00	17,00
Nutzen der Information:	2,00	8,00	2,00	0,00
$U(a_{opt} \mid z_x) - U(a_3 \mid z_x)$				

Der Nutzen der (jetzt vollständigen) Information errechnet sich wieder als die Differenz zwischen dem Nutzen der nach der Information z_x optimalen Alternative $U(a_{opt} \mid z_x)$ und $U(a_3 \mid z_x)$. Für einen Nachrichtendienst, der die Unsicherheit völlig beseitigt, würde man einen Betrag bis zu

$$\frac{\sum_{x=1}^{4} \left[U\left(a_{opt} \mid z_x\right) - U\left(a_3 \mid z_x\right) \right]}{4} = \frac{(2,00 + 8,00 + 2,00 + 0,00)}{4} = 3,00$$

zu zahlen bereit sein.

Zum selben Ergebnis käme man auch mithilfe einer etwas anderen Überlegung. Nehmen wir an, es wird eine vollständige Information zum Preis von x € angeboten, so würde neben die drei Handlungsalternativen $a_1 \ldots a_3$ noch die Aktion a_4 treten, bei der die Information gekauft und dann die jeweils beste Aktion gewählt wird. In jedem Zustand wird das Optimum der Aktionen $a_1 \ldots a_3$, vermindert um die für die Information aufgebrachten Kosten, gezahlt.

	$U(a_{ii})$	z_1	z_2	z_3	z_4
a_1	12	7	21	8	12
a_2	13	14	18	16	4
a_3	14	12	13	14	17
a_4	$17 - x$	$14 - x$	$21 - x$	$16 - x$	$17 - x$

Wie leicht zu erkennen ist, ist für einen risikoneutralen Entscheider die Alternative a_4 der zuvor optimalen Aktion a_3 dann äquivalent, wenn sich die Kosten der Information genau auf $x = 3$ € belaufen. Der Wert des Nachrichtendienstes beträgt somit drei Euro.

An dem Beispiel lässt sich sehr einfach ein zentrales, auf *Marschak/Radner* zurückgehendes Theorem der Informationsökonomie zeigen, das *Feinheitstheorem*: Ein Nachrichtendienst ist umso höher zu bewerten, je feiner die durch ihn bewirkte Aufteilung (Partition) der Zustände wird. Für unser Zahlenbeispiel gilt:
-   Schließt der Nachrichtendienst einen Zustand aus, so führt das zu den recht groben Partitionen (z_1, z_2, z_3) oder (z_1, z_2, z_4) oder (z_1, z_3, z_4) oder (z_2, z_3, z_4); der Wert eines derartigen Dienstes läge bei 0,75 €.

- Schließt der Nachrichtendienst zwei Zustände aus, so führt das zu den feineren Partitionen (z_1, z_2) oder (z_1, z_3) oder (z_1, z_4) oder (z_2, z_3) oder (z_2, z_4) oder (z_3, z_4); der Wert des Dienstes läge bei 1,75 €.
- Schließt der Nachrichtendienst drei Zustände aus, so führt das zu einer Entscheidung unter Sicherheit mit der feinst möglichen Partition (z_1) oder (z_2) oder (z_3) oder (z_4); hierfür wären 3,00 € zu bezahlen.

Zusammenfassend lässt sich für Entscheidungen im Individualkontext (= Entscheidungen gegen die Natur) sagen, dass
(1) der Wert einer Information niemals negativ ist und damit auch;
(2) der Grenznutzen jeder zusätzlichen Informationseinheit nur entweder positiv oder null sein kann;
(3) der Wert eines Informationsangebots (eines Nachrichtendienstes) umso höher ist, je feiner es eine gegebene Wahrscheinlichkeitsverteilung in Partitionen „zerlegt".

Apriori-Information und Aposteriori-Information

Bei unseren bisherigen Überlegungen wussten wir, dass der Nachrichtendienst, der zum Kauf ansteht, ein genau definiertes Feinheitsniveau aufweist, wobei gilt, dass je feiner die Information in Partitionen zerlegt wird, umso wertvoller der Nachrichtendienst ist. Wir konnten daher für jedes Feinheitsniveau exakt den Preis angeben, den wir maximal für den Nachrichtendienst zu zahlen bereit wären. Bei praktischen Entscheidungsproblemen ist es aber häufig so, dass der Exaktheitsgrad des Nachrichtendienstes unbekannt ist. Dies ist zum einen bei Stichproben der Fall, die ein mehr oder minder gutes Abbild der Grundgesamtheit, aus der sie gezogen werden, liefern; zum anderen ist es bei Tests der Fall, die nur eine eingeschränkte Zuverlässigkeit aufweisen, d. h. nur mit einer bestimmten Wahrscheinlichkeit das zutreffende Ergebnis bereitstellen. Eine Entscheidungsregel, die diesem Umstand Rechnung trägt, geht auf den britischen Pfarrer und Mathematiker *Thomas Bayes* (1702–1761) zurück und verknüpft das vorhandene Vorwissen (die sog. Apriori-Information) mit dem aufgrund von unpräzisen Nachrichtendiensten hinzu kommenden Wissen, um so zu verbessertem neuem Wissen (Aposteriori-Information) zu kommen: „Wenn Informationen fehlen, hängt das rationale Urteil vom Vor-Urteil ab, manchmal sogar entscheidend",[97] schreiben *Beck-Bornholdt/Dubben* in einem Taschenbuch, das sich nahezu ausschließlich der *Bayes*'schen Entscheidungslogik widmet. Machen wir uns die Grundidee dieses Denkens wieder an einem Beispiel klar:

---

[97] *Beck-Bornholdt, Hans-Peter; Dubben, Hans-Hermann*: Der Schein der Weisen – Irrtümer und Fehlurteile im täglichen Denken, Hamburg (rororoscience) 2001, S. 64.

Beispiel: Eine Bank weiß (Apriori-Information), dass durchschnittlich 99 % der Kreditnehmer ihren Verpflichtungen nachkommen und nur 1 % nicht in der Lage ist, den Kredit vereinbarungsgemäß zurückzuzahlen. Aufgrund einer sorgfältigen Kreditwürdigkeitsanalyse ist die Bank in der Lage, mit einer Wahrscheinlichkeit von $p = 80\,\%$ die „faulen" Kunden zu entdecken, mit $p = 20\,\%$ hingegen bleiben „faule" Kunden unentdeckt. Andererseits erkennt die Kreditwürdigkeitsanalyse (KWA) bei den „guten" Kunden in 90 % der Fälle deren gute Kreditwürdigkeit; da aber bei der KWA auch Fehler passieren, werden 10 % der guten Kunden als „faul" eingestuft. Damit ergeben sich die folgenden Wahrscheinlichkeiten:

Der Kunde ist...	...laut KWA „gut"	...laut KWA „faul"	gesamt
...tatsächlich „gut"	0,90	0,10	0,99
...tatsächlich „faul"	0,20	0,80	0,01
			1,00

Was die Bank wissen will, ist die
(1) Wahrscheinlichkeit, dass ein Kreditantrag angenommen wird, obwohl der Kreditwerber zu den faulen Kunden gehört (= Fehler erster Art);
(2) Wahrscheinlichkeit, dass ein Antrag abgelehnt wird, obwohl der Kreditwerber zu den guten Kunden gehört (= Fehler zweiter Art);
(3) Wahrscheinlichkeit, dass ein Kunde, der von der KWA als „faul" eingestuft wird, tatsächlich auch ein „fauler" Kunde ist;
(4) Wahrscheinlichkeit, dass wir einen guten Kunden aufgrund der KWA ablehnen.

Um diese Fragen beantworten zu können, vergegenwärtigen wir uns zunächst des Entscheidungsbaums (Abb. 2.9):

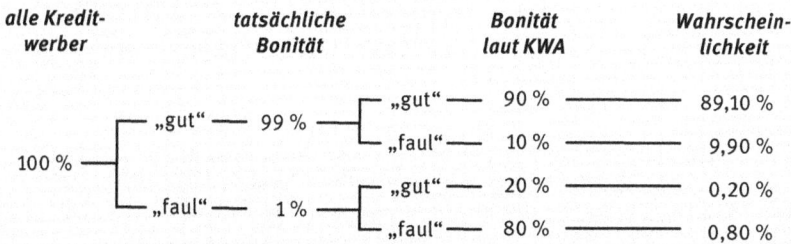

Abb. 2.9: Entscheidungsbaum einer Kreditwürdikeitsanalyse

(ad 1) Der Fehler erster Art, die bedingte Wahrscheinlichkeit dafür, dass die KWA einen Kunden, der „faul" ist, als „gut" identifiziert, beträgt $p(KW_{gut} \mid faul) = 20\,\%$.
(ad 2) Der Fehler zweiter Art, die bedingte Wahrscheinlichkeit dafür, dass die KWA einen Kunden, der „gut" ist, als „faul" identifiziert, beträgt $p(KW_{faul} \mid gut) = 10\,\%$.

(ad 3) Von der KWA werden $0{,}99 \cdot 0{,}1 + 0{,}01 \cdot 0{,}8 = 10{,}7\,\%$ der Kreditwerber als „faul" einge-schätzt; davon tatsächlich faul sind aufgrund der bekannten *Bayes*-Formel:

$$p(\text{faul} \mid \text{KW}_{\text{faul}}) = \frac{p(\text{faul}) \cdot p(\text{KW}_{\text{faul}} \mid \text{faul})}{p(\text{faul}) \cdot p(\text{KW}_{\text{faul}} \mid \text{faul}) + p(\text{gut}) \cdot p(\text{KW}_{\text{faul}} \mid \text{gut})}$$

$$p(\text{faul} \mid \text{KW}_{\text{faul}}) = \frac{0{,}01 \cdot 0{,}8}{(0{,}01 \cdot 0{,}8 + 0{,}99 \cdot 0{,}1)} = 0{,}074766\ldots \approx 7{,}5\,\%$$

Mit einer Wahrscheinlichkeit von nur 7,5 % wird ein „fauler" Kunde als solcher identifiziert.

(ad 4) Von den insgesamt abgelehnten Kreditwerbern (10,7 %) sind allerdings $p(\text{gut} \mid \text{KW}_{\text{faul}}) = 0{,}99 \cdot 0{,}1/(0{,}99 \cdot 0{,}1 + 0{,}01 \cdot 0{,}8) = 92{,}5\,\%$ „gut", d. h. die Wahrscheinlichkeit, dass ein aufgrund der KWA abgelehnter Kreditwerber eine gute Bonität aufweist, liegt bei über 92 %.

Die beiden letztgenannten Ergebnisse mögen enttäuschend erscheinen, sie stellen dennoch der Kreditwürdigkeitsanalyse grundsätzlich kein schlechtes Zeugnis aus. Immerhin konnte der Anteil „fauler" Kunden im Kreditportefeuille

– von der Apriori-Information

$$p_{\text{ohne KWA}}(\text{faul}) = 1\,\%$$

– um beachtliche 78 % auf die Aposteriori-Information

$$p_{\text{mit KWA}}(\text{faul}) = 0{,}01 \cdot 0{,}2/(0{,}01 \cdot 0{,}2 + 0{,}99 \cdot 0{,}9) = 0{,}0022198 \approx 0{,}22\,\%$$

reduziert werden, was es der Bank ermöglicht, deutlich geringere Risikozuschläge im Kreditge-schäft zu verrechnen.

In ähnlicher Weise stellt sich die *Bayes*'sche Verknüpfungsregel dar, wenn eine Stich-probe aus einer Grundgesamtheit gezogen wird, hinsichtlich deren Verteilung eine Apriori-Information besteht.[98] Diese Apriori-Verteilung wird dann aufgrund des Stich-probenergebnisses in Richtung auf eine präzisere Verteilung (Aposteriori-Verteilung) korrigiert.

Beispiel: Der Wert eines Wertpapiers V sei die Summe von sechs elementaren Ereignissen, die den Wert $V_E = 1$ oder $V_E = 0$ aufweisen; bei Gleichwahrscheinlichkeit ergibt sich V als die Summe von sechs *Laplace*-Münzen[99] mit der nachstehenden Binomialverteilung:

$V = \sum_{i=0}^{6} V_{Ei}$	0	1	2	3	4	5	6
Binomialkoeffizient	1	6	15	20	15	6	1
Wahrscheinlichkeit $p(V)$	0,0156	0,0938	0,2343	0,3125	0,2343	0,0938	0,0156

---

98 Zur mathematischen Herleitung vgl. *Marinell, Gerhard; Steckel-Berger, Gabriele*: Einführung in die Bayes-Statistik – Optimaler Stichprobenumfang, 3. Aufl., München-Wien (Oldenbourg) 2000.

99 Eine *Laplace*-Münze (nach dem französischen Mathematiker *Marquis de Laplace* 1749–1827) nimmt mit einer Wahrscheinlichkeit von 0,5 den Wert Eins und einer Wahrscheinlichkeit von 0,5 den Wert null an.

Es werde ein Nachrichtendienst angeboten, der über die Realisation zweier Münzen berichtet; dabei kann der Fall eintreten, dass über dasselbe Ereignis zwei Mal berichtet wird (vergleichbar einer Stichprobe mit Zurücklegen). Ein Marktteilnehmer, der die Eigenschaften des Wertpapiers kennt (d. h., die obige Verteilung entspricht seiner Apriori-Information) erwirbt diesen Nachrichtendienst und erfährt, dass V_E beide Male bei null lag. Da sich die Wahrscheinlichkeit, dass bei einem gegebenen V der Nachrichtendienst zweimal null berichtet, als $p(00 \mid V) = (1 - V/6)^2$ errechnet, lässt sich mithilfe der Binomialverteilung die Aposteriori-Verteilung für V, gegeben einer Nachricht vom Typus „00", ermitteln:

$V = \sum_{i=0}^{6} V_{Ei}$	0	1	2	3	4	5	6
$p(00 \mid V) = (1 - V_E/6)^2$	1,0000	0,6944	0,4444	0,2500	0,1111	0,0278	0,0000
$p(V)$	0,0156	0,0938	0,2343	0,3125	0,2343	0,0938	0,0156
$p(V) \cdot p(00 \mid V)$	0,0156	0,0651	0,1042	0,0781	0,0260	0,0026	0,0000
$p(V \mid 00)$	0,0536	0,2232	0,3571	0,2679	0,0893	0,0089	0,0000

Hatte der Marktteilnehmer noch vor Erhalt des Nachrichtendienstes einen Erwartungswert von $E(V_W) = 3,00$ geschätzt, so schätzt er nunmehr aufgrund der Aposteriori-Verteilung

$$E(V_W) = 0,0536 \cdot 0 + 0,2232 \cdot 1 + 0,3571 \cdot 2 + 0,2679 \cdot 3 + 0,0893 \cdot 4$$
$$+ 0,0089 \cdot 5 + 0,0000 \cdot 6 = 2,1429$$

Ein anderes Bild hätte sich allerdings ergeben, wenn der Nachrichtendienst auf keinen Fall mehrmals über die gleiche Münze berichten würde (Fall ohne Zurücklegen).

Beispiel: Wieder betrachten wir ein Wertpapier, das sich als Summe von sechs Münzen ergibt und dessen Wert der obigen Binomialverteilung folgt. Dem Marktteilnehmer wird ein Nachrichtendienst angeboten, der ihn über zwei Münzen informiert, dieses Mal aber ausschließt, dass es sich um dieselben handelt. Wie oben sei angenommen, dass die Nachricht lautet: „Beide Münzen liegen auf null". Er weiß nunmehr mit Sicherheit, dass der Wert des Wertpapiers auf keinen Fall fünf oder sechs betragen kann. Hinsichtlich der anderen Werte 0 ... 4 berechnet er die Wahrscheinlichkeiten anhand der Binomialverteilung wie folgt:

$V = \sum_{i=0}^{6} V_{Ei}$ (gegeben Nachricht = 00)	0	1	2	3	4
Binomialkoeffizient	1	4	6	4	1
Wahrscheinlichkeit $w(V_W \mid 00)$	0,0625	0,2500	0,3750	0,2500	0,0625

Der Marktteilnehmer schätzt somit jetzt einen Erwartungswert von

$$E(V_W) = 0,0625 \cdot 0 + 0,2500 \cdot 1 + 0,3750 \cdot 2 + 0,2500 \cdot 3 + 0,0625 \cdot 4 = 2,00 \,.$$

Zum selben Ergebnis wäre man natürlich gelangt, wenn man schlicht den Erwartungswert der verbleibenden vier Münzen berechnet hätte. Die Nachricht über die Realisation zweier Elementarereignisse weist in diesem Fall keinerlei Informationswert für das Wertpapier (die verbleibenden vier *Laplace*-Münzen) auf.

Nach *Wagenhofer/Ewert* bemisst sich „der Nutzen einer zusätzlichen Information [...] an ihrer Eignung, die Auswahl einer Aktion $a \in A$ zu verbessern. Dahinter steht die Vorstellung, dass weitere Informationen die Unsicherheit über die zukünftigen Entwicklungen reduziert, so dass die Aktionswahl besser auf die wirklich relevanten Szenarien ausgerichtet werden kann."[100] Die Anwendung des *Bayes*'schen Prinzips kann somit sinnvollerweise nur dann erfolgen, wenn sichergestellt werden kann, dass der Wert zusätzlicher Informationen nie negativ ist. Wir werden im Zusammenhang mit Marktentscheidungen noch sehen, dass gerade diese Bedingung häufig nicht gegeben ist. In Fällen hingegen, wo sich der Entscheider einer nicht auf ihn selbst reagierenden Natur gegenübersieht, ist der *Bayes*'sche Ansatz, der auf dem Konzept bedingter Wahrscheinlichkeit beruht und „Vorurteile" mit aktuellerem und besserem Wissen verbindet, äußerst hilfreich und vielseitig anwendbar: Er ermöglicht „Lernen durch Erfahrung".

Information im Mehrpersonenkontext
Völlig anders stellt sich das Problem der Bewertung von Informationen im Mehrpersonenkontext dar, wenn wir es mit strategisch denkenden Gegenspielern zu tun haben, die ebenfalls ihren Nutzen zu maximieren trachten. Viele der oben dargestellten und intuitiv durchaus einleuchtenden Theoreme der klassischen Informationsökonomie werden in Frage gestellt, wenn wir das sichere Terrain von Entscheidungen gegen die Natur verlassen:[101]

(1) Die Entscheidungen der Beteiligten hängen voneinander ab; sie sind aufeinander bezogen. Die Akteure handeln in dem Sinne strategisch, dass sie nicht nur die unmittelbaren Auswirkungen ihrer Entscheidungen, sondern auch die zu erwartenden Reaktionen ihrer Gegenspieler betrachten. Mehr noch: A wird versuchen, in die Rolle seines Gegenübers B zu schlüpfen und sich Gedanken darüber machen, welche Entscheidungen B von A erwartet und wie B zweckmäßigerweise auf die mutmaßlichen Entscheidungen von A reagieren sollte; das löst bei A veränderte Entscheidungen aus, etc.

(2) Die Ergebnisse zum Nutzen von Informationen müssen neu durchdacht werden: Unterschiedliche Entscheidungsträger können dieselbe Nachricht mit verschiedenen Informationswerten belegen; ein und dieselbe Information kann unterschiedlichen Nutzen stiften, je nachdem wie viele Entscheidungsträger von ihr Kenntnis erlangen.

(3) Wir werden zu unterscheiden haben, ob es sich um private Informationen (die Information erhält nur ein Einzelner oder eine abgegrenzte Gruppe) oder um öffentliche Informationen (jeder kann sich in den Besitz dieser Information bringen) handelt.

(4) Es ist durchaus möglich, dass der private Nutzen einer Information (sei sie privat oder öffentlich) nicht notwendigerweise mit dem gesellschaftlichen Nutzen derselben Information koinzidiert.

---

100 *Wagenhofer, Alfred; Ewert, Ralf*: Externe Unternehmensrechnung, Berlin (Springer) 2003, S. 59.
101 Vgl. *Belcredi, Massimo*: Economia dell'informazione societaria, Torino (UTET) 1993, S. 89 ff.

(5) Es ist durchaus möglich, dass die individuell optimale Informationsverarbeitung der Marktteilnehmer zur Folge hat, dass die Marktpreise ein so hohes Informationsniveau widerspiegeln, dass individuelle Informationsverarbeitung obsolet wird.

(6) Es ist nicht mehr ohne Belang, wer die Information bereitstellt: Je nach vermuteter Sachkenntnis des Senders wird sie als mehr oder minder präzise eingeschätzt werden; je nach wirtschaftlichem Interesse des Senders wird sie mehr oder minder glaubwürdig sein.

Eine der ersten Arbeiten, die den Nutzen von Informationen im Mehrpersonenkontext zum Gegenstand hatten, stammt von *Jack Hirshleifer;*[102] sein im deutschen Schrifttum häufig als „Informationsablehnungshypothese"[103] bezeichnetes Modell ist für das Verständnis vieler informationsökonomischer Probleme von zentraler Bedeutung. *Hirshleifer* betrachtet einen geschlossenen Markt mit zwei Zeitpunkten t_0 und t_1 sowie mit n Marktteilnehmern, die alle über den gleichen Geldbetrag verfügen und die gleichen Präferenzen haben; d. h. sie entscheiden auf der Basis der gleichen Nutzenfunktion. Auf diesem Markt werden Wertpapiere auf Korn angeboten, die unterschiedliche Rechte verbriefen:

(7) $Korn_0$ verbrieft sofort (in t_0) einlösbare Ansprüche auf Korn.

(8) $Korn_{1a}$ verbrieft Ansprüche auf Korn in t_1, sofern die Welt sich in t_1 in Zustand a befindet (was mit Wahrscheinlichkeit p_a eintritt).

(9) $Korn_{1b}$ verbrieft Ansprüche auf Korn in t_1, sofern die Welt sich in t_1 in Zustand b befindet (was mit Wahrscheinlichkeit $p_b = 1 - p_a$ eintritt).

Angeboten werden die Wertpapiere in folgenden Mengen: C_0, C_{1a} und C_{1b}. Die Marktteilnehmer können frei handeln und ihre Mittel voll für die drei Wertpapiere verausgaben, da es weitere Güter im Markt nicht gibt. Da alle Teilnehmer i auf der Basis derselben wertadditiven Nutzenfunktion entscheiden, werden sich im Markt die Preise der Wertpapiere genauso einstellen, dass der Markt geräumt ist und alle über die gleiche Portefeuillezusammensetzung $c_{i0} = C_0/n$; $c_{i1a} = C_{1a}/n$; $c_{i1b} = C_{1b}/n$ (für alle $i = 1 \ldots n$) verfügen.

Beispiel: Jeder Marktteilnehmer verfüge über 800 € und entscheide auf der Basis der folgenden logarithmischen Nutzenfunktion mit neutraler Zeitpräferenz (damit kann auf eine „Abzinsung" der in t_1 zu erwartenden Ansprüche verzichtet werden):

$$U_i = \ln(c_{i0}) + p_a \cdot \ln(c_{i1a}) + p_b \cdot \ln(c_{i1b}) \,.$$

---

102 *Hirshleifer, Jack*: The Private and Social Value of Information and the Reward to Inventive Activity, American Economic Review 1971, S. 561–574.
103 *Ewert, Ralf*: Bilanzielle Publizität im Lichte der Theorie vom gesellschaftlichen Wert öffentlich verfügbarer Information, Betriebswirtschaftliche Forschung und Praxis 1989, S. 245–263.

Die Wahrscheinlichkeiten für die beiden Zustände seien gleich: $p_a = p_b = 0{,}5$. Insgesamt werden im Markt die folgenden Mengen angeboten

$$C_0 = 400n \quad C_{1a} = 200n \quad C_{1b} = 300n$$

und damit wird jeder Marktteilnehmer im Gleichgewicht

$$c_0 = 400 \quad c_{1a} = 200 \quad c_{1b} = 300$$

halten wollen. Eine nutzenoptimale Aufteilung ist dies aber nur dann, wenn die Güterpreise P_0, P_{1a} und P_{1b} so sind, dass die erwarteten Grenznutzen der letzten verausgabten Geldeinheit für alle drei Wertpapiere gleich sind. Da sich bei einer logarithmischen Funktion vom Typ $y = \ln(x)$ die erste Ableitung als $y' = 1/x$ ergibt, gilt

$$(1/400)/P_0 = \tfrac{1}{2} \cdot (1/200)/P_{1a} = \tfrac{1}{2} \cdot (1/300)/P_{1b}$$

und da aufgrund der Budgetrestriktion gelten muss, dass

$$400 \cdot P_0 + 200 \cdot P_{1a} + 300 \cdot P_{1b} = 800 \,,$$

errechnen sich die markträumenden Preise als

$$P_0 = 1{,}00 \quad P_{1a} = 1{,}00 \quad P_{1b} = 0{,}666\ldots$$

Bei diesen Preisen fragt jeder genau die für ihn optimalen Mengen 400/200/300 nach und keiner kann durch Handel seinen Nutzen mehr erhöhen. Zusammenfassend ergibt sich:

	$Korn_0$	$Korn_{1a}$	$Korn_{1b}$		
Bestand je Akteur	400	200	300		
Stückpreis	1,00	1,00	0,67		
Wert	400	200	200	Gesamtwert:	800,00
Nutzen	5,99	5,30/2	5,70/2	Gesamtnutzen:	11,49

In dieser Situation erhalte einer der Akteure eine *private Information* über den in t_1 eintretenden Umweltzustand z_a oder z_b. Er wird daraus einen großen Vorteil ziehen, indem er die Unkenntnis der anderen ausnutzt und die Wertpapiere verkauft, von denen er weiß, dass sie wertlos geworden sind.

Beispiel (Fortführung): Teilnehmer j erhalte die private Information, dass in t_1 Zustand a eintreten wird. Unterstellt man, dass seine isolierten Aktionen auf die Marktpreise keinen Einfluss haben, so wird er durch Verkauf seiner mittlerweile wertlosen (was aber nur ihm bekannt ist) 300 Einheiten $Korn_{1b}$ einen Erlös in Höhe von $300 \cdot 0{,}67 = 200$ € erzielen. Für diesen Betrag wird er sich gerade so viel $Korn_0$ und $Korn_{1a}$ kaufen, dass die Grenznutzen der letzten verausgabten Geldeinheit für beide Wertpapiere wieder gleich sind

$$(1/c_{j0}) = (1/c_{j1a}) \,;$$

dies ist genau dann der Fall, wenn er 200 weitere, nunmehr nicht mehr mit Unsicherheit behaftete Einheiten $Korn_{1a}$ erwirbt. Daraufhin stellt sich die Situation für ihn so dar:

	$Korn_0$	$Korn_{1a}$	$Korn_{1b}$		
Bestand je Akteur	400	400	0		
Stückpreis	1,00	1,00	0		
Wert	400	400	0	Gesamtwert:	800,00
Nutzen	5,99	5,99		Gesamtnutzen:	11,98

Die private Information hat dem Marktteilnehmer j erheblichen Nutzen gebracht: Er konnte durch Verkauf der wertlosen Wertpapiere und Kauf von $Korn_{1a}$ seinen Konsum in t_1 verdoppeln. Wäre ihm ein Nachrichtendienst angeboten worden, der den in t_1 zu erwartenden Zustand mit Sicherheit nennt, so hätte er dafür bis zu 200 € bezahlt: In jedem der beiden Fälle z_a oder z_b hätte die Information es ihm erlaubt, wertlose Papiere im Wert von 200 € an Ahnungslose zu verkaufen.

Ganz anders stellt sich die Situation dar, wenn wir unterstellen, die Information gehe gleichermaßen an alle Marktteilnehmer, es handle sich somit um eine *öffentliche Information*. In diesem Fall werden sich lediglich die Preise auf das neue Gleichgewichtsniveau einstellen und niemand wird eine Veranlassung zur Umbildung seines Portefeuilles haben.

Beispiel (Fortführung): Jemand bietet den Teilnehmern an, vor ihrer Kaufentscheidung öffentlich kundzumachen, welcher der beiden Zustände in t_1 eintreten wird. Tritt
– Zustand a ein, so wird $Korn_{1b}$ wertlos und die Marktteilnehmer geben ihr Geld nur für $Korn_0$ und $Korn_{1a}$ aus. Damit die Markträumungsbedingung

$$c_0 \cdot P_0 + c_{1a} \cdot P_{1a} = 400 \cdot P_0 + 200 \cdot P_{1a} = 800$$

erfüllt ist, müssen sich wieder die Preise so einstellen, dass die Grenznutzen der letzten verausgabten Geldeinheit für die beiden verbleibenden Wertpapiere gleich sind:

$$(1/400)/P_0 = (1/200)/P_{1a}$$

Damit ergeben sich die Gleichgewichtspreise

$$P_0 = 1,00 \text{ und } P_{1a} = 2,00 :$$

	$Korn_0$	$Korn_{1a}$	$Korn_{1b}$		
Bestand je Akteur j	400	200	0		
Stückpreis	1,00	2,00	0		
Wert	400	400	0	Gesamtwert:	800,00
Nutzen	5,99	5,30		Gesamtnutzen:	11,29

– Zustand b ein, so wird $Korn_{1a}$ wertlos und die Marktteilnehmer geben ihr Geld nur für $Korn_0$ und $Korn_{1b}$ aus. Damit die Markträumungsbedingung

$$c_0 \cdot P_0 + c_{1b} \cdot P_{1b} = 400 \cdot P_0 + 300 \cdot P_{1b} = 800$$

erfüllt ist, müssen sich auch hier wieder die Preise so einstellen, dass die Grenznutzen der letzten verausgabten Geldeinheit für die beiden verbleibenden Wertpapiere gleich sind:

$$(1/400)/P_0 = (1/300)/P_{1b}$$

Damit ergeben sich die Gleichgewichtspreise

$$P_0 = 1,00 \text{ und } P_{1b} = 1,33\ldots$$

	$Korn_0$	$Korn_{1a}$	$Korn_{1b}$		
Bestand je Akteur j	400	0	300		
Stückpreis	1,00	0	1,33		
Wert	400	0	400	Gesamtwert:	800,00
Nutzen	5,99		5,70	Gesamtnutzen:	11,69

In beiden Fällen erwerben die Akteure mit der Information zu demselben Preis faktisch dieselben Güter, die sie auch ohne die Information erworben hätten: Die öffentliche Information hat lediglich die relativen Preise verändert, und zwar gerade so, dass keiner mehr einen Anreiz zum Handeln hat. Zu dem gleichen Ergebnis wäre man auch gekommen, wenn die Information über den Zustand in t_1 erst dann ergangen wäre, wenn die Marktteilnehmer sich bereits eingedeckt hätten: Während eines der beiden Güter $Korn_{1a}$ oder $Korn_{1b}$ wertlos geworden wäre, hätte sich das Preisverhältnis der beiden verbleibenden auf das Verhältnis 1 : 2 (Fall: z_a tritt ein) oder 1 : 1,33 (Fall: z_b tritt ein) einstellen müssen, um die vorhandene Wertpapierausstattung mit den Präferenzen in Einklang zu bringen.

Eine Information jedoch, die niemanden zu einer anderen Entscheidung veranlasst als der, die er auch ohne die Information getroffen hätte, ist laut unserer Definition wertlos. Sie hat weder einen privaten, noch einen gesellschaftlichen Wert, denn auch „the community as a whole obtains no benefit, under pure exchange, from either the acquisition or the dissemination (by resale or otherwise) of private for knowledge."[104]

Dass die Informationsablehnungshypothese insbesondere für die Unternehmenspublizität, den Inbegriff einer öffentlichen Information, eine enorme Herausforderung darstellt, liegt auf der Hand und hat zu vielfältigen, teils höchst kontroversen Diskussionen im Schrifttum geführt.[105] Allerdings sind die Annahmen, unter denen *Hirshleifer* zu seiner Aussage kommt, derart restriktiv (z. B. gleiche Präferenzen, reine Tauschökonomie, gleichzeitiger Informationszugang an alle), dass eine Übertragung auf die Bewertung des Informationssystems „Jahresabschluss" nur sehr eingeschränkt möglich ist. Gleichwohl bleibt die Erkenntnis, dass man mit der häufig vorschnell geäu-

---

104 *Hirshleifer, Jack*: The Private and Social Value of Information and the Reward to Inventive Activity, American Economic Review 1971, S. 561–574, hier S. 565.

105 Vgl. *Wagenhofer, Alfred; Ewert, Ralf*: Externe Unternehmensrechnung, Berlin (Springer) 2003, S. 80 ff.

ßerten Annahme, Information, insbesondere öffentliche Information (= Publizität) sei etwas stets Wünschenswertes, vorsichtig sein sollte.

Im gleichen Beitrag geht *Hirshleifer* noch einen Schritt weiter und zeigt, dass selbst kostenlose Information in einem Mehrpersonenkontext nicht nur wertlos, sondern sogar schädlich sein kann, wenn wir es mit risikoaversen Wirtschaftssubjekten zu tun haben.[106]

Betrachten wir zwei risikoscheue Wirtschaftssubjekte A und B, die beide auf der Basis der Nutzenfunktion $U(x) = E(x) - \frac{1}{2} \cdot \sigma^2 \cdot x$ entscheiden. A besitzt zwei Wertpapiere W_1, die in t_1 eine Zahlung von je eins erbringen, wenn z_1 eintritt; B besitzt zwei Wertpapiere W_2, die in t_1 eine Zahlung von je eins erbringen, wenn z_2 eintritt (die Wahrscheinlichkeiten für das Eintreten der beiden Umweltzustände seien jeweils $p = 0,5$):

vor Tausch:	Wertpapier	z_1	z_2
A	$2\ W_1$	2	0
B	$2\ W_2$	0	2

Wenn beide *keine Informationen* darüber haben, ob z_1 oder z_2 eintritt, ist ihre Nutzenposition, solange sie keinen Handel vornehmen:

$$U_A(x_A) = U_B(x_B) = 1 - \frac{1}{2} \cdot 1 = 0,5 \ .$$

Nehmen sie hingegen einen Tausch vor, indem jeder dem anderen eines seiner beiden Wertpapiere überträgt, so ergibt sich die folgende Situation:

nach Tausch:	Wertpapier	z_1	z_2
A	$1\ W_1, 1\ W_2$	1	1
B	$1\ W_1, 1\ W_2$	1	1

mit der Nutzenposition $U_A(x_A) = U_B(x_B) = 1 - \frac{1}{2} \cdot 0 = 1,0$. Beide haben durch den Handel ihre Situation um 0,5 Nutzeneinheiten verbessern können.

Gehen wir wieder zur Situation vor dem Tausch und nehmen an, es existiere ein Nachrichtensystem, das eine *sichere Nachricht* darüber in Aussicht stellt, welcher der beiden Umweltzustände in t_1 eintreten wird. Erhält nur *einer* der beiden Entscheider, sagen wir A, die Nachricht und besagt sie,
-   dass der ihn begünstigende Zustand eintreten wird, so wird er weder ein Tauschangebot machen, noch auf ein Angebot von B eingehen;
-   dass der für ihn ungünstige Zustand eintreten wird, so wird er versuchen, seinem Kontrahenten B einen Tausch vorzuschlagen. Allerdings muss er damit rechnen,

---

106 Vgl. auch *Marshall, John M.*: Private Incentives and Public Information, American Economic Review 1974, S. 373–390.

dass B aus der Tatsache, dass A ihm ein derartiges Angebot macht, schließt, über welche Information A verfügt (Signalling-Effekt). A wird daher auf keinen Fall ein Angebot machen, das über das hinausgeht, das im Falle fehlender Information auf beiden Seiten akzeptiert würde.

Analoges gilt natürlich, wenn die private Information B zugehen sollte.

Eine *private Information* an einen der Kontrahenten kann diesem also durchaus einen Nutzen bringen, wenn es ihm gelingt, ein wertloses (oder „überbewertetes") Wertpapier einem anderen zu verkaufen, bevor dieser Verdacht schöpft, Opfer einer asymmetrischen Informationsverteilung zu werden. Ein gesellschaftlicher Vorteil im Sinne einer pareto-superioren Situation entsteht durch eine derartige private Information allerdings nicht, da dem Vorteil des einen der Nachteil eines anderen gegenübersteht.

Erhalten hingegen, bevor es zu einem Vertrag kommt, *beide* Kontrahenten die Information, welcher Zustand in t_1 eintreten wird, so wird es keinen Handel geben, da der durch die Information Begünstigte unter keinen Umständen einem Tausch zustimmen wird. Da aber vor Zugang der öffentlichen Nachricht keiner der beiden weiß, ob er selbst oder sein Kontrahent der Begünstigte sein wird, werden beide zu verhindern versuchen, dass ihnen die Information zugeht, bevor sie die Tauschverträge abgeschlossen haben. Sie werden sogar bereit sein dafür zu bezahlen, dass die Nachricht unterdrückt wird, sofern der Nutzen aus dem Tauschvertrag die Kosten der Informationsunterdrückung übersteigt (im Beispiel solange die Kosten < 1 sind).

Versicherungen werden abgeschlossen, weil die Bildung einer Solidargemeinschaft den Versicherten eine Risikominderung zu verschaffen vermag. Für einen Hausbesitzer ist die Möglichkeit, dass sein Haus aufgrund eines Brands zerstört wird, ein großes Risiko, gegen das er sich zu versichern sucht: Zusammen mit anderen Hausbesitzern bildet er ein großes gemeinsames Vermögen, aus dem diejenigen, bei denen es zu Brandschäden kommt, entschädigt werden. Selbstverständlich käme die Solidargemeinschaft aber dann nicht zustande, wenn bekannt wäre, welche Häuser im nächsten Jahr dem Feuer zum Opfer fallen werden. Die Versicherung setzt voraus, dass die Beteiligten bestimmte Informationen nicht haben. Sollte jemand bereits heute wissen, welche Häuser abbrennen werden, so wären, solange die Versicherungsverträge noch nicht abgeschlossen sind, die Hausbesitzer bereit, für die Unterdrückung dieser Information etwas zu bezahlen.

Die Tatsache, dass in beiden dargestellten Fällen der Informationserstellung ein negativer Wert, privat wie gesellschaftlich, zukommt, ist
- im ersten Fall Folge dessen, dass die Bereitstellung der Information Kosten verursacht (die Information an sich ist wertlos);
- im zweiten Fall Folge der Risikoaversion der Beteiligten (risikoneutrale Wirtschaftssubjekte schließen keine Versicherungen ab).

Die folgenden *spieltheoretischen Überlegungen* kommen ohne derartige Annahmen aus und sind geeignet, ganz generell die Nicht-Negativitätsannahme des Informationsnutzens im Mehrpersonenkontext in Frage zu stellen. Gegeben sei ein Zwei-Personen-Nicht-Nullsummenspiel mit den risikoneutralen Spielern A und B, die jeweils zwischen zwei Aktionen (A_1 und A_2, B_1 und B_2) wählen können.[107] Die Besonderheit des Spiels besteht darin, dass zunächst nicht bekannt ist, welche der beiden Auszahlungsmatrizen (Matrix x, Matrix y) angewandt wird; auf diese Weise gelingt es, eine Entscheidungssituation zu erfassen, die gleichermaßen Elemente einer Entscheidung gegen die Natur wie spieltheoretische Elemente aufweist. Die Zahl vor dem Schrägstrich stelle G_A, den Gewinn für A, die Zahl nach dem Schrägstrich G_B, den Gewinn für B dar:

	Matrix x	
	B_1	B_2
A_1	18 | 16	28 | 10
A_2	12 | 26	26 | 24

	Matrix y	
	B_1	B_2
A_1	2 | 2	14 | 10
A_2	10 | 16	18 | 20

(1) Ohne Information: Wenn keine Informationen darüber vorliegen, welche Matrix gespielt wird, wird sich A für A_2 entscheiden, denn
- wenn B die Strategie B_1 wählt, liefert A_1 einen Erwartungsgewinn von
  $E(G_A \mid A_1, B_1) = (18 + 2)/2 = 10$ und A_2 von $E(G_A \mid A_2, B_1) = (12 + 10)/2 = 11$;
- wenn B die Strategie B_2 wählt, liefert A_1 einen Erwartungsgewinn von
  $E(G_A \mid A_1, B_2) = (28 + 14)/2 = 21$ und A_2 von $E(G_A \mid A_2, B_2) = (24 + 20)/2 = 22$.

Analog wird sich B für B_2 entscheiden, denn
- wenn A die Strategie A_1 wählt, liefert B_1 einen Erwartungsgewinn von
  $E(G_B \mid B_1, A_1) = (16 + 2)/2 = 9$ und B_2 von $E(G_B \mid B_2, A_1) = (10 + 10)/2 = 10$;
- wenn A die Strategie A_2 wählt, liefert B_1 einen Erwartungsgewinn von
  $E(G_B \mid B_1, A_2) = (26 + 16)/2 = 21$ und B_2 von $E(G_B \mid B_2, A_2) = (24 + 20)/2 = 22$.

A hat mit A_2 und B hat mit B_2 jeweils eine dominante Strategie. Das Spiel hat somit eine eindeutige Lösung und die Gewinnerwartungen berechnen sich als:

$$E(G_A) = (26 + 18)/2 = 22 \quad E(G_B) = (24 + 20)/2 = 22 \ .$$

Der gesellschaftliche Wert des Spiels beläuft sich somit auf 44.

(2) Öffentliche Information: Wird den Spielern vor ihrer Strategiewahl mitgeteilt, welche Matrix gespielt wird, so wählen sie
- im Fall von Matrix x die Strategien A_1 und B_1 (beide Strategien sind dominant)
- im Fall von Matrix y die Strategien A_2 und B_2 (beide Strategien sind dominant).

---

107 Ein ähnliches Beispiel findet sich schon bei *Baiman, Stanley*: The Evaluation and Choice of Internal Information Systems Within a Multiperson World, Journal of Accounting Research 1975, S. 1 ff.

Da jede der beiden Informationen (Matrix x, Matrix y) die gleiche Eintrittswahrscheinlichkeit hat, liegen die Gewinnerwartungen bei

$$E(G_A) = (18 + 18)/2 = 18 \quad E(G_B) = (16 + 20)/2 = 18 \,,$$

d. h. beide Spieler haben durch die öffentliche Information einen Nachteil erlitten. Auch der gesellschaftliche Nutzen des Spiels ist durch die öffentliche Information von 44 auf 36 gefallen. Der Grund dafür liegt darin, dass Matrix x ein prisoner's dilemma darstellt: das Nash-Gleichgewicht (A_1, B_1) und die pareto-optimale Lösung (A_2, B_2) fallen in Matrix x auseinander. Im Fall ohne Information war aufgrund der Durchschnittsbildung dieser Effekt überlagert und nicht offen erkennbar.

Während bei Entscheidungen gegen die Natur die Nicht-Negativität des Informationsnutzens damit begründet wurde, dass die Natur ihre „Entscheidung" nicht an der mutmaßlichen Reaktion des Entscheiders ausrichtet und dieser daher nur dann seine Entscheidung revidieren wird, wenn er sich dadurch besserstellt, gilt das hier nicht mehr. Auch eine gemeinsame Vereinbarung, doch trotz der Information dasselbe zu tun wie zuvor, ist für beide Beteiligten gefährlich: der jeweils andere hat im Falle von Matrix x einen Anreiz zu defektieren und dem andern die Rolle des Trottels zukommen zu lassen.

Für beide Beteiligten wäre es daher rational, dafür zu bezahlen, dass die öffentliche Information unterdrückt wird.

(3) Vertrauliche Information an A: Nehmen wir nunmehr an, A erhalte die vertrauliche Information, welche Matrix gespielt wird, ohne dass B erfährt, *dass* A im Besitz dieser Information ist. Da B weiterhin davon ausgeht, dass auch A über keine besseren Informationen verfügt als er selbst, wird er wieder B_2 wählen, während sich A im Fall von Matrix x für A_1 und im Fall von Matrix y für A_2 entscheiden wird. Die Gewinnerwartungen belaufen sich somit auf

$$E(G_A) = (28 + 18)/2 = 23 \quad E(G_B) = (10 + 20)/2 = 15 \,.$$

Wie intuitiv zu erwarten war, hat A hat durch die vertrauliche Information einen geringen Vorteil erlangt und Spieler B muss einen Nachteil in Kauf nehmen. Der gesellschaftliche Nutzen des Spiels ist durch die Information an A von 44 auf 38 gefallen.

(4) Vertrauliche Information an B: Das umgekehrte Bild ergibt sich, wenn B die vertrauliche Information erhält. Nun wird A weiterhin A_2 wählen und B sich im Fall von Matrix x für B_1 und im Fall von Matrix y für B_2 entscheiden. Die Gewinnerwartungen errechnen sich somit als

$$E(G_A) = (12 + 18)/2 = 15 \quad E(G_B) = (26 + 20)/2 = 23 \,.$$

Auch hier hat wieder der informationsmäßig begünstigte Spieler B einen kleinen Vorteil erlangt, während A deutliche Einbußen gegenüber der Situation beiderseitigen Nichtwissens hinnehmen muss. Auch ist der gesellschaftliche Nutzen des Spiels wieder durch die vertrauliche Information an B von 44 auf 38 gefallen.

Beide Ergebnisse mit vertraulicher Information entsprechen durchaus üblicher Intuition: Besser Informierte bereichern sich zulasten der schlechter Informierten. Dass dies allerdings so sein kann, aber nicht so sein muss, wird noch deutlich werden.

(5) Private Information an A: Im Gegensatz zu vertraulichen Informationen ist bei einer privaten Information die bestehende Informationsasymmetrie allen Beteiligten bewusst. Dies entspricht dem typischen Fall eines Insiders: die anderen wissen zwar, *dass* der Insider mehr weiß als sie selbst, sie wissen aber nicht, *was* der Insider weiß. Wenn aber B weiß, dass A die zu spielende Matrix kennt, weiß er, dass A im Fall der Matrix x die Strategie A_1, im Fall der Matrix y hingegen A_2 wählen wird. Unter diesen Bedingungen kann B, wenn er B_1 wählt, mit einem Gewinn von $(16 + 16)/2 = 16$ und, wenn er B_2 wählt, von $(10 + 20)/2 = 15$ rechnen. B wählt demnach B_1, woraus sich folgende Gewinnerwartungen ergeben:

$$E(G_A) = (18 + 10)/2 = 14 \quad E(G_B) = (16 + 16)/2 = 16 \,.$$

In diesem Fall haben beide einen erheblichen Nachteil aus der privaten Information hinnehmen müssen. Für A, denjenigen, der den Informationsvorteil hat, ist der Verlust sogar noch größer als für den informationsmäßig benachteiligten B. A wäre somit bereit, bis zu 8 GE dafür zu bezahlen, nicht informiert und damit in die Rolle des Insiders gebracht zu werden.

Der gesellschaftliche Nutzen des Spiels ist durch die private Information an A ganz erheblich, d. h. von 44 auf 30 gefallen.

(6) Private Information an B: Wenn A weiß, dass B eine Information über die zu spielende Matrix hat, weiß er, dass B im Fall der Matrix x B_1, im anderen Fall B_2 wählen wird. Somit kann A mit A_1 einen Gewinn von $(18 + 14)/2 = 16$ und mit A_2 einen Gewinn von $(12 + 18)/2 = 15$ erwarten. Er wählt somit A_1, woraus sich folgende Gewinnerwartungen ergeben:

$$E(G_A) = (18 + 14)/2 = 16 \quad E(G_B) = (16 + 10)/2 = 13 \,.$$

Auch in diesem Fall haben beide einen erheblichen Nachteil aus der privaten Information hinnehmen müssen. Und wieder ist für B, denjenigen, der den Informationsvorteil hat, der Verlust sogar noch größer als für A. Auch hier würde B bis zu 9 Geldeinheiten dafür zu zahlen bereit sein, keinen Informationsvorteil zu erhalten, d. h. nicht in die Insiderrolle zu kommen.

Im Fall einer privaten Information an B ist der gesellschaftliche Nutzen des Spiels sogar noch stärker, nämlich von 44 auf 29 gefallen.

Um die mit der privaten Information verbundenen Nachteile zu verhindern, könnten sich in beiden Fällen die jeweiligen Insider dadurch besserstellen, dass sie die ihnen exklusiv zugegangene Information öffentlich machen.

Die nachstehende Tabelle fasst die Resultate nochmals zusammen:

	$E(G_A)$	$E(G_B)$	Diff. A	Diff. B	Diff. A&B	gewählte Strategien
(1) ohne Nachricht	22	22				$A_2 B_2$
(2) öffentliche Nachricht	18	18	−4	−4	−8	$A_1 B_1/x, A_2 B_2/y$
(3) vertrauliche Nachricht an A	23	15	1	−7	−6	$A_1/x, A_2/y, B_2$
(4) vertrauliche Nachricht an B	15	23	−7	1	−6	$A_2, B_1/x, B_2/y$
(5) private Nachricht an A	14	16	−8	−6	−14	$A_1/x, A_2/y, B_1$
(6) private Nachricht an B	16	13	−6	−9	−15	$A_1, B_1/x, B_2/y$

Natürlich sind alle Ergebnisse Artefakte der im Beispiel gewählten Zahlen. Wie das nachstehende Bi-Matrix-Spiel zeigt, wären durchaus auch andere Resultate möglich. Es sei dem Leser überlassen, die Ergebnisse im Einzelnen nachzuvollziehen; wir beschränken uns hier auf die Angabe der Auszahlungsmatrizen und der Ergebnistabelle:

Matrix x

	B_1	B_2
A_1	16 | 8	2 | 10
A_2	18 | 12	4 | 18

Matrix y

	B_1	B_2
A_1	14 | 18	16 | 14
A_2	10 | 14	10 | 6

	$E(G_A)$	$E(G_B)$	Diff. A	Diff. B	Diff. A&B	gewählte Strategien
(1) ohne Nachricht	15	13				$A_1 B_1$
(2) öffentliche Nachricht	9	18	−6	5	−1	$A_2 B_2/x, A_1 B_1/y$
(3) vertrauliche Nachricht an A	16	15	1	2	3	$A_2/x, A_1/y, B_1$
(4) vertrauliche Nachricht an B	8	14	−7	1	−6	$A_1, B_2/x, B_1/y$
(5) private Nachricht an A	10	16	−5	3	−2	$A_2/x, A_1/y, B_2$
(6) private Nachricht an B	8	14	−7	1	−6	$A_1, B_2/x, B_1/y$

In diesem Fall führt die öffentliche Information nicht zu einem Nachteil für beide Beteiligten, sondern ist vorteilhaft für B und nachteilig für A. Allerdings ist auch hier der gesellschaftliche Nutzen der Information negativ, was wiederum eine bewusste Informationsverweigerung nahelegt, bei der A 5,50 an B zahlt, um ihn dazu zu bewegen, zusammen mit ihm die Information abzulehnen. Beide würden sich in diesem Fall um 0,50 besserstellen als mit der Information.

Bemerkenswert ist auch, dass die vertrauliche Information an A beiden nutzt, demjenigen, der die vertrauliche Information erhalten hat, allerdings weniger als dem anderen. Noch ausgeprägter ist der Effekt einer privaten Information an A: er erleidet aus seinem Informationsvorteil einen Nachteil in Höhe von 5, während B aus seinem Informationsnachteil einen Vorteil erzielt. Da es A hier nichts nützt, die Information öffentlich zu machen (dies würde seine Situation nur noch weiter verschlechtern), wird er bereit sein dafür zu bezahlen, dass ihm die exklusive Information nicht zugeht.

Selbstverständlich könnte man noch viele weitere derartige Bi-Matrix-Spiele untersuchen. Dabei wird deutlich, dass, wenn man die gewohnten Bahnen der klassischen Entscheidungstheorie (Entscheidungen gegen die Natur) verlässt, nahezu alles möglich erscheint.[108] So kann eine *öffentliche Information*
- zu einer Besserstellung aller Beteiligten führen (in den beiden Bi-Matrix-Spielen nicht dargestellt);
- manche besser und andere schlechter stellen, wobei, je nachdem, ob das eine oder das andere überwiegt, der gesellschaftliche Nutzen positiv oder negativ sein kann;
- alle schlechter stellen als sie im Zustand der Unwissenheit gewesen wären.

Eine *vertrauliche Information* hingegen
- kann denjenigen, der die vertrauliche Information erhält, besser und den anderen schlechter stellen;
- kann alle besserstellen, wobei derjenige, der die vertrauliche Information erhält, einen größeren Vorteil hat als der Unwissende;
- kann alle besserstellen, wobei derjenige, der die vertrauliche Information erhält, einen geringeren Vorteil hat als der Unwissende;
- kann allerdings denjenigen, der die vertrauliche Information erhält, niemals schlechter stellen. Dies ist der einzige Fall, in dem das Nicht-Negativitätstheorem gilt, denn, da der andere nichts von dem Informationsvorsprung seines Gegners weiß, wird er nicht strategisch handeln und das Entscheidungsproblem des besser Informierten stellt sich als Entscheidung gegen die Natur dar.

Schließlich kann eine *private Information*
- zu einer Besserstellung aller Beteiligten führen (in den beiden Bi-Matrix-Spielen nicht dargestellt);
- denjenigen, der die private Information erhält, besserstellen und bei dem anderen zu einer Verschlechterung führen (dabei kann der gesellschaftliche Nutzen der privaten Information positiv oder negativ sein);
- denjenigen, der die private Information erhält, schlechter stellen und die Situation des anderen verbessern (dabei kann der gesellschaftliche Nutzen der privaten Information positiv oder negativ sein);
- zu einer Schlechterstellung aller Beteiligten führen.

Bi-Matrix-Probleme der hier diskutierten Art sind in besonderer Weise geeignet, die Vielschichtigkeit des Informationsbewertungsproblems im Mehrpersonenkontext zu verdeutlichen und vor einer unkritischen Übertragung von naturwissenschaftlichen

---

108 Vgl. auch *Bassan, Bruno; Gossner, Olivier; Scarsini, Marco; Zamir, Shmuel*: Positive value of information in games, International Journal of Game Theory 2003, S. 17–31.

Prinzipien auf sozial- und wirtschaftswissenschaftliche Phänomene zu warnen. Sie stellen eine Vereinigung von Entscheidungen gegen die Natur (Welche Matrix findet Anwendung?) mit solchen gegen bewusst handelnde Gegner (Welche Strategie ist optimal?) dar und weisen damit starke Parallelen zu Entscheidungen im Marktkontext auf: Auch dort sind regelmäßig Entscheidungen zu treffen, die wahrscheinlichkeitstheoretische und spieltheoretische Überlegungen gleichermaßen erfordern. Märkte sind geprägt von Unsicherheit und Risiko, aber auch von strategischem Verhalten, von externen Effekten, von Rückkopplungen, mithin von Erscheinungen, die bei der Frage nach dem Nutzen von Informationen mitgedacht werden müssen. Es liegt auf der Hand, dass informationstheoretische Überlegungen vor allem im Zusammenhang mit der Gestaltung von Rechnungslegung und Publizität eine große Rolle spielen. *Wagenhofer/Ewert* schließen das Kapitel „Rechnungslegung und Kapitalmarkt" mit der Feststellung, „dass beim gegenwärtigen Stand weder die theoretischen noch die empirischen Ansätze eindeutige Antworten auf die schwierige Frage der Bestimmung ‚guter' Varianten der Rechnungslegung aus der Sicht der Informationsfunktion liefern. Es scheint momentan eher so zu sein, dass jedes Bohren eines neuen Loches noch größere, unbekannte Löcher aufreißt".[109] Hier ist ihnen sicher Recht zu geben: Die Informationsökonomie ist voll im Fluss und wird sicherlich noch für einige Überraschungen sorgen.

---

[109] *Wagenhofer, Alfred; Ewert, Ralf*: Externe Unternehmensrechnung, 2. Aufl., Berlin (Springer) 2007, S. 123.

3 Individuelle Informationsverarbeitung: Finanzanalyse und Portefeuilletheorie

3.1 Fundamentale Analyse

Die Erkenntnisse aus der Informationsökonomie sollten uns gemahnt haben, bei der Beurteilung und Bewertung von Informationen Vorsicht walten zu lassen. Gleichwohl ist für jeden, der finanzwirtschaftlich tätig ist, ob als Treasurer eines Unternehmens, als Kreditsachbearbeiter einer Bank, als Portfolio-Manager oder als Devisenhändler die Beschaffung, Bewertung und Verdichtung von Informationen wesentlicher Bestandteil seiner Arbeit. Dabei stehen unterschiedliche Fragestellungen im Vordergrund: Den Aktienanalysten interessieren andere Dinge als den Cash-Manager eines Unternehmens. Gleichwohl gibt es typische Verfahren der finanzwirtschaftlichen Informationsverarbeitung, mit denen wir uns im Folgenden anhand der *Aktienanalyse* vertraut machen werden.

Ziel der Aktienanalyse ist es, Vorteilhaftigkeitsaussagen über den Kauf oder Verkauf von Aktien zu erhalten. Der typische Investor beschränkt sich dabei auf rein finanzielle Ziele: Aktien werden lediglich als Ansprüche auf künftige Zahlungen betrachtet, als Zahlungsströme, auf die man keinen unmittelbaren Einfluss hat. Unternehmerische Überlegungen wie sie etwa beim Beteiligungserwerb angestellt werden (Einflussnahme auf die Geschäftspolitik des Unternehmens, Fusion o. ä.) bleiben somit unberücksichtigt. Auch werden Aktien vorerst isoliert und nicht im Portefeuilleverbund analysiert: Die die Basis der modernen Finanztheorie bildende Portefeuilletheorie setzt die im Wege der Wertpapieranalyse gewonnenen Kenntnisse voraus und folgt somit logisch der Wertpapieranalyse nach.

3.1.1 Grundüberlegungen der Fundamentalanalyse

Die am weitesten verbreitete Methode der Wertpapieranalyse ist die Fundamentalanalyse, mithilfe derer versucht wird, aus der Beobachtung und Beurteilung gesamt- und einzelwirtschaftlicher Entwicklungen und Tendenzen (sog. Fundamentaldaten) Aussagen über die Angemessenheit der aktuellen Börsenbewertung einer Aktie zu machen. Der zentrale Begriff der Fundamentalanalyse ist der „innere Wert" (*intrinsic value*),[1] der sich am besten definieren ließe als der Wert, den ein hypothetischer Experte der Aktie beimessen würde, der über sämtliche bewertungsrelevanten Informationen verfügen, diese umfassend auswerten und dabei keine Fehler machen würde. Nach

---

[1] Eine eingehende Analyse des Begriffs „innerer Wert" findet sich bei *Schmidt, Reinhard H.*: Aktienkursprognose, Wiesbaden (Gabler) 1976, S. 41 ff.

https://doi.org/10.1515/9783110770544-003

Graham/Dodd, den Autoren eines des weltweit verbreitetsten und 1934 zum ersten Mal erschienenen Lehrbuchs, *„it is understood to be that value which is justified by the facts".*[2] Gelingt es, den inneren Wert einzuschätzen, so führt seine Gegenüberstellung mit dem Börsenkurs unmittelbar zu Handlungsempfehlungen:

- Liegt der Börsenkurs einer Aktie unter dem inneren Wert, so gilt sie als unterbewertet (= zu billig) und sollte gekauft werden.
- Liegt der Börsenkurs einer Aktie über dem inneren Wert, so gilt sie als überbewertet (= zu teuer) und sollte verkauft werden.

Fundamentale Aktienanalyse ist somit angewandte normative Entscheidungstheorie: Aus dem Ergebnis der Analyse folgt unmittelbar die praktische Handlungsempfehlung.

Selbstverständlich ist der innere Wert lediglich ein gedankliches Konstrukt, ein theoretischer Begriff; es ist niemals möglich, den inneren Wert exakt zu bestimmen, da weder ein objektives Wissen darüber besteht, welche Faktoren überhaupt wertbestimmend sein sollten, noch Kriterien existieren, die uns sagen, wie diese Faktoren im Einzelfall zu bewerten und zu gewichten wären. Gleichwohl kommt man ohne dieses gedankliche Konstrukt nicht aus: Wer davon spricht, ein Wertpapier sei über- oder unterbewertet oder wer meint, der Markt für Internetpapiere sei 2000 überhitzt gewesen, hat einen Vergleich zwischen der Marktbewertung (dem Kurs) und einer Referenzgröße, eben dem inneren Wert, vorgenommen.

Damit Fundamentalanalyse einen Sinn gibt, muss angenommen werden,

- dass der Markt kurzfristig nur mangelhaft funktioniert, da Aktienkurse und innere Werte regelmäßig nicht übereinstimmen (wäre dies nämlich der Fall, so wäre der Blick auf den Kurszettel das einfachste Verfahren der Bestimmung innerer Werte);
- dass der Markt auf mittlere Frist recht gut funktioniert, da die Aktienkurse immer wieder zu den inneren Werten hintendieren (nur dann ist die Erwartung gerechtfertigt, dass eine Aktie, deren innerer Wert höher ist als der Kurs und die somit „unterbewertet" ist, steigen wird);
- dass es aufmerksamen und erfahrenen Wertpapieranalysten möglich ist, die inneren Werte mit hinreichender Genauigkeit abzuschätzen und entsprechende Dispositionen zu treffen (anderenfalls erübrigt sich Fundamentalanalyse).

Abbildung 3.1 veranschaulicht diese Zusammenhänge: Der innere Wert nehme den mit der gestrichelten Linie beschriebenen Verlauf an. Die Kurse entsprechen nur in Ausnahmefällen eben diesem inneren Wert (Annahme eins); mittel- und langfristig folgen sie ihm jedoch, da Überbewertungen durch Kursrückgänge und Unterbewertungen durch Kursanstiege vom Markt korrigiert werden (Annahme zwei); die Abweichungen zwischen innerem Wert und Aktienkurs sind durch gute Analyse erkennbar (Annahme drei).

---

2 *Graham, Benjamin; Dodd, David L.*: Security Analysis, New York (McGraw-Hill) 1934, S. 17.

Kurs

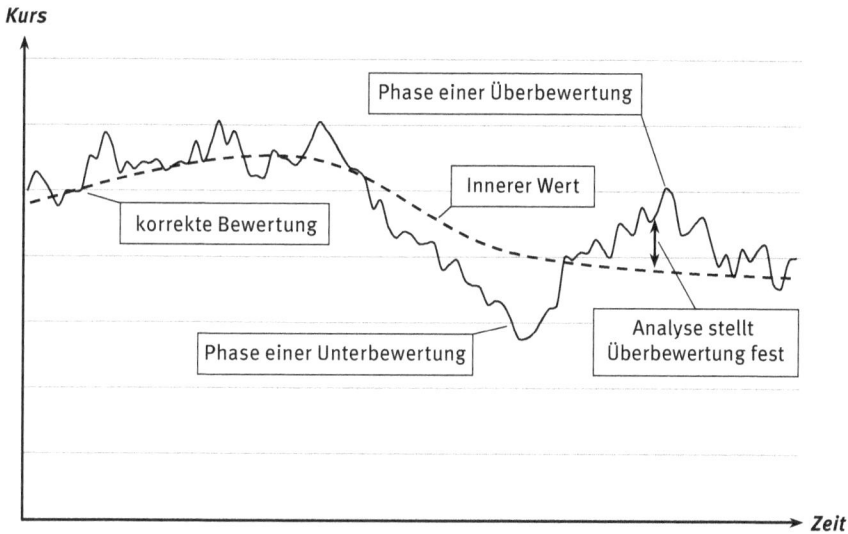

Abb. 3.1: Börsenkurse und innerer Wert

Wie versuchen Analysten nun den inneren Wert zu berechnen? Zahlungen, die aus einer Aktie zufließen, sind im Wesentlichen die Dividenden; daher errechnet sich der innere Wert einer Aktie als Gegenwartswert sämtlicher in der Zukunft zu erwartender Dividendenzahlungen, wie wir bereits oben (1.4.1.2) gesehen haben:

$$S_0 = \frac{E(D_1)}{q} + \frac{E(D_2)}{q^2} + \frac{E(D_3)}{q^3} + \ldots + \frac{E(D_\infty)}{q^\infty} = \sum_{i=1}^{\infty} \frac{E(D_i)}{q^i}$$

$E(D_i)$ Erwartete Dividende in t_i

q risikoangepasster Zinsfaktor ($= 1 + \hat{r}$)

Niemand kann auch nur mit annähernder Genauigkeit Dividendenzahlungen in ferner Zukunft schätzen; das Problem wird allerdings dadurch etwas abgeschwächt, dass aufgrund der Abzinsung Dividendenzahlungen, die sehr weit in der Zukunft liegen, nur noch mit einem kleinen Beitrag in die Summe eingehen. Dennoch ist leicht zu erkennen, dass es ein praktisch tatsächlich umsetzbares Verfahren für die Berechnung des inneren Wertes nicht gibt.

Ein kleines Gedankenexperiment soll das Problem verdeutlichen: Die Dividende einer AG sei in alle Ewigkeit konstant bei 8 € und der risikoangepasste Zinssatz bleibe ebenfalls unverändert bei $\hat{r} = 8\,\%$. Somit beläuft sich der Wert dieser Aktie auf

$$S_0 = D/r = 8/0{,}08 = 100\,€\,.$$

Nehmen wir an, dass auch der Markt die Aktie so bewerte, und betrachten einen Investor, der die Daten nicht kennt und den inneren Wert bestimmen will. Er geht davon aus, dass die heutige Dividende von 8 € noch für zwei Jahre gezahlt und dann auf 7 € zurückgenommen werden muss:

$$S_0 = 8/1{,}08 + 8/1{,}08^2 + (7/0{,}08)/1{,}08^2 = 89{,}28\,€\,,$$

was eine deutliche Überbewertung signalisiert. Obwohl er die Dividende nach t_2 nur um einen Prozentpunkt zu niedrig eingeschätzt hat, liegt seine Schätzung des inneren Wertes um mehr als 10 % zu niedrig.

Ein Investor, der zwar die Dividendenhöhe richtig schätzt, aber nur zwanzig Jahre in die Zukunft sieht und dann die Berechnung abbricht, macht ebenfalls einen erheblichen Fehler; er berechnet den Barwert einer Annuität in Höhe von 8 € über zwanzig Jahre als

$$S_0 = 8 \cdot [(1{,}08^{20} - 1)/(1{,}08^{20} \cdot 0{,}08)] = 78{,}55\,€$$

und schließt daraus, die Aktie sei um mehr als 27 % überbewertet.

Da es sich bei Aktien um risikobehaftete Wertpapiere handelt, ist den Berechnungen ein Zinssatz zugrunde zu legen, der dem Risiko Rechnung trägt. Der risikoangepasste Zins $\hat{r}$ setzt sich grundsätzlich aus zwei Komponenten zusammen: Der risikofreien Zinsrate r_F (*price of time*) und der für die Aktie i spezifischen Risikoprämie RP_i (*price of risk*), mit der sich die Investoren für das gegenüber der risikofreien Zinsrate eingegangene Risiko entschädigen lassen. Die später zu behandelnde Kapitalmarkttheorie, insb. das *Capital Asset Pricing Model* (4.1.1) postuliert, dass in einem effizienten Markt die einer Aktie zugeschriebene Risikoprämie als Produkt aus der Risikoprämie des Marktes RP_M und einem individuellen Risikofaktor β_i ergibt, sodass für Aktie i gilt: $\hat{r}_i = r_F + \beta_i \cdot RP_M$. Es liegt auf der Hand, dass bei der Schätzung der Zinssätze vielfältige Fehleinschätzungen auftreten können: Bei der Bestimmung des langfristigen Zinses für risikolose Anlagen r_F, bei der Bestimmung der Risikoprämie RP_M und bei dem der Aktie zuzuschreibenden Risiko β_i.

Am Problem, die Dividenden einer Aktiengesellschaft für einen langen Zeitraum zu schätzen, um den inneren Wert zu erhalten, kommen wir nicht vorbei. Die Praxis löst das Problem dadurch, dass sie von der derzeitigen Dividende ausgeht und unterstellt, dass diese in der Zukunft mit einer konstanten Wachstumsrate g wachse. Bezeichnen wir die letzte bezahlte Dividende mit D_0, so ergibt sich die nächste Dividende als $D_0 \cdot (1+g)$, die übernächste als $D_0 \cdot (1+g)^2$ etc. Somit erhält man für einen Zeitraum von n Jahren den inneren Wert als:

$$S_0 = \frac{D_0 \cdot (1+g)}{q} + \frac{D_0 \cdot (1+g)^2}{q^2} + \ldots + \frac{D_0 \cdot (1+g)^{n-1}}{q^{n-1}} + \frac{D_0 \cdot (1+g)^n}{q^n}$$

Multipliziert man diese Gleichung mit $q/(1+g)$ und zieht davon die obige ab, so erhält man, da sich alle Zwischenglieder aufheben:

$$S_0 \cdot q/(1+g) \quad = D_0 \qquad +D_0 \cdot (1+g)/q\ldots \quad +D_0 \cdot (1+g)^{n-2}/q^{n-2} +D_0 \cdot (1+g)^{n-1}/q^{n-1}$$
$$-S_0 \qquad\qquad = D_0 \cdot (1+g)/q +D_0 \cdot (1+g)^2/q^2\ldots +D_0 \cdot (1+g)^{n-1}/q^{n-1} +D_0 \cdot (1+g)^n/q^n$$
$$\overline{S_0 \cdot [q/(1+g) - 1] = D_0 \qquad\qquad\qquad\qquad\qquad\qquad\qquad +D_0 \cdot (1+g)^n/q^n}$$

Unterstellt man, dass auf jeden Fall der Zins größer sein muss als das Dividenden-wachstum (ein Zahlungsstrom, der stärker wachsen würde als der Zinssatz, hät-te einen unendlich Wert), so geht, wenn n gegen unendlich geht, der Ausdruck $D_0 \cdot (1 + g)^n / q^n$ gegen null und wir erhalten die bekannte *Gordon*'sche Formel zur Aktienbewertung bei konstantem Dividendenwachstum:

$$S_0 = \frac{D_0}{\frac{q}{(1+g)-1}} = \frac{D_0 \cdot (1 + g)}{(q - 1) - g} = \frac{D_0 \cdot (1 + g)}{(\hat{r} - g)}$$

$$S_0 = \frac{D_1}{(\hat{r} - g)}$$

Wird angenommen, dass die Dividende nicht wächst ($g = 0$), so ergibt sich als Spe-zialfall die bekannte Formel für eine ewige Rente $S_0 = D_0 / \hat{r}$.

Dass auch die *Gordon*'sche Formel sehr sensibel auf Datenveränderungen reagiert, mögen die fol-genden Beispiele zeigen. Nehmen wir an, die Dividende einer Gesellschaft, die in t_0 bei 8 € ge-legen habe, werde um 3 % p. a. wachsen; der risikoangepasste Zinssatz betrage wieder $\hat{r} = 8\,\%$. Damit errechnet sich der Wert der Aktie als $S_0 = 8(1 + 0{,}03)/(0{,}08 - 0{,}03) = 164{,}80$ € und dies entspreche auch der derzeitigen Kursnotierung.
Ein Investor, der alle anderen Daten exakt und nur die Wachstumsrate um einen Prozentpunkt zu hoch oder zu niedrig einschätzen würde, käme mit $S_0 = 8 \cdot (1 + 0{,}02)/(0{,}08 - 0{,}02) = 136$ € bzw. $S_0 = 8 \cdot (1 + 0{,}04)/(0{,}08 - 0{,}04) = 208$ € zu dramatisch anderen Werten: Er hielte die Aktie bei ihrem Kurs von 164,8 € für etwa mit 21 % überbewertet bzw. für etwa 26 % unterbewertet.

So unbefriedigend es sein mag: Eine bessere Berechnungsmethode für den inneren Wert gibt es nicht. Wer Fundamentalanalyse betreiben will, kommt nicht umhin, In-formationen über die wertbestimmenden Parameter, die künftigen Dividenden, ihre Wachstumsrate und den risikoangepassten Diskontierungssatz zu beschaffen.

3.1.2 Makro- und Mikroresearch

Die Region, die Branche, der Wirtschaftsraum, in dem ein Unternehmen agiert, all dies hat Einfluss auf die wirtschaftlichen Ergebnisse. Fundamentalanalyse hat sich somit nicht nur mit betriebswirtschaftlichen, sondern gleichermaßen mit volks- und weltwirtschaftlichen Fragestellungen zu befassen. Häufig ist deshalb die Wertpapier-analyse zweigeteilt: Auf der einen Seite das *Makroresearch* mit volkswirtschaftlichem Schwerpunkt und andererseits das auf die einzelnen Unternehmen ausgerichtete *Mi-kroresearch* mit betont betriebswirtschaftlichem Schwerpunkt.

Im Rahmen des *Makroresearch* geht es primär um zwei Fragestellungen: (1) wie wird sich die konjunkturelle Situation in der Zukunft darstellen und (2) wie werden sich kurz-, mittel- und langfristig die Kapitalmarktzinsen verändern. Bezogen auf die *Gordon*'sche Formel geht es somit bei (1) um den Zähler und bei (2) um den Nenner.

Die *Konjunkturanalyse* ist in aller Regel mittelfristig angelegt (bis ca. zwei Jahre) und umfasst die Beobachtung der wirtschaftlichen Entwicklungen in allen ihren Ausprägungen: Wie wird sich die heimische Währung verändern, wie entwickeln sich die Auftragsbestände, die Beschäftigung, die Forschungs- und Entwicklungsleistungen, die Löhne, die Verbraucherpreise, die Exporte und die Importe etc.? Da es für etwaige Reaktionen an der Börse dann zu spät ist, wenn ein konjunktureller Umbruch erfolgt ist, versucht die Analyse mithilfe sog. Früherkennungsindikatoren bevorstehende gesamtwirtschaftliche Veränderungen bereits dann zu erkennen, wenn sie sich noch nicht voll niedergeschlagen haben:

- *Auftragseingänge der Industrie:* Dieser Indikator gibt sowohl Auskunft über objektive Daten wie die in der nächsten Zeit zu erwartende Beschäftigung, als auch über subjektive Daten wie die Zuversicht der Unternehmer in die Zukunft.
- *Erteilte Baugenehmigungen:* Den Aktivitäten der Bauindustrie wird eine hohe Multiplikatorwirkung zugeschrieben und es ist damit zu rechnen, dass etwa ein halbes Jahr nach Erteilung der Genehmigungen mit den Bauarbeiten begonnen wird.
- *Konjunkturbarometer:* In diesem vom Institut für Wirtschaftsforschung herausgegebenen Indikator werden verschiedene Einzelindikatoren mit unterschiedlichen Gewichtungsfaktoren aggregiert. Er zeigt die Wachstumsrate des realen Bruttoinlandsprodukts und stellt damit die gesamtwirtschaftliche Entwicklung dar.
  IFO-Geschäftsklimaindex: Im Gegensatz zu den „objektiven" Indikatoren stützt sich der Geschäftsklimaindex auf rein subjektive Daten; regelmäßig werden etwa 10.000 deutsche Unternehmen nach ihrer Meinung über ihre aktuellen Zukunftserwartungen befragt. Da sich die konjunkturelle Entwicklung eines Landes zu wesentlichen Teilen als eine *self-fulfilling prophecy* darstellt (wenn die Unternehmer eine gute Konjunktur erwarten, werden sie investieren, Personal einstellen etc.), kommt dem Geschäftsklimaindex eine wichtige Rolle zu. In Abb. 3.2 ist der

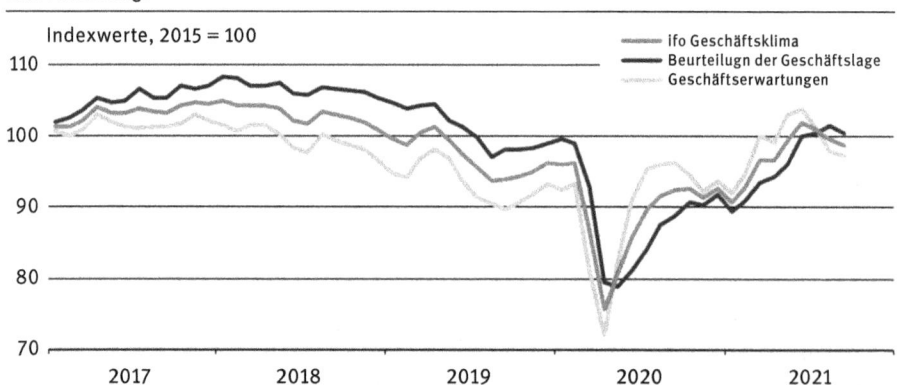

Abb. 3.2: Ifo-Geschäftsklimaindex (Quelle: https://www.ifo.de/node/65288)

Index von Anfang 2017 bis Mitte 2021 dargestellt, und man erkennt deutlich den dramatischen Einbruch im Zuge der Covid-19-Pandemie.

An der Konjunkturanalyse zeigt sich allerdings ein Grunddilemma der Fundamental-analyse deutlich: Sie findet in einem Marktkontext statt, in dem die „anderen" glei-chermaßen ihren Vorteil suchen wie wir. Da eine Vielzahl von Investoren bei den ers-ten Anzeichen einer möglichen Veränderung entsprechende Dispositionen trifft, weist der Aktienmarkt gegenüber den realwirtschaftlichen Entwicklungen einen zeitlichen Vorlauf (*Lead-effect*) auf. Da eine Verbesserung der Prognoseinstrumente sofort eine Verlängerung des Lead-Effekts zur Folge hat, ist es äußerst fraglich, ob damit auch eine verbesserte Treffsicherheit der Kursprognosen erwartet werden kann.

Den zweiten wichtigen Teil des Makroresearch stellt die *monetäre Analyse* dar, bei der es darum geht, Entwicklungen der Zinsen, der Geldmenge und der Geldwert-stabilität zu prognostizieren und daraus die richtigen Schlussfolgerungen zu ziehen. Natürlich stellt sich wieder dasselbe Problem: Zinsänderungen zu prognostizieren, die bereits vom Markt erwartet werden, wie etwa eine Zinsminderungserwartung im Falle einer inversen Zinsstruktur, ist wertlos, da bereits eingepreist. Wenn somit von Zinsänderungen die Rede ist, so handelt es sich immer um solche Veränderungen des Zinssatzes, die nicht bereits vom Markt vorweggenommen sind. Üblicherweise ist der Zusammenhang zwischen Zinsen und Aktienkursen gegenläufig:[3]

- Wenn die Zinsen steigen, legen die Anleger ihr Geld in Anleihen an, die ein gerin-geres Risiko als Aktien aufweisen und mit hohen Zinsen auch eine annehmbare Rendite versprechen; die Aktie wird erst dann wieder interessant, wenn sie auf-grund gesunkener Kurse wieder eine konkurrenzfähige Rendite aufweist.
- Wenn die Zinsen fallen, wird die Anlage in festverzinslichen Papieren uninteres-santer und die Anleger investieren in Aktien, was einen Anstieg der Kurse auslöst.

Den wesentlichsten Einfluss auf die Zinsentwicklung nehmen die Zentralbanken (in Europa die Europäische Zentralbank EZB), zu deren zentralen Aufgaben es gehört, die Stabilität ihrer Währung zu sichern. Dabei bedient sie sich einer Reihe geldpolitischer Instrumente, mit denen sie unmittelbar auf die Zinsen einwirken kann. Mittelbar wirkt die Zentralbank auch durch *Offenmarktpolitik*, insbesondere durch den Kauf oder den Verkauf von Anleihen auf den Zins ein:

- Kauft die Zentralbank umlaufende Staatsanleihen, so erhöht sie die Nachfrage nach diesen Titeln. Dabei fließt neues Geld in den Markt, das auf das Zinsniveau drückt: Die fallenden Zinsen für Anleihen und die erhöhte Menge anlagesuchen-den Kapitals führen i. d. R. zu einem Steigen der Aktienkurse.

---

3 Für einen sehr guten Überblicksartikel der die letzten 150 Jahre abdeckt siehe, *Yang, Jian; Zhou, Yinggan; Wang, Zijun*: The stock–bond correlation and macroeconomic conditions: One and a half centuries of evidence, Journal of Banking & Finance 2009, Vol. 33, S. 670–680.

– Verkauft die Zentralbank hingegen Staatstitel, so vermindert sie die Geldmenge, was einen Anstieg der Zinsen auslöst; Anleihen werden gegenüber der Aktie attraktiver und Investoren schichten auf festverzinsliche Titel um; die Aktienkurse geben demzufolge i. d. R. nach.

Die Zentralbanken streben danach, die Geldmenge gerade in dem Ausmaß wachsen zu lassen, wie es das zu erwartende Wirtschaftswachstum erfordert, ohne aber durch einen zu starken Geldmengenanstieg einen inflationären Prozess auszulösen.

Oft wird allerdings nur das *Mikroresearch*, die unternehmensbezogene Analyse als Fundamentalanalyse bezeichnet: Schließlich geht es bei der Bewertung einer Aktie nur um den vom Unternehmen bereitgestellten Zahlungsstrom, die Dividende. Sie ist eine Residualgröße, die vereinfacht davon abhängt,

– wie hoch – in absoluten Beträgen – die Rendite auf das im Unternehmen investierte Kapital (= ROI: *return on investment*) ist;
– wie viel davon als *Betriebsergebnis* (EBIT: *earnings before interest and taxes*) im veröffentlichten Jahresabschluss ausgewiesen wird;
– wie viel davon in Form von Zinsen an Fremdkapitalgeber gezahlt werden muss, um zum *Jahresüberschuss (vor Steuern)* zu gelangen;
– wie viel davon in Form von Gewinnsteuern an den Fiskus entrichtet werden muss, um zum *Jahresüberschuss (nach Steuern)* zu gelangen;
– wie viel davon in Form von gesetzlich vorgeschriebenen oder freiwilligen Dotierungen den offenen Rücklagen zugewiesen wird.

Schematisch stellt sich diese Kaskade wie folgt dar (Abb. 3.3):

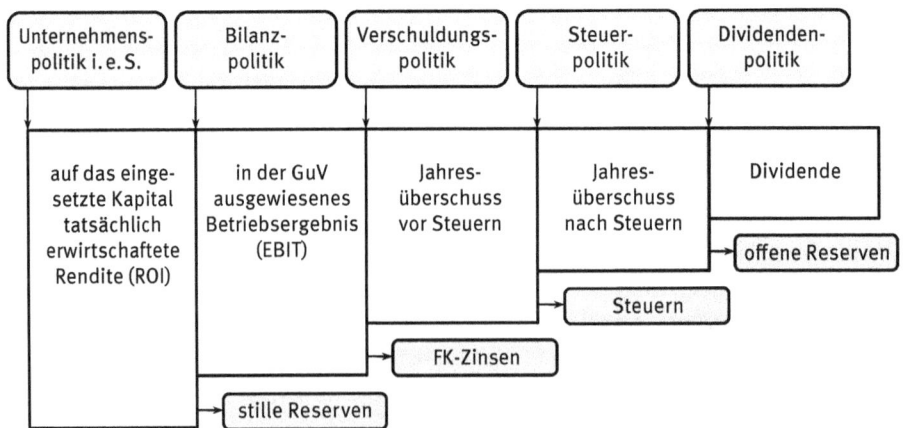

Abb. 3.3: Finanzanalyse: Vom ROI zur Dividende

(1) Das Kapital eines Unternehmens erwirtschaftet, grundsätzlich unabhängig von seiner Provenienz als Eigen- oder als Fremdkapital, eine bestimmte Rendite auf das eingesetzte Kapital, den *return on investment* (ROI), den es zunächst einmal abzuschätzen gilt (*Unternehmensanalyse im engeren Sinn*).

(2) Als wichtigste Informationsquelle für den Finanzanalytiker gilt der Jahresabschluss der Unternehmen. Da das Gesetz den Unternehmen einige Gestaltungsfreiheit belässt, ist es Aufgabe des Finanzanalysten, bilanzpolitische Verzerrungen zu durchschauen und zu den tatsächlichen Verhältnissen vorzustoßen (*Bilanzpolitik und Bilanzanalyse*).

(3) Der erwirtschaftete und ausgewiesene ROI fließt z. T. in Form von Zinsen an Fremdkapitalgeber, z. T. als Gewinn an die Eigenkapitalgeber. Ist es für die Eigenkapitalgeber relevant, in welchem Verhältnis Eigenkapital zu Fremdkapital steht, d. h. wie hoch die Unternehmung verschuldet ist? (*Kapitalstrukturproblem*).

(4) Die Höhe des Jahresüberschusses hängt von der steuerlichen Belastung des Unternehmens ab. Im Rahmen dieses Textes werden steuerliche Fragestellungen aber nicht weiterverfolgt.

(5) Der im Jahresüberschuss ausgewiesene Gewinn steht in aller Regel nicht den Aktionären in voller Höhe als Dividende zur Verfügung, sondern bleibt zum Teil zu Finanzierungszwecken im Unternehmen. Die finanzwirtschaftliche Frage ist die, ob es für die Bewertung der Aktie von Belang ist, wie viel des Gewinns ausgeschüttet wird (*Dividendenpolitik*).

Sehen wir uns jeden dieser Schritte etwas genauer an.

Bei der *Unternehmensanalyse im engeren Sinn* geht es um die Situation des Unternehmens als Ganzes. Wie viel konnte mit dem eingesetzten Kapital tatsächlich verdient werden, wie hoch war der *return on total investment* tatsächlich? Jedes Detail kann Einfluss auf die Ertragskraft des Unternehmens haben. Ein Finanzanalyst muss daher aktuelle technische Entwicklungen verstehen, die Auswirkungen politischer Änderungen abschätzen können, ein Gespür für einen bevorstehenden Wechsel in Technologien, in Moden und Lifestyles entwickeln etc. Die Rolle der Medien sollte aber nicht überbewertet werden. Da die Unternehmensberichterstattung im Vergleich zu anderen Sparten des Journalismus ein überdurchschnittlich hohes Maß an Konformität aufweist, hält sich die für die Lektüre von Medien aufzuwendende Zeit in Grenzen: Wer eine Zeitung gelesen hat, kennt damit meist auch den Inhalt der anderen.

Was dem Finanzanalysten bekannt wird, ist nicht der tatsächliche Ertrag auf das eingesetzte Kapital, sondern derjenige, der im *Jahresabschluss* des Unternehmens als solcher ausgewiesen ist. Alle börsennotierten Unternehmen müssen einen konsolidierten Abschluss nach international gültigen Standards erstellen und veröffentlichen (zusätzlich auch Quartalsberichte).

Die Abschlüsse der Unternehmen sind damit ein zentrales Studienobjekt der Analysten. Oft entsteht sogar der Eindruck, als sei die *Jahresabschlussanalyse* wesentli-

cher Kern der Finanzanalyse. Dies erklärt sich daraus, dass über die Jahresabschlussanalyse konkreteres – oder vermeintlich konkreteres – gesagt werden kann als über
die Unternehmensanalyse im weiteren Sinne. Während diese Alles und Nichts ist, gibt
es für die Bilanzanalyse anerkannte Methoden und Techniken; es gibt in der Fach-
disziplin anerkannte Regeln, wie bestimmte Bilanzinformationen zu interpretieren
sind und welche Schlüsse aus ihnen für Kapitalanlageentscheidungen gezogen werden müssen. Gleichwohl weiß jeder, dass der Jahresabschluss ein höchst fragwürdiges
Instrument zur Gewinnung finanzwirtschaftlich relevanter Daten ist:

–   Der Jahresabschluss ist eine *Vergangenheitsrechnung*, die über das abgelaufene
    Geschäftsjahr berichtet und somit für den Analysten, der künftige Zahlungsströ-
    me abzuschätzen versucht, nur bedingt aussagefähig ist.
–   Der Jahresabschluss ist eine *Mehrzweckrechnung*, mit der den Interessen der Gläu-
    biger, der Aktionäre, der Öffentlichkeit, der Arbeitnehmer und weiterer Publizi-
    tätsadressaten Rechnung getragen werden soll; es ist selbstverständlich, dass da-
    bei notwendigerweise Kompromisse gemacht werden müssen. Er ist im Kern nicht
    finanzwirtschaftlich, sondern bestands- und erfolgswirtschaftlich orientiert.
–   Die im Jahresabschluss aufgeführten Aktiva und Passiva, Aufwendungen und Er-
    träge sind zu einem großen Teil das Ergebnis von *Schätzungen*. Zwar gibt es Po-
    sitionen, bei denen es so gut wie keine Bewertungsspielräume gibt (z. B. Liquide
    Mittel, Kredite, Finanzanlagen), aber weit mehr Positionen, bei denen Fehlein-
    schätzungen auch von einem nach bestem Wissen und Gewissen bilanzierenden
    Unternehmen nicht zu vermeiden sind.
–   Am besten Wissen und Gewissen darf allerdings gezweifelt werden. Zwar dürfte
    es bei soliden Unternehmen echte Bilanzfälschungen kaum geben, die vielen Un-
    schärfebereiche, die das Bilanzrecht den Unternehmen lässt, werden im Rahmen
    der *Bilanzpolitik* (creative accounting) aber genutzt, um die „Adressaten der Rech-
    nungslegungsinformationen zu einem unternehmungszielkonformen Verhalten
    zu bewegen."[4]

Trotz aller Vorbehalte: Der Jahresabschluss ist die einzige Informationsquelle, die
nach gesetzlich standardisierten Regeln erstellt und von einem unabhängigen Wirt-
schaftsprüfer geprüft wird. Somit sind Querschnittsanalysen und Vergleiche zwischen
Unternehmen der gleichen Branche möglich; etwas, das anderen Informationsquellen fehlt. Jahresabschlussanalyse gehört folglich zum *state of the art*. Damit ist jedoch
nichts darüber gesagt, ob ein Finanzanalyst, der eine gute Jahresabschlussanalyse
durchführt, sich damit wirklich auch besserstellt als seine Mitwettbewerber. Dieser
Frage werden wir uns aber erst später (s. Kapitel 4.3.4) zuwenden.

---

4 *Sieben, Günter; Barion, Heinz-Jürgen; Maltry, Helmut*: Bilanzpolitik, in: *Chmielewicz, Klaus; Schweitzer, Marcell* (Hrsg.): Handwörterbuch des Rechnungswesens, 3. Aufl., Stuttgart (Schaeffer/Poeschel)
1993, S. 230.

Im Zentrum der traditionellen Jahresabschlussanalyse steht die *Kennziffernanalyse*: Die im Jahresabschluss zur Verfügung gestellten Informationen werden nach bestimmten Regeln zusammengefasst, gruppiert und zueinander in Beziehung gesetzt, um so Längsschnittvergleiche oder Querschnittsvergleiche vornehmen und den Blick auf das Wesentliche lenken zu können. In der Praxis werden sehr viele Kennzahlen erhoben; wichtig sind z. B. die Kapitalstruktur, die Eigenkapitalquote, die Kapitalintensität, Liquiditätskennzahlen, Umschlagshäufigkeiten, Umsatzrenditen, Produktivitätskennziffern u. v. m.

Eine Schwäche der Kennzahlenanalyse ist es, dass zwar jede einzelne Zahl dem Analysten nützliche Hinweise liefern mag, dass es aber keine anerkannte Aggregierungsregel gibt, die allgemein gültig, intersubjektiv nachprüfbar und somit glaubwürdig kommunizierbar wäre. Auch in der Zukunft wird sich daran wohl kaum etwas ändern, da dieser Mangel in der Natur der Sache liegt.

In der Praxis zieht man sich daher gerne auf eindimensionale Kennziffern zurück, bei denen sich eine Zusammenführung von Einzelurteilen zum Gesamturteil erübrigt. Die verbreitetste Kennziffer dieser Art ist das *Kurs-Gewinn-Verhältnis* (KGV) oder die *Price-Earnings-Ratio* (PER). Sie liefert dem Analysten ohne großen Aufwand eine schnelle Antwort auf die Frage, ob eine Aktie verglichen mit anderen eher teuer oder eher billig zu haben ist. Das

$$\text{KGV} = \frac{\text{Börsenkurs der Aktie}}{\text{Ergebnis pro Aktie}}$$

stellt eine besondere Form eines Multiplikators dar: Mit welchem Vielfachen des aktuellen Jahresgewinns bewertet der Markt derzeit die Aktie? Anfang 2019 lag das KGV der im DAX erfassten deutschen Unternehmen im Schnitt bei rund 16 (nach 10 im Januar 2013), während die im amerikanischen S&P-500 erfassten Unternehmen ein KGV von rund 27 (nach 17 im Januar 2013) aufweisen konnten. Prima facie könnte man sagen: Je geringer das derzeitige KGV ist, umso weniger muss man für den jeweiligen Zahlungsstrom bezahlen, d. h. umso attraktiver ist die Aktie. Doch Vorsicht: Es könnte nämlich durchaus sein,

- dass die geringe Wertschätzung, die einem Unternehmen mit niedrigem KGV vom Markt entgegengebracht wird, aufgrund negativer Gewinnerwartungen berechtigt sein könnte;
- dass das Risiko, das mit einem Investment in diese Aktie verbunden ist, sehr groß sein und der Markt eine entsprechend hohe Risikoprämie verlangen könnte;
- dass die im Jahresabschluss ausgewiesene Gewinngröße aufgrund bilanzpolitischer Maßnahmen überhöht ist, was anderen Marktteilnehmern offenbar bekannt ist.

Auch die Berechnung des KGV ist nicht so einfach, wie es zunächst aussehen mag: Zwar ist der aktuelle Kurs einer Aktie meist bekannt, das *Ergebnis pro Aktie* (Earnings per share) muss aber erst berechnet werden.

Das Ergebnis pro Aktie sollte nicht mit der Eigenkapitalrendite verwechselt werden. Während letztere sich auf das gesamte Eigenkapital der AG bezieht, wird beim Ergebnis pro Aktie der Jahresgewinn nur auf das Grundkapital bezogen. Der Vergleich der beiden Unternehmen X-AG und Y-AG, die beide ihr Grundkapital in Aktien mit einem Nennbetrag von 100 € zerlegt haben, zeigt, wie leicht dies zu Verwirrungen führen kann:

(in Tsd. €)	X-AG	Y-AG
Grundkapital	600.000 €	800.000 €
Rücklagen	400.000 €	160.000 €
Eigenkapital	1.000.000 €	960.000 €
Jahresüberschuss	120.000 €	120.000 €
Eigenkapitalrendite	12,0 %	12,5 %
Ergebnis pro Aktie	20 €	15 €

Zwar hat die Y-AG die bessere Eigenkapitalrendite (zu Buchwerten) erwirtschaftet, im Ergebnis pro Aktie bleibt sie jedoch aufgrund der geringeren Rücklagen hinter dem der X-AG zurück.

Eine Variante des KGV stellt die nach dem Nobelpreisträger *Robert Shiller* benannte Shiller-PER dar;[5] bei dieser Kennzahl werden die durchschnittlichen inflationsbereinigten Gewinne der letzten zehn Jahre zum aktuellen Kurs in Beziehung gesetzt. Indem ein kompletter Konjunkturzyklus betrachtet wird, sollen kurzfristige Überlegungen des Managements bezüglich der ausgewiesenen Gewinne ausgeblendet oder zumindest abgemildert werden. Praktiker bedienen sich dieser Kennziffer besonders als Entscheidungsgrundlage für längere Investitionshorizonte.

Abbildung 3.4 zeigt die Entwicklung der Shiller PE-Ratio für den US-Aktienmarkt rückgerechnet bis 1880. Dabei zeigen sich, dass diese Kennzahl seit dem Lehman-Crash (Ende 2008) stetig von rund 15 auf über 38 (Ende 2021) gestiegen ist. Dies ist das zweithöchste Niveau, das je gemessen wurde – nur vor dem Dot-Com-Crash 2001 war die Kennzahl noch höher. Während manche Analysten daher vor einem baldigen Crash warnen, verweisen andere auf geänderte Rahmenbedingungen, wie ein deutlich niedrigeres Zinsniveau und andere Möglichkeiten Gewinns „steueroptimiert" zu erwirtschaften. Wie immer bleibt die Zukunft damit ungewiss und am Markt halten sich Optimisten wie Pessimisten die Waage – denn wären sich alle einig, dass die Preise sinken müssen, so wären die Preise bereits niedriger.

Als alternative Kennziffer findet zunehmend auch das *Kurs-Cashflow-Verhältnis* (KCV) Anwendung, das sich besser in eine finanzwirtschaftliche, an Zahlungsströmen orientierte Denkweise einfügt. Eine wirklich aussagefähige und für eine zukunftsorientierte Bewertung brauchbare Cashflow-Größe wäre allerdings nur von

---

5 Aktuelle Daten sowie die Methodik abrufbar auf http://www.multpl.com/shiller-pe/.

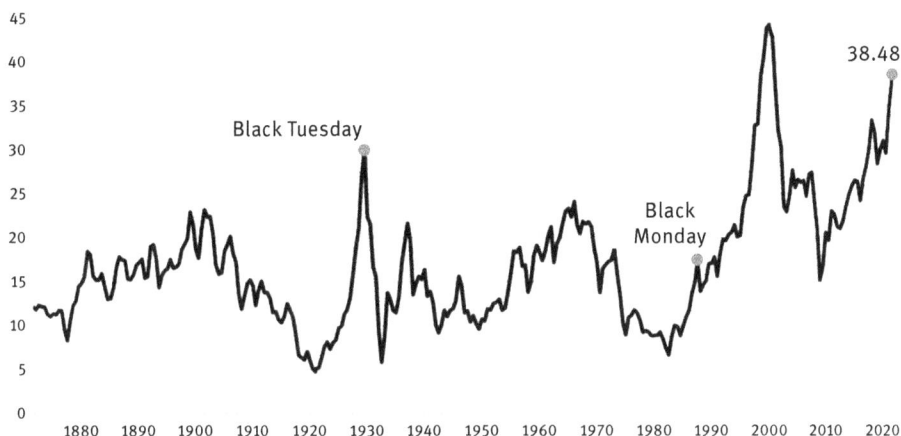

Abb. 3.4: Shiller Price-Earnings-Ratio (Quelle: https://www.multpl.com/shiller-pe)

einer prospektiven Kapitalflussrechnung zu erwarten, die von den wenigsten Unternehmen vorliegt. Die Analyse wird sich somit an den Cashflows aus der historischen Kapitalflussrechnung orientieren. Da sich in den wichtigsten zahlungsungleichen Aufwandsarten (Abschreibungen und Rückstellungen) das bedeutsamste bilanzpolitische Potenzial verbirgt, kann der Cashflow immerhin für sich in Anspruch nehmen, wesentlich weniger als der Gewinn manipulationsanfällig zu sein. Allerdings ist seine Verwendung als Ergebnisindikator nicht unproblematisch: Er erhebt einen finanzwirtschaftlichen und eben nicht erfolgswirtschaftlichen Geltungsanspruch.

Eine eindimensionale Kennzahl, die wie vieles aus dem angelsächsischen Bereich stammt, ist die Price-to-book-ratio (PBR, *P/B*) bzw. das *Kurs-Buchwert-Verhältnis* (KBV). Seit mit der Übernahme internationaler Rechnungslegungsgepflogenheiten auch im deutschsprachigen Raum der nahezu schrankenlosen Bildung stiller Reserven Einhalt geboten wurde und man sich der angelsächsischen Fair-value-Bilanzierung angenähert hat, finden diese Kennzahlen zunehmend auch in der deutschsprachigen Analystenpraxis Anwendung. Das KBV gibt an, ob der Kurswert eines Unternehmens über oder unter seinem Bilanzkurs (Buchwert) liegt.

Beispiel: Die Aktie eines Unternehmens habe einen Nennwert von 10 € und notiere derzeit an der Börse zu 20 €. Die Bilanz des Unternehmens habe die folgende Gestalt:

Aktiva		Passiva	
flüssige Mittel	200	Grundkapital	500
Sachanlagen	1.000	Rücklagen	200
Finanzanlagen	200	Bilanzgewinn	100
Umlaufvermögen	600	Rückstellungen	400
		Verbindlichkeiten	800
Summe	2.000	**Summe**	2.000

Der Bilanzkurs, der Kurs, der sich hätte ergeben müssen, wenn alle Werte, materielle wie immaterielle, Aktiva wie Passiva (natürlich ohne das Eigenkapital selbst) marktgerecht in der Bilanz abgebildet wären, liegt bei

$$\text{Eigenkapital/Grundkapital} = (500 + 200 + 100)/500 = 1{,}6$$

und der Bilanzkurs pro Aktie somit bei $10 \cdot 1{,}6 = 16$ €. Da die Aktie mit 20 € höher an der Börse notiert, als es ihrem Bilanzkurs entspricht, ergibt sich ein positives KBV von $20/16 = 1{,}25$.

Einer in Analystenkreisen verbreiteten Ansicht folgend ist eine Aktie im Markt umso günstiger zu erhalten, je geringer ihr KBV ist. Andererseits könnte ein KBV < 1 darauf hindeuten, dass es Probleme im Unternehmen gibt, die sich noch nicht in der Bilanz, sehr wohl aber im Aktienkurs niedergeschlagen haben. Wie bei allen anderen eindimensionalen Signalen erlaubt auch jedwede Ausprägung des KBV einander widersprechende Interpretationen.

3.1.3 Kapitalstruktur und Verschuldung

Zwei Unternehmen, die gleich viel Kapital investiert haben und im Markt gleichermaßen erfolgreich sind, können durchaus unterschiedliche Gewinne aufweisen, wenn sie unterschiedlich finanziert sind. Daher spielt die Frage nach der Kapitalstruktur, nach dem Verhältnis zwischen Fremd- und Eigenkapital eine bedeutsame Rolle in der Finanzanalyse: Wie jeder Kreditsachbearbeiter einer Bank ein kreditwerbendes Unternehmen zunächst nach seinem Verschuldungsgrad befragt, wird sich auch der Finanzanalyst, wenn er ein Unternehmen auf seine Chancen und Risiken hin durchleuchten will, über die Höhe und die Art seiner Verschuldung zu informieren haben. Die Frage nach der Kapitalstruktur stand daher auch immer im Zentrum der finanzwirtschaftlichen Theoriebildung. Die bahnbrechende Arbeit von *Modigliani* und *Miller* aus dem Jahr 1958, mit der die These von der Irrelevanz der Kapitalstruktur begründet wurde, hat dabei inhaltlich und methodisch der modernen Finanztheorie entscheidend den Weg geebnet und bis heute zu lebhaften Debatten geführt.

Bevor wir uns mit diesem Ansatz beschäftigen, werden wir uns kurz mit der traditionellen Sicht des Kapitalstrukturproblems vertraut machen müssen, da erst in der Gegenüberstellung der traditionellen mit der *Modigliani/Miller*'schen Sichtweise deren Besonderheiten zu Tage treten.

Die zwei Seiten der Verschuldung: Leverage

Eine Unternehmung wird nur dann einen Kredit aufnehmen, wenn sie sich daraus einen Vorteil verspricht, d. h. wenn sie erwartet, aus der mit Fremdkapital finanzierten Investition eine Rendite erzielen zu können, die höher ist als der den Kreditgebern zu zahlende Zins. Ist dies auch tatsächlich der Fall, so ist aus der Sicht der Eigenkapitalgeber die Verschuldung vorteilhaft: Dem Eigenkapital wird nicht nur der auf das

Eigenkapital erzielte ROI zugerechnet, sondern auch die Differenz zwischen dem aus dem Fremdkapital erwirtschafteten ROI und den Fremdkapitalkosten. Sieht sich hingegen die Unternehmung in ihren Erwartungen enttäuscht und erweist sich die aus der fremdfinanzierten Investition erwirtschaftete Rendite als geringer als der aufzuwendende Zins, so wird dies zulasten der Eigenkapitalrendite gehen; je nach Höhe der Verschuldung kann leicht der Fall eintreten, dass die Zinsbelastung des Unternehmens höher ist als der erwirtschaftete ROI und somit die Eigenkapitalgeber einen Verlust hinnehmen müssen.

Das Ausmaß der Verschuldung kann gemessen werden
- als *Kapitalstruktur L*, die das Verhältnis zwischen Fremdkapital und Eigenkapital zum Ausdruck bringt:

$$L = \frac{FK}{EK}$$

- oder als *Verschuldungsgrad Λ* (auch Fremdkapitalquote), bei dem das Fremdkapital zum Gesamtkapital in Beziehung gesetzt wird:

$$\Lambda = \frac{FK}{(FK + EK)} = \frac{FK}{GK}$$

- woraus sich ergibt, dass $L = \Lambda/(1 - \Lambda)$ und dass $\Lambda = L/(1 + L)$.

In der Praxis wird die Verschuldung einer Unternehmung meist am Verschuldungsgrad gemessen; dennoch werden wir im Folgenden der einfacheren Maßeinheit Kapitalstruktur den Vorzug geben. Von entscheidender Bedeutung ist jedoch, ob die Kapitalparten zu Buchwerten oder zu Marktpreisen bewertet werden. Der Unterschied schlägt sich i. d. R. nur in der Bewertung des Eigenkapitals nieder, da das Fremdkapital aufgrund der bestehenden Bewertungsvorschriften in der Bilanz einigermaßen marktnah bewertet sein dürfte.

Beispiel: Eine Gesellschaft, deren Aktie (Nennwert 10 €) zu 25 € notiert, schließt das Geschäftsjahr mit folgender Bilanz ab:

Aktiva in Mio. €		Passiva in Mio. €	
Sachanlagen	600	Grundkapital	600
Finanzanlagen	400	Kapital- und Gewinnrücklagen	300
Vorratsvermögen	300	Gewinn	100
Forderungen	400	Rückstellungen	400
sonst. Umlaufvermögen	500	Verbindlichkeiten	800
	2.200		**2.200**

Berechnet man die Kapitalstruktur nach Buchwerten, so ergibt sich:

$L_{Buch} = FK_{Buch}/EK_{Buch}$

$= (Rückstellungen + Verb.)/(Grundkapital + Rücklagen + Gewinn)$

$= 1.200/1.000 = 1,2$

Berechnet man die Kapitalstruktur hingegen zu Marktpreisen, wobei unterstellt ist, dass das Fremdkapital keine wesentlichen Fehlbewertungen ($FK_{Markt} \approx FK_{Buch}$) aufweist, ergibt sich:

$$L_{Markt} = FK_{Markt}/EK_{Markt}$$
$$= (\text{Rückstellungen} + \text{Verb.})/(\text{Grundkapital} \cdot \text{Börsenkurs})$$
$$= 1.200/(600 \cdot 2,5) = 0,8 \,.$$

Die entsprechenden Verschuldungsgrade belaufen sich zu Buchwerten auf

$$\Lambda_{Buch} = FK_{Buch}/(FK_{Buch} + EK_{Buch}) = 1.200/2.200 = 0,5454$$

und zu Marktpreisen auf

$$\Lambda_{Markt} = FK_{Markt}/(FK_{Markt} + EK_{Markt}) = 1.200/2.700 = 0,4444$$

Dass mit steigender Verschuldung bei guten geschäftlichen Ergebnissen (ROI > Fremdkapitalzins r) die Eigenkapitalrendite e größer und sie bei ungünstiger Geschäftslage (ROI < r) kleiner wird, bezeichnet man als *Leverage-Effekt* (Hebeleffekt): Verschuldung macht die Eigenkapitalrendite somit volatiler, als sie ohne Verschuldung wäre. Der Leverage-Effekt hat demnach zwei Gesichter:

– Im Normalfall wird davon auszugehen sein, dass der ROI größer ist als der Zins: Nur unter dieser Annahme wurde schließlich der Kredit aufgenommen. Damit gilt im „Normalfall", dass die Eigenkapitalrendite aufgrund der Verschuldung größer ist als sie ohne diese wäre (*positiver Leverage-Effekt*).

– Kommt es dagegen zu einem unerwartet schlechten Ergebnis, so kann, da in jedem Fall der Fremdkapitalzins gezahlt werden muss, die Eigenkapitalrendite wesentlich geringer ausfallen als sie ohne die Verschuldung gewesen wäre: Für die Eigenkapitalgeber tritt neben das mit jeder unternehmerischen Tätigkeit einzugehende Geschäftsrisiko folglich ein verschuldungsbedingtes Finanzrisiko hinzu (*negativer Leverage-Effekt*).

Sehen wir uns diesen Zusammenhang an einem Beispiel an.

Beispiel: Ein Unternehmen habe 1.000 € investiert, die aus Eigenmitteln stammen. Je nach Umweltzustand z_1, z_2, z_3 (gleiche Eintrittswahrscheinlichkeiten) verzinse sich das eingesetzte Kapital mit
$$ROI_1 = 2\,\%, \quad ROI_2 = 10\,\%, \quad ROI_3 = 18\,\%\,.$$
Der erwartete Return on Investment beläuft sich somit auf $\mu_{ROI} = 10\,\%$ und das Geschäftsrisiko auf $\sigma_{ROI} = 6,53\,\%$. Nun vergleichen wir die erwarteten Eigenkapitalrenditen μ_e und ihre Risiken für den Fall unterschiedlicher Kapitalstrukturen: Die Kapitalstruktur wachse von anfänglich $L = 0$ auf $L = 4$ an. Der Zinssatz für Fremdkapital betrage dabei konstant $r = 6\,\%$.

Kapital-struktur/ Verschul-dungsgrad	Gesamt-, Fremd- und Eigen-kapital		ROI$_1$ 2 % $p_1 = 1/3$	ROI$_2$ 10 % $p_2 = 1/3$	ROI$_3$ 18 % $p_3 = 1/3$	erwartete EK-Ren-dite μ_e	EK-Risiko σ_e
$L = 0{,}0$	GK: 1.000	absoluter ROI:	20	100	180		
	FK: 0	Zins ($r = 6\,\%$):	0	0	0		
$\Lambda = 0{,}0$	EK: 1.000	Gewinn:	20	100	180		
		EK-Rendite %:	2	10	18	10 %	6,53 %
$L = 0{,}25$	GK: 1.250	absoluter ROI:	25	125	225		
	FK: 250	Zins ($r = 6\,\%$):	−15	−15	−15		
$\Lambda = 0{,}2$	EK: 1.000	Gewinn:	10	110	210		
		EK-Rendite %:	1	11	21	11 %	8,16 %
$L = 1{,}0$	GK: 2.000	absoluter ROI:	40	200	360		
	FK: 1.000	Zins ($r = 6\,\%$):	−60	−60	−60		
$\Lambda = 0{,}5$	EK: 1.000	Gewinn:	−20	140	300		
		EK-Rendite %:	−2	14	30	14 %	13,06 %
$L = 4{,}0$	GK: 5.000	absoluter ROI:	100	500	900		
	FK: 4.000	Zins ($r = 6\,\%$):	−240	−240	−240		
$\Lambda = 0{,}8$	EK: 1.000	Gewinn:	−140	260	660		
		EK-Rendite %:	−14	26	66	26 %	32,66 %

Lediglich in einer unverschuldeten Unternehmung ($\Lambda = L = 0$) übernimmt der Eigenkapitalgeber nur das *Geschäftsrisiko* ($\sigma_{\text{ROI}} = \sigma_e = 6{,}53\,\%$). Mit steigender Verschuldung steigt zwar die durchschnittliche Eigenkapitalrendite, der Eigenkapitalgeber muss aber zusätzlich zum Geschäftsrisiko in zunehmendem Ausmaß auch ein *Finanzierungsrisiko* übernehmen. Dieser Zusammenhang wird in der folgenden Grafik nochmals verdeutlicht:

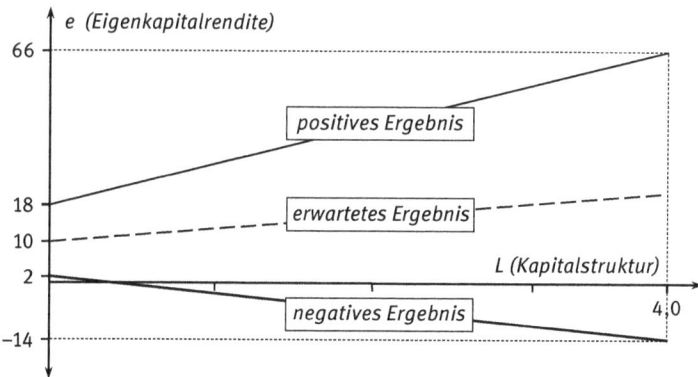

e (Eigenkapitalrendite)

66

positives Ergebnis

18

10

erwartetes Ergebnis

L (Kapitalstruktur)

2

negatives Ergebnis

4,0

−14

Abb. 3.5: Leverage-Effekt

Abbildung 3.5 verdeutlicht die beiden Seiten des Leverage-Effekts:

- Positive Seite des Leverage-Effekts: Mit steigender Verschuldung (steigender Kapitalstruktur) steigt die erwartete Eigenkapitalrendite.
- Negative Seite des Leverage-Effekts: Die Spannweite zwischen guten und schlechten Eigenkapitalrenditen nimmt mit steigender Verschuldung zu.

Da sich die erwartete Eigenkapitalrendite μ_e als Verhältnis zwischen Gewinn und eingesetztem Eigenkapital errechnet, ergibt sich

$$\mu_e = \frac{\mu_{ROI} \cdot (EK + FK) - r \cdot FK}{EK} = \mu_{ROI} + (\mu_{ROI} - r) \cdot L$$

Die zu erwartende Eigenkapitalrendite μ_e ist somit eine linear steigende Funktion der Kapitalstruktur L. Um die Standardabweichung σ_e der Eigenkapitalrendite zu ermitteln, errechnen wir zunächst die Varianz σ_e^2 als

$$\sigma_e^2 = \sum_{i=1}^{n} [\mu_e - e_i]^2 \cdot p_i$$

$$= \sum_{i=1}^{n} \{[\mu_{ROI} + (\mu_{ROI} - r) \cdot L] - [ROI_i + (ROI_i - r) \cdot L]\}^2 \cdot p_i$$

$$= \sum_{i=1}^{n} (\mu_{ROI} + \mu_{ROI} \cdot L - ROI_i - ROI_i \cdot L)^2 \cdot p_i$$

$$= \sum_{i=1}^{n} [(1 + L) \cdot (\mu_{ROI} - ROI_i)]^2 \cdot p_i$$

$$= (1 + L)^2 \cdot \sum_{i=1}^{n} (\mu_{ROI} - ROI_i)^2 \cdot p_i$$

$$\sigma_e^2 = (1 + L)^2 \cdot \sigma_{ROI}^2$$

ROI_i = Gesamtkapitalrendite im Zustand i

e_i = Eigenkapitalrendite im Zustand i

μ_e = erwartete Eigenkapitalrendite

p_i = Eintrittswahrscheinlichkeit für Zustand i

und daraus die Standardabweichung

$$\sigma_e = (1 + L) \cdot \sigma_{ROI} = \sigma_{ROI} + L \cdot \sigma_{ROI} .$$

Das vom Eigenkapitalgeber übernommene Risiko stellt sich somit als Summe des durch die unternehmerische Aktivität übernommenen *Geschäftsrisikos* σ_{ROI} und des durch die Verschuldung bewirkten *Finanzierungsrisikos* $L \cdot \sigma_{ROI}$ dar. Wie die zu erwartende Rendite ist das an der Standardabweichung gemessene Risiko eine linear steigende Funktion der Kapitalstruktur L. Misst man das Risiko anhand der Varianz, so steigt es quadratisch mit steigender Verschuldung an.

Traditionelle These der Kapitalstruktur

Da risikoscheue Aktionäre aus einer steigenden Verschuldung sowohl einen Nutzen (erhöhte Erwartungsrendite = positiver Leverageeffekt) beziehen, als auch einen Schaden erleiden (gestiegenes Risiko = negativer Leverageeffekt), stellt sich die Frage, wie die Investoren insgesamt eine Veränderung in der Kapitalstruktur eines Unternehmens beurteilen sollten.

Die traditionelle Betrachtungsweise geht von bestimmten plausiblen Annahmen über das Verhalten der Aktionäre und Kreditgeber aus, nimmt diese als gegeben an und schließt aus ihnen auf die vom Unternehmen zu tragenden Kapitalkosten. So wird i. d. R. angenommen, dass

a) die Kapitalanleger risikoavers sind und demzufolge schon bei einem unverschuldeten Unternehmen für die Überlassung von Eigenkapital eine höhere Rendite fordern als für Fremdkapital; dies ist der Fall, da Fremdkapital kaum (außer im Fall einer Insolvenz) vom Geschäftsrisiko betroffen ist, das Eigenkapital hingegen in erheblichem Maße;

b) die Fremdkapitalgeber sich bei ihrer Kreditvergabe an bestimmten Bonitätsstandards, in deren Rahmen die Verschuldung eine dominierende Rolle spielt, orientieren; alle Unternehmen, die die Standards erfüllen, erhalten den gewünschten Kredit zum Zinssatz r; allenfalls können Unternehmen, bei denen die Standards nicht eingehalten sind, versuchen, Kredite bei Banken zu erhalten, die auf hohe Risiken spezialisiert sind und sich diese durch sehr hohe Risikozuschläge abgelten lassen;

c) die Aktionäre ebenfalls eine Verschuldung bis zu einer bestimmten Höhe als unproblematisch ansehen und erst ab einer bestimmten kritischen Kapitalstruktur mit erhöhten Renditeforderungen eine Abgeltung des Leveragerisikos verlangen.

Wenn das so ist, können durch Substitution teuren Eigenkapitals durch billigeres Fremdkapital die durchschnittlichen Kapitalkosten so lange gesenkt werden, bis die geforderten Risikoprämien der Eigen- und Fremdkapitalgeber sie wieder ansteigen lassen. Es gäbe folglich eine optimale Kapitalstruktur (einen optimalen Verschuldungsgrad), bei der die Kapitalkosten minimiert, bzw. was das gleiche bedeutet, der Unternehmenswert maximiert wäre.

Beispiel: Nehmen wir an, der Fremdkapitalzins liege konstant bei $r = 0,05$, solange ein Verschuldungsgrad von 75 % nicht überschritten wird. Die Aktionäre verlangen eine Abgeltung des Geschäftsrisikos in Höhe von 5 % und somit eine durchschnittliche Rendite von $\mu_e = 0,10$ bis zu einem Verschuldungsgrad von 50 % ($\Lambda = 0,5$), darüber hinaus von $\mu_e = 0,10 + (\Lambda - 0,5)^2$. Die durchschnittlichen Gesamtkapitalkosten, der gewogene Durchschnitt aus Fremd- und Eigenkapitalkosten, beläuft sich somit im Falle von $\Lambda < 0,5$ auf

$$\mu_g = \Lambda \cdot 0,05 + (1 - \Lambda) \cdot 0,10$$

und im Falle von $0,5 < \Lambda < 0,75$ auf:

$$\mu_g = \Lambda \cdot 0,05 + (1 - \Lambda) \cdot [0,10 + (\Lambda - 0,5)^2]$$
$$= 0,35 - 1,3\Lambda + 2\Lambda^2 - \Lambda^3$$

Nach Bildung der ersten Ableitung nach Λ ergibt sich

$$d\mu_g/d\Lambda = -1{,}3 + 4\Lambda - 3\Lambda^2$$

Nach Nullsetzen und Auflösung nach Λ errechnet sich mit

$\Lambda_{min} = 0{,}5613$ [$L_{min} = 1{,}2792$]   (das zweite Ergebnis $\Lambda_{min} = 0{,}7720$ ist irrelevant)

das gesuchte Kapitalkostenminimum: Der optimale Verschuldungsgrad beträgt $\Lambda_{opt} = 56{,}13\,\%$ und die bei dieser Verschuldung geforderte Eigenkapitalrendite der Aktionäre liegt bei

$$\mu_e = 0{,}10 + (0{,}5613 - 0{,}5)^2 = 10{,}38\,\% \,.$$

Die durchschnittlichen Gesamtkapitalkosten der Unternehmung liegen an ihrem Minimum und belaufen sich auf

$$\mu_g = 0{,}5613 \cdot 0{,}05 + 0{,}4387 \cdot 0{,}1038 = 7{,}36\,\% \,.$$

Nehmen wir nunmehr an, eine Unternehmung erwirtschafte einen ROI von 100.000 €, so errechnet sich ihr Gesamtwert als

$$V = 100.000/0{,}0736 = 1.358.659 \,.$$

Dieser Gesamtwert teilt sich auf in die folgenden Kapitalparten FK und EK, denen die jeweiligen Zinsen/Gewinne zuzurechnen sind:

$$FK = 0{,}5613 \cdot 1.358.659 = 762.615{,}12$$
$$762.615{,}12 \cdot 0{,}05 = \mathbf{38.130{,}70} \quad \text{(Zinsen)}$$

$$EK = 0{,}4387 \cdot 1.358.659 = 596.043{,}57$$
$$596.043{,}57 \cdot 0{,}1038 = \mathbf{61.869{,}30} \quad \text{(Gewinn)}$$

$$GK = 1.358.659 \cdot 0{,}0736 = \mathbf{100.000{,}00} \quad \text{(ROI)}$$

Unter den hier unterstellten Bedingungen müsste eine im Interesse der Aktionäre handelnde, d. h. sich an der Maximierung des *shareholder value* orientierende Unternehmensleitung bestrebt sein, eine Finanzierungspolitik zu betreiben, bei der das optimale Verhältnis zwischen Fremd- und Eigenkapital realisiert wird.

Im Folgenden sind, ausgehend von den Zahlen des Beispiels, die Zusammenhänge graphisch verdeutlicht (Abb. 3.6): Die erwarteten durchschnittlichen Gesamtkapitalkosten μ_g sind eine zunächst fallende und dann steigende Funktion des Verschuldungsgrads (der Kapitalstruktur); damit weisen sie ein Minimum auf, bei dem der Gesamtwert des Unternehmens maximal ist.

Die Gültigkeit der traditionellen These der optimalen Kapitalstruktur setzt voraus, dass die beiden zentralen Ausgangsannahmen Gültigkeit besitzen: Die Annahmen über das Verhalten der Fremdkapitalgeber und das der Eigenkapitalgeber. Sehen wir uns beide etwas genauer an.

(1) Fremdkapitalgeber: Mit der Entscheidung, einem anderen Kredit zu gewähren, ist stets das Risiko verbunden, dass dieser seinen vertraglichen Pflichten zur termin-

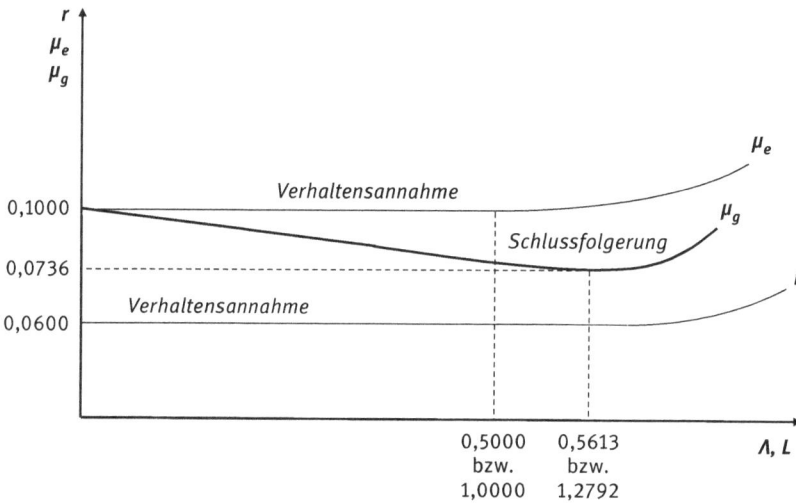

Abb. 3.6: Traditionelle These der Kapitalstruktur

gerechten Zahlung von Zinsen und Tilgungsraten nicht nachkommt. Banken haben grundsätzlich drei Möglichkeiten, auf dieses Risiko zu reagieren:[6]

Risikovermeidung: Die Bank versucht nach Möglichkeit, jedes Risiko zu vermeiden, indem Kredite nur an allererste Adressen gegeben werden. Abgesehen davon, dass selbst dann noch ein gewisses Restrisiko verbleibt, stellt sich die Frage, ob unter derart restriktiven Bedingungen sich das Bankgeschäft überhaupt lohnt: Schließlich ist das Zinsgeschäft zentrale raison d'être für Kreditinstitute.

Risikoabgeltung: Die Bank versucht, vor Kreditvergabe die Risiken genau abzuschätzen und je nach eingeschätztem Risiko einen individuellen Risikozuschlag im Kreditzins zu kalkulieren. Ein derartiges Vorgehen wäre aber für die Kreditinstitute sehr gefährlich, denn eine Kreditwürdigkeitsentscheidung ist ihrerseits eine Entscheidung unter Unsicherheit, bei der letztlich nur eine Schätzung erfolgt, die zu optimistisch oder zu pessimistisch ausfallen kann. Da dies die Kreditwerber wissen, wäre es für sie rational, bei mehreren Banken um einen Kredit anzusuchen und den Kreditvertrag bei der Bank abzuschließen, die den niedrigsten Risikozuschlag kalkuliert hat. Die Banken hätten nicht nur Leerkosten für nicht zum Abschluss führende Kreditwürdigkeitsentscheidungen zu tragen, sondern wären auch mit einem massiven Winner's-curse-Problem konfrontiert, das zu steigenden Risikozuschlägen und damit zu einer adversen Selektion führen kann, bei denen die schlechten Risiken letztlich die guten verdrängen.

Risikonormierung: Die Bank definiert ein Risikoniveau, das nicht überschritten werden sollte und das nach Möglichkeit den Gepflogenheiten des gesamten Kreditsek-

---

6 Vgl. zu den verschiedenen Formen der Risikopolitik von Banken *Spremann, Klaus*: Wirtschaft, Investition und Finanzierung, 5. Aufl., München-Wien (Oldenbourg) 1996, S. 295 ff.

tors entspricht. Die Kreditwürdigkeitsprüfung der Bank endet somit mit einem einfachen Ja/Nein-Ergebnis: Alle Kreditwerber, die die so gesetzten Bedingungen erfüllen, erhalten Kredite zu im Wesentlichen den gleichen Konditionen; die im Zins enthaltene Risikoprämie errechnet sich dabei auf der Basis des durchschnittlichen Kreditrisikos.

Da Kreditinstitute im Wesentlichen eine Risikonormierung betreiben[7], um nicht in die Falle des Winner's-curse-Problems zu geraten, ist die Annahme, die die traditionelle Kapitalstrukturthese für das Verhalten der Fremdkapitalgeber gemacht hat, nicht nur gut begründet, sondern auch empirisch erhärtet.

(2) Eigenkapitalgeber: Demgegenüber kann die Annahme über das Verhalten der Eigenkapitalgeber nicht in dem Maße für sich in Anspruch nehmen, logisch gut begründet zu sein und die empirische Evidenz auf ihrer Seite zu haben. Es ist zwar durchaus vorstellbar, dass die Eigenkapitalgeber bis zu einem bestimmten Grad Verschuldung als etwas Normales (vielleicht sogar wünschenswertes) ansehen und daher keine Risikozuschläge in der geforderten Eigenkapitalrendite einheben; gleichwohl haftet der Annahme etwas arbiträres, nicht zwingendes an.

Nimmt man diese beiden Annahmen als gegeben hin, so ergibt sich notwendigerweise, dass die Gesamtkapitalkosten, das gewogene Mittel aus Fremdkapitalkosten und Eigenkapitalkosten, einen u-förmigen Verlauf und mithin ein Minimum aufweisen.

Das Modigliani/Miller-Modell (Irrelevanztheorem)

Modigliani/Miller kommen auf der Basis eines völlig anderen Ansatzes zu dem Ergebnis, dass die Gesamtwerte zweier Unternehmen, die den gleichen ROI erwirtschaften und derselben Risikoklasse angehören, notwendigerweise gleich sein müssen: Sie stützen ihre Argumentation auf das Arbitragefreiheitsprinzip und behaupten, dass sich in einem funktionierenden Marktsystem ein Ergebnis, durch das das *law of one price* verletzt wird, nicht halten kann. Da hiermit erstmals in ein betriebswirtschaftliches Problem ein strikt am Marktgleichgewicht orientiertes Denken eingeführt wurde, kann das *Modigliani/Miller*-Modell als ein wichtiger Entwicklungsschritt der Finanztheorie angesehen werden.

Das erstmals 1958 veröffentlichte Modell[8] benötigte zu seiner Herleitung allerdings eine Fülle einigermaßen restriktiver Annahmen, die jedoch im Laufe der Zeit gelockert werden konnten, ohne damit den Kern des Modells aufgeben zu müssen: Wir werden uns aber hier mit diesen mehr wissenschaftstheoretischen Fragen nicht weiter beschäftigen, sondern lediglich die Grundaussagen des Modells anhand einiger Beispielrechnungen verdeutlichen.

---

7 Vgl. *Hartmann-Wendels, Thomas; Pfingsten, Andreas; Weber, Martin*: Bankbetriebslehre, 7. Aufl., Berlin-Heidelberg (Springer) 2019, S. 275

8 *Modigliani, Franco; Miller, Merton H.*: The Cost of Capital, Corporation Finance and the Theory of Investment, American Economic Review 1958, S. 261–297; dt. Übersetzung: Kapitalkosten, Finanzierung von Aktiengesellschaften und Investitionstheorie, in: *Hax, Herbert; Laux, Helmut* (Hrsg.): Die Finanzierung der Unternehmung, Köln (Kiepenheuer&Witsch) 1975, S. 86–119.

Unterstellen wir einen Kapitalanleger, der über 6.000 € verfügt und diese in Aktien anzulegen beabsichtigt. Die im Markt geforderte Eigenkapitalrendite sei wieder $\mu_e = 0,10$ bis zu einem Verschuldungsgrad von 50 % ($\Lambda = 0,5$; $L = 1$), darüber hinaus $\mu_e = 0,10 + (\Lambda - 0,5)^2$. Kredite kosten wie zuvor 5 % (gleichermaßen für Unternehmen wie für private Kreditnehmer). Zur Auswahl stehen Aktien zweier Unternehmen, die beide einen (uniformen) ROI in Höhe von 100.000 € erzielen:

-   Unternehmen U ist unverschuldet und hat 8.000 Aktien zum Nennwert von je 100 € ausgegeben. Da der gesamte ROI den Eigenkapitalgebern zufließt, beläuft sich bei der geforderten Eigenkapitalrendite von 10 % der Gesamtwert (= Wert des Eigenkapitals) auf $100.000/0,10 = 1.000.000$ €. Die U-Aktien weisen somit einen Kurswert von $S_U = 125$ € auf.
-   Unternehmen V hat 5.000 Aktien im Nennwert von je 100 € ausgegeben und Fremdkapital in Höhe von 500.000 € aufgenommen. Da aus dem ROI somit 25.000 € an Zinsen gezahlt werden müssen, beläuft sich der verbleibende Gewinn auf 75.000 €. Bei einer Eigenkapitalrendite von 10 % errechnet sich somit ein Wert des Eigenkapitals von $75.000/0,10 = 750.000$ €. Der Gesamtwert von Unternehmen V liegt bei 1.250.000 €, seine Kapitalstruktur beträgt $L = 2/3$ ($\Lambda = 0,5$) und die V-Aktie notiert mit $S_V = 150$ €.

Damit steht der Investor vor der folgenden Anlagealternative:
(A) *Kauf von 48 U-Aktien (des unverschuldeten Unternehmens U)*
(B) *Kauf von 40 V--Aktien (des verschuldeten Unternehmens V)*

Unterstellen wir, dass beide Unternehmen ihren Gewinn in voller Höhe als Dividende ausschütten, ergibt sich für ihn das folgende Ergebnis:

	Sphäre Unternehmen				Sphäre Investor			
	ROI absolut	– Zins im Unternehmen	Gewinn = Dividende	Dividende pro Aktie	Stück Aktien	Dividende	– Zins im Privatvermögen	ges. Ertrag
Anlage (A)	100.000	0	100.000	12,50	48	600	0	600
Anlage (B)	100.000	25.000	75.000	15,00	40	600	0	600

Auf den ersten Blick sieht es so aus, als seien die Investments identisch: Es wird derselbe Betrag investiert (6.000 €) und mit 600 € auch dieselbe Rendite erzielt.

Betrachten wir nun aber noch eine dritte Anlagemöglichkeit:
(C) *Kreditaufnahme über 4.000 € und Kauf von 64 U-Aktien*

Nimmt der Investor einen Kredit über 4000 € zum Zinssatz von 5 % auf und erwirbt 64 Aktien der unverschuldeten Unternehmung U, ergibt sich das folgende Ergebnis:

	Sphäre Unternehmen				Sphäre Investor			
	ROI absolut	– Zins im Unternehmen	Gewinn = Dividende	Dividende pro Aktie	Stück Aktien	Dividende	– Zins im Privatvermögen	ges. Ertrag
Anlage (C)	100.000	0	100.000	12,50	64	800	200	600

Auch hier wird wie bei Anlagen A und B ein Gesamtergebnis von 600 € erzielt, aber um die dafür erforderlichen 64 Aktien von Unternehmung U erwerben zu können, benötigt man lediglich 8.000 €. Da der Kapitalanleger aber nach Kreditaufnahme über 10.000 € verfügt, bleiben 2.000 € übrig: Ein echter *free lunch*. Müssten da nicht alle Besitzer von V-Aktien diese verkaufen, einen Kredit aufnehmen und gerade so viele U-Aktien erwerben, dass sie den gleichen Ertrag wie zuvor erzielen? Müsste dies nicht dazu führen, dass der Kurs der V-Aktie unter Druck gerät und fällt, während die Nachfrage nach U-Aktien deren Kurs hochtreibt?

Offenbar ist bislang etwas Entscheidendes übersehen worden, nämlich das Risiko, mit dem die Ergebnisse behaftet sind. Würde aus der unternehmerischen Aktivität der Unternehmen mit Sicherheit ein ROI von 100.000 € erwachsen, so gäbe es keinen Grund dafür, das Eigenkapital mit 10 % zu verzinsen, während sich die Fremdkapitalgeber mit mageren 5 % begnügen müssen. Ein genauer Vergleich zwischen den Anlagealternativen (A), (B) und (C) macht es daher unumgänglich, die Unsicherheitsproblematik explizit in die Überlegungen einbeziehen. Wir tun dies der Einfachheit halber durch eine Drei-Zustandsbetrachtung: Je nach eintretendem und gleich wahrscheinlichen Umweltzustand z_1, z_2 oder z_3 werde ein anderer ROI erzielt.

	$z_1\ (p_1 = {}^1/_3)$	$z_2\ (p_2 = {}^1/_3)$	$z_3\ (p_3 = {}^1/_3)$	μ_{ROI}
ROI | $z_{1...3}$	32.000	100.000	168.000	100.000

Wenn wir nun die drei Alternativen vergleichen, ergibt sich ein differenzierteres Bild:

		z_1	z_2	z_3	erwartetes Ergebnis	Standard-abweichung
Anlage (A)	ROI (= Gewinn)	32.000	100.000	168.000		
48 Aktien U	Dividende/Aktie	4,00	12,50	21,00		
$S_U = 125$ €	Dividendenertrag des	192	600	1.008	600	333
kein Kredit	Investors					
	EK-Rendite in %	3,20 %	10,00 %	16,80 %	**10 %**	**5,55 %**
Anlage (B)	ROI	32.000	100.000	168.000		
40 Aktien V	Zins (Unternehmen)	25.000	25.000	25.000		
$S_V = 150$ €	Gewinn	7.000	75.000	143.000		
kein Kredit	Dividende/Aktie	1,40	15,00	28,60		
	Dividendenertrag des Investors	56	600	1.144	600	444
	EK-Rendite in %	0,93 %	10,00 %	19,07 %	**10 %**	**7,40 %**
Anlage (C)	ROI (= Gewinn)	32.000	100.000	168.000		
64 Aktien U	Dividende/Aktie	4,00	12,50	21,00		
$S_U = 125$ €	Dividendenertrag des	256	800	1.344		
Kredit: 4.000	Investors					
	Zins (Privatvermögen)	200	200	200		
	Nettoergebnis	56	600	1.144	600	444
	EK-Rendite in %	0,93 %	10,00 %	19,07 %	**10 %**	**7,40 %**

Wie klar zu erkennen ist, weist Anlage C dieselbe finanzwirtschaftliche Charakteristik auf wie Anlage B; Anlage A hingegen hebt sich von den beiden anderen durch ein geringeres Renditerisiko ab. Es können somit nur B und C miteinander verglichen werden, nicht aber A und B.

Im Vergleich von Anlage B mit Anlage C zeigt sich allerdings ein klarer Verstoß gegen das Grundprinzip des *law of one price:* Zwei identische Güter müssen in einer Marktwirtschaft auch den gleichen Preis haben. Wer über Barmittel in Höhe von 6.000 € verfügt, kann

- einen laufenden Zahlungsstrom mit der μ-σ-Charakteristik $\mu = 600$ und $\sigma = 444$ durch Kauf von 40 V-Aktien erwerben
- einen Kredit über 4.000 € aufnehmen und einen Zahlungsstrom mit der gleichen μ-σ-Charakteristik durch Kauf von 64 U-Aktien erwerben; dabei bleibt ein sog. free lunch in Höhe von 2.000 € übrig.

Wo Geld auf der Straße liegt, gibt es theoretisch auch stets jemanden, der es aufhebt. Selbstverständlich wird es unter der Gültigkeit der im Beispiel verwendeten Datenkonstellation Investoren (Arbitrageure) geben, welche die sich ihnen bietenden risikolosen Gewinnmöglichkeiten wahrnehmen, indem sie das teurere der beiden identischen Güter verkaufen und das billigere erwerben. Dies hat notwendigerweise Preisanpassungen zur Folge (Aktien V werden verkauft, Aktien U werden gekauft), die erst dann aufhören werden, wenn die *Marktwerte der beiden Unternehmen gleich* sind: Nur dann gibt es keine risikolosen Gewinnmöglichkeiten mehr.

Selbstverständlich sagt das Arbitragefreiheitsargument lediglich etwas über das Verhältnis zweier Preise zueinander aus, nichts aber über die absolute Höhe der Kurse. Unterstellen wir, dass das Unternehmen V mit $S_V = 150$ korrekt bewertet ist. Um das Kursverhältnis zwischen S_U und S_V arbitragefrei werden zu lassen, muss gelten, dass der Erwerb eines Zahlungsstroms mit $\mu = 600$ und $\sigma = 444$ jeweils dasselbe kosten muss, unabhängig davon, ob er mit U-Aktien oder mit V-Aktien erzeugt wird:

Anlage B	Erwerb über V-Aktien:	$40 \cdot 150$	$\Rightarrow$	$\mu = 600$	$\sigma = 444$
Anlage C	Erwerb über U-Aktien:	$64 \cdot S_U - 4.000$	$\Rightarrow$	$\mu = 600$	$\sigma = 444$

Unter der Bedingung der Arbitragefreiheit muss somit die Aktie der unverschuldeten Unternehmung U zum Kurs von $(40 \cdot 150 + 4000)/64 = 156{,}25$ € notieren: Nur dann kostet die Anlage C genauso viel wie die finanzwirtschaftlich identische Anlage B:[9]

Anlage B	Kauf von 40 V-Aktien:	$40 \cdot 150$	$= 6.000$ €
Anlage C	Kauf von 64 U-Aktien und Kredit:	$64 \cdot 156{,}25 - 4.000$	$= 6.000$ €

---

9 Man hätte natürlich auch unterstellen können, die Aktien der unverschuldeten Unternehmung wären mit 125 € richtig bewertet gewesen. In diesem Falle hätte sich im Markt ein gleichgewichtiger Preis für die V-Aktie in Höhe von $(64 \cdot 125 - 4000)/40 = 100$ € bilden müssen.

Mit der Anlage C hat der Investor etwas getan, was oft mit dem Begriff *home-made-leverage* bezeichnet wird: Er hat durch private Kreditaufnahme in seinem Portefeuille genau dieselbe Kapitalstruktur herbeigeführt, die das Unternehmen V realisiert hatte:

	Unternehmen V		Privatportefeuille	
Eigenkapital	750.000 €	60,0 %	6.000 €	60,0 %
Fremdkapital	500.000 €	40,0 %	4.000 €	40,0 %

Der aus der Geschäftstätigkeit des Unternehmens resultierende Zahlungsstrom wurde somit in beiden Fällen, durch das Unternehmen oder durch private Kreditaufnahme mit der gleichen Hebelwirkung, d. h. mit dem gleichen Finanzierungsrisiko belegt: Die Zahlungsströme B und C sind damit, da das Geschäftsrisiko das gleiche ist, finanzwirtschaftlich identisch. Wenn es aber möglich ist, die von der Unternehmensleitung im Wege der Ver- oder Entschuldung bewirkte Änderung der Hebelwirkung im Rahmen des privaten Portefeuilles kostenfrei selbst herbeizuführen, zu verstärken oder abzuschwächen,[10] kann die Veränderung der Kapitalstruktur durch die Verschuldungsentscheidung des Unternehmens keinen Nutzenbeitrag für die Aktionäre liefern. Der Aktionär wird sich unter den Bedingungen des Marktgleichgewichts nur an den realwirtschaftlichen Bedingungen, am zu erwartenden Return on Investment, orientieren und das mit einer Aktie verbundene Finanzierungsrisiko unberücksichtigt lassen. Damit ist die Kapitalstruktur entsprechend dem Modell von *Modigliani/Miller* für die Bewertung eines Unternehmens irrelevant.

Die Unabhängigkeit des Unternehmenswerts vom Verschuldungsgrad des Unternehmens ist im gegebenen Modellrahmen eine notwendige Bedingung für die Arbitragefreiheit des Marktes. Gilt sie, so folgt daraus, dass die geforderten Eigenkapitalkosten eine steigende Funktion der Kapitalstruktur sein müssen, d. h. nicht einen beliebigen Verlauf annehmen können, wie es die traditionelle These unterstellt. Im Gleichgewicht zeigt sich, dass die erzielbare durchschnittliche EK-Rendite für das unverschuldete Unternehmen $12,50/156,25 = 8\,\%$ beträgt, während für das verschuldete Unternehmen eine Rendite von $15,00/150 = 10\,\%$ gezahlt wird.

Gehen wir davon aus, dass die Gesamtkapitalkosten μ_g der gewogene Durchschnitt der Eigenkapitalkosten μ_e einer verschuldeten Unternehmung und der Fremdkapitalkosten r

$$\mu_g = \mu_e \cdot \frac{EK}{GK} + r \cdot \frac{FK}{GK}$$

sind und lösen die Gleichung nach μ_e auf, so ergibt sich

$$\mu_e = \mu_g \cdot \frac{GK}{EK} - r \cdot \frac{FK}{EK}\,.$$

---

10 Durch nur teilweise Anlage der Eigenmittel in der Aktie eines verschuldeten Unternehmens und Veranlagung des Rests zum risikolosen Zinssatz.

Da gilt, dass GK/EK = 1 + FK/EK und dass FK/EK = L, ergibt sich

$$\mu_e = \mu_g + (\mu_g - r) \cdot \frac{FK}{EK} = \mu_g + (\mu_g - r) \cdot L \,.$$

Da die Gesamtkapitalkosten im Gleichgewicht unabhängig vom Verschuldungsgrad sind, sind sie gleich μ_{eU}, den Eigenkapitalkosten einer unverschuldeten Unternehmung:

$$\mu_e = \mu_{gU} + (\mu_{eU} - r) \cdot \frac{FK}{EK} = \mu_{eU} + (\mu_{eU} - r) \cdot L \,.$$

Im Beispiel errechnet sich die erwartete Eigenkapitalrendite der verschuldeten Unternehmung als $\mu_e = 0{,}08 + (0{,}08 - 0{,}05) \cdot 0{,}667 = 0{,}10$.

Die Eigenkapitalkosten einer verschuldeten Unternehmung entsprechen somit den Eigenkapitalkosten einer unverschuldeten Unternehmung zuzüglich der in einer unverschuldeten Unternehmung für das Eigenkapital gezahlten Risikoprämie, multipliziert mit dem jeweiligen Kapitalstrukturkoeffizienten. Das Arbitragefreiheitsprinzip verlangt somit, dass die Eigenkapitalgeber auf jedwede Erhöhung des Finanzierungsrisikos mit einer entsprechenden Risikoprämie reagieren: Die in der traditionellen Sicht vertretene Vorstellung, dass die Aktionäre im Bereich niedriger Verschuldungsgrade zunächst auf eine steigende Verschuldung nicht reagieren und erst ab dem Überschreiten einer kritischen Schwelle erhöhte Renditeforderungen haben, ist mit dem *law of one price* nicht vereinbar und kann in einer funktionierenden Marktwirtschaft keinen Bestand haben.

Man könnte den Zusammenhang auch anders formulieren: Da sich der positive Leverage-Effekt (steigende durchschnittliche Eigenkapitalrendite mit steigender Verschuldung) und der negative Leverage-Effekt (steigendes Risiko mit steigender Verschuldung) gegeneinander aufheben, hat eine zunehmende Verschuldung keinen Einfluss auf den Wert des Eigenkapitals: Das höhere absolute Gewinnvolumen wird im Gleichgewicht mit einem entsprechend ansteigenden Zinssatz diskontiert.

Betrachten wir Unternehmung U und lassen diese nach und nach zusätzliches Fremdkapital aufnehmen. Dabei wird angenommen, dass sich mit dem neuen Kapital genauso wie mit dem alten eine Rendite von 10 % im Unternehmen erzielen lässt.

Fremd-kapital	ROI (EK)	ROI (FK)	ROI	− Zins	Gewinn	Kapital-struktur	erwartete EK-Rendite	Wert des EK
0	100.000	0	100.000	0	100.000	0,0	10,0 %	1.000.000
100.000	100.000	10.000	110.000	5.000	105.000	0,1	10,5 %	1.000.000
200.000	100.000	20.000	120.000	10.000	110.000	0,2	11,0 %	1.000.000
300.000	100.000	30.000	130.000	15.000	115.000	0,3	11,5 %	1.000.000
400.000	100.000	40.000	140.000	20.000	120.000	0,4	12,0 %	1.000.000
500.000	100.000	50.000	150.000	25.000	125.000	0,5	12,5 %	1.000.000
600.000	100.000	60.000	160.000	30.000	130.000	0,6	13,0 %	1.000.000

Da mit steigender Verschuldung die erwartete Eigenkapitalrendite (und damit der Abzinsungssatz der Aktionäre) genauso stark wächst wie die erwarteten Gewinne, bleibt der Wert des Unternehmens und damit auch der Kurs der Aktien konstant.

Vergegenwärtigt man sich diese Ergebnisse grafisch, so ergibt sich ein Bild, das formal demjenigen der traditionellen Betrachtungsweise gleicht, bei dem aber die Logik der Argumentation eine völlig andere ist:

– Bei der traditionellen Kapitalstrukturthese wurden Annahmen über das Verhalten der Fremdkapitalgeber und der Eigenkapitalgeber gemacht und daraus auf den Verlauf der Gesamtkapitalkosten geschlossen; sind die Renditenforderungen sowohl der Eigen- wie auch der Fremdkapitalgeber bis zu einem gewissen Schwellenwert konstant und steigen diese dann nach Maßgabe des empfundenen Risikos an, ergibt sich notwendigerweise ein U-förmiger Gesamtkostenverlauf, dessen Minimum die optimale Kapitalstruktur signalisiert.

– Bei der *Modigliani/Miller*-These hingegen ist die Tatsache, dass die Gesamtkapitalkosten von der Kapitalstruktur unabhängig sein müssen, eine Gleichgewichtsbedingung des Marktes. Unterstellt man nun – wie bei der traditionellen These – ein risikonormierendes Verhalten der Fremdkapitalgeber, so ergibt sich notwendigerweise die zu fordernde Eigenkapitalrendite als eine steigende Funktion der Kapitalstruktur.

In Abb. 3.7 ist unterstellt, die Fremdkapitalgeber würden einheitliche, vom Finanzierungsrisiko unabhängige Kreditzinsen verlangen (Verhaltensannahme 1: Durchgezogene Linie). In diesem Fall sind die Eigenkapitalkosten eine linear steigende Funktion des Verschuldungsgrads (Schlussfolgerung; durchgezogene Linie). Hätte man hingegen angenommen, die Fremdkapitalgeber würden ab einer bestimmten Verschuldung

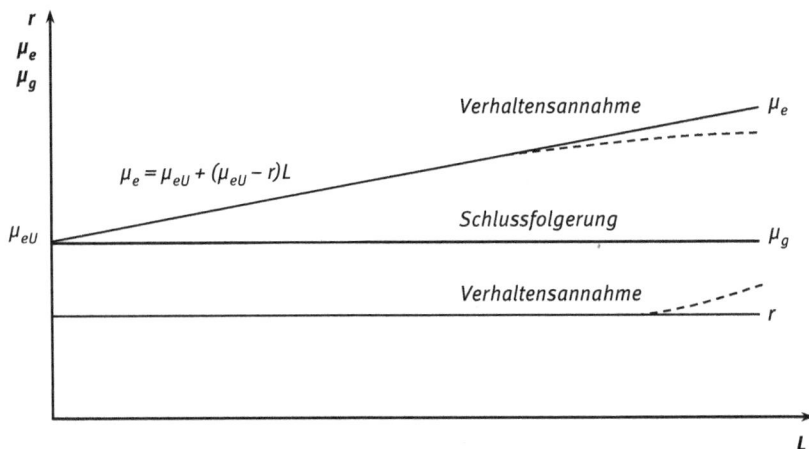

Abb. 3.7: Modigliani/Miller Modell zur Kapitalstruktur

mit höheren Zinsforderungen reagieren (Verhaltensannahme 2: Gestrichelte Linie), so müsste sich der Anstieg der Eigenkapitalkosten entsprechend abflachen (Schlussfolgerung; gestrichelte Linie).

Modigliani und *Miller* stellen nur die simple Tatsache fest, dass der *Gesamt*wert eines Unternehmens nicht davon abhängen kann, wie er sich auf die verschiedenen Kapitalparten aufteilt, d. h. wie sich die Passivseite der Bilanz buchhalterisch darstellt.

Hans und Kurt besitzen beide einen Lieferwagen und verdienen sich ihr Studium durch innerstädtische Transporte. Hans hat die zum Kauf des Wagens erforderlichen Mittel (10.000 €) selbst aufgebracht, während Kurt nur 6.000 € hatte und einen Kredit über 4.000 € (zu 10 %) aufnehmen musste. Nach dem ersten Jahr haben beide jeweils einen Jahresabschluss aufgestellt (die Gewinne wurden in voller Höhe entnommen):

Aktiva	Bilanz Hans	Passiva		Aufwand	G&V Hans	Ertrag	
Wagen	8.000	Eigenkapital	10.000	Treibstoff	2.800	Erlöse	12.000
Guthaben	2.000			Steuer/ Vers.	1.200		
				Abschreibung	2.000		
				Gewinn	6.000		
	10.000		10.000		12.000		12.000

Aktiva	Bilanz Kurt	Passiva		Aufwand	G&V Kurt	Ertrag	
Wagen	8.000	Eigenkapital	6.000	Treibstoff	2.800	Erlöse	12.000
Guthaben	2.000	Kredit	4.000	Steuer/ Vers.	1.200		
				Abschreibung	2.000		
				Kreditzinsen	400		
				Gewinn	5.600		
	10.000		10.000		12.000		12.000

Angenommen, Hans und Kurt bieten ihre Unternehmen zum Kauf an. Hans will 10.000 € haben und Kurt verlangt 6.000 € und die Übernahme des Bankkredits. Macht das irgendeinen Unterschied? Natürlich nicht, denn in beiden Fällen muss der Erwerber 10.000 € zahlen und kommt dafür in den uneingeschränkten Genuss desselben Zahlungsstroms.

Die im *Modigliani-Miller*-Modell behauptete Unabhängigkeit des Unternehmenswertes von der Finanzierung ist ein Spezialfall des viel allgemeineren Theorems der *Wertadditivität*. Es besagt, dass unter der Annahme eines vollkommenen Marktes[11] notwendigerweise der Wert eines Zahlungsstroms, der sich aus mehreren Teil-Zahlungsströmen zusammensetzt, der Summe der Werte der Teil-Zahlungsströme entspricht.

---

11 Die genauen Bedingungen für die Gültigkeit des Wertadditivitätstheorems werden eingehend diskutiert bei *Franke, Günter; Hax, Herbert*: Finanzwirtschaft des Unternehmens und Kapitalmarkts, 5. Aufl., Berlin-Heidelberg (Springer) 1999, S. 333 ff.

Diese Aussage stößt zunächst intuitiv auf Widerstand. Sie widerspricht z. B. prima facie einem finanzwirtschaftlichen Grundprinzip, nach dem risikoscheue Investoren Wertpapiere, die geringere Risiken haben, ceteris paribus solchen mit höheren Risiken vorziehen müssten. Betrachten wir die drei einperiodigen zustandsabhängigen Ansprüche A, B und C (der Zinssatz sei 0 % und die drei Zustände seien gleichwahrscheinlich):

	Zustand 1	Zustand 2	Zustand 3	μ	σ
Wertpapier A	9	6	3	6	3
Wertpapier B	5	6	7	6	1
Wertpapier C	6	6	6	6	0

Würde nunmehr der Markt die Wertpapiere nach der Nutzenfunktion eines risikoscheuen Investors, etwa nach $u(x) = \mu(x) - \sigma(x)$ bewerten, so ergäben sich die Marktpreise $P_A = 3 €$, $P_B = 5 €$ und $P_C = 6 €$. Dies wäre aber mit dem Arbitragefreiheitsprinzip nicht vereinbar: Ein Investor, der über vier Wertpapiere C verfügt, könnte diese zum Preis von 24 € verkaufen und dafür ein Wertpapier A und drei Wertpapiere B erwerben. Dieses Portefeuille würde den gleichen Zahlungsstrom von sicheren 24 € generieren, ihn aber nur 18 € kosten: Die Differenz von 6 € wäre ein free lunch. Sind die drei Wertpapiere im Markt frei handelbar, so muss das Wertadditivitätstheorem gelten: Da Wertpapier C die Summe von 1/4 Wertpapier A und 3/4 Wertpapier B darstellt, muss sich ein Preisgefüge $P_C = P_A/4 + 3 \cdot P_B/4$ einstellen. Wäre z. B. Wertpapier C mit 6 € richtig bewertet, so müssten auch die anderen beiden Wertpapiere je 6 € kosten.

Aber ist nicht ein Zahlungsstrom, der bei gleichem Erwartungswert ein niedrigeres Risiko als ein anderer aufweist, diesem vorzuziehen und müsste daher teurer sein? Die Antwort: „vorzuziehen" ja, „teurer" nein. Unter isolierter, nicht marktbezogener Betrachtung der drei Wertpapiere wird zwar für jeden risikoaversen Investor die Präferenzfolge $P_C \succcurlyeq P_B \succcurlyeq P_A$ gelten. Gleichwohl werden die Marktpreise gleich sein, da kein Marktteilnehmer damit rechnen kann, die risikobehafteten Zahlungsströme A und B unter Verweis auf das übernommene Risiko kaufen zu können, wenn das in A und B enthaltene Risiko durch Portefeuillebildung leicht wegdiversifiziert werden kann. Offenbar bedarf der Risikobegriff noch weiterer Klärung. Dies wird im Rahmen der Portefeuilletheorie erfolgen.

Durch Änderung der Kapitalstruktur wird lediglich der ROI anders auf die Kapitalgeber verteilt: Ein Teil des ROI geht in Form von Zins- und Tilgungszahlungen an die Fremdkapitalgeber, der verbleibende Teil geht unmittelbar in Form von Dividenden oder mittelbar in Form von Gewinneinbehaltungen an die Aktionäre. Gilt das auf *Haley* und *Schall* zurückgehende Wertadditivitätstheorem, so geht es bei der Bewertung allein um die Summe, nicht darum, wie diese Summe aufgeteilt wird: „No matter how you split up a given income stream the sum of values of the component streams equals the value of the original stream."[12]

Vergleicht man das *Modigliani/Miller*-Modell mit der traditionellen Kapitalstrukturthese, so spricht zu seinen Gunsten zumindest, dass es das betriebswirtschaftliche Problem der Bewertung eines Unternehmens vor dem komplexeren Hintergrund des Bewertungssystems Markt sieht. *Schmidt/Terberger* schreiben: „Die traditionelle These enthält nicht etwa eine andere Auffassung über den Marktmechanismus als die MM-These, sondern sie enthält überhaupt keine; sie vergisst, den Kapitalmarkt überhaupt zu berücksichtigen."[13]

3.1.4 Dividendenpolitik

Aufgrund gesetzlicher Vorschriften darf eine Aktiengesellschaft nicht den gesamten Gewinn als Dividende an ihre Aktionäre ausschütten, sondern muss einen gewissen Teil zur Stärkung der Eigenkapitalbasis des Unternehmens den Rücklagen zuführen; häufig sehen die Satzungen der Gesellschaften weitere Verpflichtungen zur Rücklagenbildung vor. Abgesehen von derartigen Vorgaben sind es aber meist die Unternehmensleitungen selbst, die ein Interesse an einer Thesaurierung von Gewinnen haben und darauf drängen, dass weit höhere als nur die verpflichtenden Thesaurierungen vorgenommen werden. Die Frage, wie viel des Jahresüberschusses ausgeschüttet werden und wie viel den Rücklagen des Unternehmens zugewiesen werden sollte, ist somit eine wichtige finanzwirtschaftliche Entscheidung, die immer wieder für Diskussionen und Auseinandersetzungen in den Hauptversammlungen sorgt. Meistens sind es die Kleinaktionäre und ihre Interessenvertretungen, die mit Nachdruck eine höhere Gewinnausschüttung fordern, während sich Vorstand und Aufsichtsrat meist für eine höhere Rücklagendotierung aussprechen.

Die immer wieder vorgebrachten Argumente in den teils heftig geführten Debatten anlässlich der Hauptversammlung sind die Folgenden:

- Für die Thesaurierung wird ins Feld geführt, dass die Unternehmung ihre Eigenkapitalbasis stärken müsse, dass neue Investitionen getätigt werden müssten und dass nur so die Aktie auch künftig eine ertragreiche und sichere Anlage darstellen könne; die Selbstfinanzierung sei eine besonders kostengünstige Finanzierungsart, da sie wesentlich schneller vonstattengehe und keinerlei Transaktionskosten auslöse.
- Für die Ausschüttung wird hingegen angeführt, die Aktie sei schließlich eine Kapitalanlage, aus der auch ein gewisser Ertrag fließen müsse. Außerdem wird häufig

---

12 *Haley, Charles W.; Schall, Lawrence D.*: The Theory of Financial Decisions, 2. Aufl., New York (McGraw-Hill) 1979, S. 167.
13 *Schmidt, Reinhard H.; Terberger, Eva*: Grundzüge der Investitions- und Finanzierungstheorie, 3. Aufl., Wiesbaden (Gabler) 1996, S. 263.

das „Spatz-in-der-Hand-Taube-auf-dem-Dach-Argument" vorgebracht: Eine jetzt vereinnahmte Dividende sei eine sichere Sache, wohingegen die vom Vorstand in Aussicht gestellte gute Investition in der Zukunft doch eher vage und wesentlich mehr mit Unsicherheit behaftet sei.

Eine wissenschaftlich vertretbare Aussage darüber, welcher der Positionen man mehr zuneigen sollte, ist äußerst schwierig. *Fischer Black* beendet seinen Beitrag *The Dividend Puzzle*[14] mit den Worten „What should the individual investor do about dividends in his portfolio? We don't know. What should corporations do about dividend policy? We don't know." Schuld an der Verwirrung sind wieder *Modigliani* und *Miller*, die gezeigt haben,[15] dass sich in einem vollkommenen Kapitalmarkt die Frage nach der Dividendenpolitik nicht stellt: Es ist für die Wohlstandsposition der Aktionäre irrelevant, ob die Gesellschaft, deren Anteile sie halten, ihren Gewinn ausschüttet oder einbehält. Auch hier versuchen wir, uns anhand eines einfachen Beispiels die finanzwirtschaftliche Logik dieses Irrelevanztheorems deutlich zu machen.

In einer stationären Ökonomie gebe es zwei rein eigenfinanzierte AGs A und T; jede habe ihr Grundkapital in 1.000 Aktien zerlegt und erziele einen Gewinn von 60.000 €. Von den Aktionären wird angenommen, dass sie hohe Ausschüttungen vorziehen und daher von Unternehmen, die ihre Gewinne zu großen Teilen thesaurieren, eine höhere Eigenkapitalrendite verlangen, um den Nachteil zu kompensieren: Im Fall der Vollausschüttung gebe sich der Markt mit 10 % zufrieden, während er, sollten mehr als 50 % der Gewinne einbehalten werden, eine Rendite in Höhe von 10,5 % fordere. Welche Anlagemöglichkeiten bieten sich einem Investor, der über 12.600 € verfügt und der, so sei angenommen, ein jährliches Einkommen in Höhe von zehn Prozent seines eingesetzten Kapitals, mithin 1.260 €, erzielen möchte?

Die A-AG schütte ihren Gewinn in voller Höhe aus. Ohne Kapitalerhöhungen und Gewinnthesaurierungen bleibt das investierte Kapital konstant und wirft jedes Jahr einen Gewinn von 60.000 ab. Die A-Aktie lässt somit einen konformen Dividendenstrom von 60 € erwarten und wird als ewige Rente mit $S_{A0} = 60/0,1 = 600$ bewertet. Ein Investor, der über 12.600 € verfügt, würde 21 A-Aktien kaufen und einen laufenden Dividendenstrom in Höhe von 1.260 € erzielen können, was genau seiner geforderten Rendite von 10 % entspricht.

Die T-AG erklärt hingegen, auf Dauer den Gewinn nur zu einem Viertel ausschütten zu wollen. Auch die neu zufließenden Kapitalmittel erzielen eine Rendite von 10 %: Somit wächst der Gewinn und damit auch die Dividende pro Jahr um $g = 7,5$ %. Nach der *Gordon*'schen Bewertungsformel errechnet sich somit beim Diskontierungssatz von 10,5 % ein Aktienkurs von

$$S_{T0} = \mathrm{Div}_1/(\mu_e - g) = 15/(0,105 - 0,075) = 500 \,,$$

14 *Black, Fischer*: The Dividend Puzzle, Journal of Portfolio Management, 1976, Vol. 2(2), S. 5–8.
15 *Modigliani, Franco; Miller, Merton H.*: Dividend Policy; Growth and the Valuation of Shares, Journal of Business 1961, S. 411–433.

der allerdings, da die Gewinne und Dividenden wachsen, ebenfalls wachsen wird. In der folgenden Tabelle ist der Kursverlauf nach der *Gordon*'schen Bewertungsformel über die nächsten fünf Jahre in der Spalte „Kurs" berechnet; natürlich legt auch der Kurs um 7,5 % pro Jahr zu. Ein Investor, der eine laufende Zahlung in Höhe von 1.260 pro Jahr erhalten möchte, legt in t_0 12.000 € an und erhält dafür 24 T-Aktien; allerdings ist er, um sein laufendes Einkommen sicherzustellen, gezwungen, jährlich einen Teil seiner Aktien zu verkaufen:

- In t_1 erhält er $24 \cdot 15 = 360$ € Dividende; aus dem Verkauf von 1,67 Aktien zum Kurs von 537,50 erlöst er den Betrag von 900 €, sodass ihm für Konsumzwecke 1.260 € zufließen; die verbleibenden 22,33 Aktien repräsentieren bei einem Kurs von 537,50 nach wie vor ein Vermögen von 12.000 €;
- In t_2 erhält er $22,33 \cdot 16,13 = 360$ € Dividende; weiter erlöst er aus dem Verkauf von 1,56 Aktien zum Kurs von 577,81 den Betrag von 900 €, sodass ihm erneut für Konsumzwecke 1.260 € zufließen; die verbleibenden 20,77 Aktien repräsentieren bei einem Kurs von 577,81 wie zuvor ein Vermögen von 12.000 €;
- etc.

	Sphäre Unternehmen (T-AG)				Sphäre Investor					
t	Gewinn	Rück-lage	Divi-dende	Div./ Aktie	Kurs S_T	Kauf/ Verkauf	Bestand	Divi-dende	Erlös	Konsum	Vermögen
0					500,00	24,00	24,00				12.000
1	60.000	45.000	15.000	15,00	537,50	−1,67	22,33	360	900	1.260	12.000
2	64.500	48.375	16.125	16,13	577,81	−1,56	20,77	360	900	1.260	12.000
3	69.338	52.003	17.335	17,33	621,15	−1,45	19,32	360	900	1.260	12.000
4	74.538	55.903	18.635	18,64	667,73	−1,35	17,97	360	900	1.260	12.000
5	80.128	60.096	20.032	20,03	717,81	−1,25	16,72	360	900	1.260	12.000
6	86.138	64.603	21.535	21,53	771,65	−1,17	15,55	360	900	1.260	12.000
...	...	...	...	...	...	...	...	...	...	...	...

Finanzwirtschaftlich vergleichbar mit dem, was wir als *home-made-leverage* kennen gelernt haben, hat sich der Investor hier seinen eigenen Dividendenstrom generiert, hat er *home-made-dividends* erzeugt: Mit dem Kauf von 21 A-Aktien, deren Bestand unverändert bleibt, hat er denselben Zahlungsstrom erworben wie mit dem Kauf von 24 T-Aktien, von denen er jedes Jahr ein paar verkaufen muss: In beiden Fällen bleibt sein Vermögensstock über die Zeit konstant und er kann 1.260 € pro Periode entnehmen.

Allerdings kostete der Zahlungsstrom mit A-Aktien 12.600 € und mit B-Aktien 12.000 €. Damit ist das *law of one price* verletzt und erlaubt z. B. dem Besitzer von 21 A-Aktien, diese zu verkaufen, 24 T-Aktien zu erwerben und, ohne auf irgendetwas verzichten zu müssen, die verbleibenden 600 € als risikolosen Arbitragegewinn zu vereinnahmen.

Ein Arbitragegewinn kann durch den Wechsel von ansonsten gleichen, sich aber in ihrer Dividendenpolitik unterscheidenden Aktien nur dann nicht erzielt werden, wenn die Aktionäre bei der Bewertung der Aktien die Ausschüttungsquote unberücksichtigt lassen.

In der folgenden Tabelle gehen wir davon aus, dass die vom Markt geforderte Eigenkapitalrendite unabhängig von der Ausschüttungsquote $\mu_e = 10\,\%$ beträgt. Damit errechnet sich für die T-Aktie ein aktueller Aktienkurs in Höhe von ebenfalls

$$S_{B0} = \text{Div}_1/(\mu_e - g) = 15/(0{,}10 - 0{,}075) = 600 \,.$$

Der Investor muss nunmehr, um einen laufenden Ertrag von 1.260 zu erzielen, 21 T-Aktien erwerben, die in der Summe genau so viel kosten wie die 21 A-Aktien. Durch Verkauf der angegebenen Stück Aktien pro Periode kann er sich zwar den gewünschten Zahlungsstrom von 1.260 € erzeugen, ein *free lunch* entsteht dabei aber nicht:

	Sphäre Unternehmen (T-AG)					Sphäre Investor					
t	Gewinn	Rück-lage	Divi-dende	Div./Aktie	Kurs S_T	Kauf/Verkauf	Bestand	Divi-dende	Erlös	Konsum	Vermögen
0					600,00	21,00	21,00			1.260	
1	60.000	45.000	15.000	15,00	645,00	−1,47	19,53	315	945	1.260	12.600
2	64.500	48.375	16.125	16,13	693,38	−1,36	18,17	315	945	1.260	12.600
3	69.338	52.003	17.335	17,33	745,38	−1,27	16,90	315	945	1.260	12.600
4	74.538	55.903	18.635	18,64	801,28	−1,18	15,72	315	945	1.260	12.600
5	80.128	60.096	20.032	20,03	861,38	−1,10	14,63	315	945	1.260	12.600
6	86.138	64.603	21.535	21,53	925,98	−1,02	13,61	315	945	1.260	12.600
...	...	...	...	...	...	...	...	...	...	...	...

Auch bei der Frage nach der Dividendenpolitik gilt, solange wir es mit einem annahmegemäß vollkommenen Kapitalmarkt zu tun haben, das Wertadditivitätsprinzip: Da der gesamte Gewinn den Aktionären zuzurechnen ist und im Wege unterschiedlicher Ausschüttungspolitiken lediglich anders aufgeteilt wird in
– einerseits die Dividende, die an die Aktionäre gezahlt wird und
– andererseits die Rücklagendotierung, die sich in steigenden künftigen Gewinnen und somit in steigenden Kursen niederschlägt,

bleibt der Wert des Zahlungsstroms von der Aufteilung unberührt. Wie schon zuvor bei der Irrelevanzthese der Kapitalstruktur gilt auch hier: Die Ergebnisse, die die Unternehmensleitung im Wege der Ausschüttungspolitik bewirkt, können vom einzelnen Aktionär auch privat herbeigeführt werden; sie sind daher für ihn ohne Wert. Anteilseigner,
– die es lieber sähen, wenn mehr Dividenden ausgeschüttet würden als es die Gesellschaft im Rahmen ihrer Dividendenpolitik tut, können durch teilweisen Verkauf von Aktien ihre Dividende aufbessern;
– die es vorziehen würden, wenn die Gewinne stärker zur Dotierung der Rücklagen verwendet werden, können die erhaltene Dividende ganz oder teilweise zum Erwerb weiterer Aktien des Unternehmens verwenden.

Häufig stützen sich die Befürworter einer hohen Ausschüttung auf das „Spatz-in-der-Hand-Taube-auf-dem-Dach"-Argument: Schließlich sei die erhaltene Dividende etwas handfestes, wohingegen die Aussicht auf künftige Dividenden- und Kurssteigerungen doch eher mit Unsicherheit behaftet sei. So plausibel das Argument erscheinen mag, finanzwirtschaftlich haltbar ist es nicht, da hier Dinge miteinander verglichen werden, die nicht vergleichbar sind:

– Entweder der Aktionär braucht das Geld, dann lautet die Alternative nicht Ausschüttung versus Nicht-Ausschüttung, sondern Ausschüttung versus *home-made-dividends*; in beiden Fällen wird der gleiche Betrag „sicher" gestellt, d. h. verkonsumiert, und der gleiche Betrag verbleibt „unsicher" im unternehmerischen Risiko.

– Oder der Aktionär braucht das Geld nicht, dann lautet die Alternative wieder nicht Ausschüttung versus Nicht-Ausschüttung, sondern Thesaurierung versus Reinvestition von Dividendenerträgen; auch hier werden die gleichen Beträge dem jeweiligen Unternehmensrisiko ausgesetzt.

Die These von der Irrelevanz der Dividendenpolitik hat, vielleicht ohne dass es den Beteiligten so richtig bewusstgeworden ist, auch in der praktischen Finanzanalyse ihren Niederschlag gefunden und zwar in der am meisten verbreiteten und oben bereits behandelten Kennziffer für die Beurteilung einer Aktie, dem Kurs-Gewinn-Verhältnis (KGV). Wenn es für die Aktienbewertung nicht von Belang ist, ob die Gesellschaft einen hohen oder einen geringen Teil des Gewinns an die Aktionäre ausschüttet, kann auch unterstellt werden, sie schütte alles aus. In diesem Fall reduziert sich das Bewertungsproblem unabhängig von der tatsächlichen Dividendenpolitik auf die Berechnung eines konformen Dividendenstroms in der Höhe des aktuellen Gewinns; da ein endogenes Wachstum, bedingt durch die Thesaurierung von Kapital, nicht stattfindet, haben wir es mit einer ewigen Rente zu tun:

$$S_0 = \frac{G}{\mu_e}$$

G = aktueller und zukünftiger Gewinn

μ_e = Eigenkapitalforderung des Marktes

Die Dividende D einer Aktie ergibt sich als das Produkt aus Gewinn pro Aktie und der jeweiligen Ausschüttungsquote δ als $D = G \cdot \delta$. Da $1 - \delta$ der Gewinne einbehalten werden und sich im Unternehmen zum Eigenkapitalkostensatz μ_e (in der *Gordon*'schen Formel: r) verzinsen, wächst der Gewinn und damit auch die Dividende pro Periode um den Wachstumsfaktor $g = \mu_e \cdot (1-\delta) = \mu_e - \mu_e \cdot \delta$. Damit errechnet sich der aktuelle Kurs nach der *Gordon*'schen Bewertungsformel als

$$S_0 = \frac{D}{(r - g)} = \frac{G \cdot \delta}{\mu_e - (\mu_e - \mu_e \cdot \delta)} = \frac{G}{\mu_e}$$

Unter Gültigkeit des Irrelevanztheorems der Dividendenpolitik ist es mithin zulässig, alle Aktien unabhängig von der tatsächlich praktizierten Dividendenpolitik nach einem einheitlichen Kriterium wie dem Kurs-Gewinn-Verhältnis zu beurteilen.

Von entscheidender Bedeutung für die Gültigkeit des Irrelevanztheorems ist die Annahme, Gewinnausschüttungen und -einbehaltungen würden der gleichen (oder keiner) *Besteuerung* unterliegen. Dies ist natürlich nicht der Fall: Sowohl in Deutschland als auch in Österreich ist es für die Vermögensposition eines Aktionärs besser, wenn die Gewinne im Unternehmen verbleiben, als wenn sie ihm als Dividenden ausgeschüttet werden.

In Deutschland wie in Österreich werden die Gewinne bei der Kapitalgesellschaft mit Körperschaftsteuer belegt (Stand 2021: D: 15 %, mit Solidaritätszuschlag 15,825 %; A: 25 %). Die dem Aktionär zufließende Dividende unterliegt in beiden Ländern der Kapitalertragsteuer (Stand 2021: D: 25 %, mit Solidaritätszuschlag 27,8 %; A: 27,5 %), Somit ergeben sich ausgehend vom Gewinn vor Steuern die folgenden Belastungen:

	Deutschland		Österreich	
	Ausschüttung	Thesaurierung	Ausschüttung	Thesaurierung
Gewinn vor Steuern	1.000,00	1.000,00	1.000,00	1.000,00
KSt (15,825 % bzw. 25 %)	158,25	158,25	250,00	250,00
Dividende		841,75		750,00
KESt (27,8 % bzw. 27,5 %)		234,00		206,25
Vermögensmehrung/Zufluss:	**841,75**	**607,75**	**660,00**	**543,75**

In beiden Ländern ist die Selbstfinanzierung steuerlich bevorzugt. Damit wäre es aus Sicht der Aktionäre rational, auf Dividendenausschüttungen vollständig zu verzichten. Dennoch gibt es eine Vorliebe der Investoren für Cash-Dividenden.[16] Da mag das bereits erwähnte „Spatz-Taube-Argument" eine Rolle spielen oder auch die Vorstellung, dass man „die Substanz angreift", wenn man Teile des Portefeuilles verkauft, um den Erlös zu verbrauchen. Dabei wird übersehen, dass es finanzwirtschaftlich ohne Belang ist, ob die Unternehmungen hohe Ausschüttungen tätigen oder die Aktionäre fehlende Dividenden durch Verkäufe kompensieren: In beiden Fällen wird Kapital entnommen, das künftig Früchte tragen könnte.[17]

Allerdings gibt es auch finanzwirtschaftlich gute Gründe für eine Ausschüttung von Dividenden in der Praxis. Da die Aktiengesellschaften regelmäßig danach trachten, sowohl im Gewinnausweis als auch in der Dividendenhöhe ein gewisses Maß an

---

16 Vgl. *Shefrin, Hersh M.; Statman, Meir*: Explaining Investor Preference for Cash Dividends, Journal of Financial Economics 1984, S. 253–282.

17 In der Literatur sind eine Reihe von verhaltenstheoretischen Erklärungsansätzen entwickelt worden, welche die Tatsache, dass die Unternehmen Dividenden zahlen, zu erklären versuchen; eine Auseinandersetzung mit diesen Ansätzen findet sich bei *Miller, H. Merton*: Behavioral Rationality in Finance: The Case of Dividends, Journal of Business 1986, S. 451–468.

Stabilität an den Tag zu legen (Gewinnkontinuitätspolitik, Dividendenkontinuitätspolitik), kommt jeder Dividendenveränderung eine wichtige *Signalfunktion* zu: Die Investoren wissen, dass eine Unternehmensleitung sich erst dann zu einem Anheben der Dividende entscheiden wird, wenn sie sich einigermaßen sicher ist, diese höhere Dividende auch für eine lange Reihe von Jahren bedienen zu können. Mit einer Dividendenerhöhung kann somit der Vorstand seinen Aktionären signalisieren, dass die Zukunftsaussichten der Unternehmung für die nächste Zukunft recht positiv sind. Umgekehrt wissen die Investoren, dass eine Unternehmensleitung erst dann – quasi als ultima ratio – sich zu einer Dividendenkürzung durchringen wird, wenn die schlechte Geschäftslage nicht mehr länger zu verbergen ist. Die häufig zu beobachtende Tatsache, dass die Kurse auf die Ankündigung höherer (niedrigerer) Dividenden hin stark steigen (fallen), hat also nichts damit zu tun, dass höhere (niedrigere) Ausschüttungen einen höheren (geringeren) Aktienkurs rechtfertigten, sondern damit, dass der Markt eine neue Information erhalten hat: information matters, not dividends.

3.1.5 Fundamentalanalyse und Markt

Von *Pierre Joseph Proudhon*, dem französischen Intellektuellen, Sozialisten und Theoretiker des Anarchismus stammt eines der schillerndsten Lehrbücher der Wertpapierbörse, das „Manuel du spéculateur à la bourse"; es handelt sich um eine Auftragsarbeit, die *Proudhon* aber auch benutzte, um sich kritisch mit der Finanzwelt auseinanderzusetzen. Der Reichtum eines Landes basiert nach seiner Ansicht auf den vier Prinzipien Arbeit, Kapital, Warenhandel (commerce) und Spekulation, wobei er in den ersten drei die physische Kraft und in der Letztgenannten das intellektuelle Hirn einer Volkswirtschaft erkennt.

Das was er Spekulation nennt, das rastlose Bemühen um einen privaten wirtschaftlichen Vorteil, sei einerseits „éminemment productive, non-seulement pour le spéculateur, mais pour le public, qui participe aux résultats";[18] auf der anderen Seite sei es „sous le nom de Spéculation que le parasitisme, l'intrigue, l'escroquerie, la concussion dévorent la richesse publique et entretiennent la misère chronique du genre humain";[19] nicht zuletzt aufgrund dieser Widersprüche sieht *Proudhon* im Kapitalmarkt „le mouvement par excellence de la société moderne"; er ist der Ort, wo „le philosophe, l'économiste, l'homme d'État, doivent étudier les ressorts cachés de la

---

18 *Proudhon, Pierre J.*: Manuel du spéculateur à la bourse, 4. Aufl., Paris (Garnier) 1857, S. 5. Übersetzung: „eminent produktiv, nicht nur für den Spekulanten, sondern auch für die Öffentlichkeit/Gesellschaft, die an den Resultaten teilhat."

19 *Proudhon, Pierre J.*: Manuel du spéculateur à la bourse, 4. Aufl., Paris (Garnier) 1857, S. 9. Übersetzung: „unter dem Namen Spekulation, dass Parasitismus, Intrigen, Betrug, Veruntreuung öffentlichen Vermögens und das chronische Elend der Menschheit aufrechterhalten werden."

civilisation, apprendre à ressoudre les secrets de l'histoire, et à prévoir de loin les ré-volutions et les cataclysmes."[20]

Kurz: Der Kapitalmarkt ist der Ort, wo die besten Köpfe Fundamentalanalyse be-treiben.

Obgleich die Fundamentalanalyse weltweit verbreitet ist und von Privatinvestoren ebenso wie von professionellen Finanzanalysten und Portfoliomanagern zur Fundie-rung ihrer Kauf- und Verkaufentscheidungen herangezogen wird, ist sie keineswegs unumstritten. Wie bereits festgestellt, nimmt der Fundamentalanalytiker drei Dinge an, nämlich

(1) dass der Markt regelmäßig Fehlbewertungen macht, die sich in Kursen nieder-schlagen, die unter dem inneren Wert der Aktie liegen (Unterbewertungen) oder die über ihm liegen (Überbewertungen),

(2) dass der Markt „seine Fehler einsieht" und daher immer wieder dazu tendiert, die Kurse den inneren Werten anzugleichen, und

(3) dass es dem einzelnen Investor möglich ist, die Fehlbewertungen zu erkennen und dieses Wissen für bessere Anlageentscheidungen zu nutzen.

Auf die beiden erstgenannten Annahmen kommen wir noch im Zusammenhang mit der Hypothese informationseffizienter Märkte zu sprechen. Die dritte Annahme un-terstellt, dass es jedem Einzelnen, jedem, der Fundamentalanalyse betreibt, gelingt, etwas zu tun, was den anderen offenbar nicht gelingt. Offenbar sehen die anderen, *der Markt*, nicht, was er sieht; dass nämlich zum gegebenen Kurs die Aktie überbe-wertet oder unterbewertet ist. Die Über- oder Unterbewertung existiert – zumindest in der Vorstellung des Fundamentalanalytikers – ja gerade deswegen, *weil* die ande-ren sie nicht (oder noch nicht) erkennen. Wie aber ist es möglich, dass alle diejenigen, die Fundamentalanalyse betreiben, dies besser machen als alle anderen; als die ande-ren, die ihrerseits Fundamentalanalyse betreiben und dabei natürlich überzeugt sind, dass *sie* es besser machen? Wenn man sich einmal vergegenwärtigt, dass es für jede umgesetzte Aktie einen Käufer und einen Verkäufer gibt, so wird das Paradox offen-kundig: Beide Beteiligten sind der subjektiven Überzeugung, eine sachlich fundier-te und trotz aller Unwägbarkeiten eher richtige als falsche Entscheidung zu treffen. Zugleich ist jeder von beiden der Überzeugung, dass der andere wahrscheinlich eine Fehlentscheidung trifft, wenn er zum gegebenen Preis die Aktie von ihm kauft oder an ihn verkauft.

Dieter Suhr hat die juristische Grundstruktur eines typischen Börsengeschäfts da-her mit einem Betrug verglichen; ein solcher liegt nach § 263 dStGB u. a. dann vor, wenn jemand in der Absicht, sich einen Vermögensvorteil zu verschaffen, das Ver-

---

20 *Proudhon, Pierre J.*: Manuel du spéculateur à la bourse, 4. Aufl., Paris (Garnier) 1857, S. 23. Übersetzung: „der Philosoph, der Ökonom, der Staatsmann die verborgenen Quellen der Zivilisation studieren muss, um die Geheimnisse der Geschichte zu lüften und Revolutionen und Katastrophen aus der Ferne vorauszusehen."

mögen eines anderen dadurch beschädigt, dass er bei diesem durch Unterdrückung wahrer Tatsachen einen Irrtum unterhält.[21] *Suhr* ging allerdings von der Vorstellung aus, es gäbe stets einen informierten Marktteilnehmer, der sich zulasten des weniger informierten bereichere. Von der Intention her können es aber durchaus auch beide sein, die sich im Besitz der besseren Information wähnen und daher glauben, sich zulasten des weniger gut informierten Marktpartners bereichern zu können. Selbstverständlich handelt es sich hier um eine gedankliche Analogie, mit der die Grundstruktur der Investmententscheidung akzentuiert herausgearbeitet werden soll: *Suhr* vertritt nicht die Ansicht, der Kauf oder Verkauf von Wertpapieren sei tatsächlich eine strafbare Handlung.

Sich zur Fundamentalanalyse zu bekennen, setzt somit ein gehöriges Maß an Selbstbewusstsein, wenn nicht gar Hybris, voraus: Wir sind besser als die anderen und wenn die meinen, besser zu sein als wir, so täuschen sie sich! *Reinhard H. Schmidt* hat etwa in seiner Dissertation bereits das Wort geprägt, die Fundamentalanalyse weise einen „elitären Bias"[22] auf. Er hat wohl recht.

3.2 Marktbezogene Analyse

Die fundamentale Aktienanalyse geht davon aus, dass es einen wahren Wert des Unternehmens gebe, eben den intrinsic value, den man mit viel Sorgfalt, Erfahrung und professionellem Know-how ermitteln oder zumindest abschätzen könne. Ähnlich wie bei einem Geologen, der darauf spezialisiert ist, Untersuchungen über das Vorkommen von Bodenschätzen (Öl, Gas, Edelmetalle o. ä.) vorzunehmen und entsprechende Expertisen abzugeben, gelte auch für den Finanzanalysten, dass derjenige seine Aufgabe am besten erfülle, der den tatsächlichen Gegebenheiten (der objektiv gegebenen Wahrheit) am nächsten komme.

Eine andere Sicht der Dinge erhält man, wenn man den Wert der Unternehmung lediglich als das Ergebnis einer Wertzumessung durch die Marktteilnehmer sieht: *Res tantum valet quantum vendi potest* (Eine Sache ist so viel wert, für wie viel sie verkauft werden kann).[23] „Bewerten", einen Wert beimessen, stellt immer einen subjektiven kognitiven Akt einer mehr oder minder vernunftbegabten Person dar; der Marktpreis eines Gutes ist nichts anderes als die Aggregation einer Vielzahl einzelner, subjektiver Bewertungsakte und somit der „Wert". Wer von einem solchen Ansatz ausgeht, wird die Frage nach dem wahren Wert gar nicht erst stellen, sondern sich gleich dem Prozess der Wertzumessung durch die Marktteilnehmer zuwenden, er wird primär den Markt (die Bewertenden) und nicht das emittierende Unternehmen (das zu Bewerten-

---

21 Vgl. *Suhr, Dieter*: Eigentumsinstitut und Aktieneigentum, Hamburg 1966 (Appel), S. 106.
22 *Schmidt, Reinhard H.*: Aktienkursprognose, Wiesbaden (Gabler) 1976, S. 182.
23 Grundsatz aus dem römischen Recht.

de) beobachten. Erfolgt dies durch das Studium von Kursen, Indices, Umsätzen u. ä. aus der Wertpapierberichterstattung, so haben wir es mit technischer Wertpapieranalyse zu tun. Erfolgt das Studium des Marktes eher durch Einschätzung von Stimmungen, Tendenzen, mutmaßlichen Erwartungsänderungen etc., so haben wir es mit einer Markt-Meinungs-Analyse zu tun. Im Folgenden werden beide Ansätze kurz vorgestellt.

3.2.1 Technische Wertpapieranalyse

Hinter diesem Begriff verbirgt sich eine Fülle von Regeln und Strategien, bei denen der Investor den historischen Verlauf von Preisen, Kursen, Indices etc. beobachtet, um daraus Schlüsse auf ihren mutmaßlichen weiteren Verlauf zu ziehen. Anhänger dieser Form der Wertpapieranalyse werden als *Techniker, Charttechniker* oder *Chartisten* bezeichnet; in ihrer reinen Ausprägung interessiert sie überhaupt nicht das Unternehmen selbst, seine Erfolge oder Misserfolge in der Vergangenheit, seine Zukunftsaussichten etc., sondern einzig und allein der aktuelle Aktienkurs und der Verlauf der Aktienkurse in der Vergangenheit: Fundamentale Informationen „sind für den Technischen Analysten ‚tabu‘, denn sie helfen ihm nicht bei der Urteilsfindung, sondern verstellen ihm den Blick auf das Marktgeschehen und machen ihn taub für die Stimme des Marktes".[24] Lassen wir einmal einen überzeugten Vertreter der Technischen Analyse selbst zu Wort kommen:[25]

> Die Erfahrung hat gelehrt: Die Geschichte der Börse ist die von Revisionen fundamentaler Einschätzung. Das ist keine Diffamierung und keine Schande, sondern eine in langen Jahren gefestigte Beobachtung und Bestandteil des Spiels. Vereinfacht ausgedrückt: Normalerweise sind die Prognosen von Fundamentalanalysten sehr ähnlich, leider nur regelmäßig meilenweit vom tatsächlichen Ergebnis entfernt [...] Der Technische Analyst stellt sich die Frage nach der fairen Bewertung erst gar nicht. Er weiß: Der Markt hat immer recht.

Die technische Analyse wird von professionellen Anlegern weit seltener als die Fundamentalanalyse angewendet: *Malkiel* schätzt, dass sich an der Wall Street etwa 90 % der Profis zu den Fundamentalanalytikern rechnen und der Überzeugung sind „chartists are lacking in dignity and professionalism."[26] Bei Kleinanlegern, denen ein fundamentalanalytisches Primärresearch aus Kostengründen verschlossen ist, hat die technische Analyse jedoch in den letzten Jahrzehnten eine starke Verbreitung erfahren. Der Grund ist, dass sie sich, anders als die Fundamentalanalyse, gut dazu eignet, automatisiert zu werden. Die meisten heute angebotenen Börsen-Software-Programme basieren auf ausgewählten Elementen der technischen Wertpapieranalyse und ermöglichen den automatischen Import von Daten aus dem Internet.

---

24 *Stöttner, Rainer*: Die Mängel am Fundament, Technical Investor Juni/Juli 2000, S. 51.
25 *Bien, Volker*: Technische Analyse: Was ist das überhaupt? Technical Investor, Juni/Juli 2000, S. 8.
26 *Malkiel, Burton G.*: A Random Walk Down Wall Street, New York (Norton) 2011, S. 113.

Sehr häufig findet sich in der Praxis auch eine Kombination von technischer Analyse und Fundamentalanalyse, wobei der Letzteren die Funktion zugewiesen wird, Entscheidungen über das „ob", über die grundsätzlichen Anlagestrategien (*asset allocation*) zu unterstützen, während man sich der technischen Analyse bedient, um das „wann" (*timing*), um den richtigen Zeitpunkt für den Kauf oder Verkauf der fundamentalanalytisch ausgewählten Titel zu bestimmen. Andere Autoren differenzieren nach der Fristigkeit: Fundamentalanalyse sei eher für den langfristig orientierten Anleger, Chartanalyse eher für den Kurzfristanleger anzuraten.

Die technische Aktienanalyse versteht sich nicht als Wissenschaft, sondern als eine aus dem Erfahrungswissen gespeiste Handelstechnik. Einer der bekanntesten Verfechter der technischen Aktienanalyse, *John Magee*, hält es schlicht für aussichtslos, verstehen zu wollen, *warum* sich der Markt gerade so verhält, wie er sich verhält; bestenfalls könne es darum gehen, zu erkennen, *wie* er sich verhält.[27] Viele ihrer Aussagen werden daher nicht weiter erklärt, sondern schlicht im Sinne von nicht überprüften *Wenn-dann-Zusammenhängen* postuliert: Wissenschaftstheoretisch gesehen handelt es sich dabei um Black-Box-Aussagen, die ausschließlich danach zu beurteilen sind, ob sie empirisch gültig sind oder nicht. Eine empirische Prüfung nach wissenschaftlichen Kriterien wird i. d. R. von Chartisten allerdings nicht vollzogen.

Gleichwohl finden sich in den Darstellungen auch immer wieder Erklärungsversuche, die allerdings kaum über den Charakter von Ad-hoc-Erklärungen hinauskommen: Ihnen mag eine gewisse Plausibilität zukommen, eine zwingende innere Logik ist nicht erkennbar. So wird z. B. eine der zentralen Kernüberzeugungen der technischen Wertpapieranalyse, die Annahme, dass Aktienkurse in Trends verlaufen, damit begründet, dass die Anleger ein typisches Herdenverhalten an den Tag legen. Wenn Anleger ein Steigen der Preise beobachten, versuchen einige, auf den abfahrenden Zug noch aufzuspringen und verstärken somit die Aufwärtsbewegung der Kurse; dies veranlasst wiederum andere, anfangs noch etwas zögerlichere Anleger, ihrerseits Papiere zu erwerben.... In diesem Falle gilt der charttechnische Grundsatz „Die Hausse nährt die Hausse" und erzeugt einen länger anhaltenden Aufwärtstrend der Kurse. Entsprechende *self-fulfilling prophecies* gibt es selbstverständlich auch im Falle von Abwärtsbewegungen: Hier nährt dann die Baisse die Baisse. Ein anderes Erklärungsmuster für Trends bezieht sich auf die asymmetrische Informationsverteilung: Es wird unterstellt, dass wichtige kursrelevante Informationen zunächst einmal nur einer kleinen Zahl von Eingeweihten (Insidern) bekannt sind, die sie ausnutzen, was dann im Fall positiver Informationen zu einem Steigen der Kurse führen wird. Die Information diffundiert nunmehr langsam in den Markt bis zum allgemeinen Publikum, wo sie allerdings kaum noch einen Wert hat, dennoch aber die Preise weiter nach oben treibt (zu diesem Zeitpunkt werden die Gewinne der gut Informierten realisiert). Während dieses gesamten Prozesses lässt sich ein mehr oder weniger konstanter Kursanstieg (oder -verfall) beobachten, ein stabiler „Trend".

---

27 Zitiert nach *Malkiel, Burton G.*: A Random Walk Down Wall Street, New York (Norton) 2011, S. 122.

Die Chartisten haben zwar genauso wenig Zugang zu den Insider-Informationen wie das allgemeine Publikum, glauben aber sich der Signale bedienen zu können, welche die besser Informierten im Markt hinterlassen. *Schmidt*, der im Anspruch der Fundamentalanalyse einen „elitären bias" erkennt, weist der technischen Analyse daher eher einen „underdog bias"[28] zu: Die Techniker erheben nicht den Anspruch, mehr wissen zu wollen als die „Smart-money-Investoren", halten sich aber für clever genug, den Spuren zu folgen, welche die Aktionen jener unfreiwilligerweise im Markt hinterlassen.

Charts und Chart-Formationen

Ein wichtiges Handwerkszeug der technischen Wertpapieranalyse sind die grafisch aufbereiteten Kursinformationen, die sog. *Charts*. In aller Regel ist auf der horizontalen Achse die Zeit abgetragen; je nachdem, ob es sich um Kurzfristcharts, Mittelfristcharts oder Langfristcharts handelt, beträgt die Zeiteinheit einen Tag, eine Woche, einen Monat oder ein Jahr. Auf der vertikalen Achse sind die Kurse und meist auch die jeweiligen Umsätze abgetragen. Meist finden sich neben den Kursverläufen auch sog. Gleitende Durchschnittslinien. Diese ergeben sich jeweils als das arithmetische Mittel der letzten 38 oder 200 Börsentage und sollen längerfristige Bewegungen verdeutlichen. Weiterhin finden sie aber auch als sogenannte *Handelsregel* Anwendung: Durchbricht der Kurs eine gleitende Durchschnittslinie von unten nach oben um einen bestimmten Betrag, so wird dies als Kaufsignal angesehen, durchbricht er sie von oben nach unten, so sieht die technische Analyse darin ein Signal zum Verkauf der Aktie. Hier, wie grundsätzlich bei allen anderen Handelsregeln dieser Art gilt, dass ein Signal erst dann ernst genommen werden sollte, wenn es auch vom entsprechenden Umsatz begleitet ist; erfolgt das Signal bei nur geringen Umsätzen, unterstellt der Techniker ein Zufallsergebnis, dem nur wenig Beachtung zu schenken sei.

Ein wesentlicher Kern der technischen Analyse ist die Erfassung und Interpretation sog. technischer *Formationen*, d. h. Kursbilder aus der Vergangenheit, die Rückschlüsse auf den mutmaßlichen weiteren Verlauf des jeweiligen Kurses erlauben sollen.

Das elementarste aller Kursverlaufsbilder ist dabei der *Trend* selbst, bzw. der *Trendkanal*: Es sei zu vermuten, dass eine Aktie, die sich derzeit in einem Aufwärtstrend (Abwärtstrend) befindet, auch in der nächsten Zukunft eher steigen (fallen) werde. Der Trendkanal ist somit selbst eine *trendbestätigende Formation*. Andere *trendbestätigende Indikatoren*, Kursverlaufsbilder, die Anlass zu der Vermutung geben, dass der Trend sich auch weiter fortsetzen werde, sind insbesondere die *Flagge*, das *Dreieck*, der *Wimpel*, der *Keil* oder das *Rechteck*. *Trendumkehrformationen* seien dagegen die *V-Formation* (als Übergang eines Abwärtstrends in einen Aufwärtstrend) die *umgekehrte V-Formation* (als Übergang eines Aufwärtstrends in einen Abwärts-

---

28 *Schmidt, Reinhard H.*: Aktienkursprognose, Wiesbaden (Gabler) 1976, S. 182.

trend), entsprechend die *W-Formation* (auch: Doppelter Boden) und die *M-Formation* (auch: Doppelte Spitze), die *Untertasse*, die *Muschel* (eine Folge von Untertassen), die *Kopf-Schulter-Formation* etc. Beim Vorliegen von Kursbildern dieser Art müsse, sofern die begleitenden Umsatzzahlen den Formationen hinreichend Gewicht verleihen, mit einer Umkehr des jeweiligen Trends gerechnet werden.

Nicht an Trends orientierte Formationen sind die *Unterstützungs- und Wider-standslinien*. Eine Unterstützungslinie ergibt sich, wenn der Kurs mehrfach hinterein-ander ein bestimmtes Niveau nicht unterschritten hat. Nähert sich der Kurs neuerlich diesem Niveau, so rechnet der Techniker damit, dass er „Unterstützung" finden und wiederum an der unteren Kursgrenze abprallen werde. Entsprechend spricht man von einer Widerstandslinie, wenn der Kurs mehrfach ein bestimmtes Kursniveau nicht überschritten hat; auch hier ist damit zu rechnen, dass er auch beim nächsten Versuch scheitern wird.

Erfolgt trotz mehrfachen Abprallens in der Vergangenheit dennoch ein Durchbre-chen der Unterstützungslinie nach unten, so wird dies als klares Verkaufssignal inter-pretiert, da mit einem weiteren starken Kursrückgang zu rechnen sei. Entsprechend wird im Durchbrechen der Widerstandslinie nach oben ein klares Kaufsignal gesehen: Der Widerstand sei nunmehr gebrochen und einer „Rallye" stehe vermeintlich nichts mehr im Wege.

Grundsätzlich gilt für alle Spielarten der Chartanalyse, dass die angegebenen Kursbilder nur in den seltensten Fällen so klar sind, wie sie in den einschlägigen Büchern und Foren für die jeweiligen Software-Instrumente dargestellt werden: Hier versuchen die Autoren natürlich, besonders eindeutige Beispiele – bei denen die unterstellte Prognose sich auch als richtig erwiesen hat – darzustellen. In der prak-tischen Anwendung hingegen mahnen selbst ausgesprochene Vertreter der techni-schen Aktienanalyse bei der Verwendung der Kursbilder zu äußerster Vorsicht.

Technische Indikatoren

Die Analyse und Interpretation von Kursverlaufsbildern ist eine, nicht aber die einzige Form der technischen Analyse. Definiert man technische Wertpapieranalyse als eine Form der Kursprognose, die sich ausschließlich der in historischen und aktuellen Prei-sen enthaltenen Informationen bedient, so ist auch eine Fülle von weiteren Indikato-ren zu dieser Form der Wertpapieranalyse zu rechnen. Wie den Kursverlaufsbildern wird auch diesen Indikatoren die Fähigkeit zugesprochen, Wahrscheinlichkeitsaus-sagen über künftige Kursverläufe zu ermöglichen.

Einer der bekanntesten Indikatoren dieser Art ist die *Relative Stärke*, mit der das Kursverhalten eines einzelnen Wertpapiers gegenüber dem des Gesamtmarktes (u. U. auch einer Branche) gemessen wird:

$$\text{relative Stärke von Aktie } i = \frac{\text{prozentuale Kursveränderung der Aktie } i}{\text{prozentuale Kursveränderung des Index}}$$

Eine hohe relative Stärke wird als positives, eine schwache relative Stärke als negatives Signal angesehen. Da die relative Stärke etwas über das Verhältnis zwischen der Kursveränderung eines einzelnen Titels zu der des Marktes aussagt, ist sie in einem gewissen Maß dem aus der Kapitalmarkttheorie (CAPM) bekannten Beta vergleichbar.

Ein anderer häufig verwendeter Indikator ist das *Momentum*: Berechnet wird die absolute oder relative Differenz des Kurses in t zum Kurs in $t - x$, wobei x die verschiedensten Werte (Stunden, Tage, Wochen, Monate o. a.) annehmen kann.

$$\text{Momentum von Aktie } i \text{ (absolut)} = \text{Kurs}_i \text{ in } t - \text{Kurs}_i \text{ in } t - x$$

$$\text{Momentum von Aktie } i \text{ (relativ)} = \frac{\text{Kurs}_i \text{ in } t}{\text{Kurs}_i \text{ in } t - x}$$

Der Indikator gilt als Hinweis auf eine Trendumkehr und wird selbst wie ein Chart dargestellt. Auf der Abszisse wird wie üblich die Zeit abgetragen, während die Ordinate auf null normiert ist: Ein positives Momentum ergibt sich bei einem Steigen, ein negatives bei einem Fallen des Kurses; eine steigende Momentumkurve ergibt sich, wenn die Kurszuwächse steigen (die Kursverminderungen abnehmen), eine fallende Momentumkurve ergibt sich, wenn die Kurszuwächse abnehmen (die Kursrückgänge zunehmen). Steigt die Momentumkurve über die Nulllinie, so gilt das als Kaufsignal, fällt sie unter sie, als Verkaufssignal.

Mit *Filterregeln* wird ein Kaufsignal (Verkaufssignal) dann ausgelöst, wenn der Kurs eines Papiers gegenüber dem letzten Tiefstkurs (Höchstkurs) um einen bestimmten Prozentsatz, den „Filter", steigt (fällt); die Höhe des Filters kann individuell festgelegt werden (meist um 5 %) und ist entscheidend für die Häufigkeit der Signale.

In Märkten, in denen ein aktiver Handel mit Aktienoptionen vorliegt, bedienen sich technische Analysten gerne der *Put-Call-Ratio*, dem Quotienten von abgeschlossenen Verkaufsoptionen (Puts) und Kaufoptionen (Calls). Liegt die Put-Call-Ratio, ein sog. Stimmungsindikator, über eins (= mehr Puts als Calls), so deutet dies darauf hin, dass der Markt mit einem Rückgang der Kurse rechnet; ist die Put-Call-Ratio hingegen kleiner als eins, wird dies als positives Stimmungsbild gewertet. An der Put-Call-Ratio lässt sich allerdings erkennen, wie fragwürdig die zunächst als plausibel erscheinenden Erklärungen sind: Eine Put-Call-Ratio, die größer als eins ist,

- kann als Verkaufssignal angesehen werden: Da der Markt einen Rückgang der Kurse erwartet, wird ein solcher wahrscheinlich auch eintreten (self-fulfilling prophecy);[29]
- kann als Kaufsignal angesehen werden: Da der Markt offenbar pessimistisch gestimmt ist, kann es im Sinne einer antizyklischen Investmentphilosophie nur besser werden.[30]

29 So *Schätzle, Rainer*: Handbuch Börse 1994, München (Heyne-Kompaktwissen) 1993, S. 172.
30 So *Steiner, Manfred; Bruns, Christoph*: Wertpapier-Management, 2. Aufl., Stuttgart (Schaeffer-Poeschel) 1994, S. 289.

Von diesen Indikatoren ist es nicht mehr weit zu den echten Exoten, die auch von den meisten Chartisten nicht mehr so recht ernst genommen werden. Bekannt sind z. B. der *Rocklänge-Indikator* (je kürzer der Rocksaum in der Damenmode, umso höher die Aktienkurse), der *Sonnenflecken-Indikator* (kräftige Sonnenflecken sind ein Anzeichen eines nahenden Crashs) oder der *Super-Bowl-Indikator* (gewinnt ein Team der National Football League das Schlagerspiel, so hat dies eine Hausse-Entwicklung zu Folge; gewinnt ein Team der American Football League, so ist mit einem Kursrückgang zu rechnen). Der Kommentar von *Burton G. Malkiel* dazu: „The world of financial analysis would be much quieter and duller without the chartists.“[31]

Würdigung der technischen Aktienanalyse
Die Überschrift, die *Burton Malkiel* einem Abschnitt seines Börsenbuchs *A Random Walk Down Wall Street* voranstellt, ist bezeichnend für die übliche Distanz, welche die akademische Welt gegenüber der technischen Analyse einnimmt: „A Gaggle of Other Technical Theories to Help You Lose Money“.[32] Die Gründe, warum die technische Analyse auf so wenig Gegenliebe bei den akademischen Finanzwirtschaftlern stößt, sind vielfältig:
- Der technischen Analyse liegt keine Theorie zugrunde, sondern allenfalls eine Reihe mehr oder minder plausibler Ad-hoc-Erklärungen. In aller Regel ist es möglich, eine ebenso plausible Ad-hoc-Erklärung zu finden, welche die genau gegenteilige Position stützt.
- Empirische Untersuchungen zeigen, dass die technische Analyse nicht das leistet, was sie zu leisten vorgibt. Mit den umfangreichen Ergebnissen der empirischen Kapitalmarktforschung werden wir uns noch in anderem Zusammenhang zu beschäftigen haben.
- Die technische Analyse wäre, würde sie von vielen Investoren praktiziert, nicht nur self-fulfilling, sondern self-destroying. Man betrachte nur die Situation, die Investoren würden in hohem Maß dem Konzept der Widerstands- und Unterstützungslinien folgen und hätten für eine bestimmte Aktie einen Widerstand bei einem Kurs von 160 festgestellt. Wäre wirklich zu erwarten, dass ein intelligenter Investor bei 155 kauft, wissend, dass der Kurs nur noch um fünf Punkte wird steigen können? Wenn nein, führt sich das Konzept selbst ad absurdum.
- Ein Großteil der aus der technischen Analyse abgeleiteten Handelsregeln ist so unscharf formuliert, dass ihre praktische Anwendbarkeit ernsthaft in Frage gestellt werden muss.

Eine brillante Kritik an der technischen Wertpapieranalyse stammt von *Reinhard Schmidt*; sie nimmt gerade auf das letztgenannte Argument, die Unbestimmtheit der

---

31 Vgl. die z. T. sehr maliziösen Kommentare zur technischen Aktienanalyse bei *Malkiel, Burton G.*: A Random Walk Down Wall Street, New York (Norton) 2011, S. 150 ff.
32 *Malkiel, Burton G.*: A Random Walk Down Wall Street, New York (Norton) 2011, S. 150.

Aussagen, Bezug. Am Begriff des „Trends" wird dies besonders deutlich: Chartisten behaupten zwar, dass Aktienkursbewegungen in Trends erfolgen, sagen aber nicht, was das ist, insbesondere sagen sie nicht, wie lange eine gleichgerichtete Bewegung anhalten muss, um von einem Trend sprechen zu können: Man kann somit immer erst im Nachhinein feststellen, was ein Trend war: Ein Trend dauert genau so lange, bis er aufhört. Nirgendwo findet man Aussagen wie „Wenn der Kurs drei Wochen lang in die gleiche Richtung gegangen ist, steht zu erwarten, dass er dies auch weitere zwei Wochen lang tun wird"; eine solche Aussage wäre empirisch testbar, findet sich aber in der Literatur nicht. Diese grundsätzliche Kritik gilt im Grunde auch für andere trendbestätigende und trendverändernde Formationen: Ob die Formation vorgelegen hat, weiß man erst dann, wenn das „prognostizierte" Ereignis stattgefunden hat. Die folgenden, zugegebenermaßen etwas überspitzten Überlegungen sind an *Schmidt* angelehnt:[33]

Der Kurs habe in der jüngsten Vergangenheit eine konstante Aufwärtsbewegung zu verzeichnen gehabt. Der Chartist erkennt einen Trend und schließt – the trend is your friend – auf einen weiteren Anstieg des Kurses (Abb. 3.8; Hypothese H1). Der Kurs tut ihm aber nicht diesen Gefallen, sondern fällt wieder. Somit erkennt der Chartist ein umgekehrtes V, ein klares Signal auf eine Trendumkehr und empfiehlt den Verkauf der Aktie (Abb. 3.8; Hypothese H2).

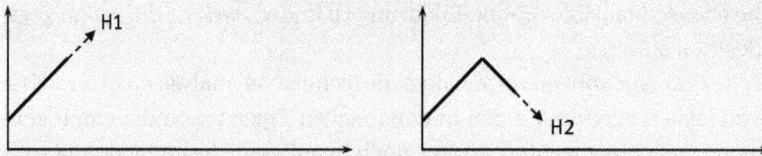

Abb. 3.8: Beispiel Chartist – Trend und Trendumkehr

Wieder enttäuscht ihn der Kurs und steigt neuerlich. Damit erkennt der Chartist eindeutig eine Flagge, die auf eine Konsolidierung des Trends hindeutet und ein Ansteigen des Kurses erwarten lässt (Abb. 3.9; Hypothese H3). Darauf falle der Kurs aber erneut; damit bildet der Kursverlauf nunmehr eine M-Formation ab, was eine Trendumkehr andeutet und ein Fallen des Kurses erwarten lässt (Abb. 3.9; Hypothese H4).

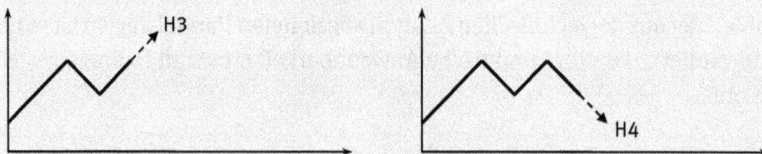

Abb. 3.9: Beispiel Chartist – Flagge und M-Formation

---

33 *Schmidt, Reinhard H.*: Aktienkursprognose, Wiesbaden (Gabler) 1976, S. 207 ff.

Der Kurs erholt sich aber wieder und steigt wiederum an. Erneut erkennt der Chartist eine Trendbestätigungsformation in Form einer besonders ausgeprägten Flagge und prognostiziert einen Kursanstieg (Abb. 3.10; Hypothese H5).

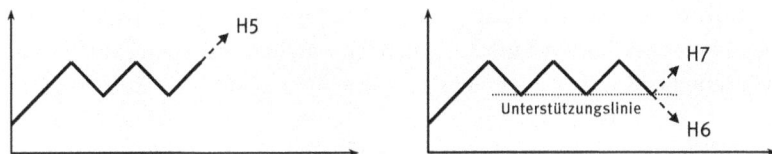

Abb. 3.10: Beispiel Chartist – Kopf-Schulter-Formation und Unterstützungslinie

Nachdem auch diese Hoffnung sich nicht erfüllt hat, zeigt sich nach einem neuerlichen Kursrückgang eindeutig eine Kopf-Schulter-Formation, die eine Trendänderung erwarten lässt (Abb. 3.10; Hypothese H6). Allerdings könnte man, da der Kurs bereits mehrere Male nicht unter ein bestimmtes Niveau gefallen ist, darin eine Unterstützungslinie erkennen und mit einem neuerlichen Abprallen des Kurses (Abb. 3.10; Hypothese H7) rechnen.

Irgendwann hat der Chartist immer Recht behalten. Aber was ist eine Handlungsanweisung wert, die so formuliert ist, dass sie jedem Falsifizierungsversuch widersteht? *Burton Malkiel* drückt klar die Position aus, die der technischen Wertpapieranalyse von Seiten der akademischen Finanzwirtschaftslehre entgegengebracht wird: „Technical analysis is anathema to the academic world."[34] Trotz aller Kritik gibt es allerdings auch immer wieder Versuche des Brückenschlags: In einem viel beachteten Aufsatz „On Technical Analysis"[35] haben *Brown* und *Jennings* gezeigt, dass es durchaus möglich ist, dass auch in einem Markt rational handelnder Akteure vergangene Preise Information über zukünftige Preisentwicklungen haben können; dies ist dann der Fall, wenn die Kurse nicht vollständig enthüllend sind (= keine Informationseffizienz im strengen Sinne) *und* die Investoren myopische (= extrem kurzfristige) Zielfunktionen haben.

3.2.2 Markt-Meinungs-Analyse

Auf Märkten, auf denen es um Zukunftserwartungen geht, finden Entwicklungen häufig nur deswegen statt, weil die Marktteilnehmer sie erwartet haben: Wir haben es mit *self-fulfilling prophecies* zu tun. Wenn die Unternehmer eine gute Konjunktur erwarten, werden sie investieren, Arbeitsplätze und Einkommen schaffen und damit genau

34 *Malkiel, Burton G.*: A Random Walk Down Wall Street, New York (Norton) 2011, S. 140.
35 *Brown, David P.; Jennings, Robert H.*: On Technical Analysis; The Review of Financial Studies 1989, S. 527–51; vgl. auch *Estier, Bruno*: Technical Analysis Gains Academic Respect, Swiss Derivatives Review, Januar 1999, S. 18–20.

die von ihnen erwartete positive konjunkturelle Tendenz auslösen. Gleichermaßen werden die Aktienkurse dann steigen, wenn die Marktteilnehmer mit ihrem Steigen rechnen und dementsprechend Nachfrage entfalten. Es liegt daher nahe, dass Investoren bei ihren Dispositionen primär darüber nachdenken, wohin die Meinung des Marktes gehen wird. Zu welchen Konsequenzen dies führt, hat *John Maynard Keynes*, der bei seinen Börsengeschäften äußerst erfolgreich war, in seinem berühmten *beauty contest* beschrieben:[36]

> Man hätte annehmen können, dass der Wettbewerb zwischen beruflichen Fachleuten mit einer den durchschnittlichen privaten Investor überragenden Urteilsfähigkeit und Kenntnis, die Grillen des sich selbst überlassenen Einzelnen berichtigen würde. Es ergibt sich aber, dass die Tatkraft und Geschicklichkeit des beruflichen Investors und Spekulanten in der Hauptsache anderweitig angewandt wird. Tatsächlich befassen sich nämlich die meisten dieser Menschen nicht mit überwiegend überlegenen langfristigen Voraussagen des wahrscheinlichen Erträgnisses einer Investition während ihrer ganzen Lebensdauer, sondern damit, die Änderungen in der konventionellen Grundlage der Bewertung mit einem kurzen Vorsprung vor dem allgemeinen Publikum vorauszusehen. Sie befassen sich nicht damit, welchen Wert eine Investition wirklich für einen Menschen hat, der sie als Daueranlage kauft, sondern damit, wie sie der Markt, unter dem Einfluss der Massenpsychologie, nach drei Monaten oder nach einem Jahr bewerten wird. Dieses Verhalten ist überdies nicht das Ergebnis eines verschrobenen Hanges. Es ist das unvermeidliche Ergebnis eines nach den beschriebenen Grundlinien aufgebauten Investitionsmarktes
> [...] die berufliche Investition (kann) mit jenen Zeitungswettbewerben verglichen werden, bei denen die Teilnehmer die sechs hübschesten Gesichter von hundert Lichtbildern auszuwählen haben, wobei der Preis dem Teilnehmer zugesprochen wird, dessen Wahl am nächsten mit der durchschnittlichen Vorliebe aller Teilnehmer übereinstimmt, so dass jeder Teilnehmer nicht diejenigen Gesichter auszuwählen hat, die er selbst am hübschesten findet, sondern jene, von denen er denkt, dass sie am ehesten die Vorliebe der anderen Teilnehmer gewinnen werden, welche alle das Problem vom gleichen Gesichtspunkt aus betrachten. Es handelt sich nicht darum, jene auszuwählen, die nach dem eigenen Urteil wirklich die hübschesten sind, ja sogar nicht einmal jene, welche die durchschnittliche Meinung wirklich als die hübschesten betrachtet. Wir haben den dritten Grad erreicht, wo wir unsere Intelligenz der Vorwegnahme dessen widmen, was die durchschnittliche Meinung als das Ergebnis der durchschnittlichen Meinung erwartet. Und ich glaube, dass es sogar einige gibt, welche den vierten, fünften und noch höhere Grade ausüben.

Ein Analyst, der in diesem „Wettkampf der Gerissenheit", wie *Keynes* ihn nennt, gerissener sein will als die anderen, wird stets versuchen, Veränderungen in den Stimmungen, Meinungen und Erwartungen des relevanten Anlegerpublikums schneller als die anderen zu erkennen: Die laufende Beobachtung der Kollegen, der kapitalkräftigen professionellen und privaten Anleger wird zur Hauptaufgabe der Analyse. Waren die Informationsquellen des Fundamentalanalysten die Tagespresse, die Jahresabschlüsse, Zwischenberichte, Presseverlautbarungen etc., waren es die Kurse, Umsatzzahlen und Charts für den technischen Analysten, so sind es für den Markt-Analytiker die

---

36 *Keynes, John Maynard*: Allgemeine Theorie der Beschäftigung, des Zinses und des Geldes; München und Leipzig (Duncker&Humblot) 1936, S. 131 ff.

Bars und Cafés im Financial District, die er regelmäßig aufsucht, die Gespräche mit Kollegen, Mitarbeitern, dem Friseur, dem Taxifahrer, kurz: Mit Gott und der Welt. Was er tut, ist im Grunde genommen eine permanente Meinungsbefragung, wenngleich er sich dabei nicht der zeitaufwendigen Methoden der empirischen Sozialforschung bedient, sondern mehr auf sein Gespür und seine Menschenkenntnis vertraut. Das Internet und das Aufkommen von *social media* hat diese Art der Analyse noch einmal deutlich beschleunigt, können sich dadurch nun Tausende Menschen sehr schnell austauschen und sogar Handelsstrategien vereinbaren, wie dies etwa Mitte 2021 mit der Aktie von *Gamestop* geschah, die in kurzer Zeit von 10 auf 325 US-Dollar gepusht wurde (und dann wieder auf etwa 40 US-Dollar sank), wobei einige Milliarden US-Dollar den Besitzer wechselten. Derartige Online-Foren stellen sicherlich einen fruchtbaren Boden für zukünftige Forschung dar, denn sie scheinen bisweilen in der Lage, die Markteffizienz zumindest für kurze Zeitspannen „auszuhebeln".

Das wissenschaftliche Problem, weswegen *Malkiel* die Keynes'sche Markt-Analyse als „Castle-in-the-Air-Theory", als Luftschlosstheorie, bezeichnet, liegt in der vollständigen Reflexivität begründet: Der Wert ist letztlich nur das, wovon Menschen meinen, andere hielten dies für den Wert, weil diese wiederum davon überzeugt sein könnten, wieder andere würden dies für den Wert halten können. Es fehlt völlig ein Bezugspunkt, ein Anker. Demgegenüber vermittelt die Fundamentalanalyse den beruhigenden, aber eben auch fragwürdigen Eindruck, als gäbe es mit dem inneren Wert etwas Objektives, jenseits des Urteils wertender Menschen Befindliches, das man erfassen könne und nur zu erfassen brauche, um rationale finanzwirtschaftliche Entscheidungen treffen zu können.

Zu einem gewissen Maß gibt es allerdings eine Parallele zwischen Fundamentalanalyse und dem *Keynes*'schen Schönheitswettbewerb. Setzt man nämlich ein derart voll-reflexives Modell in praktisches Handeln um, so kann dies zweierlei Gestalt annehmen:

– Der Investor ist selbst davon überzeugt, dass es einen intrinsic value der Aktie nicht gibt, hält aber die anderen Marktteilnehmer nicht für gleichermaßen aufgeklärt wie sich selbst. Sein Bemühen ist dann darauf gerichtet, die – seiner Ansicht nach verfehlten – fundamental ausgerichteten Bewertungsbemühungen der anderen zu antizipieren und sich somit Vorteile zu verschaffen. Bei dieser Variante haben wir es – wie bei der Fundamentalanalyse – mit einem „elitären bias" zu tun: Ich bin besser, weil ich ein gegenüber den andern überlegenes Wissen habe, raffinierter bin als sie....

– Der Investor unterstellt auch den anderen das Maß an Reflexion, das er für sich selbst in Anspruch nimmt. In diesem Fall ergibt sich schnell ein infiniter Regress, ein Kampf gegen Windmühlenflügel, wie er im beauty contest beschrieben ist: Ich versuche, das Denken anderer (die über mein Handeln nachdenken) zu antizipieren; von diesen anderen weiß ich, dass sie nicht weniger reflektiert sind als ich und daher versuchen werden, das vorweg zu nehmen, was ich über sie nachzudenken mich anschicke.... Eine Lösung für Probleme dieser Art gibt es nicht.

Die „Castle-in-the-Air-Theory" endet somit entweder wieder da, wo auch die Fundamentalanalyse endet, im Duktus der intellektuellen Überheblichkeit, oder sie führt in ein heilloses Dickicht, aus dem zu entkommen kaum möglich erscheint. Was bleibt, ist allerdings ein Unbehagen: So unbescheiden oder beliebig kann praktische Finanzanalyse, nach wie vor der bestbezahlte Job in der Finanzindustrie, doch wohl nicht sein. Vielleicht ist sie es aber doch?[37]

Wie *Malkiel*[38] möchten auch die Verfasser vorerst eine vermittelnde Position zwischen den beiden Polen einnehmen. Grundsätzlich ist es richtig, dass jedwede Wertbeimessung das Konstrukt menschlichen Denkens ist und die Vorstellung, es gäbe den wahren, den objektiv feststellbaren Wert, schlicht als abwegig bezeichnet werden muss. Andererseits erwirbt ein Investor mit einer Aktie nicht ein Hirngespinst aus den Köpfen anderer, sondern etwas durchaus Reales, dessen Wert sich zwar heute nicht einmal annäherungsweise bestimmen lässt, das aber jenseits der subjektiven Bewertungsakte der Marktteilnehmer existiert.

Die Aufgabe des Fundamentalanalytikers kann mit der des Geologen verglichen werden, der ein Gutachten über die Beschaffenheit des Gesteins für eine Tunnelbohrung erstellen muss und der letztlich daran gemessen wird, wie gut seine gutachterliche Einschätzung mit den tatsächlichen Gegebenheiten übereinstimmt. Diese Metapher dürfte zum Teil richtig sein und zum Teil falsch:

- Das Bild ist *falsch*, da es sich bei dem zu begutachtenden Felsen um ein Faktum handelt, das ist, wie es ist, unabhängig davon, ob ein Geologe den Auftrag hat, es zu erkunden oder nicht. Demgegenüber ist die Rede vom „Wert der Aktie" eine gedankliche Abstraktion, die auf die gesellschaftliche und wissenschaftliche Akzeptanz bestimmter Bewertungstheorien (z. B. *Fisher*-Modell, Dividendenbarwert, Capital Asset Pricing Model) rekurriert;
- Das Bild ist auch *falsch*, weil, selbst wenn man die Bewertungsmodelle akzeptiert, die modellimmanente Bewertung eines Ökonomen notwendigerweise wesentlich unbestimmter ist als die seines naturwissenschaftlichen Kollegen;
- Das Bild ist auch *richtig*, da in beiden Fällen die Treffgenauigkeit des Urteils teilweise zufallsbedingt ist: Von dem, was sich nachher (nach erfolgter Tunnelbohrung; nach einigen Jahren Geschäftstätigkeit) herausstellt, wird es heißen: „Das hätte der Gutachter eigentlich wissen müssen", aber auch: „Das hatte er nicht wissen können";
- Das Bild ist auch *richtig*, da in beiden Fällen die wahre Beschaffenheit der Sache sich im Laufe der Jahre offenbart: Dann, wenn der Tunnel gebohrt ist, weiß man um die geologische Beschaffenheit des Gebirges. Nach sechzig Jahren Ge-

---

37 Die Verfasser sehen in der Nicht-Angemessenheit der Vergütung von Portfoliomanagern eine der Ursachen der jüngsten Finanzkrise. Einer der Verfasser hat dazu einen Beitrag veröffentlicht: *Schredelseker, Klaus*: Finanzkrise – Mitschuld der Theorie? Schmalenbachs Zeitschrift für betriebswirtschaftliche Forschung 2012, S. 833–845.
38 *Malkiel, Burton G.*: A Random Walk Down Wall Street, New York (Norton) 2011, S. 109.

schäftstätigkeit kennt man (zumindest im statistischen Durchschnitt) den Zahlungsstrom, der damals zu schätzen war: Nach 60 Jahren und einem unterstellten Zinssatz von 8 % sind etwa 99 % des heute abzuschätzenden Kapitalwerts realisiert.

Bei der Frage nach der Schönheit von Gesichtern ist etwas Vergleichbares nicht der Fall: Die Hübscheste bestimmt sich allein nach dem Urteil der Teilnehmer und Teilnehmerinnen am Wettbewerb und keiner wird irgendwann in der Zukunft sagen können, sein Urteil sei besser gewesen als das eines anderen. Im *Keynes*'schen Schönheitswettbewerb haben wir es mit einem rein reflexiven, nur auf sich selbst bezogenen Bewertungssystem zu tun: Als Metapher für den Aktienmarkt ist der *Keynes*'sche Schönheitswettbewerb daher nur bedingt tauglich.[39]

Die an der Markt-Meinungsanalyse geäußerte Kritik sollte allerdings nicht zu dem Urteil verleiten, sie gäbe keinen Sinn: Natürlich ist es korrekt, zu sagen, dass Preise und Preisveränderungen das Ergebnis sich verändernder Angebots- und Nachfragekonstellationen sind, die ihrerseits auf sich verändernde Erwartungen des Publikums zurückgehen. Natürlich mag es auch bis zu einem gewissen Grade möglich sein, die Veränderungen in Meinungen und Erwartungen zu prognostizieren. Es ist aber zweifelhaft, ob es *systematisch* gelingen kann, die Erwartungen derjenigen zu antizipieren, deren Bestreben ihrerseits darauf gerichtet ist, die Erwartungen anderer (und damit von uns selbst) zu antizipieren. Wie zuvor bereits die Fundamentalanalyse und die technische Analyse weist also auch die Markt-Meinungsanalyse ihre theoretischen Defizite auf. Theoretische Defizite sind, wenn Theorie nicht nur *l'art pour l'art* sein soll, immer auch Defizite praktischen Handelns.

Dies gilt selbstverständlich auch in der Finanzwirtschaft: Der Versuch, künftige Entwicklungen in den Finanzmärkten vorwegzunehmen, sei es im Rahmen der Aktienkursprognose, der Devisenkursprognose, der Zinsprognose etc., gehört zum Kerngeschäft der Profession: Wer entscheidet, entscheidet immer über zukünftige, nie über vergangene Zahlungsströme. Überzeugende und praktisch umsetzbare Handlungsanweisungen für sein Tun wird er allerdings in der finanzwirtschaftlichen Lehrbuchliteratur kaum finden. Stattdessen stehen weltweit in den modernen Lehrbüchern der Finanzwirtschaft ganz andere Dinge im Vordergrund: die Portfolio-Theorie, die Kapitalmarkttheorie, die Bewertung derivativer Finanzinstrumente (Futures, Optionen, Swaps etc.). All dies setzt voraus, dass die Hausaufgaben an der Basis mit Erfolg gemacht worden sind, dass die zugrundeliegenden Titel (Aktien, Zinssätze, Devisen etc.) korrekt bewertet worden sind. Man kann sich die akademische Finanzwirtschaft wie ein mehrstöckiges Haus vorstellen, bei dem im Erdgeschoss die erwarteten Renditen und Risiken sowie deren Korrelationen berechnet werden, also Wertpapieranalyse erfolgt. Diese Daten werden in den oberen Geschossen (Portefeuilleanalyse, Kapital-

---

39 Im Ergebnis ähnlich: *Franke, Günter; Hax, Herbert*: Finanzwirtschaft des Unternehmens und Kapitalmarkt, 5. Aufl., Berlin-Heidelberg (Springer) 2004, S. 405.

markttheorie, Bewertung von Derivaten, Financial engineering, etc.) dann weiterverarbeitet. Die eleganten und in sich schlüssigen Modelle, die in den oberen Geschossen entwickelt werden, können nur dann sinnvolle Ergebnisse liefern, wenn die Daten aus dem Erdgeschoss „stimmen." Genau dies muss aber bezweifelt werden – nicht, weil die damit befassten Menschen schlecht arbeiten würden, sondern weil ihre Aufgabe vermutlich unlösbar ist: Sie sollen *zukünftige* Renditen, Korrelationen und Zinsen liefern; sie haben als Datengrundlage aber nur *Vergangenheitsdaten*. Dies ist etwa so, wie wenn man mit dem Auto vorwärtsfahren muss, dabei aber immer nur in den Rückspiegel schauen kann. Fahrten dieser Art funktionieren nur so lange, wie die vor einem liegende Straße ebenso beschaffen ist wie die hinter einem liegende; bei der ersten unerwarteten Kurve „fliegt" man aber von der Straße. Genau diese Begründung („so etwas war unvorhersehbar; so etwas hatte es vorher noch nie gegeben") hörte man interessanterweise nach der Finanzkrise ab 2007 immer wieder, um zu erklären, warum gängige Risikomanagementsysteme und fast alle „Experten" die Krise nicht kommen sahen. Leider widmen sich fast alle Finanzwirte und Forscher in diesem Bereich der Verbesserung der Modelle der oberen Geschosse, während Theorie wie Praxis sich viel mehr dem Erdgeschoss widmen sollten.

3.3 Analyse von Wertpapierbündeln: Portefeuilletheorie

Bislang haben wir uns mit der Analyse einzelner Titel befasst: Es wurden „innere Werte" geschätzt, Kurs-Gewinn-Verhältnisse ermittelt, Trends zu erfassen versucht. Das Interesse war darauf gerichtet, gute und schlechte Anlagen zu trennen, das zu tun, was Aschenbrödel aufgetragen war: „Die Guten ins Töpfchen, die Schlechten ins Kröpfchen". Erfahrene Investoren indes investieren niemals ihr ganzes Vermögen in eine Anlageform, geschweige denn in nur eine Aktie: In der Regel halten sie Portefeuilles. Die Portefeuilletheorie baut auf der Finanzanalyse auf und widmet sich der Frage, wie Wertpapiere, zu einem gemeinsamen Paket zusammengefasst, zu beurteilen sind.

Ein Portefeuille (frz. Aktenmappe) ist ein Bündel von Vermögenstiteln, die als ein Ganzes betrachtet werden müssen. Dabei beschränkt sich der Begriff nicht auf Wertpapiere, sondern kann auch Grundbesitz, Gold, Kunst, Rentenansprüche, „Human Capital" u. v. m. einschließen. Im Folgenden beschränken wir die Betrachtung auf reine Aktienportefeuilles; die Eigenschaften von Portefeuilles lassen sich aber ohne weiteres auf andere Vermögensansprüche übertragen.

Dass Investoren ihr Vermögen auf verschiedene Anlagen aufteilen, hat seine Ursache in dem Bestreben nach Verteilung der Risiken. Schon in den agrarökonomischen Schriften von Cato dem Älteren (234–149 v. Chr.) findet sich der Rat an den Landwirt, nicht alle Felder in gleicher Weise zu nutzen, um im Falle von widrigen Witterungseinflüssen oder von Schädlingsbefall nicht die gesamte Ernte zu verlieren. Das deutsche Sprichwort, nicht „alles auf eine Karte zu setzen", oder das englische,

„Don't put all your eggs in one basket" formulieren denselben Grundgedanken, den der Risikoverminderung durch Streuung (*Diversifikation*). Die wissenschaftlich exakte Formulierung dieser weitverbreiteten Idee datiert aus den 1950er-Jahren und geht auf *Harry Markowitz*[40] zurück. Sein Aufsatz „Portfolio Selection" von 1952 und sein gleich betiteltes Lehrbuch von 1959 haben eine intensive Diskussion ausgelöst; das Modell ist in den Folgejahren verallgemeinert und verfeinert worden und bildet bis heute den Grundstein sowohl für die moderne Anlagepraxis als auch für die Kapitalmarkttheorie.

In der ursprünglichen Fassung hatte das Modell der Portfolio-Selektion rein normativen Charakter, d. h. es diente der Ableitung begründbarer Aussagen darüber, wie ein renditeorientierter und risikoaverser Investor sein Anlagebudget auf alternative Aktien verteilen *sollte*. Vom Investor wird dabei angenommen, dass er mit Erfolg Wertpapieranalyse betrieben hat, d. h. Kenntnisse über die zu erwartenden Renditen und Risiken der Aktien und, wichtiger noch, auch über die Kovarianzen zwischen den einzelnen Aktien hat. *Markowitz* schreibt: „In this paper we have considered the second stage in the process of selecting a portfolio. This stage starts with the relevant beliefs about the securities involved and ends with the selection of a portfolio. We have not considered the first stage: the formation of the relevant beliefs on the basis of observation."

Es ist daher gerechtfertigt, die Portefeuilletheorie, da sie fundamentalanalytisch gewonnenes Wissen voraussetzt, auch als neuere Form der Fundamentalanalyse zu bezeichnen;[41] die kritischen Anmerkungen zur Wertpapieranalyse, insbesondere zur Fundamentalanalyse und deren Annahmen behalten somit für die Portefeuilletheorie ihre Gültigkeit.

Im weiteren Verlauf wurde das Modell positiv gewendet und bekam den Charakter einer Hypothese für tatsächliches Investorenverhalten; aus der Frage, was geschehen würde, wenn sich alle Investoren so wie im normativen Modell vorgegeben verhielten, entwickelte sich die Kapitalmarkttheorie. Im Jahre 1990 erfuhr die Portefeuilletheorie eine besondere Anerkennung durch die Verleihung des Nobelpreises an *Markowitz*, *Sharpe* und *Miller*. Die Dynamik der Finanzmärkte in den vergangenen Jahrzehnten, ein Großteil der Finanzinnovationen der letzten Jahre, die nahezu vollständige Kehrtwendung im Aufgabenbereich der Vermögensberatung und Vermögensverwaltung (weg von der Prognoseaufgabe, hin zum Risikomanagement), all dies ist sicher zu einem nicht unwesentlichen Teil auf die Portefeuilletheorie zurückzuführen.

In der Mikroökonomik haben das Portfolio-Selection-Modell und die darauf aufbauende Kapitalmarkttheorie unverkennbar Spuren hinterlassen: Die Lehre von den Entscheidungen unter Unsicherheit, die moderne Investitionstheorie, wesentliche

---

40 *Markowitz, Harry M.*: Portfolio Selection, Journal of Finance 1952, S. 77–91; ausführlicher in *Markowitz, Harry*: Portfolio Selection: Efficient Diversification of Investment, New Haven (Yale University Press) 1959.
41 So *Schmidt, Reinhardt H.*: Aktienkursprognose, Wiesbaden 1976, S. 48 ff.

Teile der Informationsökonomik, die Theorie informationseffizienter Märkte u. a. bauen auf portefeuilletheoretischen Grundüberlegungen auf. Auch die Makroökonomie hat durch die Portefeuilletheorie neue Impulse erfahren.[42] Die grenznutzenorientierten Optimierungskalküle wurden in der Neoklassik zwar auf nahezu alle realwirtschaftlichen Phänomene angewendet, blieben aber dem monetären Sektor fremd: Die Frage, wie viel ihres Vermögens Wirtschaftssubjekte in Form von Geld halten, wurde lange Zeit durch kasuistische Verhaltensannahmen und nicht durch ökonomische Vorteilhaftigkeitsüberlegungen beantwortet. Erst die Portefeuilletheorie ermöglichte eine entscheidungslogische Theorie der Geldnachfrage.[43]

Heute findet sich der Begriff „Portfolio" in vielen Bereichen, auch dort, wo er mit seinem ursprünglichen Wortsinn nichts mehr zu tun zu haben scheint: Der Marketingexperte spricht vom „Produktportfolio", in der Materialwirtschaft gibt es das „Beschaffungsportfolio" und in der Lehre von der strategischen Unternehmensführung kommt dem Portfolio-Ansatz eine nahezu paradigmatische Rolle zu. Mit der hier zu behandelnden finanztheoretischen Portefeuilletheorie haben diese Ansätze allerdings allenfalls den Grundgedanken gemein: Risikoverminderung durch Diversifikation.

3.3.1 Das Markowitz-Modell

Die Modellannahmen
Dem Modell von *Markowitz* liegt eine Reihe von vereinfachenden Annahmen über das Investorenverhalten sowie über die Eigenschaften von Wertpapieren zu Grunde:
(a) Investorenentscheidungen sind auf eine Periode gerichtet;
(b) Investoren verfügen über subjektive Wahrscheinlichkeitsvorstellungen bezüglich der zu erwartenden Rendite einzelner Aktien. Darüber hinaus haben sie Vorstellungen über das Risiko der einzelnen Aktien, das sich als Standardabweichung bemisst;
(c) Investoren haben Vorstellungen über die Kovarianzen (bzw. Korrelationen) zwischen den Renditen einzelner Wertpapiere;
(d) Investoren streben nach maximalem Nutzen aus ihrer Anlage; dabei orientieren sie sich ausschließlich an den beiden Parametern Erwartungsrendite und Risiko, das durch die statistischen Maße Varianz bzw. Standardabweichung gemessen wird (μ-σ-Prinzip);
(e) Investoren sind risikoscheu, d. h. sie ziehen bei gleicher Renditenerwartung Portefeuilles mit niedriger Standardabweichung solchen mit höherer Standardabweichung vor;

---

[42] Eine wesentliche Weiterentwicklung des *Markowitz*'schen Ansatzes ist von dem Makroökonomen *Tobin* geleistet worden (s. dazu Kapitel 3.3.2).
[43] Vgl. *Felderer, Bernhard, Homburg, Stefan*: Makroökonomik und neue Makroökonomik, Neunte Auflage, Berlin-Heidelberg (Springer) 2003, S. 210 ff.

(f) Transaktionskosten und Steuern bleiben unberücksichtigt;
(g) Alle Wertpapiere sind unendlich teilbar;
(h) Leerpositionen in Aktien (short-selling) sind zulässig.

Die Ein-Perioden-Betrachtung ist kennzeichnend für die Portefeuilletheorie und damit auch für die auf ihr aufbauenden gleichgewichtstheoretischen Weiterentwicklungen, insbesondere das *Capital Asset Pricing Model* (CAPM). Die Aussagekraft dieser Modelle ist dadurch eingeschränkt: Ein Investment über mehrere Perioden kann nicht problemlos in eine einfache Abfolge von Einperioden-Schritten zerlegt werden (wegen möglicher Zins- und Niveaueffekte). Dazu wurden bereits Ende der 1960er-Jahre Mehr-Perioden-Ansätze entwickelt, ohne die offenen Fragen letztgültig zu beantworten.

Sehr hohe und de facto unrealistische Anforderungen stellt das Modell an das aus der Fundamentalanalyse gewonnene Wissen der Investoren: Ohne eine Einschätzung von erwarteten Renditen, von Varianzen und Kovarianzen fehlt dem Modell der Boden. Die dabei auftretenden Schwierigkeiten sind wesentliche Ursache dafür, dass das Modell so, wie es ursprünglich konzipiert wurde, kaum praktische Umsetzung erfahren hat. Dem heuristischen Nutzen des Modells tut dies jedoch keinerlei Abbruch: Es gibt im Portfoliomanagement heute kaum noch jemanden, der sich bei seiner Arbeit nicht auf die Portefeuilletheorie stützen würde.

Wie wir gesehen haben, stellt die Verwendung des μ-σ-Ansatzes gegenüber dem Erwartungsnutzenmodell nach *Bernoulli* eine gewisse Einschränkung dar: es muss entweder unterstellt werden, dass die Investoren auf der Basis quadratischer Nutzenfunktionen entscheiden oder es muss gelten, dass die Aktienrenditen normalverteilt sind, da nur dann die gesamte Verteilung durch die beiden Parameter μ und σ charakterisiert ist. Empirisch tendieren die Aktienkurse aber viel mehr in Richtung auf eine Paretoverteilung, die stärkere Ausprägungen im Bereich geringer und sehr starker Veränderungen, dagegen kleinere im Bereich mittlerer Veränderungen aufweist.[44]

Die Annahme, das Eingehen von Leerpositionen sei unbegrenzt möglich, ist für die Kernaussagen der Portefeuilletheorie zwar verzichtbar; eine wichtige Folge portefeuilletheoretischer Überlegungen, das *Zwei-Fonds-Theorem* kann allerdings nur begründet werden, wenn Short-selling möglich ist.

Renditenerwartung und Risiko von Portefeuilles
Da wir uns gedanklich im μ-σ-Raum bewegen, sind die Wertpapiere W_1, W_2 und W_3 vollständig durch μ_1 und σ_1, durch μ_2 und σ_2 sowie durch μ_3 und σ_3 gekennzeichnet. Dies gilt selbstverständlich auch für alle Mischungen (Portefeuilles) aus Wertpapieren; auch sie lassen sich durch eine erwartete Rendite und eine Standardabweichung charakterisieren.

---

44 Vgl. *Mandelbrot, Benoît*: The variation of certain speculative prices, Journal of Business 1963, S. 394–419; *Fama, Eugene F.*: The behaviour of stock market prices, Journal of Business 1965, S. 34–105.

Die Portefeuillerendite lässt sich einfach als das gewogene Mittel der Renditen aller einbezogenen Titel ermitteln. Dies gilt auch dann, wenn ex ante gebildete Renditen*erwartungen* betrachtet werden, denn der Erwartungswert einer Summe ist gleich der Summe der Erwartungswerte. Es gilt also für ein Portefeuille aus $i = 1 \ldots n$ Aktien:

$$E\left(r_p\right) = \mu_p = \sum_{i=1}^{n} x_i \cdot E\left(r_i\right) = \sum_{i=1}^{n} x_i \cdot \mu_i$$

$E(r_p), \mu_p$ = Erwartungswert der Portefeuillerendite

$E(r_i), \mu_i$ = Erwartungsrendite von Aktie i

x_i = Anteil der Aktie i am Portefeuille $P\left(\sum x_i = 1\right)$

Um das Risiko eines Portefeuilles zu ermitteln, kommt es allerdings nicht auf die isolierte Variabilität der einzelnen Titel, sondern auf die aller Titel eines Portefeuilles zusammen an. Es leuchtet intuitiv ein, dass das Risiko eines Portefeuilles aus risikobehafteten Wertpapieren

- dann eher hoch ist, wenn sich die Renditen der einzelnen Titel weitgehend im Gleichklang bewegen;
- und dann eher niedrig ist, wenn eine positive Abweichung vom erwarteten Wert bei einem Wertpapier mit einer negativen Abweichung bei einem anderen Papier zusammenfällt: Beide Effekte heben sich ganz oder z. T. auf.

Das statistische Maß, das die Stärke der gemeinsamen Bewegung zweier Variablen zum Ausdruck bringt, ist die Kovarianz, der bei der Berechnung der Portefeuillevarianz eine entscheidende Rolle zukommt: Betrachten wir dies einmal an einem Fall mit drei Wertpapieren. Die Varianz eines sich aus diesen drei Titeln in den Anteilen x_1, x_2 und x_3 zusammensetzenden Portefeuilles ist gegeben als

$$
\begin{aligned}
\sigma_p^2 &= E(r_p - \mu_p)^2 \\
&= E[x_1 r_1 + x_2 r_2 + x_3 r_3 - (x_1 \cdot \mu_1 + x_2 \cdot \mu_2 + x_3 \cdot \mu_3)]^2 \\
&= E[x_1 \cdot (r_1 - \mu_1) + x_2 \cdot (r_2 - \mu_2) + x_3 \cdot (r_3 - \mu_3)]^2 \\
&= E[x_1^2 \cdot (r_1 - \mu_1)^2 + x_2^2 \cdot (r_2 - \mu_2)^2 + x_3^2 \cdot (r_3 - \mu_3)^2 \\
&\quad + x_1 \cdot x_2 \cdot (r_1 - \mu_1) \cdot (r_2 - \mu_2) + x_2 \cdot x_1 \cdot (r_2 - \mu_2) \cdot (r_1 - \mu_1) \\
&\quad + x_1 \cdot x_3 \cdot (r_1 - \mu_1) \cdot (r_3 - \mu_3) + x_3 \cdot x_1 \cdot (r_3 - \mu_3) \cdot (r_1 - \mu_1) \\
&\quad + x_2 \cdot x_3 \cdot (r_2 - \mu_2) \cdot (r_3 - \mu_3) + x_3 \cdot x_2 \cdot (r_3 - \mu_3) \cdot (r_2 - \mu_2)] \\
&= x_1^2 \cdot E(r_1 - \mu_1)^2 + x_2^2 \cdot E(r_2 - \mu_2)^2 + x_3^2 \cdot E(r_3 - \mu_3)^2 \\
&\quad + x_1 \cdot x_2 \cdot E[(r_1 - \mu_1) \cdot (r_2 - \mu_2)] + x_2 \cdot x_1 \cdot E[(r_2 - \mu_2) \cdot (r_1 - \mu_1)] \\
&\quad + x_1 \cdot x_3 \cdot E[(r_1 - \mu_1) \cdot (r_3 - \mu_3)] + x_3 \cdot x_1 \cdot E[(r_3 - \mu_3) \cdot (r_1 - \mu_1)] \\
&\quad + x_2 \cdot x_3 \cdot E[(r_2 - \mu_2) \cdot (r_3 - \mu_3)] + x_3 \cdot x_2 \cdot E[(r_3 - \mu_3) \cdot (r_2 - \mu_2)]
\end{aligned}
$$

Die ersten drei Summanden sind die gewichteten Varianzen der drei Wertpapiere $x_i \sigma_i^2$. Die folgenden sechs Summanden sind die Kovarianzen zwischen jeweils zwei Wertpapieren, σ_{ij}. Da $\sigma_{ij} = \sigma_{ji}$, ergibt sich

$$\sigma_p^2 = x_1^2 \cdot \sigma_1^2 + x_2^2 \cdot \sigma_2^2 + x_3^2 \cdot \sigma_3^2 + 2 \cdot x_1 \cdot x_2 \cdot \sigma_{12} + 2 \cdot x_1 \cdot x_3 \cdot \sigma_{13} + 2 \cdot x_2 \cdot x_3 \cdot \sigma_{23} \, .$$

Diese hier für drei Wertpapiere entwickelte Formel lässt sich auf beliebig viele Wertpapiere zur allgemeinen Portefeuillegleichung erweitern, nach der sich die Varianz einer Wertpapiermischung ergibt als:

$$\sigma_p^2 = \sum_{i=1}^{n} x_i^2 \cdot \sigma_i^2 + \sum_{i=1}^{n} \sum_{j=1[i \neq j]}^{n} x_i \cdot x_j \cdot \sigma_{ij}$$

$$\sigma_p^2 = \text{Varianz des Portefeuilles } P$$

$$\sigma_i^2 = \text{Varianz der Aktie } i$$

$$\sigma_{ij} = \text{Kovarianz der Aktie } i \text{ mit Aktie } j$$

$$x_i, x_j = \text{relative Anteile der Aktien } i \text{ und } j$$

Die Portefeuillegleichung ist die Summe zweier Aufsummierungen: Zum einen der mit dem Quadrat der Anteile gewichteten Varianzen, zum anderen der gewichteten Kovarianzen aller in das Portefeuille einbezogenen Titel. Es ist somit die Summe aller Felder der Varianz-Kovarianz-Matrix zu berechnen: In der Diagonalen stehen die Varianzen, in den Nicht-Diagonal-Feldern stehen die Kovarianzen.

Aktie		1	2	3	4	...	N
	Anteil	x_1	x_2	x_3	x_4	...	x_n
1	x_1	$x_1^2 \sigma_1^2$	$x_1 x_2 \sigma_{12}$	$x_1 x_3 \sigma_{13}$	$x_1 x_4 \sigma_{14}$	...	$x_1 x_n \sigma_{1n}$
2	x_2	$x_2 x_1 \sigma_{21}$	$x_2^2 \sigma_2^2$	$x_2 x_3 \sigma_{23}$	$x_2 x_4 \sigma_{24}$	...	$x_2 x_n \sigma_{2n}$
3	x_3	$x_3 x_1 \sigma_{31}$	$x_3 x_2 \sigma_{32}$	$x_3^2 \sigma_3^2$	$x_3 x_4 \sigma_{34}$	...	$x_3 x_n \sigma_{3n}$
4	x_4	$x_4 x_1 \sigma_{41}$	$x_4 x_2 \sigma_{42}$	$x_4 x_3 \sigma_{43}$	$x_4^2 \sigma_4^2$	...	$x_4 x_n \sigma_{4n}$
...	...	...	...	...	...	...	...
n	x_n	$x_n x_1 \sigma_{n1}$	$x_n x_2 \sigma_{n2}$	$x_n x_3 \sigma_{n3}$	$x_n x_4 \sigma_{n4}$	...	$x_n^2 \sigma_n^2$

Wie leicht zu erkennen ist, spielen die Kovarianzen der einbezogenen Aktien die entscheidende Rolle für die Ermittlung der Portefeuillevarianz: Während nur n Varianzen in die Summe eingehen, sind es $n \cdot (n-1)$ Kovarianzen. Zur Veranschaulichung sei unterstellt, die Anteile x_i für alle Aktien seien $1/n$; in diesem Fall ergäbe sich eine Portefeuillevarianz von

$$\sigma_P^2 = \sum_{i=1}^{n} x_i^2 \sigma_i^2 + \sum_{i=1}^{n} \sum_{j=1 (j \neq i)}^{n} x_i x_j \sigma_{ij}$$

$$\sigma_P^2 = \frac{\sum_{i=1}^{n} \sigma_i^2}{n^2} + \frac{\sum_{i=1}^{n} \sum_{j=1 (j \neq i)}^{n} \sigma_{ij}}{n^2}$$

Klammert man bei der Varianzensummierung den Ausdruck $1/n$ und bei der Kovarianzensummierung den Ausdruck $(1 - 1/n)$ aus, so erhält man

$$\sigma_P^2 = \frac{1}{n} \cdot \frac{\sum_{i=1}^n \sigma_i^2}{n} + \left(1 - \frac{1}{n}\right) \cdot \frac{\sum_{i=1}^n \sum_{j=1(j \neq i)}^n \sigma_{ij}}{n \cdot (n-1)}$$

Die Portefeuillevarianz ergibt sich so als Summe aus durchschnittlicher Varianz multipliziert mit $1/n$ und durchschnittlicher Kovarianz multipliziert mit $(1 - 1/n)$. Bei großem n geht $1/n$ gegen null und $(1 - 1/n)$ gegen eins: Der Teil des Risikos eines gut diversifizierten Portefeuilles, der auf die Varianzen der Titel zurückzuführen ist, wird vernachlässigbar klein und das Portefeuillerisiko hängt praktisch nur noch von den Kovarianzen ab.

Da sich die Varianz einer Variablen auch als Kovarianz dieser Variablen mit sich selbst darstellen lässt, kann man die Varianzen in der ersten Summe der Portefeuillegleichung weglassen und sie als Kovarianzen der zweiten Summe hinzuzufügen (durch Weglassen der Bedingung $i \neq j$):

$$\sigma_P^2 = \sum_{i=1}^n \sum_{j=1}^n x_i x_j \sigma_{ij}$$

Häufig bedient man sich auch des Korrelationskoeffizienten $\rho_{ij} = \sigma_{ij}/\sigma_i \sigma_j$, der gegenüber der Kovarianz den Vorteil hat, normiert zu sein, d. h. nur Ausprägungen zwischen -1 (vollständige negative Korrelation) und $+1$ (vollständige positive Korrelation) aufzuweisen. Damit bekommt die Gleichung die folgende Gestalt:

$$\sigma_P^2 = \sum_{i=1}^n \sum_{j=1}^n x_i x_j \sigma_i \sigma_j \rho_{ij}$$

Wie man auch hier sieht, ist das Portefeuillerisiko umso geringer, je geringer die Korrelationskoeffizienten der einbezogenen Wertpapiere sind. Sehen wir uns diesen Risikovernichtungseffekt einmal genauer am einfachsten Fall eines Portefeuilles aus zwei Aktien A und B an. Der Erwartungswert μ_P der Rendite eines Portefeuilles, das den Anteil x an Aktien A und dementsprechend $1 - x$ an Aktien B enthält, beträgt:

$$\mu_P = x \cdot \mu_A + (1 - x) \cdot \mu_B$$
$$= \mu_B + x \cdot (\mu_A - \mu_B)$$

Wie man sieht, ist die Portefeuillerendite bei gegebenen μ_A und μ_B eine lineare Funktion der Anteile x und $1 - x$. Die Portefeuillevarianz beträgt

$$\sigma_P^2 = x^2 \cdot \sigma_A^2 + (1 - x)^2 \cdot \sigma_B^2 + 2 \cdot x \cdot (1 - x) \cdot \sigma_A \cdot \sigma_B \cdot \rho_{AB}$$

Im *ungünstigsten Fall* sind die Renditen der Aktien perfekt positiv miteinander korreliert ($\rho_{AB} = 1$). Die Varianz beträgt dann

$$\sigma_P^2 = x^2 \cdot \sigma_A^2 + 2 \cdot x \cdot (1 - x) \cdot \sigma_A \sigma_B + (1 - x)^2 \cdot \sigma_B^2 = [x \cdot \sigma_A + (1 - x) \cdot \sigma_B]^2$$

und die Standardabweichung

$$\sigma_P = x \cdot \sigma_A + (1 - x) \cdot \sigma_B$$

Nur in diesem ungünstigsten Fall ist die Standardabweichung des Portefeuilles das gewogene Mittel der Standardabweichungen der einzelnen Wertpapiere und damit, wie auch schon die Erwartungsrendite, eine lineare Funktion von x. In allen anderen Fällen (wenn $\rho < 1$) muss die Standardabweichung des Portefeuilles geringer sein.

Sehen wir uns einmal den *günstigsten Fall*, eine perfekt negative Korrelation der Einzelrenditen ($\rho_{AB} = -1$) an. Hier beträgt die Varianz

$$\sigma_P^2 = x^2 \cdot \sigma_A^2 - 2 \cdot x \cdot (1 - x) \cdot \sigma_A \sigma_B + (1 - x)^2 \cdot \sigma_B^2 = [x \cdot \sigma_A - (1 - x) \cdot \sigma_B]^2$$

und die Standardabweichung

$$\sigma_P = x \cdot \sigma_A - (1 - x) \cdot \sigma_B = x \cdot \sigma_A + x \cdot \sigma_B - \sigma_B \,.$$

Hier erkennt man, dass es durch geeignete Wahl von x sogar möglich ist, das Portefeuillerisiko auf null zu reduzieren, dann nämlich, wenn gilt:

$$x = \frac{\sigma_B}{\sigma_A + \sigma_B}$$

$$\sigma_P = \frac{\sigma_A \cdot \sigma_B}{\sigma_A + \sigma_B} + \frac{\sigma_B \cdot \sigma_B}{\sigma_A + \sigma_B} - \sigma_B = \frac{\sigma_A \cdot \sigma_B + \sigma_B^2}{\sigma_A + \sigma_B} - \sigma_B$$

Selbstverständlich sind Korrelationen von $\rho = 1$ oder $\rho = -1$ nur Extremwerte, die realiter so nicht vorkommen. Stets gilt aber: Eine Risikoreduktion unter das Durchschnittsrisiko der Einzeltitel gelingt, wenn diese nicht perfekt positiv korreliert sind; der Risikovernichtungseffekt ist umso größer, je geringer die Korrelation ist. Abbildung 3.11 zeigt diesen Zusammenhang:

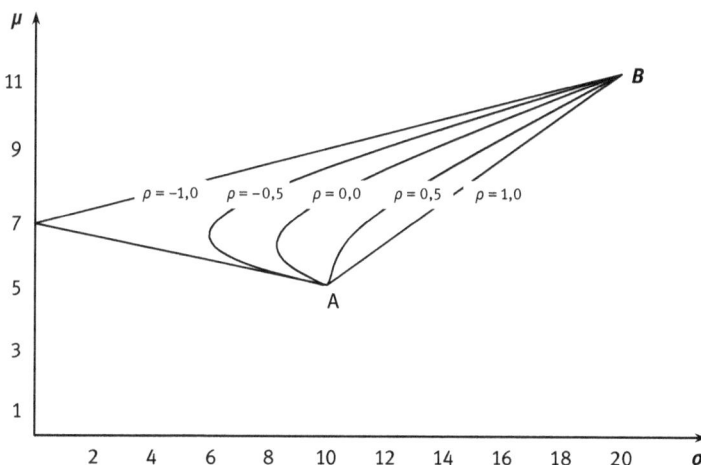

Abb. 3.11: Portefeuilles im Zwei-Wertpapier-Fall

Gegeben seien die Aktien A ($\mu_A = 5\,\%$, $\sigma_A = 10$) und B ($\mu_B = 11\,\%$, $\sigma_B = 20$). Die Graphen zeigen für alternative Korrelationen alle erreichbaren Portefeuilles; da keine Leerpositionen erfolgen, werden die Graphen durch die beiden Aktien A und B begrenzt. Im Fall $\rho_{AB} = -1$ ist das risikolose Portefeuille bei einem x von $20/(10+20) = {}^2/_3$ erreicht, d. h. $^2/_3$ des Budgets sind in Aktie A und $^1/_3$ in Aktie B zu investieren; das Portefeuille weist, bei $\sigma = 0$, eine Renditenerwartung von 7 % auf.

Werden mehrere Aktien einbezogen, so sind alle denkbaren Kombinationen zwischen den Aktien zu betrachten; aufgrund der Annahme der unendlichen Teilbarkeit der Aktien werden aus den Linien Flächen, die den Raum aller erreichbaren Portefeuilles abbilden. Dies sei an einem numerischen Beispiel verdeutlicht:

Beispiel: Die Rendite μ der drei Aktien A, B und C hänge vom Eintritt der gleichwahrscheinlichen Zustände Z_1, Z_2, Z_3, Z_4 und Z_5 ab:

Aktie i	Z_1	Z_2	Z_3	Z_4	Z_5	μ_i	σ_i^2	σ_i
Rendite A	1	9	7	13	5	7	16	4
Rendite B	0	6	9	12	18	9	36	6
Rendite C	4	20	8	−4	12	8	64	8

Die Kovarianzen bzw. Korrelationen errechnen sich somit als:

$$\sigma_{AB} = 9{,}6 \qquad \sigma_{AC} = -6{,}4 \qquad \sigma_{BC} = 0{,}0$$
$$\rho_{AB} = 0{,}4 \qquad \rho_{AC} = -0{,}2 \qquad \rho_{BC} = 0{,}0$$

An diesem Beispiel wird auch deutlich, worin der wesentliche Unterschied einer portefeuilletheoretisch fundierten und damit ganzheitlichen Anlageentscheidung gegenüber einer nur Einzeltitel betrachtenden Analyse besteht. Ein risikoaverser Investor würde nämlich Aktie C bei isolierter Betrachtung außer Acht lassen, weist sie doch eine geringere Renditenerwartung bei zugleich höherem Risiko als Aktie B auf. Ob sie aber nicht dennoch aufgrund ihrer Varianz-/Kovarianzeigenschaften von Interesse ist, kann nur eine Portefeuilleanalyse zeigen.

Da sich die drei Wertpapiere in jedem beliebigen Mischungsverhältnis zu einem Portefeuille zusammenfügen lassen, ist die Zahl der möglichen Portefeuilles unbegrenzt. In der nachstehenden Tabelle werden zur Vereinfachung nur die Portefeuilles berechnet, bei denen die Anteile den Wert ganzzahliger Vielfacher von Zehnteln annehmen; somit erhält man 66 Portefeuilles mit folgenden Rendite- und Risikoerwartungen. (Würde man alle Portefeuilles aus ganzzahligen Vielfachen eines Prozents berechnen, so käme man bereits auf 5.151.)

Anteil in %			μ_P	σ_P	Anteil in %			μ_P	σ_P
A	B	C			A	B	C		
100	0	0	7,00	4,00	30	20	50	7,90	4,26
90	10	0	7,20	3,88	30	10	60	7,80	4,81
90	0	10	7,10	3,53	30	0	70	7,70	5,49
80	20	0	7,40	3,84	20	80	0	8,60	5,17
80	10	10	7,30	3,43	20	70	10	8,50	4,62
80	0	20	7,20	3,28	**20**	**60**	**20**	**8,40**	**4,24**
70	30	0	7,60	3,89	**20**	**50**	**30**	**8,30**	**4,07**
70	20	10	7,50	3,42	20	40	40	8,20	4,14
70	**10**	**20**	**7,40**	**3,21**	20	30	50	8,10	4,44
70	0	30	7,30	3,30	20	20	60	8,00	4,93
60	40	0	7,80	4,02	20	10	70	7,90	5,56
60	30	10	7,70	3,51	20	0	80	7,80	6,29
60	**20**	**20**	**7,60**	**3,24**	10	90	0	8,80	5,57
60	10	30	7,50	3,28	10	80	10	8,70	5,02
60	0	40	7,40	3,60	**10**	**70**	**20**	**8,60**	**4,63**
50	50	0	8,00	4,22	**10**	**60**	**30**	**8,50**	**4,43**
50	40	10	7,90	3,69	10	50	40	8,40	4,46
50	**30**	**20**	**7,80**	**3,38**	10	40	50	8,30	4,70
50	**20**	**30**	**7,70**	**3,35**	10	30	60	8,20	5,12
50	10	40	7,60	3,61	10	20	70	8,10	5,70
50	0	50	7,50	4,10	10	10	80	8,00	6,38
40	60	0	8,20	4,49	10	0	90	7,90	7,13
40	50	10	8,10	3,94	0	100	0	9,00	6,00
40	**40**	**20**	**8,00**	**3,60**	0	90	10	8,90	5,46
40	**30**	**30**	**7,90**	**3,51**	0	80	20	8,80	5,06
40	20	40	7,80	3,71	0	70	30	8,70	4,84
40	10	50	7,70	4,14	0	60	40	8,60	4,82
40	0	60	7,60	4,75	0	50	50	8,50	5,00
30	70	0	8,40	4,81	0	40	60	8,40	5,37
30	60	10	8,30	4,26	0	30	70	8,30	5,88
30	**50**	**20**	**8,20**	**3,89**	0	20	80	8,20	6,51
30	**40**	**30**	**8,10**	**3,76**	0	10	90	8,10	7,22
30	30	40	8,00	3,89	0	0	100	8,00	8,00

In Abb. 3.12 sind alle aus den Aktien A, B und C konstruierbaren Portefeuilles (mit nicht-negativen Anteilen an den Aktien, d. h. ohne short-selling) abgetragen. Der Raum der möglichen Portefeuilles ist nunmehr eine geschlossene Fläche.

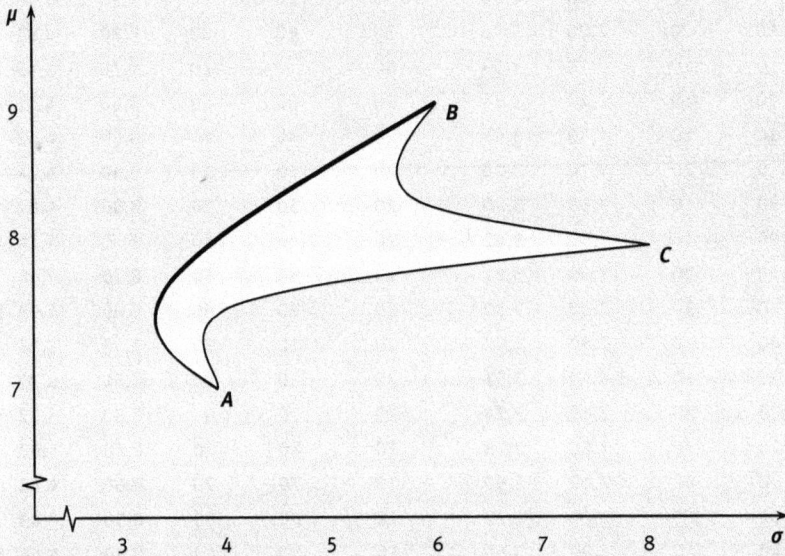

Abb. 3.12: Portfolioraum bei drei Wertpapieren (ohne Leerpositionen)

Effiziente Linie und optimales Portefeuille

Die Frage ist nun, für welches der unendlich vielen unterschiedlichen Portefeuilles sich der Investor entscheiden soll. Da wir unterstellt haben, dass alle Investoren (mehr oder minder) risikoscheu sind, können wir ausschließen, dass ein Investor ein Portefeuille wählt, das

- eine niedrigere Rendite erwarten lässt als ein anderes Portefeuille mit gleichem Risiko;
- eine höhere Standardabweichung aufweist als ein anderes Portefeuille mit gleicher Renditenerwartung;
- sowohl riskanter als auch niedriger verzinslich ist als ein anderes Portefeuille.

Er wird also im obigen Beispiel u. a. folgende Portefeuilles ausscheiden:

- $P(60/30/10)$ lässt bei gleichem Risiko ($\sigma = 3{,}51$) eine niedrigere Rendite (7,70 % gegenüber 7,90 %) erwarten als $P(40/30/30)$;
- $P(30/70/0)$ weist bei gleicher Renditenerwartung (8,40 %) ein höheres Risiko ($\sigma = 4{,}81$ gegenüber $\sigma = 4{,}24$) auf als $P(20/60/20)$;

- $P(70/20/10)$ lässt eine geringere Rendite (7,50 % gegenüber 7,80 %) bei höherem Risiko ($\sigma = 3{,}42$ gegenüber $\sigma = 3{,}38$) als $P(50/30/20)$ erwarten.

Nur Portefeuilles, die nicht in diesem Sinne von anderen dominiert sind, werden als *effizient* bezeichnet; sie sind in der Tabelle durch Fettdruck hervorgehoben. *Jeder* risikoscheue Investor wird effiziente Portefeuilles halten und zwar unabhängig vom individuellen Grad an Risikoscheu, die bei dem einen stärker ausgeprägt sein mag als bei einem anderen.

Wie man erkennt, ist die unter isolierter Betrachtung als uninteressant eingestufte Aktie C in den meisten Portefeuilles vertreten; sie stellt also eine durchaus interessante Anlage dar, mit der es gelingt, die Risiken der Portefeuilles weiter zu verringern. Wie wir noch sehen werden, liegt gerade hierin das gegenüber der klassischen Fundamentalanalyse entscheidend andere einer portefeuilletheoretisch fundierten Aktienbewertung: Wertpapiere sind stets vor dem Hintergrund des Portefeuilles zu beurteilen und zu bewerten, in das sie eingefügt werden sollen.

Aus der Fülle der möglichen Portefeuilles haben wir den größten Teil als ineffizient bereits ausgesondert. In der grafischen Darstellung liegen effiziente Portefeuilles auf einer Linie, die vom Minimum-Varianz-Portefeuille zum renditemaximalen Portefeuille reicht (in Abb. 3.12 fett dargestellt) und die den Raum aller möglichen Portefeuilles nach links oben begrenzt. Diese Linie wird als *effiziente Grenze* (efficient frontier) bezeichnet. Aufgrund der Tatsache, dass Mischungen aus zwei Wertpapieren (oder aus zwei Wertpapierportefeuilles) schlechtestenfalls zu keiner Risikoreduktion führen, muss die effiziente Linie stets einen konkaven, nach links oben gekrümmten Verlauf aufweisen.

Da kein Investor ein Portefeuille zu halten bereit ist, das bei gleichem Risiko eine niedrigere Rendite oder bei gleicher Rendite ein höheres Risiko als ein anderes aufweist, befassen wir uns im Folgenden nur noch mit Portefeuilles, die auf der effizienten Grenze liegen. Zwar ist die Zahl der Aktienkombinationen jetzt deutlich eingeschränkt, noch immer aber sehr groß. Um die Frage nach der optimalen Portefeuillewahl eines einzelnen Investors zu beantworten, muss jetzt allerdings die individuelle Risikoneigung des Investors Berücksichtigung finden. Die Entscheidung für ein optimales Portefeuille stellt sich somit in zwei Stufen dar: Stufe eins ist präferenzfrei (gilt also für alle risikoaversen Investoren) und trennt die effizienten von den nicht effizienten Portefeuilles; Stufe zwei ist präferenzgebunden und bestimmt für einen einzelnen Investor sein individuell optimales Portefeuille.

Da sich die individuelle Risikoneigung eines Investors im Zwei-Parameter-Modell als eine Schar von Indifferenzkurven darstellt, ist dasjenige effiziente Portefeuille als optimal anzusehen, das auf der höchstmöglichen μ-σ-Indifferenzkurve liegt (diese gerade tangiert; Abb. 3.13).

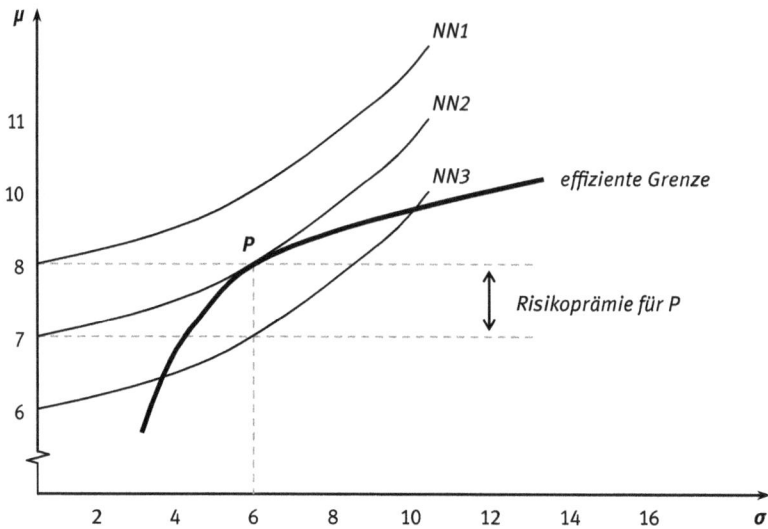

Abb. 3.13: Optimales Portefeuille P für einen Investor

Beispiel: In Abb. 3.13 ergibt sich das optimale Portefeuille P: Es beschert dem Investor gerade das Nutzenniveau NN_2, das durch kein anderes Portefeuille erreicht werden kann. Portefeuille P lässt eine Rendite von 8 % bei einem Risiko von 6 % erwarten. Da der betreffende Investor eine risikofreie Verzinsung von 7 % ebenfalls mit dem Nutzenniveau NN_2 belegen und somit dem Portefeuille P als gleichwertig ansehen würde,[45] beträgt die Risikoprämie, die er für das mit Portefeuille P eingegangene Risiko in Höhe von $\sigma_P = 6$ % verlangt, genau einen Prozentpunkt.

Das für den individuellen Investor optimale Portefeuille ist dann erreicht, wenn die individuelle Grenzrate der Substitution zwischen Risiko und Rendite (Steigung der Indifferenzkurve im Tangentialpunkt P) gleich ist dem trade-off zwischen Risiko und Rendite der Effizienzlinie (= deren Steigung im Tangentialpunkt P). Die stets geltende Konvexität der Effizienzlinie garantiert die Existenz einer einzigen Lösung. Abbildung 3.14 zeigt die optimalen Portefeuilles für drei unterschiedliche Investoren:

– für einen Investor mit stark ausgeprägter Risikoaversion (steile Indifferenzkurve A), für den das Portefeuille P_A im unteren Bereich der Effizienzlinie (es enthält überwiegend Aktien mit geringen Renditeaussichten aber auch geringen Risiken) optimal ist;

– für einen Investor mit mittlerer Risikoaversion (Indifferenzkurve B), dessen optimales Portefeuille P_B eine ausgewogene Mischung aus eher „konservativen" und eher „spekulativen" Aktien enthalten dürfte;

– für einen Investor mit gering ausgeprägter Risikoaversion (flach verlaufende Indifferenzkurve C), der überwiegend in Titel mit hohen Renditechancen aber auch entsprechend hohen Risiken investieren sollte, um sein Optimum P_C zu erreichen. Man beachte, dass auch dieser Typus eines Investors, den man eher als „Spekulant" bezeichnen würde, risikoscheu ist: Seine Risikoaversion ist lediglich schwächer ausgeprägt als die der anderen Investoren.

---

45 In einer μ-σ-Analyse gibt der Achsenabschnitt einer Indifferenzkurve jeweils das Sicherheitsäquivalent für jede μ-σ-Kombination auf der Indifferenzkurve an.

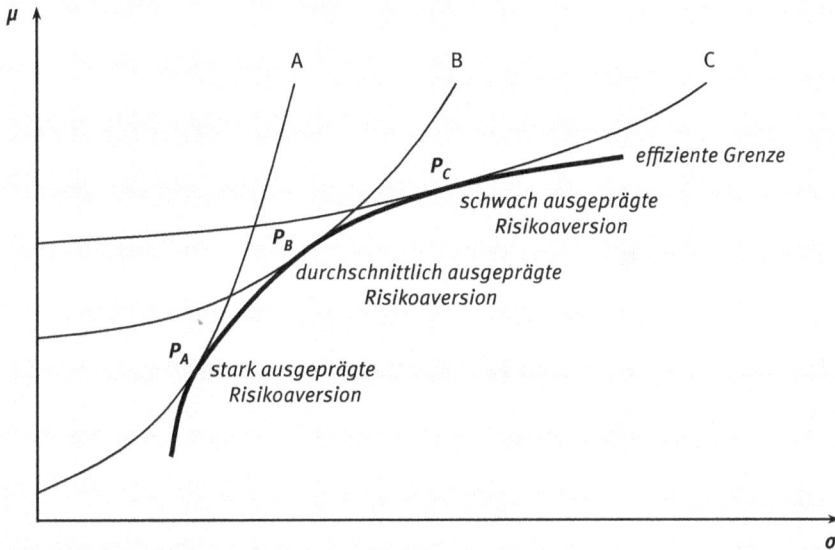

Abb. 3.14: Unterschiedliche optimale Portefeuilles

Ziel der Portefeuillebildung ist es, die Risiken, die mit Aktien verbunden sind, nach Möglichkeit zu reduzieren. Wie gut das in der Praxis gelingt, d. h. wie groß der tatsächliche Diversifikationserfolg sein wird, hängt ausschließlich davon ab, wie hoch die Kovarianzen/Korrelationen der einbezogenen Titel sind. In den meisten Kapitalmärkten liegen die durchschnittlichen Korrelationskoeffizienten zwischen inländischen Aktien in etwa im Bereich von 0,3 und 0,7 und erlauben somit erhebliche Risikoreduktionseffekte durch Diversifikation. Allerdings lässt sich in den letzten Jahren aufgrund der Tendenz zur Globalisierung weltweit ein Anstieg der Korrelationskoeffizienten beobachten (siehe Kapitel 3.3.3.2).

Weiterführende Überlegungen
Im Gegensatz zu den europäischen Märkten, in denen das Eingehen von Leerpositionen aufgrund hoher Kosten faktisch sehr erschwert ist, hat das short-selling in den Vereinigten Staaten eine lange Tradition und wird auch in größerem Umfang praktiziert, indem die Investmenthäuser ihren Kunden Wertpapiere leihen; diese veräußern sie dann und kaufen sie später, wenn die Leihfrist abgelaufen ist, wieder zurück. In der Finanztheorie wird daher regelmäßig die Annahme der Zulässigkeit und jederzeitigen Erreichbarkeit von Leerpositionen gemacht.

In den meisten europäischen Ländern wurden im Zuge der Finanzkrise ab 2007 die ohnehin schon schwierigen Leerverkäufe grundsätzlich verboten, da man in ihnen besonders gefährliche Spekulationsinstrumente sah. Allerdings ist auch die Nichtzulässigkeit von Leerpositionen mit Problemen verbunden. Da dann nämlich Spekulationsgewinne nur mit steigenden Kursen möglich sind, richtet sich die gesamte Aufmerksamkeit auf einen Anstieg der Börsenkurse; die Möglichkeit von Kursrückgängen wird kognitiv ausgeblendet. Besonders deutlich zeigt sich dies in der Finanzberichterstattung: Da sich eine Kaufempfehlung grundsätzlich an alle Leser richtet, ist dies bei der Verkaufsempfehlung nicht der Fall, sie richtet sich nur an diejenigen Investoren, die die Titel derzeit in ihrem Portefeuille haben. Die Folge ist eine deutlich zu optimistische Sicht auf die Finanzmärkte.

Die folgenden Überlegungen sollen zeigen, inwiefern sich mit der Zulassung von Leerpositionen das Problem der Bildung optimaler Portefeuilles verändert.

Betrachten wir die Wertpapiere A und B mit den Erwartungsrenditen $\mu_A = 6$ und $\mu_B = 10$, den Standardabweichungen $\sigma_A = 8$ und $\sigma_B = 12$ sowie einer Korrelation $\rho_{AB} = 0{,}2$. Ohne Zulässigkeit von Leerpositionen ergebe sich die in fett gedruckte Portefeuillelinie in Abb. 3.15: Sie verläuft von P_6 (= Wertpapier A; $x_A = 1$, $x_B = 0$) unter ständiger Verminderung des in A investierten Anteils x_A bis P_{10} (= Wertpapier B; $x_A = 0$, $x_B = 1$). Die Zulassung von Short-Positionen in Wertpapieren erlaubt es nun, die Bedingung $0 \leq x_A \leq 1$ aufzugeben; damit kann die Portefeuillelinie über P_6 bzw. P_{10} hinaus weitergeführt werden (dünnere Linie), was es dem Investor erlaubt, etwa auch die Portefeuilles P_4, P_5, P_{11}, P_{12} und P_{13} (und weitere) zu bilden.

Portefeuille:	P_4	P_5	P_6	P_7	P_8	P_9	P_{10}	P_{11}	P_{12}	P_{13}
Anteil x_A:	1,50	1,25	1,00	0,75	0,50	0,25	0,00	−0,25	−0,50	−0,75
Anteil x_B:	−0,50	−0,25	0,00	0,25	0,50	0,75	1,00	1,25	1,50	1,75
erw. Rendite:	4,0	5,0	6,0	7,0	8,0	9,0	10,0	11,0	12,0	13,0
PF-Risiko:	12,3	9,8	8,0	7,2	7,8	9.6	12,0	14,7	17,6	20,7

Alle Portefeuilles, die rechts oberhalb von B liegen (z. B. P_{11}, P_{12}, P_{13}), sind durch Leerverkäufe von A und Anlage des nunmehr entsprechend höheren Betrags in B gebildet; alle Portefeuilles, die rechts unterhalb von A liegen (z. B. P_5, P_4), sind gekennzeichnet durch Short-Positionen in B und entsprechend höherer Veranlagung in A. Die Einführung des Short-Selling hat somit das Anlagespektrum deutlich erweitert, effizient sind allerdings nur die durch den Leerverkauf von Wertpapier A erzeugten Portefeuilles, die oberhalb des varianzminimalen Portefeuilles P_7 liegen.

Sind Leerverkäufe ohne Einschränkungen möglich, so lässt sich, wie *Markowitz* gezeigt hat, das für die Weiterentwicklung der Portefeuilletheorie zentrale Zwei-Fonds-Theorem begründen. Es besagt, dass die Kenntnis zweier effizienter Portefeuilles hinreichend ist, um alle effizienten Portefeuilles bestimmen zu können.[46]

---

46 Zur formalen Herleitung des Zwei-Fonds-Theorems s. Kap. 3.3.1.4 der Vorauflage *Schredelseker, Klaus*: Grundlagen der Finanzwirtschaft, 2. Auflage, München (Oldenbourg) 2013.

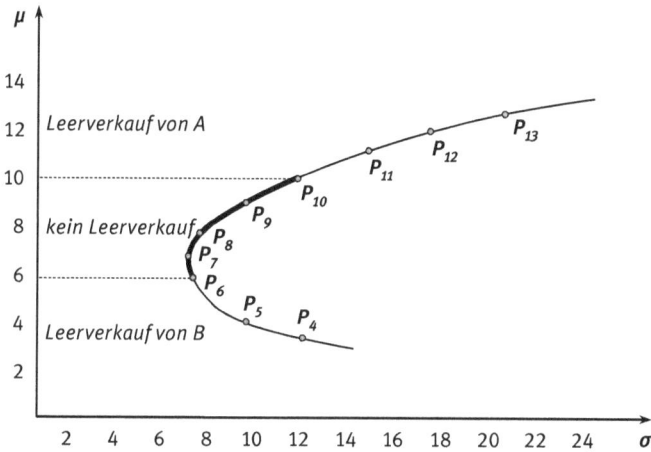

Abb. 3.15: Portefeuilles im Zwei-Wertpapier-Fall (mit Leerpositionen)

Jedes effiziente Portefeuille kann als Linearkombination zweier anderer effizienter Portefeuilles berechnet werden. Das besondere Verdienst von *Markowitz* besteht darin, die intuitiv schon vorher praktizierten Regeln der Risikoreduktion durch Anlagenmischung auf eine allgemein akzeptierte und gesicherte wissenschaftliche Basis gestellt zu haben; damit wurde das, was die moderne Kapitalmarkttheorie ausmacht, erst ermöglicht. Seit *Markowitz* wird den Kovarianzeigenschaften von Wertpapierrenditen besondere Aufmerksamkeit geschenkt. Ein Wertpapier muss stets im Kontext mit dem Portefeuille, in das es eingefügt werden soll, gesehen werden; eine isolierte Beurteilung einzelner Wertpapiere ist nicht zielführend. Die heute immer wieder erhobene Forderung nach einem ganzheitlichen Denken in Wirtschaft und Gesellschaft hat in der Portefeuilletheorie von *Markowitz* einen ihrer Ursprünge.

Dennoch hat das Modell, das rein normativen Charakter hat, d. h. Empfehlungen für rationale Anlageentscheidungen geben will, in der Praxis nur ganz vereinzelt Aufnahme gefunden. Alle Probleme, die wir im Zusammenhang mit der Finanzanalyse gesehen haben, setzt das *Markowitz*-Modell als gelöst voraus; die Ermittlung der Kovarianzen zwischen allen einbezogenen Titeln kommt als zusätzliches Problem dazu, d. h. für die Ermittlung von Rendite und Varianz eines n-Aktien-Portefeuilles müssen n Renditen, n Varianzen und $n \cdot (n-1)/2$ Kovarianzen geschätzt werden. Wie weiter oben argumentiert, ist es das (vermutlich unlösbare aber auch spannende) Grundproblem der Finanzwirtschaft, dass sie in die Zukunft gerichtet ist, als Datenbasis aber nur Vergangenheitsdaten zur Verfügung hat.

Selbst wenn man die Daten erheben könnte, so ist der Datenbedarf enorm und die Erhebung wirtschaftlich kaum zu rechtfertigen, wenn nicht sogar unmöglich, da die Daten immer wieder an sich verändernde Marktbedingungen und neue wirtschaftliche Gegebenheiten angepasst werden müssten. Die folgenden Zahlen verdeutlichen das Problem:

n	2	5	10	20	50	100	500	1.000	5.000
Zahl der zu schätzen-den Parameter	5	20	65	230	1.325	5.150	125.750	501.500	12.507.500

William Sharpe, ein Schüler von *Markowitz*, hat daher eine wesentliche Vereinfachung entwickelt, das sog. *Indexmodell* (auch Marktmodell, Ein-Faktor-Modell oder Diago-nalmodell),[47] das nicht nur wegen seiner praktischen Akzeptanz, sondern auch des-wegen von Interesse ist, weil es einen weiteren Schritt auf dem Weg zur modernen Kapitalmarkttheorie, dem ebenfalls auf *Sharpe* zurückgehenden *Capital Asset Pricing Model* darstellt.

Ausgangspunkt ist die Überlegung, dass die Renditenschwankungen einer Aktie in zwei Komponenten zerlegt werden können. Zum Teil hängen sie von allgemeinen Marktbewegungen ab und sind Folge volkswirtschaftlicher, politischer oder konjunk-tureller Entwicklungen, die auf alle Papiere einwirken. Der Teil des Risikos, der auf diese Einflussfaktoren zurückgeht, wird als *systematisches Risiko* bezeichnet. Ein an-derer Teil der Schwankungen geht auf Ursachen zurück, die für das jeweilige Unter-nehmen typisch sind (Management, Produktpalette, Technologien o. ä.) und wird als *unsystematisches Risiko* (auch: idiosynkratisches bzw. unternehmensspezifisches Ri-siko) bezeichnet.

Die Rendite r_i eines Wertpapiers i wird somit als Summe einer Konstanten (unsys-tematischer Teil) und eines Vielfachen der Indexrendite (systematischer Teil) darge-stellt; nach Möglichkeit ist ein breiter, den Markt gut abdeckender Index zu wählen. Da der Zusammenhang nicht exakt gilt, wird ein Irrtumsterm hinzugefügt, der die Ab-weichungen auffangen soll. Dies ergibt die Formel

$$r_i = \alpha_i + \beta_i \cdot r_{\text{Index}} + \varepsilon_i$$

α_i unsystematischer Bestandteil von r_i

β_i systematischer Bestandteil von r_i (Beta-Faktor): Sensitivitätsgröße, die angibt, wie stark die Rendite des Wertpapiers i auf eine Änderung der Indexrendite reagiert

r_{Index} Rendite des Index (des gesamten Marktes)

ε_i Abweichung der beobachteten Renditenausprägung von dem durch $\alpha_i + \beta_i \cdot r_{\text{Index}}$ gebotenen Wert.

Für die Bestimmung der α- und β-Werte bedient man sich üblicherweise einer linea-ren Regression der Renditen einer Aktie gegen die jeweilige Indexrendite. Liegen diese

---

47 *Sharpe, William F.*: A Simplified Model for Portfolio Analysis, Management Science 1963, S. 277–293.

Daten vor, so können aus ihnen die für die klassische Portefeuilleanalyse notwendigen Erwartungsrenditen, Standardabweichungen und Kovarianzen ermittelt werden. Damit kann die Menge der zu erhebenden Daten auf n α-Werte, n β-Werte, n Varianzen des Zufallsterms ε, sowie die Erwartungsrendite und die Varianz des Marktes verringert werden: Bei 1.000 Aktien sind dies statt zuvor 501.500 nur noch 3.002 Daten (= Reduktion um 99,4 %).

Die Verwendung von Regressionen zur Datenschätzung wirft allerdings die grundsätzliche Frage auf, wie gut sich historische Daten als Prädiktoren für die Zukunft eignen. Bezüglich der Alpha-Werte wird dies allgemein bestritten: Sie sind in ihrem Durchschnitt null und in ihrer konkreten Ausprägung von geringem Wert. Ex post zeigt ein positives Alpha zwar, dass die Aktie eine über dem Markt liegende Rendite erzielt hat, nichts spricht aber dafür, dass dieselbe Aktie dies auch in der Zukunft tun wird. Es lassen sich mit gleicher Überzeugungskraft einander diametral entgegenstehende Hypothesen formulieren:
- Die Aktie, die in der Vergangenheit den Markt übertroffen hat, wird dies wahrscheinlich auch in der Zukunft tun: Sie befindet sich in einem Wachstumspfad, den der Markt offenbar nachhaltig unterschätzt;
- Die Aktie, die in der Vergangenheit den Markt übertroffen hat, war zuvor unterbewertet; da nunmehr die Fehlbewertung korrigiert worden ist, ist in der Zukunft mit einer marktdurchschnittlichen Rendite zu rechnen;
- Die Aktie hat nur deswegen eine über dem Markt liegende Rendite erzielt, weil der Markt bestimmte Signale überbewertet hat; da eine Korrektur zu erwarten ist, muss man nun mit einer unterdurchschnittlichen Rendite rechnen.

Dem Beta-Faktor hingegen wird eine gewisse Prognosekraft zugebilligt: Es wird unterstellt, dass die Sensitivitätsgröße Beta im Zeitablauf einigermaßen stabil bleibt. Von einem Papier mit einem historischen $\beta < 1$ wird daher erwartet, dass es auch in nächster Zukunft auf Marktentwicklungen unterproportional reagiert und daher als „konservativ" eingestuft werden sollte; ein Papier mit $\beta > 1$ reagiere hingegen überproportional stark und sei als „spekulativ" anzusehen. Empirische Untersuchungen zeigen jedoch, dass die Eignung historischer Regressionsparameter zur Schätzung zukunftsgerichteter β-Faktoren ziemlich begrenzt ist.[48]

3.3.2 Risikolose Anlagen und Tobin-Separation

Bislang haben wir unsere Überlegungen auf reine Aktienportefeuilles beschränkt, d. h. auf Wertpapiermischungen, bei denen alle einbezogenen Titel mehr oder minder risikobehaftet sind. Selbstverständlich ist es auch möglich, Wertpapiere in das Porte-

---

[48] Vgl. insb. *Fama, Eugene F.; French, Kenneth R.*: The Cross Section of Expected Stock Returns, Journal of Finance 1992, S. 427–465.

feuille einzubeziehen, die keinerlei Risiko aufweisen. Da das *Markowitz*'sche Portefeuillemodell als einperiodiges formuliert ist, reicht es hin, ein Wertpapier zu finden, das am Ende dieser einen Periode einen sicheren Betrag zahlt. Zwar gibt es absolut risikolose Kapitalanlagen in der realen Welt nicht; gleichwohl können kurzfristige Titel wirtschaftlich und politisch stabiler Staaten für den jeweiligen Deviseninländer als weitestgehend risikofrei angesehen werden:
- eine Zahlungsunfähigkeit dieser Staaten kann auf kurze Frist ausgeschlossen werden;
- es gibt kein Zinsänderungsrisiko, da es sich um reine Diskontpapiere handelt;
- das Geldwertänderungsrisiko ist bei kurzen Anlagefristen vernachlässigbar;
- ein Wechselkursrisiko besteht für den Deviseninländer nicht.

Derartige Titel könnten z. B. Schatzanweisungen der Bundesrepublik Deutschland (für einen €-Inländer), Treasury Bills der Vereinigten Staaten (für einen \$-Inländer), unter Einlagenschutz stehende Festgeldanlagen oder ähnliche Titel sein. Wenn im Folgenden von einem „risikolosen Zinssatz" die Rede ist, sind darunter derartige Anlagen zu verstehen. Ihr Risiko σ_F ist definitionsgemäß null und damit auch die Kovarianz der risikofreien Anlage F mit jedweder anderen Anlage i, da gilt, dass Cov_{Fi} (oder σ_{Fi}) $= \sigma_F \cdot \sigma_i \cdot \rho_{Fi} = 0$. Ein Portefeuille P, das aus einem riskanten Titel A (Anteil x_A) und dem risikofreien Titel F (Anteil $x_F = 1 - x_A$) besteht, weist nach der Renditenformel folgende Erwartungsrendite auf:

$$\mu_P = x_F \cdot \mu_F + x_A \cdot \mu_A$$

Die Varianz/Standardabweichung des aus A und F zusammengesetzten Portefeuilles errechnet sich wie folgt:

$$\sigma_P^2 = x_F^2 \cdot \sigma_F^2 + x_A^2 \cdot \sigma_A^2 + 2 \cdot x_F \cdot x_A \cdot \rho_{FA} \cdot \sigma_F \cdot \sigma_A$$
$$\sigma_P^2 = x_A^2 \cdot \sigma_A^2 \quad (\text{da } \sigma_F = 0)$$
$$\sigma_P = x_A \cdot \sigma_A$$

Das Risiko eines solchen Portefeuilles ist also nur vom Risiko des riskanten Titels abhängig. Seine Standardabweichung ist eine lineare Funktion des Anteils: Alle Portefeuilles, die aus einem risikobehafteten und einem risikolosen Titel gebildet werden, liegen, solange $0 \leq x_F \leq 1$, auf der durchgezogenen Gerade in Abb. 3.16: Ein Investor kann u. a. investieren

$[x_F = 1]$ lediglich in risikofreie Titel (P_1): $\quad \mu_{P_1} = r_F \quad \sigma_{P_1} = 0$
$[x_F = \frac{1}{2}]$ 50 % risikofrei und 50 % risikobehaftet (P_3): $\mu_{P_3} = (\mu_A + r_F)/2 \quad \sigma_{P_3} = \sigma_A/2$
$[x_F = 0]$ ausschließlich risikobehaftet (P_5): $\quad \mu_{P_5} = \mu_A \quad \sigma_{P_5} = \sigma_A$

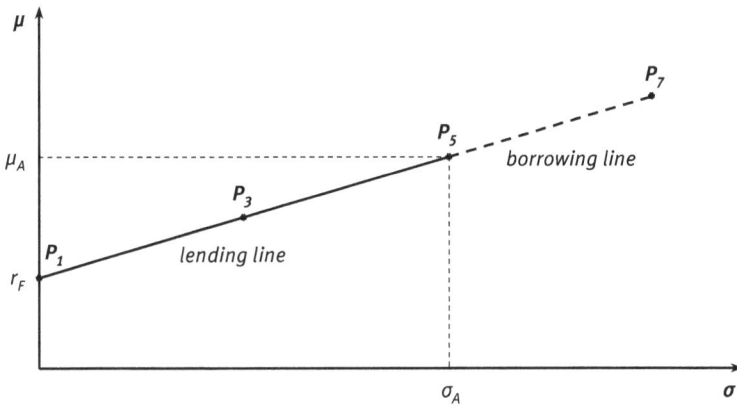

Abb. 3.16: Investition in risikobehaftete und risikolose Titel

Nehmen wir nunmehr einen vollkommenen Kapitalmarkt an, in dem jeder zu r_F beliebige Beträge anlegen oder aufnehmen kann, so können wir die Beschränkung $0 \leq x_F$ aufgeben; man hat nicht nur die Möglichkeit, einen Teil seines Budgets risikolos anzulegen, sondern auch die, zum Zinssatz r_F Geld aufzunehmen (= negatives x_F) und in Aktien anzulegen. An der Grundaussage der obigen Rendite- und Risikoformeln ändert sich damit nichts.

Beispiel: Nehmen wir an, ein Investor verfüge über Mittel in Höhe von 10.000. Mit den beiden Investitionsmöglichkeiten

risikoloser Titel $\quad r_F = 4\,\% \quad\quad \sigma_F = 0\,\%$

risikobehafteter Titel A $\quad \mu_A = 8\,\% \quad\quad \sigma_A = 6\,\%$

kann er folgende Portefeuilles P bilden:

P	x_F	x_A	Anlage$_F$	Anlage$_A$	μ_P	σ_P
1	1,00	0,00	10.000	0	4	0,0
2	0,75	0,25	7.500	2.500	5	1,5
3	0,50	0,50	5.000	5.000	6	3,0
4	0,25	0,75	2.500	7.500	7	4,5
5	0,00	1,00	0	10.000	8	6,0
6	−0,25	1,25	−2.500	12.500	9	7,5
7	−0,50	1,50	−5.000	15.000	10	9,0
8	−0,75	1,75	−7.500	17.500	11	10,5

Im letzten Fall (P_8) hat der Investor zusätzlich zu seinem Eigenkapital von 10.000 einen Kredit zu 4 % in Höhe von 7.500 aufgenommen und konnte somit 17.500 risikobehaftet investieren. Er hat den Leverage-Effekt der Verschuldung genutzt und seine Erwartungsrendite auf 11 % „hochgehebelt", dabei allerdings auch sein Risiko erheblich, auf 10,5 %, vergrößert.

In Abb. 3.15 geht die Linie der möglichen Portefeuilles nunmehr über P_5 hinaus (gestrichelter Teil). Da bei $0 \leq x_F$ der Investor einen Teil seiner Mittel „verleiht", wird dieser Teil der Funktion *lending line* genannt; entsprechend heißt der Teil, in dem x_F negativ ist, *borrowing line*, bei dem der Investor fremdes Geld „borgt".

Was anhand des Einzeltitels A gezeigt wurde, gilt auch für ganze Portefeuilles. Damit stellt sich aber das Problem der optimalen Portefeuillebildung auf völlig neue Weise. Da sämtliche Kombinationen zwischen einem der effizienten Portefeuilles und der risikolosen Zinsrate zu μ-σ-Kombinationen führen, die auf einer Geraden liegen, erweist sich von den ursprünglichen effizienten Portefeuilles nur noch das als effizient, das von einem Fahrstrahl aus r_F gerade tangiert wird (Abb. 3.17). Jede Kombination aus diesem Tangentialportefeuille P_T mit der risikolosen Zinsrate r_F ist den auf der *Markowitz*'schen Effizienzlinie liegenden Portefeuilles überlegen.

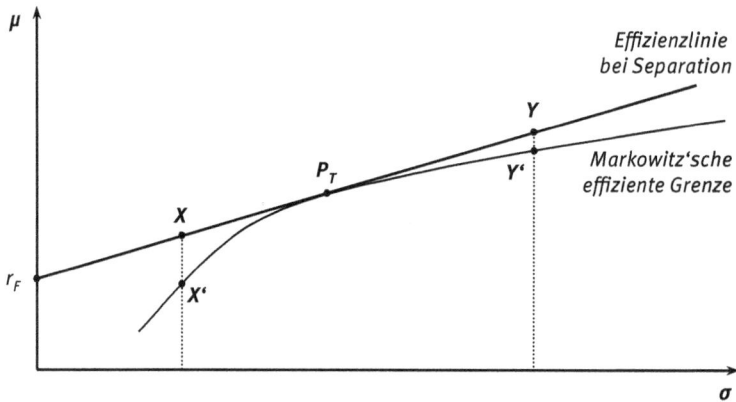

Abb. 3.17: Separationsmodell von Tobin

Ein ausgeprägt risikoscheuer Investor wird nun einen Teil seiner Mittel zum Zinssatz r_F und den Rest in P_T anlegen und somit Portefeuille X wählen, das ihm bei gleichem Risiko eine höhere Rendite verspricht als ein Portefeuille aus zwar überwiegend risikoarmen, aber gleichwohl risikobehafteten Titeln X'. Ebenso wird ein Investor mit einer sehr schwach ausgeprägten Risikoscheu sich zum Zinssatz r_F verschulden und den gesamten Betrag in P_T anlegen: Er wählt das Portefeuille Y. Auch mit dieser Strategie erzielt er bei gleichem Risiko eine höhere Rendite als bei einer Investition in ein Portefeuille aus ausschließlich risikohaften Titeln Y'. Es ist somit weder anzuraten, überwiegend in risikoarme Standardwerte (z. B. blue chips), noch in vornehmlich spekulative Titel (z. B. venture capital) zu investieren.

Die effiziente Linie ist nunmehr eine Gerade und stellt alle Kombinationen aus der r_F und dem Tangentialportefeuille P_T dar. Damit ist die Entscheidung über die

Zusammensetzung des risikobehafteten Teils des Portefeuilles eines Investors *unab-hängig* von der Risikoneigung des Investors: Er wird auf jeden Fall das Tangential-portefeuille P_T wählen. Diesem nach dem Nobelpreisträger *James Tobin* benannten Separationssatz[49] kam nicht nur für die weitere Theorieentwicklung entscheidende Bedeutung zu, er hatte auch enorme Auswirkungen auf die Anlagepraxis: Eine Vermö-gensverwaltung, die den Anspruch stellt, voll auf die individuellen Bedürfnisse ihrer Kunden, insbesondere auf ihre Risikopräferenzen Rücksicht zu nehmen, kann sich nun im Extremfall damit begnügen, ein einziges Portefeuille zu managen und der in-dividuellen Risikoneigung der Kunden lediglich durch ein unterschiedliches Leverage Rechnung zu tragen.[50] Das Separationsmodell von *Tobin* hat sich somit als Milliar-dengeschenk an die financial industry erwiesen und findet regelmäßig im Fondsma-nagement Anwendung. Richtig verstanden bzw. umgesetzt ist es aber auch ein Milli-ardengeschenk an die Anleger, denn diese müssen sich nicht mehr auf Finanzberater verlassen, sondern können einfach in ein „Weltportfolio" mit sehr niedrigen Gebüh-ren investieren. Konkret wird dies v. a. mit ETFs („Exchange Traded Funds") gemacht, die rein passiv einen Index (z. B. den MSCI World, den S&P500 oder auch den DAX) nachbilden, und dies mit sehr geringen Gesamtgebühren von meist rund 0,1 % pro Jahr. Da auch keinerlei Ausgabeaufschläge anfallen und beliebig jeden Tag ge- bzw. verkauft werden kann, verbinden ETFs damit die Vorteile von Fonds (Diversifikation) und Aktien (geringe Gebühren und jederzeitiger Handel). Dementsprechend stiegen die Anzahl und das verwaltete Vermögen in ETFs in den letzten Jahren enorm an. 2021 betrug das gesamt in ETFs verwaltete Vermögen rund 10 Billionen USD, was mehr als das Doppelte aller Hedge-Fonds ist.

3.3.3 Diversifikation als ökonomisches Grundprinzip

Risikoverminderung durch Diversifikation kann als allgemein akzeptiertes Ziel öko-nomisch rationalen Verhaltens angesehen werden, solange Wirtschaftssubjekte risi-koscheu sind. Risiko hat seinen Preis: Wer Risiko abgibt, schließt eine Art Versiche-rung ab, für die der, der es übernimmt, eine Vergütung in Form einer Prämie (Risiko-prämie) verlangen wird. Auch wer sich weitgehend als risikoneutral sieht, wird daher bei seinen Entscheidungen portefeuilletheoretische Überlegungen anstellen müssen: Er muss wissen, für welche Risiken ein Preis gezahlt wird und für welche nicht. Die-se Frage wird zwar eine schlüssige Beantwortung erst im Rahmen markttheoretischer

---

49 *Tobin, James*: Liquidity Preference as Behavior Toward Risk, Review of Economic Studies 1958, S. 65–86.
50 Sehr wohl haben Finanzverwalter aber Anreize, dies ihren Kunden gegenüber anders darzustellen und zu betonen, dass das Portefeuille entsprechend ihren Wünschen und Bedürfnissen individuell optimiert wird, denn der Kunde zahlt letztlich für „Expertenwissen" und will sich gut beraten fühlen.

Überlegungen finden, doch eines dürfte schon klargeworden sein: Wer durch Bildung schlecht diversifizierter, d. h. ineffizienter Portefeuilles unsystematisches Risiko übernimmt, verzichtet auf Sicherheit oder, wenn ihm dies wenig bedeuten sollte, auf Rendite in Form verschenkter Risikoprämien.

Gleichwohl wird nicht jeder Risikostreuung durch Diversifikation betreiben. Für denjenigen, der die Börse als ein *Monte Carlo ohne Musik*[51] nutzen will und Investment als eine anspruchsvolle Freizeitbeschäftigung sieht, wird Diversifikation dem Investment einen Teil des spekulativen Reizes nehmen: Niemand wird auch viel Befriedigung dabei finden, beim Roulette den gleichen Einsatz auf jedes Zahlenfeld zu setzen, um so „völlig risikofrei" jeweils 1/37 seines Gesamteinsatzes zu verlieren. Auch gibt es für Teilnehmer an Börsenspielen keinen Sinn, eine Strategie der Risikoverminderung zu fahren, da nur das Eingehen hoher Risiken die Chance bietet, unter die Sieger zu kommen.

Eine interessante Frage ist hingegen die, ob ein Unternehmen, das intern stark diversifiziert, und damit in geringerem Maße den Marktrisiken ausgesetzt ist, vom Kapitalmarkt höher zu bewerten ist als ein Unternehmen, bei dem das nicht der Fall ist. Finanztheoretisch lautet die Antwort eindeutig *nein*, denn wir haben es hier wieder mit einem Separationstheorem zu tun: Wenn die Investoren in der Lage sind, ohne größeren Aufwand Risikoreduktion durch finanzwirtschaftliche Diversifikation im Rahmen ihrer Portefeuillebildung zu betreiben, werden sie nicht bereit sein, eine realwirtschaftliche Diversifikation, die ihnen das Gleiche bringt, zu honorieren. Im Gegenteil: Investoren können sehr viel kostengünstiger die gewünschten Diversifikationseffekte herbeiführen als ein Unternehmen, für das die Übernahme eines branchenfremden Betriebs meist größere Schwierigkeiten (mangelndes Know-How, andere Managementphilosophien, zusätzliche Standorte, unterschiedliche Marktdurchdringung etc.) verursacht. Diversifikation ist zwar ein wirksames Instrument zur Begrenzung von Risiken, aber in einer geordneten Wirtschaft sollten alle nutzbringenden Aktivitäten grundsätzlich von denjenigen vorgenommen werden, die dabei die komparativen Kostenvorteile haben. Das sind allemal die Investoren und nicht die Unternehmen.

Portefeuilletheoretisch orientiertes Denken geht heute weit über den engeren Bereich der Finanzanlagen hinaus: Es findet Anwendung bei der Planung von Sachinvestitionen von Unternehmen, bei Entscheidungen über die Produktpalette, bei Ausbildungsprogrammen oder bei wirtschafts- und sozialpolitischen Grundsatzentscheidungen. So wird das Ziel, in einer modernen Industriegesellschaft die Arbeitnehmer stärker am Produktivvermögen zu beteiligen, von einem breiten politischen Spektrum geteilt. Bei der Frage nach der praktischen Umsetzung gehen die Positionen hingegen deutlich auseinander. Die einen sprechen sich dafür aus, einen zentralen Fonds

---

51 Diese Formulierung wird *Georg von Siemens* (1839–1901) zugesprochen.

zu schaffen, in welchen Unternehmensanteile eingebracht werden und an dem die Arbeitnehmer dann Anteilsrechte erwerben können; andere ziehen es vor, den Arbeitnehmern Anteile des Unternehmens zukommen zu lassen, in dem sie beschäftigt sind (Belegschaftsaktien). Aus portefeuilletheoretischer Sicht ist Letzteres eindeutig suboptimal: Es gibt für einen Arbeitnehmer, dessen wesentliche Einkunftsquelle vom Erfolg des Unternehmens, in dem er seinen Arbeitsplatz hat, abhängt, keinen Sinn, auch sein Erspartes dem gleichen Risiko aussetzen zu wollen. Solange das Unternehmen floriert, wird es gute Löhne zahlen und dem Arbeitnehmer attraktive Karrierechancen vermitteln; zugleich werden seine Anteile gute Renditen aufweisen. Kommt das Unternehmen hingegen in eine Krise, so ist der Arbeitsplatz des Arbeitnehmers gefährdet und zugleich auch sein erspartes Vermögen verloren oder zumindest stark abgewertet.[52]

Ein Arbeitnehmer, der Anteile des Unternehmens hält, in dem er beschäftigt ist, übernimmt ohne Not und ohne dafür in Form angemessener Risikoprämien entschädigt zu werden, ein extrem hohes Maß an unternehmerischem Risiko. Dies ist gleichermaßen aus wirtschaftstheoretischen wie auch aus sozialpolitischen Gründen abzulehnen. Dass es dennoch immer wieder geschieht, ist, auch wenn es den Arbeitnehmern gegenüber als eine von unternehmerischer Verantwortung getragene sozialpolitische Leistung verkauft wird, eher den (vermeintlichen?) Interessen des Unternehmens geschuldet: Man erhofft sich dadurch, dass die Arbeitnehmer zu Mitunternehmern gemacht werden, eine Schwächung des gewerkschaftlichen Einflusses und ein höheres Maß an Verständnis für unpopuläre unternehmerische Maßnahmen.

Naive Diversifikation
Es ist durchaus von Interesse zu wissen, welche Risikoreduktion sich durch eine einfache, zufällige (naive) Portefeuillebildung ergibt, bei der man auf die Erfassung all der Daten, die für das *Markowitz'sche* Modell oder das Indexmodell nötig sind, verzichten kann. Selbstverständlich kann nur das unternehmensspezifische, das unsystematische Risiko durch Diversifikation reduziert werden. Das Risiko hingegen, dass sich der Markt als Ganzes negativ entwickelt, ist davon nicht erfasst. Was als systematisch und was als unsystematisch gilt, hängt davon ab, welchen Maßstab man wählt. In der Regel wird es irgendein Index sein, wobei gilt, dass Kursbewegungen einer Aktie, die in die gleiche Richtung gehen wie eben dieser Index, als systematisch eingestuft werden, während Kursbewegungen, die von dieser Indexentwicklung unabhän-

---

52 Beim Zusammenbruch des amerikanischen Energiekonzerns Enron im Dezember 2001 ist genau dies passiert: Tausende von Arbeitnehmern verloren nicht nur ihren Arbeitsplatz, sondern auch den größten Teil ihrer Altersversorgungsansprüche, da diese von firmennahen Pensionsfonds nahezu ausschließlich in Aktien des eigenen Unternehmens angelegt waren; am 18. Januar 2002 titelte daher die San Francisco Business Times: „Enron debacle, another lesson in diversification."

gig sind, als unsystematisch gelten. Das so definierte unsystematische Risiko kann mit einem Indexportefeuille, d. h. einem Portefeuille, in dem allen Aktien exakt der Anteil wie im betrachteten Index zukommt, vollständig ausgeschaltet (wegdiversifiziert) werden; die mit Abstand erfolgreichsten Finanzinstrumente der letzten Zeit, die bereits oben erwähnten Exchange Traded Funds (ETF) verfolgen genau dieses Ziel.[53]

Was geschieht, wenn man nicht gleich soweit gehen möchte, haben *Elton* und *Gruber*[54] deutlich gemacht. Sie ermittelten auf Monatsbasis für alle an der New York Stock Exchange gehandelten Aktien eine durchschnittliche Standardabweichung von $\sigma = 6,828\,\%$ und zeigten in Abhängigkeit von der Zahl der in das Portefeuille (gleichgewichtig) einbezogenen Aktien das erwartete Risiko, den Prozentsatz an vernichtetem unsystematischem Risiko und die sog. Diversifikationseffizienz DE. Im günstigsten Fall konnte eine Reduktion des Portefeuillerisikos auf 38,9 % des durchschnittlichen Aktienrisikos erreicht werden (maximale Diversifikationseffizienz).

n	Portefeuillerisiko σ_P	Risikovernichtung	DE_P
1	6,828 %	0,0 %	100,0 %
2	5,186 %	39,4 %	76,0 %
4	4,117 %	65,0 %	60,3 %
6	3,695 %	75,1 %	54,1 %
8	3,465 %	80,6 %	50,7 %
10	3,319 %	84,1 %	48,6 %
50	2,802 %	96,5 %	41,0 %
100	2,730 %	98,2 %	40,0 %
500	2,672 %	99,6 %	39,1 %
1000	2,664 %	99,8 %	39,0 %
alle NYS	2,657 %	100,0 %	38,9 %

Wie zu erkennen ist, nimmt der Beitrag jeder weiteren Aktie zur Risikoverminderung des Portefeuilles mit zunehmendem Portefeuilleumfang stark ab: bereits bei fünfzig Aktien waren 96,5 % des unsystematischen Risikos abgebaut und die weitere Erhöhung des Portefeuilleumfangs brachte nur noch geringe Verbesserungen.

Sicherlich hat die Erkenntnis, dass erhebliche Risikoreduktionseffekte auch ohne die zeit- und kostenintensive Portefeuilletechnik nach *Markowitz* möglich sind, dazu beigetragen, dass die Quintessenz der modernen Portefeuilletheorie für viele Investoren heute nur heißt: Streue die Engagements, um unsystematische Risiken zu ver-

---

53 Allerdings gibt es wirtschaftstheoretische Hinweise darauf, dass die Erreichung dieses Ziels dann, wenn das Marktvolumen der auf diese Weise veranlagten Finanzmittel eine kritische Grenze überschreitet, gefährdet ist; vgl. *Hanke, Michael; Schredelseker, Klaus:* Index funds should be expected to underperform the index, Applied Economic Letters 2010, S. 991–994.

54 *Elton, Edwin J.* et al.: Modern Portfolio Theory and Investment Analysis, 8. Aufl., New York (John Wiley) 2010, S. 59.

meiden. Warum auch sollte man sich die Mühe machen, sich zu hohen Kosten eine Unmenge wenig verlässlicher Daten zu beschaffen, um aus ihnen eine effiziente Grenze zu berechnen, wenn „even the very naive $1/n$ strategy will usually end up with a well-diversified portfolio that is reasonable close to some point on the frontier"?[55]

Internationale Diversifikation

Der Diversifikationserfolg eines breit gestreuten Portefeuilles hängt entscheidend von den Kovarianzeigenschaften der Titel ab: Wie wir gesehen haben, kann selbst durch Bildung eines exakt den Markt abbildenden Portefeuilles das Risiko nicht unter das Marktrisiko gesenkt werden. In einer globalisierten Welt hingegen ist kein Anleger auf das heimische Angebot beschränkt; da die nationalen Kapitalmärkte untereinander nur begrenzt korreliert sind, eröffnen sich weitere Risikoreduktionsmöglichkeiten durch internationale Streuung. Damit können zwar auch gewisse Probleme verbunden sein (Wechselkursrisiko, höhere Transaktionskosten, Steuersystemunterschiede, etwaige Transferrisiken), diese treten aber angesichts der Diversifikationsvorteile in den Hintergrund. Ein Blick auf die Korrelationen verschiedener nationaler Kapitalmärkte untereinander ist geeignet, das Risikovernichtungspotenzial international diversifizierter Portefeuilles einschätzen zu können.[56]

Aktienmarktkorrelationen, währungsbereinigt, Jan 1992–Jan 2002

	USA	CAN	UK	FRA	GER	ITA	SUI	JAP	HK	EUR	Welt
USA	1,00	0,69	0,63	0,58	0,59	0,34	0,60	0,39	0,51	0,69	0,86
Kanada		1,00	0,58	0,63	0,59	0,42	0,53	0,39	0,58	0,67	0,63
UK			1,00	0,74	0,62	0,49	0,69	0,30	0,53	0,74	0,56
Frankreich				1,00	0,82	0,64	0,68	0,36	0,40	0,74	0,54
Deutschland					1,00	0,61	0,63	0,34	0,44	0,71	0,56
Italien						1,00	0,45	0,31	0,23	0,48	0,40
Schweiz							1,00	0,30	0,43	0,65	0,52
Japan								1,00	0,17	0,40	0,35
Hong Kong									1,00	0,49	0,70
Europa										1,00	0,55
Welt											1,00

Wie zu erkennen ist, liegen die internationalen Korrelationen meist unter den üblichen Korrelationen einzelner Wertpapieren in einem nationalen Markt und machen deutlich, welch erhebliches Risikoreduktionspotenzial eine internationale Diversifi-

---

55 *Benartzi, Shlomo; Thaler, Richard H.*: Naive Diversification Strategies in Defined Contribution Saving Plans, American Economic Review 2001, S. 79–98 (hier 96).

56 https://www.msci.com/research/global-investing-trends/global-country-correlation-matrix

kation in sich birgt. Vergegenwärtigt man sich, dass das Quadrat des Korrelationskoeffizienten angibt, wie groß der Anteil der gemeinsamen Varianz zweier Variablen
ist, so lässt sich erkennen, dass die gemeinsame Varianz des deutschen mit dem US-
amerikanischen Aktienmarkt beträgt $0,80^2 = 64\%$, die des deutschen Markts mit
dem japanischen Markt hingegen lediglich $0,59^2 = 35\%$. Umso erstaunlicher ist
der ausgeprägte home-bias in den Portefeuilles auch deutscher Anleger. Seit der umfangreichen Studie von *Lapp*[57] hat sich daran wenig geändert, denn noch immer befinden sich in den Portefeuilles deutscher Privatanleger zu 49% nur deutsche Divi-
dendentitel, während sich der Anteil deutscher Aktien an der Börsenkapitalisierung
der Welt auf lediglich 2,55% beläuft;[58] die Tendenz geht allerdings auch hier in Richtung auf eine stärkere Internationalisierung, denn noch 2011 lag der home-bias bei
etwa 65%.

Die auf Jahresbasis ermittelten Korrelationskoeffizienten zwischen einigen wichtigen Indices stellten sich im September 2021[59] wie folgt dar:

	DAX	S&P 500	Nikkei 225	Nasdaq 100	STOXX 50
DAX	1,00	0,93	−0,12	0,75	0,99
S&P 500		1,00	−0,14	0,93	0,95
Nikkei 225			1,00	−0,12	−0,04
Nasdaq 100				1,00	0,79
STOXX 50					1,00

Während der deutsche DAX und der EuroStoxx50 mit 0,99 fast perfekt korreliert sind,
und auch die Korrelationen zwischen dem US-Technologieindex NASDAQ und dem
S&P500 sowie dem DAX und EuroStoxx50 durchwese sehr hoch sind, sticht der ja-
panische Nikkei225 mit negativen Korrelationen zu den europäischen und US-Indizes
heraus. Während asiatische Märkte traditionell deutlich niedrigere Korrelationen zu
US-Märkten haben als die europäischen Märkte, sind negative Werte doch ungewöhn-
lich und vermutlich v. a. der Covid-19-Pandemie sowie den politischen Turbulenzen
in Japan im letzten Jahr zuzuschreiben.

Das professionelle Portfoliomanagement hat allerdings durchaus auf diese Zahlen reagiert. Bereits in der Zeit von 1990 bis 2000 haben deutsche Investmentfonds
den Anteil ausländischer Aktien in ihren Portefeuilles von 20% auf 70% gesteigert.
Die folgenden Zahlen machen deutlich, wie sehr sich auch international das institu-

57 *Lapp, Susanne*: Internationale Diversifikation in den Portfolios deutscher Kapitalanleger – Theorie und Empirie, Berlin – Heidelberg (Springer) 2001.
58 http://www.blognition.de/blog/markte/zuviel-deutschland-im-depot/ (zuletzt abgerufen: Dezember 2018).
59 Die Daten für die Berechnung der Korrelationskoeffizienten wurden über *Bloomberg* bezogen und beziehen sich auf den Zeitraum vom 01.01.2021 bis zum 27.09.2021.

tionelle Portefeuillemanagement, speziell das im Bereich der Renten- und Pensionsfonds, gegenüber fremden Märkten geöffnet hat:[60]

Veranlagungen von Pensionsfonds (in % der Portefeuilles)

Sitz der Fonds	Aktien Inland	Aktien Ausland	Bonds Inland	Bonds Ausland	Immobilien	Cash o. a.
Belgien	10	43	15	18	4	10
Frankreich	5	8	27	25	2	33
Dänemark	17	21	50	3	6	3
Irland	19	52	8	12	6	3
Italien	6	1	37	10	45	1
Niederlande	15	29	30	18	5	3
Spanien	11	25	32	11	1	20
Schweden	24	16	41	13	4	2
Schweiz	20	11	27	10	11	21
Großbritannien	46	25	17	3	6	3
Australien	42	16	19	3	5	15
Japan	38	19	31	8	1	3
USA	48	11	34	1	2	4

Eine offene Frage ist die, ob die im vergangenen Jahrzehnt zu beobachtende Tendenz anhält, dass im Zuge der europäischen Integration die Aktienmarktkorrelationen der EU-Länder größer werden. In dem Maße, in dem dies der Fall ist, schwinden selbstverständlich die Risikoreduktionspotenziale einer auf den europäischen Raum begrenzten Diversifikation. Im globalen Umfeld ist Vergleichbares aber so schnell nicht zu erwarten.

---

60 Aus *Solnik, Bruno; McLeavey, Dennis*: International Investments, 5. Auflage, Boston et al. (Pearson – Addison Wesley) 2003, S. 709.

4 Informationsverarbeitung im Markt

In einem richtungweisenden Aufsatz aus dem Jahre 1945[1] hat *Friedrich Hayek* die These aufgestellt, dass der wesentlichste Vorteil, den ein auf marktwirtschaftliche Prinzipien gegründetes Wirtschaftssystem aufzuweisen hat, darin besteht, dass es Informationen in äußerst effizienter Weise verarbeitet: Über den Marktpreis signalisieren die Marktteilnehmer den anderen, insbesondere den Produzenten ihre Bedürfnisse, über die Marktpreise wird über relative Knappheiten informiert, über die Marktpreise werden Forschungs- und Entwicklungsaktivitäten intensiviert oder zurückgefahren etc.; der Markt erweist sich dabei „to be a more efficient mechanism for digesting dispersed information than any that man has deliberately designed."[2] Wie gut dieser von *Hayek* umrissene Mechanismus tatsächlich funktioniert, hat – etwa zwanzig Jahre später – die Finanzökonomie mit der noch genauer zu behandelnden *Efficient Markets Hypothesis* (EMH) theoretisch und empirisch belegt: Es ist anzunehmen, dass die Finanzmärkte ein beeindruckendes Maß an Informationseffizienz aufweisen.

Die in den 1980er-Jahren begonnene und – trotz immer wieder auftretender Spekulationsblasen (financial bubbles) und Krisen wie der Finanzkrise 2007–2009 – bis heute fortwirkende Renaissance des Wertpapiers, insbesondere der Aktie, hat ihren Ursprung nicht zuletzt in der Einsicht in die hohe allokative Effizienz des Kapitalmarkts, die aus der Informationseffizienz folgt. Die Aktie wird heute nicht mehr nur als Finanzierungsinstrument, sondern auch als Organisationsinstrument mit unmittelbarer Auswirkung auf die strategische Führung von Unternehmen gesehen:

- Über die Kursberichterstattung wird dem Management eine tägliche Evaluierung seiner Leistungen ins Haus geliefert; sie ist kostenlos, weist ein sehr hohes Maß an Objektivität auf und ist deswegen allgemein anerkannt (was die wenigsten Evaluierungstechniken von sich behaupten können).
- Der Markt für Mergers & Acquisitions sorgt dafür, dass die Unternehmensleiter, da sie alles daransetzen werden, nicht Opfer einer feindlichen Übernahme zu werden, gezwungen sind, ihr Bestes zu geben: Nur, wenn sie dies tun, ist ihr Unternehmen für potenzielle Übernehmer ohne Interesse und somit ihre Position ungefährdet.
- Mit dem vom Kapitalmarkt auferlegten Shareholder-Value-Denken wird der diskretionäre Handlungsspielraum des Managements massiv eingeschränkt und das seit Jahrzehnten diskutierte Problem der Fremdorganschaft[3] zwar nicht gelöst, aber doch zumindest abgeschwächt.

---

1 *Hayek, Friedrich A.*: The Use of Knowledge in Society, American Economic Review 1945, S. 519–530.
2 *Hayek, Friedrich A.*: The Pretence of Knowledge: Nobel Memorial Lecture, December 11th, 1974, American Economic Review 1975, S. 7.
3 Siehe Kapital 1.5.2.

https://doi.org/10.1515/9783110770544-004

- Die anreizgerechte Bezahlung der Manager, z. B. mit langlaufenden und gestaffelten Call-Optionen auf Aktien des eigenen Unternehmens, stellt eine der kostengünstigsten Formen der Senkung von Agency-Kosten dar.
- Die Präsenz im Kapitalmarkt zwingt die Unternehmen zu einem hohen Maß an Offenheit, Transparenz und Publizität; gerade im kontinentaleuropäischen Raum ist das in den letzten Jahren zu verzeichnende Umdenken in der Informationspolitik der Unternehmen beeindruckend: man hat schlicht dazugelernt und ist von der früher weit verbreiteten Ansicht abgerückt, das Publikum sei durch Bilanzpolitik (elegant ist der angelsächsische Ausdruck des *creative accounting*) leicht zu instrumentalisieren.
- Die Diversifikation von Risiken wird vom Kapitalmarkt effizienter bewerkstelligt als von den Unternehmen selbst; diese Erkenntnis führte dazu, dass die Praxis Abschied nahm von der in den 1960er- und 1970er-Jahren propagierten Idee konglomerater Unternehmenszusammenschlüsse.

Dass der Markt diese Leistungen erbringt, ist der Informationsverarbeitungsaktivität der Marktteilnehmer geschuldet. *Robert Merton*, Nobelpreisträger des Jahres 1997, sieht daher in der Verarbeitung von Informationen auch eine der zentralen Aufgaben finanzwirtschaftlicher Praxis: „The acquisition of information and its dissemination to other economic units are, as we all know, central activities in all areas of finance, and especially so in capital markets."[4] Tatsächlich nimmt bei allen, die im Finanzbereich tätig sind, sei es als Treasurer, Portfoliomanager oder Anlageberater, die Aufnahme, Sammlung, Beurteilung und Aggregation von Information einen wichtigen Teil ihrer täglichen Arbeit ein. Umso erstaunlicher ist es, dass in vielen modernen Lehrbüchern der Finanzwirtschaft der Informationsverarbeitung nur noch wenig Beachtung geschenkt wird: In der Portfoliotheorie, in der Kapitalmarkttheorie, in der Bewertung derivativer Finanzinstrumente wird einfach unterstellt, dass Informationsverarbeitung erfolgreich stattgefunden hat.

Der folgende und letzte Abschnitt dieses Buchs wird daher schwerpunktmäßig Informationsverarbeitung zum Gegenstand haben, wobei im Gegensatz zum vorangegangenen Kapitel der Schwerpunkt auf der Marktbetrachtung liegt: Alle Entscheidungen erfolgen im Rahmen eines Marktsystems: sie hängen von den Entscheidungen anderer ab und sie haben ihrerseits Einfluss auf die Entscheidungen anderer. Diese Selbstreflexivität charakterisiert den Markt als „komplexes adaptives System", was zu dramatisch anderen Ergebnissen und Entscheidungsregeln führt als reine Optimierungsmodelle, wie sie in der neoklassisch geprägten VWL und in großen Teilen der BWL vorherrschen. Zunächst werden wir uns der Kapitalmarkttheorie zuwenden, die mit Hilfe mikroökonomischer Modelle gedachte Kapitalmärkte konstruiert, in denen

---

4 *Merton, Robert C.*: A Simple Model of Capital Market Equilibrium with Incomplete Information, Journal of Finance 1987, S. 483–510 (hier 483).

die Marktteilnehmer perfekte Informationsverarbeiter sind und im Markt interagieren. Mithilfe derartiger Modelle ist es möglich, eine gedankliche „Benchmark" zu schaffen. In einem zweiten Schritt werden wir uns mit der mehr empirisch ausgerichteten Hypothese informationseffizienter Märkte befassen (EMH), um dann Überlegungen darüber anzustellen, welchen Stellenwert Informationsverarbeitung in Märkten hat, die, wie es reale Märkte am ehesten kennzeichnet, nicht von perfekter Informationseffizienz gekennzeichnet sind. Das Buch schließt mit Experimenten zum Nutzen von Informationen in Märkten.

4.1 Kapitalmarkttheoretische Modelle

4.1.1 Das Capital Asset Pricing Model (CAPM)

Grundansatz und Modellannahmen
Die von *Markowitz* entwickelte Portefeuilletheorie stellt eine in sich geschlossene Theorie für das Entscheidungsverhalten von Investoren dar, die sich vom Streben nach hohen Renditen und nach niedrigen Risiken leiten lassen; die Theorie sagt aber nichts darüber aus, woher die Daten, die zur Ermittlung eines optimalen Portefeuilles erforderlich sind, stammen, und sie sagt auch nichts über den Markt aus, in dem sich das Ganze abspielt. *William Sharpe*, ein Schüler von *Markowitz* und wie dieser Nobelpreisträger des Jahres 1990, hat sich nicht nur des Problems einer verbesserten Datengewinnung angenommen (s. das unter 3.3.1 dargestellte Indexmodell), sondern sich darüber hinaus gefragt, wie ein Kapitalmarkt beschaffen sein muss, wenn alle Beteiligten sich so verhalten, wie es in der Portefeuilletheorie modelliert ist. Damit vollzog er den Schritt von der normativen zur positiven Portefeuilletheorie: Hier geht es nicht mehr darum, den Investoren zu empfehlen, wie sie sich bei ihren Anlageentscheidungen verhalten *sollten*, sondern Erklärungen dafür zu liefern, wie der Markt funktioniert und nach welchen Regeln die Preise für Wertpapiere *tatsächlich* gebildet werden müssten, wenn sich die Investoren so verhalten würden, wie es die normative Portefeuilletheorie vorgibt und wenn der Markt sich im Gleichgewicht befindet. Mit dem Capital Asset Pricing Model (CAPM) gelang *Sharpe* (und wenig später, aber unabhängig von ihm auch *Lintner* und *Mossin*) das erste geschlossene und auf rationalen Entscheidungen der Akteure basierende Erklärungsmodell für einen effizient bewertenden Kapitalmarkt.[5] Das CAPM ist aber auch ein normatives Bewertungsmodell, das es Investoren, die von der allokativen Leistungsfähigkeit des Marktes und von der Notwendigkeit einer umfassenden Risikodiversifikation überzeugt sind, erlaubt,

5 *Sharpe, William F.*: Capital Asset Prices: A Theory of Market Equilibrium under Conditions of Risk, Journal of Finance 1964, S. 425–442; *Lintner, John*: The Valuation of Risk Assets and the Selection of Risky Investments in Stock Portfolios and Capital Budgets, Review of Economics and Statistics 1965, S. 13–37; *Mossin, Jan*: Equilibrium in a Capital Asset Market, Econometrica 1966, S. 768–783.

einzelne Wertpapiere zu bewerten. Das CAPM hat binnen weniger Jahre nicht nur in den Hörsälen der Universitäten und Business Schools, sondern auch in der Praxis der Banken und institutionellen Investoren Einzug gehalten und gilt als das Kernstück der modernen Kapitalmarkttheorie. Gleichzeitig zeigt eine große Mehrheit der Studien, dass die Modellergebnisse des CAPM kaum in der Praxis halten, da dessen Vorhersagen empirisch kaum Gültigkeit haben.

Da das CAPM auf der Grundlage der *Markwitz/Tobin*'schen Portefeuilletheorie beruht, gelten die dort gemachten Annahmen auch hier:
- Die Entscheidungen der Investoren sind auf eine Periode gerichtet;
- Renditen sind normalverteilt (oder logarithmisch normalverteilt);
- Investoren sind Renditen-Risiko-Optimierer auf der Basis des μ-σ-Ansatzes, d. h. höhere Momente der Renditenverteilung wie Schiefe oder Kurtosis bleiben außer Ansatz;
- Der Markt ist vollkommen, sodass ein risikoloser Zins existiert, zu dem jedermann unbegrenzt Mittel aufnehmen und anlegen kann;
- Leerverkäufe (short positions) sind unbeschränkt zulässig;
- Alle Aktien sind unendlich teilbar;
- Die Investoren beeinflussen durch ihre individuellen Entscheidungen weder die Aktienkurse noch die risikofreie Zinsrate (vollkommene Konkurrenz);
- Es gibt keine Transaktionskosten, Informationskosten und Steuern.

Neben diesen schon bekannten Annahmen gilt als weitere, sehr restriktive, Modellannahme die folgende:
- Alle Investoren haben homogene Erwartungen, d. h. sie verfügen nicht nur über dieselben Informationen, sondern sie schätzen diese für jedes Wertpapier bezüglich der entscheidenden Parameter Renditenerwartung, Varianz und Kovarianz gleich ein (d. h. sie haben *homogeneous beliefs*).

Gerade diese Annahme dürfte auf größte Vorbehalte stoßen, widerspricht sie doch allzu offenkundig der Alltagserfahrung: Haben wir alle nicht andere Informationen und, selbst, wenn wir einmal die gleichen haben, werten wir sie dann nicht anders aus und interpretieren sie höchst subjektiv? *Sharpe* hält dennoch die Annahme homogener Erwartungen für durchaus hinnehmbar und schreibt dazu:[6]

> [...] Abstimmungen auf dem Markt erfolgen nicht nach den Regeln der Demokratie: diejenigen, die das meiste Geld haben, haben auch den größten Einfluss auf die Preise. Die Mehrheit der Dollar-Stimmen ist unter der Kontrolle einer eher gut informierten und vorsichtigen Gruppe von Analysten und Portfoliomanagern. In dem Maße, wie diese ähnliche Informationen nutzen und ähnliche Analysemethoden anwenden, ist die von ihnen gemeinsam erarbeitete Meinung wahrscheinlich der beste Schätzer für Renditen und Risiken, der sich finden lässt.

---

6 *Sharpe, William F.*: Investments, 3. Aufl., Englewood Cliffs (Prentice Hall), S. 148 (ins Deutsche übertragen von *Klaus Schredelseker*).

Jedoch, ist deren gemeinsame Meinung auch in den Preisen abgebildet? Sind sie in der Lage, künstlich die Preise bestimmter Papiere hochzutreiben oder die von Papieren, die außer Mode sind, zu drücken? Sie sind wohl dazu in der Lage und werden es auch das eine oder andere Mal tun. Doch der Nettoeffekt dürfte recht klein sein. Zunächst mag ein Informationsmangel oder eine schwache Analyse einige Investoren dazu veranlassen, überoptimistische Annahmen über die Zukunft zu treffen, andere dagegen dazu, zu pessimistisch zu sein. Im Sinne der gesamten Marktbewertung ist zu vermuten, dass sich diese Effekte gegeneinander aufheben. Zum anderen dürfte jede nennenswerte Abweichung zwischen dem Preis und dem Wert, den die professionelle Analystengemeinschaft für richtig hält, machtvolle Reaktionen auslösen. Wenn ein Kurs für die Informierten unvernünftig niedrig zu sein scheint, werden massenhaft Kauforders gegeben werden, die ihn nach oben treiben. Wenn der Preis dagegen für unvernünftig hoch angesehen wird, hat dies Verkaufsorders und damit sinkende Preise zur Folge. Kurz: die Kurse dürften nicht deutlich oder für längere Zeit von denen abweichen, die den professionellen Einschätzungen über Renditen und Risiken entsprechen. Dies macht es möglich, zu untersuchen, welche Folgen daraus für die Wertpapierpreise erwachsen.

Die Tatsache, dass weltweit die professionellen Investoren dieselben Informationsquellen nutzen (Wall Street Journal, Financial Times, große internationale Tageszeitungen und Rundfunk- und Fernsehanstalten, Reuters, Bloomberg etc.) und eine vergleichbare Ausbildung genossen haben (die finanzwirtschaftlichen Curricula an den Business Schools sind weltweit sehr ähnlich und die Inhalte moderner Lehrbücher zu großen Teilen deckungsgleich), führt zwar nicht zu *homogeneous beliefs*, dennoch aber zu Einschätzungen, die nicht allzu weit auseinander liegen dürften. Dass allerdings täglich Aktien von den einen ge- und von den anderen verkauft werden, ist im Gegensatz ein klarer Beleg unterschiedlicher Meinungen. Lassen wir uns trotzdem einmal auf die Annahme homogener Erwartungen ein.

Die Kapitalmarktlinie des CAPM
In diesem Fall werden alle Investoren für alle Wertpapiere die gleichen Erwartungsrenditen, Varianzen und Kovarianzen schätzen und somit zum gleichen Portefeuilleraum und zur gleichen effizienten Linie kommen. Die Existenz eines einheitlichen Zinssatzes für risikolose Kapitalanlagen bzw. -aufnahmen erlaubt nun die Anwendung des *Tobin*'schen Separationstheorems mit der Folge, dass alle Investoren unabhängig vom Ausmaß ihrer Risikoaversion den Teil ihrer Mittel, den sie in riskanten Titeln anlegen, in dasselbe Tangentialportefeuille investieren werden. Damit ist aber dessen Zusammensetzung bekannt, denn es kann sich hierbei nur um ein Abbild des gesamten Marktes, um das Marktportefeuille, handeln, in dem alle risikobehafteten Anlageformen mit dem relativen Anteil enthalten sind, der dem Quotienten aus ihrem Marktwert und dem Marktwert aller risikobehafteten Anlagen entspricht. Wäre z. B. ein Titel im Tangentialportefeuille nicht oder mit einer kleineren Quote als im Markt enthalten, so würde kein Investor (bei homogenen Erwartungen) ihn halten wollen; wer ihn besäße, würde ihn zu verkaufen versuchen, was zu einem Kursrückgang führen müsste, der solange anhielte, bis es wieder interessant wäre, den Titel aufgrund der nunmehr gestiegenen Erwartungsrendite zu erwerben. Derselbe Vorgang würde umgekehrt zu er-

warten sein, wenn ein Titel im Tangentialportefeuille stärker vertreten wäre als seinem Anteil im Markt zukommt: der Wunsch, mehr von diesem Titel zu halten, als vorhanden ist, würde seinen Preis so lange steigen lassen, bis die Erwartungsrendite auf das gleichgewichtige Maß zurückgegangen ist. Die Annahme der unendlichen Teilbarkeit der Titel stellt sicher, dass es jedem Investor möglich ist, ein derartiges Marktportefeuille zu erwerben.

Abbildung 4.1 zeigt grafisch den Unterschied zwischen einer Analyse mit heterogenen und mit homogenen Erwartungen. Gegeben seien der stark risikoscheue Investor A, der Investor B mit einer im Bereich des Durchschnitts liegenden Risikoaversion und der nur schwach risikoaverse Investor C. Im Falle heterogener Erwartungen ermittelt jeder der drei Investoren eine effiziente Grenze, wobei diese jeweils anders aussehen wird. Jeder wird sodann durch Verbindung der risikofreien Zinsrate r mit seinem individuellen Tangentialportefeuille T_A, T_B oder T_C eine individuelle Effizienzgerade konstruieren (Separationstheorem nach *Tobin*), auf der das für ihn optimale Portefeuille liegen wird:

– für A das Portefeuille $P_{opt\,A}$, das durch Veranlagung seiner Mittel zum Teil zu r, zum anderen Teil in T_A zustande kommt;
– für B das Portefeuille $P_{opt\,B}$, bei dem das gesamte Budget im Tangentialportefeuille T_B investiert wird;
– für C das Portefeuille $P_{opt\,C}$, für das Mittel zum risikolosen Zinssatz r aufgenommen wurden, um so einem das Budget übersteigenden Betrag in T_C investieren zu können.

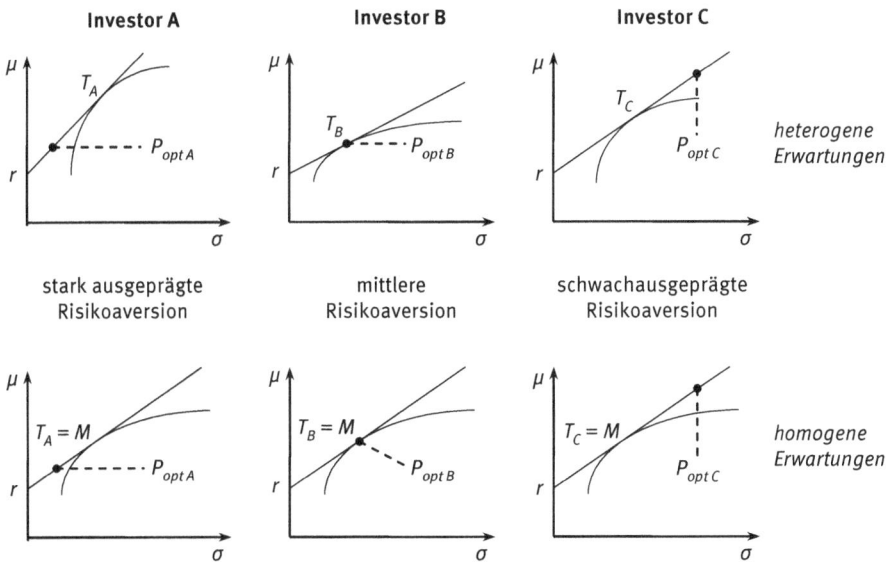

Abb. 4.1: Heterogene und homogene Erwartungen

Im Falle homogener Erwartungen hingegen ist die effiziente Linie für alle Investoren gleich; damit sind auch die individuell ermittelten Tangentialportefeuilles dieselben, was nur möglich ist, wenn sie gleich dem Marktportefeuille sind. Zwar unterscheiden sich noch immer die nach der jeweiligen Risikoneigung gebildeten einzelnen optimalen Portefeuilles $P_{\text{opt A}}$, $P_{\text{opt B}}$ und $P_{\text{opt C}}$ voneinander, allerdings nur noch in Bezug auf den Anteil des Budgets, der zu Festzinsbedingungen veranlagt wird: die risikobehafteten Teile der Portefeuilles von A, B und C sind identisch zusammengesetzt und gleich der Struktur des Marktportefeuilles M.

Aufgrund der homogenen Erwartungen haben wir es mit einer für jeden Investor identischen effizienten Linie zu tun, die die risikolose Zinsrate r_F mit dem Marktportefeuille M verbindet und aufgrund der angenommenen Verschuldungsmöglichkeit darüber hinaus fortführt (Abb. 4.2).

Diese Linie wird als Kapitalmarktlinie (*capital market line*) bezeichnet. Da das Marktportefeuille als effizient angenommen werden kann (es stellt den Durchschnitt aller effizienten Portefeuilles der Investoren dar), liegen auf ihr alle effizienten Portefeuilles. Die Steigung der Kapitalmarktlinie gibt ganz allgemein den Trade-off zwischen Risiko und Rendite effizienter Portefeuilles im jeweiligen Kapitalmarkt an. Für den einzelnen Investor, unabhängig von seiner Risikoeinstellung, stellt sich unter diesen Annahmen also nur mehr das Problem, wie viel seines Vermögens er in das Marktportefeuille zu investieren bereit ist, d. h. wie viel Einheiten an erwarteter Rendite er beim gegebenen Preis (in Risikoeinheiten gemessen) erwerben will.

Zur formalen Konstruktion der Kapitalmarktlinie betrachten wir ein Portefeuille P, das mit dem Anteil x risikolos angelegt ist und mit $1 - x$ aus dem Marktportefeuille M besteht. Die Erwartungsrendite dieses Portefeuilles entspricht dem gewogenen Mittel der beiden Komponenten

$$\mu_P = x \cdot r_F + (1 - x) \cdot \mu_M .$$

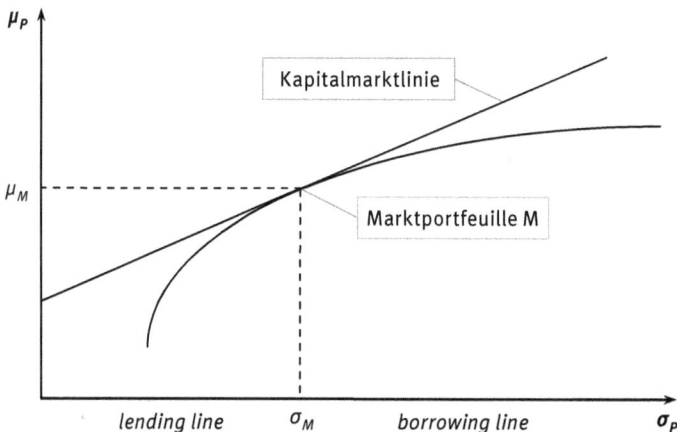

Abb. 4.2: Die Kapitalmarktlinie des CAPM

Das Risiko von P beläuft sich, da $\sigma_{r_F} = 0$, auf

$$\sigma_P^2 = (1 - x)^2 \cdot \sigma_M^2$$
$$\sigma_P = (1 - x) \cdot \sigma_M \,,$$

woraus folgt, dass $x = 1 - \sigma_P/\sigma_M$; somit ergibt sich die Kapitalmarktlinie als

$$\mu_P = \left(1 - \frac{\sigma_P}{\sigma_M}\right) \cdot r_F + \left(\frac{\sigma_P}{\sigma_M}\right) \cdot \mu_M = r_F + \left(\frac{\mu_M - r_F}{\sigma_M}\right) \cdot \sigma_P$$

Ihre Steigung $(\mu_M - r_F)/\sigma_M$ stellt den eben erwähnten Preis für das Risiko dar, der demjenigen bezahlt wird, der es zu übernehmen bereit ist: jede Einheit übernommen Risikos wird vom Markt entsprechend „vergütet". Ein Steigungsmaß von 0,12 bedeutet z. B., dass ein effizientes Portefeuille, dessen Standardabweichung um ein Prozent höher liegt als die eines anderen effizienten Portefeuilles, eine um 0,12 Prozentpunkte höhere Rendite erwarten lässt als dieses. Natürlich kann die Steigung der Kapitalmarktlinie, die einen Zusammenhang zwischen Erwartungsgrößen angibt, in einer Welt risikoscheuer Investoren niemals null oder gar negativ sein.

Dieses Steigungsmaß der Kapitalmarktlinie für einen spezifischen Markt empirisch zu bestimmen, ist streng genommen unmöglich. Selbst die Ermittlung der historischen Kapitalmarktlinie stößt auf erhebliche Probleme,

-   zum einen, da die subjektiven Erwartungen von Wirtschaftssubjekten sich kaum einigermaßen zuverlässig ermitteln lassen (wir können Investoren nicht fragen, was sie vor einem Jahr erwartet hätten),
-   zum anderen, da das Marktportefeuille M buchstäblich alle existierenden risikobehafteten Vermögensansprüche umfasst: nicht nur Aktien, sondern auch sonstige Unternehmensanteile, festverzinsliche Anlagen, Immobilien, Kunstgegenstände, Versicherungsansprüche u. v. a.

Dem erstgenannten Problem begegnet die empirische Forschung i. d. R. durch Anwendung der oben bereits kritisch angesprochenen Theorie rationaler Erwartungen, die grundsätzlich davon ausgeht, dass die Wirtschaftssubjekte keine systematischen Fehler machen; ist dies der Fall, so kann die empirische Realisation einer Variablen als Schätzer für die Erwartungen, die die Akteure zum Zeitpunkt der Allokationsentscheidung hatten, Verwendung finden. Das zweite Problem wird damit gelöst, dass, theoretisch zwar nicht ganz korrekt, die Renditen-Risiko-Beziehung der Kapitalmarktlinie ausschließlich auf Finanzanlagen angewendet wird. Nimmt man als risikolose Zinsrate den jeweiligen Geldmarktsatz (Euribor, prime rate) und als Näherung für die Marktportefeuillerendite die Indexrendite eines möglichst breit den Aktienmarkt abdeckenden Index, so lässt sich die langfristig beobachtete Differenz zwischen beiden als Risikoprämie des Marktes interpretieren und erlaubt eine Aussage über den Verlauf der Kapitalmarktlinie in der Vergangenheit. Geht man weiter davon aus, dass sich die Risikoneigung in einem Wirtschaftsraum nicht allzu stark ändert, können die so gewonnenen Daten als Entscheidungshilfe bei aktuellen Investmententscheidungen herangezogen werden. Bereits in Abschnitt 1.4.2 haben wir Untersuchungen dieser Art kennengelernt; sie sind bereits Mitte der 1970er-Jahre von *Ibbotson* und *Sinquefield*[7] durchgeführt worden.

Natürlich hat es immer wieder erhebliche Einbrüche am Aktienmarkt gegeben, aufgrund derer ein Aktieninvestment deutlich hinter der Geldmarkt- oder Anleihenrendite zurückblieb. Je länger allerdings die Veranlagungshorizonte sind, umso eher kann man mit einer positiven Risikoprämie rechnen.

Die folgende Tabelle[8] soll dies verdeutlichen: Für den deutschen Markt werden die jährlichen Risikoprämien (*Long-Horizon Equity Risk Premia*, die gegen die Rendite deutscher Staatsanleihen ermittelt wurden) für unterschiedliche Planungshorizonte *n* angegeben: so ist z. B. dem hervorgehobenen Feld Spalte 84, Zeile 7 zu entnehmen, dass jemand, der im Jahr 1984 deutsche Aktien erworben und sie genau 7 Jahre gehalten hat, jährlich eine um 10 Prozentpunkte höhere Rendite erzielen konnte als ein Investor, der im gleichen Zeitraum deutsche Staatspapiere besessen hätte. Wie die letzte Spalte zeigt, nimmt bei zunehmender Anlagedauer die Wahrscheinlichkeit, mit Aktien schlechter als mit Anleihen abzuschneiden, rapide ab: Während dies bei immerhin zehn von 27 Zweijahresinvestments der Fall war, waren bei acht-, neun- und zehnjährigen Anlagehorizonten nur jeweils einmal ein negatives Vorzeichen zu beobachten. Von 1972 bis 2010 gab es keinen einzigen Anlagehorizont, der länger währte als zehn Jahre und in dem nicht eine positive Risikoprämie auf ein Aktieninvestment erzielt werden konnte. Natürlich ist bei der Interpretation dieser Zahlen, insbesondere bei ihrer Verwendung für prognostische Zwecke, äußerste Vorsicht geboten: Niemand wird eine auch nur halbwegs seriöse Antwort auf die Frage geben können, was denn der richtige Bezugszeitraum sei, um statistisch ermittelte Vergangenheitsdaten in die Zukunft fortschreiben zu können. Spätestens die Finanzkrise von 2007–2009 hat erhebliche Zweifel daran geweckt, ob die den stark quantitativ ausgerichteten Techniken des modernen Finanz- und Risikomanagements zugrundliegende Annahme haltbar ist, eine statistisch penible Erfassung vergangener Preisbewegungen erlaube es, Aussagen über zukünftige Entwicklungen und Risiken zu machen.[9]

---

7 *Ibbotson, Roger; Sinquefield, Rex*: Stocks, Bonds, Bills and Inflation: Year-by-Year Historical Returns (1926–1974), Journal of Business 1976, S. 11–47.

8 Aktuelle Daten zu Risikoprämien werden unter anderem regelmäßig von *Dimson/Marsh/Staunton* („Credit Suisse Global Investment Returns Yearbook") und *Ibbotson/Harrington* („Stock, Bonds, Bills, and Inflation (SBBI) Yearbook") publiziert, dürfen aber aufgrund von Urheberrechtsbeschränkungen in diesem Text nicht abgedruckt werden.

9 Einflussreiche populärwissenschaftliche Bücher zu Finanzwirtschaft der vergangenen Jahre stammen von *Nassim Taleb*, der radikal die Inanspruchnahme von Vergangenheitsdaten zur Abschätzung künftiger Entwicklungen in Frage stellt; vgl. *Taleb, Nassim Nicholas*: Fooled by Randomness, New York – London (Texere) 2001 [deutsche Ausgabe: Narren des Zufalls, Weinheim (Wiley) 2002]; *Taleb, Nassim Nicholas*: The Black Swan – The Impact of the Highly Improbable, New York (Random House) 2007 [deutsche Ausgabe: Der Schwarze Schwan – Die Macht höchst unwahrscheinlicher Ereignisse, München (dtv) 2010].

n	72	73	74	75	76	77	78	79	80	81	82	83	84	85	86	87	88	89	90	91	92	93	94	95	96	97	98	99	00	01	02	03	04	05	06	07	08	09	10
1												1	78	1	-44	30	34	-27	2	-12	39	-13	1	17	40	15	37	-15	-23	-48	33	4	24	19	19	-47	19	14	8
2												18	40	39	-22	-7	32	3	-13	-5	14	13	-6	9	28	28	26	11	-19	-35	-7	19	14	21	19	-14	-14	17	10
3												14	38	29	-5	6	12	3	-13	10	5	9	2	19	24	31	13	0	-28	-13	-4	20	16	20	-3	-3	-4		9
4												9	30	24	14	13	20	5	-2	10	1	1	4	4	11	18	27	20	4	-12	-13	-8	3	20	16	4	3	1	5
5												6	23	24	13	17	12	5	7	-1	5	7	-2	4	4	7	12	22	19	11	-7	-3	-10	-2	6	20	4	7	7
6												2	18	19	17	17	20	4	11	5	7	-3	4	-2	6	12	16	16	12	1	0	-7	-3	-2	8	9	6	8	5
7													2	13	16	15	19	13	20	11	16	12	10	3	6	6	8	9	11	7	4	2	-1	2	8	9	6		2
8													3	12	12	8	13	18	13	9	8	13	7	3	6	8	5	4	1	2	2	-2	4	11	10	7			1
9													1	11	11	5	11	15	13	12	9	8	7	6	9	9	9	6	4	4	2	3	11						1
10											4	9	11	8	13	11	12	10	10	9	5	6	8	9	10	7	0	2	0	2									1
11											3	11	8	5	7	10	9	12	8	8	3	6	12	8	10	9	9	7	2										0
12										1	10	10	4	7	10	7	9	8	12	10	8	12	9	6	5	3	2												0
13							1	7	9	6	6	9	7	7	11	10	10	8	11	6	6	9	7	6	4	3	0	0	0										0

Einen völlig anderen Ansatz verfolgt der spanische Finanzwirtschaftler *Pablo Fernandez*, der regelmäßig finanzwirtschaftliche Lehrtexte auf die dort angenommenen Risikoprämien untersucht, bzw. systematisch bei Analysten die von ihnen angenommenen Risikozuschläge erhebt. Seine wesentlichen Ergebnisse[10] sind:

- Die angenommenen Risikoprämien sind in den vergangenen zwanzig Jahren deutlich geringer geworden: lag in 100 führenden internationalen Lehrbüchern der Durchschnitt zu Beginn der 1990er-Jahre noch bei 8,4 %, so ist er im Jahr 2009 auf 5,7 % gefallen.
- Die Schätzungen der Finanzanalysten variieren in hohem Maße für verschiedene Märkte (von unter 1 % bis über 20 %); allerdings lagen im Jahr 2021 die durchschnittlichen Schätzungen für Deutschland, Österreich, Großbritannien und die Vereinigten Staaten ziemlich homogen bei 5,5 bis 5,9 %.[11]

Wer trotz dieser Vorbehalte die Kapitalmarktlinie schätzen wollte und dabei z. B. von einem mittelfristigen Geldmarktsatz von 3 %, einer langfristigen Risikoprämie von 5 % sowie einer jährlichen Standardabweichung des Aktienindex in Höhe von 20 % ausginge, käme zu dem Ergebnis $\mu = 0{,}03 + (0{,}05/0{,}2) \cdot \sigma_P$, d. h. jemand, der ein gut diversifiziertes Aktienportefeuille hält und ein Risiko in Höhe von 15 % p. a. hinzunehmen bereit wäre, könnte mit einer Jahresrendite in Höhe von 6,75 % rechnen.

Die Kapitalmarktlinie sagt allerdings nur etwas über effiziente Portefeuilles aus und nichts über die Bewertung einzelner Aktien, die regelmäßig ineffiziente Portefeuilles darstellen. In der Kapitalmarktlinie wird der Zusammenhang zwischen Rendite und Risiko voll diversifizierter Portefeuilles hergestellt: ein Investor kann damit rechnen, für die Geldüberlassung eine Vergütung in Höhe von r_F (*price of time*) und für die Risikoübernahme eine Vergütung in Höhe der Steigung der Kapitalmarktlinie $(\mu_M - r_F)/\sigma_M$ (*price of risk*) zu erhalten. Von nicht effizienten Portefeuilles wissen wir nur, dass sie im μ-σ-Raum notwendigerweise *unterhalb* der Kapitalmarktlinie liegen müssen.

Die Wertpapierlinie des CAPM

Um eine präzisere Antwort darauf zu erhalten, wie im Marktgleichgewicht einzelne Aktien zu bewerten sind, müssen wir einen Schritt weitergehen. Unter der Annahme homogener Erwartungen und der Existenz einer risikofreien Zinsrate halten rationale

---

10 Aus *Fernandez, Pablo; Aguirreamalloa, Javier; Avendano, Luis Corres*: Market Risk Premium Used in 82 Countries in 2012: A Survey with 7,192 Answers, Social Science Research Network, June 2012, verfügbar unter http://papers.ssrn.com/abstract=2084213.

11 Quelle: *Fernandez, Pablo; Banus, Sofia, Fernandez Acin, Pablo*: Survey: Market Risk Premium and Risk-Free Rate used for 88 Countries in 2021, IESE Business School Working Paper, verfügbar unter Fernandez, Pablo and bañuls, sofia and Fernandez Acin, Pablo, Survey: Market Risk Premium and Risk-Free Rate used for 88 countries in 2021 (June 6, 2021). IESE Business School Working Paper, verfügbar unter http://dx.doi.org/10.2139/ssrn.3861152.

Investoren ausschließlich Marktportefeuilles, wie auch immer sie sie mit der risikolosen Zinsrate kombiniert haben mögen. Betrachten wir jetzt ein einzelnes Wertpapier i, das natürlich nicht effizient sein kann, und bilden das Portefeuille Q, das sich
aus dem Marktportefeuille M und diesem Wertpapier i zusammensetzt (Abb. 4.3): Der
Anteil des Wertpapiers i am Portefeuille Q sei x_i und der Anteil des Marktportefeuilles
$1 - x_i$. Somit ergeben sich folgende Portefeuilles Q in Abhängigkeit von x_i:

$x_i = 1$ Portefeuille Q besteht ausschließlich aus Wertpapier i;
$0 < x_i < 1$ in Portefeuille Q ist Wertpapier i überrepräsentiert;
$x_i = 0$ Portefeuille $Q = M$ (i ist seinem Anteil entsprechend repräsentiert);
$x_i < 0$ in Portefeuille Q ist i unterrepräsentiert (u. U. leer verkauft).

Bei $x_i \neq 0$ sind die auf QQ' liegenden Portefeuilles nicht effizient: sie liegen alle unterhalb der Kapitalmarktlinie.

Die erwartete Rendite des Portefeuilles Q ist

$$\mu_Q = x_i \cdot \mu_i + (1 - x_i) \cdot \mu_M$$

und die marginale Erwartungsrendite, d. h. die Veränderung der Erwartungsrendite
von Q bei infinitesimal kleiner Variation von x_i, beträgt

$$\frac{d\mu_Q}{dx_i} = \mu_i - \mu_M$$

Die erwartete Standardabweichung des Portefeuilles Q ist

$$\sigma_Q = \sqrt{x_i^2 \cdot \sigma_i^2 + (1 - x_i)^2 \cdot \sigma_M^2 + 2 \cdot x_i \cdot (1 - x_i) \cdot \sigma_{iM}}$$

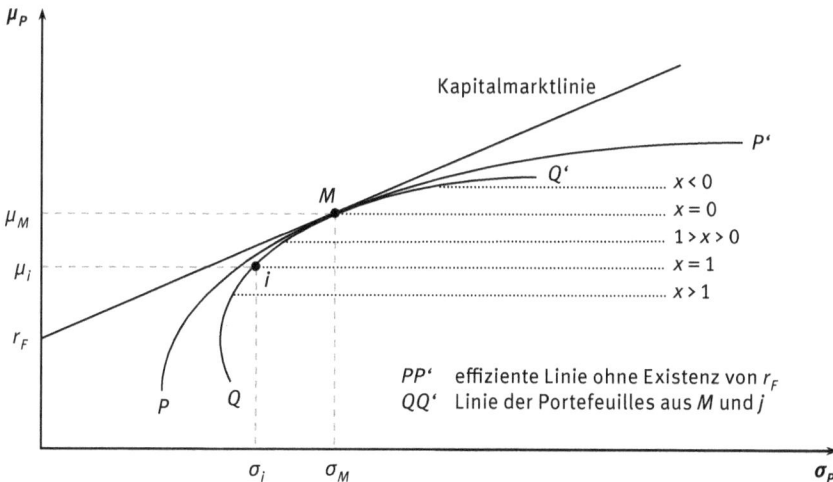

Abb. 4.3: Kombination des Marktportefeuilles mit Wertpapier i

und die marginale Standardabweichung, d. h. die Veränderung der Standardabweichung von Q bei infinitesimal kleiner Variation von x_i, errechnet sich als

$$\frac{d\mu_Q}{dx_i} = 0{,}5 \cdot \left[x_i^2 \cdot \sigma_i^2 + (1 - x_i)^2 \cdot \sigma_M^2 + 2 \cdot x_i \cdot (1 - x_i) \cdot \sigma_{iM}\right]^{-0{,}5}$$
$$\cdot \left[2 \cdot x_i \cdot \sigma_i^2 - 2 \cdot \sigma_M^2 + 2 \cdot x_i \cdot \sigma_M^2 + 2 \cdot \sigma_{iM} - 4 \cdot x_i \cdot \sigma_{iM}\right]$$

Da der erste Teil dieser Gleichung $1/(2\sigma_Q)$ ist, folgt

$$\frac{d\mu_Q}{dx_i} = \frac{x_i \cdot \sigma_i^2 - \sigma_M^2 + x_i \cdot \sigma_M^2 + (1 - 2 \cdot x_i) \cdot \sigma_{iM}}{\sigma_Q}$$

Wenn sich der Kapitalmarkt im Gleichgewicht befindet, darf es weder eine Übernachfrage noch ein Überangebot an einzelnen Titeln geben; dies gilt selbstverständlich auch für die Aktie i, deren Anteil am Portefeuille Q nur dann in diesem Sinne korrekt ist, wenn gilt: $x_i = 0$ und $Q = M$. In diesem Fall tangiert die durch Variation von x_i konstruierte QQ'-Kurve die Kapitalmarktlinie und die Steigungen aller drei Kurven, der Kapitalmarktlinie, der PP'-Kurve und der QQ'-Kurve, sind im Gleichgewicht identisch. Die Steigung der Kapitalmarktlinie, das marktgleichgewichtige Austauschverhältnis von Renditenerwartung und Risiko, beläuft sich auf $(\mu_M - r_F)/\sigma_M$ und die Steigung der QQ'-Kurve ist gegeben als Quotient aus marginaler Erwartungsrendite und marginaler Standardabweichung. Aus der Mikroökonomie ist dieser Quotient bekannt als Grenzrate der Substitution, d. h. als Aussage darüber, wie viel man an dem einen Gut (hier: Renditenerwartung) gewinnt, wenn man auf eine infinitesimal kleine Einheit des anderen Guts (hier: „Sicherheit" = Verringerung der Standardabweichung) verzichtet. Ganz generell ist ein Marktgleichgewicht, in dem es bei gegebenen Preisen weder Übernachfrage noch Überangebot gibt, im Zwei-Güter-Fall dann gegeben, wenn die Grenzrate der Substitution zwischen den beiden Gütern G_1 und G_2 gleich dem inversen Preisverhältnis p_2/p_1 dieser beiden Güter ist.

Diese Überlegungen erlauben nun die gleichgewichtige Bewertung einer einzelnen Aktie, indem die Grenzrate der Substitution dem inversen Preisverhältnis gleichgesetzt und das Ganze nach μ_i aufgelöst wird:

$$\text{Grenzrate der Substitution} = \text{inverses Preisverhältnis}$$

$$\frac{\text{marginale Erwartungsrendite der } Q\text{-Kurve}}{\text{marginale Standardabweichung der } Q\text{-Kurve}} = \text{Steigung der Kapitalmarktlinie}$$

$$\frac{(\mu_i - \mu_M) \cdot \sigma_Q}{x_i \cdot \sigma_i^2 - \sigma_M^2 + x_i \cdot \sigma_M^2 + (1 - 2 \cdot x_i) \cdot \sigma_{iM}} = \frac{\mu_M - r_F}{\sigma_M}$$

Da im Tangentialpunkt, dem Punkt, für den die gleichgewichtige Bewertung ermittelt werden soll, gilt, dass $x_i = 0$ und $Q = M$, erhält man

$$\frac{(\mu_i - \mu_M) \cdot \sigma_Q}{-\sigma_M^2 + \sigma_{iM}} = \frac{\mu_M - r_F}{\sigma_M} .$$

Dies lässt sich umformen in

$$\mu_i - \mu_M = \frac{(\mu_i - \mu_M) \cdot (\sigma_{iM} - \sigma_M^2)}{\sigma_M^2}$$

$$\mu_i = \frac{(\mu_M \cdot \sigma_{iM} - \mu_M \cdot \sigma_M^2 - r_F \cdot \sigma_{iM} + r_F \cdot \sigma_M^2)}{\sigma_M^2 + \mu_M}$$

$$= \frac{(\mu_M - r_F) \cdot \sigma_{iM}}{\sigma_M^2} + r_F$$

$$= r_F + (\mu_M - r_F) \cdot \frac{\sigma_{iM}}{\sigma_M^2}$$

Da der Ausdruck σ_{iM}/σ_M^2 den Regressionskoeffizienten Beta einer Regression von r_i gegen r_M darstellt, lässt sich auch schreiben:

$$\mu_i = r_F + (\mu_M - r_F) \cdot \beta_i \ .$$

Dies ist die *Basisformel* des Capital Asset Pricing Model, die wir uns etwas genauer ansehen sollten.[12] In Worten besagt sie, dass Wertpapiere im Gleichgewicht eine Rendite erwarten lassen, die sich zusammensetzt aus der risikolosen Zinsrate und der mit Beta multiplizierten Risikoprämie des Marktes. Stellt man die Parameter ein wenig um, so erhält man

$$\mu_i - r_F = (\mu_M - r_F) \cdot \beta_i \ ,$$

was besagt, dass die individuelle Risikoprämie, die das Wertpapier i erwarten lässt, der mit dem jeweiligen β_i multiplizierten Risikoprämie des Marktes entspricht. Graphisch lässt sich dieser lineare Zusammenhang in der sogenannten Wertpapierlinie (*security market line*) darstellen (Abb. 4.4).

Wertpapier A weist ein systematisches Risiko von $\beta = 0,5$ auf, d. h. es reagiert nur unterdurchschnittlich auf Veränderungen der Marktrendite; seine zu erwartende Rendite beträgt somit

$$\mu_A = r_F + 0,5 \cdot (\mu_M - r_F) \ .$$

Wertpapier B hingegen reagiert mit $\beta = 1,5$ überdurchschnittlich auf Veränderungen der Marktrendite; seine Erwartungsrendite beträgt

$$\mu_B = r_F + 1,5 \cdot (\mu_M - r_F) \ .$$

Vergleicht man das Steigungsmaß der Wertpapierlinie mit dem der Kapitalmarktlinie, so wird die Grundaussage des CAPM offenkundig: Die Kapitalmarktlinie bringt den allgemeinen Zusammenhang zwischen Risiko (gemessen an der Standardabweichung) und Rendite in einem im Gleichgewicht befindlichen Markt, in dem alle Investoren effiziente Portefeuilles halten, zum Ausdruck. Die Wertpapierlinie hingegen zeigt die

---

12 Die hier durchgeführte Ableitung der CAPM-Formel erfolgte nach der Methode von *Sharpe*. *Lintner* kam über ein Lagrange'sches Optimierungskalkül zu dem gleichen Ergebnis. Vgl. die Gegenüberstellung beider Ansätze bei *Levy, Haim; Sarnat, Marshall*: Portfolio and Investment Selection: Theory and Practice, Englewood Cliffs (Prentice Hall) 1984, S. 408 ff.

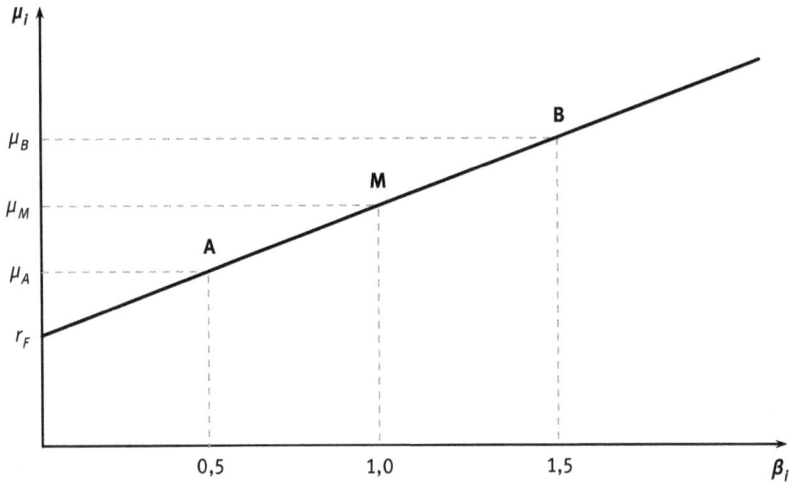

Abb. 4.4: Die Wertpapierlinie des CAPM

marktgleichgewichtige Bewertung für einzelne Wertpapiere an, die selbstverständlich keine effizienten Portefeuilles darstellen; die Aussage des CAPM gilt für effiziente wie ineffiziente Portefeuilles gleichermaßen. Rein formal besteht der wesentliche Unterschied in dem verwendeten Risikomaß: dort die Standardabweichung, hier Beta (bzw. die Kovarianz). Investoren halten Portefeuilles, um ihre Risiken zu vermindern und niemand hindert sie daran, dies auch zu tun. Der Teil des Risikos eines Wertpapiers, der durch Portefeuillebildung wegdiversifiziert werden kann, braucht also von niemandem getragen zu werden, der dies nicht will. Demzufolge besteht in einem korrekt bewertenden Markt auch kein Grund, einem Investor, der ein einzelnes Wertpapier oder ein ineffizientes, mit unsystematischem Risiko behaftetes Portefeuille hält, das Risiko in Form einer Risikoprämie abzugelten. Ein effizienter Markt vergütet nur den Teil des Risikos, der durch Portefeuillebildung nicht wegdiversifiziert werden kann, das systematische Risiko. Dieses systematische Risiko drückt sich aus in der Kovarianz einer Wertpapierrendite mit der Marktrendite; normiert man diesen Wert über die Varianz der Marktrendite, so erhält man Beta als $\beta = \sigma_{iM}/\sigma_M^2 = \rho_{iM} \cdot \sigma_i/\sigma_M$. Ein einzelnes Wertpapier, auch wenn es ein vergleichsweise niedriges Beta aufweist, kann somit durchaus ein erhebliches Gesamtrisiko, gemessen an der Standardabweichung seiner Renditen haben; aufgrund seiner guten Kovarianzeigenschaften ist es aber ein interessanter Risikovernichter und aufgrund dessen begehrt. Dies führt zu einer relativ hohen Marktbewertung, bzw. zu einer niedrigen Renditenerwartung. Hier wird nochmals deutlich, was im Zusammenhang mit der normativen Portefeuilletheorie bereits angesprochen wurde: die Bewertung eines Wertpapiers kann sinnvoll nur im Zusammenhang mit dem Portefeuille vorgenommen werden, in das es eingefügt werden soll; eine isolierte Bewertung von Wertpapieren ist nicht zielführend.

Beta ist selbstverständlich nicht nur anwendbar für einzelne Aktien, sondern auch für Portefeuilles, wobei sich, wie wir schon am Indexmodell gesehen haben, das Beta eines Bündels aus n Wertpapieren als die mit ihren relativen Anteilen x_i gewogene Summe der Betas der einbezogenen Titel ergibt:

$$\beta_P = x_1 \cdot \beta_1 + x_2 \cdot \beta_2 + x_3 \cdot \beta_3 + \ldots + x_n \cdot \beta_n \,.$$

Betrachtet man einzelne Wertpapiere im μ-σ-Raum, so werden sie regelmäßig rechts unterhalb der Kapitalmarktlinie liegen: der horizontale Abstand wird dabei umso größer sein, je mehr unsystematisches Risiko das Papier aufweist:

In Abb. 4.5 ist ein risikofreier Zins von 4 % und eine Erwartungsrendite des Marktportefeuilles M von 8 % angenommen; dies erlaubt z. B. folgende Aussagen:

- I ist ein effizientes Portefeuille, bei dem 50 % im Marktportefeuille und 50 % risikolos veranlagt sind;
- C ist ein effizientes Portefeuille, bei dem ein Kredit in Höhe von 50 % aufgenommen wurde und 150 % im Marktportefeuille veranlagt sind;
- G ist ein ineffizientes Portefeuille (Wertpapier) mit einem Gesamtrisiko von 20 %: 10 % ist systematischer, 10 % unsystematischer Natur;
- J ist ein Wertpapier, das mit $\mu_J = 6\,\%$ eine niedrigere Erwartungsrendite hat als D ($\mu_D = 10\,\%$), obwohl es ein höheres Risiko aufweist: J hat ein systematisches Risiko von lediglich 5 %, D von 15 %;
- H und F haben das gleiche Beta und somit auch die gleiche Erwartungsrendite: dass H ein weitaus größeres unsystematisches Risiko aufweist, ist für die Bewertung ohne Belang.

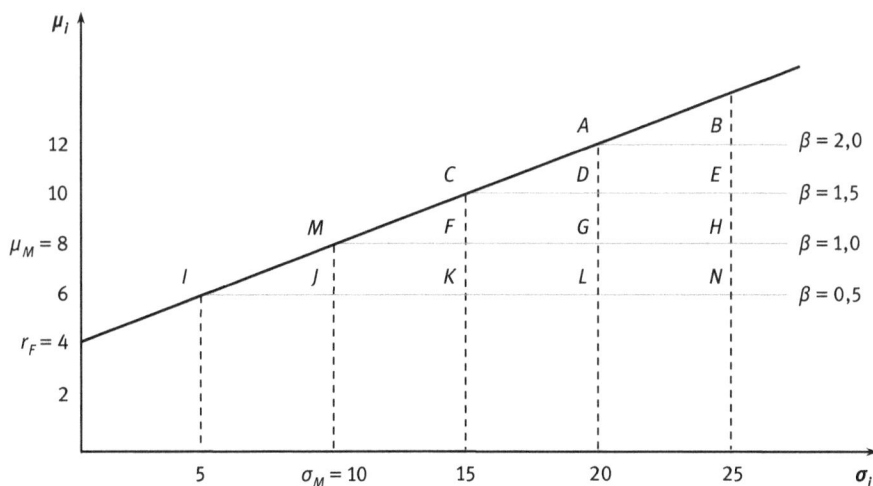

Abb. 4.5: Effiziente und ineffiziente Titel im CAPM-Gleichgewicht

Beta gehört zu den zentralen Parametern in der modernen Wertpapieranalyse und wird von privaten Finanzdiensten, aber auch von den Börsen selbst berechnet und veröffentlicht, wie die nachstehende Tabelle zeigt:

Beta-Werte der DAX-Unternehmen (auf Monatsbasis, Daten der letzten 3 Jahre)
Quelle: Deutsche Börse, Stand 20. September 2021

ADIDAS	0,73	DEUTSCHE POST	0,94	PORSCHE	1,58
AIRBUS	1,72	DEUTSCHE TELEKOM	0,84	PUMA	0,80
ALLIANZ	1,24	EON	0,44	QIAGEN	−0,03
BASF	1,36	FRESENIUS	1,26	RWE	0,60
BAYER	1,24	FRESENIUS MEDICAL	0,90	SAP	0,95
BMW	1,36	HEIDELBERGCEMENT	1,45	SATORIUS	0,20
BRENNTAG	1,08	HELLOFRESH	0,08	SIEMENS	0,69
CONTINENTAL	1,49	HENKEL	0,55	SIEMENS ENERGY	1,04
COVESTRO	1,11	INFINEON	1,42	SIEMENS HEALTH	0,41
DAIMLER	1,59	LINDE	0,71	SYMRISE	0,55
DELIVERY HERO	0,34	MERCK	0,50	VOLKSWAGEN	1,52
DEUTSCHE BANK	1,10	MTU AERO ENGINES	1,49	VONOVIA	0,41
DEUTSCHE BÖRSE	0,76	MÜNCHNER RÜCK	1,08	ZALANDO	1,14

Kursbestimmung basierend auf CAPM und Indexmodell

Verwendet man die CAPM-Rendite als Abzinsungssatz für zukünftige Cashflows, so lässt sich der risikoadjustierte heutige Barwert (= der theoretische Wertpapierpreis) ermitteln. Nehmen wir an, wir wollten den Preis eines Wertpapiers i bestimmen, dessen unsichere Rückzahlung am Ende der Periode $\hat{S}_{i1}$ betrage, wobei diese Rückzahlung dem Kurswert und etwaiger Zins- und Dividendenzahlungen entspreche. Wenn man den gesuchten heutigen Preis des Wertpapiers mit S_{i0} bezeichnet, ergibt sich die unsichere Rendite des Wertpapiers i als $\hat{r}_i = (\hat{S}_{i1} - S_{i0})/S_{i0} = \hat{S}_{i1}/S_{i0} - 1$. Ersetzt man in der CAPM-Formel den Ausdruck für die zu erwartende risikoadjustierte Rendite μ_i durch $E(\hat{S}_{i1})/S_{i0} - 1$, so erhält man

$$\frac{E\left(\hat{S}_{i1}\right)}{S_{i0}} - 1 = r_F + (\mu_M - r_F) \cdot \beta_i$$

$$S_{i0} = \frac{E\left(\hat{S}_{i1}\right)}{1 + r_F + (\mu_M - r_F) \cdot \frac{\sigma_{iM}}{\sigma_M^2}} = \frac{E\left(\hat{S}_{i1}\right)}{1 + r_F + (\mu_M - r_F) \cdot \beta_i}$$

Häufig findet man die CAPM-Rendite auch als Zinssatz im Rahmen des Gordon'schen Wachstumsmodells; die oben dargestellte *Gordon's Formula* für eine Aktie, deren Dividende auf unbestimmte Dauer mit der Rate g wächst, bekommt dann die folgende Gestalt (CAPM-Variante):

$$S_{i0} = \frac{D_1}{r_F + (\mu_M - r_F) \cdot \beta_i - g}$$

Beispiel: Berechnet werden die gegenwärtigen Preise S_{i0} für sechs Wertpapiere, deren Renditen unterschiedliche Kovarianzen mit der Marktrendite aufweisen; der erwartete Wert jedes dieser Wertpapiere in t_1 betrage jeweils 100. Der risikofreie Zins sei 4 % und die erwartete Marktrendite 10 % bei einer Varianz von 25.

i	σ_{iM}	β_i	μ_i	S_{i0}
1	0	0,0	4,0 %	96,15
2	10	0,4	6,4 %	93,98
3	20	0,8	8,8 %	91,91
4	25	1,0	10,0 %	90,91
5	30	1,2	11,2 %	89,93
6	40	1,6	13,6 %	88,03

Die risikoadjustierte Zinsrate führt zum gleichen Ergebnis wie ein Verfahren, bei dem die zu erwartende Auszahlung risikoadjustiert wird; dabei tritt an die Stelle der risikobehafteten Auszahlung deren Sicherheitsäquivalent. Die Kovarianz σ_{iM} zwischen μ_i und μ_M kann nämlich auch geschrieben werden als

$$\sigma_{iM} = \sigma\left(\hat{r}_i, \hat{r}_M\right) = \sigma\left(\frac{\left(\hat{S}_{i1} - S_{i0}\right)}{S_{i0}}, \hat{r}_M\right)$$

$$= E\left(\frac{\left(\hat{S}_{i1} - S_{i0}\right)}{S_{i0}} - \frac{\left(E\left(\hat{S}_{i1}\right) - S_{i0}\right)}{S_{i0}} \cdot \left(\hat{r}_M - \mu_M\right)\right) = \frac{\sigma\left(\hat{S}_{i1}, \hat{r}_M\right)}{S_{i0}}$$

mithin als Kovarianz zwischen erwartetem Preis des Wertpapiers i und der erwarteten Marktrendite, dividiert durch den Preis von i. Setzt man diesen Ausdruck in die risikoadjustierte Bewertungsformel ein, so erhält man die Bewertungsformel über Sicherheitsäquivalente (*certainty-equivalent valuation formula*):

$$S_{i0} = \frac{E\left(\hat{S}_{i1}\right)}{1 + r_F + \left(\mu_M - r_F\right) \cdot \frac{\sigma\left(\hat{S}_{i1}, \hat{r}_M\right)}{\sigma_M^2 \cdot S_{i0}}}$$

$$= \frac{E\left(\hat{S}_{i1}\right) \cdot S_{i0}}{S_{i0} \cdot (1 + r_F) + \left(\mu_M - r_F\right) \cdot \frac{\sigma\left(\hat{S}_{i1}, \hat{r}_M\right)}{\sigma_M^2}}$$

$$= \frac{E\left(\hat{S}_{i1}\right) - \left(\mu_M - r_F\right) \cdot \frac{\sigma\left(\hat{S}_{i1}, \hat{r}_M\right)}{\sigma_M^2}}{(1 + r_F)}$$

Der Ausdruck $E(\hat{S}_{i1}) - (\mu_M - r_F) \cdot \sigma(\hat{S}_{i1}, \hat{r}_M)/\sigma_M^2$ dieser Bewertungsformel über Sicherheitsäquivalente gibt den risikofreien Betrag an, den der Markt unter Geltung des CAPM dem Erwartungswert des risikobehafteten Prospekts $\hat{S}_{i1}$ für gleich werthaltig einschätzen würde; dieser Betrag ist daher nur mit der risikofreien Zinsrate abzuzinsen. Der Ausdruck $(\mu_M - r_F) \cdot \sigma(\hat{S}_{i1}, \hat{r}_M)/\sigma_M^2$ entspricht dem Unsicherheitsabschlag

(Risikoprämie), der von $E(\hat{S}_{i1})$ abgezogen werden muss, um das Sicherheitsäquivalent zu erhalten.

> **Beispiel:** Um auf der Basis der Daten des vorigen Beispiels die Gegenwartspreise S_{i0} mit der Bewertungsformel über Sicherheitsäquivalente zu berechnen, muss der Unsicherheitsabschlag (UA) ermittelt und vom Erwartungswert abgezogen werden, um das Sicherheitsäquivalent (SÄ) zu bestimmen. Dieses ist dann mit 4 %, der risikofreien Zinsrate, abzuzinsen.
>
> | i | $\sigma(\hat{S}_{i1}, \hat{r}_M)$ | UA | SÄ | S_{i0} |
> |---|---|---|---|---|
> | 1 | 0,0 | 0,00 | 100,00 | 96,15 |
> | 2 | 939,8 | 2,26 | 97,74 | 93,98 |
> | 3 | 1838,2 | 4,41 | 95,59 | 91,91 |
> | 4 | 2272,5 | 5,45 | 94,55 | 90,91 |
> | 5 | 2697,9 | 6,47 | 93,53 | 89,93 |
> | 6 | 3521,2 | 8,45 | 91,55 | 88,03 |

Man beachte, dass in den Bewertungsformeln der Wert des Wertpapiers unabhängig von individuellen Nutzenfunktionen und damit intersubjektiv gültig ermittelt wird. Investoren, die die Zahlungscharakteristik eines Wertpapiers bzw. des Marktes gleich einschätzen, werden dem Titel denselben Wert beimessen, unabhängig davon, ob sie stark oder nur gering risikoavers sind. Dieses Ergebnis ist zwar schon im *Tobin*'schen Separationstheorem angelegt, wird aber durch das CAPM nochmals logisch unterstrichen.

Die Bewertungsformel des CAPM weist zumindest formal einige Ähnlichkeiten mit dem oben dargestellten *Indexmodell* auf, was häufig zu Verwirrungen führt. Während das CAPM ein Gleichgewichtsmodell des Marktes darstellt, das Ergebnis wirtschaftstheoretischer Überlegungen ist und unter der Geltung der gemachten Annahmen rein logisch stimmt, ist das Indexmodell ein statistisches Konzept. Das Indexmodell vermutet, dass ein Zusammenhang zwischen der Rendite eines einzelnen Titels i und der des Marktes (des Index I) von der Art $r_i = \alpha_i + \beta_{i,\text{Index}} + \varepsilon_i$ besteht. Verwendet man diese Beziehung, um die zu erwartende Rendite μ_i des Wertpapiers i zu schätzen, so bedient man sich i. d. R. historischer Betawerte und vernachlässigt die Alpha-Werte, da ihnen kaum prognostische Qualität zukommt. Somit ergibt sich als Schätzgleichung auf der Basis des Indexmodells:

$$\mu_i = \mu_M \cdot \beta_i \, .$$

Demgegenüber postuliert das CAPM den Zusammenhang

$$\mu_i = r_F + (\mu_M - r_F) \cdot \beta_i \, ,$$

wobei das verwendete Beta als Sensitivitätsgröße in beiden Fällen grundsätzlich gleich ist. Der Unterschied liegt allein in der Bezugsgröße. Während beim Indexmodell Beta auf die gesamte Marktrendite (Indexrendite) angewandt wird, zeigt das

CAPM, dass in einem gut funktionierenden Markt ein Wertpapier lediglich eine Risikoprämie in Bezug auf die tatsächlich übernommenen Risiken des Marktes $[\mu_M - r_F]$ erwarten lassen wird; der Preis hingegen, der für die risikolose Überlassung von Geld (*price of time*) gezahlt wird, die risikolose Zinsrate, muss für alle Anlagen gleich und somit unabhängig von ihrem systematischen Risiko sein. Die Folge ist, dass Renditen unter Anwendung des Indexmodells gegenüber dem CAPM verzerrt geschätzt werden: bei Wertpapieren mit hohem Risiko ($\beta > 1$) wird die Rendite überschätzt, während sie bei Wertpapieren mit geringem Risiko ($\beta < 1$) tendenziell als zu niedrig eingeschätzt wird.

Erweiterungen und Modifikationen des CAPM

Das Standard Capital Asset Pricing Model hat das Denken über Kapitalmärkte von Grund auf verändert und den größten Teil der modernen empirischen Kapitalmarktforschung erst ermöglicht. Es fußt allerdings, wie wir gesehen haben, auf extrem wirklichkeitsfremden Annahmen. Die weitere Theorieentwicklung hat nach und nach die ursprünglichen Annahmen gelockert oder aufgehoben und die dadurch entstandenen Auswirkungen auf das Modell analysiert. Die Grundaussagen des CAPM haben sich dabei als durchaus robust erwiesen.

So ist die Annahme der *Existenz einer risikofreien Zinsrate*, zu der jeder beliebig Geld anlegen oder aufnehmen kann, aus mehreren Gründen problematisch: Gibt es wirklich eine risikolose Veranlagungsform? Auch Staaten können zahlungsunfähig werden und angesichts sich ändernder Inflationsraten sind alle Zinsen in Realgrößen risikobehaftet. Außerdem bestehen Kreditrestriktionen, die eine unbegrenzte Verschuldung nicht zulassen und die Annahme, man könne zu den gleichen Bedingungen Mittel anlegen wie aufnehmen, dürfte nur in den seltensten Fällen den Tatsachen entsprechen. *Black*[13] hat daher eine Variante entwickelt, die ohne die Annahme risikofreier Anlagemöglichkeiten auskommt, das Zero-Beta-CAPM. Ausgehend von der Überlegung, dass es, solange keine Leerverkaufsbeschränkungen bestehen, stets möglich sein wird, ein Portefeuille zu bilden, dessen Beta null beträgt (das Beta eines Portefeuilles ist bekanntlich eine Linearkombination der Betas der einbezogenen Titel), kommt er zu folgender Zero-Beta-CAPM-Bewertungsformel für risikobehaftete Titel:

$$\mu_i = \mu_z + (\mu_M - \mu_z) \cdot \beta_i$$

An die Stelle des risikolosen Zinses r_F tritt μ_z, die Erwartungsrendite eines Portefeuilles mit $\beta_P = 0$. Dabei wird allerdings die Separationseigenschaft aufgegeben: Im Null-Beta-CAPM gilt nicht mehr, dass die optimalen Portefeuilles von Investoren mit unterschiedlicher Risikoneigung die gleiche Zusammensetzung risikobehafteter Titel

---

13 *Black, Fischer*: Capital Market Equilibrium with Restricted Borrowing, Journal of Business 1972, S. 444–455.

aufweisen. Dennoch gilt das Zwei-Fonds-Theorem: effiziente Positionen werden durch Kombinationen aus dem Null-Beta-Portefeuille und dem Marktportefeuille gebildet.

Die Annahme eines risikolosen Zinses mag durchaus akzeptabel sein, nicht aber die, zu diesem Zins sei sowohl Geld anzulegen, als auch aufzunehmen. Für die meisten Investoren besteht durchaus die Möglichkeit, Geld aufzunehmen und risikolos anzulegen, die *Differenz zwischen Soll- und Habenzinsen* ist aber so groß, dass die Zinsspanne nicht vernachlässigt werden kann. Auch dieses Problem erweist sich im Rahmen der CAPM-Logik als lösbar: Da das Separationstheorem nur partiell anwendbar ist, ergibt sich eine Art Kapitalmarktlinie, die aus drei Abschnitten besteht (Abb. 4.6):

- Investoren mit stark ausgeprägter Risikoaversion werden einen Teil ihrer Mittel zum risikolosen Habenzins r_H anlegen und den Rest im Portefeuille H investieren (Investition auf der lending line); für sie gilt:

$$\mu_i = r_H + (\mu_M - r_H) \cdot \beta_{iH} \quad [\text{mit } \beta_{iH} = \sigma_{iH}/\sigma_H^2]$$

- Investoren mit gering ausgeprägter Risikoaversion werden sich zum Zinssatz r_S verschulden und somit mehr als ihre Eigenmittel in Portefeuille S investieren (Investition auf der borrowing line); für sie gilt:

$$\mu_i = r_S + (\mu_M - r_S) \cdot \beta_{iS} \quad [\text{mit } \beta_{iS} = \sigma_{iS}/\sigma_S^2]$$

- Investoren mit eher mittlerer Risikoaversion werden Portefeuilles auf dem Mittelabschnitt, der zero beta line ($H...S$) wählen. Nach dem Null-Beta-CAPM wird es sich dabei um Kombinationen aus dem Marktportefeuille M und dem varianzminimalen Null-Beta-Portefeuille z handeln; für sie gilt:

$$\mu_i = \mu_z + [\mu_M - \mu_z] \cdot \beta_i \quad [\text{mit } \beta_i = \sigma_{iM}/\sigma_M^2] \, .$$

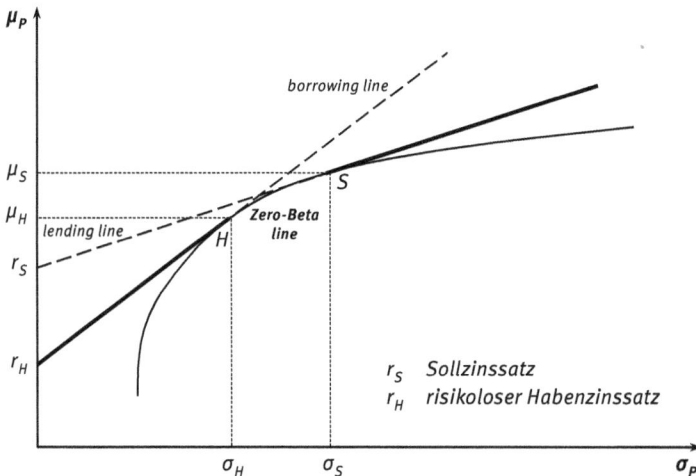

Abb. 4.6: CAPM bei Ungleichheit von Soll- und Habenzinsen

Besteht nur die Möglichkeit, Geld zu r_H anzulegen, nicht aber die, sich zu verschulden, so gibt es die Linie $r_H...H...$, nicht aber die Linie $r_S...S...$

Aufbauend auf dem Portefeuille-Modell von *Markowitz* ist auch das CAPM nur für eine Periode definiert. *Fama*[14] zeigte allerdings bereits 1970, dass es keiner wirklichkeitsfremden Annahmen bedarf, um die Aussagen des Ein-Perioden-CAPM für *Mehrperiodenentscheidungen* anwendbar zu machen. In der weiteren Theorie-Entwicklung wurden dann verschiedene Wege[15] beschritten, das CAPM auf mehrere Perioden auszudehnen und zu dynamisieren; das bekannteste dieser Modelle ist das Intertemporal Capital Asset Pricing Model von Nobelpreisträger *Robert Merton*.

Die wohl problematischste Annahme, die zur Ableitung des CAPM benötigt wurde, ist die der homogenen Erwartungen: Investoren der realen Welt verfügen nicht nur über unterschiedliches Wissen, sondern sie interpretieren gleiche Informationen auch in unterschiedlicher Weise. Dies hat zur Folge, dass die effiziente Linie für jeden eine andere Gestalt hat und somit auch unter Geltung des *Tobin*'schen Separationstheorems der risikobehaftet angelegte Teil des Portefeuilles eines jeden Investors anders zusammengesetzt ist. Bereits in den 1960er-Jahren haben verschiedene Autoren[16] versucht, formale Modelle für das Bewertungsproblem unter *heterogenen Erwartungen* aufzustellen, wobei allerdings der mathematische Aufwand schnell sehr groß wird. Bereits 1969 konnte *Lintner* zeigen, dass, unterstellt man Nutzenfunktionen mit konstanter Risikoaversion, die Kernaussagen des CAPM auch bei divergierenden Erwartungen im Wesentlichen erhalten bleiben, obwohl eine einheitliche effiziente Linie nicht mehr identifiziert werden kann. Es ist nicht mehr sichergestellt, dass das Marktportefeuille selbst ein effizientes Portefeuille ist, was die empirische Testbarkeit des Modells im Grunde verunmöglicht.

Weitere Varianten und Modifikationen des CAPM sollten hier nur erwähnt werden: *Lintner*[17] zeigt, dass die Annahme unbegrenzt zulässiger *Leerverkäufe* nicht

14 *Fama, Eugene F.*: Multi-Period Consumption-Investment Decision, American Economic Review 1970, S. 163–174.
15 Vgl. *Samuelson, Paul A.*: Lifetime Portfolio Selection by Dynamic Stochastic Programming, Review of Economics and Statistics 1969, S. 239–246; *Kraus, Alan; Litzenberger, Robert*: Market Equilibrium in a Multiperiod State Preference Model with Logarithmic Utiliy, Journal of Finance 1975, S. 1213–1227; *Brennan, Michael S.*: The Pricing of Contingent Claims in Discrete Time Models, Journal of Finance 1979, S. 53–68; *Merton, Robert C.*: Lifetime Portfolio Selection under Uncertainty: The Continuous-Time Case, Review of Economics and Statistics 1969, S. 247–257; *Merton, Robert C.*: An Intertemporal Capital Asset Pricing Model, Econometrica 1973, S. 867–887; *Cox, John; Ingersoll, Jonathan; Ross, Stephen*: An Intertemporal General Equilibrium Model of Asset Prices, Econometrica 1985, S. 363–384.
16 Vgl. *Lintner, John*: The Aggregation of Investors Diverse Judgements and Preferences in Purely Competitive Security Markets, Journal of Financial and Quantitative Analysis 1969, S. 347–400; *Sharpe, William*: Portfolio Theory and Capital Markets, New York (McGraw Hill) 1970, S. 104–113; *Fama, Eugene F.*: Foundations of Finance, New York (Basic) 1976.
17 *Lintner, John*: The Effect of Short Selling and Margin Requirements in Perfect Capital Markets, Journal of Financial and Quantitative Analysis 1971, S. 1173–1195.

notwendig ist: wenn Investoren den risikobehafteten Teil ihrer Mittel im Marktportefeuille anlegen, kann es sich nur um Long-Positionen handeln. Im Standard-CAPM
kann die Annahme unbegrenzter Leerverkaufsmöglichkeiten, somit aufgegeben werden, im Zero-Beta CAPM allerdings nicht.

Wenn Investoren *unterschiedlichen steuerlichen Bedingungen* unterliegen, wird
sehr leicht der Fall eintreten, dass sie trotz homogener Vor-Steuer-Erwartungen zu
verschiedenen Nach-Steuer-Effizienzlinien kommen. *Brennan*[18] hat ein Bewertungsmodell vorgestellt, das zumindest die Steuern auf Dividenden und Kursgewinne explizit berücksichtigt.

Andere Autoren haben sich mit *heterogenen Erwartungen,*[19] *Transaktionskosten,*[20]
mit *Handelsbeschränkungen* bei einzelnen Wertpapieren,[21] mit dem Einfluss unsiche-
rer *Inflationserwartungen* auf die Wertpapierrenditen[22] u. v. m. beschäftigt. Dabei hat
sich das CAPM-Grundmodell als erstaunlich robust erwiesen. Gleichwohl darf daraus
nicht geschlossen werden, dass es deswegen eine gute Beschreibung der realen Kapitalmärkte sei und unmittelbar praktische Anwendung finden könne. Noch immer
ist es ein theoretisches Modell, entstanden in der Modellwerkstatt des theoretischen
Ökonomen.

4.1.2 Empirische Untersuchungen des CAPM

Das Capital Asset Pricing Model postuliert, dass im Gleichgewicht die zu erwartende
Rendite eine Funktion *zu erwartender* Größen ist; dies gilt auch für Beta, das für die in
der nächsten Periode zu erwartende normierte Kovarianz des Wertpapiers *i* mit dem
Marktportefeuille steht und für die risikolose Zinsrate, bei der der Erwartungsoperator
nur weggelassen werden konnte, da das Standard-CAPM für Ein-Perioden-Entschei-
dungen formuliert ist. Empirische Informationen über Erwartungen liegen aber allenfalls in Ausnahmefällen und dann auch nur für sehr kleine Datenmengen vor (z. B. als
Ergebnisse von Befragungen oder von Laborexperimenten o. ä.). Zudem ist es höchst
fraglich, ob es mit den uns zu Verfügung stehenden Methoden der empirischen So-

18 *Brennan, Micheal J.*: Taxes, Market Valuation, and Corporate Financial Policy, National Tax Journal
1970, S. 417–427.
19 Vgl. *Lintner, John*: The Aggregation of Investors Diverse Judgements and Preferences in Purely Competitive Security Markets, Journal of Financial and Quantitative Analysis 1969, S. 347–400; *Sharpe,
William*: Portfolio Theory and Capital Markets, New York (McGraw Hill) 1970, S. 104–113; *Fama, Eugene F.*: Foundations of Finance, New York (Basic) 1976.
20 *Levy, Haim*: Equilibrium in an Imperfect Market: A Constraint on the Number of Securities in the
Portfolio, American Economic Review 1978, S. 643–658.
21 *Mayers, David*: Nonmarketable Assets, Market Segmentation and the Level of Asset Prices, Journal
of Financial and Quantitative Analysis 1976, S. 1–37.
22 *Friend, Erwin; Landskroner, Yoram; Losq, Etienne*: The Demand for Risky Assets and Uncertain Inflation, Journal of Finance 1976, S. 1287–1297.

zialforschung möglich ist, die tatsächlich entscheidungsrelevanten Erwartungen von Investoren auch nur im Einzelfall valide zu erfassen; für den Markt als ganzen, mithin für alle in diesem Markt agierenden Personen ist es mit Sicherheit unmöglich.

Bereits damit stellt sich grundsätzlich die Frage, ob das CAPM überhaupt eine empirisch überprüfbare Theorie ist. Gleichwohl ist in vielen Studien versucht worden, die Gültigkeit des CAPM empirisch zu überprüfen.

Dem grundsätzlichen Einwand der Nichtbeobachtbarkeit von Erwartungsgrößen wird i. d. R. mit einem „Kunstkniff" begegnet, der Annahme rationaler Erwartungen bzw. der Annahme, der Kapitalmarkt stelle ein *fair game* dar, sei mithin informationseffizient. In diesem Fall kann man davon ausgehen, dass im Durchschnitt die sich in Periode t ergebende Rendite eines Wertpapiers oder eines Portefeuilles gleich der Rendite ist, die der Markt in Periode t_{-1} erwartet hat. Dass diese Annahme durchaus nicht so abwegig ist, wie es auf den ersten Blick scheinen mag, zeigen die empirischen Tests zur Informationseffizienz (event-studies etc.), die den Kapitalmärkten im Großen und Ganzen ein gutes Zeugnis ausstellen.

In den meisten Tests wird wie folgt vorgegangen: Es liegt ein Sample mit n Wertpapierrenditen r_{it} sowie einer Marktrendite r_{Mt}, die i. d. R. durch eine Indexrendite angenähert wird, über T Perioden vor. In einem ersten Schritt werden die Renditen der n Aktien gegen die Marktrendite regressiert (first-pass-regression): es gibt folglich n Regressionen vom Typ

$$r_{it} = a_i + b_i \cdot r_{Mt} + \varepsilon_{it} \, ,$$

deren b_i, die Steigung der Regressionsgeraden, den Schätzwert für das Beta des Wertpapiers i ergibt. Der eigentliche CAPM-Test erfolgt in einer zweiten Regression (second-pass-regression oder cross-section-regression), in der die tatsächlichen durchschnittlichen Renditen $\check{r}_i$ der Wertpapiere i gegen b_i regressiert werden. Somit wird eine Regression vom Typ

$$\check{r}_i = \varphi_0 + \varphi_1 \cdot b_i + \xi_i$$

durchgeführt, mit der die Wertpapierlinie geschätzt wird. Gilt das CAPM, so müssten sich folgende Aussagen bestätigen lassen:
- Beta ist der einzige Faktor, der Renditenunterschiede erklärt. Versuche, mit anderen Faktoren (Varianz, Zeit, Betriebsgröße, Kurs-Gewinn-Verhältnis o. ä.) die Renditen zu erklären, müssten somit fehlschlagen.
- Der Zusammenhang zwischen Rendite und Beta muss im Durchschnitt positiv sein, d. h. $\varphi_1 > 0$. Zwar kann es in der ex-post-Betrachtung auch schon einmal zu negativ geneigten Wertpapierlinien kommen; dies müssen aber Ausnahmefälle bleiben.
- Der Zusammenhang zwischen Rendite und Beta muss strikt linear sein, d. h. jede Erhöhung/Verminderung von Beta muss zur selben Renditenbewegung führen. In der Regression $\check{r}_i = \varphi_0 + \varphi_1 \cdot b_i + \varphi_2 \cdot b_i^2 + \xi_i$ dürfte φ_2 z. B. nicht signifikant von null abweichen.

– Der Achsenabschnitt der Wertpapierlinie darf nicht signifikant vom risikofreien Zins abweichen. Es müsste gelten: $\varphi_0 \approx r_F$.
– Das Steigungsmaß der Wertpapierlinie darf nicht signifikant von der Risikoprämie des Marktes abweichen. Es müsste gelten: $\varphi_1 \approx r_M - r_F$.

Eine der beiden klassischen Untersuchungen des CAPM stammt von *Black, Jensen* und *Scholes*[23], deren Testmethodik richtungweisend für viele folgende empirische Tests war. Die Autoren untersuchten die Monatsrenditen aller an der New York Stock Exchange gehandelten Aktien in den Jahren 1926 bis 1966 und ordneten die Aktien zehn nach Beta gereihten Portefeuilles zu. Getestet wurde das Standard-CAPM in der Form

$$r_{it} - r_{Ft} = \alpha_i + \beta_i \cdot (r_{Mt} - r_{Ft}) + \varepsilon_{it} \; ,$$

wobei *i* für jeweils eines der zehn Portefeuilles steht und *t* für jeden Monat gerechnet wurde. Die folgende Tabelle fasst die Ergebnisse zusammen: für jedes der zehn Portefeuilles wird Beta berechnet, die monatlich über die Zinsrate hinausgehende Rendite (*excess return*), der Achsenabschnitt Alpha und das Bestimmtheitsmaß für die Regression (das Quadrat der Korrelation zwischen Überrendite und Beta).

Die Ergebnisse zeigen zunächst, dass das Modell die Überrenditen recht gut erklärt (hohe Bestimmtheitsmaße), was die vom CAPM postulierte Linearität zwischen Rendite (Überrendite) und Beta bestätigt. Entgegen den Erwartungen ergab sich allerdings ein signifikant von null unterschiedenes α_i, das bei den Portefeuilles mit niedrigem Beta positiv, bei Portefeuilles mit hohem Beta negativ war: dies bedeutet, dass hochriskante Portefeuilles systematisch niedrigere, niedrigriskante Portefeuilles systematisch höhere Renditen aufwiesen, als es vom CAPM zu erwarten gewesen wäre.

Portefeuille-Klasse	durchschn. Beta	Excess Return	Achsenabschnitt α	Bestimmtheitsmaß ρ^2
1	1,56	2,13 %	−0,083	0,93
2	1,38	1,77 %	−0,194	0,98
3	1,25	1,71 %	−0,065	0,98
4	1,16	1,63 %	−0,017	0,98
5	1,06	1,45 %	−0,054	0,98
6	0,92	1,37 %	0,059	0,97
7	0,85	1,26 %	0,046	0,97
8	0,75	1,15 %	0,081	0,96
9	0,63	1,09 %	0,197	0,91
10	0,49	0,91 %	0,201	0,81
Gesamtmarkt	1,00	1,42 %		

---

23 *Black, Fischer; Jensen, Michael; Scholes, Myron*: The Capital Asset Pricing Model: Some Empirical Tests; in: *Jensen, Michael* (Hrsg.): Studies in the Theory of Capital Markets, New York (Praeger) 1972, S. 79–124.

Die im Wege der second-pass-regression empirisch auf Monatsbasis ermittelte Wert-papierlinie verläuft somit flacher als sie theoretisch nach dem Standard-CAPM hätte sein müssen und wies folgenden Verlauf auf:

$$r_i = 0,00519 + 0,01081 \cdot \beta_i$$

Auch der Achsenabschnitt α ist höher als die Rendite risikofreier Anlagen: mit kurz-laufenden amerikanische Staatspapieren hat man im beobachteten Zeitraum bei wei-tem nicht eine Rendite in Höhe von $12 \cdot 0,519 = 6,23\,\%$ erzielen können. Allerdings schienen die Zahlen durchaus denen zu entsprechen, die auf der Basis eines Null-Beta-CAPM hätten erwartet werden können.

Eine zweite, ebenfalls richtungsweisende Studie wurde 1973 von *Fama* und *Mac-Beth*[24] vorgelegt. Obwohl die verwendete Datenbasis dieselbe ist, besteht der wesentli-che Unterschied zu der Untersuchung von *Black/Jensen/Scholes* darin, dass nunmehr zukünftige Renditen auf der Basis von Beta-Werten vorausgesagt werden sollen, die aus den jeweils vorangegangenen Perioden geschätzt wurden; eine derartige out-of-sample-Berechnung verringert nicht nur die Gefahr etwaiger Zirkelschlüsse, sondern trägt der praktischen Gepflogenheit Rechnung, vergangene Beta-Realisierungen als Schätzer für künftige Betas heranzuziehen. *Fama/MacBeth* testen die Regressionsglei-chung

$$r_{it} = \varphi_{0t} + \varphi_{1t} \cdot \beta_i + \varphi_{2t} \cdot \beta_i^2 + \varphi_{3t} \cdot \sigma_{\varepsilon t} + \eta_{it}\,,$$

wobei als Schätzer für die systematischen und unsystematischen Risiken jeweils die realisierten, im Wege der first-pass-regression gefundenen Werte der Vorperioden Ver-wendung fanden. Das CAPM muss dann nicht verworfen werden, wenn
- $E(\varphi_{3t})$ nicht signifikant von null verschieden ist;
- $E(\varphi_{2t})$ nicht signifikant von null verschieden ist;
- $E(\varphi_{1t})$ positiv ist;
- $E(\varphi_{0t})$ gleich oder zumindest nicht kleiner als die risikofreie Zinsrate ist.

Eine Zusammenfassung der Ergebnisse für die Gesamtperiode sowie für drei Subperi-oden zeigt die folgende Übersicht:

Periode	φ_0	φ_1	φ_2	φ_3
1935–Juni 1968	0,0020	0,0114	−0,0026	0,0516
1935–1945	0,0011	0,0118	−0,0009	0,0817
1946–1955	0,0017	0,0209	−0,0076	−0,0378
1956–Juni 1968	0,0031	0,0034	−0,0000	0,0966

Tatsächlich ist φ_3 sehr klein und nicht signifikant von null unterschieden; das unsys-tematische Risiko eines Wertpapiers (gemessen an der Standardabweichung der Resi-duen) hat offenbar auf seine Bewertung keinen feststellbaren Einfluss. Dasselbe galt,

---

24 *Fama, Eugene F.; MacBeth, James D.*: Risk, Return, and Equilibrium: Empirical Tests, Journal of Political Economy 1973, S. 607–636.

wie die Autoren erwartet hatten, auch für φ_2: der Zusammenhang zwischen Beta und Rendite ist offenbar weitestgehend linear. Diese Ergebnisse erlauben es, in einer zweiten Regression die Regressoren φ_2 und φ_3 wegzulassen; die Regressionsgleichung

$$\hat{r}_{it} = \varphi_{0t} + \varphi_{1t} \cdot \beta_i + \eta_{it} ,$$

lässt verlässlichere Ergebnisse erwarten als die erste Gleichung und ergab – wieder für die Gesamtperiode sowie für die drei Subperioden – die folgenden Resultate:

Periode	φ_0	φ_1
1935–Juni 1968	0,0061	0,0085
1935–1945	0,0039	0,0163
1946–1955	0,0087	0,0027
1956–Juni 1968	0,0060	0,0062

Über den gesamten Zeitraum ist φ_1 statistisch signifikant positiv: risikoaverse Marktteilnehmer verlangen Wertpapierrenditen, die im Schnitt umso höher sein müssen, je höher das Risiko des jeweiligen Wertpapiers ist. Ähnlich wie zuvor *Black/Jensen/Scholes* stellen auch *Fama/MacBeth* fest, dass φ_0, der Achsenabschnitt der geschätzten Wertpapierlinie zu hoch ist, während φ_1, das Steigungsmaß der Wertpapierlinie, geringer als der nach dem Standard-CAPM zu erwartende Wert $(r_M - r_F)$ ist. Auch dies legt den Schluss nahe, das Zero-Beta-CAPM beschreibe die Realität des untersuchten Marktes besser als das Standard-Modell.

In einem viel beachteten Aufsatz hat *Roll*[25] allerdings auf einige grundsätzliche methodische Schwierigkeiten beim Test eines Gleichgewichtsmodells vom Typ des CAPM aufmerksam gemacht und damit die Aussagekraft von derartigen Testergebnissen erheblich in Frage gestellt bzw. zumindest bei der Interpretation der Testergebnisse zu äußerster Vorsicht gemahnt. Seine Kernaussage ist die, dass das CAPM zwar grundsätzlich als eine empirisch überprüfbare Theorie formuliert ist, dass aber bislang ein valider Test noch nicht vorgelegt wurde und es höchst zweifelhaft sei, ob dies jemals werde gelingen können. Die wichtigsten Gründe im Einzelnen:
- Testbar ist im Grunde nur, ob das Marktportefeuille selbst μ-σ-effizient ist (dies müsste der Fall sein, wenn, wie es das CAPM postuliert, tatsächlich alle Investoren effiziente Portefeuilles halten: In diesem Fall stellt sich das Marktportefeuille als gewogenes Mittel von ausschließlich effizienten Portefeuilles dar und ist somit notwendigerweise selbst effizient).
- Alle anderen Aussagen des CAPM, insbesondere die des linearen Zusammenhangs zwischen Beta und der erwarteten Rendite, sind Folge der Effizienz des Marktportefeuilles: Wenn und nur wenn das Portefeuille, das der Berechnung der Beta-Werte zugrunde gelegen hat, μ-σ-effizient ist, ergibt sich ein derartiger linearer Zusammenhang.

---

25 Vgl. *Roll, Richard*: A Crtitique of the Asset Pricing Theory's Tests, Part I: On Past and Potential Testability of the Theory, Journal of Financial Economics 1977, S. 129–176.

– In jeder Population vergangener Renditen gibt es Portefeuilles, die, ex-post betrachtet, effizient waren. Für jedes dieser Portefeuilles gilt, dass die auf der Basis
dieses Portefeuilles berechneten Betas eine lineare Funktion der Renditen sind.
Dies ist eine notwendige Folge der verwendeten Regressionstechniken und somit eine inhaltsleere Aussage. Der Grund ist unmittelbar aus der Bewertungsgleichung des Null-Beta-CAPM ersichtlich; der Zusammenhang

$$\mu_i = \mu_z + (\mu_M - \mu_z) \cdot \beta_i$$

ergibt sich immer dann, wenn μ_z durch Anlegen einer Tangente an die Linie der
varianzminimalen Portefeuilles ermittelt wird und damit die Steigung dieser Tangente gleich ist der Steigung der effizienten Linie selbst[26]. Der Beta-Faktor des
Wertpapiers i kann somit ganz einfach ermittelt werden als

$$\beta_i = \frac{\mu_i}{\mu_M - \mu_z} - \frac{\mu_z}{\mu_M - \mu_z} .$$

Beispiel: Dieses Faktum, das für das Verständnis des CAPM und der Probleme seiner Testbarkeit
zentral ist, soll anhand eines kleinen Beispiels verdeutlicht werden. Betrachten wir die drei Wertpapiere A, B und C, die in den Perioden $t_1 \ldots t_6$ folgende Renditen erzielt haben:

Periode bis:	A	B	C
t_1	0,24	0,26	0,48
t_2	−0,06	−0,02	−0,11
t_3	0,01	−0,08	0,19
t_4	0,21	0,26	0,26
t_5	0,16	0,32	−0,14
t_6	−0,02	−0,08	0,10
Durchschnittsrendite:	0,09	0,11	0,13
Renditenvarianz:	0,0166	0,0356	0,0549
Standardabweichung:	0,1287	0,1888	0,2343

Die Kovarianzen bzw. Korrelationen errechnen sich als:

$$\sigma_{AB} = 0,0222 \quad \rho_{AB} = 0,9122$$
$$\sigma_{AC} = 0,0167 \quad \rho_{AC} = 0,5553$$
$$\sigma_{BC} = 0,0082 \quad \rho_{BC} = 0,1845$$

Ermittelt man mithilfe der in 3.3.2 dargestellten Lagrange'schen Optimierungstechnik[27] auf der
Basis einer frei gewählten Rendite von beispielsweise 14 % das varianzminimale (und effiziente)
Portefeuille $P_{eff/14}$, so ergeben sich die Portefeuilleanteile

$$x_A = -0,82 \quad x_B = 1,14 \quad x_C = 0,68 .$$

---

[26] Vgl. hierzu den Beweis bei *Haugen, Robert A.*: Modern Investment Theory, 3. Auflage, Englewood
Cliffs (Prentice Hall) 1993, S. 132 ff.
[27] Hier wird allerdings die Optimierung für drei risikobehaftete Titel und nicht wie oben für zwei
Aktien und eine risikofreie Zinsrate vorgenommen.

Das Portefeuille $P_{eff/14}$ weist bei einer durchschnittlichen Rendite von 14 % ein Risiko in Höhe von $\sigma = 18,81$ % auf. Berechnet man nun die Beta-Werte der drei Aktien A, B und C, indem man die Renditen der Aktien in einer ersten Regressionsrechnung, der sog. first pass regression, gegen das Portefeuille $P_{eff/14}$ regressiert (so als ob es sich bei $P_{eff/14}$ um das Marktportefeuille handelte), so ergeben sich die Werte

$$\beta_A = 0,65 \quad \beta_B = 0,79 \quad \beta_C = 0,93 .$$

Versucht man nun mit einer zweiten Regressionsrechnung (second pass regression) den Zusammenhang zwischen Rendite und Beta der einzelnen Aktien zu schätzen, indem man diese Renditen gegen die Betas regressiert, erhält man die Wertpapierlinie des betrachteten Marktes. Ist das Bezugsportefeuille effizient, so ergibt sich stets ein perfekter Zusammenhang: die Renditen der einbezogenen Aktien sind eine lineare Funktion ihres Beta und die Abweichungen von der Wertpapierlinie (= die Regressionsreste ε_{it}) sind stets null.

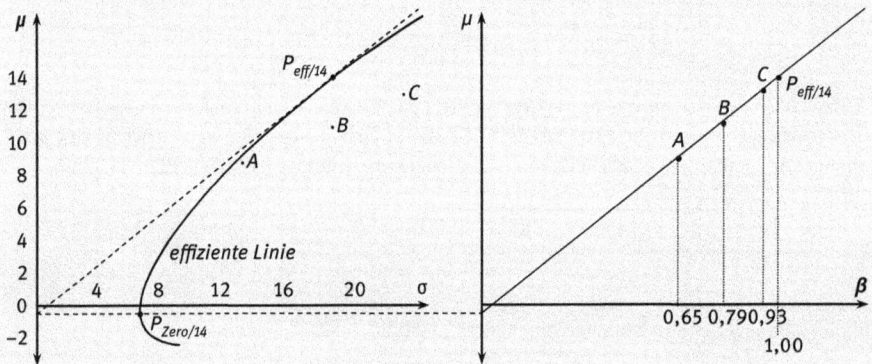

Abb. 4.7: Die Beziehung zwischen Bezugsportefeuille und Beta

Sehen wir uns den Zusammenhang nochmals grafisch an (Abb. 4.7). Auf der linken Seite haben wir den μ-σ-Raum mit den drei Wertpapieren A, B und C, die selbstverständlich jedes für sich genommen ineffiziente Positionen darstellen und nicht auf der fett eingezeichneten Linie der varianz-minimalen Portefeuilles (von der der obere Teil gleich der effizienten Linie ist) liegen. Sehr wohl auf der effizienten Linie liegt das Portefeuille $P_{eff/14}$, das varianzminimale 14 %-Renditen-Portefeuille. Legt man an dieses Portefeuille eine Tangente an, so erhält man als deren Schnittpunkt mit der Ordinate die Rendite des dazugehörigen Null-Beta-Portefeuilles; im Falle von $P_{eff/14}$ als Bezugsportefeuilles liegt die Rendite des Null-Beta-Portefeuilles bei etwa −0,36 %. $P_{Zero/14}$, das zu $P_{eff/14}$ gehörende Null-Beta-Portefeuille weist eine Standardabweichung von 7 % auf. Überträgt man nun die so eingezeichnete Tangente in den μ-σ-Raum der Wertpapierlinie, wobei selbstverständlich das Beta von $P_{eff/14}$ gleich eins ist, so erhält man die Wertpapierlinie auf der Basis von $P_{eff/14}$

$$\mu_i = -0,0036 + [0,14 + 0,0036] \cdot \beta_i ,$$

auf der exakt die drei Aktien A, B und C liegen:

$$\mu_A = -0,0036 + (0,14 + 0,0036) \cdot 0,65 = 0,09$$
$$\mu_B = -0,0036 + (0,14 + 0,0036) \cdot 0,79 = 0,11$$
$$\mu_C = -0,0036 + (0,14 + 0,0036) \cdot 0,93 = 0,13$$

Selbstverständlich hätte sich der perfekt-lineare Zusammenhang auch ergeben, wenn ein anderes Bezugsportefeuille als $P_{eff/14}$ gewählt worden wäre, solange es sich nur um μ-σ-effiziente Portefeuilles handelt. Allerdings gehört zu einem anderen Bezugsportefeuille auch ein anderes Null-Beta-Portefeuille und die errechneten Betas werden ebenfalls andere sein. In der folgenden Tabelle sind

- für das effiziente Portefeuille $P_{eff/14}$ und das dazugehörige $P_{Zero/14}$;
- für das effiziente Portefeuille $P_{eff/12}$ und das dazugehörige $P_{Zero/12}$;
- für ein ineffizientes Portefeuille $P_{ineff/12}$ und das dazugehörige[28] $P_{Zero*/12}$;

die jeweiligen Portefeuilleanteile x_I, die Periodenrenditen r_t, die Durchschnittsrenditen μ_P und die Standardabweichungen der Renditen σ_P angegeben. Des Weiteren sind unter β^{FP} die Betas angegeben, die sich aus der first-pass-Regression (als Steigung der charakteristischen Linie) errechnen, sowie unter β^{SP} die Betas, die sich bei den gegebenen Renditen aufgrund der geschätzten Wertpapierlinie (Regression von Beta zur Durchschnittsrendite der Aktien A, B und C) ergeben müssten.

Letztlich sind die Parameter der geschätzten Wertpapierlinie selbst (μ_z und $\mu_M - \mu_z$) sowie die aufgrund dieser Parameter geschätzten Renditen $\hat{r}_A$, $\hat{r}_B$ und $\hat{r}_C$ angegeben.

Portefeuille:	$P_{eff/14}$	$P_{Zero/14}$	$P_{eff/12}$	$P_{Zero/12}$	$P_{ineff/12}$	$P_{Zero*/12}$
x_A	−0,82	4,65	−0,06	4,78	−0,15	1,87
x_B	1,14	−2,63	0,61	−2,72	0,80	−0,71
x_C	0,68	−1,02	0,44	−1,06	0,35	−0,16
r_1	0,43	−0,06	0,36	−0,07	0,34	0,19
r_2	−0,05	−0,11	−0,06	−0,12	−0,05	−0,08
r_3	0,03	0,06	0,03	0,06	0,00	0,05
r_4	0,30	0,03	0,26	0,02	0,27	0,17
r_5	0,14	0,05	0,13	0,04	0,18	0,09
r_6	−0,01	0,02	−0,00	0,02	−0,03	0,00
μ_P	0,1400	−0,0036	0,1200	−0,0067	0,1200	0,0695
σ_P	0,1881	0,0683	0,1622	0,0699	0,1655	0,1015
β_A^{FP}	0,65		0,76		0,77	
β_B^{FP}	0,79		0,92		1,02	
β_C^{FP}	0,93		1,08		0,85	
β_A^{SP}	0,65		0,76		0,41	
β_B^{SP}	0,79		0,92		0,80	
β_C^{SP}	0,93		1,08		1,20	
μ_z	−0,0036		−0,0067		0,0695	
$\mu_M - \mu_z$	0,1436		0,1267		0,0505	
$\hat{r}_A$	0,0900		0,0900		0,1049	
$\hat{r}_B$	0,1100		0,1100		0,1166	
$\hat{r}_C$	0,1300		0,1300		0,1085	

---

28 Hier wurde das *effiziente* Portefeuille gewählt, das aufgrund der geschätzten Wertpapierlinie ein Beta von null aufweist.

Aus der Tabelle ist u. a. ersichtlich, dass

- effiziente Portefeuilles sich als Linearkombination zweier varianzminimaler (u. U. zweier effizienter) Portefeuilles ergeben: so lässt sich β z. B. $P_{eff/12}$ durch Kombination von 86,1 % $P_{eff/14}$ und 13,9 % $P_{Zero/14}$ konstruieren und eine Kombination von $P_{eff/12}$ und $P_{eff/14}$ zu gleichen Teilen ergäbe das effiziente Portefeuille $P_{eff/13}$;
- die geschätzten Betas sehr deutlich voneinander abweichen können, je nachdem welches effiziente Bezugsportefeuille gewählt wird (vgl. die Betas von $P_{eff/14}$ mit denen von $P_{eff/12}$);
- die sich aus der first-pass-Regression ergebenden Betas dann, wenn als Bezugsportefeuille ein effizientes Portefeuille gewählt wird, einen perfekt linearen Zusammenhang mit den Durchschnittsrenditen aufweisen (vgl. β^{FP}-Werte von $P_{eff/12}$ und $P_{eff/14}$ mit den jeweiligen β^{SP}-Werten);
- äquivalent dazu ist die Aussage, dass die Renditenschätzungen auf Basis der Wertpapierlinie fehlerfrei sind (die ξ_i-Werte aus der Regressionsgleichung sind null);
- dann, wenn als Bezugsportefeuille ineffiziente Portefeuilles gewählt werden, ein erkennbarer Zusammenhang zwischen den in der ersten Regression geschätzten Betas mit den Betas, die sich aufgrund der geschätzten Wertpapierlinie ergeben, nicht gegeben ist. Dementsprechend sind auch die aus der Wertpapierlinie geschätzten Renditen mit Fehlern behaftet.

Das CAPM ist so lange nicht testbar, wie die exakte Zusammensetzung des Marktportefeuilles nicht bekannt ist; das aber setzt voraus, dass alle risikobehafteten Titel in ihren relativen Gewichten bekannt sind und zum Marktportefeuille aggregiert werden müssen; darunter fallen nicht nur Wertpapiere, sondern auch Edelmetalle, Grundbesitz, Kunstgegenstände, Human Capital u. v. m. Die in den Tests übliche Verwendung eines Näherungsportefeuilles in Form eines den Aktienmarkt breit abdeckenden Index[29] ist insofern mit Problemen behaftet, weil zwar durchaus das Näherungsportefeuille effizient sein kann und sich damit notwendigerweise Linearität ergibt, das Marktportefeuille selbst aber nicht effizient ist und damit die festgestellte Linearität nicht gilt. Andererseits wäre es möglich, dass das Näherungsportefeuille nicht effizient ist wohl aber das Marktportefeuille, was zur Konsequenz hat, dass fälschlicherweise die Linearitätsbeziehung abgelehnt wird.

Die Kritik von *Roll* bedeutet natürlich nicht, dass das CAPM empirisch nicht gilt, sondern lediglich, dass die meisten Tests nicht das über seine Gültigkeit aussagen, was sie auszusagen vorgeben. Sie legt allerdings die Vermutung nahe, dass es wirklich aussagekräftige Tests wohl auch in der Zukunft nicht geben wird, da es wohl kaum möglich sein dürfte, das Marktportefeuille zu identifizieren. Gleichwohl sind die vorliegenden Untersuchungen nicht wertlos, wenn man sie von einer mehr praktischen Warte aus betrachtet[30] und weniger als Tests des CAPM denn als Erkenntnisse über

---

29 Zum Problem der Wahl eines geeigneten Näherungsportefeuilles vgl. *Steiner, Manfred; Kleeberg, Jochen*: Zum Problem der Indexauswahl im Rahmen der wissenschaftlich-empirischen Anwendung des Capital Asset Pricing Model, Die Betriebswirtschaft 1991, S. 171 ff.

30 Vgl. *Elton, Edwin J.; Gruber, Martin J.*: Modern Portfolio Theory and Investment Analysis, 3. Aufl., New York (John Wiley), S. 330 f.

tatsächliches Investorenverhalten ansieht. Diese wiederum können für Zwecke des konkreten Portefeuillemanagements sehr hilfreich sein.

Eine der ersten Studien, die das CAPM in einem wesentlichen Punkt in Frage stellte, stammt von *Lintner*[31], einem der Begründer des Modells selbst. *Lintner* untersuchte 301 amerikanische Stammaktien in der Zeit von 1954–1963 und berechnete für jede Aktie die Beta-Werte, indem er ihre Jahresrenditen gegen die Marktrendite regressierte; zusätzlich erhob er die Varianzen der Fehlerterme als Ausdruck des unsystematischen Risikos. Seine Ergebnisse waren ernüchternd: bis auf die Tatsache, dass offenbar ein positiver linearer Zusammenhang zwischen Rendite und Beta besteht, musste er jeden vom CAPM postulierten Zusammenhang verwerfen. Der ermittelte Achsenabschnitt der Regressionsgleichung, der der risikolosen Zinsrate (oder der Rendite auf das varianzminimale Null-Beta-Portefeuille) hätte entsprechen sollen, war mit 10,8 % für amerikanische Verhältnisse viel zu hoch und das unsystematische Risiko erwies sich, anders als vom CAPM vorausgesagt, als durchaus bewertungsrelevant. *Douglas*[32] kam mit einer methodisch vergleichbaren, aber einen deutlich größeren Zeitraum umfassenden Studie zu ähnlichen Ergebnissen. *Miller und Scholes*[33] vermuten allerdings, dass die Untersuchungen von *Lintner* und *Douglas* mit methodischen Fehlern behaftet waren.[34]

Bis heute gibt es den von *Roll* geforderten und nach seiner Ansicht einzig sinnvollen CAPM-Test, die Untersuchung des Marktportefeuilles auf seine μ-σ-Effizienz, nicht und es ist auch nicht abzusehen, ob jemals ein derartiger Test vorgelegt werden wird. Obgleich das CAPM noch immer als ein Kernstück der Finanztheorie gilt und obwohl es wie kaum ein anderes ökonomisches Modell Eingang in die Praxis gefunden hat und weltweit tagtäglich in die Entscheidungen von Portefeuille-Managern einfließt, ist die empirische Befundlage eher als ernüchternd einzustufen.

Tests ab den 1980er-Jahren haben die Gültigkeit des CAPM immer mehr in Zweifel gezogen: So konnten in getrennten Arbeiten *Banz*[35] und *Reinganum*[36] zeigen, dass

---

31 *Lintner, John*: Security Prices and Risk: The Theory of Comparative Analysis of AT&T and Leading Industrials, Kongresspapier auf der Conference on the Economics of Regulated Bublic Utilities in Chicagoam 24. Juni 1965; hier zitiert nach *Tinic, Seha M.; West, Richard R.*: Investing in Securities: An Efficient Markets Approach, Reading/Mass. (Addison-Wesley) 1979, S. 312.

32 *Douglas, George W.*: Risk in the Equity Markets: an empirical appraisal of market efficiency, Yale Economic Essays 1968, S. 3–45.

33 *Miller, Merton H.; Scholes, Myron*: Rates of Return in Relation to Risk: A Reexamination of some Recent Findings, in: *Jensen, Michael* (Hrsg.): Studies in the Theory of Capital Markets, New York (Praeger) 1972, S. 47–78.

34 So wurden bei *Lintner* die Beta-Werte auf der Basis des Marktmodells anstelle auf der Basis des CAPM selbst geschätzt, was dann zu Verzerrungen führen muss, wenn die risikofreie Zinsrate nicht über den betrachteten Zeitraum hinweg konstant bleibt.

35 *Banz, Rolf W.*: The Relationship between Return and Market Value of Common Stocks, Journal of Financial Economics 1981, S. 3–18.

36 *Reinganum, Marc R.*: Misspecification of Capital Asset Pricing: Empirical Anomalies Based on Earnings' Yields and Market Values, Journal of Financial Economics 1981, S. 19–46.

ein eindeutig negativer Zusammenhang zwischen durchschnittlichen Renditen und der Größe der emittierenden Gesellschaften (gemessen an der Börsenkapitalisierung) besteht, ein Befund, der in offenem Widerspruch zum CAPM steht und zu unzähligen weiteren empirischen Studien Anlass gab. Dieser *Größeneffekt* ist allerdings nur eine von vielen sog. „Anomalien": andere sind z. B. die *Kalendereffekte* (typischerweise höhere Rendite im Januar u. a.), der *price/earnings-Effekt* (je niedriger die price/earnings-ratio, umso höhere Renditen sind zu erwarten) etc.[37]

Eine viel beachtete Studie stammt von *Fama und French* aus dem Jahre 1992[38]. Unter anderem zeigen sie, dass der in der ursprünglichen *Fama/MacBeth*-Studie für die Jahre 1926–1965 noch bestätigte starke Zusammenhang zwischen Beta und durchschnittlicher Rendite in den Jahren 1963–1990 nicht mehr vorhanden war; schon für 1941 bis 1990 war der Zusammenhang nur noch sehr schwach. Demgegenüber ließ sich der Größeneffekt klar bestätigen: Je größer die Unternehmen waren, umso geringer war ihre durchschnittliche Rendite.

Während *Fama/MacBeth* in ihrer 1973 erschienenen Studie lediglich die durchschnittlichen Renditen gegen die aus den Vorperioden errechneten Betas regressierten, stellen *Fama/French* nun multivariate Berechnungen an, indem sie z. B. gleichzeitig die Wirkung von Größe und Beta auf die durchschnittliche Rendite ermitteln. Die folgende Tabelle[39] zeigt für den Zeitraum von Juli 1963 bis Dezember 1990 sehr augenfällig den Einfluss der Größe (gemessen an der Börsenkapitalisierung; BK) auf die Renditen und zugleich die Irrelevanz von Beta. Jährlich wurden alle Aktien in einem ersten Schritt zehn Größenklassen, aufsteigend von BK_1 bis BK_{10}, zugeordnet; sodann wurden für jede Größenklasse wiederum zehn Beta-Klassen, ebenfalls aufsteigend von β_1 bis β_{10}, gebildet; insgesamt wurden also 100 Portefeuilles gebildet, deren durchschnittliche Monatsrenditen in der Tabelle wiedergegeben sind.

Wie gut zu erkennen ist, besteht ein klarer negativer Zusammenhang zwischen Größe der Unternehmung und Renditenhöhe: sowohl in der Summe als auch innerhalb der einzelnen Beta-Klassen. Demgegenüber ist kein wie vom CAPM geforderter positiver Zusammenhang zwischen Beta und Rendite erkennbar; eher erkennt man sogar negative Zusammenhänge.

---

37 Vgl. den Überblicksartikel von *Reinganum, Marc R.*: Stock Market Anomalies, in: The New Palgrave Dictionary of Money and Finance, London (Macmillan) 1992, Band 3, S. 571–573. Siehe auch *Schwert, G. William*: Anomalies and Market Efficiency, Ch. 15, Handbook of the Economics of Finance 2003, Vol. 1(B), S. 939–974.
38 *Fama, Eugene F.; French, Kenneth R.*: The Cross-Section of Expected Stock Returns, Journal of Finance 1992, S. 427–465.
39 Siehe *Fama, Eugene F.; French, Kenneth R.*: The Cross-Section of Expected Stock Returns, Journal of Finance 1992, S. 434 (Panel A).

Durchschnittsrenditen amerikanischer Aktien für 100 Portefeuilles, geordnet nach Größen- und Beta-Klassen in den Jahren 1963 bis 1990

		β_1	β_2	β_3	β_4	β_5	β_6	β_7	β_8	β_9	β_{10}
	1,25	1,34	1,29	1,36	1,31	1,33	1,28	1,24	1,21	1,25	1,14
BK_1	1,52	1,71	1,57	1,79	1,61	1,50	1,50	1,37	1,63	1,50	1,42
BK_2	1,29	1,25	1,42	1,36	1,39	1,65	1,61	1,37	1,31	1,34	1,11
BK_3	1,24	1,12	1,31	1,17	1,70	1,29	1,10	1,31	1,36	1,26	0,76
BK_4	1,25	1,27	1,13	1,54	1,06	1,34	1,06	1,41	1,17	1,35	0,98
BK_5	1,29	1,34	1,42	1,39	1,48	1,42	1,18	1,13	1,27	1,18	1,08
BK_6	1,17	1,08	1,53	1,27	1,15	1,20	1,21	1,18	1,04	1,07	1,02
BK_7	1,07	0,95	1,21	1,26	1,09	1,18	1,11	1,24	0,62	1,32	0,76
BK_8	1,10	1,09	1,05	1,37	1,20	1,27	0,98	1,18	1,02	1,01	0,94
BK_9	0,95	0,98	0,88	1,02	1,14	1,07	1,23	0,94	0,82	0,88	0,59
BK_{10}	0,89	1,01	0,93	1,10	0,94	0,93	0,89	1,03	0,71	0,74	0,56

Fama/French zeigen auch, dass ein eindeutiger Zusammenhang zwischen der book-to-market-equity und der Rendite besteht; die Kennzahl book-to-market-equity drückt das Verhältnis zwischen dem bilanziell ausgewiesenen Buchwert des Unternehmens zu seinem Marktwert aus; dies entspricht nach deutschem Sprachgebrauch dem Verhältnis zwischen Bilanzkurs[40] und Börsenkurs. Die Autoren lassen die Frage offen, ob die von ihnen gefundenen Ergebnisse Ausdruck rationalen oder irrationalen Verhaltens der Marktteilnehmer sind (rational erklärbar wären die Befunde allenfalls dann, wenn Größe und book-to-market-equity Maßgrößen für das den Aktien anhaftende Risiko wären). Sie beenden ihren Beitrag mit den ernüchternden Worten: „We are forced to conclude that the SLB model [= *Sharpe-Lintner-Black*-Modell des CAPM; Anm. d. Verf.] does not describe the last 50 years of average stock returns." Allerdings bemerken hierzu Roll/Ross, dass auch diese Aussage im Lichte nahezu unlösbarer methodischer Probleme zu sehen ist und fügen dem zitierten Satz folgende Bemerkung hinzu: „[…] for this particular market index proxy."[41] Wie wir bereits oben gesehen haben, sind die Ergebnisse derartiger Regressionen extrem sensibel in Bezug auf das zugrunde gelegte Bezugsportefeuille. Es wäre somit ohne weiteres möglich, dass sich, wären die Berechnungen mit dem wahren (und effizienten) Marktportefeuille vorgenommen worden, die vom CAPM postulierten Zusammenhänge ergeben hätten; bereits eine Abweichung des tatsächlichen Bezugsportefeuilles vom wahren

---

40 Als Bilanzkurs eines Unternehmens bezeichnet man das Verhältnis zwischen gesamtem Eigenkapital und Grundkapital; zum Eigenkapital gehören das Grundkapital, die offenen Rücklagen, ein etwaiger Gewinn- oder Verlustvortrag (+/−), der Bilanzgewinn und u. U. ein Teil des Sonderpostens mit Rücklageanteil (Deutschland) bzw. der Bewertungsreserve (Österreich).
41 *Roll, Richard; Ross, Stephen A.*: On the Cross-sectional Relation between Expected Returns and Betas, Journal of Finance 1994, S. 101–121 (Zitat S. 110).

Marktportefeuille von nur drei Prozent könne, so Roll/Ross, die Ergebnisse hervorgebracht haben. Letztlich hätten somit *Fama/French* nur behaupten dürfen, dass eine Beta-Unabhängigkeit der Renditen nicht ausgeschlossen werden könne.

Unbestritten wird das CAPM als ein Meilenstein in der finanzwirtschaftlichen Theorieentwicklung angesehen. Gleichwohl, und das haben die vorangegangenen Abschnitte gezeigt, weist das CAPM nicht unerhebliche Mängel auf:

– Es fußt auf Annahmen über das Investorenverhalten, deren Gültigkeit als kontrafaktisch angesehen werden müssen.
– Es unterstellt bestimmte stochastische Eigenschaften der Renditen, die höchstwahrscheinlich so nicht gegeben sind.
– Es greift, da es die Erwartungsrendite eines Wertpapiers ausschließlich als Funktion des Kovarianzrisikos zum Markt sieht, u. U. zu kurz.
– Es ist fraglich, ob das CAPM als ein empirisch testbares Modell formuliert ist und, wenn ja, ob es jemals tatsächlich getestet werden kann.

In den 1980er-Jahren hatten viele Theoretiker daher große Hoffnungen in ein alternatives Kapitalmarktmodell gesetzt, die von *Stephen Ross* entwickelte Arbitrage Pricing Theorie (APT).[42] Sie fußt nicht, wie das CAPM, auf einem ökonomischen Gleichgewichtsmodell, sondern ausschließlich auf der Arbitragefreiheitsannahme. Letztlich lautet ihre Grundthese, dass dann, wenn die Aktienrenditen von irgendwelchen Faktoren abhängen, dieser Zusammenhang linear sein muss. Da das Modell selbst keine Aussagen darüber macht, welche diese Faktoren sein könnten, widmete sich ein erheblicher Teil der empirischen Forschung der Suche nach wertbestimmenden Faktoren. Zu vielfältig und widersprüchlich waren allerdings die Ergebnisse, sodass ein klärendes Bild nicht zustande gekommen ist. So wie das CAPM wurde auch die APT in den letzten Jahrzehnten immer wieder um neue Faktoren erweitert. Überzeugende und robuste empirische out-of-sample-Tests gibt es allerdings nicht. *Green et al.* untersuchten 2017 in einer umfassenden Studie 94 verschiedene Faktoren die in früheren Publikationen als erklärende Variablen für Aktienmarktrenditen genannt wurden.[43] Dabei kommen Sie zum Ergebnis, dass keiner der Faktoren nach 2003 die gefundenen Renditen erklären kann.

Für Wirtschaftswissenschaftler, für die Finanzökonomie vor allem Ökonomie sein und nicht nur dem Anspruch auf mathematische Exaktheit genügen soll, ist auch ein Aussagensystem wenig hilfreich, das letztlich nur einen mathematischen Zusammenhang ohne ökonomischen Bezug behauptet.

---

42 *Ross, Stephen A.*: The Arbitrage Theory of Capital Asset Pricing, Journal of Economic Theory 1976, S. 341–360
43 *Green, Jeremiah; Hand, John; Zhang, Frank*: The Characteristics that Provide Independent Information about Average U.S. Monthly Stock Returns. The Review of Financial Studies 2017, Vol 30, S. 4389–4436.

Die theoretischen Bemühungen, den Kapitalmarkt in gleichgewichtsökonomischer Sicht zu erfassen, sind durchaus anspruchsvoll und weisen unbestrittenermaßen eine beeindruckende methodische Eleganz auf. Zu einem wirklichen Verständnis und insbesondere zu praktisch nutzbaren Handlungsempfehlungen haben sie allerdings nur sehr bedingt geführt.

4.2 Informationseffiziente Kapitalmärkte

4.2.1 Die Random-Walk-These

Im März 1900 verteidigte *Louis Bachelier* an der Universität Sorbonne in Paris seine These mit dem Titel „Théorie de la Spéculation";[44] die Arbeit wurde von dem berühmten Mathematiker *Henri Poincaré* eher kritisch begutachtet und fiel alsbald der Vergessenheit anheim. *Bachelier* behauptete in seiner Arbeit, dass die an der Pariser Börse notierten Kurse dem Spekulanten keine systematischen Gewinne erlaubten:

> Der mathematische Erwartungswert des Spekulanten ist null […] Es liegt auf der Hand, dass der Wert, der am wahrscheinlichsten ist, genau dem am Markt tatsächlich notierten Preis entspricht. Würde der Markt einen anderen Wert als diesen einschätzen, so hätte dies eine andere, höhere oder niedrigere Notierung zur Folge.[45]

Wenn dem so ist, sind zukünftige Wertpapierkurse unvorhersagbar, genauer gesagt, entwickeln sie sich nach Maßgabe eines stochastischen Prozesses, der uns heute als Wiener Prozess bekannt ist und der auf den Physiker *Albert Einstein* und den Mathematiker *Norbert Wiener* zurückgeht. *Bachelier* gilt damit als Begründer einer These, die wie kaum eine andere in den Sozial- und Wirtschaftswissenschaften zu heillosen Verwirrungen und zu lebhaften Diskussionen geführt hat: die Random-Walk-These oder These vom Zufallsverlauf der Aktienkurse. Für den Begründer der modernen Chaostheorie, *Benoît Mandelbrot*,[46] ist *Bachelier* ein verkanntes Genie, dessen Schicksal es war, seiner Zeit viel zu weit voraus gewesen zu sein: Seine Arbeit wurde von den Wirtschaftswissenschaftlern seiner Zeit schlicht nicht wahrgenommen.

---

44 *Bachelier, Louis*: Théorie de la Spéculation, Paris (Gauthier-Villars) 1900, Annales de l'Ecole Supérieure, Série 3, Tôme XVII, Nachdruck Paris (Gabay) 1996.
45 *Bachelier, Louis*: Théorie de la Spéculation, Paris (Gauthier-Villars) 1900, Annales de l'Ecole Supérieure, Série 3, Tôme XVII, Nachdruck Paris (Gabay) 1996, S. 34. Im Original: „L'espérance mathématique du spéculateur est nulle […] Il est évident que le cours considéré par le marché comme le plus probable est le cours vrai actuel: si le marché en jugeait autrement, il côterait non pas ce cours, mais un autre plus au moins élevé." (Übersetzung: Klaus Schredelseker).
46 *Mandelbrot, Benoît*: Bachelier, Louis, in: The New Palgrave Dictionary of Economics 1987, Vol. 1, S. 168.

Ebenso auf Ablehnung stießen die Untersuchungen, die *Working*[47] sowie *Cowles/Jones*[48] in den 1930er-Jahren durchführten und die zu ähnlichen Ergebnissen geführt hatten: Sie stellten fest, dass die Korrelationen zwischen aufeinanderfolgenden Preisänderungen regelmäßig null betragen, d. h. man aus vergangenen Kursänderungen nichts über die Zukunft sagen kann, was ebenfalls eine typische Eigenschaft von Zufallsprozessen ist. Allerdings war die Random-Walk-These erst mit dem Vortrag des renommierten britischen Statistikers *Maurice Kendall* auf der Jahrestagung 1953 der Royal Statistical Society[49] wissenschaftlich etabliert: *Kendall* stellte fest, dass alle Versuche, in Wertpapier- und Warenkursen irgendwelche systematischen Bewegungen feststellen und daraus Vorteile ziehen zu wollen, zum Scheitern verurteilt sind. Nach seiner Ansicht sehen die an den Märkten realisierten Kursverläufe aus „[...] like a wandering one, almost as if once a week the Demon of Chance drew a random number from a symmetrical population of fixed dispersion and added it to the current price to determine next week's price"[50]; *Kendall* traute allerdings seinen eigenen Ergebnissen nicht und empfand volle Sympathie für diejenigen Ökonomen, die sie für abwegig hielten: „I cannot help sympathizing with them."

Die Random-Walk-These behauptet, dass zeitlich aufeinanderfolgende Preisänderungen statistisch unabhängig voneinander sind und somit in ihrem Erscheinungsbild einer durch einen Zufallsmechanismus erzeugten Zahlenreihe entsprechen.[51] Formal lässt sich ein Random-Walk darstellen als

$$S_{t+1} = S_t + \varepsilon_t \quad \text{oder} \quad E(S_{t+1}) = S_t$$

wobei ε_t einen Zufallsterm darstellt. Je nachdem, welche Annahmen bezüglich des Terms ε_t gemacht werden, lassen sich verschiedene Varianten der Random-Walk-These formulieren. Es kann angenommen werden,

- dass der Zufallsterm ε_t einer Normalverteilung unterliegt, von den Vorkursen unabhängig ist und einen Erwartungswert von null aufweist; dies ist die strengste Form des Random-Walk, wie sie anfänglich (auch von *Louis Bachelier*) vertreten und von *Osborne*[52] auch empirisch untermauert werden konnte, in späteren empirischen Untersuchungen allerdings stark in Zweifel gezogen wurde; nach *Osborne*

47 *Working, H.*: A Random Difference Series for Use in the Analysis of Time Series, Journal of the American Statistical Association 1934, S. 11–24.

48 *Cowles, A.; Jones, H.*: Some A Posteriori Probabilities in Stock Market Action, Econometrica 1937, S. 280–294.

49 *Kendall, Maurice*: The Analysis of Economic Time Series, Part I: Prices, Journal of the Royal Statistical Society 1953, S. 11–25.

50 *Kendall, Maurice*: The Analysis of Economic Time Series, Part I: Prices, Journal of the Royal Statistical Society 1953, S. 13.

51 So *Roberts, H.*: Stock Market „Patterns" and Financial Analysis: Methodological Suggestions, Journal of Finance 1959, S. 1–10.

52 *Osborne, M.*: Brownian Motions in the Stock Market, Operations Research 1959, S. 145–173.

folgen die Aktienkurse einer *Brown'schen Bewegung*, die aus der Physik als Bewegung von Molekülen in einer Flüssigkeit bekannt ist;

– lediglich einen Erwartungswert von null hat, ohne dass zugleich eine Annahme über die gesamte Verteilung gemacht werden muss; dies ist das von seinem Anspruch her wesentlich bescheidenere *Martingal-Modell*;

– einen positiven Erwartungswert aufweist (*Submartingal-Modell*; *Random-Walk mit Drift*); mit dieser Annahme wird der Tatsache Rechnung getragen, dass ein gewisser Teil der Aktienrenditen in Form von Kurssteigerungen erfolgt und ein positives $E(\varepsilon_t)$ diese im Zeitablauf als konstant angenommene Kursrendite zum Ausdruck bringt. Wäre nämlich in der Formel $S_{t+1} = S_t + \varepsilon_t$ der Erwartungswert von ε_t tatsächlich gleich null, so müsste auch gelten, dass $E[S_\infty] = S_t$; damit wäre impliziert, dass es andere Renditenbestandteile als die reine Dividendenrendite nicht geben könne.

Das *Submartingal-Modell* lässt sich in der Form

$$S_{t+1} = S_t + \varepsilon_t \quad E(\varepsilon_t) > 0 \quad \text{(somit: } E(S_{t+1}) > S_t)$$

oder aber auch in der Form

$$S_{t+1} = S_t + \varepsilon_t + c \quad E(\varepsilon_t) = 0 \, , c > 0 \quad \text{(somit: } E(S_{t+1}) = S_t + c)$$

darstellen, wobei im zweiten, konkreteren Fall, ε_t wieder eine (wie auch immer verteilte) Zufallsvariable mit einem Erwartungswert von null darstellt und c eine Konstante, die den erwarteten durchschnittlichen Kurszuwachs pro Periode zum Ausdruck bringt.

Die Random-Walk-Hypothese wird häufig missverstanden: Sie behauptet nicht, dass die Aktienkurse zufällig erzeugt würden (dies wäre in der Tat eine unsinnige Behauptung!), sondern lediglich, dass ihr Erscheinungsbild von dem einer zufällig entstandenen Zahlenreihe nicht unterscheidbar ist. Einen echten Zufallspfad würde etwa das Vermögen eines Spielers beschreiben, der am Abend mit einem gewissen Betrag das Spielcasino betritt und Roulette spielt: Sein Spielvermögen folgt einem Submartingal-Prozess mit einer negativen Konstante von $c = -1/37$ pro Spiel, und zwar so lange, bis das Vermögen verbraucht ist. Dies ist der Fall, *weil* der den Prozess treibende Mechanismus ein perfekter Zufallszahlengenerator dieser Art ist. Der Aktienkurs eines pharmazeutischen Unternehmens, das ein wichtiges und lange erwartetes Medikament auf den Markt bringt, steigt hingegen, *weil* die Marktteilnehmer für die Zukunft mit einem deutlich höheren Gewinn rechnen als vor Einführung des neuen Produkts. Die Kurssteigerung war somit nicht zufällig, sondern fundamental begründet; gleichwohl sieht das Kursverlaufsbild nicht anders aus, als habe ihn ein Zufallsgenerator vom Typus einer Roulettemaschine erzeugt.

Die Random-Walk-These ist weltweit mit den verschiedensten Methoden getestet worden und hat dabei im Großen und Ganzen eine recht eindrucksvolle Bestätigung erfahren; wir werden uns im nächsten Kapitel etwas eingehender mit den wichtigsten Methoden und Ergebnissen der empirischen Kapitalmarktforschung beschäftigen. Gleichwohl wurde sie nicht nur von den Praktikern massiv abgelehnt, nach *Malkiel* betrachteten sie die These noch immer als eine „Obszönität",[53] sondern fand auch in der akademischen Welt nur zögerlich Akzeptanz. Ein Grund dafür war sicherlich die anfänglich völlig fehlende theoretische Fundierung: Die Random-Walk-These ist nicht dem Denken irgendwelcher Theoretiker entsprungen (was manche Praktiker gerne hätten, weil es dann wesentlich leichter wäre, sie als realitätsfernes Hirngespinst zurückzuweisen), sondern ist ein empirisch vorgefundenes Faktum, entstanden aus der sorgfältigen Beobachtung realer Finanzmärkte: So *ist* es offenbar. *Warum* es aber so ist, war über längere Zeit hinweg nicht bekannt. Sätze, die etwas konstatieren, aber nicht begründen können, warum das, was ist, so ist, wie es ist, sind wirklich nicht nach dem Geschmack von Wissenschaftlern.

Wesentlich zum Verständnis des Random-Walk-Phänomens – und damit wesentlich zu seiner Akzeptanz – hat ein Aufsatz von *Paul Samuelson* beigetragen, in dem er „beweist" (der Titel des Beitrags verwendet den Begriff *„proof"*), dass, unter bestimmten Voraussetzungen, Kurse in spekulativen Märkten einem Zufallspfad folgen *müssen*.[54] Er erbringt diesen Beweis anhand von Terminkursen auf ein Basisobjekt, dessen Kursverlauf eindeutig nicht einem Zufallspfad folgt. Da die Darstellung im Originalaufsatz etwas verwirrend ist, andererseits der Beweis für das Verständnis zentral erscheint, wird hier die Kernaussage des Beitrags von *Samuelson* in Form eines kleinen Spiels dargestellt:

Sie schließen eine Wette auf das Ergebnis des übernächsten Wurfs einer Münze ab: Fällt die Münze auf Zahl (Z), so erhalten Sie 100 €, fällt sie auf Kopf (K), so erhalten Sie nichts. Wäre die Münze eine *Laplace*'sche Idealmünze, so wäre der Einsatz, der der fair-game-Bedingung entspricht (Veranstalter wie Spieler haben die gleiche Gewinnwahrscheinlichkeit), natürlich 50 € und es wäre unerheblich, auf den wievielten Wurf der Münze der Preis ausgesetzt ist, denn die Wahrscheinlichkeiten wären stets dieselben. Die hier verwendete Münze ist allerdings keine Idealmünze, sondern hat ein „Gedächtnis" und damit ist die von ihr erzeugte Folge keinesfalls ein Random-Walk. Getreu dem Kernsatz der technischen Wertpapieranalyse „stocks move in trends" wird angenommen, die Münze tendiere dazu, die Realisationen der beiden letzten Würfe zu begünstigen, was dazu führt, dass die Eintrittswahrscheinlichkeiten von den vorangegangenen Ergebnissen wie folgt abweichen:

realisierte Wurffolge in t_{-2} und t_{-1}:	KK	ZK	KZ	ZZ
Wahrscheinlichkeit für Zahl in t_1:	0,2	0,4	0,6	0,8
Wahrscheinlichkeit für Kopf in t_1:	0,8	0,6	0,4	0,2

53 *Malkiel, Burton G.*: A Random Walk Down Wall Street, New York (Norton) 2011, S. 24.
54 *Samuelson, Paul*: Proof that Properly Anticipated Stock Prices Fluctuate Randomly, Industrial Management Review 1965, S. 41–49; abgedruckt in: *Lo, Andrew W.* (Hrsg.): Market Efficiency: Stock market Behaviour in Theory and Practice, Vol. I, Cheltenham (Edward Elgar) 1997, S. 110–118.

Unter den angegebenen Bedingungen hängt der Einsatz, den Sie in t_0 zu leisten bereit sind, von den Realisationen in t_{-1} und t_{-2} ab. Wenn wir den Beteiligten Risikoneutralität unterstellen, werden, unter der fair-game-Bedingung, je nach beobachteter Historie die folgenden Einsätze zu zahlen sein:

realisierte Wurffolge in t_{-2} und t_{-1}:	KK	ZK	KZ	ZZ
Wahrscheinlichkeit für Kopf in t_1:	0,80	0,60	0,40	0,20
bedingte Wahrscheinlichkeit für Zahl in t_2:	0,20	0,20	0,40	0,40
Wahrscheinlichkeit für Zahl in t_2:	**0,16**	**0,12**	**0,16**	**0,08**
Wahrscheinlichkeit für Zahl in t_1:	0,20	0,40	0,60	0,80
bedingte Wahrscheinlichkeit für Zahl in t_2:	0,60	0,60	0,80	0,80
Wahrscheinlichkeit für Zahl in t_2:	**0,12**	**0,24**	**0,48**	**0,64**
Gesamtwahrscheinlichkeit für Zahl in t_2:	**0,28**	**0,36**	**0,64**	**0,72**
Wetteinsatz in Euro in t_0:	28	36	64	72

In der Kopfzeile sind die vier möglichen historischen Wurffolgen in t_{-2} und t_{-1} angeführt. War die Folge KK (erste Spalte), so beträgt die Wahrscheinlichkeit, dass in t_1 wieder Kopf fällt 0,8 und die daraus bedingte Wahrscheinlichkeit, dass in t_2 Zahl fällt, 0,2; über Kopf-Zahl zum Gewinn zu kommen, hat somit eine Wahrscheinlichkeit von $0,8 \cdot 0,2 = 0,16$. Die Wahrscheinlichkeit hingegen, dass in t_1 Zahl fällt, ist 0,2 und die bedingte Wahrscheinlichkeit für Zahl in t_2 ist 0,6; über Zahl-Zahl zum Gewinn zu kommen, hat somit eine Wahrscheinlichkeit von $0,2 \cdot 0,6 = 0,12$. Da im Falle des Gewinns 100 € gezahlt werden, beträgt die absolute Gewinnerwartung und somit der faire Wetteinsatz bei historischem KK $0,16 \cdot 100 + 0,12 \cdot 100 = 28$. Entsprechend errechnet sich der Einsatz für die anderen historischen Fälle: im Fall ZK wird ein Einsatz von 36 gezahlt werden, in Fall KZ ein Einsatz von 64 und in Fall ZZ ein Einsatz von 72. Man kann diese Einsätze auch als Preise interpretieren, die von rationalen risikoneutralen Akteuren in t_0 für den zustandsabhängigen Anspruch „100 €, wenn Zahl in t_2" bezahlt werden.

Nehmen wir nunmehr an, dass Sie nach dem ersten Wurf (nach t_1, vor t_2) Ihren Anspruch verkaufen möchten, d. h., gegen eine Gegenleistung an einen anderen Spieler übertragen. Welcher Preis wäre für diese Übertragung fairerweise anzusetzen? Im Fall der historischen Realisation KK gilt, dass

- die Münze in t_1 wiederum auf *Kopf* fallen kann; unter dieser Bedingung ist die Wahrscheinlichkeit dafür, dass sie in t_2 auf *Zahl* fällt, 0,2, und somit der Preis, der in t_1 für die Wette gezahlt würde, 20 €;
- die Münze in t_1 auf *Zahl* fallen kann; unter dieser Bedingung ist die Wahrscheinlichkeit dafür, dass sie in t_2 wieder auf *Zahl* fällt, 0,6, und somit der Preis, der in t_1 für die Wette gezahlt würde, 60 €.

Wir wissen also heute, dass der Preis in t_1 entweder 20 € oder 60 € betragen wird; das erste ist mit einer Wahrscheinlichkeit von $p = 0,8$, das zweite mit $p = 0,2$ der Fall. Damit errechnet sich der in t_0 für t_1 erwartete Preis als $0,8 \cdot 20 € + 0,2 \cdot 60 € = 28 €$. Der erwartete morgige Preis ist gleich dem heutigen Preis, was natürlich auch in den anderen Fällen gilt: War die historische Realisation ZK, so ist der Preis in t_1 entweder 20 € (mit $p = 0,6$) oder 60 € (mit $p = 0,4$), in der Erwartung somit 36 € etc.

Das Beispiel verdeutlicht selbstverständlich nur den Spezialfall eines allgemeinen Satzes: Wenn auf einem Markt, auf dem Zukunftserwartungen gehandelt werden, alle

Marktteilnehmer ihre Erwartungen korrekt bilden, d. h. bei ihren Berechnungen keine systematischen Fehler machen, sind sämtliche Informationen, die man heute über die Zukunft haben kann, in den aktuellen Preisen bereits voll verarbeitet. Das wiederum bedeutet, dass Preisänderungen, die zwischen heute und morgen stattfinden, einzig und allein darauf zurückzuführen sein können, dass den Marktteilnehmern zwischen heute und morgen *neue* Informationen zugehen, die eine veränderte Bewertung rechtfertigen. Neue Informationen sind aber denknotwendig zufällig, da der Teil einer uns in der Zukunft zugehenden Information, mit dem wir bereits jetzt rechnen, *heutige* Information darstellt und somit nicht neu ist.

> Ich weiß im August nicht, wie warm es im nächsten Februar sein wird. In einem halben Jahr werde ich nicht überrascht sein, wenn das Thermometer niedrigere Temperaturen zeigt als jetzt, wohl aber dann, wenn es deutlich wärmer oder kälter sein sollte als es dem langjährigen Durchschnitt entspricht. Die Tatsache, dass es kalt sein wird, ist zwar ein Wissen über die Zukunft, aber heutiges Wissen. Nur wenn es im Februar am Durchschnitt gemessen zu warm/kalt ist, liegt neue Information vor.

Wenn aber alle Informationen, die wir heute haben, ihren Niederschlag in den Preisen gefunden haben, muss gelten, was die Random-Walk-These behauptet:

$$E[S_{t+1}] = S_t \quad \text{(Strenger Random-Walk; Martingal-Variante)}$$
$$E[S_{t+1}] = S_t + c \quad \text{(Submartingal-Variante)}$$

Der beste Schätzer für den morgigen Preis ist der heutige Preis (u. U. korrigiert um die Zinskonstante). Das Beispiel mit den Münzen, die ein Gedächtnis haben, mag manchem simpel, ja sogar trivial erscheinen. Es ist es auch, wenn man sich die Zusammenhänge einmal deutlich vor Augen geführt hat. Gleichwohl markiert der Aufsatz von *Samuelson* einen theoretischen Durchbruch; er selbst schreibt dazu: „The theorem is so general that I must confess to having oscillated over the years in my own mind between regarding it as trivially obvious (and almost trivially vacuous) and regarding it as remarkably sweeping. Such perhaps is characteristic of basic results."[55] Häufig sind es gerade die simplen, ganz einfachen Zusammenhänge, die, sind sie uns erst einmal bewusst, unser Denken prägen und Meilensteine in der Wissenschaftsgeschichte darstellen. In der Ideengeschichte der Finanztheorie war die Random-Walk-These zweifellos ein solcher Meilenstein.

Die Random-Walk-These war zunächst einmal eine Provokation für alle diejenigen, die von der Sinnhaftigkeit der technischen Wertpapieranalyse überzeugt waren: Wenn die Aktienkurse wirklich einem Random-Walk folgen, ist es sinnlos, aus historischen Kursreihen irgendwelche für die Zukunft relevanten Informationen entneh-

---

55 *Samuelson, Paul*: Proof that Properly Anticipated Stock Prices Fluctuate Randomly, Industrial Management Review 1965, S. 41–49; abgedruckt in: *Lo, Andrew W.* (Hrsg.): Market Efficiency: Stock market Behaviour in Theory and Practice, Vol. I, Cheltenham (Edward Elgar) 1997, S. 45.

men zu wollen. Wie das Beispiel mit den Münzen gezeigt hat, unterliegt (bei korrekter Bewertung) der Kurs eines derivativen Wertpapiers auch dann einem Random-Walk, wenn das Underlying nicht einem Random-Walk folgt: Im Beispiel hatte die Münze ein „Gedächtnis" und die Kenntnis von vergangenen Realisationen war für die Einschätzung künftiger Realisationen wertvoll; gleichwohl galt für die *Preise* des derivativen Wertpapiers (der Wette auf einen Münzwurf) die Zufallspfadeigenschaft. Auch die Aktie ist ein „derivatives" Wertpapier, das sich auf die Gewinne eines Unternehmens bezieht: Wenn die Investoren im Aktienmarkt ihr heutiges Wissen richtig handhaben, wird der Aktienkurs auch dann einem Zufallspfad folgen, wenn das „Underlying", die Gewinne des Unternehmens, sich nicht zufällig entwickeln. Technische Analyse, die ein „Gedächtnis" der Kurse unterstellt, und Random-Walk-Eigenschaft schließen sich somit aus.

4.2.2 Die Effizienzthese: Anspruch

Der Beitrag von *Samuelson* besagt aber viel mehr als das. Nicht nur das Wissen über vergangene Kursrealisationen, sondern *jedwedes Wissen* müsste in den Kursen eingepreist sein, wenn Investoren sich rational verhalten, d. h. versuchen, die Fehler anderer Marktteilnehmer möglichst gut auszunutzen, um sich selbst Vorteile zu verschaffen. Von der Random-Walk-These ist es daher nur ein kleiner Schritt zu der viel umfassenderen These von der Informationseffizienz des Kapitalmarkts (Effizienzthese).

Nach einer allgemein akzeptierten Definition von *Eugene Fama* wird ein Kapitalmarkt dann als effizient (präziser: informationseffizient) bezeichnet, wenn die Kurse zu jedem Zeitpunkt alle verfügbare Information in vollem Umfang widerspiegeln, *„if prices at any time fully reflect all available information".*[56] Formal lässt sich dies wie folgt ausdrücken:

$$E(\hat{S}_{j,t+1} \mid \Phi_{j,t}) = S_{jt}(1 + E(\hat{r}_{j,t+1} \mid \Phi_{j,t}))$$

Der Erwartungswert des unsicheren (Zufallsvariablen werden mit „Dach" gekennzeichnet) Preises von Aktie j in $t + 1$ (unter Einbeziehung sämtlicher zwischen t und $t + 1$ zugeflossenen Dividenden) ist, wenn das Informationssystem $\Phi_{j,t}$ vorliegt, gleich dem um die zu erwartende Rendite (gegeben dem Informationssystem $\Phi_{j,t}$) $E(\hat{r}_{j,t+1} \mid \Phi_{j,t})$ vermehrten heutigen Preis der Aktie j. Wie hoch $E(\hat{r}_{j,t+1} \mid \Phi_{j,t})$ ist, hängt vom jeweils angewendeten Bewertungsmodell ab: Es kann sich schlicht um die langjährige Durchschnittsrendite für Aktien dieses Typs handeln, aber auch um eine risikoadjustierte Rendite vom Typ des Capital Asset Pricing Model; im letzten Fall hätten wir es mit einem CAPM-Submartingal zu tun.

---

56 *Fama, Eugene F.*: Efficient Capital Markets: A Review of Theory and Empirical Work, Journal of Finance 1970, S. 383–418, hier S. 383.

Gilt die Beziehung, so kann kein Marktteilnehmer damit rechnen, systematisch andere als durchschnittlich zu erwartende Renditen zu erzielen, wenn er seine Entscheidungen auf Φ stützt. Ein Markt, der diese Eigenschaften aufweist, ist vergleichbar einer fairen Wette, bei der beide Teilnehmer die gleichen Chancen haben, zu gewinnen; häufig wird daher ein informationseffizienter Markt auch als *fair-game market* bezeichnet.

Der Effizienzdefinition von *Fama* wurde mehrfach vorgeworfen, sie sei tautologisch, da sie im Grunde genommen nur behaupte, die Informationen, die das Informationssystem Φ beinhaltet, seien dann voll in den Preisen reflektiert, wenn der Markt sie zur Gänze in den Preisen reflektiere.[57] In der Literatur sind dann – u. a. von *Fama* selbst[58] – eine Reihe weiterer, teils präzisierender, teils ergänzender Definitionen angeführt und diskutiert worden, von denen hier nur eine herausgegriffen wird:

Jensen, der den Absolutheitsanspruch des *Fama*'schen Effizienzbegriffs etwas abschwächt bezeichnet in seiner für die praktische Verwendung zweckmäßigeren Definition einen Markt solange als informationseffizient, als der Grenznutzen aus der Informationsverarbeitung (= die möglichen überdurchschnittlichen Ergebnisse) kleiner ist als die für die Informationsbeschaffung und -verarbeitung aufzubringenden marginalen Kosten;[59] Eine aufgrund von Information erzielte Überrendite ist für den Investor nämlich dann ohne Wert, wenn sie so klein ist, dass sie nicht einmal die zu ihrer Erlangung aufzubringenden Kosten abdeckt. Mit dieser Definition gelingt es auch, sich zumindest teilweise aus dem berühmten Informationsparadoxon zu befreien, das *Grossman*[60] und dann *Grossman/Stiglitz*[61] formuliert haben. Wäre der Kapitalmarkt nämlich tatsächlich im *Fama*'schen Sinne informationseffizient, so hätte kein Marktteilnehmer mehr einen Anreiz, sich Informationen zu beschaffen und diese auszuwerten. Denn Informationsbeschaffung und -auswertung verursachen Kosten, denen in einem informationseffizienten Markt keine Erträge gegenüberstehen. Würde sich aber keiner der Marktteilnehmer informieren, könnten Finanzmärkte auch nicht mehr informationseffizient sein: Schließlich ist die in den Marktpreisen reflektierte Information *Folge* der Informationsaktivitäten der Marktteilnehmer. Vollständige Informationseffizienz wäre somit erst dann möglich, wenn die Marktteilnehmer Informationsverarbeitung betreiben würden, weil sie fälschlicherweise annehmen, dass der Markt nicht effizi-

---

57 Vgl. *LeRoy, Stephen F.*: Efficient Capital Markets: Comment, Journal of Finance 1976, S. 139–141.

58 *Fama, Eugene F.*: Reply, Journal of Finance 1976, S. 143–145.

59 *Jensen, Michael*: Some Anomalous Evidence Regarding Market Efficiency, Journal of Financial Economics 1978, S. 95–101. *Barberis, Nicholas*: Psychology-based Models of Asset Prices and Trading Volume, 2018, verfügbar unter https://ssrn.com/abstract=3177616 gibt einen guten Überblick über neuere, auf der Behavioral Finance beruhende Ansätze zum Asset Pricing.

60 *Grossman, Sanford*: On the Efficiency of Competitive Stock Markets where Traders Have Diverse Information, The Journal of Finance 1976, S. 573–585.

61 *Grossman, Sanford; Stiglitz, Joseph*: On the Impossibility of Informationally Efficient Markets, American Economic Review 1980, S. 383–408.

ent sei und Fehlbewertungen aufweise, die zu erkennen und auszunutzen möglich sei. Wirtschaftstheoretisch ist ein derartiges Ergebnis allerdings äußerst unbefriedigend, setzt es doch eine nachhaltige Fehlperzeption der Realität seitens der Marktteilnehmer voraus.

Anhand eines sehr einfachen Modells, in dem es *eine* bestimmte kostenpflichtige Information gibt, die von manchen Investoren gekauft und von anderen nicht gekauft wird, zeigen *Grossman/Stiglitz*, dass im Marktgleichgewicht die Mehrrendite, die die informierten Investoren erzielen können, gerade so hoch sein muss wie die Kosten, die sie für die Information aufzubringen haben: Die Nettorendite nach Abzug der Informationskosten ist somit für alle Investoren ident. Ein derartiger Markt würde im Sinne von *Fama* nicht mehr als informationseffizient angesehen werden, wohl aber im Sinne von *Jensen*. Wir werden auf das Informationsparadoxon und weitere Ansätze zu seiner Überwindung noch zurückkommen.

Üblicherweise unterscheidet man drei Stufen von Markteffizienz, je nachdem wie weit man den Terminus „alle verfügbare Information" fasst:[62]

Schwache Markteffizienz (weak-form efficiency) liegt dann vor, wenn die Aktienkurse alle Informationen enthalten, die in historischen Kursreihen enthalten sind. Im Kern entspricht diese Form der Markteffizienz der Random-Walk-These: Ist der Markt im schwachen Sinne informationseffizient, so ist, wie bereits aufgezeigt wurde, jedwede Form technischer Aktienanalyse, die sich auf historische Kursinformationen stützt, sinnlos.

Mittelstrenge Markteffizienz (semi-strong-form efficiency) liegt vor, wenn die Aktienkurse alle öffentlich zugänglichen, für die Bewertung der Aktie relevanten Informationen enthalten. Ist der Markt im mittelstrengen Sinne informationseffizient, so ist auch die fundamentale Aktienanalyse, die sich grundsätzlich auf veröffentlichte Information wie Jahresabschlüsse, Zeitungsberichte, elektronische Informationsdienste etc. stützt, ohne Wert. In aller Regel ist, wenn ohne weitere Spezifikation von Markteffizienz gesprochen wird, diese mittelstrenge Form gemeint.

Strenge Markteffizienz (strong-form efficiency) liegt dann vor, wenn jedwede Form von Information in Aktienkursen eingepreist ist. In einem im strengen Sinne effizienten Markt hätten nicht einmal Insider die Möglichkeit, ihren Informationsvorsprung profitabel zu nutzen.

Selbstverständlich schließt die jeweils höhere Form der Effizienzthese die niederen ein: Da auch vergangene Kursinformationen zu den öffentlich zugänglichen Informationen gehören, ist ein Markt, der im mittelstrengen Sinne effizient ist, auch im schwachen Sinne effizient; da öffentliche Informationen eine Teilmenge aller In-

---

[62] Diese Unterscheidung geht zurück auf *Roberts, H.*: Statistical Versus Clinical Prediction of the Stock Market, unveröffentlichtes Manuskript der Universität Chicago, Chicago 1967; allgemeine Verbreitung erfuhr sie allerdings erst durch den zuvor zitierten Aufsatz von *Fama*.

formationen sind, ist ein im strengen Sinne effizienter Markt auch mittel-streng und schwach effizient.

Der Begriff des effizienten Kapitalmarkts sollte nicht mit dem Begriff des vollkommenen (perfekten) Kapitalmarkts verwechselt werden, der weit umfassender angelegt ist und üblicherweise verlangt, dass im Markt keinerlei Transaktionskosten (Gebühren, Provisionen, Steuern) gezahlt werden müssen, dass alle Wertpapiere unendlich teilbar sind, dass vollkommene Konkurrenz besteht (alle Marktteilnehmer sind Preisnehmer), dass alle Informationen allen Marktteilnehmern gleichermaßen und kostenlos zur Verfügung stehen und dass alle Akteure rational handelnde Erwartungsnutzenmaximierer sind. In vielen theoretischen Modellen der Finanzwirtschaft ist es, um die komplexe Realität von Kapitalmärkten in mathematisch-theoretischen Modellen beschreiben zu können, notwendig, einen vollkommenen Markt zu unterstellen, der allerdings in der Realität nicht annähernd erreicht wird. Ein vollkommener Markt ist denknotwendig immer auch informationseffizient. Für das Vorliegen von Informationseffizienz werden hingegen weit geringere Ansprüche gestellt: Ein Markt kann durchaus auch dann informationseffizient sein, wenn Gebühren oder Steuern zu zahlen sind, wenn die Papiere nicht beliebig teilbar sind oder nicht alle Marktteilnehmer über die gleichen Informationen verfügen.

Wissenschaftstheoretisch stellt sich das Konzept der Markteffizienz zunächst nur als eine Aussage über die Beschaffenheit der realen Welt dar, für das zwar durchaus vernünftige Argumente sprechen, das sich aber nicht als ein geschlossenes System aufeinander aufbauender allgemeiner Sätze, als eine „Theorie" präsentiert. In den meisten Darstellungen findet sich daher die Bezeichnung *Efficient Markets Hypothesis* (EMH), *Hypothese* informationseffizienter Märkte. Anders als eine Theorie, die u. U. aus sich selbst heraus Gültigkeit besitzen kann, bedarf eine Hypothese stets der Überprüfung durch empirische Untersuchungen: Stimmt das, was die Hypothese behauptet, mit der tatsächlichen Welt überein oder nicht?

Die Vorstellung, dass die EMH die reale Welt unserer Kapitalmärkte zutreffend beschreiben könnte, fällt der Praxis naturgemäß sehr schwer: Gilt die Effizienzthese zumindest in ihrer mittelstrengen Ausprägung, dann ist nicht nur Technische Analyse (der auch in der professionellen Praxis immer ein gewisses Maß an Skepsis entgegengebracht wird), sondern auch die Fundamentalanalyse obsolet. Damit verliert ein Großteil der Profession einen nicht unerheblichen Teil seiner Existenzberechtigung: Die Dienste von Finanzanalysten, Portfolio-Managern, Börsenberichterstattern, Anlageberatern u. a. werden nicht zuletzt deswegen in Anspruch genommen, weil die Auftraggeber sich von ihnen eine bessere Verarbeitung von Information erhoffen, eine bessere, als sie es sich selbst zutrauen. Aber auch Privatanleger, die erhebliche Zeit investieren, um sich über die aktuellen Börsentendenzen zu informieren, Fachzeitschriften kaufen oder einschlägigen Twitter-Feeds folgen, um die Markteinschätzungen von Experten zu lesen, müssten sich fragen, ob sich die Mühen und die Kosten lohnen. Wenn nämlich tatsächlich alle Informationen in den Kursen eskomptiert sind, ist die zu erwartende Rendite eines Anlegers völlig unabhängig von seinem Informationsstand: Jeder Handel stellt sich als Aktivtausch dar, bei dem keiner einen Vorteil gegenüber dem anderen hat. Erst in der Zukunft wird sich zeigen, wer von den beiden Handelspartnern das bessere Los gezogen hat: Der Käufer, wenn sich das Papier besser entwickelt hat als der Markt, oder der Verkäufer, wenn das Gegenteil der Fall ist. Ob ein uninformierter Schulbub oder ein erfahrener Investmentbanker in einem bestimmten informationseffizienten Markt investiert, das Ergebnis, gemessen in Renditen, wird im Durchschnitt das gleiche sein.

Um nicht das Kind mit dem Bade auszuschütten: Selbstverständlich würde auch unter Gültigkeit der mittelstrengen Effizienzthese der Finanzprofession nicht gänzlich der Boden entzogen. Aufgaben wie Produktberatung, Aufklärung über Chancen und Risiken verschiedener Anlagealternativen, Abstimmung eines Portefeuilles auf die individuellen Ziele und Bedürfnisse des Kunden, technische Abwicklung von Transaktionen, Bereitstellung von Performanceanalysen etc., all dies blieben nach wie vor wichtige Aufgaben des Anlageberaters und Investmentbankers. Gleichwohl: Das, wovon viele Experten zehren, der Nimbus des Gurus, der die Entwicklung des Marktes einschätzen kann und dabei den anderen Marktteilnehmern immer ein Stück voraus ist, das allerdings sind Dinge, von denen man Abschied nehmen müsste. In einem informationseffizienten Markt wird kein Platz für Propheten freigehalten.

Bislang wissen wir nicht, ob die Effizienzthese gilt oder nicht. Bevor wir uns den zahlreichen empirischen Befunden zuwenden, sollten wir uns – in Anlehnung an *Keane*[63] – mit einer Reihe von Argumenten beschäftigen, die üblicherweise gegen die Hypothese von der Informationseffizienz vorgebracht werden. Die Beschäftigung mit diesen Argumenten könnte geeignet sein, uns offener zu machen und die Dinge so zu sehen, wie sie – nach allem was wir wissen können – sein dürften.

Fast immer sind es die folgenden Argumente, die gegen die Hypothese von der Informationseffizienz der Finanzmärkte hervorgebracht werden:

Nichts ist in der Praxis so perfekt wie in der Theorie.

Das Argument, dass die Praxis immer viel reicher, vielschichtiger und unvollkommener sei als alle theoretisch ausgedachten Konstrukte, ist im Grunde immer richtig. Streng genommen trifft das Argument im vorliegenden Fall aber nicht zu, da die EMH eine induktiv gewonnene Aussage über die reale Welt und eben nicht eine aus Annahmen abgeleitete Theorie ist. Seien wir aber etwas weniger spitzfindig: Was wohl gesagt werden soll, ist, dass die realen Märkte Informationen nicht so perfekt verarbeiten, wie es die puristische Definition von *Fama* fordert. Mag sein, dass dies unmöglich ist. Nach der *Jensen*'schen Definition behauptet die These der Markteffizienz jedoch

---

63 *Keane, Simon M.*: Stock Market Efficiency – Theory, Evidence and Implications, Oxford 1985.

etwas, was sehr wohl sein kann, nicht aber sein muss, nämlich, dass die verbleibenden Ineffizienzen so klein sind, dass es sich nicht lohnt, Mühe und Kosten aufzuwenden, um sie ausnutzen zu wollen.

Investoren sind unterschiedlich gut informiert:
Im Markt agieren fähige und unfähige Investoren.

Wie wir gesehen haben, bedarf das Kernstück der modernen Kapitalmarkttheorie, das CAPM für seine wirtschaftstheoretische Herleitung u. a. der Annahme homogener Information: Es wird unterstellt, Investoren verfügten alle über dieselben Informationen und seien gleichermaßen in der Lage, diese Informationen auch korrekt auszuwerten. Selbstverständlich steht diese Annahme im Widerspruch zur Realität, weswegen auch aus dem CAPM nicht geschlossen werden kann, dass reale Märkte informationseffizient seien. Allerdings kann aus der Tatsache, dass die Annahme keine empirische Gültigkeit besitzt, auch keineswegs gefolgert werden, dass Märkte nicht informationseffizient seien.

Unterschiedliche Informationsstände allein rechtfertigen auch nicht die Annahme, der Markt werte die vorhandenen Informationen nicht vollständig aus. Zum gleichen Ergebnis wie unter der Annahme homogener Information gelangt man mit der deutlich schwächeren Annahme, Investoren würden zwar bei ihren Entscheidungen immer wieder Fehler machen, diese seien aber unverzerrt. Nehmen wir an, der Unterschied zwischen gut informierten und schlecht informierten Marktteilnehmern bestehe darin, dass die Abweichungen, die sie bei ihren persönlichen Analysen gegenüber den „wahren Werten" (intrinsic values) machen, bei den erstgenannten geringer seien als bei den zweitgenannten, so erhalten wir das folgende Bild (Abb. 4.8):

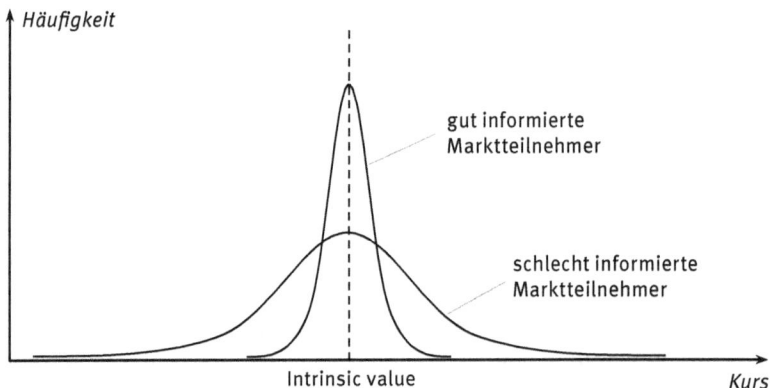

Abb. 4.8: Unterschiedlich informierte Marktteilnehmer

Die gut informierten Investoren machen bei ihren Analysen nur geringe Fehler, während schlecht informierte Marktteilnehmer erheblichen Fehleinschätzungen unterliegen können. Aufgrund der angenommenen Unverzerrtheit halten sich aber bei beiden Investorengruppen die Überschätzungen und die Unterschätzungen die Waage: Zu optimistische Schätzungen kommen genauso oft vor wie zu pessimistische. Damit entspricht bei einer hinreichend großen Zahl von Investoren der sich ergebende Marktpreis, bei dem sich Angebot und Nachfrage ausgleichen, regelmäßig dem tatsächlichen Wert. Da jede Abrechnung zum effizient bewerteten Marktpreis (d. h. zum besten Schätzer des inneren Wertes) erfolgt, ist es völlig irrelevant, ob der einzelne Investor keine, kleine oder große Fehler gemacht hat: In jedem Fall erfolgt seine Transaktion zu fairen Bedingungen und verschafft ihm weder einen vermögensmäßigen Vorteil noch einen Nachteil.

Nach *Copeland/Weston/Shastri* hängt die Frage, ob die Marktpreise die Informationen der Marktteilnehmer, so wie eben unterstellt, in vollem Umfang widerspiegeln, davon ab, ob der Markt das Wissen heterogen informierter Investoren aggregiert (fully aggregating market) oder lediglich mittelt (averaging market).[64] Was dies bedeutet und wie wahrscheinlich es ist, dass der Marktpreis wesentlich mehr leistet, als lediglich ein durchschnittliches Wissen bereitzustellen, sei anhand eines in der Managementausbildung häufig eingesetzten Spiels, des NASA-Spiels, verdeutlicht.

Die Ausgangssituation des Spiels ist die folgende: Sie gehören der Besatzung einer Raumfähre an, die den Mond erforschen soll. Nachdem Sie sicher auf dem Erdtrabanten gelandet sind, haben Sie zusammen mit ein paar Kollegen auf einem mitgeführten Mondfahrzeug eine Erkundungsreise unternommen, bei der Sie sich etwa 100 km vom Mutterschiff entfernt haben. Aufgrund eines technischen Schadens können Sie allerdings das Mondfahrzeug nicht mehr benutzen, sondern müssen den Weg zum Mutterschiff zu Fuß zurücklegen, wenn Sie auf die Erde zurückkehren und überleben wollen.

In einer Gruppe erhält jeder Teilnehmer vom Spielleiter ein Formular, auf dem fünfzehn Ausrüstungsgegenstände aufgeführt sind: ein Kompass, eine Flasche mit Sauerstoff, ein Päckchen Streichhölzer, eine Gallone Wasser, ein Mondatlas etc. Jeder soll nun die Gegenstände unter Gültigkeit des gegebenen Szenarios nach ihrer Dringlichkeit ordnen: Das Wichtigste erhält die Rangziffer eins, das zweitwichtigste die Rangziffer zwei etc. Der Spielleiter sammelt sodann die Bewertungen ein und vergleicht die Ergebnisse mit einer Expertenlösung, die von Raumfahrtspezialisten der amerikanischen Weltraumbehörde (NASA) erarbeitet worden ist. Jeder Spieler erhält für jede Abweichung von der Expertenlösung Strafpunkte in Höhe der absoluten Rangdifferenz. Der Spielleiter errechnet zunächst den durchschnittlichen Punktwert, den die Teilnehmer erzielt haben. Sodann ermittelt er eine aggregierte Rangfolge, indem er die Gegenstände nach der Summe der Punkte ordnet, die sie von allen Teilnehmern erhalten. Auch dieser aggregierten Rangfolge weist er einen Punktwert zu.

---

64 *Copeland, Thomas E.; Weston, J. Fred, Shastri, Kuldeep*: Financial Theory and Corporate Policy, 4th Ed., Reading/Mass. (Addison-Wesley) 2005, S. 363.

Beispielhaft sehen wir uns eine Gruppe von vier Teilnehmern an. Die Tabelle zeigt die Ergebnisse der vier Teilnehmer $T_1 \ldots T_4$, das aggregierte Ergebnis aller vier zusammen (*Agg*) sowie die von der NASA entwickelte Expertenlösung:

	T_1	T_2	T_3	T_4	Agg	NASA	T_1	T_2	T_3	T_4	Agg
Streichhölzer	12	15	15	13	15	**15**	3	0	0	2	0
Kraftnahrung	3	2	2	2	2	**4**	1	2	2	2	2
Seil	8	8	5	5	6	**6**	2	2	1	1	0
Fallschirm	9	7	7	6	8	**8**	1	1	1	2	0
Heizgerät	15	12	12	14	14	**13**	2	1	1	1	1
Gewehr	4	13	11	15	10	**11**	7	2	0	4	1
Milchpulver	11	11	13	12	13	**12**	1	1	1	0	1
Sauerstoff	2	1	1	1	1	**1**	1	0	0	0	0
Mondatlas	7	3	3	7	4	**3**	4	0	0	4	1
Schlauchboot	13	14	10	8	12	**9**	4	5	1	1	3
Kompass	10	9	14	11	11	**14**	4	5	0	3	3
Wasser	1	4	4	3	3	**2**	1	2	2	1	1
Signalpistole	14	10	8	9	9	**10**	4	0	2	1	1
Erste-Hilfe-Set	6	5	6	10	7	**7**	1	2	1	3	0
Walkie-Talkie	5	6	9	4	5	**5**	0	1	4	1	0
Strafpunkte:							**36**	**24**	**16**	**26**	**14**

Es dürfte nicht überraschen, dass das aggregierte Ergebnis mit 14 Punkten besser ist als das durchschnittliche Ergebnis der Teilnehmer mit 25½ Punkten; schließlich gibt es Diversifikationseffekte, bei denen sich die von den Teilnehmern gemachten Fehler z. T. gegeneinander ausgleichen. Hier tritt aber etwas zu Tage, was nicht immer, aber doch meistens geschieht: Das aggregierte Ergebnis ist sogar besser als das beste Einzelergebnis. Auch der beste Teilnehmer (hier: T_3) macht Fehler, die von den anderen nicht auch gemacht werden und die sich somit im Aggregat wegdiversifizieren.

Offenbar gilt auch hier, wie häufig in der Lebenspraxis: Traue lieber dem gemeinsamen Urteil von hundert Dummen als dem singulären Urteil eines Klugen. Wir haben es hier mit dem gleichen Prinzip zu tun, das der politischen Theorie der Demokratie zugrunde liegt und das *John Stuart Mill* folgendermaßen skizziert hat: „It must be remembered, besides, that even if a government were superior in intelligence and knowledge to any single individual in the nation, it must be inferior to all the individuals of the nation taken together."[65] Man spricht hier auch vom „wisdom of the crowd"-Effekt, der in vielen Lebensbereichen und Wissenschaften anwendbar ist und zu dem sich eine reiche Literatur entwickelt hat.[66] Voraussetzungen für das Funktionieren dieses Effekts sind v. a. dass die Beteiligten unabhängig ihre Meinungen bilden können, und dass diese Meinungen dann über einen Mechanismus aggregiert werden können – und Märkte sind hier sehr geeignete Aggregationsmechanismen.

---

65 *Mill, John Stuart*: Principles of Political Economy, 1848; hier nach der Penguin-Ausgabe von 1970, S. 311.

66 Siehe bspw. *Surowiecki, James*: Die Weisheit der Vielen – weshalb Gruppen klüger sind als Einzelne, Goldmann Verlag, 2007.

Wenn das aggregierte Wissen vieler unabhängiger Einzelpersonen ein höheres Maß an Vernunft aufweist als das Wissen der besten unter ihnen, so müsste dieses Prinzip im Kapitalmarkt in besonderem Maße gelten: Der Marktpreis ist Ausdruck des aggregierten Wissens einer Vielzahl von Marktteilnehmern, von denen jeder Einzelne die Ernsthaftigkeit seiner Überzeugung durch den Einsatz seines persönlichen Vermögens (oder das seiner Kunden) dokumentiert. Da es wohl kaum ein besseres Unterpfand für die Seriosität eines Urteils gibt als das des eigenen Vermögens, ist es nicht unrealistisch anzunehmen, dass im Marktpreis ein Wissen enthalten ist, das das der bestinformierten Marktteilnehmer deutlich übersteigt: Wer den Marktpreis kennt, hätte damit einen besseren Schätzer des tatsächlichen Wertes der Aktie zur Hand als die Großbank, die einen ganzen Stab von Finanzanalysten beschäftigt, um den inneren Wert des Papiers abschätzen zu können.

Die Tatsache, dass die Investoren heterogen informiert und in unterschiedlicher Weise befähigt sind, Informationen auszuwerten, ist somit kein Hinderungsgrund für die Informationseffizienz des Marktes. Man könnte sogar sagen: im Gegenteil. Denn wären die Investoren tatsächlich homogen informiert und somit jederzeit überzeugt, dass der aktuelle Marktpreis den besten Schätzer für den wahren Wert der Aktie darstellen würde, wäre das wohl wichtigste Handelsmotiv hinfällig und Handel fände kaum noch statt. Wozu nämlich sollten Leute wissentlich Transaktionen durchführen, von denen sie wissen, dass sie einen reinen Aktivtausch auslösen, der aufgrund der anfallenden Transaktionskosten allenfalls den vermittelnden Intermediären (Banken, Börsen, Berater o. ä.) nutzen kann, für sie selbst aber ohne Vorteil sein wird?

Ich habe bei meinen Kapitalanlagen
eigentlich meistens richtig gelegen.

Glücklich, wer dies von sich sagen kann. Es sind allerdings Zweifel erlaubt, ob diejenigen, die es von sich sagen, ganz ehrlich zu sich selbst sind. Wie wir schon aus Kapitel 2.3.2 wissen, neigen Menschen in aller Regel zu einer deutlichen Selbstüberschätzung. Die Autoren haben Studierende mehrfach im Rahmen von Tests und Prüfungen gebeten, anzugeben, ob sie sich für leistungsfähiger (verlässlicher, attraktiver, verantwortungsbewusster o. ä.) halten als den Durchschnitt der Kommilitonen: Das Ergebnis war stets eine Bejahung von deutlich mehr als zwei Dritteln der Befragten. Bei realistischer Selbsteinschätzung hätte dieser Wert natürlich in der Nähe von 50 % liegen müssen. Dieses Ergebnis deckt sich mit den in vielen Ländern durchgeführten Umfragen unter Autofahrern. Die sich hinter solchen Zahlen verbergende *overconfidence* ist auch bei Finanzmarktentscheidungen zu beobachten, wo die meisten Investoren davon ausgehen, im Durchschnitt selbst bessere Entscheidungen als die „Masse" der anderen zu treffen. Dies ist meist Folge dessen, dass Erfahrungen in klar unterschiedlicher Weise bewertet werden. Wer sich seine Kauf- oder Verkaufsentscheidung reiflich überlegt hat und erfährt,

- dass sich der Kurs so entwickelt, wie er erwartet hat, wird dies seiner gut durchdachten und überlegenen Strategie zuschreiben;
- wer hingegen zusehen muss, wie die Kurse in genau die andere Richtung gehen als die, die er erwartet hat, wird geneigt sein, die Entwicklung als das Ergebnis ungünstiger äußerer Umstände anzusehen („Niemand konnte erahnen, dass sich die Spannungen zwischen China und den USA in dieser Weise entwickeln sollten"), als etwas, womit man nicht hat rechnen können.

Trotz dieser möglicherweise typischen Fehleinschätzungen gibt es natürlich immer wieder Investoren, die wirklich erfolgreich waren und das auch unbestreitbar belegen können, denn:

Es gibt und gab doch immer erfolgreiche Spekulanten.

Ja, die gab es und wird es immer geben. Zunächst sagt dies allerdings gar nichts, denn es gibt auch immer wieder erfolgreiche Lotto- oder Roulettespieler, von denen niemand ernsthaft wird behaupten wollen, dass ihre Gewinne das Resultat besonderer Fähigkeiten seien; sie haben halt einfach Glück gehabt. Unser Denken ist allerdings von Kindheit an so ausgerichtet, jedweden Erfolg, ob im Sport, in der Schule, bei der Partnerwahl oder im Geschäftsleben, als Ausdruck überlegener Eigenschaften oder überlegener Leistungen anzusehen. Eine Ausnahme zu machen sind wir allenfalls dann bereit, wenn wir keinen Zweifel daran haben, dass – wie beim Roulette – nur der Zufall der Vater des Erfolgs gewesen sein kann, wenn wir den Mechanismus kennen oder zu kennen glauben.

Auch die Tatsache, dass wir überwiegend nur von Erfolgsmenschen und von Siegern zu hören bekommen, ist einfach zu erklären: Es macht einfach keinen Spaß, am Stammtisch davon zu erzählen, wie wir wieder mal Geld verloren haben. Hingegen schmeichelt es uns, von Gewinnen zu berichten, weil dabei immer die Vorstellung mittransportiert wird: Wer Erfolg hatte, muss eine gute Leistung erbracht haben. Der Verleger von Börsenliteratur wird das Manuskript mit dem Titel „Wie ich an der Börse mein Vermögen verlor" ungelesen wieder an den Autor zurückschicken, während er mit dem Titel „Millionengewinne in zwei Jahren – Erfahrungsbericht eines erfolgreichen Börsianers" hohe Umsätze erwartet.

Dies gilt grundsätzlich auch für einen großen Teil der Managementliteratur: Über erfolgreiche Manager werden Bücher veröffentlicht, über erfolglose nicht – man spricht hier auch vom „survivorship bias". Der Schluss, dass derjenige, der Erfolg gehabt hat, deswegen Erfolg hatte, weil er genau so entschieden hat, wie er entschieden hat, ist meist durch nichts gerechtfertigt. Letztlich wird in dieser Art Literatur nur gesagt, dass diejenigen, die Erfolg gehabt haben, erfolgreich waren.

*Die Entwicklung eines Unternehmens oder eines Landes
ist anhand ökonomischer Indikatoren tendenziell abschätzbar.*

Vor einigen Jahren war einer der Verfasser Mitorganisator eines wissenschaftlichen Symposions in Südtirol, dem Bozner Treffen, an dem überwiegend Naturwissenschaftler aus der ganzen Welt teilnahmen. Im betreffenden Jahr war das Treffen dem Thema Prognosen gewidmet und einer der Referenten war Prof. *Grassl*, der damalige Direktor des Max-Planck-Instituts für Meteorologie in Hamburg. Er zeigte auf, wie sehr sich die Qualität der Wetterprognosen in den letzten Jahrzehnten verbessern konnte und lieferte auch die Begründung für dieses Faktum: Bessere Beobachtungssysteme, schnellere Datenübermittlungswege, komplexere Theorien, leistungsfähigere Computer. Am Ende seines sehr beeindruckenden Vortrags konnte sich *Grassl* aber eines Seitenhiebs auf die Wirtschaftswissenschaften nicht enthalten: „Wenn ich zu meiner Bank gehe und deren Einschätzungen bzgl. der Entwicklung des Dollars, der Zinssätze, der Aktienmärkte erbitte, habe ich nicht den Eindruck, als sei das hilflose Gestammel, das mir entgegengebracht wird, informativer als vor zwanzig Jahren. Gibt es denn im Bereich der Ökonomie so etwas wie wissenschaftlichen Fortschritt nicht?" Der angesprochene Wirtschaftswissenschaftler antwortete mit einer kleinen Geschichte:

Stellen wir uns vor, dies wäre nicht das Bozner Treffen, sondern der Jahreskongress der Europäischen Gesellschaft für Meteorologie; alle Anwesenden sind anerkannte und erfahrene Meteorologen aus verschiedenen europäischen Ländern. Bei der Eröffnungsveranstaltung weist der Sprecher auf einen attraktiven Preis hin, den ein Sponsor gespendet hat und der demjenigen zufallen sollte, der die Temperatur, die am Sonntagmorgen um 10 Uhr auf der der Sonne abgewandten Seite der Walthersäule in Bozen herrscht, am besten eingeschätzt hat. Jeder Teilnehmer möchte den Preis gewinnen und schreibt auf seine Visitenkarte eine möglichst gute Schätzung. Die Karten werden eingesammelt und der Median der Schätzungen ermittelt: Er liege bei 16,2°.

Noch am selben Abend sitze ich (ein meteorologischer Laie) mit vier teilnehmenden Meteorologen in einer Weinstube und frage diese, ob es nach ihrer Ansicht am Sonntag wärmer oder kälter sei als 16,2°. Alle vier erklären unabhängig voneinander, sehr überzeugend und mit einer Fülle von Argumenten, es werde höchstwahrscheinlich kälter sein.

Was sollte ich davon halten? Für Naturwissenschaftler wie *Grassl* war klar, dass ein Laie, der von vier Fachleuten unabhängig voneinander eine in der Sache gleichlautende Antwort erhält, dem Glauben schenken muss. Doch gilt dies hier nicht, denn wenn man weiß, dass die Hälfte der Fachleute der Meinung war, es sei kälter und die andere Hälfte der Meinung war, es sei wärmer als 16,2°, so weiß man nur, dass man die falschen Leute, ein verzerrtes sample, befragt hat. Über die Temperatur am nächsten Sonntag weiß man nicht mehr, als man vorher auch schon gewusst habe, nämlich, dass die beste Wahrscheinlichkeitseinschätzung, die man als Laie vornehmen kann, darin besteht, eine höhere Temperatur als 16,2° für gleich wahrscheinlich anzunehmen wie eine niedrigere. *Grassl* akzeptierte die Antwort, fragte aber, was das mit seinem Problem in der Bank zu tun habe.

Natürlich ist auch der aktuelle Dollarkurs oder der aktuelle Kurs einer Aktie nichts anderes als die durchschnittliche Meinung aller Fachleute im Markt: Würden mehr davon ausgehen, dass der Kurs zu niedrig ist, wäre er längst schon gestiegen, würden mehr davon ausgehen, dass der Kurs zu hoch ist, wäre er längst schon gefallen. Wer somit fünf Banken danach befragt, ob der Dollar eher steigen oder eher fallen wird, und fünfmal dieselbe Antwort erhält, weiß eigentlich nur, dass er die falschen Institute befragt hat, über die mutmaßliche Entwicklung des Dollarkurses weiß er aufgrund seiner Umfrageaktion buchstäblich nichts.

In der Meteorologie wie in der Ökonomie gilt: Prognosen über reale Entwicklungen sind möglich, Prognosen über die impliziten Prognosen von Fachleuten sind es nicht. Hinter dem Argument, die Entwicklung eines Unternehmens und damit auch der mutmaßliche Verlauf seiner Aktie sei anhand ökonomischer Indikatoren tendenziell abschätzbar, verbirgt sich nämlich eine unzulässige Übertragung von realwirtschaftlichen Prognosen auf Preisprognosen in einem Markt. Trotz aller Unwägbarkeiten mag es möglich sein, Aussagen über mutmaßliche realwirtschaftliche Entwicklungen eines Unternehmens, einer Branche oder eines Landes in den nächsten Jahren zu machen; aus ihnen folgt allerdings so gut wie nichts für die Entwicklung eines Investments in diesen Bereichen. So dürfte Ende 2021 die Prognose vertretbar sein, dass in den nächsten Jahren die Wachstumsraten in der Biotechnologie oder in der Medizintechnik höher sein werden als die der Schuh- oder Stahlindustrie. Da diese Ansicht aber wahrscheinlich von vielen geteilt wird, hat sie sich schon längst in den Kursen niedergeschlagen und ist damit für Investmententscheidungen wertlos. Eine Unternehmung, der man ein hohes Gewinnwachstum vorhersagt, ist nicht a-priori einem Unternehmen vorzuziehen, von dem man stagnierende Gewinne vermutet. Entscheidend ist allein, ob die Zukunftserwartungen korrekt in den Preisen eskomptiert sind oder nicht. Nicht die Aussage „Rund um die Mikrobiologie entsteht eine Wachstumsbranche" ist von Interesse, sondern allenfalls eine Aussage wie „Derzeit notieren die XY-Aktien aus dem Mikrobiologiesektor mit einer impliziten Wachstumserwartung von 8 % pro Jahr; dies erscheint mir zu hoch (zu niedrig)". Derartige Information zu erlangen, ist aber ungleich schwieriger, wenn nicht sogar gänzlich unmöglich.

In der Fähigkeit, gültige Voraussagen in die Zukunft zu machen, besteht somit kein fundamentaler Unterschied zwischen Natur- und Sozialwissenschaften: Man darf nur nicht Ungleiches miteinander vergleichen.

Es gibt immer wieder Situationen, wo man klare Aussagen über die mutmaßliche Kursentwicklung machen kann.

Nein, die gibt es höchstwahrscheinlich nicht. Der Marktpreis ist Ausdruck des durchschnittlichen Wissens: Er ist der Preis, bei dem gleichviel dafürspricht, dass er zu hoch ist wie dass er zu niedrig ist. Sieht man einmal von Notverkäufen o. ä. ab, so befinden sich auf beiden Seiten des Marktes, auf der Käufer- wie auf der Verkäuferseite, Investoren, die mehr oder minder gut begründete Überzeugungen haben: Die einen, dass es vorteilhaft sei, die Aktie jetzt zu kaufen, die anderen, dass es anzuraten sei, sich jetzt von dem Titel zu trennen. Verkäufe und Käufe sind in Märkten volumenmäßig immer gleich: Wenn, wie es leider häufig der Fall ist, in der Presse geschrieben wird, derzeit würden alle Leute Aktien kaufen (oder verkaufen), wissen wir nur, dass der Redakteur keine Ahnung davon hat, worüber er schreibt.

Unter solchen Bedingungen ist der Marktpreis der ökonomische Ort der maximalen Verwirrung: Die Waage der Überzeugungen befindet sich gerade im Gleichgewicht, da die Argumente auf beiden Seiten gleiches Gewicht haben. Es spricht viel dafür, dass der Kurs steigen wird, aber es spricht auch viel dafür, dass er fallen wird, es spricht nur nichts dafür, dass der einen Art von Argumenten mehr Gewicht beizumessen wäre als der anderen.

Bei einer Veranstaltung mit Vermögensberatern einer Wiener Bank legte ein Teilnehmer einem der Verfasser drei Analysen eines britischen Handelsunternehmens vor. Sie stammten vom selben Tag und wurden von erstklassigen international tätigen Wertpapierhäusern erstellt: Ein Haus empfahl *Sell*, ein anderes *Buy* und ein drittes *Hold*. Dies ist nicht Ausdruck fehlerhafter Arbeit, wie es dem belustigten Berater erschien, sondern logische und notwendige Folge eines einwandfrei bewertenden Marktes.

Da der Marktpreis den ökonomischen Ort der maximalen Verwirrung darstellt, wird es immer genügend Leute geben, die im Nachhinein, wenn der Kurs die eine oder die andere Richtung eingeschlagen hat, stolz darauf verweisen, *recht gehabt* zu haben. Sie werden es selbst glauben und andere werden es ihnen glauben: Die Tatsachen haben es ja bestätigt. Nach diesem Muster werden unscheinbare Bankangestellte über Nacht zu Berühmtheiten: *Elaine Garzarelli*, eine Mitarbeiterin des mittlerweile bankrotten New Yorker Bankhauses Lehmann, hat den Markt-Crash im Oktober 1987 vorausgesagt: Sie hat alle ihre Kunden aufgefordert, alle Aktien zu verkaufen und hat wenige Tage vor dem Crash in der amerikanischen Zeitung US Today ein Fallen das Dow Jones um 500 Punkte prognostiziert. Wenige Tage später war ihre Vorhersage zur Wirklichkeit und sie zum berühmtesten Guru der Wall Street geworden. Wer ihr allerdings in den Folgemonaten sein Geld anvertraut hat, musste erhebliche Enttäuschungen hinnehmen. Der Kommentar von *Malkiel*: „The moral of the story is obvious. With large number of people predicting the market, there will always be some who have called the last turn or even the last few turns, but none will be consistently accurate."[67]

> *Die Marktteilnehmer handeln meistens nicht rational,*
> *sondern unterliegen massenpsychologischen Einflüssen.*

Die sog. „Börsenpsychologie" ist ein Lieblingsthema populärwissenschaftlicher Bücher über den Finanzmarkt,[68] wobei die Hauptbotschaft lautet, man solle sich nicht

67 *Malkiel, Burton G.*: A Random Walk Down Wall Street, New York (Norton) 2011, S. 157.
68 So z. B. *Pinner, Wolfgang*: Die verrückte Börse – Eine Einführung in die Börsenpsychologie, Düsseldorf (Econ) 1997; *Jünemann, Bernhard; Schellenberger, Dirk*: Psychologie für Börsenprofis, Stuttgart (Schäffer-Poeschel) 1997; *Betz, Norbert; Kirstein, Ulrich*: Börsenpsychologie, München (FinanzBuch) 2012.

von massenpsychologischen Einflüssen mitreißen lassen, sondern nüchtern, kühl und objektiv die Dinge so sehen, wie sie wirklich sind.

Die Marktpreise für Wertpapiere sind das Produkt menschlicher Entscheidungen und insofern selbstverständlich auch von Kräften geprägt, die mit psychologischen Erklärungsmustern und Theorien erfasst werden können; obwohl dies jederzeit und jedermann bewusst war, hatte die Finanztheorie lange Zeit Schwierigkeiten, psychologische Erklärungsansätze zu akzeptieren: „[…] academic research on market psychology […] appears to have more or less died out in the 1950s […] Those academics who write about financial markets today are usually very careful to dissociate themselves from any suggestion that market psychology might be important, as if notions of market psychology have been discredited as unscientific."[69]

In den vergangenen zwanzig Jahren hat sich das Forschungsprogramm der *Behavioral Finance* (siehe unten) allerdings wieder stark und erfolgreich psychologischen Fragestellungen zugewandt. Wichtig ist zu erwähnen, dass sich die oben erwähnten Ratgeber zur „Börsenpsychologie" massiv von der verhaltenswissenschaftlichen Finanzmarktforschung (Behavioral Finance) unterscheiden. Letztere ist eine exakte Wissenschaft, die mittels mathematischer Theoriebildung, empirischer Analysen und kontrollierter experimenteller Studien systematisch Wissen generiert und nicht, wie es bei ersteren der Fall ist, nicht-fundierte „Faustregeln" weitergibt. Es wird mittlerweile im Bereich der Behavioral Finance allgemein angenommen, dass es durchaus Erscheinungen wie u. a. Herdenverhalten (*herding*), Selbstüberschätzung (*overconfidence*) oder Selbstunterschätzung (*underconfidence*) gibt, die zu Fehlbewertungen im Markt führen können.[70] Zunächst sollte sich jeder fragen, warum, wenn es irrationale Kursphasen gibt, es gerade ihm möglich sein sollte, diese als solche zu erkennen und sich außerhalb der vorherrschenden Psychose zu stellen. Die wirklichen Profis wissen nur zu genau, dass auch sie selbst den verschiedensten psychischen Einflüssen ausgesetzt sind, die ihr Entscheidungsverhalten prägen. Es ist ähnlich wie in der Werbepsychologie: Jeder Werbefachmann weiß, dass auch er der Macht der „Geheimen Verführer" ausgesetzt ist.

Eine besondere Ausprägung börsenpsychologisch begründeter Handlungsempfehlungen ist das sog. „antizyklische" Verhalten, wie es u. a. von „Börsenaltmeister" *André Kostolany*, seines Zeichens Verfasser vieler dieser Börsenratgeber, propagiert wurde: Man solle jeweils dann, wenn die große Zahl der Kleininvestoren ihre Aktien verkauft, in den Markt einsteigen, und dann, wenn auch die „Zittrigen" sich eindecken, die erzielten Gewinne realisieren. Das Problem, das sich dabei stellt, ist gleich

---

69 *Shiller, Robert J.*: Stock Prices and Social Dynamics, Brookings Papers for Economic Activity 1984, S. 457–498 (hier S. 458).
70 *Barberis, Nicholas*: Psychology-based Models of Asset Prices and Trading Volume, 2018, verfügbar unter https://ssrn.com/abstract=3177616 ist ein guter Überblicksartikel in diesem Bereich.

dem im oben behandelten *Keynes*'schen Schönheitswettbewerb (Beauty Contest).[71] Da die Empfehlung, antizyklisch zu agieren, mittlerweile nahezu alle erreicht hat, wird der etwas raffiniertere Investor versuchen, zyklisch zu agieren, um somit antizyklisch zu allen anderen antizyklisch agierenden Investoren zu handeln. Noch raffiniertere werden vielleicht wieder antizyklisch agieren, um damit antizyklisch gegenüber denjenigen zu werden, die in der Absicht antizyklisch gegen die Antizykliker zu agieren, zyklisch handeln, etc.

Es gibt keinen Ausweg aus diesem intellektuellen Dickicht. Nicht zur Masse der anderen gehören zu wollen, ist ein *minority game*, von dem wir wissen, dass es keine Lösung aufweist.

Wir haben viele wesentlichen Einwände (bis auf einen, der uns noch beschäftigen wird), die der These von der Informationseffizienz des Kapitalmarkts entgegengebracht werden, auf ihre Stichhaltigkeit überprüft und keiner hat sich als wirklich überzeugend erwiesen: *Dass* die Finanzmärkte effizient bewerten, ist somit nicht ausgeschlossen. Die Frage, *ob* sie es tun, ist damit allerdings nicht beantwortet. Sie kann – wenn überhaupt – nicht durch Nachdenken, sondern nur durch empirische Tests beantwortet werden.

Solche Tests liegen in großer Zahl vor, denn in den gesamten Wirtschafts- und Sozialwissenschaften gibt es wohl keine Theorie oder Hypothese, die so rigoros, so häufig und mit so vielen unterschiedlichen Daten getestet wurde wie die EMH; Effizienztests stellen den Kern der empirischen Kapitalmarktforschung, die in nahezu allen Kapitalmärkten der Welt betrieben wurde, dar.[72] Wenden wir uns für wenige Seiten der Frage zu, wie Märkte und Regulatoren mit Insidern bzw. Insiderinformation umgehen sollten. Darüber, *dass* Insider Informationsvorteile haben, die ihnen z. T. erhebliche Überrenditen verschaffen können, besteht zwischen Juristen und Wirtschaftswissenschaftlern Einigkeit. Weniger einhellig sind indes die Meinungen über die Sinnhaftigkeit von Regulierungsmaßnahmen.[73] Juristen haben primär das *Gerechtigkeitsziel* vor Augen und sehen in der Handlungsweise des Insiders einen dem Betrug ähnelnden Straftatbestand: Schließlich verschaffe sich der Insider aufgrund des „unfair use of information" (Securities Exchange Act von 1934) einen Vermögensvorteil, indem er durch Unterdrückung wahrer Tatsachen das Vermögen eines anderen schädige (vgl. § 263 dStGB). Ökonomen, deren Leitmaxime eher die der *Effizienz* ist, sind hingegen

---

71 Eine bedeutende Studie zu Beauty-Contests und dem darin beobachteten menschlichen Verhalten ist die von *Kocher, Martin; Sutter, Matthias:* The Decision Maker Matters: Individual Versus Group Behaviour in Experimental Beauty-Contest Games. The Economic Journal 2004 (115), S. 200–223.

72 Eine sehr gute Zusammenstellung wichtiger, allerdings fast ausschließlich amerikanischen empirischen Arbeiten zur Effizienzthese bis Mitte der 1990er-Jahre findet sich in *Lo, Andrew W.* (Hrsg.): Market Efficiency, Stock Market Behaviour in Theory and Practice, 2 Bände, Cheltenham/Lyme (Edward Elgar) 1997.

73 Vgl. *Easterbrook, Frank H.; Fischel, Daniel R.:* The Economic Structure of Corporate Law, Cambridge (Mass.)/London (Harvard University Press) 1991, S. 253 ff.

eher geneigt, den Vorteil des Insiders als Entgelt und als Anreiz dafür zu sehen, dass er schnell für die Wiederherstellung einer rationalen Marktbewertung sorgt.[74]

Betrachten wir z. B. den Forschungsleiter eines Pharmazieunternehmens, dem die künstliche Herstellung eines bislang sehr teuren natürlichen Wirkstoffs gelungen ist. Nehmen wir an, mit dieser Entdeckung sei die Aktie des Unternehmens aus fundamentaler Sicht deutlich höher zu bewerten als es zuvor der Fall war. Wenn der Forschungsleiter als erstes bei seiner Bank Aktienkäufe in Auftrag gibt, bevor er die Information im Haus weitergibt, wo sie geprüft, diskutiert und schließlich veröffentlicht wird, treibt er den Kurs vielleicht sofort nach oben. Ist ihm aber ein Handeln auf die Information untersagt, dauert es wesentlich länger, bis die Information durchsickert und der Marktpreis *fully reflects all available information*. In Abb. 4.9 sind die „fundamental richtige" Bewertung (gestrichelte Linie) sowie ein möglicher Kursverlauf ohne Insiderhandel wie auch ein möglicher Kursverlauf mit Insiderhandel dargestellt. Ist es wirklich „gerechter", wenn die Zeitdauer, während der die Aktie deutlich unter der fundamental gerechtfertigten Bewertung liegt und somit massiv fehlbewertet ist, verlängert wird? Während dieser Zeit weist der Markt die gewünschte Fair-game-Eigenschaft nicht auf und jeder Handel führt zu einem (durch nichts gerechtfertigten) Gewinn seitens des Käufers, der die Aktie „zu billig" erhält, und zu einem (durch nichts gerechtfertigten) Verlust des Verkäufers, der sie zu günstig abgibt. Lässt man hingegen den Insiderhandel zu, so wird nach der informationsbedingt zu niedrigen Marktbewertung die wünschenswerte Fair-game-Eigenschaft des Marktes wesentlich früher wiederhergestellt. Andererseits muss natürlich auch die Frage erlaubt sein: Kann ein „unfair play" Teil eines „fair game" sein?

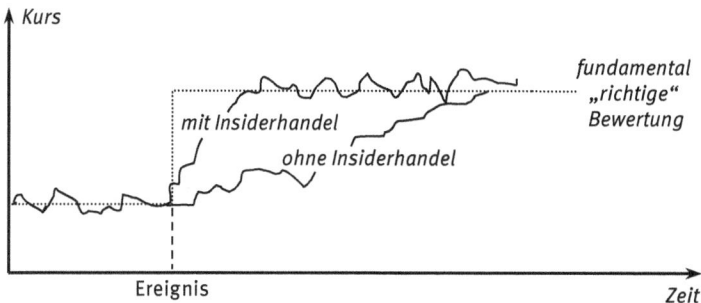

Abb. 4.9: Kursentwicklung mit und ohne Insiderhandel

Gibt es überhaupt in nennenswerter Weise wirtschaftlich Benachteiligte bei einem verbotenen Insidergeschäft, oder ist es, wie häufig behauptet wird ein ‚victimless crime'? Machen wir uns die Zusammenhänge an einem Beispiel klar. Gegeben seien die Kauf-

---

74 *Hauser, Florian; Schredelseker, Klaus:* Who Benefits from Insider Regulation?, Quarterly Review of Economics and Finance 2018, S. 203–210.

und Verkaufsorders verschiedener Investoren in einem Call-Markt (alle Kauf- und Verkaufsorders werden gesammelt und aus ihnen nach dem Meistausführungsprinzip ein Kurs berechnet).

ohne Insider			mit Insider		
Kurs	Buy	Sell	Kurs	Buy	Sell
o. L.		4	o. L.		4
35	50	9	35	70	9
36	48	11	36	68	11
37	45	16	37	65	16
38	42	22	38	62	22
39	37	26	39	57	26
40	**30**	**30**	40	50	30
41	22	35	41	42	35
42	17	37	**42**	**37**	**37**
43	12	42	43	32	42
44	7	45	44	27	45
o. L.	5		o. L.	5	

Zunächst gibt es keine Insider und dem Kursmakler liegen die folgenden Kauf- und Verkaufsorders vor: Ein Investor will fünf Aktien ohne Limit kaufen, ein anderer will zwei zu maximal 44 erwerben, ein Dritter fünf mit Limit 43 etc. Daraus ergibt sich die unter *Buy* angegebene Nachfragefunktion. Weiters will ein Investor vier Aktien ohne Limit verkaufen, einer will für fünf Aktien mindestens 35 erlösen etc. Daraus ergibt sich die unter *Sell* angeführte Angebotsfunktion. Der vom Kursmakler auf der Basis dieser Daten ermittelte umsatzmaximale Kurs liegt bei 40 (bei einem Umsatz von 30 Stück).

Nun gebe es einen Insider, der Kenntnis davon hat, dass der Wert der Aktie mit mindestens 44 veranschlagt werden müsse. Er gibt bei seiner Bank einen mit 44 limitierten Kaufauftrag über 20 Stück ab, wodurch sich die Nachfragefunktion um 20 Einheiten erhöht. Nunmehr beläuft sich der umsatzmaximale Kurs auf 42 (bei einem Umsatz von 37 Stück). Welche Vor- und Nachteile ergeben sich daraus?

(1) Die Käufer mit Limit 35–39 wären ohne Insider nicht zum Zug gekommen und sind es jetzt natürlich auch nicht. Sie haben keinen Nutzen und keinen Schaden aus dem Insiderhandel.

(2) Die Käufer mit Limit 40–41 hätten ohne Insider ein unterbewertetes Wertpapier kaufen können und kommen jetzt nicht mehr zum Zug. Sie sehen sich geschädigt.

(3) Die Käufer mit Limit 42–o.L. haben ein unterbewertetes Wertpapier gekauft und sind im Grunde zufrieden; allerdings wäre ohne Insider ihr Gewinn noch etwas höher ausgefallen.

(4) Die Verkäufer bis Limit 40 haben zwar ein unterbewertetes Wertpapier verkauft, dafür aber einen höheren Preis erzielt als ohne den Insider. Sie stellen sich durch den Insiderhandel besser.

(5) Die Verkäufer mit Limit 41–42 haben ein unterbewertetes Papier verkauft (bei Limit 41 wurde sogar ein höherer Preis erzielt); ohne den Insider wären ihre Limits zu hoch gewesen, um zum Zug zu kommen.

(6) Die Verkäufer mit Limit 43–44 wären ohne Insider nicht zum Zug gekommen und sind es jetzt natürlich auch nicht. Sie haben keinen Nutzen und keinen Schaden aus dem Insiderhandel.

In ähnlicher Weise stellen sich die Dinge dar, wenn wir annehmen, dem Insider liege eine Information vor, die eine Niedrigerbewertung der Aktie zu Folge hätte. Auch hier ist niemand ernsthaft zu Schaden gekommen und der Markt hat durch die verminderte Fehlbewertung gewonnen.

Abgesehen davon, dass es in der Praxis kaum möglich sein dürfte, einen erlittenen Schaden exakt zu beziffern, muss die Frage erlaubt sein, ob es wirklich ein Anliegen der Rechtsordnung sein sollte, diejenigen zu entschädigen, die durch andere daran gehindert wurden, sich Vorteile zulasten Dritter zu verschaffen. Letztlich beklagen die einzigen wirklich schlechter gestellten Käufer mit Limit 40–41, dass es ihnen wegen des Insiders nicht möglich war, sich zulasten der Verkäufer (die ein unterbewertetes Papier verkauft hätten) zu bereichern.

Andererseits gibt es natürlich auch informationsökonomische Argumente, die für ein Verbot des Insiderhandels sprechen. Handeln in einem Markt Insider, so müssen die professionellen market-maker immer damit rechnen, zu teuer zu kaufen und zu billig zu verkaufen, da die Insider ihre Gebote stets dann annehmen werden, wenn sie – vor dem Hintergrund ihrer besseren Information – zu hoch bzw. zu niedrig angesetzt sind. Die auf diese Weise systematisch entstehenden Verluste müssen sich die market-maker von den anderen Marktteilnehmern in Form höherer bid-ask-spreads wieder „hereinholen". Höhere bid-ask-spreads aber vermindern die Renditen der Wertpapieranlage und tragen zu einer verminderten Marktliquidität bei. *Scott* beendet seinen Beitrag „Insider Trading" im renommierten *Palgrave Dictionary of Law and Economics* daher mit den Worten: „Thus far, the lawyers and the economists have not come together on any consensus on what is the problem with insider trading and where there is a need for some form of mandatory regulation [...] the question of when additional regulation increases social welfare is surprisingly complicated."[75]

Die tatsächliche Existenz von Insidergewinnen empirisch zu belegen, ist naturgemäß nur bedingt möglich: Da die Nutzung von kursrelevanten Insiderinformationen strafbar ist, wird niemand sich dazu bekennen. Auch ist es oftmals für Insider ein leichtes, bei der Durchführung der Geschäfte durch die Zwischenschaltung von „Strohmännern" die eigene Identität zu verbergen. Gleichwohl können die großen, bekannt gewordenen Strafprozesse gegen Insider als ein gewisses Indiz für den Erfolg von Insidergeschäften angesehen werden. Außerdem: Verboten ist den Insidern nur

---

[75] *Scott, Kenneth E.*: Insider Trading, in: *Newman, Peter* (Hrsg.): The New Palgrave Dictionary of Economics and the Law, London/New York (Macmillan) 1998, S. 326–330 (hier S. 329).

das Ausnutzen privater Informationsvorsprünge, die geeignet sein können, bei ihrem Bekanntwerden erhebliche Kursreaktionen auszulösen; andere Geschäfte durch Insider sind zwar nicht verboten,[76] müssen aber der Aufsichtsbehörde anzeigt werden, die sie dann in sog. *insider reports* veröffentlicht. Untersuchungen, die sich auf diese Berichte stützten, haben eindeutig ergeben, dass Unternehmensinsider in der Lage sind, bei ihren Transaktionen überdurchschnittliche Gewinne zu erzielen;[77] wenn dies schon für die „harmlosen" Geschäfte gilt, gilt es wohl in besonderem Maße für die nicht beobachtbaren, unter das Insiderverbot fallenden Geschäfte. Outside-Investoren hingegen, die versuchen, die in den *insider reports* gelieferten Informationen auszunutzen und sich an die Aktionen der Insider „anzuhängen", können daraus keinen Nutzen mehr ziehen, wie *Kerr* und auch *Seyhun*[78] nachgewiesen haben.

4.2.3 Die Effizienzthese: Stand der Diskussion

Dass es so schwer bzw. fast unmöglich ist, den Markt konsistent zu schlagen, liegt daran, dass es so viele versuchen: Im Vorwort zu den von *Andrew Lo* herausgegebenen Sammelbänden über „Efficient Markets" schreibt *Richard Roll*:[79]

> Die Idee eines informationseffizienten Markts ist entwaffnend einfach, steckt allerdings voller kleiner Facetten und es ist teuflisch schwierig, ihre empirische Gültigkeit (oder Ungültigkeit) nachzuweisen. In seiner einfachsten Form behauptet die EMH eigentlich nur, dass es, speziell in den Finanzmärkten, einen „free lunch" nicht gibt. Mit anderen Worten: Preise sollten sich in unvorhersehbarer Weise verändern, kostenfreie Handelssysteme dürfen keine ökonomischen Renten (Überrenditen) abwerfen und Personen ohne besondere Fähigkeiten können an den Finanzmärkten nicht mehr verdienen als sonst wo auch.
>
> Warum erwarten wir von den Finanzmärkten diese Eigenschaften? Die Antwort ist platt, eindeutig und simpel: weil es Millionen von Menschen gibt, die alles daransetzen, Geld zu verdienen. Nirgendwo anders ist der Wettbewerb so gnadenlos und unbehindert wie in den Finanzmärkten. Wo man dem Wettbewerb nicht entkommen kann, drückt er die Preise, reduziert er die Gewinne auf ein gerade noch denkbares Minimum und lässt den marginalen Marktteilnehmer in der Entscheidung, mitzumachen oder sich zurückzuziehen, gerade indifferent werden.

---

76 Wären rundweg alle Geschäfte durch Insider unzulässig, so hätte dies u. a. zur Folge, dass die als Anreizinstrument sehr verbreiteten Aktienoptionspläne, bei denen den Managern das Recht eingeräumt wird, zu einem künftigen Termin Aktien des eigenen Unternehmens zu einem vorher fixierten Kurs zu erwerben, nicht möglich wären; ähnliches würde für Vermögensbildungspläne durch Belegschaftsaktien o. ä. gelten.

77 *Jaffe, J. F.*: Special Information and Insider Trading, Journal of Business 1974, S. 410–428; *Finnerty, Joseph E.*: Insiders and Market Efficiency, Journal of Finance 1976, S. 1141–1148; *Lin, Ji-Chai; Howe, John S.*: Insider Trading in the OTC-Market, The Journal of Finance 1990, S. 1273–1284.

78 *Kerr, Halbert S.*: The Battle of Insider Trading vs. Market Efficiency, Journal of Portfolio Management, Sommer 1980, S. 47–50; *Seyhun, H. Nejat*: Insiders' Profits, Costs of Trading, and Market Efficiency, Journal of Financial Economics 1986, S. 189–212.

79 *Roll, Richard*: Foreword, in: *Lo, Andrew W.*: Market Efficiency: Stock Market Behaviour in Theory and Practice, Zwei Bände, Cheltenham-Lyme (Edward Elgar) 1997, S. ix–x (Übertragung: Klaus Schredelseker).

Die EMH hat die unerbittlichen Angriffe derer, denen ihre z. T. nihilistischen Konsequenzen nicht tragbar erschienen, überwiegend mit Bravour überstanden: Der weitaus größte Teil an empirischen Arbeiten ist beim Versuch, die Effizienzthese zu widerlegen, gescheitert und hat der EMH eben den Ruf eingebracht, dass „there is no other proposition in economics which has more solid empirical evidence supporting it than the efficient markets hypothesis."[80] Auch *Hou/Chen/Zhang*[81] schließen 2018 aus ihrer umfassenden Studie zur Replikation von 482 „Anomalien", bei denen 82 % nicht repliziert werden konnten, d. h. die angeblichen Überrenditen nicht existierten: „*Even for replicated anomalies, their economic magnitudes are much smaller than originally reported. In all, capital markets are more efficient than previously recognized.*"[82] Die entscheidende Herausforderung für die Effizienzthese kommt allerdings nicht von Seiten der Empirie, sondern von der Theorie. *Grossman* und, pointierter noch, *Grossman/Stiglitz* haben gezeigt, dass es eine „Über-Informationseffizienz" geben kann, die zu ökonomisch nicht haltbaren Ergebnissen führt.[83] In einem Beitrag unter dem vielsagenden Titel „On the Impossibility of Informationally Efficient Markets" begründen sie das sog. *Informationsparadox*:

Wäre der Kapitalmarkt wirklich (im strengen Sinne) informationseffizient, so hätte kein Trader mehr einen Anreiz, Kosten und Mühe einzusetzen, um sich Informationen zu beschaffen. Er wüsste, dass am Ende eines aufwändigen Informationsverarbeitungsprozesses nur das Ergebnis stehen kann: Der aktuell notierte Kurs der Aktie ist der beste Schätzer für ihren Wert. Er weiß auch, dass, sollte er zu einem anderen Urteil kommen, der Fehler eher bei ihm liegt als beim Markt. Unter diesen Bedingungen ist es gänzlich sinnlos, sich um Informationen zu bemühen und diese auszuwerten. Würde sich aber kein Trader mehr informieren, so gäbe es keinen Grund mehr für die Annahme, die Märkte wären effizient, denn Informationseffizienz ist die *Folge* von Informationsbeschaffung und Informationsverarbeitung von Investoren, die nach ihrem Vorteil streben.

Das Informationsparadox schließt jedoch die empirische Gültigkeit des reinen Effizienzmodells nicht aus, denn schließlich wäre denkbar, dass jeder Investor persönlich davon überzeugt ist, der Markt weise permanent Fehlbewertungen auf und es sei ihm möglich, diese durch gute Analyse zu erkennen und auszunutzen (= Credo der Fundamentalanalyse). Indem die Investoren ihre Investmententscheidungen auf ein solides Fundament an Informationen stützen, generieren sie aber genau die Bewertungseffizienz des Marktes, d. h. den Zustand, von dessen Nicht-Vorliegen sie über-

---

80 *Jensen, Michael C.*: Some Anomalous Evidence Regarding Market Efficiency, Journal of Financial Economics 1978, S. 95–101.
81 *Hou, Kewei; Chen, Xue; Zhang, Lu*: Replicating Anomalies. Review of Financial Studies 2018, S 2019–2133.
82 *Hou, Kewei; Chen, Xue; Lu Zhang*: Replicating Anomalies. Review of Financial Studies 2018, S. 2019.
83 *Grossman, Sanford*: On the Efficiency of Competitive Stock Markets Where Trades Have Diverse Information, The Journal of Finance 1976, S. 573–585; *Grossman, Sanford J.; Stiglitz, Joseph E.*: On the Impossibility of Informationally Efficient Markets, American Economic Review 1980, S. 393–408.

zeugt sind. Informationseffizienz ist so gesehen nur denkbar, wenn man zugleich annimmt, dass sich die Marktteilnehmer nachhaltig über die reale Beschaffenheit des Marktes im Irrtum befinden.

Nicht zuletzt die anhaltende Diskussion des Informationsparadoxons hat zu der heute vertretenen, etwas weicheren Fassung des Effizienzbegriffs geführt: Ein Markt gilt solange als informationseffizient, solange es einem Outside-Investor nicht möglich ist, systematisch und nachhaltig Überrenditen zu erzielen, die größer sind als die zu ihrer Erzielung aufzubringenden Informationskosten. Einen offenkundigen free lunch kann es in einem funktionierenden Markt nicht geben, denn dafür sind zu viele da, die sich dessen allzu gerne bedienen würden.

4.3 Nicht informationseffiziente Kapitalmärkte: Ein agentenbasiertes Modell

Das *Grossman/Stiglitz*'sche Informationsparadoxon ist, wie wir gesehen haben, *die* Herausforderung für die EMH. In den 1980er- und 1990er-Jahren sind vielfältige Arbeiten entstanden, in denen der Versuch unternommen wurde, das Konzept der Informationseffizienz von Finanzmärkten mit individueller ökonomischer Rationalität aller Marktteilnehmer in Einklang zu bringen. Ein typischer Lösungsansatz findet sich bereits in dem erwähnten Beitrag von *Grossman/Stiglitz*: An die Stelle vollständig enthüllender Preise des Marktgleichgewichtsmodells (*fully revealing rational expectations equilibrium*) lassen sie rauschüberlagerte Preise treten; in diesem Fall enthalten die Preise sowohl einen Kern rationaler Information als auch einen Teil irrationalen Rauschens (*noisy rational expectations equilibrium*). Sie modellieren einen Markt, in dem Marktteilnehmer, die ansonsten gleich ausgestattet sind und gleiche Präferenzen haben, entscheiden können, ob sie eine Information, durch die sie die Ausprägung des Rauschterms erfahren, erwerben wollen oder nicht: Die informierten Marktteilnehmern können somit zwar bessere Anlageergebnisse erzielen, haben aber andererseits für diesen Vorteil zu bezahlen. Über die Marktpreise wird nun die den informierten Investoren zugängliche Information in umso stärkerem Maße den anderen, nicht informierten Marktteilnehmern enthüllt, je mehr Investoren die Information erwerben: Damit verringert sich natürlich auch der Vorteil, den die Informierten gegenüber den Nichtinformierten genießen und es ergibt sich eine Gleichgewichtssituation, bei der gerade so viele Marktteilnehmer die Information erwerben werden, dass der Vorteil aus der Information ihrem Preis entspricht. Somit ist ein „equilibrium degree of disequilibrium" erreicht, bei dem zwar unterschiedliche Bruttorenditen erzielt werden, dennoch aber die Grundvoraussetzung des praktischen Effizienzbegriffes nicht verletzt ist: Es gibt keinen free lunch, da der Renditenvorteil der Informierten genau durch die aufzubringenden Informationskosten kompensiert wird. Mit anderen Worten: Ein zusätzlich hinzutretender Marktteilnehmer wäre, vor die Wahl gestellt, ob er die Information erwerben solle oder nicht, indifferent, da sein Nettonutzen in beiden

Fällen der Gleiche wäre: Im einen Fall hätte er eine niedrigere aber kostenfreie Rendite, im anderen Fall wäre seine Bruttorendite zwar höher, er müsste aber genau in der Höhe dieses Vorteils für die Information bezahlen.

Weiterführende Arbeiten zum *noisy-rational-expectations-equilibrium*-Ansatz stammen von *Hellwig*,[84] *Verrecchia*,[85] *Diamond/Verrecchia*[86]und vielen weiteren.[87] Einen etwas anderen Ansatz wählt *Kyle*,[88] indem er die Annahme des vollkommenen Wettbewerbs aufgibt. Wenn gut informierte Investoren, um die unvermeidliche Signalwirkung ihrer eigenen Aktionen und die damit verbundene Informationsenthüllung an andere Marktteilnehmer abzuschwächen, ein geringeres Volumen handeln, als sie es als reine price-taker täten, halten sie dem Markt mögliche Information vor und schaffen eine Situation von Preisen, die eben nicht „fully revealing" sind. Das wiederum erlaubt es den gut informierten Investoren, jene Überrendite zu lukrieren, die sie benötigen, um für ihre höheren Informationskosten entschädigt zu werden. *Hellwig*[89] wiederum löst in einem zweiten Beitrag das Paradox durch Dynamisierung: Hier ist der kleine Zeitvorteil, den der Informierte gegenüber demjenigen hat, der die Information erst über den Marktpreis erfährt, hinreichend, um die Kosten der Information zu rechtfertigen.

Einen spieltheoretischen Ansatz verwendet *Jackson*[90] und kommt zu dem überraschenden Ergebnis, dass es selbst dann, wenn die Preise die Information voll enthüllen, Marktteilnehmer geben wird, für die es sich lohnt, kostenpflichtige Informationen zu erwerben. Dies resultiert daraus, dass andere es von ihnen erwarten und ihre Entscheidungen dementsprechend treffen: Unter diesen Bedingungen ist es besser, die Information, obwohl sie kostenpflichtig beschafft werden muss und letztlich keinen Vorteil mehr bringt, zu besitzen als nicht zu besitzen.

Trotz der wirtschaftstheoretischen Eleganz, die allen diesen Arbeiten zu eigen ist, haben sie kaum zu einem befriedigenden Ergebnis und auch nicht zu einer vorläufigen Klärung der anstehenden Probleme geführt. Das liegt v. a. daran, dass sie durchwegs durch mindestens eine der nachstehenden Problemverkürzungen gekennzeichnet sind:

---

84 *Hellwig, Martin F.*: On the Aggregation of Information in Competitive Markets, Journal of Economic Theory 1980, S. 477–498.
85 *Verrecchia, Robert E.*: Information Acquisition in a Noisy Rational Expectations Economy, Econometrica 1982, S. 1415–1430.
86 *Diamond, Douglas W.; Verrecchia, Robert E.*: Information Aggregation in a Noisy Rational Expectations Economy, Journal of Finance 1981, S. 221–235
87 Einen guten Überblick über diese Art von Arbeiten liefern *Bank, Matthias; Gerke, Wolfgang*: Finanzierung II, Stuttgart (Kohlhammer) 2005, S. 537 ff.
88 *Kyle, Albert S.*: Informed Speculation with Imperfect Competition, Review of Economic Studies 1989, S. 317–356.
89 *Hellwig, Martin*: Rational Expectations Equilibrium with Conditioning on Past Prices: A Mean Variance Example, Journal of Economic Theory 1982, S. 279–312.
90 *Jackson, Matthew O.*: Equilibrium, Price Formation and the Value of Private Information, Review of Financial Studies 1991, S. 1–16.

- Die Reduktion auf zwei Informationsniveaus (gut Informierte und schlecht Informierte) ist sehr restriktiv und trägt nicht der Tatsache Rechnung, dass es in der wirtschaftlichen Realität ein Kontinuum an Informationsständen gibt.
- Auch mit der Reduktion auf zwei Informationsniveaus gibt es weiterhin „repräsentative Investoren", die als Durchschnitt aller (jetzt einmal der Gutinformierten, zum anderen der Schlechtinformierten) handeln und keinen Raum lassen für spieltheoretische Überlegungen im Sinne von: „Ist meine Strategie vor dem Hintergrund der Strategien der anderen für mich zielführend?"[91]
- Die Wertpapierpreise, die den Entscheidungen zugrunde liegen, sind exogen vorgegeben und nicht das Ergebnis eines interaktiven Marktprozesses (Preis als Ausgleich von Angebot und Nachfrage).
- Bei Informationen wird apriori unterstellt, dass sie dem, der über sie verfügt, einen positiven Nutzen bringen; wie wir aus informationstheoretischen Überlegungen wissen, ist diese Annahme durch nichts gerechtfertigt, schon gar nicht in Märkten, in denen jeder die Möglichkeit hat, „to take a freeride on the information impounded by the market".[92]

Insofern gilt noch immer die Aussage von *Strong/Walker*, dass „until now, little consideration has been given to the impact of heterogeneous information on capital markets. Yet it is a fundamental characteristic of modern stock markets that different agents receive different information signals".[93]

4.3.1 Design des Agenten-basierten Modells

Ein ökonomisches Modell, das sich ernsthaft der Frage nach einer rationalen Informationsverarbeitung im Finanzmarkt stellen will, muss zumindest den folgenden vier elementaren Ansprüchen genügen:

(1) Alle Ergebnisse, insbesondere alle Marktpreise müssen das Resultat individueller Vorteilhaftigkeitsentscheidungen aller Marktteilnehmer sein; nur so kann dem Prinzip des *ökonomischen Individualismus* in vollem Umfang Rechnung getragen werden. Dies wäre z. B. dann nicht der Fall, wenn Marktpreise als ökonomisches Datum, etwa als Zufallsvariable mit gegebenem Erwartungswert und gegebener Varianz angenommen würden. Sollen Preise als Zufallsvariable modelliert werden, so muss gezeigt werden, dass die Zufallseigenschaft das *Ergebnis* der Entscheidungen von Investoren ist, nicht aber eine *Bedingung* für die Entscheidungen der Investoren.

---

91 Vgl. die Kritik bei *Foster, Douglas F.; Viswanathan, S.*: Trading When Agents Forecast the Forecasts of Others, Journal of Finance 1996, S. 1437–1478.

92 *Easterbrook, Frank H.; Fischel, Daniel R.*: Mandatory Disclosure and the Protection of Investors, Virginia Law Review 1984, S. 634.

93 *Strong, Norman; Walker, Martin*: Information and Capital Markets, Oxford (Basil Blackwell) 1987.

(2) Alle Akteure wählen diejenige Informationsstrategie, die ihnen den größten individuellen Nutzen verspricht. Dies schließt nicht aus, dass sie dabei Fehler machen, wohl aber, dass sie bei der Wahl zwischen besseren und schlechteren Strategien bewusst die letzteren wählen. Angesichts der Feststellung von *Black*, es müsse in den Märkten stets sogenannte Noise-Trader geben, die auf der Basis falscher Informationen entscheiden und somit die Rolle der Verlierer übernehmen,[94] fragt *O'Hara* zu recht „Why are they so stupid?"[95] Vielleicht gibt es Noise-Trader, aber in einer ökonomischen Analyse haben sie, zumindest zu Beginn der Analyse, nichts verloren.

(3) Jede Informationsstrategie, zu der sich ein Investor entschließt, muss die beste Antwort auf die Strategien der anderen darstellen; der Markt muss sich somit in einem Nash-Gleichgewicht befinden, bei dem das Optimum eines Entscheiders nur vor dem Hintergrund ermittelt werden kann, dass sich alle anderen Marktteilnehmer ebenfalls optimal verhalten. Eine isolierte Optimierung eines fix vorgegebenen Problems mag bei Entscheidungen gegen die Natur zielführend sein, ist aber zur Analyse von Marktprozessen ungeeignet.

(4) Jedwedes Gleichgewicht muss hinreichend Handlungsanreize für die Beteiligten bieten, es muss das Ergebnis rationaler Aktion sein. Das ist beim Bild eines vollständig informationseffizienten Marktes eben gerade nicht der Fall, wie die Überlegungen von *Grossman* und *Stiglitz* zeigen: Ist der Zustand vollkommener Informationseffizienz erreicht, hat keiner der Beteiligten mehr einen Anreiz, das Verhalten an den Tag zu legen, das dazu beiträgt, den Markt informationseffizient zu machen.

Ein solches Modell liegt in geschlossener Form bislang nicht vor und ist auch angesichts der Vielschichtigkeit des Problems in absehbarer Zeit nicht zu erwarten. Märkte sind komplexe adaptive Systeme,[96] die einen sehr hohen Komplexitätsgrad aufweisen und bei denen eine Reduktion auf ein analytisch leistbares Maß an Komplexität zu einer nicht hinnehmbaren Trivialisierung führen würde. Bereits 1962 hat der Nobelpreisträger *Herbert Simon* einige Grundelemente derart komplexer Systeme wie folgt charakterisiert:

> Roughly by a complex system I mean one made up of a large number of parts that interact in a nonsimple way. In such systems, the whole is more than the sum of the parts, not in an ultimate metaphysical sense, but in the important pragmatic sense that, given the properties of the parts and the laws of their interaction, it is not a trivial matter to infer the properties of the whole.[97]

---

94 *Black, Fischer*: Noise, Journal of Finance 1986, S. 529–543 (hier S. 531).

95 *O'Hara, Maureen*: Presidential Adress: Liquidity and Price Discovery, Journal of Finance 2003, S. 1335–1354 (hier: S. 1337).

96 *Holland, John H.*: Studying Complex Adaptive Systems, Journal of Systems Science and Complexity 2006, S. 1–8.

97 *Simon, Herbert*: The Architecture of Complexity, Proceedings of the American Philosophical Society 106, 1962, S. 467–436 (hier: 467).

Wenn man derartige Systeme analysieren will, muss man Abschied nehmen von der Vorstellung, das vielschichtige Verhalten des Ganzen ergebe sich aus der Vielschichtigkeit des Verhaltens des „repräsentativen" Akteurs. Man muss, wie es *Kirman* formuliert, „turn things inside out and bring direct interaction to the center of the stage."[98] Eine typische Methode, diese Ziele zu erreichen, sind die agenten-basierten Modellierungen (ABM), bei denen man sich meistens der Computersimulation bedient. Agentenbasierte Modelle werden getrieben durch das Individuum, nicht durch das System selbst: eine Vielzahl einzelner „Agenten" verfolgt unabhängig voneinander einfache vorgegebene Ziele, wobei man i. d. R. nach dem KISS-Prinzip vorgeht: Keep it simple and short! Das sich dabei ergebende Systemverhalten ist regelmäßig nicht die lineare Konsequenz des Individualverhaltens, sondern weist durchaus auch unbeabsichtigte und unerwartete Phänomene (*Emergenz*) auf.

Methodisch kann man in der Simulation eine Art Mittelweg zwischen der herkömmlichen neoklassischen Modellbildung (closed form models) und der experimentellen Ökonomik, der wir uns später noch widmen werden, sehen:[99]

– Wie bei der neoklassischen Modellbildung erhalten wir mit der Simulationstechnik „ökonomisch reine" Ergebnisse, die das Ergebnis rational handelnder Individuen sind und nicht durch emotionale Einflüsse, durch fehlerhafte Entscheidungen, verzerrte Wahrnehmungen etc. überlagert werden, wie es bei Experimenten mit realen Entscheidungsträgern der Fall sein kann.

– Wie bei der experimentellen Ökonomie können hochkomplexe Fragestellungen einer Lösung zugeführt werden, die für eine geschlossene Lösung im Rahmen eines wirtschaftstheoretischen Modells noch nicht reif sind oder deren Komplexitätsgrad den einzelnen Forscher überfordert.

Eine Schwäche der Simulationstechnik ist es, dass sie von vielen Vertretern des Fachs als „unelegant" und vorläufig angesehen wird und dass sie letztlich auch nie in der Lage ist, zu zeigen, welche Ergebnisse unter welchen Bedingungen notwendigerweise eintreten *müssen*, sondern nur, welche Ergebnisse eintreten *können*. Selbstverständlich werden nicht zuletzt deswegen auch die hier gegebenen Antworten nur vorläufiger Natur sein können.

Im Rahmen der am weltberühmten Santa-Fe-Institut durchgeführten interdisziplinären Forschungen zur Komplexität von Systemen spielte von Anfang an die Computersimulation eine wichtige Rolle. Der wichtigste Vertreter der ökonomischen Wissenschaft am Santa-Fe-Institut, *Brian Arthur*, begründet das damit, dass „die Probleme oft zu kompliziert (wurden) für die Mathematik. Dann

---

98 *Kirman, Alan*: Artificial Markets: Rationality and Organisation, in: *Schredelseker, Klaus; Hauser, Florian* (Hrsg.): Complexity and Artificial markets, Lecture Notes in Economics and Mathematical Systems N° 614, Berlin – Heidelberg (Springer) 2008, S. 195–234 (hier: 196).
99 Vgl. *Smith, Vernon L.*: Microeconomic Systems as Experimental Science, American Economic Review 1982, S. 923–955.

mussten wir uns die Dinge am Computer ansehen. Der Computer war wie ein Versuchslabor, in dem wir unsere Ideen ausprobieren konnten." *Arthur* sah die Computersimulation zur Lösung bestimmter Probleme als unverzichtbar: „Wenn bei der Durchführung äußerste Sorgfalt herrschte, wenn alle Annahmen genau begründet waren, wenn der ganze Algorithmus explizit definiert und die Simulation wie in einem Laborinstrument wiederholbar und streng war – dann fand ich Computerexperimente völlig in Ordnung. Die Physiker sagten uns sogar, dass es drei Wege gebe, in der Forschung voranzukommen: mathematische Theorie, Laborexperimente und Computermodelle. Man muss zwischen ihnen hin und her wechseln. Mit Hilfe eines Computermodells entdeckt man etwas, das nicht in Ordnung zu sein scheint, und dann versucht man das theoretisch zu verstehen. Wenn man die Theorie hat, geht man zum Computer oder ins Labor und macht mehr Experimente. Vielen von uns schien es, als könnten wir das mit großem Vorteil auch in den Wirtschaftswissenschaften tun. Wir merkten, dass wir uns in der Ökonomie unnötig eingeschränkt hatten, indem wir nur Probleme untersuchten, die sich mathematisch analysieren ließen. Aber jetzt stiegen wir selbst in diese induktive Welt ein, in der die Dinge sehr kompliziert werden, und konnten uns Problemen zuwenden, die sich nur mit Hilfe von Computerexperimenten untersuchen lassen. Ich sehe das als notwendige Entwicklung – und als Befreiung."[100]

In einem Klappentext, den *Harry Markowitz* dem ersten systematischen Buch über Computersimulationen in der Finanzwirtschaft mitgegeben hat, heißt es, die numerische Simulation „points us towards the future of financial economics. If we restrict ourselves to models which can be solved analytically, we will be modelling for our mutual entertainment, not to maximize explanatory or predictive power."[101] Solche Statements haben Mut gemacht, den einmal eingeschlagenen Weg weiterzugehen.[102]

In der folgenden agentenbasierten Studie[103] wird ein Markt abgebildet, der diejenigen Elemente enthält, die für unsere Fragestellung relevant sind: Geschlossener

---

100 Aus *Waldrop, M. Mitchell*: Inseln im Chaos – Die Erforschung komplexer Systeme, Reinbek (Rowohlt science) 1993, S. 340 ff.

101 *Levy, Moshe; Levy, Haim; Solomon, Sorin* (2000): Microscopic Simulation of Financial Markets: From Investor Behavior to Market Phenomena. Oxford 2000, (Klappentext von *Harry Markowitz*).

102 Agentenbasierte Modelle werden beispielsweise auch im Bereich der Epidemiologie verwendet. So basierten einige Virologen, Epidemiologen und Komplexitätsforscher ihre Prognose während der Covid-19 Pandemie auch auf agentenbasierte Modelle. Dabei werden die Individuen einer Bevölkerung als Agenten modelliert, die Kontakte mit anderen Individuen haben. Je nach Reproduktionsfaktor des Virus, Rate der Genesenen, Kontakthäufigkeit, Durchimpfungsrate, etc., lassen sich entsprechende Prognosen der Neuinfektionen und Krankenhauseinweisung generieren. Weiterführendes findet sich beispielsweise hier: https://www.complexity-explorables.org/. In der Simulation zeigen sich schön die Auswirkungen der Transmissionsrate und der Durchimpfung auf die epidemiologische Lage im Modell.

103 Siehe *Schredelseker, Klaus*: Zur ökonomischen Theorie der Publizität, in *Ott, Claus; Schäfer, Hans-Bernd* (Hrsg.): Effiziente Verhaltenssteuerung und Kooperation im Zivilrecht, Beiträge zum V. Travemünder Symposium zur ökonomischen Analyse des Rechts, Mohr Siebeck (Tübingen) 1997, S. 214–245; vgl. auch *Schredelseker, Klaus* (2001): Is the Usefulness Approach Useful? Some Reflections on the Utility of Public Information. in: *McLeay, Stuart; Riccaboni, Angelo* (Hrsg.): Contemporary Issues in Accounting Regulation, Norwell (Mass.) 2001, S. 135–153; *Schredelseker, Klaus*: Jahresabschluss und

Markt, asymmetrische Information, alternative Informationsstrategien autonomer Agenten und gleichgewichtige Lösungen. Insbesondere auf folgende Fragen eine Antwort zu geben, ist Ziel der Simulationsstudie:

- *Individueller Nutzen privater Information:* Ist der zu erwartende Gewinn eines Traders umso höher, je höher sein Informationsstand ist? Ist es rational, auf Information völlig zu verzichten und die Entscheidungen dem Zufall zu überlassen? Ist ein Markt vorstellbar, in dem man sich die im Marktpreis enthüllte Information zunutze machen kann, so wie es die Vertreter der technischen Analyse behaupten?
- *Gesellschaftlicher Nutzen privater Information:* Nimmt, wenn eine steigende Zahl von Investoren auf Informationsverarbeitung verzichtet, die Bewertungseffizienz im Markt zu oder ab? Wie verändert sich die Bewertungseffizienz des Marktes, wenn alle Investoren sich optimal verhalten?
- *Individueller Nutzen öffentlicher Information:* Ist die Einführung einer gesetzlichen Mindestinformation (z. B. Jahresabschlusspublizität) geeignet, die Situation von Investoren mit geringem Informationsstand zu verbessern und somit mehr Chancengleichheit herzustellen?
- *Gesellschaftlicher Nutzen öffentlicher Information:* Ist die Einführung einer gesetzlichen Mindestinformation (z. B. Jahresabschlusspublizität) geeignet, die Bewertungseffizienz des Marktes zu erhöhen und damit den Markt näher an ein fair game heranzuführen?

Simuliert wird ein einperiodiger Tauschmarkt, in dem ein einziges Wertpapier zum Preis P gehandelt wird. Der Wert V wird nach dem Handel aufgedeckt und erlaubt es, eindeutig das Handelsergebnis (Gewinn oder Verlust) als Differenz zwischen Preis und Wert zu bestimmen. Der Nettobestand an Wertpapieren ist null: Vergleichbar einem Markt für Financial Futures werden die Wertpapiere erst durch den Vertragsabschluss generiert. Am Markt nehmen zehn risikoneutrale Erwartungsgewinn-Maximierer (Trader $T_0 \ldots T_9$) teil. Natürlich hätte man auch mehr oder weniger Marktteilnehmer modellieren können. Es konnte jedoch gezeigt werden, dass sich die Ergebnisse im Kern nicht verändern, wenn eine wesentlich höhere Zahl von Tradern angenommen wird.[104]

Jeder dieser Trader kauft oder verkauft pro Handelsrunde genau ein Wertpapier. Die Beschränkung auf eine bestimmte Menge (hier: eins) ist angesichts der unterstellten Risikoneutralität erforderlich: Ein rationaler risikoneutraler Händler würde, wenn sich ihm eine Gewinnmöglichkeit bietet, eine unendliche große (oder zumindest sein

Marktinformation, Die Betriebswirtschaft 2008, 159–184; *Schredelseker, Klaus*: Pascal's Wager and Information, Journal of Forecasting 2014, 455–470.
104 Vgl. *Pfeifer, Christian; Schredelseker, Klaus; Seeber, Gilg*: On the negative value of information in informationally inefficient markets: Calculations for large number of traders, European Journal of Operational Research, Vol 195, 2009,S. 117–126

ganzes Vermögen umfassende) Position eingehen. Der im Modell unterstellte Handelszwang ist rein technischer Natur und könnte auch durch einen Anreiz modelliert werden, der zumindest so hoch ist, dass auch etwaige Verlierer im Markt gehalten werden.

> Ein solcher Anreiz kann sich in der Differenz zwischen durchschnittlicher erwarteter Aktienrendite und der risikofreien Zinsrate niederschlagen. Diese Differenz als *Risikoprämie* zu bezeichnen, wie wir es oben anhand der Ibbotson/Morningstar-Statistiken gesehen haben, ist nämlich nur zulässig, wenn wir einen vollkommen informationseffizienten Markt unterstellen, in dem die zu erwartende Rendite für alle Investoren, unabhängig von ihrem Informationsstand, gleich ist. Sollte der Markt hingegen von Ineffizienzen gekennzeichnet sein, wird es Investoren geben, die den Markt zu schlagen in der Lage sind, während andere sich mit unterdurchschnittlichen Renditen zufriedengeben müssen. Letztere werden nur dann im Markt verbleiben, wenn die für sie geltende unterdurchschnittliche Aktienrendite noch immer höher ist als eine Alternativanlage. Die durchschnittliche Aktienrendite (nur diese ist am Markt direkt beobachtbar) muss somit selbst dann höher sein als die risikofreie Zinsrate, wenn die Marktteilnehmer strikt risikoneutral sein sollten. Für die Differenz zwischen Aktienrendite und dem Geldmarktsatz (bzw. der Rendite auf Anleihen) ist die Bezeichnung Risikoprämie somit in einem Markt, der Ineffizienzen aufweist, nicht korrekt. Ein Teil dieser Differenz mag einen Ausgleich für das übernommene Risiko darstellen, ein anderer Teil hingegen muss als Entschädigung für diejenigen interpretiert werden, die im Wettkampf der Gerissenheit den Kürzeren ziehen. Würde eine solche Entschädigung nicht bezahlt, hätten diese den Markt bereits verlassen.

In jeder Handelsrunde stellt sich der Wert V (der innere Wert) des Wertpapiers als die Summe von zehn zufällig geworfenen *Laplace*-Münzen[105] dar, die in einer Reihe liegen; V ist somit eine Zufallsvariable, die zwischen 0 und 10 binomialverteilt ist.

Dies ist den Marktteilnehmern bekannt. Das Entscheidende ist jedoch, dass den Händlern darüber hinaus unterschiedliche Informationen über die Höhe des konkreten Werts V vorliegen, dass also Informationsasymmetrie herrscht. Wenn nichts anderes gesagt ist, gilt, dass jeder Trader T_n ($n = 0 \ldots 9$) genau die Lage von n der 10 Münzen kennt: T_0 weiß nur, dass V eine binomialverteilte Zufallsvariable ($0 \leq V \leq 10$) ist, kennt aber keine der Münzen; T_1 kennt die erste Münze, T_2 kennt die zwei ersten Münzen, T_3 kennt die ersten drei Münzen etc. Das Informationssystem wird somit als *kumulativ* angenommen, d. h. ist so beschaffen, dass jeweils ein höherer Informationsstand alle niedrigeren Informationsstände einschließt: Wie in realen Märkten unterstellen wir, dass das, was schlechter informierten Marktteilnehmern bekannt ist, auch die besser Informierten wissen. Die Informationen werden den Investoren kostenfrei gegeben und können von ihnen individuell nicht übertragen werden. Unterschiede in den Fähigkeiten, gegebene Informationen auszuwerten, bestehen zunächst nicht, werden aber im weiteren Verlauf der Analyse Berücksichtigung finden.

---

105 Eine *Laplace*-Münze nimmt mit gleicher Wahrscheinlichkeit entweder den Wert 0 oder den Wert 1 an.

Grundsätzlich stehen jedem Trader bei der Bestimmung der Höhe der von ihm abzugebenden Order drei Informationsstrategien offen:

- *Fundamentale Informationsstrategie:* Der Fundamentalist nutzt seine private Information und schätzt auf der Basis der ihm vorliegenden Informationen den Wert des Wertpapiers V. Sieht er n Münzen und liegen davon x auf 1 (und damit $n - x$ auf 0), so wird er V als Summe der bekannten und des Erwartungswerts der unbekannten Münzen schätzen: $E_n(V) = x + 5 - n/2$ mit einer Varianz von $\sigma_n^2 = 0{,}25 \cdot (10 - n)$. Aufgrund der unterstellten Risikoneutralität wird er dann, wenn er das Wertpapier für unterbewertet $[P < E_n(V)]$ hält, es zum Preis P kaufen wollen und stets dann, wenn er es für überbewertet hält $[P > E_n(V)]$, verkaufen wollen (zweiseitig limitierte Order). Diese Vorgehensweise entspricht den Prinzipien der fundamentalen Wertpapieranalyse, da der Entscheidung angesichts der verfügbaren Information der bestmögliche Schätzer zugrunde gelegt wird.
- *Passive Informationsstrategie:* Der Trader verzichtet völlig auf seine private Information (selbst wenn er eine solche erhalten haben sollte) und entscheidet zufällig: Er gibt mit gleicher Wahrscheinlichkeit eine Order von 10 oder von 0 ab (entspricht einer unlimitierten Kauf- oder Verkaufsorder); damit ist er auf jeden Fall in der nächsten Handelsrunde entweder Käufer oder Verkäufer. Diese Strategie entspricht, was die zu erwartende Rendite angeht, einer *naiven buy-and-hold-Strategie* oder einem Index-Investment (z. B. ETFs): In allen diesen Fällen kann man mit einem marktdurchschnittlichen Ergebnis rechnen, im realen Markt mit der Indexrendite, in unserem simulierten Markt mit einem Null-Ergebnis; dass es Unterschiede in der Varianz geben mag, tut, da wir Risikoneutralität unterstellt haben, nichts zur Sache.

  Es ist zu beachten, dass eine passive Informationsstrategie etwas anderes ist als eine Entscheidung ohne zusätzliche Information: Während der passive Trader unabhängig vom jeweiligen Kurs mit gleicher Wahrscheinlichkeit kauft oder verkauft, geht Trader T_0, dem keine weiteren Informationen vorliegen als die, dass es sich bei dem Wertpapier um die Summe von zehn *Laplace*-Münzen handelt, bei $P < 5$ eine Kaufposition und bei $P > 5$ eine Verkaufsposition ein: angesichts der Schätzung von $E_0(V) = 5{,}0$ erscheint ihm im ersten Fall das Wertpapier als unterbewertet, im zweiten Fall als überbewertet.
- *Technische Informationsstrategie:* Der Trader orientiert sich bei seinen Entscheidungen am künftigen und ihm noch nicht bekannten Marktpreis und nutzt die Signalqualität des Kurses als Informationsquelle. Im Simulationsmodell verfolgt der technische Trader die Strategie des „Buy high, sell low", d. h. er geht eine Kaufposition ein, wenn $P > 5$ und eine Verkaufsposition, wenn $P < 5$. Die Logik, die hinter dieser prima facie als widersinnig anmutenden Strategie liegt, wird noch darzulegen sein. Da die Entscheidung aber ausschließlich auf der Basis von Kursdaten und rein schematisch erfolgt, wird eine derartige Informationsstrategie als eine Form der *technischen Wertpapieranalyse* eingestuft.

In jeder Handelsrunde gibt jeder Trader seine Order ab. Da die Marktteilnehmer als risikoneutral angenommen werden, sind die bid-ask-spreads null: Wenn Trader n das Wertpapier mit $E_n(V)$ bewertet, wird er zu jedem Preis, der niedriger liegt als $E_n(V)$, kaufen und zu jedem Preis, der höher liegt als $E_n(V)$, verkaufen wollen.[106] Es liegt somit stets pro Trader eine zweiseitig limitierte Order vor, die zugleich einen Kaufauftrag über ein Stück zum Limit $E_n(V)$ (Preisobergrenze) und einen Verkaufsauftrag über ein Stück zum Limit $E_n(V)$ (Preisuntergrenze) darstellt. Aus den vorliegenden zehn zweiseitig limitierten Orders ermittelt das System nach dem Prinzip des Ausgleichs von Angebot und Nachfrage (Meistausführungsprinzip) den Marktpreis P. Dabei kann jedoch auch der Fall eintreten, dass es keinen Preis gibt, zu dem gleich viele Käufe wie Verkäufe getätigt werden können. In diesem Fall wird eine Repartierung notwendig, um sicherzustellen, dass die Summe der Gewinne gleich der Summe der Verluste bleibt und die Nullsummenbedingung des Marktes nicht verletzt wird. Der Repartierungsfaktor F ermittelt sich als Quotient zwischen der Menge der Käufe und der Menge der Verkäufe.

Im Vergleich zwischen Marktpreis P und tatsächlichem Wert V des Wertpapiers werden sodann folgende Gewinne der Trader ermittelt:

Ist das Wertpapier unterbewertet ($P < V$) und

- $F < 1$, so gewinnen die Käufer $G_{Kauf} = V - P$ und die Verkäufer verlieren $G_{Verkauf} = F(P - V)$
- $F = 1$, so gewinnen die Käufer $G_{Kauf} = V - P$ und die Verkäufer verlieren $G_{Verkauf} = P - V$
- $F > 1$, so gewinnen die Käufer $G_{Kauf} = (V - P)/F$ und die Verkäufer verlieren $G_{Verkauf} = P - V$

Ist das Wertpapier überbewertet ($V < P$) und

- $F < 1$, so gewinnen die Verkäufer $G_{Verkauf} = F(P - V)$ und die Käufer verlieren $G_{Kauf} = V - P$
- $F = 1$, so gewinnen die Verkäufer $G_{Verkauf} = P - V$ und die Käufer verlieren $G_{Kauf} = V - P$
- $F > 1$, so gewinnen die Verkäufer $G_{Verkauf} = P - V$ und die Käufer verlieren $G_{Kauf} = (V - P)/F$

Auf diese Weise ist in jedem Fall der Markt geräumt und die Nullsummeneigenschaft des Marktes bleibt gewahrt: Die Summe der Gewinne entspricht der Summe der Verluste.

---

106 Würde man hingegen Risikoaversion unterstellen, so würde z. B. ein Investor, der den inneren Wert eines Papiers mit 7 einschätzt, dieser seiner Einschätzung nicht so recht trauen und „vorsichtshalber" nur bis zu 6 zu kaufen oder ab 8 zu verkaufen bereit sein.

Beispiel: Nehmen wir an, alle Trader verfolgen eine fundamentalanalytische Handelsstrategie: Jeder Trader n kenne gerade die Lage der n ersten Münzen und bewerte somit das Wertpapier mit $E_n(V) = x + 5 - n/2$. Das Wertpapier habe einen Wert von $V = 5$ und die Münzen seien in der Reihenfolge 0001101101 gefallen.

Trader t_n	0	1	2	3	4	5	6	7	8	9
n (gesehene Münzanzahl)	0	1	2	3	4	5	6	7	8	9
x (davon auf 1 liegend)	0	0	0	0	1	2	2	3	4	4
$E_{t_n}(V) = x + 5 - n/2$	5,0	4,5	4,0	3,5	4,0	4,5	4,0	4,5	5,0	4,5
Käufer/Verkäufer	K	K	V	V	V	K	V	K	K	K
zu $P = 4{,}25$										
Gewinne	0,50	0,50	−0,75	−0,75	−0,75	0,50	−0,75	0,50	0,50	0,50

Angesichts der unter $E_n(V)$ aufgeführten Schätzungen der zehn Trader ist das Umsatzmaximum bei einem Preis $4{,}0 < P < 4{,}5$ gegeben; aus Vereinfachungsgründen wird bei einer möglichen Preisspanne stets das arithmetische Mittel gewählt. Somit ergibt sich hier ein Marktpreis in Höhe von $P = 4{,}25$. Da das Wertpapier einen Wert von $V = 5{,}0$ aufweist, erhalten wir eine Unterbewertung in Höhe von 0,75. Allerdings stehen sich bei diesem Preis sechs Käufer nur vier Verkäufern gegenüber; es kommt somit ein Repartierungsfaktor $F = 6/4$ zur Anwendung. Die Verkäufer erleiden einen Verlust in Höhe von $G_{\text{Verkauf}} = -0{,}75$ und die Käufer können einen Gewinn in Höhe von $G_{\text{Kauf}} = 0{,}50$ verbuchen.

Wie an diesem Beispiel bereits zu erkennen ist, ist der Zusammenhang zwischen Informationsstand und Handelsergebnis keineswegs linear: Unter den Gewinnern (den Käufern) befinden sich gleichermaßen Trader mit niedrigen (T_0, T_1), mit mittleren (T_5) und mit hohen (T_7, T_8, T_9) Informationsständen. Das Hauptaugenmerk der Studie wird auf diesen nichtlinearen Zusammenhang gerichtet sein.

Bei der Simulation werden jeweils die Durchschnitte aller $2^{10} = 1.024$ Möglichkeiten der Binomialverteilung, nach denen die zehn Münzen angeordnet sein können, berechnet. Streng genommen handelt es sich somit auch noch nicht um Simulationen i.e.S., da das stochastische Element fehlt; die Ergebnisse sind frei von Schätzfehlern und können unmittelbar als Erwartungswerte interpretiert werden. Die Forderung nach einem explizit definierten Algorithmus und einer strikten Nachvollziehbarkeit der durchgeführten Simulation ist jedenfalls gewahrt.

Selbstverständlich ist der simulierte Markt mit nur zehn Teilnehmern weit davon entfernt, informationseffizient zu sein. Da sich auf jeder Marktseite nur durchschnittlich fünf Trader befinden, gilt nicht die Price-taker-Eigenschaft des vollkommenen Marktes: Jeder hat einen merklichen Einfluss auf den Gleichgewichtspreis. Es gibt somit regelmäßig Unter- und Überbewertungen, die aufgrund der asymmetrischen Information von den Marktteilnehmern mit unterschiedlicher Treffsicherheit aufgedeckt werden.

4.3.2 Private Information: Individueller Nutzen

Private Informationen sind Informationen, über die nur eine Teilmenge von Individuen verfügt; dieselben Informationen können mehrere haben, dies muss aber nicht der Fall sein. Öffentliche Informationen sind demgegenüber solche Informationen, die allen Marktteilnehmern gleichermaßen zur Verfügung stehen. In einem ersten Schritt werden wir der Frage nachgehen, was ein bestimmter privater Informationsstand einem einzelnen Trader nutzt. Die grundsätzlichen informationsökonomischen Überlegungen, die wir im zweiten Kapitel kennengelernt haben, haben uns bereits zur Vorsicht gemahnt: In dem Moment, wo man den sicheren Boden der Entscheidungen gegen die Natur verlässt und es mit Spielen oder Märkten zu tun hat, ist alles möglich: Der Wert einer zusätzlichen Information kann positiv, null oder negativ sein.

Aktive Informationsstrategien

Gleichwohl wird in der Literatur, insbesondere in der Literatur zum Rechnungswesen und zur Finanzanalyse, durchwegs unterstellt, dass Investoren sich Informationen beschaffen und auch beschaffen sollen, um damit die Qualität ihrer Entscheidungen zu verbessern: „information is the lifeblood of the stock market."[107] Lediglich für den Fall, dass die Effizienzthese Gültigkeit besitzt, wird Information für entbehrlich gehalten: Wenn die Marktpreise alle verfügbare Information in vollem Umfang widerspiegeln, ist jede weitere Informationsbeschaffung sinnlos.

Da die empirische Kapitalmarktforschung aber eine eindeutige Antwort auf die Frage, ob reale Märkte informationseffizient bewerten oder nicht, nicht geben kann, kommt der Informationsverarbeitung eine Art Sicherheitsstrategie zu, vergleichbar der *Pascal*'schen Begründung der Rationalität religiösen Glaubens (le pari de Pascal).[108]

Blaise Pascal (1623–1662), ein französischer Mathematiker der Renaissance und Mitbegründer der modernen Wahrscheinlichkeitstheorie, argumentierte folgendermaßen: Wir wissen nicht, ob Gott existiert oder nicht. Beides ist möglich. Existiert Gott nicht, so macht es keinen Unterschied, ob man glaubt oder nicht; man hat aus dem Glauben keinen Nutzen und keinen Schaden. Existiert Gott aber, so wird derjenige, der an ihn glaubt, unendlichen Glücks teilhaftig, während der Ungläubige der ewigen Verdammnis anheimfällt. Da, was wir annehmen müssen, die Wahrscheinlichkeit für die Existenz Gottes größer als null ist, ist es rational, an ihn zu glauben und sich entsprechend zu verhalten. In der Sprache der Entscheidungstheorie: Glauben stellt eine dominante Strategie dar.

Übertragen auf unser Problem: Wir wissen nicht, ob die Märkte effizient bewerten oder nicht; beides ist möglich. Gilt die Effizienzthese, so ist es gleichgültig, was man tut,

---

107 *Hooke, Jeffrey C.*: Security Analysis on Wall Street – A Comprehensive Guide to Today's Valuation Methods, New York (Wiley) 1998, S. 30.
108 Speziell hierzu *Schredelseker, Klaus*: Pascal's Wager and Information, Journal of Forecasting 2014, S. 455–470.

ob man seine Entscheidungen auf Information stützt oder nicht. Gilt sie aber nicht, so wird derjenige, der seine Entscheidungen auf gut begründete Informationen stützt, mit klar besseren Ergebnissen rechnen können als der, der das nicht tut. Sieht man der Einfachheit halber von den Kosten der Informationsgewinnung einmal ab, ist, solange die Wahrscheinlichkeit für die Existenz von Bewertungsineffizienzen größer ist als null, sich zu informieren eine dominante Strategie.

Eine derartige Argumentation ist allerdings nur dann haltbar, wenn die Annahme gerechtfertigt ist, Information könne nicht von negativem Wert sein; dies gilt aber uneingeschränkt nur bei Entscheidungen gegen die Natur. Im Marktkontext kann es für die Beantwortung der Frage, ob eine Information nützlich ist, aber nicht allein auf ihre objektive Beschaffenheit ankommen, sondern es muss das ganze Beziehungsgeflecht zwischen Nutzer der Information und anderen Nutzern derselben und/oder anderer Informationen mitgedacht werden. Für einen einzelnen Entscheidungsträger ergibt sich der Wert einer Information durch Vergleich zweier Ökonomien: Der Ökonomie, in der er diese Information besitzt und jener Ökonomie, in der dies nicht der Fall ist.[109] Es kann auch nicht allein darauf ankommen, ob eine Information, für sich betrachtet, richtig, glaubwürdig und entscheidungserheblich ist: In dem zu Beginn der informationsökonomischen Überlegungen behandelten Doppelmatrixspiel war die Information, die einem Spieler darüber zuging, welche der beiden Matrizen gespielt wird, sachlich richtig, entscheidungserheblich und unstreitig glaubwürdig, sie hat ihn auch zu einer Revision seiner ursprünglichen Entscheidung veranlasst. Gleichwohl war die Information alles andere als wertvoll, da sie ein Ergebnis zur Folge hatte, das schlechter war als das, das er ohne die Information erzielt hätte.

Dies zu erkennen, ist nur bei Betrachtung der Gesamtsituation, der spieltheoretischen Interdependenzen möglich. Auch in unserem agenten-basierten Modell (künftig kurz ABM) hat die Entscheidung eines jeden der Beteiligten nicht nur einen Einfluss auf sein eigenes Ergebnis, sondern auch auf das aller anderen. In einem ersten Schritt betrachten wir die Handelsgewinne, die zu erwarten sind, wenn alle zehn Marktteilnehmer ihre Entscheidungen auf die ihnen vorliegende Information stützen, d. h. wie auch im vorstehenden Beispiel gezeigt, Fundamentalanalyse betreiben. Dazu rechnen wir alle möglichen $2^{10} = 1.024$ Münzfolgen durch und betrachten die sich ergebenden Durchschnittsrenditen:[110]

ABM 1: alle Trader entscheiden fundamentalanalytisch

Trader t:	0	1	2	3	4	5	6	7	8	9
IL_t:	0	1	2	3	4	5	6	7	8	9
G_t:	−0,34	−0,38	−0,40	−0,37	−0,31	0,03	0,22	0,39	0,51	0,64

---

109 Ähnlich *Ballwieser, Wolfgang*: Zur Begründbarkeit informationsorientierter Jahresabschlussverbesserungen, Zeitschrift für betriebswirtschaftliche Forschung 1982, S. 772–793 (hier S. 792).
110 Ein Excel-Arbeitsblatt mit dem agentenbasierten Modell, wo Strategien interaktiv verändert werden können, findet sich auf www.grundlagenderfinanzwirtschaft.at.

Was zu erwarten war: Die eher gut informierten Trader $T_5 \ldots T_9$ gewinnen und die eher schlecht informierten Trader $T_0 \ldots T_4$ verlieren. Was allerdings nicht unbedingt zu erwarten war: Die größten Verluste hat nicht derjenige zu verzeichnen, dessen Informationsstand am geringsten ist (T_0), sondern T_2, der immerhin zwei der zehn Münzen einsehen kann.

Dieses herkömmlichen Vorstellungen widersprechende Phänomen[111] bedarf einer näheren Erklärung. Natürlich nimmt die Präzision, mit dem ein Investor den Inneren Wert des Wertpapiers abzuschätzen vermag, mit jeder zusätzlichen Information zu: Im Modell vermindert sich mit jeder Münze die Varianz des Schätzfehlers um 0,25: Während T_0 V noch mit einer Fehlervarianz von $\sigma_0^2 = 2,5$ schätzt, weist die Schätzung von T_9 nur noch einen Fehler von 0,5 auf, da er nur die letzte Münze nicht kennt und mit einem Erwartungswert von 0,5 belegt; somit gilt: $\sigma_9^2 = 0,25$. Schätzpräzision ist aber nicht das, was am Markt belohnt wird, sondern das Erkennen der richtigen Marktseite. Die Frage lautet: Ist das Wertpapier unterbewertet und sollte man es kaufen, oder ist es überbewertet und sollte man es verkaufen? Wie ein Investor entscheidet, hängt nicht von seiner Schätzpräzision, sondern von seiner relativen Position zu den „marginalen" Investoren ab, den Käufern mit dem niedrigsten Limit und den Verkäufern mit dem höchsten Limit:

Ein kleines Beispiel möge das Problem verdeutlichen: Eine Sache, deren Wert bei $V = 64$ liegt, wird in einem Markt mit acht Händlern gehandelt, die den Wert nicht kennen, sondern ihn folgendermaßen einschätzen:

Händler n:	1	2	3	4	5	6	7	8
Schätzwert $E_n(V)$:	60	61	61	62	64	67	70	71
Schätzfehler abs$[E_n(V) - V]$:	4	3	3	2	0	3	6	7

Da der markträumende Preis bei 63 liegt, ist das Wertpapier unterbewertet und die Verkäufer ($T_1 \ldots T_4$) verlieren, während die Käufer ($T_5 \ldots T_8$) gewinnen. Der durchschnittliche Schätzfehler der Käufer lag jedoch mit 4 klar über dem der Verkäufer mit 3.

Mit zunehmender Information nimmt aber nicht nur die Schätzpräzision zu, sondern auch die Wahrscheinlichkeit, ähnlich zu entscheiden wie andere, die über ungefähr den gleichen Informationsstand verfügen wie man selbst. Sollte diese gemeinsame Information fehlerbehaftet sein, so werden alle dazu tendieren, denselben Fehler zu machen, d. h. ein für sie schädliches „Herdenverhalten" an den Tag zu legen. Wenn sich beide Effekte verbesserter Information, der sich auf das Entscheidungsergebnis positiv auswirkende Präzisionseffekt und der sich auf das Ergebnis negativ auswirkende Herdeneffekt überlagern, wird dies einen nicht-linearen Zusammenhang zwischen Informationsstand und Entscheidungsergebnis zur Folge haben.

---

111 Ähnliche Ergebnisse wurden auf experimentelle Weise gefunden von *Huber, Jürgen; Kirchler, Michael; Sutter, Matthias*: Is more information always better? Experimental financial markets with cumulative information, Journal of Economic Behavior and Organization 2008, S. 86–104.

Warum das so ist, zeigt die nachfolgende Darstellung.[112] Wenn wir die Abfolge der zehn Münzen in einem Binomialbaum derart darstellen, dass die „1" jeweils eine Aufwärtsbewegung und die „0" eine Abwärtsbewegung auslöst, können wir jedwede Münzfolge als einen bestimmten Pfad (Sequenz) innerhalb eines Binomialbaumes abbilden. Die vertikale Position der Knoten gibt das jeweilige Informationsniveau an und die horizontale Position die mit dem Informationsniveau verbundene Schätzung des inneren Werts. Da die zehnte Münze von keinem der Trader eingesehen werden kann, reicht es hin, nur die ersten neun Münzen zu betrachten; die zehnte wird unabhängig von ihrer tatsächlichen Ausprägung immer mit ihrem Erwartungswert von 0,5 angenommen. Der innere Wert V° einer bestimmten Sequenz stellt sich somit als Summe der ersten neun Münzen $+\frac{1}{2}$ dar.

Betrachten wir beispielsweise den ersten Fall (Pfad 1), in dem die ersten neun Münzen auf eins liegen. T_3, der eine Punktsumme von drei sieht und die verbleibenden Münzen mit ihrem Erwartungswert belegt, schätzt den Wert des Wertpapiers auf $E_3(V) = 3 + 3,5 = 6,5$.

Da sich der Marktpreis i. d. R. als Median der Schätzungen ergibt, entspricht er grundsätzlich der horizontalen Linie, die die Zahl der Knoten in zwei Hälften teilt: Wer dem Papier einen höheren Wert zumisst als den Marktpreis, zu dem es gehandelt wird, wird Käufer, wer ihm einen niedrigeren Wert zumisst, wird Verkäufer.[113]

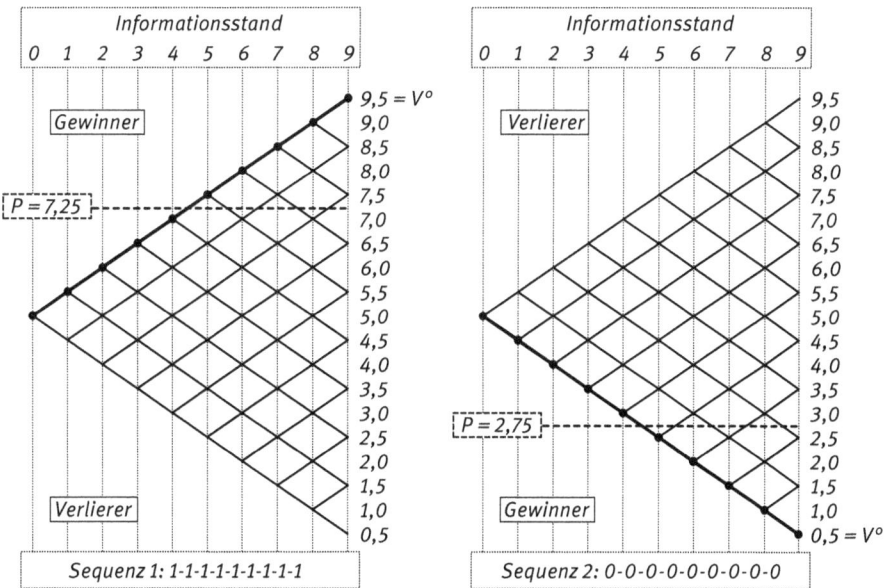

112 Sie geht zurück auf *Lawrenz, Jochen* (2000): Zur These des nicht-negativen Informationsgrenznutzens. Diplomarbeit an der Universität Innsbruck.
113 Es kann auch dazu kommen, dass zu dem nach dem Meistausführungsprinzip ermittelten Gleichgewichtskurs unterschiedliche Mengen angeboten wie nachgefragt werden; in diesem Fall wäre eine Repartierung erforderlich.

Zunächst betrachten wir Folgen, die ausschließlich in eine Richtung gehen: Sequenz 1 mit Münzfolge 1–1–1–1–1–1–1–1–1 und Sequenz 2 mit Münzfolge 0–0–0–0–0–0–0–0–0. Im ersten Fall ist der Markt bei $P = 7,25$ geräumt, d. h. angesichts eines inneren Wertes von $V° = 9,5$ besteht eine erhebliche Unterbewertung. Gewinner sind $T_5 \ldots T_9$, die Käufer des Wertpapiers, und Verlierer $T_0 \ldots T_4$, die nur 7,25 für eine Sache, für die je nach Lage der zehnten Münze bei der Abrechnung 9 oder 10 bezahlt wird, erhalten haben. Bei Sequenz 2 zeigt sich das umgekehrte Bild: Der Markt ist bei $P = 2,75$ geräumt, was angesichts des inneren Wertes von $V° = 0,5$ eine erhebliche Überbewertung darstellt. Dieses Mal ist die Verkäuferseite die richtige Marktseite, auf der sich wieder $T_5 \ldots T_9$ befinden, während $T_0 \ldots T_4$ viel zu viel für ein fast wertloses Papier gezahlt haben. In beiden Fällen sind es die gut Informierten, die gewinnen und die schlecht Informierten, die verlieren.

Die nächsten beiden Fälle sind durch einen ausgeprägten Richtungswechsel gekennzeichnet: Sequenz 3 weist die Münzfolge 1–1–1–1–1–0–0–0–0 und Sequenz 4 die Folge 0–0–0–0–0–1–1–1–1 auf.

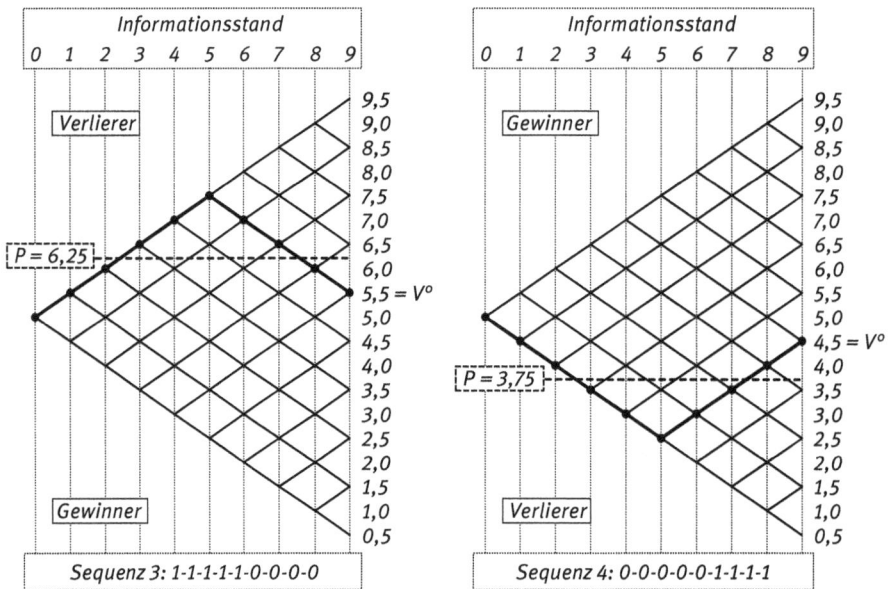

Sequenz 3: 1-1-1-1-1-0-0-0-0

Sequenz 4: 0-0-0-0-0-1-1-1-1

Hier tritt der erwähnte Herdeneffekt deutlich in Erscheinung. Aufgrund der in der Münzfolge 1–1–1–1–1–0–0–0–0 angelegten Informationsverzerrung tendieren alle diejenigen, die über ein mittleres Informationsniveau verfügen, dazu, ähnliche Fehler zu machen und den Wert des Papiers zu überschätzen. Einem Investor mit sehr hohem Informationsstand unterlaufen, da er sehr präzise schätzt, diese Fehler nicht und ein Investor mit sehr geringer Information weiß zu wenig, um sich der Herde anzuschließen. Bei einem markträumenden Preis von $P = 6,25$ und $V° = 5,5$ liegt eine Überbewertung vor, die den Käufern $T_3 \ldots T_7$ einen Nachteil und den Verkäufern T_0, T_1, T_2, T_8 und T_9 einen Vorteil beschert. Der umgekehrte Fall ergibt sich bei der Münzfolge 0–0–0–0–0–1–1–1–1: Hier ist das Papier mit $P = 3,75$ und $V° = 4,5$ unterbewertet und die Käufer T_0, T_1, T_2, T_8 und T_9 gewinnen, während die Verkäufer $T_3 \ldots T_7$ verlieren. In beiden Fällen, bei Sequenz 3 wie bei Sequenz 4, sorgt eine verzerrte Information dafür, dass Trader, die im Besitz dieser Information sind, den Preis in die falsche Richtung treiben und dann selbst zum Opfer der von ihnen ausgelösten Fehlbewertung werden. Zwar hat T_6 weit präziser geschätzt (für ihn liegt bei Sequenz 3 der mögliche Wert des Papiers bei 7±2) als T_0 (für den der Wert bei 5±5 liegt), gleichwohl hat der Herdeneffekt diesen Schätzvorteil zunichtegemacht. Offenkundig ist der Zusammenhang zwischen Informationsstand und Entscheidungsqualität in einem Markt nicht linear.

Die beiden letzten Sequenzen weisen keine eindeutige Richtung auf. Sequenz 5 ist durch die Münzfolge 1–0–1–0–1–0–1–0–1 gekennzeichnet. Das Wertpapier ist mit $P = 5,25$ gegenüber $V° = 5,5$ leicht unterbewertet. Käufer wie Verkäufer finden sich gleichermaßen auf allen Informationsniveaus und die Entscheidung, welche der beiden Marktseiten einen kleinen Vorteil und welche einen kleinen Nachteil hat, hängt vom Zufall, nämlich der Lage der letzten Münze ab: liegt sie auf null, so ist $V = 5$ und die Verkäufer haben zulasten der Käufer 0,25 gewonnen; liegt die letzte Münze auf eins, so gilt $V = 6$ und die Käufer können einen Gewinn von 0,75 verbuchen. Bei Sequenz 6 mit der Münzfolge 1–1–0–0–1–1–0–0–1 ergibt sich ein Marktpreis von $V° = P = 5,5$, d. h. das Papier ist genau richtig (informationseffizient) bewertet; allerdings muss eine Repartierung erfolgen, da den beiden Käufern T_2 und T_6 die drei Verkäufer T_0, T_4 und T_8 gegenüberstehen. Ex ante hat keine der beiden Marktseiten einen Vorteil gegenüber der anderen, ex post hängt das Ergebnis von der Lage der letzten Münze, mithin vom Zufall ab.

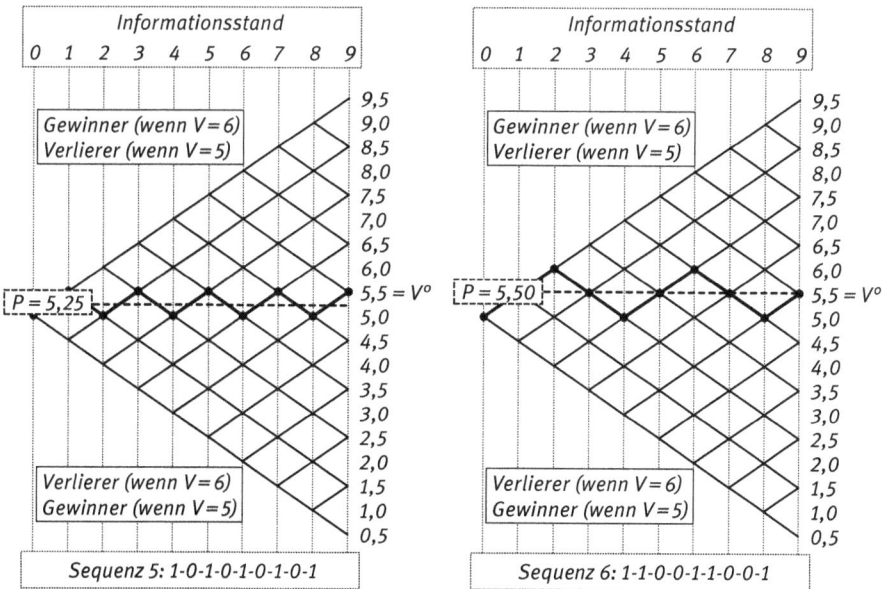

Sequenz 5: 1-0-1-0-1-0-1-0-1

Sequenz 6: 1-1-0-0-1-1-0-0-1

Jede mögliche Folge von neun Münzen entspricht einer von $2^9 = 512$ Sequenzen durch den Binomialbaum und kann in etwa einem der drei Grundtypen (gleichgerichtet, umkehrend, ungerichtet) zugeordnet werden. Damit zeigen sich verschiedene mögliche Ergebnisse:

(1) Die gut informierten Trader gewinnen und die schlecht informierten verlieren (Sequenzen 1 und 2);

(2) Die schlecht informierten und die gut informierten Trader gewinnen, während Trader mit mittleren Informationsständen verlieren (Sequenzen 3 und 4);

(3) Der Markt bewertet weitgehend informationseffizient und Gewinner wie Verlierer verteilen sich gleichmäßig über alle Informationsniveaus (Sequenz 5);

(4) Der Markt bewertet vollkommen informationseffizient und es gibt keine systematischen Gewinner oder Verlierer (Sequenz 6).

Nahezu alles ist möglich; was sich aber nicht als möglich erweist, ist, dass durchschnittlich informierte Trader systematisch besser abschneiden als schlecht informierte Trader. Teilt man das Kontinuum der Informationsstände in vier Gruppen (gering, unteres Mittel, oberes Mittel, hoch) auf, so zeigt sich eine bemerkenswerte Dominanzbeziehung:

Informationsniveau:	sehr gering	unteres Mittel	oberes Mittel	sehr hoch
gleichgerichtete Sequenzen	Verlierer	Verlierer	Gewinner	Gewinner
umkehrende Sequenzen	Gewinner	Verlierer	Verlierer	Gewinner
ungerichtete Sequenzen	neutral	neutral	neutral	neutral

Dominanz

Nicht oder nur sehr schlecht informiert zu sein, stellt offenbar eine dominante Informationsstrategie gegenüber einem mittleren Informationsstand dar, was in Theorie und Praxis allzu leicht verkannt wird: Allzu plausibel und geradezu selbstverständlich erscheint nämlich die Aussage von *Hakansson*: „The effect of knowing more than others, ceteris paribus, ... is to be able to improve upon one's welfare at the expense of those who know less."[114]

Sehen wir uns daher nochmals genauer an, was die unterschiedlichen Informationsstände kennzeichnet:

– Schlecht informierte Marktteilnehmer verfügen über keinerlei oder kaum bewertungsrelevante Information. Sie treffen ihre Entscheidungen auf der Basis eines Wissens, das allgemein, insbesondere aber von Fachleuten und solchen, die sich dafürhalten, als nicht bewertungsrelevant angesehen wird. Sie machen dabei zwar erhebliche Fehler, diese sind aber Großteils nicht miteinander korreliert und weisen daher kaum einen Zusammenhang mit der Fehlbewertung des

---

114 *Hakansson, Nils H.*: On the Politics of Accounting Disclosure and Measurement: An Analysis of Economic Incentives, Supplement to Journal of Accounting Research 1981, S. 15.

Marktes auf. Diese Investoren werden unabhängig davon, ob das Wertpapier tatsächlich über- oder unterbewertet ist, es beim gegebenen Marktpreis mit mehr oder minder gleicher Wahrscheinlichkeit für über- oder unterbewertet halten. In einem nicht informationseffizient bewertenden Markt gilt, dass es eine „richtige" und eine „falsche" Marktseite gibt: Ist das Wertpapier unterbewertet, so ist die Käuferseite „richtig", ist es überbewertet, so ist es die Verkäuferseite. Da die schlecht informierten Marktteilnehmer mit kaum größerer Wahrscheinlichkeit auf der falschen als auf der richtigen Marktseite liegen, können sie im Ergebnis mit einer mittleren oder nur leicht darunterliegenden Rendite rechnen.

– Durchschnittlich informierte Marktteilnehmer legen ihren Entscheidungen die üblicherweise von der Wertpapieranalyse als wichtig erachteten Informationen zu Grunde: Jahresabschlüsse, Zwischenberichte, Presseberichterstattung, Expertenanalysen etc. Da sie i. d. R. eine vergleichbare Ausbildung genossen, dieselben Informationsquellen benutzen und dieselben Lehrbücher gelesen haben, kommen sie zu ähnlichen Schlüssen; ihre Entscheidungen sind somit in hohem Maße positiv korreliert, was für *Sharpe* (1964) die Rechtfertigung dafür darstellte, bei der Herleitung des CAPM sogar von homogenen Erwartungen auszugehen. Andererseits stellen die Informationen, die üblicherweise den durchschnittlich informierten Marktteilnehmern vorliegen, lediglich eine Teilmenge all jener Informationen dar, die für die Bewertung von Wertpapieren von Relevanz sind. Für jede Teilmenge gilt, dass sie gegenüber der Grundgesamtheit unverzerrt (unbiased) oder verzerrt (biased) sein kann. Im ersten Fall kommt derjenige, der sich auf die Teilinformation stützt, zu grundsätzlich gleichen Ergebnissen wie der, dem alle Informationen zu Verfügung stehen; seine Entscheidung ist nicht systematisch fehlerhaft. Im obigen Beispiel lag bei Sequenz 5 den Tradern T_1, T_3, T_5, T_7 und T_9 eine unverzerrte Teilmenge aus der Information vor, was sie alle unabhängig von ihrer Schätzpräzision zum gleichen Urteil veranlasste. Anders ist es hingegen, wenn die Teilinformation verzerrt ist: Alle, die sich ihrer bedienen, werden zu den gleichen Fehlschlüssen veranlasst. Dies schlägt sich in der Bewertung der Marktpreise nieder, und gereicht grundsätzlich denjenigen, die die Fehlbewertungen auslösen, zum Nachteil. Es steht somit zu erwarten, dass bereits recht gut, aber noch immer eher durchschnittlich informierte Marktteilnehmer mit größerer Wahrscheinlichkeit auf der falschen wie auf der richtigen Marktseite liegen und im Durchschnitt mit Ergebnissen rechnen müssen, die deutlich unter der durchschnittlichen Marktrendite liegen.

– Sehr gut informierte Marktteilnehmer nehmen eine weitgehend präzise Schätzung des Werts vor und sind somit in der Lage, etwaige Fehlbewertungen, die der Markt vornimmt, tendenziell auch als solche zu erkennen. Mit ihren Entscheidungen befinden sie sich, obgleich auch sie irren können, mit größerer Wahrscheinlichkeit auf der richtigen als auf der falschen Marktseite. Im Schnitt werden daher sehr gut informierte Marktteilnehmer mit überdurchschnittlichen Renditen rechnen können. Darüber, ob es sich allerdings für sie auch lohnt, ist damit allerdings nichts ausgesagt, denn zur Erreichung derart hoher Informationsstände sind erhebliche Kosten aufzubringen. In unserem agenten-basierten Modell wurde von Kosten abgesehen.[115]

Darüber, was es in realen Finanzmärkten heißt, schlecht, mittel oder gut informiert zu sein, kann letztlich nur gemutmaßt werden. Die nachstehende Tabelle soll allenfalls Anhaltspunkte für eine mögliche Abstufung geben und sollte vor einer allzu schnellen Selbstüberschätzung warnen. Dass Menschen im allgemeinen und Kapitalanleger im speziellen zu overconfidence neigen haben wir bereits mehrmals anhand von empirischen und experimentellen Studien illustriert. Realistischer Weise muss angenommen werden, dass die Hälfte des Marktvolumens von einer äußerst kleinen Gruppe umsatzstarker und bestens informierter global players abgedeckt wird. Nach Angabe des Finanzdienstleisters ADV Ratings haben Ende des Jahres 2021 die 25 größten Finanzdienstleister etwa die Hälfte der weltweiten *assets sunder management* (AUM) kontrolliert:[116] für den kleinsten aus dieser Gruppe waren es immerhin noch deutlich mehr als 1.300 Mrd. US-Dollar (der größte, BlackRock, verwaltete gut 9.000 Mrd. US-Dollar). Angesichts dessen dürfte die Latte, ab welchem Anlagevolumen man sich zu den besser Informierten rechnen kann, sehr hoch liegen.

Rang	Informationsquellen	Informationsstand
1	Radio, TV, kostenlose Internet-Services, nationale und lokale Zeitungen, Zeitschriften von allgemeinem Interesse	*stark unterdurchschnittlich*
2	internationale Zeitungen (Times, New York Times, Le Monde, Corriere della Sera, El Pais, NZZ, FAZ, SZ), Fachzeitschriften	
3	int. Finanzpresse (Economist, Financial Times, Sole 24 Ore, Wall Street Journal, Handelsblatt), Reuters, Bloomberg etc.	*unterdurchschnittlich*
4	spezielle Informationsdienste (Value Line, StockWatch, Sonderdienste von Reuters, Bloomberg, Morningstar etc.)	
5	erstklassige Analystenreports aus erster Hand (UBS, Deutsche Bank, Merril Lynch, Goldman&Sachs, GPMorganetc.)	*durchschnittlich*
6	eigenes Primärresearch auf der Basis öffentlicher Quellen (Financial report, Zwischenberichte, Ad-hoc-Mitteilungen etc.)	
7	regelmäßige Besuche der Pressekonferenzen, Präsentationen, Roadshows etc. bei weltweit allen großen Unternehmen	*überdurchschnittlich*
8	regelmäßige Besuche der Analystenmeetings bei weltweit allen großen Unternehmen, Networking in den Unternehmen	
9	private Information als leitender Mitarbeiter, Manager, Wirtschaftsprüfer, Steuerberater etc. (zulässige Insiderinformation)	*stark überdurchschnittlich*
10	unzulässige Insiderinformation mit starker Auswirkung auf die Marktbewertung als Mitarbeiter, Manager, Wirtschaftsprüfer etc.	

---

115 Ein Versuch, in ein agentenbasiertes Modell Informationskosten einzuführen, findet sich bei: *Kaempff, Bob; Hauser, Florian*: The Value of Costly Information in an Agent-Based Call Auction, 16th Annual Workshop on Economic Heterogeneous Interacting Agents (WEHIA/ESHIA 2011), Ancona Juni 2011.
116 https://www.advratings.com/top-asset-management-firms (zuletzt abgerufen: Oktober 2021).

Passive Informationsstrategien

Dem unterlegenen Teilnehmer im „Wettkampf der Gerissenheit" (*Keynes*) einfach die Empfehlung zu geben, er solle sich besser und sorgfältiger informieren, geht ins Leere: Bei begrenztem Anlagevolumen stößt sie an eine unüberwindliche Kostenbarriere. Abgesehen davon ist es logisch unmöglich, dass sich alle Marktteilnehmer mit größerer Wahrscheinlichkeit auf der sich in der Zukunft als richtig erweisenden Marktseite wiederfinden können: Ex definitione sind beide Marktseiten stets gleich groß. Selbst wenn das Informationsniveau aller Trader verdoppelt wird,[117] ändert sich an der Nullsummeneigenschaft des Marktes nichts: Es wird weiter Gewinner und Verlierer geben und das Informationsparadox von *Grossman* und *Stiglitz* lässt uns vermuten, dass diese Unterscheidung nicht wie in der Effizienzmarktthese impliziert rein zufällig, sondern informationsbedingt ist.

Gleichwohl gibt es einen einfachen Weg, sich aus der Unterlegenheitsfalle zu befreien, der auch in der Praxis in großem Maße genutzt wird. Betrachten wir in unserem agentenbasierten Modellmarkt nochmals die Ergebnisse, die sich bei durchgängig informationsgestütztem, fundamentalanalytischem Entscheidungsverhalten ergeben haben und stellen zusätzlich die Frage, in wie viel Prozent der Fälle die einzelnen Akteure sich auf der Sieger- und auf der Verliererseite befanden.

ABM 2: alle Trader entscheiden fundamentalanalytisch, Marktseiten

Trader t:	0	1	2	3	4	5	6	7	8	9
IL_t:	0	1	2	3	4	5	6	7	8	9
G_t:	−0,34	−0,38	−0,40	−0,37	−0,31	0,03	0,22	0,39	0,51	0,64
„richtig" in %	39	32	37	30	42	46	62	63	77	78
„falsch" in %	61	68	63	70	58	54	38	37	23	22

Wie zu erkennen ist, sind diejenigen, die die stärksten Verluste hinnehmen mussten (T_1, T_2 und T_3), auch diejenigen, die mit deutlich größerer Wahrscheinlichkeit auf der falschen Marktseite waren. Für Trader T_5 gilt, dass er ungefähr mit gleicher Wahrscheinlichkeit richtig wie falsch liegt und somit mit einem durchschnittlichen Ergebnis rechnen kann. Dasselbe Resultat lässt sich aber auch dadurch erreichen, dass man es dem Zufall überlässt, ob man auf die Käuferseite oder die Verkäuferseite geht. Man überlässt die Anlageentscheidung seinem Hund, dem man den Kurszettel vorliest: Wertpapiere, bei denen der Schwanz rechts ist, werden gekauft, diejenigen, Papiere,

---

117 Wenn man in unserem simulierten Markt unterstellt, das Wertpapier sei die Summe von 20 *Laplace*-Münzen, ändert sich an den Ergebnissen zunächst einmal nichts: An die Stelle der Erwartungswertschätzung von 0,5 für die letzte Münze tritt nun eine Erwartungswertschätzung von 5,5 für die unbekannten elf Münzen. Verdoppelt man nun das Informationsniveau (aus T_0, T_1, T_2, T_3, ... wird T_0, T_2, T_4, T_6, ...), so werden es wieder die schlechter Informierten sein, die verlieren, während die besser Informierten den „Markt schlagen" können.

bei denen er links ist, werden nicht gekauft (oder verkauft). Da man mit dieser Methode stets mit gleicher Wahrscheinlichkeit auf der richtigen wie auf der falschen Marktseite liegt, wird man ähnlich gut abschneiden wie Trader T_5, der über ein schon recht hohes (sogar überdurchschnittliches) Informationsniveau verfügt. In ABM 3 wird gezeigt, wie sich die erwarteten Gewinne ändern, wenn T_0 auf eine Zufallsstrategie übergeht, während alle anderen bei ihrer Fundamentalstrategie verbleiben. Sein Ergebnis hat sich erheblich verbessert, wenngleich es nicht auf null gestiegen ist: Natürlich hat jeder Trader in einem Markt mit nur zehn Teilnehmern einen nicht unerheblichen Einfluss auf den Preis, was stets zu seinen Lasten geht. Wenn der Zufallsinvestor in einem derart engen Markt kauft, ist der Preis ein wenig höher, als er ohne sein Hinzutreten gewesen wäre, wenn er verkauft, ist er etwas niedriger: T_0 kauft somit immer etwas zu teuer und verkauft immer etwas zu billig, was ein leicht unterdurchschnittliches Ergebnis zur Folge hat.

ABM 3: T_0 wechselt von der fundamentalen zur zufälligen Entscheidung

Trader t:	0	1	2	3	4	5	6	7	8	9
IL_t (Z = Zufall):	0/Z	1	2	3	4	5	6	7	8	9
G_t (T_0 fundamental)	−0,34	−0,38	−0,40	−0,37	−0,31	0,03	0,22	0,39	0,51	0,64
G_t (T_0 zufällig)	−0,10	−0,31	−0,36	−0,36	−0,33	−0,11	0,14	0,33	0,48	0,62

Gleichwohl haben wir es wieder mit einem Fall negativen Informationsnutzens zu tun: Für Investoren, die bei einer aktiven Informationsstrategie aufgrund ihres Informationsstands mit nur unterdurchschnittlichen Gewinnen rechnen können, ist es eine streng dominante Strategie, die ihnen zur Verfügung stehende Information *nicht* zu nutzen.[118] Wohlgemerkt: Es handelt sich nicht um *falsche* Information, deren Nutzung man tunlichst vermeiden sollte (eine Aussage, die trivial wäre), sondern um *richtige*, aber im Marktkontext gesehen unterdurchschnittlich umfängliche Information. Der Investor, der auf eine passive Anlagestrategie übergeht, orientiert sich ausschließlich am Marktpreis und handelt, da der Marktpreis ein durchschnittliches Informationsniveau widerspiegelt,[119] mit einer Entscheidungsqualität, die der eines durchschnittlich informierten Traders gleichkommt. Indem er sich des von den anderen Marktteilneh-

---

118 Dieses Ergebnis hängt nicht von der Art des Informationssystems ab: Auch in einem unabhängigen Informationssystem, bei dem, anders als bei dem hier unterstellten kumulierten Informationssystem, die unterschiedlichen Informationsstände unabhängige Ziehungen aus den zehn binären Signalen darstellen, gilt, dass unterlegene Marktteilnehmer sich durch Übergang auf eine Zufallsstrategie aus ihrer Unterlegenheit zumindest teilweise befreien können.

119 Vgl. *Wahl, Jack*: Informationsbewertung und -effizienz auf dem Kapitalmarkt, Würzburg-Wien (Physica) 1983, S. 165 (Fn 1).

mern im Preis verkörperten Wissens bedient, verhält sich als typischer Freerider einer von Dritten erbrachten Leistung.[120]

Aus der Spieltheorie ist bekannt, dass es dem unterlegenen Spieler in vielen Fällen ganz einfach möglich ist, sich durch Übergang auf eine Zufallsstrategie aus seiner Unterlegenheit zu befreien.

Einen typischen Fall stellt das bekannte *Penny-Game* dar. A und B legen simultan je eine Münze auf den Tisch. Zeigen die beiden Münzen das Gleiche (Zahl-Zahl oder Kopf-Kopf), so erhält sie A, liegen sie unterschiedlich (Zahl-Kopf oder Kopf-Zahl), so erhält sie B. Es handelt sich somit um ein Nullsummenspiel, das, wenn es nur wenige Male gespielt wird, den Charakter eines reinen Glücksspiels aufweist; die Gewinnerwartung ist für beide gleich null. Wird es aber einen ganzen Abend lang gespielt, so wird jeder versuchen, die Wahl des anderen zu antizipieren. Dies ist grundsätzlich möglich, da niemand in der Lage ist, eine echte Zufallsfolge zu bilden: entweder unterlaufen ihm zu viele oder zu wenig Wechsel, entweder macht er zu lange oder zu kurze Serien etc. Nehmen wir an, A gelinge es in 6 % der Spiele, die Entscheidung von B zu antizipieren (der Rest sei rein zufällig), aber B gelinge es nur in 3 % gegenüber A. Die Folge: A wird häufiger gewinnen, B häufiger verlieren. In dem Moment, in dem B dies erkennt, ist es für ihn rational, seine Münze wirklich zufällig zu werfen. Er verzichtet zwar auf seine eigenen Treffer, nimmt seinem Gegner aber die Möglichkeit, Treffer gegen sich zu erzielen: Gegenüber dem Zufall geht die psychologische Raffinesse von A ins Leere. Spieler B hat durch den Übergang auf eine Zufallsstrategie nicht nur seine Mühe vermindert, sondern zugleich sein Ergebnis verbessert.

An diesen Überlegungen wird deutlich, wie zentral die eingangs erhobene Forderung ist, Marktpreise müssten bei einer ökonomischen Analyse das Resultat individueller Vorteilhaftigkeitsentscheidungen der Marktteilnehmer sein. Nur wenn das, so wie in unserem kleinen künstlichen Markt, der Fall ist, kommt dem Preis gleichermaßen die Funktion zu, Datum für das eigene Handeln zu sein wie Maßstab, an dem eigenes Handeln evaluiert werden kann. Der Investor, der zugunsten einer Zufallsstrategie auf die Nutzung der ihm vorliegenden Information verzichtet, obwohl er weiß, dass sie ihm eine präzisere Schätzung erlaubt, weiß nämlich auch, dass dem Marktpreis als Ausgleich vernünftiger Entscheidungen anderer ein Informationsgehalt zukommt, der

---

120 Dies alles würde auch dann gelten, wenn wir nicht, wie hier, ein kumulatives, sondern ein unabhängiges Informationssystem unterstellt hätten, bei dem sich die unterschiedlichen Informationsstände als unabhängige Ziehungen (ohne Zurücklegen) aus den zehn binären Informationen ergeben (T_n sieht n Münzen, nicht aber wie im kumulativen System *die ersten n* Münzen). In diesem Falle wäre bei durchgängig fundamentalanalytischen Entscheidungsverhalten der Zusammenhang zwischen Informationsstand und Ergebnis zwar monoton steigend ($G_0 < G_1 < G_2$ ...); gleichwohl würden aber die weniger informierten Trader $T_0 ... T_4$ ein negatives und die besser informierten Trader $T_5 ... T_9$ ein positives Ergebnis erzielen. Für erstere wäre es rational, auf eine zufällige Strategie überzugehen und ein Ergebnis nahe null zu erzielen; vgl. Tabelle 2 in: *Schredelseker, Klaus*: Zur ökonomischen Theorie der Publizität, in: *Ott/Schäfer* (Hrsg.): Effiziente Verhaltenssteuerung und Kooperation im Zivilrecht, Tübingen (Mohr Siebeck) 1997, S. 229.

u. U. höher ist als die ihm vorliegende private Information. Es ist folglich rational, auf diese zu verzichten.

> Bei Entscheidungen gegen die Natur ist das regelmäßig nicht der Fall. Deutlich wird dies, wenn man sich den Unterschied vergegenwärtigt, der zwischen der Teilnahme am Wertpapiermarkt und der Teilnahme an einem Formel-Eins-Rennen besteht. Wer keinerlei Ahnung von beidem hat, wird, eben wie der Hund, an der Börse mit einem durchschnittlichen und damit besseren Ergebnis rechnen können als viele andere weit besser informierte Konkurrenten. Es gibt daher Sinn, den letzteren zu empfehlen, auf Kosten und Mühe der Informationsbeschaffung und -verarbeitung zu verzichten, um ein besseres, nämlich durchschnittliches, statt unterdurchschnittliches Ergebnis zu erlangen. Das Formel-Eins-Rennen hingegen ist, letztlich en Wettkampf gegen die Natur: Derjenige ist Sieger, der die vorgegebene Anzahl von Runden in der kürzesten Zeit zurückgelegt hat. Wer keinerlei Erfahrung im Umgang mit Formel-Eins-Boliden hat, landet, wenn er überhaupt ankommt, unweigerlich am Ende des Feldes. Die Empfehlung an ein letztklassiges Team, die Kosten auf null zu reduzieren, um somit in die Mittelklasse vorzustoßen, wäre absurd. Zwischen Entscheidungen gegen die Natur und Spielen (Märkten) besteht eben, wie wir schon mehrfach festgestellt haben, ein fundamentaler Unterschied. Bereits oben haben wir in der Gegenüberstellung von Meteorologen und Finanzwirtschaftlern den fundamentalen Unterschied zwischen naturwissenschaftlichen Prognosen und Marktprognosen kennengelernt:
> – Beide können sehr wohl sinnvolle Prognosen über die reale Welt abgeben, der eine über Niederschläge, Temperatur, Wind etc., der andere über Inflation, Wachstumsraten, Gesundheitskosten etc.
> – Beide können keine sinnvollen Prognosen über die Richtigkeit der impliziten Prognosen ihrer Fachkollegen (Durchschnittsschätzung, Börsenkurse) abgeben.

Diese Überlegungen sollten deutlich machen, worum es bei Allokationsentscheidungen im Markt geht: Darum, das gegenseitige Wirkungsgeflecht autonomer Handlungen intelligenter Akteure zu verstehen und Verständnis dafür zu gewinnen, welche Rolle dem Preis als Ergebnis *von* und zugleich als Referenzpunkt *für* Marktentscheidungen zukommt. Ein finanzwirtschaftliches Modell, das den Preis als eine stochastische Variable mit Mittelwert μ und Standardabweichung σ modelliert und dann mathematisch elegant Optimierungsaufgaben löst, wird diesem Anspruch genauso wenig gerecht wie ein ökonomisches Modell des vollkommenen Marktes, in dem die Marktteilnehmer als *price-taker* modelliert werden, die keinerlei Einfluss auf die Preise haben. Dieser Einfluss mag gering sein, ihn aber aus Vereinfachungsgründen auf null zu setzen, heißt, aus einer Marktentscheidung eine Entscheidung gegen die Natur zu machen. Es ist genauso falsch wie das Taschentuch-Theorem, das besagt, kein Koffer sei so voll, dass nicht noch ein Taschentuch darin Platz finde. Würde es gelten, so passten alle Taschentücher der Welt in einen Koffer. Würde die Price-taker-Eigenschaft gelten, so hätten Angebot und Nachfrage keinen Einfluss auf die Preise. Beides ist absurd und eine wissenschaftlich fruchtbare Methode, diese Fehler zu vermeiden, ist die hier verwendete agenten-basierte Modellierung im Rahmen von Computersimulationen.

Aus ABM 3 ist auch ersichtlich, dass im Markt jede Situationsveränderung eines Teilnehmers immer auch Auswirkungen auf die anderen hat: In Nullsummenspielen gibt es keine einseitigen Ergebnisverbesserungen, die nicht von Verschlechterungen bei anderen begleitet wären. Mit dem Übergang von einer informationsbasierten auf eine zufällige Entscheidungsstrategie hat sich nicht nur die Situation von T_0 verbessert, sondern auch die von T_1, T_2 und T_3, während alle anderen schlechtere Ergebnisse als zuvor hinnehmen mussten. Insgesamt sind die Ergebnisse somit ausgeglichener geworden.

Mit der Veränderung der Ausgangsposition verändert sich natürlich für jeden einzelnen sein Entscheidungsproblem. Da es für T_0, den Investor mit dem geringsten Informationsstand, lohnend war, seine Entscheidungen dem Zufall zu überlassen, wird das für andere Investoren u. U. auch der Fall sein. ABM 4 zeigt, was geschieht, wenn nacheinander immer mehr Investoren den Schritt zu einem passiven Entscheidungsverhalten vollziehen.

Wie zu erkennen ist, lohnt sich der Übergang zu einer passiven Informationsstrategie

- zunächst für T_0: Er verliert nur noch 0,10 statt zuvor 0,34;
- sodann auch für T_1: Er verliert nur noch 0,11 statt zuvor 0,31;
- sodann auch für T_2: Er verliert nur noch 0,12 statt zuvor 0,30;
- sodann auch für T_3: Er verliert nur noch 0,14 statt zuvor 0,26.

ABM 4: Wechsel von der fundamentalen zur zufälligen Entscheidung

Trader t:	0	1	2	3	4	5	6	7	8	9
G_t (alle fundamental)	−0,34	−0,38	−0,40	−0,37	−0,31	0,03	0,22	0,39	0,51	0,64
G_t (T_0 zufällig)	−0,10	−0,31	−0,36	−0,36	−0,33	−0,11	0,14	0,33	0,48	0,62
G_t ($T_0 \ldots T_1$ zufällig)	−0,11	−0,11	−0,30	−0,32	−0,32	−0,18	0,04	0,27	0,43	0,58
G_t ($T_0 \ldots T_2$ zufällig)	−0,12	−0,12	−0,12	−0,26	−0,27	−0,21	−0,03	0,20	0,39	0,55
G_t ($T_0 \ldots T_3$ zufällig)	−0,14	−0,14	−0,14	−0,14	−0,21	−0,18	−0,07	0,15	0,34	0,52
G_t ($T_0 \ldots T_4$ zufällig)	−0,25	−0,25	−0,25	−0,25	−0,25	−0,00	0,04	0,21	0,39	0,60
G_t ($T_0 \ldots T_5$ zufällig)	−0,49	−0,49	−0,49	−0,49	−0,49	−0,49	0,53	0,64	0,79	0,99
G_t ($T_0 \ldots T_6$ zufällig)	−0,65	−0,65	−0,65	−0,65	−0,65	−0,65	−0,65	1,37	1,51	1,65
G_t ($T_0 \ldots T_7$ zufällig)	−0,63	−0,63	−0,63	−0,63	−0,63	−0,63	−0,63	−0,63	2,45	2,59
G_t ($T_0 \ldots T_8$ zufällig)	−0,40	−0,40	−0,40	−0,40	−0,40	−0,40	−0,40	−0,40	−0,40	3,64
G_t ($T_0 \ldots T_9$ zufällig)	0,00	0,00	0,00	0,00	0,00	0,00	0,00	0,00	0,00	0,00

Für T_4 hingegen ist der Übergang auf eine Zufallsstrategie nicht mehr lohnend: Würde er angesichts dessen, dass $T_0 \ldots T_3$ zufällig entscheiden, auch seine Entscheidung dem Hund überlassen, so müsste er einen Verlust von −0.25 statt zuvor −0.21 hinnehmen. Dadurch, dass mehr und mehr Trader auf ihre Information verzichten und zufällig entscheiden, kommt es offenbar zu gegenläufigen Effekten:

(1) Die Signalqualität des Preises wird dadurch *vermindert*, dass die passiven Trader erratische Einflüsse auf den Marktpreis generieren;[121] dieses endogene Rauschen geht stets zu ihren Lasten und entwertet damit die passive Strategie in immer stärkerem Ausmaß:
   - wenn sich Nachfrage und Angebot der passiven Trader ausgleichen, so nehmen sie keinen Einfluss auf den Marktpreis; der Preis bleibt gleich dem Preis, zu dem auch die Informierten untereinander gehandelt hätten;
   - wenn die passiven Trader zufällig Nettonachfrage entfalten, so treiben sie den Preis nach oben und kaufen mehrheitlich zu einem Preis, der höher liegt als der Preis, der sich ohne sie gebildet hätte; die informierten Trader hingegen verkaufen mehrheitlich das i. d. R. überbewertete Papier;
   - wenn die passiven Trader zufällig ein Nettoangebot erbringen, so treiben sie den Preis nach unten und verkaufen mehrheitlich zu einem Preis, der niedriger liegt als der Preis, der sich ohne sie gebildet hätte; die informierten Trader hingegen kaufen mehrheitlich das i. d. R. unterbewertete Papier.

   Je größer die Zahl der passiv entscheidenden Trader wird, umso eher kommt es zu der dargestellten Preisverzerrung; sie hängt nur von der absoluten Höhe der Übernachfrage bzw. des Überangebots ab, die natürlich mit steigender Zahl an passiven Händlern ihrerseits steigt.

(2) Die Signalqualität des Preises wird dadurch *erhöht*, dass mit dem Übergang eines wachsenden Teils eher schlecht informierter Trader auf eine passive Strategie der durchschnittliche Informationsstand derjenigen Investoren, die ihr Wissen in die Marktpreisbildung einbringen, ansteigt. Damit sinkt auch der Herdeneffekt: Die Zahl der Investoren, die aufgrund ihrer gemeinsamen verzerrten Informationsbasis eine systematische Fehlbewertung generieren, nimmt ab.

Wir haben es also mit zwei sich überlagernden Effekten zu tun: Auf der einen Seite erhöht eine wachsende Zahl passiver Trader die Fehlbewertungen des Marktes (stärkeres Rauschen), auf der anderen Seite vermindern sich dabei die durch Herdenverhalten induzierten Über- und Unterbewertungen. Im Zusammenwirken der beiden Effekte ergibt sich das in ABM 4 gezeigte Bild: Obwohl von Anfang an eine steigende Zahl passiver Trader einhergeht mit einer sinkenden Gewinnerwartung, ist bis T_3 ein Übergang von einer fundamentalen auf eine passive Strategie lohnend (der zweite Effekt ist entscheidend); erst ab T_4 ist eine aktive Strategie einer passiven vorzuziehen (ab hier dominiert der erste Effekt).

Die verbreitete Vorstellung, ein passiver Investor (in der Praxis ein Indexinvestor) könne stets mit der durchschnittlichen Marktrendite (Indexrendite) rechnen, verkennt

121 *Israeli, D., Lee, Ch., Sridharan, S.* Is There a Dark Side to Exchange Traded Funds? An Information Perspective: Review of Accounting Studies 2017 (22), S. 1048–1083.

wieder den Marktzusammenhang. Wer uneingeschränkt von der Price-taker-Eigenschaft der Trader ausgeht, könnte nämlich wie folgt argumentieren:

– In einem ersten Schritt werden die Trader, die zu der Markthälfte gehören, die unterdurchschnittlich abschneiden, auf ein passives Entscheidungsverhalten übergehen und die Indexrendite realisieren. Das Nullsummenspiel zwischen Gewinnern und Verlierern findet somit nur noch in der Markthälfte statt, die zuvor zu den Gewinnern gehörte.

– In einem zweiten Schritt werden die Trader, die jetzt der unterdurchschnittlichen Markthälfte angehören, auf ein passives Entscheidungsverhalten übergehen und die Indexrendite realisieren. Das Nullsummenspiel zwischen Gewinnern und Verlierern findet somit nur noch in dem ursprünglich obersten Marktviertel statt.

– In einem dritten Schritt ....

Eine Situation, in der sich die jeweiligen „Verlierer" schrittweise aus dem Kreis der Informationsverarbeiter verabschieden, bis nur ein einziger übrig bleibt, ist jedoch, wie die Simulationsergebnisse deutlich machen, nicht denkbar: mit jeder Erhöhung der Zahl passiver Investoren nimmt deren Anreiz, einen free-ride auf die von den aktiven erzeugte Informationsqualität des Marktpreises zu nehmen ab und ihr Ergebnis wird entsprechend schlechter.[122] Im Extremfall bestünde der so ermittelte Marktpreis ausschließlich nur noch aus irrationalem Rauschen und Informationsverarbeitung würde sich als extrem nützlich erweisen (s. letzte Zeilen in Tabelle ABM 4). Nicht ohne Grund hat der *Economist* in seiner Ausgabe vom 23. Juni 2011 unter dem Titel „Too much of a good thing" vor dem zu starken Wachstum der Exchange Traded Funds (ETF) gewarnt.

Solange man sich auf aktive und passive Informationsstrategien beschränkt, stellt die Situation, in der die vier Marktteilnehmer mit geringerem Informationsniveau ($T_0 \ldots T_3$) passiv und die sechs Marktteilnehmer mit höherem Informationsniveau ($T_4 \ldots T_9$) aktiv entscheiden, eine Art Nash-Gleichgewicht dar: Keiner der Beteiligten kann durch Strategiewechsel seine individuelle Situation verbessern, denn die Strategie eines jeden ist die beste Antwort auf die Strategie der anderen Marktteilnehmer (in ABM4 grau unterlegt).

Wie bereits angedeutet, entspricht die Zufallsstrategie in realen Märkten dem Investment in Indexprodukten: Der Unterschied zwischen dem Erwerb eines breit den Markt abdeckenden Indexfonds und einer zufälligen Entscheidung liegt ausschließlich im unsystematischen Risiko: Während der einen breiten Markt abbildende Indexfonds aufgrund seines Konstruktionsprinzips bestens diversifiziert ist und nur noch systematisches Risiko aufweist, wird das bei einem Zufallsportefeuille nicht der Fall sein. Da wir in unserer Modellbetrachtung von Risikoneutralität der Akteure ausgehen, ist dieser Unterschied aber ohne Bedeutung.

---

122 Vgl. *Hanke, Michael; Schredelseker, Klaus*: Index funds are expected to underperform the index, Applied Economic Letters 2010, S. 991 ff.

Passive Anlageformen wie Indexinvestments haben sich im vergangenen Jahrzehnt weltweit in atemberaubender Weise durchgesetzt. Die heute verbreitetste Form eines Indexfonds ist der börsengehandelte ETF (Exchange Traded Fund), eine Variante, die erst 1993 eingeführt wurde und von der es heute Tausende Angebote gibt. Ende 2021 waren bereits mehr als 8.500 Milliarden US-$ in ETFs investiert und somit passiv verwaltet.[123]

Allerdings ist der theoretische Hintergrund für das enorme Anwachsen der passiven Anlageformen in aller Regel die Effizienzthese: Wer davon ausgeht, dass die Finanzmärkte in hohem Maße informationseffizient bewerten, wird alle Managementstile unabhängig vom zugrundeliegenden Informationsniveau grundsätzlich als gleich gut einschätzen. Ist das der Fall, kommt dem Indexfonds ein entscheidender Vorteil zu: Da kein Portefeuillemanagement erforderlich ist, sondern lediglich ein Index repliziert wird, können die anfallenden Kosten deutlich gesenkt werden. Der Vorteil des passiven gegenüber dem aktiven Fonds ist so betrachtet vor allem kostenbedingt.

Die Simulationen deuten aber darauf hin, dass im Falle bestehender Ineffizienzen der Vorteil des passiven Entscheidungsverhaltens noch erheblich größer sein dürfte, dann nämlich, wenn wir annehmen, dass die Verwalter selbst großer Fondsvermögen regelmäßig zu dem Personenkreis zu zählen sind, deren Erwartungsrendite systematisch unter dem Marktdurchschnitt liegt. Die Tatsache, dass in den meisten empirischen Analysen zur Performance von Aktienfonds diesen eine deutlich hinter dem Index zurückbleibende Rendite bescheinigt wird (nach Kosten), lassen diese Erwartung für gerechtfertigt erscheinen.

Gemischte Informationsstrategien: Macht Bayes Sinn?

Im vorangegangenen Abschnitt haben die Investoren entweder ihre private Information genutzt, d. h. klassische Fundamentalanalyse betrieben, oder sie haben sich den Informationsgehalt des Marktpreises zunutze gemacht, d. h. sich als Freerider einer von anderen Investoren im Kurs bereit gestellten Information verhalten. In der entscheidungstheoretischen Literatur wird häufig eine Kombination verschiedener Informationsquellen vorgenommen, die auf den englischen Kirchenmann *Bayes* (1701–1761) zurückgeht und auch als *Bayes*'sches updating bezeichnet wird.

Bei Entscheidungen gegen die Natur gilt das *Bayes*'sche updating eines bereits erreichten Wissensstandes auf der Basis neu hinzutretenden Wissens als Ausdruck rationalen Entscheidungsverhaltens: Wer hinsichtlich einer Sache, über die nur begrenzte Information erhältlich ist, über ein mehr oder minder fundiertes Apriori-Wissen verfügt und darüber hinaus weiß, mit welcher Wahrscheinlichkeit ein neu hinzukommendes Wissen mit Eigenschaften dieser Sache verknüpft ist, kann sich diesen

---

123 https://www.bbh.com/us/en/insights/investor-services-insights/2021-global-etf-survey.html (zuletzt abgerufen: November 2021).

Umstand zu Nutze machen: Sein Aposteriori-Wissen hat sich nach Zugang der Information gegenüber seinem Apriori-Wissen verbessert. Wir haben diese Zusammenhänge im Rahmen der entscheidungstheoretischen Grundlagen bereits kennengelernt. Aber auch für rationale Allokationsentscheidungen in Finanzmärkten wird dieses Entscheidungsprinzip immer wieder vorgeschlagen,[124] obwohl es hier in höchstem Maße fragwürdig ist.

Im Sinne einer *Bayes*'schen Analyse vorzugehen wird nämlich nur dann Sinn machen, wenn der Investor sicher sein kann, dass die ihm zugegangenen Informationen nicht auch anderen Marktteilnehmern zugänglich und damit bereits in den Marktpreis eingegangen ist.[125] Diese Bedingung dürfte nur bei echten *Insider*informationen als gegeben angenommen werden dürfen; in diesem Fall ist die Verwendung der *Bayes*'schen Entscheidungsregel allerdings wenig sinnvoll. Ist eine Information hingegen in die Bildung des Marktpreises bereits eingeflossen, womit man als *Outsider* rechnen muss, wird ihre nochmalige Verwendung im Rahmen des *Bayes*'schen Kalküls unweigerlich zu einer unzulässigen Doppelberücksichtigung führen: Das Apriori-Wissen kann nicht dadurch verbessert werden, dass man einfach Teile dieses Wissens höher gewichtet als andere.

Wie wir gesehen haben, gilt in einem nicht effizienten Markt, dass Wertpapiere gleichermaßen über- wie unterbewertet sein können; die unbedingte Wahrscheinlichkeit, d. h. solange keine verlässlichen Informationen vorliegen, ob eher das eine oder das andere der Fall ist, liegt für beide Möglichkeiten bei jeweils 50 %:

$$p(\text{über}) = p(\text{unter}) = 0,5$$

In der Terminologie des *Bayes*'schen Entscheidungskalküls stellt dieses Wissen für einen rationalen Investor sein *Apriori-Wissen* dar. Die Tatsache, dass sehr gut informierte Investoren (*Insider*) bei einer Überbewertung des Wertpapiers diesen Fehler eher erkennen, während die weniger bis durchschnittlich informierten Investoren (*Outsider*) großenteils von einer Unterbewertung ausgehen, ändert an diesem Apriori-Wissen nichts; entsprechendes gilt selbstverständlich im Fall einer Unterbewertung, die auch von den *Insidern* eher erkannt und *Outsidern* eher verkannt wird.

Unabhängig von einer etwaigen Über- oder Unterbewertung gilt, dass der Marktpreis stets dort liegen wird, wo etwa genauso viele Argumente dafürsprechen, dass er zu hoch, wie dass er zu niedrig ist: Würde mehr dafürsprechen, dass der Preis zu hoch ist, so wäre er schon gefallen; würde mehr dafür sprechen, dass er zu niedrig ist, so wäre er schon gestiegen.

---

124 Vgl. beispielsweise *Bank, Matthias; Gerke, Wolfgang*: Finanzierung II, Stuttgart 2005, S. 505 f., 542; s. a. *Gerke, Wolfgang; Bank, Matthias*: Finanzierung, 2. Aufl., Stuttgart 2003, S. 87 f.

125 Die nachstehenden Überlegungen entstammen *Schredelseker, Klaus*: Kritische Überlegungen zur Finanzanalyse, in: *Frick, Roman; Gantenbein, Pascal; Reichling, Peter* (Hrsg.): Asset Management, Bern-Stuttgart-Wien 2012, S. 563–574.

Der *Outsider* muss allerdings eher damit rechnen, dass die ihm zugehenden Informationen (Argumente) eher solche sind, die ihn auf die falsche Marktseite lenken: Ist das Wertpapier überbewertet, so wird er eher zur Hälfte[126] derer gehören, deren Argumente eine Unterbewertung vermuten; ist das Wertpapier unterbewertet, so werden ihn eher Argumente erreichen, nach denen der aktuelle Marktpreis überhöht erscheint. Die *Bayes*'sche Entscheidungsmatrix hat somit für den rationalen *Outsider* die folgende Gestalt: im Fall einer Überbewertung erhält er mit größerer Wahrscheinlichkeit eher bullische (positive), im Fall einer Unterbewertung erhält er mit größerer Wahrscheinlichkeit eher bearische (negative) Argumente.

↓ Zustand	Signal → zu gutes Argument (positiv)	zu schlechtes Argument (negativ)	Summe
WP ist überbewertet (über)	≥ 50 %	≤ 50 %	50 %
WP ist unterbewertet (unter)	≤ 50 %	≥ 50 %	50 %

Damit ergeben sich die nachstehenden *Bayes*'sche Formeln, jeweils bedingt auf das dem Outside-Investor zugehende Signal (*positiv* oder *negativ*):

$$p(\text{über}|\text{pos}) = \frac{p(\text{über}) \cdot p(\text{pos}|\text{über})}{p(\text{über}) \cdot p(\text{pos}|\text{über}) + p(\text{unter}) \cdot p(\text{pos}|\text{unter})} \geq 0,5$$

$$p(\text{unter}|\text{pos}) = \frac{p(\text{unter}) \cdot p(\text{pos}|\text{unter})}{p(\text{unter}) \cdot p(\text{pos}|\text{unter}) + p(\text{über}) \cdot p(\text{pos}|\text{über})} \leq 0,5$$

$$p(\text{über}|\text{neg}) = \frac{p(\text{über}) \cdot p(\text{neg}|\text{über})}{p(\text{über}) \cdot p(\text{neg}|\text{über}) + p(\text{unter}) \cdot p(\text{neg}|\text{unter})} \leq 0,5$$

$$p(\text{unter}|\text{neg}) = \frac{p(\text{unter}) \cdot p(\text{neg}|\text{unter})}{p(\text{unter}) \cdot p(\text{neg}|\text{unter}) + p(\text{über}) \cdot p(\text{neg}|\text{über})} \geq 0,5$$

Ein rationaler *Outsider* wird somit eine neue Information, unabhängig davon, ob sie ihn eine Über- oder eine Unterbewertung vermuten lässt, schlicht unberücksichtigt lassen.[127] Es ist nicht zu bestreiten, dass die Verwendung des *Bayes*'schen Kalküls

---

126 Man bedenke, dass unter „Hälfte" jeweils ungefähr das halbe Marktvolumen zu verstehen ist; angesichts der extremen Ungleichverteilung der Portefeuilles ist die überwältigende Mehrheit der Investoren auf der einen und evtl. eine ganz kleine Gruppe der global players auf der anderen Seite.
127 Bei der Präsentation dieser Überlegungen bei einem Workshop sagte ein Diskussionsteilnehmer, wenn das so sei, dann müsse man einfach genau das Gegenteil von dem tun, was man zu tun beabsichtige. Für jeden Psychologen ist klar, dass dies ein Ding der Unmöglichkeit ist: Wenn man das Gegenteil von dem zu tun versucht, was zu tun man beabsichtigt, dann ist dieses ja das, was man zu tun beabsichtigt. Wer an einem Minorityspiel teilnimmt, weiß, dass er mit größerer Wahrscheinlichkeit zu den Verlierern gehört; er kann nicht damit seine Gewinnchancen erhöhen, dass er versucht, das Gegenteil von dem zu tun, was er will.

bei Entscheidungen gegen die Natur Ausdruck von Rationalität darstellt: Die Überzeugung, dass durch eine neue Information das Apriori-Wissen nur verbessert, niemals aber verschlechtert werden kann, gründet sich jedoch wieder auf das Theorem der Nichtnegativität des Informationsnutzens. Dieses darf, wie wir wissen, in Spielen (und Märkten) nicht einfach angewandt werden. Für einen Investor, der zur großen Masse derer gehört, die realistischerweise unterstellen müssen, zu der weniger gut informierten Markthälfte zu gehören, gilt das caveat: Die bedingte Wahrscheinlichkeit einer ihm zugehenden Information dafür, dass sie ihm eine Fehlbewertung des Titels korrekt signalisiert, ist bestenfalls gleich der unbedingten Wahrscheinlichkeit von 50 %. Es ist eher zu vermuten, dass sich eine Entscheidung, die sich auf ein in der Sache durchaus zutreffendes, aber nur partielles Signal stützt, systematisch als falsch herausstellt. Der Informationsstand eines weniger als sehr gut informierten Traders hat sich somit aufgrund der *Bayes*'schen Entscheidungsregel gegenüber seinem Apriori-Wissen nicht nur nicht verbessert, sondern eher sogar verschlechtert.

Die Verwendung des *Bayes*'schen Updatings kann daher bei Allokationsentscheidungen in diesem Modell nicht als Ausdruck eines rationalen Entscheidungsverhaltens angesehen werden.

Technische (konträre) Informationsstrategien

Im vorangegangenen Abschnitt haben die Marktteilnehmer die ihnen zur Verfügung stehende Information genutzt (aktive Strategie) oder nicht genutzt und eine passive Strategie gewählt. Von einer Mischung zwischen beiden, insbesondere von der Verwendung des *Bayes*-Ansatzes haben wir aus den angegebenen Gründen Abstand genommen. Bei einer passiven Informationsstrategie im Sinne einer rein zufälligen Entscheidung nimmt der Investor den Marktpreis, so wie er sich ergibt, als Datum und tätigt zu diesem Preis mit gleicher Wahrscheinlichkeit entweder eine Kauf- oder eine Verkaufsentscheidung. Er nimmt somit eine free-ride-Position auf den von informierten Investoren erzeugten Marktpreis ein, ohne diesen jedoch zu kennen. Wie wir gesehen haben, entspricht dieses Entscheidungsverhalten in den realen Märkten einem Indexinvestment, bei dem auch keine bewussten Allokationsentscheidungen (auf jeden Fall nicht im Sinne des *stock picking*, meist auch nicht im Sinne des *timing*) getroffen werden. In beiden Fällen kann der Investor mit einer Rendite in Höhe des Marktdurchschnitts (im realen Markt des Index, im Simulationsmodell mit null) rechnen.

Indes können Marktpreise selbst eine darüberhinausgehende Signalqualität aufweisen, wodurch den nicht Informierten ein mehr oder minder großer Teil der Information, über die die Informierten verfügen, *enthüllt* werden kann. Aus Marktpreisen kann dann eine Information abgeleitet werden, die bessere Anlageentscheidungen erlaubt; dies ist es, was häufig von Verfechtern der technischen Wertpapieranalyse behauptet wird. Gilt der Zusammenhang, so führt die Beobachtung der Marktpreise zu

Entscheidungen, die qualitativ denen mit einer aktiven oder einer passiven Informationsstrategie überlegen sind.[128]

Der sich im Markt ergebende Preis ist der Ausgleich der Meinungen aller, der besser wie der schlechter informierten Marktteilnehmer. Schlecht informierte Marktteilnehmer dürften, da ihnen andere Informationen nicht vorliegen, den Wert eines Titels regelmäßig als in der Nähe des langfristigen Durchschnitts einschätzen:[129] In realen Märkten ist dies der letztnotierte Marktpreis, wenn man die Random-Walk-Annahme als beste Schätzung für den uninformierten Investor gelten lässt. In unserem Simulationsmodell ist es der unbedingte Erwartungswert von $D = 5$ (T_0 schätzt immer 5,0; T_1 schätzt 4,5 oder 5,5 etc.). Liegt nun der tatsächliche Wert V wesentlich unter oder über diesem Durchschnittswert D und können gut informierte Trader dies abschätzen, so wird sich ein Marktpreis P einstellen, der zwischen D und V liegt:

- Gilt $D < V$, so ergibt sich $D < P < V$, d. h. das Wertpapier ist unterbewertet und unterdurchschnittlich gut informierte Trader mit aktiver Informationsstrategie werden es verkaufen, da sie es für überbewertet halten.
- Gilt $D > V$, so ergibt sich $D > P > V$, d. h. das Wertpapier ist überbewertet und unterdurchschnittlich gut informierte Trader mit aktiver Informationsstrategie werden es kaufen, da sie es für unterbewertet halten.

Gibt es einen derartigen Zusammenhang, so wäre es einem eher unterdurchschnittlich informierten Trader anzuraten, nach der Regel „Buy high, sell low" zu verfahren.[130] Wenn der Preis, gemessen an D, „hoch" ist, ist er, gemessen an seinem Wert V, wahrscheinlich zu niedrig und sollte gekauft werden; ist der Preis, gemessen an D, hingegen „niedrig", so ist das Wertpapier wahrscheinlich überbewertet und sollte verkauft werden. Die Anwendung einer derartigen Regel setzt nicht einmal voraus, dass der Preis, an dem sich die Entscheidung orientiert, bekannt ist: Es ist lediglich erforderlich, die ausführende Bank davon zu überzeugen, dass man wirklich nur dann kaufen will, wenn der Preis höher ist als D, bzw. dann verkaufen will, wenn der Preis niedriger ist als D (letzteres ist eher kommunizierbar, da es sich um eine typische stop-loss-order handelt). In Anlehnung an einen Begriff von *Lakonishok et al.* werden derartige Strategien hier als *konträr* bezeichnet, „because they are *contrarian* to ‚naive' stra-

---

128 Vgl. *Schmidt, Reinhard H.*: Aktienkursprognose, Gabler (Wiesbaden) 1976, S. 183: Der technische Analyst gewinnt „nur, wenn er sich an diejenigen anschließt, die wegen ihrer Startvorteile oder aus welchen Gründen auch immer gewinnen. Was ‚die' [...] oder ‚smart money' wissen, erwarten und vielleicht auch manipulieren, glauben die Anhänger der Technischen Analyse erkennen zu können. Es komme nämlich ‚im Markt' zum Ausdruck."

129 Vgl. *Kahneman, Daniel; Tversky, Amos*: Intuitive Prediction: Biases and Corrective Procedures, in: *Kahneman, Daniel; Slovic, Paul; Tversky, Amos* (Hrsg.): Judgement Under Uncertainty: Heuristics and Biases, Cambridge (University Press) 1982, S. 417.

130 Vgl. *Schredelseker, Klaus; Wirthensohn, Christian*: Buy high, Sell low. Konträre Handelsstrategien und Information, Bankarchiv 2000, S. 1077–1083; der postulierte Zusammenhang konnte allerdings anhand von Daten aus dem österreichischen Markt nicht bestätigt werden.

tegies followed by other investors".[131] In unserem Simulationsmodell geht, wie ABM 5 zeigt, die Rechnung auf. Eine im genannten Sinne konträre Informationsstrategie (Kauf, wenn $P > 5$; Verkauf, wenn $P < 5$) führt für einen Teil der Trader zu erheblichen Gewinnen: T_0 kann mit einer konträren Strategie nicht nur, wie zuvor mit der passiven Strategie, seinen Verlust vermindern, sondern mit $G_1 = 0,16$ sogar einen Gewinn verbuchen, der ihn besser als T_6, einen klar überdurchschnittlich informierten Mitbewerber, stellt.

ABM 5: Wechsel von der fundamentalen zur konträren Entscheidung

Trader t:	0	1	2	3	4	5	6	7	8	9
G_t (alle fundamental)	−0,34	−0,38	−0,40	−0,37	−0,31	0,03	0,22	0,39	0,51	0,64
G_t (T_0 konträr)	0,16	−0,25	−0,31	−0,35	−0,34	−0,26	0,07	0,27	0,44	0,57
G_t (T_0 und T_1 konträr)	0,00	0,00	−0,18	−0,23	−0,27	−0,22	−0,13	0,17	0,34	0,52
G_t ($T_0 \ldots T_2$ konträr)	−0,18	−0,18	−0,18	−0,03	−0,10	−0,09	−0,06	0,05	0,29	0,49
G_t ($T_0 \ldots T_3$ konträr)	−0,36	−0,36	−0,36	−0,36	0,18	0,17	0,16	0,21	0,25	0,47
G_t ($T_0 \ldots T_4$ konträr)	−0,73	−0,73	−0,73	−0,73	−0,73	0,73	0,73	0,73	0,73	0,73

Allerdings schwindet mit zunehmender Zahl der Anwender der Vorteil rapide, deutlich schneller als dies beim sukzessiven Übergang auf eine passive Strategie der Fall war. Nach T_0 lohnt sich der Übergang auf eine technische Strategie nur noch für T_1, der seine Verluste auf null reduzieren kann. Würde T_2 auf eine konträre Strategie wechseln, so würde er sich von −0,176 auf −0,184 verschlechtern. Diese starke Reaktion war zu erwarten, da konträre Trader, anders als passive Investoren, niemals gegenläufige Positionen eingehen, die sich in ihrer Marktwirkung aufheben. Da die konträren Trader unterbewertete Titel kaufen und überbewertete verkaufen, sorgen sie mit den damit ausgelösten Preisanpassungen zunächst für eine informationseffizientere, dann aber für ein Überschießen, eine weniger effiziente Bewertung: Titel, die ohne Hinzutreten konträr agierender Trader unterbewertet (überbewertet) gewesen wären, werden nunmehr aufgrund der starken Nachfrage (des starken Angebots) überbewertet (unterbewertet). Da technische Anleger ihr Entscheidungsverhalten von den Preisen abhängig machen, die sich aufgrund der Orders der anderen ergeben, gibt es keinen Sinn, wenn mehr als die Hälfte der Trader eine solche Strategie anwenden. Die Analyse endet somit mit dem Grenzfall von fünf technisch orientierten Marktteilnehmern, bei der die Techniker immer verlieren und die Fundamentalanalytiker immer gewinnen. Allerdings wird es soweit nicht kommen, denn analog zur Situation mit nur aktiven und passiven Tradern gibt es auch bei einer Beschränkung auf aktive und konträre Informationsstrategien eine Art Nash-Gleichgewicht: Wenn sich die beiden Marktteilnehmer mit dem geringsten Informationsniveau einer konträren In-

---

[131] *Lakonishok, Josef; Shleifer, Andrei; Vishny, Robert W.*: Contrarian Investment, Extrapolation, and Risk, Journal of Finance 1994, S. 1541–1578 (hier S. 1542).

formationsstrategie und die acht anderen Marktteilnehmer einer aktiven Strategiebedienen, ist eine Situation erreicht, in der keiner der Beteiligten durch Strategiewechsel seine individuelle Situation verbessern kann. Solange wir nur aktive und konträre Strategien als zulässig erachten, ist die Handlungsweise eines jeden der Beteiligten die beste Antwort auf die der anderen (grau unterlegte Zeile).

Optimale Strategienwahl

Bei den Überlegungen zur passiven oder konträren Informationsstrategie haben wir jeweils gefragt, ob es für einzelne Trader besser ist, aktive Informationsverarbeitung zu betreiben oder sich einer der beiden anderen Informationsstrategien zu bedienen. Wie aber sieht ein Markt aus, in dem die Beteiligten aus allen drei in realen Märkten praktizierten Informationsstrategien die für sie beste wählen können? Gesucht ist somit eine stabile Lösung im Sinne eines Nash-Gleichgewichts der drei hier untersuchten Informationsstrategien: Was passiert, wenn alle Beteiligten die für sie optimale Strategie wählen?

Ein solches Gleichgewicht kann im Rahmen einer agenten-basierten Modellierung nicht simultan, sondern nur sequenziell ermittelt werden. Im Folgenden wird daher, ausgehend von unserer Ausgangssituation in ABM 1, bei der sich alle Marktteilnehmer einer aktiven Informationsstrategie bedienen, schrittweise der Weg zu dem gesuchten Nash-Gleichgewicht begangen. Nacheinander prüft jeweils ein Investor unter der Annahme, dass die anderen ihre Strategie nicht verändern, die Strategiealternativen durch und wählt dann diejenige, mit der er das beste Ergebnis erzielen kann. Wenn wir in einem ersten Schritt T_0 diesen Alternativencheck durchführen lassen, erweist sich, wie ABM 6a zeigt, unter der Annahme, dass alle anderen eine Fundamentalstrategie betreiben, eine technische(konträre) Informationsstrategie als optimal. Er kann, wie wir bereits in ABM 5 gesehen haben, mit einem Gewinn von 0,16 rechnen: Die Preise erlauben es den schlecht Informierten, Rückschlüsse auf den Informationsstand der besser Informierten zu ziehen. Nach *Schmidt* ist dies eine der wenigen logisch nachvollziehbaren Legitimationen für die Verwendung technischer Analysemethoden.[132]

ABM 6a: T_0 prüft seine Alternativen

Trader t:	0	1	2	3	4	5	6	7	8	9
Ausgangspunkt	*fund*	*fund*	*fund*	*fund*	*fund*	*fund*	*fund*	*fund*	*fund*	*fund*
G_t (T_0 fundamental)	−0,34	−0,38	−0,40	−0,37	−0,31	0,03	0,22	0,39	0,51	0,64
G_t (T_0 passiv)	−0,10	−0,31	−0,36	−0,36	−0,33	−0,11	0,14	0,33	0,48	0,62
G_t (T_0 technisch)	**0,16**	−0,25	−0,31	−0,35	−0,34	−0,26	0,07	0,27	0,44	0,57

132 *Schmidt, Reinhard H.*: Aktienkursprognose – Aspekte positiver Theorien über Aktienkursänderungen, Wiesbaden 1976, S. 182 f.

Da sich somit T_0 für eine technische Informationsstrategie entscheidet, ergibt sich in ABM 6a die grau unterlegte Renditenverteilung, die dann den Ausgangspunkt für die Analyse von T_1 bildet. Nach Prüfung seiner Alternativen entscheidet sich auch dieser für eine technische Informationsstrategie, mit der er zwar kaum noch besser abschneidet als der Markt, sich mit einem Ergebnis von 0,03 aber immer noch besserstellt als mit einer fundamentalen oder passiven Strategie:

ABM 6b: T_1 prüft seine Alternativen

Trader t:	0	1	2	3	4	5	6	7	8	9
Ausgangspunkt	*tech*	*fund*	*fund*	*fund*	*fund*	*fund*	*fund*	*fund*	*fund*	*fund*
G_t (T_1 fundamental)	0,16	−0,25	−0,31	−0,35	−0,34	−0,26	0,07	0,27	0,44	0,57
G_t (T_1 passiv)	0,12	−0,11	−0,24	−0,28	−0,31	−0,25	−0,05	0,21	0,38	0,53
G_t (T_1 technisch)	0,03	**0,03**	−0,19	−0,23	−0,29	−0,22	−0,15	0,16	0,34	0,51

Nunmehr sucht T_2 nach besseren strategischen Alternativen. Auch für ihn erweist sich, wie aus ABM 6c ersichtlich ist, eine technische Informationsstrategie als optimal, da er damit nur 0,12 verliert; mit einer fundamentalanalytischen Strategie würde er −0,19 und mit einer passiven Strategie −0,15 verlieren:

ABM 6c: T_2 prüft seine Alternativen

Trader t:	0	1	2	3	4	5	6	7	8	9
Ausgangspunkt	*tech*	*tech*	*fund*	*fund*	*fund*	*fund*	*fund*	*fund*	*fund*	*fund*
G_t (T_2 fundamental)	0,03	0,03	−0,19	−0,23	−0,29	−0,22	−0,15	0,16	0,34	0,51
G_t (T_2 passiv)	−0,04	−0,04	−0,15	−0,12	−0,20	−0,17	−0,13	0,08	0,30	0,48
G_t (T_2 technisch)	−0,12	−0,12	**−0,12**	−0,05	−0,14	−0,13	−0,11	0,05	0,27	0,47

Für T_3 ergibt sich allerdings, wie aus ABM 6d hervorgeht, durch Wechsel auf eine der beiden anderen Informationsstrategie kein Vorteil; er bleibt bei der zuvor praktizierten fundamentalen Strategie auf der Basis der ihm vorliegenden Information; zwar muss er im Schnitt mit einem Verlust in Höhe von −0,05 rechnen, stellt sich damit aber noch immer besser als mit einer anderen Informationsstrategie:

ABM 6d: T_3 prüft seine Alternativen

Trader t:	0	1	2	3	4	5	6	7	8	9
Ausgangspunkt	*tech*	*tech*	*tech*	*fund*	*fund*	*fund*	*fund*	*fund*	*fund*	*fund*
G_t (T_3 fundamental)	−0,12	−0,12	−0,12	**−0,05**	−0,14	−0,13	−0,11	0,05	0,27	0,47
G_t (T_3 passiv)	−0,20	−0,20	−0,20	−0,16	0,00	−0,02	−0,01	0,10	0,23	0,46
G_t (T_3 technisch)	−0,32	−0,32	−0,32	−0,32	0,15	0,15	0,12	0,19	0,21	0,45

Allerdings hat die Entscheidung von T_1 und T_2, auf eine technische Strategie überzugehen, die gesamte Situation verändert und lässt es nunmehr für T_0 angeraten sein, wieder auf eine fundamentalanalytische Strategie zurück zu wechseln, wie man in ABM 6e erkennt. Man beachte, dass nunmehr die dritte Zeile die Ausgangssituation darstellt, da T_0 ja von der Warte einer technischen Strategie aus seine Entscheidungsalternativen prüft:

ABM 6e: T_0 prüft erneut seine Alternativen

Trader t:	0	1	2	3	4	5	6	7	8	9
Ausgangspunkt	tech	tech	tech	fund	fund	fund	fund	fund	fund	fund
G_t (T_0 fundamental)	**−0,10**	0,09	0,09	−0,23	−0,29	−0,28	−0,21	0,12	0,32	0,49
G_t (T_0 passiv)	−0,15	−0,04	−0,04	−0,12	−0,20	−0,17	−0,13	0,08	0,30	0,48
G_t (T_0 technisch)	−0,12	−0,12	−0,12	−0,05	−0,14	−0,13	−0,11	0,05	0,27	0,47

Durch das Ausscheiden von T_0 aus dem Kreis der technischen Trader stellt sich das Problem für T_3 neu. Eine Prüfung seiner Entscheidungsalternativen ergibt, dass aufgrund der veränderten Bedingungen für ihn nun doch ein Wechsel auf eine technische Strategie von Vorteil ist, womit sich wieder für alle eine neue Situation wie in ABM 6f ergibt:

ABM 6f: T_3 prüft erneut seine Alternativen

Trader t:	0	1	2	3	4	5	6	7	8	9
Ausgangspunkt	fund	tech	tech	fund	fund	fund	fund	fund	fund	fund
G_t (T_3 fundamental)	−0,10	0,09	0,09	−0,23	−0,29	−0,28	−0,21	0,12	0,32	0,49
G_t (T_3 passiv)	−0,04	0,02	0,02	−0,14	−0,20	−0,21	−0,21	0,03	0,27	0,47
G_t (T_3 technisch)	0,04	−0,09	−0,09	**−0,09**	−0,12	−0,17	−0,17	0,01	0,24	0,44

Ein Alternativencheck von T_4 ergibt, dass es für ihn keinen Sinn macht, seine fundamentalanalytische Strategie aufzugeben; dies zeigt ABM 6g:

ABM 6g: T_4 prüft erneut seine Alternativen

Trader t:	0	1	2	3	4	5	6	7	8	9
Ausgangspunkt	fund	tech	tech	tech	fund	fund	fund	fund	fund	fund
G_t (T_4 fundamental)	0,04	−0,09	−0,09	−0,09	**−0,12**	−0,17	−0,17	0,01	0,24	0,44
G_t (T_4 passiv)	0,12	−0,13	−0,13	−0,13	−0,16	−0,05	−0,08	0,02	0,17	0,43
G_t (T_4 technisch)	0,27	−0,27	−0,27	−0,26	−0,26	0,07	0,06	0,13	0,17	0,42

Wohl aber ist dies der Fall für T_5, der angesichts dessen, dass T_1, T_2 und T_3 eine technische Entscheidungsstrategie verfolgen, stärker vom Herdeneffekt betroffen ist als

T_4. Für ihn ist es optimal, seine Entscheidung zufällig zu treffen, d. h. eine passive Entscheidungsstrategie zu wählen, wie ABM 6h zeigt:

ABM 6h: T_5 prüft seine Alternativen

Trader t:	0	1	2	3	4	5	6	7	8	9
Ausgangspunkt	*fund*	*tech*	*tech*	*tech*	*fund*	*fund*	*fund*	*fund*	*fund*	*fund*
G_t (T_5 fundamental)	0,04	−0,09	−0,09	−0,09	−0,12	−0,17	−0,17	0,01	0,24	0,44
G_t (T_5 passiv)	0,09	−0,12	−0,12	−0,12	−0,03	**−0,15**	−0,07	0,02	0,16	0,41
G_t (T_5 technisch)	0,23	−0,23	−0,23	−0,23	0,08	−0,23	0,04	0,07	0,14	0,41

Mit der nunmehr gefundenen Verteilung der Informationsstrategien mit drei Technikern (T_1, T_2 und T_3), einem Passiven (T_5) und sechs Fundamentalanalysten (T_0, T_4, T_6, T_7, T_8 und T_9) ist ein Zustand zustande gekommen, bei dem kein Investor mehr einen Anreiz hat, isoliert seine Strategie zu verändern; wir haben somit ein gewünschtes Nash-Gleichgewicht erreicht, wie aus ABM 6i hervorgeht. In dieser Tabelle geben die hervorgehobenen Zahlen die im Gleichgewicht von jedem Trader gewählte Strategie sowie das damit erzielte Erwartungsergebnis an. Vergleiche können jetzt sinnvollerweise nur für jeweils einen Trader, d. h. in den Spalten vorgenommen werden. Die Zahlen in den Zeilen sind nicht vergleichbar und weisen natürlich auch nicht mehr wie bislang eine Summe von null auf. Wie zu erkennen ist, wäre für jeden Akteur ein isoliertes Abweichen von dieser Strategiewahl mit einem Nachteil verbunden: So verliert T_3 mit der für ihn optimalen technischen Strategie nur 0,12; mit einer fundamentalen Strategie würde er 0,16 und mit einer passiven sogar 0,27 verlieren.

ABM 6i: ein mögliches Nash-Gleichgewicht

Trader t:	0	1	2	3	4	5	6	7	8	9
optimale Strategie	*fund*	*tech*	*tech*	*tech*	*fund*	*pass*	*fund*	*fund*	*fund*	*fund*
G_t/fundamental	**0,09**	−0,12	−0,17	−0,16	**−0,03**	−0,17	**−0,07**	**0,02**	**0,16**	**0,41**
G_t/passiv	−1,08	−0,29	−0,29	−0,27	−1,04	**−0,15**	−1,09	−1,04	−1,15	−1,06
G_t/technisch	−1,13	**−0,12**	**−0,12**	**−0,12**	−1,03	−0,23	−1,02	−0,94	−1,08	−0,96

Das in ABM 6i dargestellte Gleichgewicht ist natürlich nur eines von vielen möglichen. Das Ergebnis ist „pfadabhängig", d. h. je nachdem, von wo man startet, wird man zu einem anderen Gleichgewicht kommen. Man hätte z. B. auch unterstellen können, dass die Trader den Alternativencheck nicht in der Reihenfolge ihrer Informationsstände durchführen, sondern dass jeweils derjenige mit dem größten Leidensdruck zuerst seine strategischen Alternativen prüft. In diesem Fall hätte man in ABM 6a mit T_2, dem „biggest loser" bei ausschließlich fundamentalanalytischen Strategien, beginnen müssen. Damit hätte sich das in ABM 6j dargestellte Nash-Gleichgewicht ergeben, bei dem sich T_2, T_3 und T_5 der technischen Analyse bedienen, T_6 zufällig entscheidet und die restlichen Trader Fundamentalanalyse betreiben.

ABM 6j: Nash-Gleichgewicht nach der „biggest loser"-Reihenfolge

Trader t:	0	1	2	3	4	5	6	7	8	9
Optimale Strategie	fund	fund	tech	tech	fund	tech	pass	fund	fund	fund
G_t/fundamental	**0,09**	**0,04**	−0,31	−0,29	**−0,13**	−0,24	−0,22	**−0,04**	**0,14**	**0,38**
G_t/passiv	−0,71	−0,68	−0,20	−0,20	−0,77	−0,20	**−0,19**	−0,86	−0,85	−0,83
G_t/technisch	−1,20	−1,23	**−0,09**	**−0,09**	−1,09	**−0,09**	−0,23	−1,23	−1,18	−1,25

Natürlich wären auch noch viele andere Reihenfolgebedingungen möglich gewesen: Alphabet, Zufallsauswahl, absteigende Folge etc. Insgesamt gibt es allerdings nur 42 derartige Gleichgewichte. ABM 6k fasst alle diese Gleichgewichte zusammen und zeigt in der obersten Zeile das Erwartungsergebnis eines Traders mit dem jeweiligen Informationsstand, wenn seine Strategie immer die beste Antwort auf die Strategien der anderen darstellt. Dabei wurde einfach der Durchschnitt in aller Ergebnissen der 42 Gleichgewichte berechnet, d. h. angenommen, dass alle mit der gleichen Wahrscheinlichkeit eintreten können. Dabei bestätigen sich die bereits im Vergleich der beiden dargestellten Gleichgewichte zu Tage tretenden Gemeinsamkeiten: Während die Trader $T_0 \ldots T_7$ sich gegenseitig auszutricksen versuchen (bezeichnend der englische Ausdruck: „outsmart") und dabei im Schnitt leichte Verluste hinnehmen müssen, sind es ausschließlich die extrem gut informierten Trader T_8 und T_9, die systematisch überdurchschnittliche Gewinne erzielen können.

ABM 6k: alle 42 Nash-Gleichgewichte

Trader t:	0	1	2	3	4	5	6	7	8	9
Erwartungsergebnis:	0,00	−0,03	−0,09	−0,09	−0,12	−0,12	−0,15	−0,02	0,20	0,42
fundamental in %:	57,1	54,8	59,5	38,1	45,2	35,7	52,4	100,0	100,0	100,0
passiv in %:	2,4	2,4	4,8	23,8	11,9	19,0	11,9	0,0	0,0	0,0
technisch in %:	40,5	42,9	35,7	38,1	42,9	45,3	35,7	0,0	0,0	0,0

An diesen Ergebnissen zeigt sich die enorme heuristische Kraft der agenten-basierten Modellierungsmethode: Mit einfachsten Mitteln, aber unter konsequenter Berücksichtigung elementarer methodischer Prinzipien (strikter Individualismus, rationales oder zumindest absichtsvolles Verhalten der Beteiligten, Interdependenz der Strategien in einem Nullsummenkontext, stets gegebener Anreiz zum Handeln) können aufgrund der Simulationsstudien einigermaßen weitreichende Einsichten gewonnen werden. Wir sind überzeugt, dass trotz der notwendigen Vereinfachungen diese Erkenntnisse im Kern auf reale Finanzmärkte übertragen werden können, ohne so offenkundige Widersprüche zu provozieren, wie das bei der Effizienzmarktthese der Fall ist, oder bei jenen, die im Sinne der klassischen Fundamentalanalyse behaupten, mehr Information sei immer besser als weniger. Fassen wir die wesentlichsten Erkenntnisse zusammen:

(1) Die Vorstellung von einem Markt, in dem sich alle Marktteilnehmer im klassischen Sinne Informationen beschaffen, Finanzanalyse betreiben und versuchen, fehlbewertete Wertpapiere ausfindig zu machen, um sich aufgrund ihres Wissens Vorteile zu verschaffen, ist mit dem Rationalitätspostulat nicht vereinbar. Bewertet der Markt informationseffizient, so gibt es keinen Anreiz, Informationen zu verarbeiten, was aber gerade die Voraussetzung für einen informationseffizienten Markt darstellt (*Grossman/Stiglitz*). Bewertet der Markt hingegen nicht informationseffizient, so ist es für viele vorteilhaft, auf eine passive oder technische Informationsstrategie überzugehen, d. h. sich der ihnen vorliegenden Informationen *nicht* zu bedienen.[133]

(2) Der Markt ist ein Nullsummenspiel um das marktdurchschnittliche Ergebnis (Index). Es ist nicht vorstellbar, dass derjenige, der keinerlei Information hat und daher den Index kauft, mit einer Indexrendite rechnen kann, während alle anderen, die mehr wissen als nichts, im Schnitt besser abschneiden als der Index.

(3) Wenn sich alle Marktteilnehmer optimal verhalten, indem sie diejenige Informationsstrategie wählen, die vor dem Hintergrund der Aktionen der anderen das für sie beste Ergebnis erwarten lässt, gibt es nur ganz wenige, extrem gut informierte Investoren, die damit rechnen können, den Markt zu schlagen (zumindest vor Kosten). Alle anderen versuchen, sich gegenseitig auszutricksen und werden dabei nur mit einer unterdurchschnittlichen Performance rechnen können. Eine rationale, nicht am Dogma nützlicher Informationsverarbeitung orientierte Strategiewahl ermöglicht es ihnen jedoch, ihre Verluste begrenzen zu können.

(4) Für sehr gut informierte Investoren ist es stets rational, Fundamentalanalyse zu betreiben: In allen 42 Gleichgewichten sind T_7, T_8 und T_9 Informationsverarbeiter, wenngleich das Informationsniveau von T_7 bereits nicht mehr ausreicht, um ein überdurchschnittliches Ergebnis erzielen zu können.

(5) Investoren mit einem guten, aber nicht überdurchschnittlichen Informationsniveau sollten ihren Informationen am ehesten misstrauen, da bei ihnen die Gefahr des negativen Herdeneffekts am größten ist. In der Simulation sind es die Trader T_3, T_4 und T_5, die, sofern sie optimal entscheiden, ihre Entscheidungen am wenigsten häufig auf die Regeln der Fundamentalanalyse stützen.

(6) Zwischen uninformierten, schlecht informierten, mittelmäßig informierten und recht gut informierten Investoren besteht kein nennenswerter Unterschied in ihrer

---

[133] Siehe *Schredelseker, Klaus*: There is no unique rational decision strategy in financial markets, Journal of Portfolio Management, erscheint Februar 2022.

Performance: Der Zusammenhang zwischen Ergebnis und Informationsstand der nicht extrem gut Informierten ($T_0 \ldots T_7$) ist sogar negativ.[134]

(7) In einem nicht informationseffizienten Markt ist es möglich, dass die Marktpreise eine Information enthüllen, die clevere Investoren mit einer wie auch immer gearteten technischen Wertpapieranalyse ausnutzen können. Dies muss nicht notwendig dazu führen, den Markt zu schlagen; es ist hinreichend, wenn so Verluste vermindert werden können.

Das von *Grossman/Stiglitz* geforderte und in ABM 6j gegebene „equilibrium degree of disequilibrium"[135] liegt auf der Linie der österreichischen Schule der Nationalökonomie: *Hayek* hat in seinen Schriften[136] immer wieder betont, dass das Konzept des wirtschaftlichen Gleichgewichts nur dann Sinn gibt, wenn man nicht das Gleichgewicht selbst, sondern den Prozess zum Gleichgewicht zum Gegenstand der Erörterung macht. Dieser Prozess wird nur dadurch in Gang gehalten, dass eben das Gleichgewicht noch nicht erreicht ist und die Akteure einen Anreiz haben zu handeln. Mit einem klassischen analytischen Modell gelingt, wie zu Beginn des Kapitels ausgeführt wurde, die Analyse eines derartigen *vor*-gleichgewichtigen Gleichgewichts allerdings nur unter stark vereinfachenden Annahmen; *Verrecchia* nennt sie „critical for ensuring a tractable analysis [...] these assumptions permit us to derive a closed-form expression for a rational expectations competitive equilibrium."[137] Die hier im Rahmen einer Simulation verwendete agenten-basierte Modellierung überwindet hingegen diese Restriktion, nimmt dabei aber die mangelnde analytische Geschlossenheit in Kauf. Doch unabhängig davon, welchen methodischen Zugang man wählt: Bewertet der Aktienmarkt im Sinne eines derartigen equilibrium degree of disequilibrium weniger als im strengen Sinne informationseffizient, so gibt es in Bezug auf das marktdurchschnittliche Ergebnis systematische Gewinner und Verlierer. Dass dies so sein muss, ist unbestritten; ob es sich so gestaltet wie in den Simulationen, sei dahingestellt. Damit auch die Verlierer im Markt gehalten werden können und nicht auf sicherere Märkte (etwa Anleihenmärkte) ausweichen, ist es allerdings notwendig, dass auch sie noch mit einem Ergebnis rechnen können, das besser ist als die ihnen mögliche Alternativanlage. Daraus folgt, dass die zu erwartende Marktrendite für risiko-

---

134 Bei Aussagen dieser Art sollte man sich bewusst sein, dass es sich auch um Artefakte des verwendeten Modells handeln kann. Wir nehmen aber in Anspruch, dass der hier formulierte Zusammenhang ein höheres Maß an Plausibilität aufweist als die verbreitete These, die Qualität der Entscheidung steige mit wachsendem Informationsstand.

135 *Grossman, Sanford J.; Stiglitz, Joseph E.*: On the Impossibility of Informationally Efficient Markets, American Economic Review 1980, S. 393.

136 Z. B. in *Hayek, Friedrich A.*: Individualismus und wirtschaftliche Ordnung, Erlenbach-Zürich (Rentsch) 1952, S. 62 f.

137 *Verrecchia, Robert E.*: Information Acquisition in a Noisy Rational Expectations Economy, Econometrica 1982, S. 1417.

behaftete Wertpapiere um mindestens den Betrag über dem risikofreien Zins liegen muss, um den die „losers" systematisch hinter dem Markt bleiben. Die immer wieder empirisch festgestellten und oben behandelten Renditeunterschiede zwischen Aktien und Anleihen, die üblicherweise als *Risikoprämien* bezeichnet werden, sind daher nur dann reine *Risikoprämien*, wenn der Markt effizient bewertet. Ist das nicht der Fall, sind die Differenzen z. T. *Informationsprämien*, die auch dann auftreten werden, wenn die Marktteilnehmer absolut risikoneutral sein sollten.[138] Da wir in unserem Modell aus Praktikabilitätsgründen die durchschnittliche Marktrendite auf null normiert haben, ist dieser Zusammenhang nur gewahrt, wenn man eine negative Alternativrendite unterstellt; wir werden uns mit diesem Problem im Zusammenhang mit den Wirkungen öffentlichen Information noch näher zu beschäftigen haben.

4.3.3 Private Information: Gesellschaftlicher Nutzen

Selbst wenn der individuelle Wert von Informationen für einzelne Kapitalanleger in Zweifel gezogen werden muss, stellt sich die Frage, ob es nicht gesellschaftlich wünschenswert ist, wenn sich möglichst viele Investoren bei ihren Entscheidungen auf fundamentale Informationen stützen. *Franke/Hax* stellen bei ihren Überlegungen zur Bedeutung der Informationsverarbeitung fest, dass Fehlbewertungen es gut informierten Investoren erlauben, sich auf Kosten der anderen Vorteile zu verschaffen, und vertreten die Ansicht „je mehr Anleger aber Informationen verarbeiten, desto geringer wird dieser Vorteil. Er verschwindet ganz im Falle der Informationseffizienz."[139] Wäre dies tatsächlich der Fall, so müsste die Tatsache, dass Investoren auf Informationsverarbeitung verzichten und auf eine passive oder technische Informationsstrategie übergehen, eine Verringerung der Markteffizienz zur Folge haben.

Das Simulationsmodell legt allerdings die Vermutung nahe, dass die Zusammenhänge so einfach nicht sind. In der weitgehendsten Ausprägung der EMH wird ein Markt dann als informationseffizient bezeichnet, wenn die Preise der Wertpapiere gleich ihren tatsächlichen Werten (intrinsic values) sind.[140] Da im Modell jeweils die tatsächlichen Werte V und die markträumenden Preise P bekannt sind, lässt sich das

---

138 Vgl. *Schredelseker, Klaus; Zambruno, Giovanni*: Information-Premium and Risk-Premium in Less than Efficient Markets, Quaderni del Dipartimento di Matematica, Statistica, Informatica e Applicazioni, Bergamo 1985, N 7.

139 *Franke, Günter; Hax, Herbert*: Finanzwirtschaft des Unternehmens und Kapitalmarkt, 3. Aufl., Springer (Berlin etc.) 1994, S. 406; ähnlich *Wagner, Franz W.*: Zur Informations- und Ausschüttungsbemessungsfunktion des Jahresabschlusses auf einem organisierten Kapitalmarkt, Zeitschrift für betriebswirtschaftliche Forschung 1982, S. 749–771 (hier S. 762).

140 *Schmidt* nennt einen Markt, in dem „die zugrundeliegenden realwirtschaftlichen Sachverhalte (tendenziell) richtig zum Ausdruck" gebracht werden, einen intrinsic value market; *Schmidt, Reinhard H.*: Rechnungslegung als Informationsproduktion auf nahezu effizienten Kapitalmärkten, Zeitschrift für betriebswirtschaftliche Forschung 1982, S. 728–748 (hier S. 741).

Ausmaß an Informationsineffizienz an der Varianz der Fehlbewertungen des Marktes $\sigma_M^2 = \sum_{t=1}^{n}(P_t - V_t)^2/n$ berechnen. Der Markt ist dann vollkommen effizient, wenn $\sigma_M^2 = 0$; je höher σ_M^2, umso ineffizienter bewertet er. Betrachten wir zunächst einmal den in ABM 4 gezeigten Fall, in dem Trader mit einer aktiven Informationsstrategie schrittweise auf eine passive (zufällige) Informationsstrategie übergehen. Dabei greifen die beiden uns bereits bekannten Effekte ineinander:

– Da es schlecht informierte Trader sind, die zuerst den Kreis der aktiven Informationsverarbeiter verlassen, steigt das durchschnittliche Informationsniveau der in diesem Kreis verbleibenden und für den „rationalen Kern" des Marktpreises verantwortlichen Investoren. Auf die Bewertungseffizienz des Marktpreises hat dies einen positiven Einfluss.

– Wenn die Zahl passiver Trader zunimmt, steigt ihr Einfluss auf die Preise und das endogene Rauschen, der „irrationale Teil" des Marktpreises erhöht sich. Dies hat einen negativen Einfluss auf die Bewertungseffizienz des Marktes.

Wie aus ABM 7 hervorgeht, dominiert offenbar anfangs der erste Effekt: Mit zunehmender Zahl passiver Trader erhöht sich die Bewertungseffizienz des Marktes, d. h. es gilt das genaue Gegenteil der obigen Aussage: Wenn weniger Anleger Informationen verarbeiten, wird der Markt effizienter und es schwindet der Vorteil, den sich sehr gut Informierte auf Kosten der anderen verschaffen können. Erst ab einer bestimmten Zahl passiver Trader (ab T_6) überwiegt der zweite Effekt und die Ineffizienzen nehmen wieder zu.

ABM 7: Markteffizienz bei steigender Zahl passiver Investoren

Zahl der passiven Marktteilnehmer:	0	1	2	3	4	5	6	7	8	9	10
σ_M^2 (Ineffizienz):	1,02	0,93	0,83	0,75	0,66	0,60	0,65	0,85	1,20	1,67	2,50

Betrachten wir nun den schrittweisen Übergang aktiver Trader auf eine technische (konträre) Informationsstrategie: Hier ist der anfänglich effizienzverbessernde Effekt noch deutlicher ausgeprägt. Mit einem schlecht informierten Investor, der von einer aktiven auf eine passive Informationsstrategie übergeht, wird der Kovarianzfehler und damit eine Quelle von Fehlbewertungen *vermieden*. Geht hingegen ein schlecht informierter Marktteilnehmer auf eine konträre Strategie über, so wird eine Fehlbewertung *korrigiert*: Da er i. d. R. dann kauft, wenn das Wertpapier unterbewertet, und dann verkauft, wenn es überbewertet ist, treibt die Order des konträren Marktteilnehmers den Preis des Wertpapiers in Richtung auf seinen Wert und erhöht die Bewertungseffizienz des Marktes. Erst dann, wenn die Zahl der konträren Trader ein bestimmtes Maß übersteigt, wirkt sich das oben erwähnte „Über-das-Ziel-Hinausschießen" aus und das Bild kehrt sich um: Wie ABM 8 zeigt, nehmen die Ineffizienzen des Marktes nach T_4 rapide zu:

ABM 8: Markteffizienz und konträre Informationsstrategien

Zahl der auf eine konträre Informationsstrategie übergehenden Marktteilnehmer:	0	1	2	3	4	5
σ_M^2 (Grad an Markteffizienz):	1,02	0,85	0,75	0,69	0,66	1,04

Die entscheidende Frage ist jedoch, wie sich die Bewertungseffizienz des Marktes verändert, wenn alle Trader die für sie beste Strategie wählen. ABM 9 zeigt, dass mit jedem Schritt in Richtung auf das Gleichgewicht die Bewertungseffizienz des Marktes tendenziell zunimmt, obwohl es immer weniger Marktteilnehmer sind, die sich der ihnen vorliegenden Information bedienen. Individuelle und gesellschaftliche Rationalität befinden sich im Markt zwar im Einklang, aber auf eine gänzlich andere Weise, als üblicherweise unterstellt wird: Die Nichtnutzung von Information verschlechtert nicht, sondern sie verbessert das Entscheidungsergebnis der einzelnen Trader und auch die Bewertungseffizienz des Marktes.

ABM 9: Markteffizienz auf dem Weg zum Gleichgewicht

Sequenz: N	Start ABM 1	Schritt 1 ABM 6a	Schritt 2 ABM 6b	Schritt 3 ABM 6c	Schritt 4 ABM 6d	Schritt 5 ABM 6e	Schritt 6 ABM 6f	Schritt 7 ABM 6g	Schritt 8 ABM 6h
Passive:	keine	keine	keine	keine	keine	keine	keine	keine	T_5
Techniker:	keine	T_0	$T_{0,1}$	$T_{0,1,2}$	$T_{0,1,2}$	$T_{1,2}$	$T_{1,2,3}$	$T_{1,2,3}$	$T_{1,2,3}$
σ_M^2:	1,02	0,85	0,74	0,67	0,67	0,69	0,62	0,62	0,52

Die weit verbreitete Annahme, private Informationsverarbeitung habe stets einen gesellschaftlichen Wert in dem Sinne, dass sie zu einer verbesserten Bewertungs- und Allokationseffizienz des Kapitalmarkts beitrage, ist, entsprechend dem Simulationsmodell, nicht haltbar:

- Wenn Trader auf ihre private Information verzichten und ihre Entscheidungen dem Zufall überlassen (passive Informationsstrategie), so kann sich die Bewertungseffizienz des Marktes verringern oder verbessern; was von beidem der Fall ist, hängt vom jeweils erreichten Niveau ab.
- Wenn Investoren statt ihrer privaten die im Preis enthüllte Information nutzen (technische Informationsstrategie), so kann sich die Bewertungseffizienz des Marktes verringern oder verbessern; was der Fall ist, hängt vom jeweils erreichten Niveau ab.
- Wenn alle Marktteilnehmer die für sie optimale Informationsstrategie wählen, werden viele auf ihre private Information verzichten und entweder eine passive oder eine konträre Informationsstrategie anwenden. Dabei nimmt das Maß an Markteffizienz solange zu, wie die Investoren auf für sie bessere Informationsstrategien wechseln.

4.3.4 Öffentliche Information: Individueller Nutzen

Die oben bereits zitierte Meinung von *Hakansson*, wonach die Tatsache „of knowing more than others [...] is to be able to improve upon one's welfare at the expense of those who know less",[141] liefert dem Wirtschaftsrecht den Anlass, regulierend in den Markt einzugreifen, um die Informationsspanne, den Unterschied zwischen den am schlechtesten und den am besten Informierten, in einem Markt zu verringern.

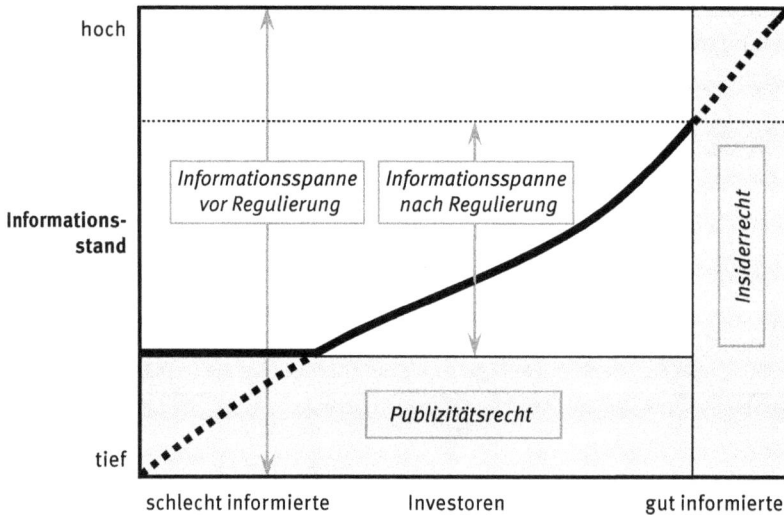

Abb. 4.10: Verringerung der Informationsspanne

Dabei setzt das Recht an zwei Seiten an: Durch ein Insiderverbot werden die am besten informierten Investoren unter Verweis auf ihren ungerechtfertigten Informationsvorsprung vom Markt ferngehalten und mit der Verpflichtung zu einer weitreichenden Offenlegung von Informationen seitens der Emittenten der Wertpapiere wird das Informationsniveau der schlecht informierten Investoren angehoben. Wie in Abb. 4.10. dargestellt, gilt ohne Regulierung die strichlierte Linie mit einer großen Informationsspanne; mit Regulierung gilt die durchgezogene Linie. Der Unterschied zwischen den gut informierten und den schlecht informierten Marktteilnehmern hat sich deutlich verringert, wie *Healy/Palepu* feststellen: „By creating minimum disclosure requirements, regulators reduce the information gap between informed and uninformed."[142]

---

141 *Hakansson, Nils H.*: On the Politics of Accounting Disclosure and Measurement: An Analysis of Economic Incentives, Supplement to Journal of Accounting Research 1981, S. 15.
142 *Healy, Paul M.; Palepu, Krishna*: Information Asymmetry, Corporate Disclosure, and the Capital Markets: A Review of the Empirical Disclosure Literature, Journal of Accounting and Economics 2001,

Ob mit der Tatsache einer verminderten Informationsspanne allerdings auch eine Besserstellung der Marktteilnehmer bzw. eine Erhöhung der Bewertungseffizienz des Marktes verbunden ist, ist damit nicht ausgesagt.

Oben haben wir bereits die ökonomische Fragwürdigkeit des in allen größeren Kapitalmärkten der Welt geltenden Verbots des Insiderhandels angesprochen. Wir haben gesehen, dass es kaum nennenswert Geschädigte gibt, wenn Insider von ihrem Informationsvorteil Gebrauch machen. Deswegen ist Insiderrecht im Wesentlichen auch reines Strafrecht geblieben, dem kaum zivilrechtliche (allenfalls arbeitsrechtliche) Schadensersatzansprüche folgen. In ABM 10 wird ausgehend von ABM 1, wo alle Trader fundamentalanalytisch entscheiden, dargestellt, welche Auswirkungen ein sukzessives Ausscheiden der bestinformierten Marktteilnehmer auf die Ergebnisse der anderen und auf die Bewertungseffizienz des Marktes hat:

ABM 10: Ausschluss von „Insidern"

Trader t:	0	1	2	3	4	5	6	7	8	9	
Strategie	fund	fund	fund	fund	fund	fund	fund	fund	fund	fund	σ_M^2
G_t (alle)	−0,34	−0,38	−0,40	−0,37	−0,31	0,03	0,22	0,39	0,51	0,64	**1,02**
G_t (ohne T_9)	−0,33	−0,35	−0,37	−0,31	−0,15	0,15	0,32	0,46	0,58	−	**1,16**
G_t (ohne $T_{8,9}$)	−0,31	−0,35	−0,35	−0,29	0,05	0,25	0,43	0,57	−	−	**1,33**
G_t (ohne $T_{7,8,9}$)	−0,26	−0,34	−0,29	−0,15	0,18	0,35	0,52	−	−	−	**1,51**

Wie zu erwarten ist: Wenn sehr gut informierte Investoren aus dem Markt ausscheiden, nimmt dessen Bewertungseffizienz ab,[143] da der Preisbildungsmechanismus gerade auf die Information der bestinformierten verzichten muss. Auf der anderen Seite bedeutet aufgrund der Nullsummeneigenschaft des Marktes jeder Ausschluss eines sehr gut informierten Traders eine Verbesserung für alle anderen, die sich quasi den Gewinn des Insiders untereinander aufteilen können. ABM 10 zeigt allerdings, dass die Vorteile für die Verbleibenden keineswegs gleichmäßig verteilt sind:

– Die eher gut informierten Trader (z. B. T_5, T_6, T_7) sind, solange alle auf der Basis der ihnen vorliegenden Informationen entscheiden, eindeutig die Gewinner: Sie können nicht nur den Verteilungsgewinn aufgrund des Wegfalls der Insider für sich verbuchen, sondern profitieren zusätzlich von der gefallenen Bewertungseffizienz des Marktes. Für sie, die überwiegend auf der richtigen Marktseite liegen, wirken sich steigende Fehlbewertungen positiv aus.

– Die eher schlecht informierten Marktteilnehmer (z. B. T_0, T_1, T_2) profitieren zwar auch von den Verteilungsgewinnen aufgrund des Wegfalls der Insider, verlieren aber in der internen Auseinandersetzung der verbleibenden Trader. Da sie eher

---

S. 412; ähnlich *Wagenhofer, Alfred; Ewert, Ralf*: Externe Unternehmensrechnung, 2. Aufl., Berlin und Heidelberg 2007, S. 378 ff.

143 So bereits *Manne, Henry*: Insider Trading and the Stock Market, New York (Free Press) 1966.

auf der falschen Marktseite liegen, geraten sie aufgrund der gestiegenen Bewertungsineffizienzen verstärkt ins Hintertreffen (so führt z. B. ein Ausschluss der beiden bestinformierten Trader bei den schlechtinformierten Tradern T_0 und T_1 zu einem Vorteil von 0,03 gegenüber einem Vorteil von 0,21 bei dem gut informierten Trader T_6).

Auch diese Verteilungswirkungen sind nicht gerade dazu angetan, die ökonomische Legitimität des geltenden Insiderrechts zu erhöhen, geht es doch nach dem Willen des Gesetzgebers vor allem darum, die schlecht Informierten zu schützen und nicht darum, den ohnehin überlegenen Marktteilnehmern noch weiteren Gewinnspielraum zu schaffen.

Wenden wir uns aber nun dem zweiten Regulierungsschritt zu. Informationen, über die alle Trader gleichermaßen verfügen, sind *öffentliche Informationen*. In diesem Sinne hatten wir es bislang nur mit privaten Informationen zu tun. Im Folgenden werden die Konsequenzen untersucht, die öffentliche Informationen mit sich bringen. Sowohl in der juristischen wie in der betriebswirtschaftlichen Literatur ist man nahezu einhellig der Meinung, dass ein hohes Maß an Unternehmenspublizität, dem Prototyp einer öffentlichen Information, vielfältige positive Wirkungen entfalte. Sehr klar wird die Grundaufgabe von Rechnungslegung in Statement 12 des International Accounting Standards Committee [IASC] formuliert (ähnlich der amerikanische Financial Accounting Standards Board [FASB]):

> The objective of financial statements is to provide information about the financial position, performance and changes of financial positions of an enterprise that is useful to a wide range of users in making economic decisions.

Dieser sog. „usefulness-approach" wird in der modernen Rechnungslegungsliteratur kaum bestritten. Ebenso wenig wird in Frage gestellt, dass die wohl wichtigste Gruppe von Adressaten, für die Rechnungslegung von Nutzen sein soll, die aktuellen und potenziellen Kapitalanleger sind.[144] Kennzeichnend ist die Aussage von *Lev*, dass „the more informative security prices, the less, on the average, the potential gain in excess returns to informed investors", ein Satz, der auch finanzwirtschaftlich unbestritten sein dürfte. Problematischer ist allerdings schon der Nachsatz, dass „an increase in the degree of price informativeness (due, say, to mandated information disclosure)

---

144 Zweifel an der Nützlichkeit von Rechnungslegung werden zwar kaum offen formuliert, das Engagement, mit dem namhafte Fachvertreter und Autoren von Rechnungswesenlehrbüchern sich der Nützlichkeit ihres Tuns versichern (vgl. z. B. *Busse von Colbe, Walter*: Die Entwicklung des Jahresabschlusses als Informationsinstrument, in: *Franz W. Wagner* (Hrsg.): Ökonomische Analyse des Bilanzrechts, Sonderheft der Zeitschrift für betriebswirtschaftliche Forschung 32, 1993, S. 11–29) ist allerdings auffallend und könnte einen Hinweis auf bestehende Zweifel geben; jedenfalls finden sich vergleichbare Erörterungen im Bereich des Maschinenbaus, der Kardiologie oder der Romanistik kaum.

will enhance equity".[145] Wie selbstverständlich wird hier angenommen, dass es mittels Unternehmenspublizität gelingen könne, Chancenungleichheiten zwischen den Marktteilnehmern abzubauen, den Markt für eine große Zahl von Teilnehmern attraktiver zu machen, die Liquidität zu fördern und die Transaktionskosten zu begrenzen. Weder wird dieser Zusammenhang theoretisch begründet noch empirisch belegt. Daher moniert der Handelsrechtler *Walz* zu Recht, man bräuchte „über bloße Vermutungen hinaus empirische Belege über die Wirkung von Bilanzregulierung auf die Wohlfahrt verschiedener Gesellschaftsgruppen [...] Solche Belege, die sozialwissenschaftlichen Seriositätskriterien entsprächen, gibt es jedoch nicht."[146]

Versuchen wir, aus der Simulation wenigstens ein paar erste Antworten auf derartige Fragen zu gewinnen. Dabei werden wir wieder, wie bei den privaten Informationen, zu unterscheiden haben: Kann der einzelne Trader aus einer Verbesserung des Niveaus öffentlicher Information einen Vorteil ziehen (individueller Nutzen) und verbessert sich durch eine verbesserte öffentliche Information die Bewertungseffizienz des Marktes (gesellschaftlicher Nutzen)?

Aktive Strategien: Homogene Informationsauswertung

Wir unterstellen zunächst wieder, dass alle Trader die ihnen zur Verfügung stehenden Informationen ihren Entscheidungen zugrunde legen, d. h. eine aktive, auf Fundamentalanalyse beruhende Informationsstrategie verfolgen. Weiter unterstellen wir in einem ersten Schritt, dass alle Marktteilnehmer die ihnen zur Verfügung stehende Information in gleicher Weise auszuwerten in der Lage sind: Es gibt also zwischen den Marktteilnehmern keine Unterschiede im Verständnis oder in der Fähigkeit, Finanzanalyse zu betreiben. In ABM 11 wird, ausgehend von der bekannten Ausgangssituation (ABM 1) schrittweise das Niveau öffentlicher Informationen ($I_{\text{öff}}$) angehoben: Bei $I_{\text{öff}} = x$ sei jeder Marktteilnehmer mindestens über die Lage der ersten x Münzen informiert. Mit steigendem Niveau öffentlicher Information nimmt zweifelsohne die Ungleichheit der Information zwischen den Marktteilnehmern ab: Die Informationsspanne, die Differenz zwischen dem Informationsstand des am besten Informierten und dem des am wenigsten Informierten beträgt bei $I_{\text{öff}} = 1$ noch 8, sie beläuft sich

---

145 *Lev, Baruch*: Toward a Theory of Equitable and Efficient Accounting Policy, The Accounting Review 1988, S. 1–22 (hier S. 18); ähnlich *Beaver, William H.*: Financial Reporting: An Accounting Revolution, 2. Aufl., Englewood Cliffs (Prentice-Hall) 1989, S. 36; *Feldhoff, Michael*: Die Regulierung der Rechnungslegung, Frankfurt/M. (Lang) 1992, S. 121.
146 *Walz, Rainer W.*: Ökonomische Regulierungstheorien vor den Toren des Bilanzrechts, in: *Franz W. Wagner* (Hrsg.): Ökonomische Analyse des Bilanzrechts, Sonderheft der Zeitschrift für betriebswirtschaftliche Forschung 32, 1993, S. 85–106 (hier S. 89); allerdings dürfte nach wie vor die Ansicht von *Walker* gelten, der eine „cost-benefit analysis of financial reporting alternatives [...] at present [...] an unattainable goal" nennt: *Walker, Martin*: The Information Economics Approach to Financial Reporting, Accounting and Business Research 1988, S. 170–182.

bei $I_\text{öff}$ = 2 nur noch auf 7, bei $I_\text{öff}$ = 3 auf 6 etc. Die damit einhergehende Hoffnung, dass sich mit verminderter Informationsspanne auch die Ausbeutungsspanne, die Differenz zwischen der Erwartungsrendite des am besten Informierten und der des am wenigsten Informierten vermindern würde, ist allerdings, wie die Ergebnisse zeigen, nicht gerechtfertigt:

- Mit der Anhebung von $I_\text{öff}$ = 0 auf $I_\text{öff}$ = 1 verschlechtert sich das Ergebnis des einzigen informationsmäßig Begünstigten T_0 von −0,34 auf −0,40.
- Mit der Anhebung von $I_\text{öff}$ = 1 auf $I_\text{öff}$ = 2 verschlechtert sich das Ergebnis der informationsmäßig Begünstigten T_0 und T_1 von −0,40 auf −0,46.
- Mit der Anhebung von $I_\text{öff}$ = 2 auf $I_\text{öff}$ = 3 verschlechtert sich das Ergebnis der informationsmäßig Begünstigten T_0, T_1 und T_2 von −0,46 auf 0,47.
- Mit der Anhebung von $I_\text{öff}$ = 3 auf $I_\text{öff}$ = 4 verschlechtert sich das Ergebnis der informationsmäßig Begünstigten T_0, T_1, T_2 und T_3 von −0,47 auf −0,50.

Erst eine weitere Anhebung des Niveaus öffentlicher Information hat die vom Gesetzgeber erwünschten Wirkungen: Das zu erwartende Ergebnis der Begünstigten steigt an. Selbstverständlich gibt es dann, wenn alle über dieselben Informationen verfügen ($I_\text{öff}$ = 9) keine Unterschiede mehr, da, wenn überhaupt noch gehandelt wird, dies zu Kursen erfolgt, die alle verfügbare Information voll widerspiegeln. Bis $I_\text{öff}$ = 4 hingegen besteht ein inverser Wirkungszusammenhang zwischen Informationsspanne und Ausbeutungsspanne: Während die Informationsspanne (Unterschiede im Informationsniveau) sinkt, steigt die Ausbeutungsspanne (Unterschiede im Anlageergebnis) an. Der Grund für dieses Phänomen liegt wieder im Kovarianzfehler, der durch die öffentliche Information sogar noch verstärkt wird: Die sehr schlecht informierten Investoren, deren Nichtwissen sie davor bewahrt hat, in die Kovarianzfalle zu tappen, vollziehen nunmehr etwaige Fehler, die in $I_\text{öff}$ enthalten sind, in vollem Umfang mit und verstärken damit die auftretenden Fehlbewertungen.

ABM 11: sukzessive Anhebung des Niveaus öffentlicher Information $I_\text{öff}$

Trader t:	0	1	2	3	4	5	6	7	8	9
	−0,34	−0,38	−0,40	−0,37	−0,31	0,03	0,22	0,39	0,51	0,64
$I_\text{öff}$ = 1	−0,40	**−0,40**	−0,38	−0,37	−0,28	0,03	0,24	0,39	0,52	0,64
$I_\text{öff}$ = 2	−0,46	−0,46	**−0,46**	−0,34	−0,34	0,16	0,24	0,44	0,55	0,67
$I_\text{öff}$ = 3	−0,47	−0,47	−0,47	**−0,47**	−0,22	0,06	0,36	0,44	0,57	0,68
$I_\text{öff}$ = 4	−0,50	−0,50	−0,50	−0,50	**−0,50**	0,41	0,27	0,54	0,60	0,69
$I_\text{öff}$ = 5	−0,31	−0,31	−0,31	−0,31	−0,31	**−0,31**	0,41	0,32	0,53	0,61
$I_\text{öff}$ = 6	−0,18	−0,18	−0,18	−0,18	−0,18	−0,18	**−0,18**	0,31	0,36	0,56
$I_\text{öff}$ = 7	−0,08	−0,08	−0,08	−0,08	−0,08	−0,08	−0,08	**−0,08**	0,25	0,39
$I_\text{öff}$ = 8	−0,03	−0,03	−0,03	−0,03	−0,03	−0,03	−0,03	−0,03	**−0,03**	0,25
$I_\text{öff}$ = 9	**0,00**	**0,00**	**0,00**	**0,00**	**0,00**	**0,00**	**0,00**	**0,00**	**0,00**	**0,00**

Dass $I_{\text{öff}}$ auch fehlerbehaftet sein kann, liegt auf der Hand und wird letztlich von niemandem bestritten. Dies wird auch in Statement 13 des International Accounting Standards Committee deutlich:

> However, financial statements do not provide all the information about the financial position, performance and changes of financial positions that users may need to make economic decisions since they largely portray the financial effects of past events and do not necessarily provide non-financial information.

Eine öffentliche Information, solange sie nicht so hoch ist, dass sie der vollständigen Information nahekommt, ist wie eine Stichprobe aus einer Grundgesamtheit zu betrachten. Als solche kann sie bezogen auf die Gesamtheit aller zur Beurteilung einer Aktie notwendigen und den gut informierten Tradern eher zugänglichen Informationen unverzerrt oder verzerrt sein:

– Ist sie *unverzerrt*, so führt die Auswertung der Teilmenge (als repräsentative Stichprobe) zu einem Wissen, das sich im Ergebnis nicht von dem unterscheidet, das man auf der Grundlage der Gesamtinformation gebildet hätte. Die auf der Basis des Jahresabschlusses entscheidenden Marktteilnehmer bewirken in diesem Fall kein Abgehen des Preises von dem Preis, der sich ergeben hätte, wenn nur die besser Informierten den Markt gebildet hätten und erfahren durch ihre Information weder einen Vorteil noch einen Nachteil.

– Ist die Informationsteilmenge allerdings *verzerrt*, so führt ihre Auswertung zu einem anderen Wissen als dem, das man auf der Grundlage eines höheren Informationsniveaus gebildet hätte: Die Nutzer der öffentlichen Information machen systematische Fehler, die ihnen nur zum Nachteil gereichen können.

Auch diese Zusammenhänge lassen sich sehr gut anhand der obigen Binomialbäume veranschaulichen. Gehen wir davon aus, dass öffentliche Information in Höhe von $I_{\text{öff}} = 4$ vorliegt und betrachten zunächst wieder die Situation, bei der die betrachteten neun Münzen alle dieselbe Lage aufweisen (Sequenz 1 und Sequenz 2). Wie zu erkennen ist, ändert sich in diesem Fall zunächst einmal nichts. Nach wie vor liegt der Preis

– im Fall von Sequenz 1–1–1–1–1–1–1–1–1 bei $P = 7,25$, weist also eine erhebliche Unterbewertung auf, bei der die Verkäufer $T_0 \ldots T_4$ verlieren und die besser informierten Trader, die Käufer $T_5 \ldots T_9$ gewinnen;

– im Fall von Sequenz 0–0–0–0–0–0–0–0–0 bei $P = 2,75$, weist also eine erhebliche Überbewertung auf, bei der die Käufer $T_0 \ldots T_4$ verlieren und die besser informierten Trader, die Verkäufer $T_5 \ldots T_9$ gewinnen.

Die Einführung einer öffentlichen Information vom Niveau $I_{\text{öff}} = 4$ hat somit weder zu veränderten Gleichgewichtspreisen geführt, noch an Höhe und Verteilung der Gewinne und Verluste etwas geändert.

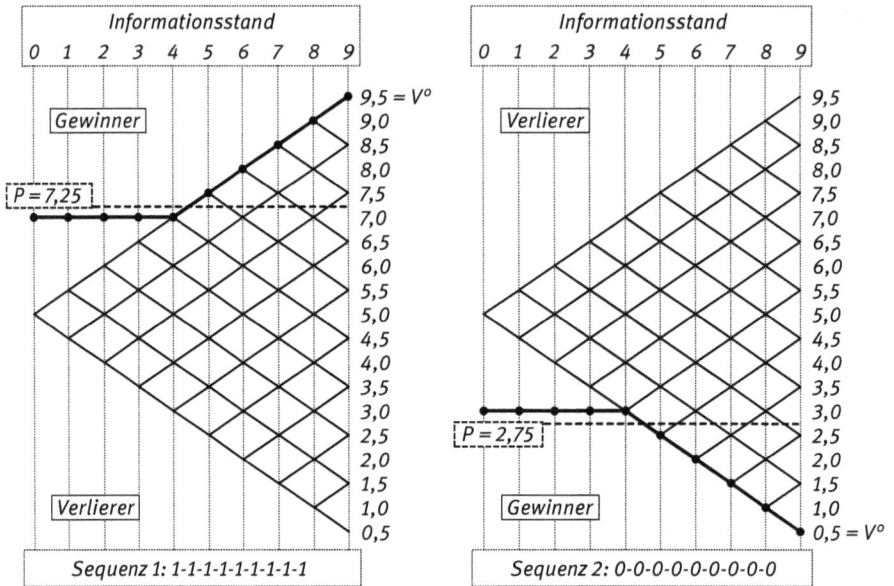

Sequenz 1: 1-1-1-1-1-1-1-1-1

Sequenz 2: 0-0-0-0-0-0-0-0-0

Dies ändert sich im nächsten Fall, bei den Sequenzen 3 und 4, deutlich. Da nunmehr fünf der zehn Marktteilnehmer der mit $I_{\text{öff}} = 4$ gegebenen Informationsverzerrung unterliegen, wird die Fehlbewertung des Marktes nicht unerheblich verstärkt:

- Im Fall von Sequenz 1–1–1–1–1–0–0–0–0 ergibt sich mit $P = 6{,}75$ eine Überbewertung, die um 0,50 höher ist als im Fall fehlender öffentlicher Information und die den Verkäufern zugutekommt.
- Im Fall von Sequenz 0–0–0–0–0–1–1–1–1 ergibt sich mit $P = 3{,}25$ eine Unterbewertung, die um 0,50 stärker ausgeprägt ist als im Fall ohne öffentliche Information und die den Käufern zugutekommt.

Auch auf die Verteilung der Gewinne und Verluste hat die öffentliche Information einen erheblichen Einfluss: Waren die Marktteilnehmer T_0, T_1 und T_2, diejenigen also, denen die erhöhte Information nach dem Willen der Regulierer eigentlich hätte Vorteile bringen sollen, zuvor noch auf der Gewinnerseite, so sind sie aufgrund der öffentlichen Information nunmehr Teil der Herde und müssen Verluste hinnehmen. Der einzige Marktteilnehmer, dessen Ergebnis sich durch den Übergang von $I_{\text{öff}} = 0$ zu $I_{\text{öff}} = 4$ verbessern konnte, ist T_7, ein Trader, dessen Informationsstand unverändert geblieben ist, der aber aufgrund seiner doch recht guten Information die nunmehrige verstärkte Fehlbewertung erkennen konnte. Trader T_3, T_4, T_5 und T_6 sind wie zuvor auf der Verliererseite; allerdings sind ihre Verluste um 0,50 höher, was den Gewinnern T_7, T_8 und T_9 zugutekommt. Man beachte jedoch, dass der Gleichgewichtspreis nach dem Meistausführungsprinzip ermittelt wird und somit bei Preisen von 6,75 bzw. 3,75 eine starke Repartierung vorgenommen werden muss: Den drei Gewinnern stehen jeweils sieben Verlierer gegenüber.

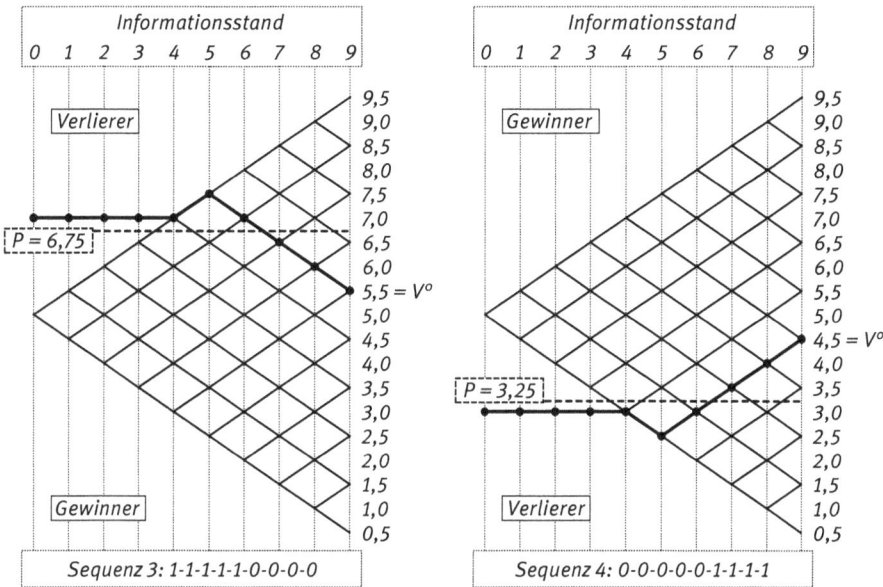

Sequenz 3: 1-1-1-1-1-0-0-0-0

Sequenz 4: 0-0-0-0-0-1-1-1-1

In den beiden ungerichteten Sequenzen 5 und 6 gibt es aufgrund der neu eingeführten öffentlichen Information wieder keine Veränderungen: Ob sich ein Trader auf der Gewinner- oder Verliererseite befindet, hängt ausschließlich von der Lage der letzten Münze ab und ist somit rein zufälliger Natur.

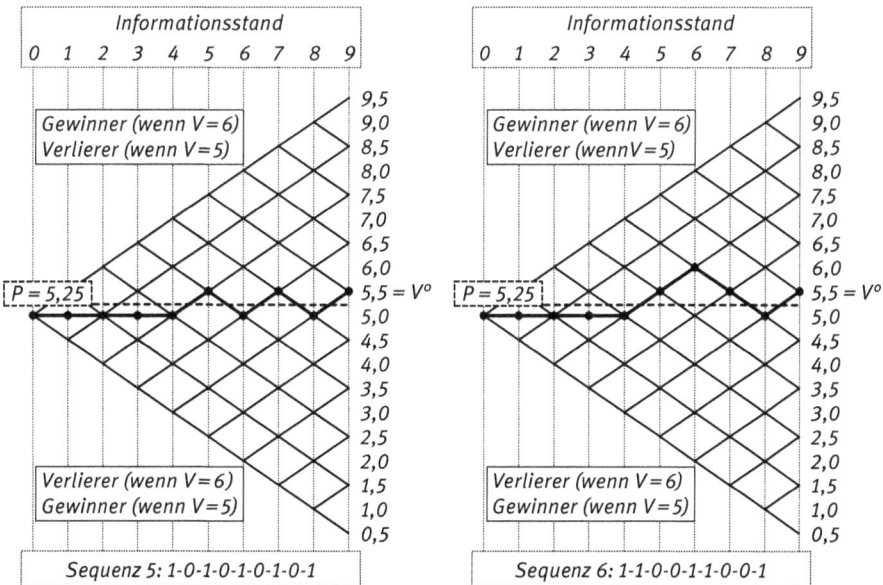

Sequenz 5: 1-0-1-0-1-0-1-0-1

Sequenz 6: 1-1-0-0-1-1-0-0-1

Alle möglichen Münzfolgen können einem dieser drei Grundtypen zugeordnet werden können. Da die Adressaten einer öffentlichen Information in keinem Fall eine Verbesserung erfahren, in manchen Fällen aber durchaus eine Verschlechterung, ist die Annahme, verbesserte öffentliche Information verhelfe ihnen zu besseren Entscheidungen im Kapitalmarkt, in dieser Allgemeingültigkeit nicht haltbar. Zwar gewährt die Anhebung des Niveaus an öffentlicher Information einen Vorteil, indem sie $V°$, den intrinsic value des Wertpapiers, präziser schätzen können: Ihr durchschnittlicher Schätzfehler $V° - E_i(V)$ wurde für die Investoren, die nunmehr ein höheres Informationsniveau haben, geringer. Dieser Vorteil wird aber im Bereich bis $I_{öff}$ = 4 durch den erhöhten Herdeneffekt überlagert: Für die, deren Informationsstand mit der öffentlichen Information angehoben wurde, ist die Wahrscheinlichkeit dafür, auf die falsche Marktseite zu gelangen, ein unterbewertetes Wertpapier als überbewertet oder ein überbewertetes Wertpapier als unterbewertet anzusehen, gestiegen. Im Rahmen der klassischen Entscheidungstheorie, d. h. bei Entscheidungen gegen die Natur ist Information unbestrittenermaßen niemals von Nachteil. *Märkte* sind hochkomplexe, reflexive Entscheidungssysteme, in denen dieser Zusammenhang eben nicht gilt: Es können nicht alle besser sein als alle.

Aktive Strategien: Heterogene Informationsauswertung

Bislang haben wir unterstellt, alle Marktteilnehmer seien in gleicher Weise befähigt, die ihnen zugehende öffentliche Information auszuwerten und zu interpretieren. Damit kommen sie, sofern ihnen die gleichen Informationen vorliegen, auch zu identischen Schlussfolgerungen. In der Realität dürfte dies aber nicht der Fall sein. Üblicherweise gehen alle Lehrbücher der Finanzanalyse davon aus, dass derjenige, der seine Aufgabe besser bewältigt, der mehr weiß, der fleißiger recherchiert, der mehr Erfahrung und mehr Gespür für die Dinge hat, mit besseren Ergebnissen rechnen kann als derjenige, dessen „professional skills" geringer ausgeprägt sind.

Ist aber eine derartige Erwartung wirklich gerechtfertigt? Nehmen wir einmal an, der wahre Wert (intrinsic value) eines Wertpapiers läge bei V. Gut informierte Trader machen bei ihren Schätzungen zwar durchaus Fehler, diese seien jedoch in Bezug auf V unverzerrt: Somit ergibt sich die in Abb. 4.11 dargestellte Verteilung der Schätzungen $E_{gut}(V)$.

Die öffentliche Information kann, muss aber nicht zu einer Einschätzung führen, die dem wahren Wert V nahekommt. In der Darstellung gehen wir einmal davon aus, dass derjenige Analyst, der aus dem Gebotenen den gesamten Informationsgehalt extrahieren könnte, ohne dabei irgendeinen Fehler zu machen, zu der Einschätzung $I_{öff}$ gelangen würde. Reale Analysten machen aber Fehler und deswegen betrachten wir zwei Gruppen von Investoren. Beiden steht lediglich die öffentliche Information $I_{öff}$ zur Verfügung, sie unterscheiden sich aber darin, dass sie unterschiedlich präzise arbeiten. In der ersten Gruppe sind gute Analysten, denen bei der Analyse von $I_{öff}$ nur geringe Fehler unterlaufen; ihre Einschätzungen des intrinsic value liegen nahe beieinander und folgen der Verteilung $E_{öff+}(V)$.

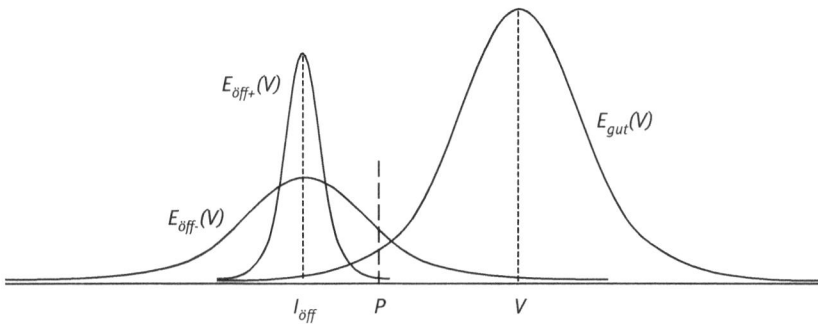

Abb. 4.11: Schätzungen bei verzerrter öffentlicher Information

Zur zweiten Gruppe gehören eher Privatanleger und durchschnittliche Analysten, die kaum Erfahrung haben und weit weniger präzise schätzen. Auch ihre Schätzungen seien unverzerrt, wenngleich mit größeren Fehlern behaftet; sie folgen der Verteilung $E_{\text{öff}-}(V)$. Wenn alle drei Gruppen zusammenkommen, die besser Informierten mit $E_{\text{gut}}(V)$, die guten Analysten mit $E_{\text{öff}+}(V)$ und die Privatanleger mit $E_{\text{öff}-}(V)$, dann ergibt sich der Ausgleich von Angebot und Nachfrage bei einem markträumenden Preis P, der höher ist als $I_{\text{öff}}$ und niedriger als V. Dasselbe Ergebnis wäre auch zu erwarten, wenn wir zusätzlich noch Analysten unterstellt hätten, die ihr Urteil zwar wesentlich auf die öffentliche Information stützten, darüber hinaus aber die eine oder andere zusätzliche Information hätten; ihre Verteilungen würden zwischen $E_{\text{öff}}(V)$ und $E_{\text{gut}}(V)$ liegen und auch dann müsste als Markträumungsbedingung $I_{\text{öff}} < P < V$ gelten.

Da im unterstellten Fall die öffentliche Information ein zu schlechtes Bild des betrachteten Unternehmens vermittelt, haben wir es mit einer Unterbewertung des Wertpapiers zu tun, die von den gut informierten Marktteilnehmern überwiegend als solche erkannt wird. Die gut Informierten liegen daher überwiegend auf der richtigen Marktseite (= Kauf des unterbewerteten Titels) und nur ein kleiner Teil von ihnen (der links von P verlaufende Teil der $E_{\text{gut}}(V)$-Verteilung) entscheidet sich für einen Verkauf und damit falsch. Von den Nutzern der öffentlichen Information hingegen wird der unterbewertende Preis P überwiegend als Überbewertung eingeschätzt. Lediglich ein kleiner Teil der Nutzer von $I_{\text{öff}}$ glaubt, die Unterbewertung als solche zu erkennen und befindet sich auf der richtigen Marktseite. Wie man leicht sieht, sind dies aber überwiegend nur diejenigen $I_{\text{öff}}$-Nutzer, die bei ihrer Analyse große Fehler gemacht haben: Von der $E_{\text{öff}-}(V)$-Verteilung liegt ein erheblicher, von der $E_{\text{öff}+}(V)$-Verteilung hingegen nur ein kleiner Teil rechts von P und damit auf der richtigen Marktseite.

Natürlich würde sich dasselbe Ergebnis auch dann einstellen, wenn die öffentliche Information in die andere Richtung verzerrt wäre, d. h. ein zu gutes Bild liefern würde. In diesem Fall hätten wir es mit $V < P < I_{\text{öff}}$, einer Überbewertung zu tun, die von den gut Informierten überwiegend als solche erkannt wird, während dies bei den Nutzern der öffentlichen Information allenfalls dann der Fall sein wird, wenn sie bei ihren Analysen große Fehler machen. Offenbar gilt, dass man, wenn man schon aufgrund der vorliegenden Information nicht umhinkann, Fehler zu machen, gut beraten ist, beim Fehlermachen Fehler zu machen.

Bislang wurde in den agenten-basierten Modellen unterstellt, dass die Marktteilnehmer die ihnen zugehenden Informationen ohne Fehler aufnehmen und verwerten; an der Aufgabe, fehlerfrei zu zählen, wie viele von n Münzen auf eins liegen, dürfte auch kaum jemand scheitern. Bei der Fülle an Detailinformationen, die in realen Finanzmärkten auf die Marktteilnehmer einströmen, ist das jedoch anders. In ABM 12 gehen wir von $I_{\text{öff}} = 4$ in ABM 11 aus: Alle Trader verfolgen eine aktive Informationsstrategie und kennen mindestens die Lage der ersten vier Münzen. Allerdings weisen die $I_{\text{öff}}$-Nutzer unterschiedliche Fähigkeiten auf, die öffentliche Information zu erkennen: Für jeden Trader $T_0 \ldots T_4$ setzt sich daher das ihm zugehende Signal zusammen aus der Information $I_{\text{öff}} = 4$ und einem Rauschterm, der gleichmäßig zwischen $-D_t$ und $+D_t$ verteilt ist. Je kleiner D_t ist, umso präziser erkennt Trader t den in $I_{\text{öff}} = 4$ signalisierten Informationsgehalt:

- Für T_0 ist $D_0 = 2{,}0$ Sein Schätzfehler liegt zwischen $-2{,}0$ und $+2{,}0$
- Für T_1 ist $D_1 = 1{,}5$ Sein Schätzfehler liegt zwischen $-1{,}5$ und $+1{,}5$
- Für T_2 ist $D_2 = 1{,}0$ Sein Schätzfehler liegt zwischen $-1{,}0$ und $+1{,}0$
- Für T_3 ist $D_3 = 0{,}5$ Sein Schätzfehler liegt zwischen $-0{,}5$ und $+0{,}5$
- Für T_4 ist $D_4 = 0{,}0$ Er macht keine Schätzfehler

Unter $G_{t \text{ (homogen)}}$ sind zur Erinnerung nochmals die Ergebnisse dargestellt, die sich ergeben, wenn alle Nutzer der öffentlichen Information keinerlei Fehler machen ($D_t = 0$ für alle t). Unter $G_{t \text{ (heterogen)}}$ zeigt sich, was zu erwarten war: Die Ergebnisse derjenigen, die ihre Entscheidungen auf die öffentliche Information stützen, sind umso geringer, je präziser sie die mit $I_{\text{öff}}$ vermittelte Information auszuwerten in der Lage sind, d. h. je weniger Fehler ihnen beim Fehlermachen unterlaufen. Der Experte T_4 kommt zum gleichen Ergebnis wie dem, das sich bei der Annahme ergibt, alle anderen $I_{\text{öff}}$-Nutzer würden, so wie er, keine Fehler machen. Die anderen, die weniger präzisen Analysten $T_0 \ldots T_3$, stellen sich demgegenüber deutlich besser; da sie beim Fehlermachen Fehler machen, geht dies vor allem zulasten derjenigen unter den besser Informierten, deren Informationsstand nicht deutlich den der öffentlichen Information übersteigt (insb. T_5 und T_6).

ABM 12: unterschiedliche Fähigkeiten der $I_{\text{öff}}$-Trader bei $I_{\text{öff}} = 4$

Trader t:	0	1	2	3	4	5	6	7	8	9
Informationsstand:	4	4	4	4	4	5	6	7	8	9
$G_{t \text{ (homogen)}}$:	−0,50	−0,50	−0,50	−0,50	−0,50	0,41	0,27	0,54	0,60	0,69
D_t:	0,00	0,00	0,00	0,00	0,00					
$G_{t \text{ (heterogen)}}$:	−0,27	−0,33	−0,42	−0,44	−0,50	0,09	0,14	0,49	0,54	0,70
D_t:	±2,00	±1,50	±1,00	±0,50	±0,00					

Nur wer überzeugt ist, dass der Jahresabschluss stets, also nicht nur manchmal oder im Durchschnitt der Fälle, einen *true and fair view* der wirtschaftlichen Situation des untersuchten Unternehmens widerspiegelt, wird davon überzeugt sein dürfen, der erfahrene Analyst treffe im Schnitt bessere Entscheidungen als sein unfähiger Kollege. Wäre die öffentliche Information tatsächlich unter allen Bedingungen unverzerrt, so würde sie wie eine repräsentative Stichprobe den Empfänger stets zu einem Urteil führen, das dem entspricht, das er getroffen hätte, wenn ihm die Gesamtheit der Information zur Verfügung gestanden hätte (sog. hinreichende Statistik). Da damit die Wahrscheinlichkeit, auf der einen wie den anderen Marktseite zu stehen, für alle Beteiligten gleich ist, gibt es keine systematischen Vor- und Nachteile mehr und die Marktbewertung entspricht in etwa dem tatsächlichen Wert; es gilt $P \approx I_{\text{öff}} \approx V$ (Abb. 4.12). Allenfalls kann es zu kleineren zufallsbedingten Preisabweichungen kommen, die natürlich von Analysten umso eher erkannt werden, je präziser sie $V = I_{\text{öff}}$ schätzen.

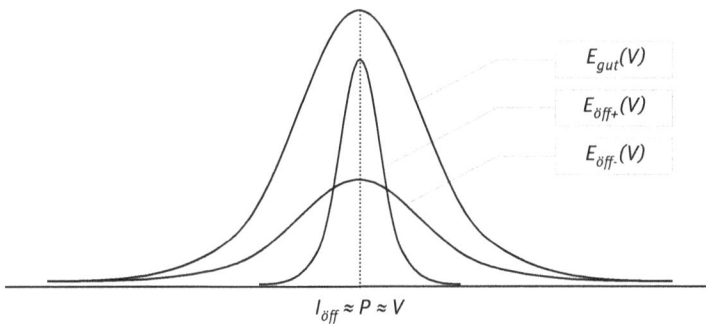

Abb. 4.12: Schätzungen bei unverzerrter öffentlicher Information

Angesichts der Bilanzskandale der letzten Zeit (Enron, Parmalat, Metallgesellschaft, Lehman Brothers, worldcom, Bawag etc.) ist jedoch die Überzeugung, Jahresabschlüsse lieferten jederzeit einen *true and fair view*, schwer zu halten. Schon die Annahme, dass es im Durchschnitt gelinge, ist sicher gewagt.

Optimale Strategienwahl

Öffentliche Information ist offenbar von zweifelhaftem Nutzen. Allerdings ist niemand, dem aus welchen Gründen auch immer eine öffentliche Information zugeht, gezwungen, diese auch zur Kenntnis zu nehmen und sie seinen Entscheidungen zugrunde zu legen, d. h. eine aktive Informationsstrategie zu verfolgen. Da dann, wenn sich ein Großteil der Trader auf dieselbe Informationsquelle stützt, der Kovarianzfehler deutlich verstärkt wird, kann nämlich eine alternative, eine passive oder technische Handelsstrategie deutlich vorteilhafter sein. Wer nicht auf der Basis von Information handelt, die andere auch haben, läuft nicht Gefahr, zusammen mit diesen die gleichen Fehler zu machen. Genau diese Zusammenhänge zeigen sich in unserem agenten-basierten Modell. Im Folgenden unterstellen wir ein öffentliches Informationsniveau von $I_{\text{öff}} = 4$ und lassen wieder die Trader schrittweise ihre Informationsstrategie überprüfen und auf die für sie günstigere Strategie überwechseln. Eine stabile Lösung ist erreicht, wenn kein Investor mehr einen Anreiz zum Strategiewechsel hat. In ABM 13a wird der erste Schritt vollzogen: T_0 prüft, mit welchem Ergebnis er rechnen kann, wenn er auf eine passive oder technische Strategie übergeht. Wie zu erkennen ist, kann er unter der Annahme, alle anderen verbleiben bei ihrer fundamentalanalytischen Strategie, im Fall eines passiven Entscheidens mit einem Ergebnis von −0,05 und im Fall einer technischen Strategie mit einem Ergebnis von 0,03 rechnen. Somit geht er auf diese über.

ABM 13a: T_0 prüft seine Alternativen

Trader t:	0	1	2	3	4	5	6	7	8	9
Informationsstand:	4	4	4	4	4	5	6	7	8	9
Ausgangspunkt	fund	fund	fund	fund	fund	fund	fund	fund	fund	fund
G_t (T_0 fundamental)	−0,50	−0,50	−0,50	−0,50	−0,50	0,41	0,27	0,54	0,60	0,69
G_t (T_0 passiv)	−0,05	−0,47	−0,47	−0,47	−0,47	0,10	0,18	0,45	0,54	0,66
G_t (T_0 technisch)	**0,03**	−0,43	−0,43	−0,43	−0,43	−0,01	0,16	0,41	0,51	0,62

Die letzte Zeile in ABM 13a wird somit zum Ausgangspunkt für die Alternativenprüfung von T_1 in ABM 13b. Auch für ihn stellt sich eine technische Entscheidungsstrategie als optimal dar. Unter der Annahme, alle anderen verbleiben bei ihrer zu Beginn („Ausgangspunkt") gewählten Strategie, kann er damit seinen Verlust auf −0,05 reduzieren.

ABM 13b: T_1 prüft seine Alternativen

Trader t:	0	1	2	3	4	5	6	7	8	9
Informationsstand:	4	4	4	4	4	5	6	7	8	9
Ausgangspunkt	tech	fund	fund	fund	fund	fund	fund	fund	fund	fund
G_t (T_1 fundamental)	0,03	−0,43	−0,43	−0,43	−0,43	−0,01	0,16	0,41	0,51	0,62
G_t (T_1 passiv)	0,04	−0,09	−0,37	−0,37	−0,37	−0,14	−0,01	0,30	0,43	0,57
G_t (T_1 technisch)	−0,05	**−0,05**	−0,33	−0,33	−0,33	−0,07	−0,07	0,27	0,40	0,56

Somit wird wieder die letzte Zeile in ABM 13b zum Ausgangspunkt für die strategische Entscheidung von T_2. Wie in ABM 13c zu entnehmen ist, ist es auch für ihn am besten, sich bei seinen Entscheidungen von einer technischen Maxime, der „Buy-High-Sell-Low"-Strategie, leiten zu lassen. Seine Verluste gegenüber dem Marktdurchschnitt betragen nur −0,12. Hätte er sich auf die öffentliche Information verlassen, hätte er

−0,33 verloren und bei einem Übergang auf eine passive Entscheidungsstrategie hätte er sich mit −0,14 zufriedengeben müssen.

ABM 13c: T_2 prüft seine Alternativen

Trader t:	0	1	2	3	4	5	6	7	8	9
Informationsstand:	4	4	4	4	4	5	6	7	8	9
Ausgangspunkt	tech	tech	fund	fund	fund	fund	fund	fund	fund	fund
G_t (T_2 fundamental)	−0,05	−0,05	−0,33	−0,33	−0,33	−0,07	−0,07	0,27	0,40	0,56
G_t (T_2 passiv)	−0,06	−0,06	−0,14	−0,22	−0,22	−0,10	−0,11	0,10	0,31	0,50
G_t (T_2 technisch)	−0,12	−0,12	**−0,12**	−0,13	−0,13	−0,12	−0,07	0,07	0,28	0,46

Wieder wird die letzte Zeile von ABM 13c zur Ausgangszeile in ABM 13d, wo T_3 prüft, ob auch er durch Strategiewechsel seine Situation verbessern kann. Dies ist allerdings nicht mehr der Fall: Jede der beiden Alternativstrategien hätte eine Verschlechterung seiner Situation zur Folge. T_3 verbleibt folglich bei seiner fundamentalistischen Strategie auf der Basis der öffentlichen Information.

ABM 13d: T_3 prüft seine Alternativen

Trader t:	0	1	2	3	4	5	6	7	8	9
Informationsstand:	4	4	4	4	4	5	6	7	8	9
Ausgangspunkt	tech	tech	tech	fund	fund	fund	fund	fund	fund	fund
G_t (T_3 fundamental)	−0,12	−0,12	−0,12	**−0,13**	−0,13	−0,12	−0,07	0,07	0,28	0,46
G_t (T_3 passiv)	−0,20	−0,20	−0,20	−0,16	0,00	−0,02	−0,01	0,10	0,23	0,46
G_t (T_3 technisch)	−0,32	−0,32	−0,32	−0,32	0,15	0,15	0,12	0,19	0,21	0,45

Mit der grau unterlegten Zeile ist somit wieder ein Nash-Gleichgewicht erreicht: Keiner der Marktteilnehmer kann sich durch einen Strategiewechsel besser stellen, solange die anderen bei ihren Strategien bleiben.[147] Die Strategie eines jeden der zehn Marktteilnehmer ist die beste Antwort auf die Handlungsweisen der anderen neun, wie die Darstellung in ABM 13e zeigt; auch hier sind wieder die optimalen Strategien für jeden Trader hervorgehoben und in der jeweiligen Spalte den alternativen Strategien gegenübergestellt: Wie zu erkennen ist, könnte sich jeder Trader durch einen Strategiewechsel nur verschlechtern.

---

147 Auch hier handelt es sich wieder um eines von mehreren möglichen Gleichgewichten, die allerdings hier nicht im Einzelnen aufgeführt werden. Es darf aber wie im Fall ohne öffentliche Information vermutet werden, dass sich die einzelnen Gleichgewichte in ihrem Grundmuster nicht wesentlich voneinander unterscheiden.

ABM 13e: Ein mögliches Nash-Gleichgewicht mit $I_{öff} = 4$

Trader t:	0	1	2	3	4	5	6	7	8	9
Informationsstand:	4	4	4	4	4	5	6	7	8	9
Strategie	tech	tech	tech	fund	fund	fund	fund	fund	fund	fund
G_t/fundamental	−0,33	−0,33	−0,33	−0,13	−0,13	−0,12	−0,07	0,07	0,28	0,46
G_t/passiv	−0,14	−0,14	−0,14	−0,16	−0,16	−0,17	−0,18	−0,18	−0,18	−0,18
G_t/technisch	−0,12	−0,12	−0,12	−0,32	−0,32	−0,30	−0,32	−0,38	−0,39	−0,35

Auch in ABM 13e zeigt sich das bereits bekannte Bild, dass nennenswerte Gewinne erst im Bereich sehr hoher Informationsniveaus (T_8, T_9) erzielt werden können. Marktteilnehmer, deren Informationsstand auf die öffentliche Information beschränkt ist (T_0...T_4), aber auch solche, die über bessere Informationen verfügen (T_5, T_6), versuchen, sich gegenseitig auszutricksen, ohne dass es ihnen wirklich gelingt. Sie müssen auch bei optimalem Verhalten mit gewissen Verlusten gegenüber dem Marktdurchschnitt rechnen, denn an der Nullsummeneigenschaft des Marktes kommt man eben niemals vorbei. Um sich aus dem Verteilungskampf zwischen Gewinnern und Verlierern einigermaßen heraushalten zu können, muss man schon über ein beachtliches Informationsniveau (vgl. T_7) verfügen.

Erstaunlich ist, dass es im Fall einer öffentlichen Information in Höhe von $I_{öff} = 4$ für keinen Marktteilnehmer rational ist, seine Entscheidungen zufällig zu treffen, d. h. eine passive Strategie zu verfolgen. Der Grund dafür dürfte darin liegen, dass in einem derart engen Markt (nur maximal fünf Trader auf jeder Marktseite) sich jeder passive Trader den eigenen Markt „kaputt macht": Kauft er, zieht er den Preis nach oben, verkauft er, zieht er ihn nach unten; beides ist stets zu seinem Nachteil.[148] In den Simulationen mit 14 Tradern in einer Vorauflage[149] gab es im Gleichgewicht passive und technische Trader. Wie auch immer: Es fertigt den Bemühungen um eine Verbesserung der öffentlichen Information kein gutes Zeugnis aus, wenn, wie in unserem simulierten Markt, es für mehr als die Hälfte derer, für die die öffentliche Information gedacht ist, rational ist, sie nicht zur Kenntnis zu nehmen. Anderseits: Alles andere würde schnell an die Grenzen des logisch Erklärbaren stoßen; auch in realen Märkten und nicht nur in agenten-basierten Modellen.

Es sei nochmals darauf verwiesen, dass alle hier angestellten Überlegungen unter der Prämisse angestellt werden, dass auch die Verliererposition mit den Prinzipien rationalen Verhaltens in Einklang gebracht werden kann. Das ist nur dann der Fall, wenn es für die im Gleichgewicht schlecht abschneidenden Trader keinen Anreiz gibt, auf eine Alternativanlage zu wechseln. Nur wenn der Markt eine Informationsprämie

---

148 Vgl. *Hanke, Michael; Schredelseker, Klaus*: Index funds are expected to underperform the index, Applied Economic Letters 2010, S. 991 ff.

149 *Schredelseker, Klaus*: Grundlagen der Finanzwirtschaft, München Wien (Oldenbourg) 2002, S. 522 ff.

in Höhe von zumindest 0,13 gegenüber der besten Alternative bezahlt, lassen sich die „biggest loser", die Trader T_3 und T_4 im Markt halten. Dabei ist noch nichts über das Risiko ausgesagt. In einer Welt risikoaverser Investoren kommt die Risikoprämie hinzu, die ebenfalls von den Emittenten der risikobehafteten Wertpapiere bezahlt werden muss, um die Marktteilnehmer im Markt zu halten und sie zum Halten der Papiere zu bewegen. Unterstellen wir z. B. einen risikofreien Gewinn von 0,12, eine Risikoprämie von 0,18 und die obige Informationsprämie von 0,13, so stellt sich das Gleichgewichtsergebnis so wie in ABM 14 dar:

ABM 14: Gleichgewicht mit Informationsprämie und Risikoprämie

Trader t:	0	1	2	3	4	5	6	7	8	9
Informationsstand:	4	4	4	4	4	5	6	7	8	9
G_t (auf null normiert)	−0,12	−0,12	−0,12	−0,13	−0,13	−0,12	−0,07	0,07	0,28	0,46
risikofreie Anlage	0,12	0,12	0,12	0,12	0,12	0,12	0,12	0,12	0,12	0,12
Risikoprämie	0,18	0,18	0,18	0,18	0,18	0,18	0,18	0,18	0,18	0,18
Informationsprämie	0,13	0,13	0,13	0,13	0,13	0,13	0,13	0,13	0,13	0,13
G_t (realer Markt)	**0,31**	**0,31**	**0,31**	**0,30**	**0,30**	**0,31**	**0,36**	**0,50**	**0,71**	**0,89**

Nur wenn die in der letzten Zeile dargestellte Verteilung gilt, weist auch der Modellmarkt die gewünschten Eigenschaften auf:
- Alle Trader verfolgen die für sie optimale Strategie; keiner kann durch Übergang auf eine andere Informationsstrategie seine Situation verbessern.
- Alle Marktteilnehmer werden im Markt gehalten; keiner kann durch Verlassen des Marktes seine Situation verbessern, denn auch die „Verlierer" erhalten eine Rendite, die der risikolosen Alternativanlage zuzüglich der das übernommene Risiko kompensierenden Risikoprämie entspricht.

An diesem Beispiel zeigt sich auch wieder die Problematik bei der üblichen Schätzung der Risikoprämie. Da lediglich die durchschnittliche Rendite des Aktienmarkts der durchschnittlichen Rendite im Geldmarkt (short-term) oder Rentenmarkt (long-term) gegenübergestellt wird, ist unterstellt, dass der Markt vollständig informationseffizient sei, es also keine informationsbedingten Vor- oder Nachteile für einzelne Investoren gäbe. Wer im obigen Beispiel so vorgehen würde, käme auf eine „Risikoprämie" von $0,43 - 0,12 = 0,31$. In einem weniger als effizient bewertenden Markt ist diese Differenz aber nur zu einem Teil (0,18) auf die Risikoaversion der Marktteilnehmer zurückzuführen, zum anderen Teil (0,13) ist sie Folge der Informationsasymmetrie.

Im direkten Vergleich der beiden Gleichgewichte $I_{\text{öff}} = 0$ (ABM 6i) und $I_{\text{öff}} = 4$ (ABM 13e) zeigt sich sogar, dass für den Fall, dass alle Trader die für sie optimale Informationsstrategie wählen, die Einführung der öffentlichen Information die sehr gut informierten Marktteilnehmer begünstigt und den schlecht und durchschnittlich informierten Tradern, denen also, die durch die Einführung der öffentlichen Information hätten bessergestellt werden sollen, überwiegend nur Nachteile gebracht hat. Lediglich für die Marktteilnehmer T_5, T_7, T_8 und T_9 war die Einführung einer öffentlichen Information wirklich von Vorteil. Sie waren allerdings bereits so gut informiert, dass die Einführung der öffentlichen Information ihren Informationstand nicht verändert hat.

ABM 15: Vergleich der Gleichgewichte bei $I_{\text{öff}} = 0$ und $I_{\text{öff}} = 4$

Trader t:	0	1	2	3	4	5	6	7	8	9
Informationsstand:	0	1	2	3	4	5	6	7	8	9
G_t bei $I_{\text{öff}} = 0$	0,09	−0,12	−0,12	−0,12	−0,03	−0,15	−0,07	0,02	0,16	0,41
Informationsstand:	4	4	4	4	4	5	6	7	8	9
G_t bei $I_{\text{öff}} = 4$	−0,12	−0,12	−0,12	−0,13	−0,13	**−0,12**	−0,07	**0,07**	**0,28**	**0,46**

Bei der Beurteilung von Rechtsnormen, deren Ziel es ist, den Wissensstand gering informierter Marktteilnehmer zu verbessern, ist demnach Vorsicht angebracht. Die Tatsache, dass es gelingt, die Informationsspanne zu vermindern, heißt noch nicht, dass damit die Ergebnisse der Destinatäre der öffentlichen Information eine Verbesserung erfahren. Aus den Ergebnissen der Simulationsstudien lassen sich zur Frage nach dem individuellen Wert öffentlicher Informationen die folgenden, sicher nur vorläufigen Schlüsse ziehen:

(1) Wird das Niveau der öffentlichen Information angehoben, so kann dies für die begünstigten Marktteilnehmer, diejenigen, deren Informationsniveau höher geworden ist, nachteilig sein, wenn sie ihre Entscheidungen auf öffentliche Information stützen. Die Information, die der gesetzliche Jahresabschluss liefert, dürfte eine relativ geringe Teilmenge der Information bereitstellen, die zur Beurteilung der Zukunftschancen einer Aktie erforderlich ist: Er ist eine Vergangenheitsrechnung, er bildet aufgrund zwingender gesetzlicher Normen nur einen Teil der bewertungsrelevanten Sachverhalte ab, er ist nach den jeweiligen Interessen des Bilanzaufstellers bilanzpolitisch verformt etc. In Kategorien des Simulationsmodells gesprochen: Es ist sehr wahrscheinlich, dass wir uns in den realen Kapitalmärkten noch unterhalb von $I_{\text{öff}} = 5$, jenem kritischen Niveau öffentlicher Information befinden, ab dem eine Verbesserung der öffentlichen Information den Destinatären Vorteile zu bringen beginnt.

(2) Für den größten Teil der Marktteilnehmer, die lediglich über öffentliche Informationen verfügen, ist es rational, diese nicht zu nutzen, sondern ihre Entscheidungen nach anderen Kriterien zu fällen. Da Bilanzanalyse keine Geheimwissenschaft ist, sondern in Innsbruck, Toulouse und Chicago in ähnlicher Weise gelehrt wird, werden alle diejenigen, die auf der Basis veröffentlichter Jahresabschlüsse entscheiden, dann ähnliche Fehler machen, wenn die Jahresabschlussinformation ein anderes Bild liefert, als es die Gesamtheit aller Informationen liefern würde. Wer Bilanzanalyse nicht beherrscht oder die Bilanz gar nicht erst zur Kenntnis

nimmt, macht sicherlich auch Fehler; diese sind aber unsystematischer Natur und weniger folgenreich.

(3) Zwischen den Ergebnissen derer, die über die öffentliche Information verfügen (wenngleich großteils nicht nutzen) und bereits recht gut informierter Marktteilnehmer besteht kaum ein wesentlicher Unterschied; erst sehr gut informierte Trader erzielen nennenswerte Gewinne. Damit wird auch die Aussage *Beavers* fragwürdig: „The role of financial data is essentially a preemptive one – that is, to prevent abnormal returns accruing to individuals by trading upon inside information.“[150] Im Simulationsmodell waren es gerade die sehr gut informierten Trader (die „Insider“), die aus der Tatsache, dass den anderen eine öffentliche Information zuteilwurde, Vorteile ziehen konnten.

(4) In einem Markt, in dem sich alle Trader in dem Sinne rational verhalten, sodass jeder die für ihn optimale Informationsstrategie wählt, wirkt sich die Einführung einer öffentlichen Information, entgegen der damit verfolgten Absicht, überwiegend negativ auf diejenigen Marktteilnehmer aus, die durch die Publizitätsnormen eine Verbesserung ihres Informationsstandes erfahren haben und überwiegend positiv auf diejenigen aus, die die neu veröffentlichten Informationen bereits vorher hatten.

Wagenhofer/Ewert beschließen ihre Ausführungen zur Informationsfunktion der Rechnungslegung mit der Feststellung, dass sich keine Variante der Rechnungslegung finden lässt, „die für alle Adressaten gleichzeitig optimal ist – jedes System begünstigt einige Anleger und benachteiligt andere.“[151] Wahrscheinlich wäre es für das Rechtsystem kein Problem, dies hinzunehmen, solange es die „Richtigen“ sind, die von den gesetzlichen Maßnahmen begünstigt bzw. benachteiligt werden. Die vorstehenden Überlegungen ziehen aber gerade dies vehement in Zweifel.

4.3.5 Öffentliche Information: Gesellschaftlicher Nutzen

Aus der Diskussion um die Informationseffizienz von Kapitalmärkten folgert *Walz*, dass zwar der individuelle Nutzen von Rechnungslegungsinformationen fragwürdig, Rechnungslegung aber aus gesellschaftlicher Sicht unverzichtbar sei: „Der rechtlich erwünschte gesamtwirtschaftliche Nutzen dieser Information kann darin bestehen, dass Marktprozesse annähernd die Kurswerte hervorbringen, die die bestehenden Knappheitsrelationen für Kapital korrekt widerspiegeln“. Somit müsse ein „etwai-

---

150 *Beaver, William H.*: What Should be the FASB's Objectives? Journal of Accountancy, August 1973, S. 49–56, (hier S. 54).

151 *Wagenhofer, Alfred; Ewert, Rolf*: Externe Rechnungslegung, 2. Aufl., Berlin – Heidelberg – New York 2007, S. 80.

ger Regelungsbedarf hier öffentlich-rechtlich und nicht privatrechtlich"[152] begründet werden. Wie die aus dem agenten-basierten Modell gewonnenen Einsichten zeigten, ist private Information aber nicht nur dann von fragwürdigem Nutzen, wenn man von einem informationseffizienten Markt ausgeht, sondern auch, wenn der Markt Ineffizienzen aufweisen sollte. Wie sich dieser Zusammenhang darstellt, wenn öffentliche Informationen in die Überlegungen einbezogen werden, soll im Folgenden erörtert werden.

Dafür, dass mit einer Anhebung des öffentlichen Informationsniveaus generell eine Verbesserung in der Bewertungseffizienz des Marktes einhergehen soll, spricht allerdings wenig: Mit der Verbesserung der öffentlichen Information nimmt zwar wieder die durchschnittliche Schätzpräzision der Marktteilnehmer zu, andererseits steigt aber auch der Kreis derer, die systematisch den gleichen Fehler machen. Das erstgenannte übt einen positiven, das zweitgenannte einen negativen Effekt auf die Bewertungseffizienz des Marktes aus. ABM 16 zeigt diese Ambiguität in Form zunächst abnehmender und dann zunehmender Bewertungseffizienz im agenten-basierten Modell. Wenn alle Investoren ihre Entscheidungen auf der Basis von fundamental-analytischen Prinzipien fällen und das Niveau an öffentlicher Information schrittweise von $I_{öff} = 0$ bis $I_{öff} = 9$ ansteigt, nimmt die Bewertungseffizienz des Marktes den folgenden nichtlinearen Verlauf:

ABM 16: Markteffizienz bei steigendem öffentlichem Informationsniveau

$I_{öff}$:	0	1	2	3	4	5	6	7	8	9
σ_M^2 (Marktineffizienz)	1,02	1,04	1,07	1,09	1,16	0,93	0,73	0,56	0,31	0,00

Natürlich weist der Markt dann, wenn alle Marktteilnehmer die gleiche hohe Information besitzen ($I_{öff} = 9$) und bei der Auswertung dieser Information ohne Fehler sind, keinerlei Bewertungsineffizienzen auf. Der Preis spiegelt in diesem Fall alle verfügbare Information wider und entspricht genau dem inneren Wert des Wertpapiers; Handel findet allenfalls aufgrund exogener Motive, nicht aber aufgrund von Unterschieden in der Einschätzung der Titel statt. In allen anderen Fällen hingegen ist der Markt durch gewisse Bewertungsineffizienzen gekennzeichnet. Diese sind bei $I_{öff} = 4$ am stärksten ausgeprägt, gerade bei dem Niveau an öffentlicher Information, bei dem der private Nutzen der öffentlichen Information am geringsten ist (vgl. ABM 11). Offenbar bewegen sich der private und der gesellschaftliche Nutzen öffentlicher Information im Gleichklang: Bis zu einem Niveau von $I_{öff} = 4$ führt jede Erhöhung des öffentlichen Informationsniveaus zu einer Schlechterstellung der jeweils „Begünstigten" und zu-

---

152 *Walz, Rainer W.*: Ökonomische Regulierungstheorien vor den Toren des Bilanzrechts, in: *Wagner, Franz W.* (Hrsg.): Ökonomische Analyse des Bilanzrechts, Sonderheft der Zeitschrift für betriebswirtschaftliche Forschung 32, 1993, S. 85–106, (hier S. 102).

gleich auch zu einer verminderten Bewertungseffizienz des Marktes: Der Herdeneffekt überlagert bis zu dem genannten Schwellenwert den mit der verbesserten Information einhergehenden Zugewinn an durchschnittlicher Schätzpräzision. Auf die Frage, ob mit verbesserter Publizitätsgesetzgebung die Bewertungseffizienz des Marktes verbessert werden kann, gibt es somit keine einfache Antwort. Folgt man dem Simulationsmodell, so hängt sie vom jeweils erreichten Niveau ab. Vieles spricht dafür, dass, gemessen an den Erfordernissen einer effizienten Wertpapierbewertung, die Qualität der öffentlichen Rechnungslegung noch lange nicht das Niveau erreicht hat, das zu Hoffnungen Anlass gibt. Es sind auch Zweifel erlaubt, ob ein solches Niveau angesichts der Sachzwänge jemals erreicht werden kann.

Allerdings haben wir bei der Analyse des privaten Nutzens von öffentlicher Information gesehen, dass es für viele Marktteilnehmer rational ist, auf Information zu verzichten und ihre Entscheidungen dem Zufall zu überlassen oder sich einer technischen Handelsregel zuzuwenden; damit können sie der „Kovarianzfalle" aus dem Wege gehen. Dies gilt natürlich auch im Falle einer öffentlichen Information: Niemand ist gezwungen, sich dieser zu bedienen. Welche Konsequenzen ein Ausscheiden einzelner Trader aus dem Kreis der Informationsnutzer für die Bewertungseffizienz des Marktes hat, verdeutlicht ABM 17. Auf dem Weg zum Gleichgewicht wenden sich immer mehr Trader einer alternativen (hier immer nur technischen) Informationsstrategie zu, bis jeder eine für ihn optimale Strategie gefunden hat. Dabei verbessert sich die Bewertungseffizienz des Marktes jedes Mal dann, wenn ein Trader auf seine öffentliche Information verzichtet.

ABM 17: Markteffizienz und Gleichgewichtspfad bei $I_{\text{öff}} = 4$

Gleichgewichtspfad:	Start	Schritt 1	Schritt 2	Schritt 3	Schritt 4
Aktion:	alle Trader entscheiden fundamental-analytisch	T_0 wechselt auf eine technische Strategie	T_1 wechselt auf eine technische Strategie	T_2 wechselt auf eine technische Strategie	T_3 bleibt bei der fundamentalen Strategie
σ_M^2 (Marktineffizienz):	1,16	0,96	0,84	0,69	0,69

Auch hier wieder dasselbe Bild: Es ist für viele Marktteilnehmer nicht nur aus individuellen Vorteilhaftigkeitsüberlegungen heraus sinnvoll, die ihnen zugehende öffentliche Information, nicht zur Kenntnis zu nehmen, sondern es wird dadurch, dass sie genau dies tun, auch die Bewertungseffizienz des Marktes befördert.

Dieses Ergebnis gilt im Wesentlichen auch dann, wenn das Niveau an öffentlicher Information bereits so hoch ist, dass die Adressaten der öffentlichen Information von einer Ausweitung derselben profitieren. Da dies, wie ABM 11 gezeigt hat, bereits ab $I_{\text{öff}} = 5$ der Fall ist, zeigt ABM 18 den von diesem Niveau aus ermittelten Gleichgewichtspfad.

ABM 18: Markteffizienz und Gleichgewichtspfad bei $I_{\text{öff}} = 5$

Gleichgewichtspfad:	Start	Schritt 1	Schritt 2	Schritt 3	Schritt 4	Schritt 5
Aktion:	alle Trader entscheiden fundamental-analytisch	T_0 wechselt auf eine technische Strategie	T_1 wechselt auf eine passive Strategie	T_2 wechselt auf eine technische Strategie	T_3 wechselt auf eine passive Strategie	T_4 bleibt bei der fundamentalen Strategie
σ_M^2:	0,93	0,96	0,86	0,73	0,63	0,63

Wie zu erkennen ist, gibt es im Fall von $I_{\text{öff}} = 5$ für zwei Marktteilnehmer Sinn, sich einer passiven Entscheidungsstrategie zuzuwenden (T_1 und T_3), und für zwei Trader (T_0 und T_2), eine technische Strategie zu wählen. Selbst dann, wenn die Erhöhung des Niveaus an öffentlicher Information bereits die Betroffenen unter der Annahme, dass sie von der verbesserten Information Gebrauch machen, besserstellen würde, ist es für einige unter ihnen rational, auf die Information zu verzichten. Indem sie das tun, tragen sie sogar zu einer verbesserten Bewertungseffizienz des Marktes bei. Unabhängig davon, ob die Erhöhung der öffentlichen Information den Adressaten schadet (bis $I_{\text{öff}} = 4$) oder nutzt (ab $I_{\text{öff}} = 5$), gilt, dass dann, wenn sich alle Trader optimal verhalten, nicht mehr jenes Niveau an Bewertungseffizienz erreicht werden kann, das sich bei völligem Fehlen öffentlicher Information ergibt. In ABM 19 werden die Strategiegleichgewichte im Fall ohne öffentliche Information (ABM 9) und in den beiden Fällen $I_{\text{öff}} = 4$ und $I_{\text{öff}} = 5$ einander gegenübergestellt.

ABM 19: Markteffizienz bei optimalen Strategien unter $I_{\text{öff}} = 0$, $I_{\text{öff}} = 4$ und $I_{\text{öff}} = 5$

Niveau öffentlicher Information:	$I_{\text{öff}} = 0$	$I_{\text{öff}} = 4$	$I_{\text{öff}} = 5$
σ_M^2 alle Trader fundamental (Start):	1,02	1,16	0,93
σ_M^2 bei erreichtem Gleichgewicht:	0,52	0,69	0,63

Sollten alle Marktteilnehmer, obwohl sie bessere Alternativen hätten, auf klassische Weise Fundamentalanalyse betreiben, ist mit $I_{\text{öff}} = 5$ ein Informationsniveau erreicht, bei dem die Bewertungseffizienz des Marktes mit $\sigma_M^2 = 0,93$ bereits wieder über der liegt, die sich bei völligem Fehlen von öffentlicher Information ergeben hätte ($\sigma_M^2 = 1,16$). Das Bild kehrt sich allerdings deutlich um, wenn die Trader, dem Rationalprinzip gehorchend, auf die Nutzung der ihnen angebotenen öffentlichen Information verzichten: Während bei $I_{\text{öff}} = 0$, dann wenn alle Trader die für sie beste Strategie wählen, der Markt mit $\sigma_M^2 = 0,52$ nur geringe Ineffizienzen aufweist, sind unter den gleichen Bedingungen im Fall von $I_{\text{öff}} = 5$ Ineffizienzen in Höhe von $\sigma_M^2 = 0,63$ zu verzeichnen.

Nicht nur der private, sondern auch der gesellschaftliche Wert von öffentlichen Informationen steht somit alles andere als außer Frage. Das heißt zwar nicht, dass der Jahresabschluss der Unternehmung, der Prototyp einer öffentlichen Information, sinnlos ist, denn er hat eine Fülle von Zielen zu erfüllen (Ausschüttungssperre, Rechenschaftslegung, Managementkontrolle), man sollte aber ein wenig zurückhaltender sein, wenn, wie es in der Regel geschieht, die Information des Kapitalmarkts als die vordringlichste unter seinen Aufgaben hervorgehoben wird.

4.3.6 Was nutzen Informationen im Markt?

Dass man über Rechnungswesen in einer anderen Weise nachdenken muss, wenn man explizit Marktwirkungen in die Überlegungen einbezieht, wissen wir seit vielen Jahrzehnten, als die sog. *Accounting Revolution* begann. Die These von der Informationseffizienz des Marktes hat für viel Verwirrung, aber auch für ein Umdenken gesorgt und Mut gegeben für Aussagen wie „the FASB should discourage investor's beliefs that accounting data can be used to detect undervalued or overvalued securities."[153] Gleichwohl haben Investoren und professionelle Analysten nicht aufgehört, sich der angebotenen Informationen genau zu diesem Zweck zu bedienen: Noch nie gab es ein so reichhaltiges Angebot an Börseninformationsdiensten (elektronisch und gedruckt), an Fachorganen für Kapitalanlagen; noch nie haben die Unternehmen so viele Anstrengungen unternommen, um die Informationsbedürfnisse ihrer aktuellen und potenziellen Investoren zu befriedigen, noch nie hat das Thema Börse so breite Schichten von Menschen angesprochen und zu einer so ungeheuren Anhäufung von kapitalmarktbezogenem Wissen geführt wie in den letzten Jahren. Selbst die Finanzkrise von 2008 hat daran wenig ändern können. Offenbar ist die These von der Informationseffizienz der Kapitalmärkte trotz der vielseitigen empirischen Belege zu ihren Gunsten nie so richtig angenommen worden. Ob zu Recht oder nicht, sei dahingestellt und die Frage, ob reale Kapitalmärkte im praktischen Sinne effizient sind oder nicht, wird, wie wir gesehen haben, kaum je endgültig beantwortet werden können.

Die Praxis zog sich daher auf eine pragmatische Position zurück, die analog zur bereits erwähnten Wette von *Blaise Pascal* etwa so charakterisiert werden kann:

Es mag sein, dass es, falls die Märkte informationseffizient bewerten, fragwürdig ist, sich Informationen zu beschaffen, um Über- und Unterbewertungen ausfindig zu machen. Falls andererseits die Märkte aber nicht effizient bewerten sollten, ist Information wichtig und nützlich. Da wir darüber, ob die realen Märkte zum gegebenen Zeitpunkt effizient bewerten, nicht genau Bescheid wissen, ist es besser, sich Informationen zu beschaffen als seine Kapitalanlagen im Blindflug zu tätigen.

Nach wie vor ist die Umsetzung öffentlicher Informationen in Allokationsentscheidungen, die dem aktiven Portefeuillemanagement zugrundeliegende Informationsbeschaffung und -einschätzung, das, was in der Praxis am besten bezahlt wird. Der Nimbus, der die weltbekannten Stars der Szene (*Warren Buffet, Peter Lynch,*

---

153 *Beaver, William H.*: Financial Reporting: An Accounting Revolution, 2. Aufl., Englewood Cliffs (Prentice-Hall) 1989, S. 162.

Ray Dalio, u. v. m.) umgibt, gründet sich regelmäßig auf deren tatsächliche oder vermeintliche Fähigkeit, die richtigen Informationen zum richtigen Zeitpunkt in ihre Anlageentscheidungen einfließen zu lassen. In auffallendem Gegensatz dazu steht die nahezu vollständige Vernachlässigung der Informationsverarbeitung in den international verbreiteten finanzwirtschaftlichen Lehrtexten;[154] allenfalls werden in knappen Worten die wesentlichsten Grundlagen der Financial Statement Analysis (insb. Kennzahlenanalyse) dargestellt, ohne aber etwas darüber zu sagen, mit welchem Ziel und unter welchen Bedingungen eine derartige Form von Analyse betrieben werden sollte.[155]

Als einer der Verfasser vor einem halben Jahrhundert an der Universität Mannheim „Finanzierung" studierte, war das Fach noch eine klassische BWL im Sinne einer Lehre dessen, was in Betrieben geschieht und geschehen sollte: Man lernte das begriffliche Instrumentarium und die verschiedensten Arten von Finanzierung kennen (innen vs. außen, eigen vs. fremd), übte sich in der Anwendung finanzmathematischer Kalküle (Investitionsrechnungsverfahren) und erfuhr etwas von Finanz- und Liquiditätsplanung. Da den Finanzmärkten zu jener Zeit für die Finanzierung der Unternehmen nur eine untergeordnete Stellung zukam und ein Investment in Aktien nur eine kleine Minderheit interessierte, wurde das Thema Wertpapieranalyse allenfalls am Rande gestreift. In den 1970er-Jahren hat dann das Fach eine radikale Umorientierung erfahren: Der Entwicklung in den USA folgend wandelte sich die Finanzierungslehre zur heute gelehrten „Finance", für die der Finanzmarkt und die dort getroffenen Entscheidungen von Kapitalanbietern und -nachfragern im Vordergrund steht. Methodisch steht das Fach heute zwischen der BWL und der VWL. Mehr als in den anderen Teildisziplinen der BWL dominiert in der Finanzwirtschaft eine klassisch ökonomische Methodik. Gleichwohl ist das Fach auf der halben Strecke des Weges stehengeblieben: Der dringend notwendige Schritt von *Finance* zu *Financial Economics* wurde nur teilweise vollzogen. Noch immer dominiert in der Finanzwirtschaft oft eine eher ingenieurwissenschaftliche Sichtweise, die den Markt *als Bedingung für*, kaum aber *als Ergebnis von* Individualentscheidungen sieht, was *Kirman* zu der Aussage veranlasst, „we should turn things inside out and bring direct interaction to the center of the stage."[156] Märkte sind eben nicht – wie in der Neoklassik aus Vereinfachungsgründen üblicherweise unterstellt – Institutionen, in denen repräsentative Agenten identische, nämlich von allen für optimal erkannte Aktionen treffen; und das vor dem Hintergrund arbitragefreier Marktpreise, auf die der Einzelne keinen Einfluss hat, die für ihn ein Datum darstellen. Märkte sind vielmehr komplexe adaptive Systeme, die gekenn-

---

154 So z. B. keinerlei Erwähnung bei *Brealey, Richard A.; Myers, Stewart C.*: Principles of Corporate Finance, 7. Aufl., McGraw-Hill 2003 oder bei *Copeland, Thomas E.; Weston, Fred J.; Shastri, Kuldeep*: Financial Theory and Corporate Policy, 4. Aufl., Pearson Addison-Wesley 2005.
155 So z. B. *Berk, Jonathan; DeMarzo, Peter*: Corporate Finance, 2. Aufl., Pearson 2007, S. 19 ff.
156 *Kirman, Alan*: Artificial Markets: Rationality and Organisation, in: *Schredelseker, Klaus; Hauser, Florian*: Complexity and Artificial Markets, Berlin Heidelberg (Springer) 2008, S. 196.

zeichnet sind durch gegenseitige Beeinflussung der Systemelemente (Agenten), durch Rückkopplungen, Nichtlinearitäten und Pfadabhängigkeiten. Zudem sind Märkte davon geprägt, dass Menschen in ihren Entscheidungen Fehler machen (Entscheidungsheuristiken, Behavioral Biases, etc.). Es ist auch nicht auszugehen, dass sich diese Fehler immer aufheben, was wiederum Phasen wie Spekulationsblasen, Herdenverhalten u. ä. hervorrufen kann. Die experimentelle Wirtschaftsforschung zeigt die Auswirkungen von bedingt rationalem Verhalten anhand von Labormärkten, die mitunter massiv von Fehlbewertungen und Spekulationsblasen geprägt sind.[157]

Wenn wir schon von Gleichgewichten sprechen, so sollte es sich um die aus der Spieltheorie entlehnten Nash-Gleichgewichte handeln: In einem derartigen Gleichgewicht optimiert zwar jeder Akteur seine Handlungsweise in dem Sinne, dass er die für ihn beste Handlungsalternative vor dem Hintergrund der Aktionen der anderen wählt. Im Gegensatz zu klassischen Modellen mit repräsentativen Agenten (dazu gehört auch das CAPM) ist es aber möglich, dass die Handlungen der Akteure völlig unterschiedlich sind, weil sie unterschiedliche Präferenzen haben, unterschiedlich informiert sind oder unterschiedlich gut zur Lösung des jeweils anstehenden Problems befähigt sind. Ein derartiges System analytisch zu erfassen, ist derzeit allenfalls in Ansätzen möglich. Eine wichtige Alternative stellt die agenten-basierte Simulationstechnik dar, mit deren Hilfe komplexe Systeme als das Ergebnis individueller Entscheidungen von Individuen modelliert werden können. Diese „Agenten" entscheiden autonom und auf Basis einfacher, leicht nachvollziehbarer Entscheidungskalküle. Die klassischen Methoden wirtschaftswissenschaftlicher Forschung sind Theorie, Empirie und Experiment. *Kirman* nennt als vierte Methode die agenten-basierte Modellierung und Simulation. Sie sei hervorragend für das Studium komplexer Zusammenhänge geeignet und könne somit „complement the other approaches each of which has its weaknesses."[158]

In dieser Arbeit konnte mithilfe eines einfachen agenten-basierten Modells gezeigt werden, dass die naive und ausschließlich im Bereich von Entscheidungen gegen die Natur gültige Vorstellung, der besser Informierte habe stets und automatisch einen Vorteil gegenüber dem weniger Informierten, sich in einem Finanzmarkt als nicht haltbar erweist. Auch wenn die These der Nicht-Negativität des Informationsnutzens nach wie vor in den meisten Texten der einschlägigen Literatur vertreten wird, widerspricht sie elementar der Logik eines funktionierenden Marktes. In den Simulationen manifestiert sich somit zunächst einmal nur eine offen zu Tage liegende Selbstverständlichkeit.

---

157 Siehe bspw. *Weitzel, Utz; Huber, Christoph; Huber, Jürgen; Kirchler, Michael; Lindner, Florian; Rose, Julia*: Bubble and Financial Professionals, Review of Financial Studies 2020, Vol. 6(33), S. 2659–2696; und *Kirchler, Michael; Bonn, Caroline; Huber, Jürgen; Razen, Michael*: The „Inflow Effect" – Trader Inflow and Price Efficiency, European Economic Review 2015, Vol. 77, S. 1–19. 2

158 *Kirman, Alan*: Artificial Markets: Rationality and Organisation, in: *Schredelseker, Klaus; Hauser, Florian*: Complexity and Artificial Markets, Berlin Heidelberg (Springer) 2008, S. 199.

Es ist nämlich unbestreitbar, dass ein Investor, der überhaupt nichts weiß und mangels Wissen den ganzen Markt kauft, weder zu den Gewinnern noch zu den Verlierern gehört, sondern mit der marktdurchschnittlichen Rendite r_M wird rechnen können;[159] dasselbe gilt für denjenigen, der mit Dartpfeilen auf den Kurszettel wirft oder der die Entscheidungen seinem Hund überlässt. Würde gelten, dass der Nutzen aus einer zusätzlichen Information niemals negativ sein kann, so würden alle Investoren, die irgendetwas und damit mehr als nichts wissen, notwendigerweise von überdurchschnittlichen (d. h. über r_M liegenden) Erwartungsrenditen ausgehen können. Dies ist ebenso wenig möglich, wie es einem Lehrer möglich ist, allen Schülern überdurchschnittliche Noten zu geben. In Abb. 4.13 ist die fiktive Situation eines nicht informationseffizienten Marktes dargestellt, in dem gelten würde, dass die Erwartungsrendite eines Investors umso größer ist, je höher sein Informationsstand ist. Natürlich stellt dies *ökonomischen Unsinn* dar.

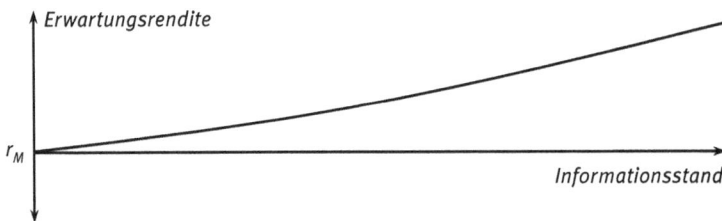

Abb. 4.13: Naive Marktvorstellung: Nicht-negativer Informationsnutzen

Vereinbar mit den Grundprinzipien der allgemeinen Logik sind lediglich die drei Marktszenarien, mit denen wir es bislang zu tun hatten:

(1) Strenge Informationseffizienz: Ist der Kapitalmarkt im strengen Sinne informationseffizient, so kann niemand aufgrund seines höheren Informationsstands Vorteile gegenüber anderen, minder informierten Investoren erzielen. Wir wissen, dass dieses Modell mit der ökonomischen Annahme allseits rationalen Verhaltens nicht vereinbar ist, da es für die Investoren keinen Anreiz gäbe, Ressourcen aufzuwenden, um Information zu beschaffen. Würde sich aber niemand informieren, so könnte sich auch keine informationseffiziente Bewertung herausbilden (Informationsparadox nach *Grossman/Stiglitz*). Gleichwohl ist aber empirisch ein informationseffizienter Markt durchaus möglich, dann nämlich, wenn die Marktteilnehmer in der irrigen Überzeugung, die Märkte seien nicht effizient, sich als Informationsverarbeiter verhalten und damit gerade jene Bewertungseffizienz erzeugen, von deren Nichtvorliegen sie überzeugt sind.

---

159 Dies gilt zumindest solange, als die Zahl der passiv agierenden Investoren (insb. Indexinvestoren) nicht allzu groß wird; vgl. *Hanke, Michael; Schredelseker, Klaus*: Index funds are expected to underperform the index, Applied Economic Letters 2010, S. 991 ff.

In einem im strengen Sinne informationseffizienten Markt ist die zu erwartende Rendite für alle Marktteilnehmer, unabhängig von ihrem Informationsstand, gleich: sie entspricht r_M, der durchschnittlichen Rendite des Marktes (Abb. 4.14).

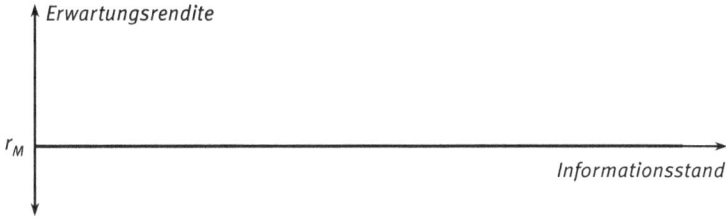

Abb. 4.14: Marktszenario strenge Informationseffizienz

(2) Einfache Informationsineffizienz: Möglicherweise haben wir es auch mit Märkten zu tun, die ein gewisses Maß an Bewertungsineffizienz zulassen und in denen alle Marktteilnehmer sich als aktive Informationsverarbeiter im Sinne der Fundamentalanalyse verhalten. Sie tun dies, weil sie von der obigen naiven Marktvorstellung ausgehen oder weil sie davon überzeugt sind, grundsätzlich besser zu sein als die anderen, oder vielleicht auch, weil sie von alternativen Informationsstrategien noch nichts gehört haben bzw. denjenigen keinen Glauben schenken, die solche Strategien propagieren. Ein derartiger Markt kann in folgender Weise charakterisiert werden: Es gibt gut informierte Investoren, die im Schnitt Überrenditen erzielen und andere, die sich mit unterdurchschnittlichen Renditen zufriedengeben müssen. Dabei sind es, wie wir in dem agentenbasierten Modell gesehen haben, nicht diejenigen mit der geringsten Information, die am schlechtesten abschneiden, sondern durchaus besser Informierte, die aber vom Herdeneffekt in besonderer Weise betroffen sind (Abb. 4.15).

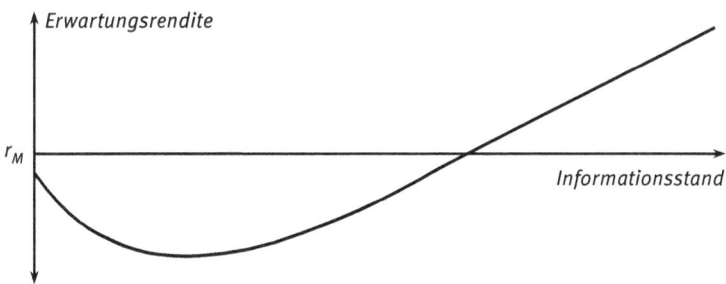

Abb. 4.15: Marktszenario einfache Informationsineffizienz

(3) Gleichgewichtige Informationsineffizienz: Vielleicht sind aber auch die Investoren schon viel cleverer, als allgemein angenommen wird. Sie sind sich der Vielschichtigkeit des Problems in vollem Umfang bewusst und kennen alle Möglichkeiten, mit Information umzugehen (oder sich bewusst von ihnen fernzuhalten). Der Markt stellt

sich dann als ein permanentes Gerangel um die besten Informationsstrategien dar, wobei wir uns in der agentenbasierten Modellierung auf drei Strategien beschränkt haben: Fundamentale Informationsauswertung, völliger Verzicht auf Information und zufälliges Entscheiden, Nutzung der im Marktpreis enthaltenen Information durch die „Buy-High-Sell-Low"-Regel. Im Gleichgewicht gilt für jeden der Beteiligten, dass er keinen Anreiz mehr hat, seine Strategie zu wechseln (Abb. 4.16).

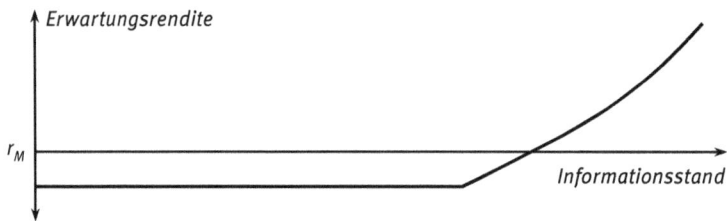

Abb. 4.16: Marktszenario gleichgewichtige Informationsineffizienz

Eine interessante Erweiterung stammt von *Hauser/Kaempff*.[160] Sie greifen das hier vorgestellte agentenbasierte Modell auf, bei dem in einem Call-market ein Wertpapier gehandelt wird, das sich als Summe von zehn binären 0-1-Signalen darstellt; sie geben aber die Beschränkung auf die drei genannten Informationsstrategien auf. Zu diesem Zweck erhöhen sie zunächst die Zahl der Agenten auf hundert; da weiterhin Informationsasymmetrie herrscht und die Informationsniveaus $0\ldots 9$ betrachtet werden, gibt es nunmehr für jedes der zehn Informationsniveaus auch zehn Trader, die unabhängig voneinander ihre Orders im Markt platzieren. Auch sie starten mit einem Markt, in dem sich alle Agenten der fundamentalanalytischen Informationsstrategie bedienen und kommen somit zum gleichen Ergebnis wie in ABM 1, jetzt nur für $10 \cdot 10 = 100$ Agenten (Abb. 4.17):

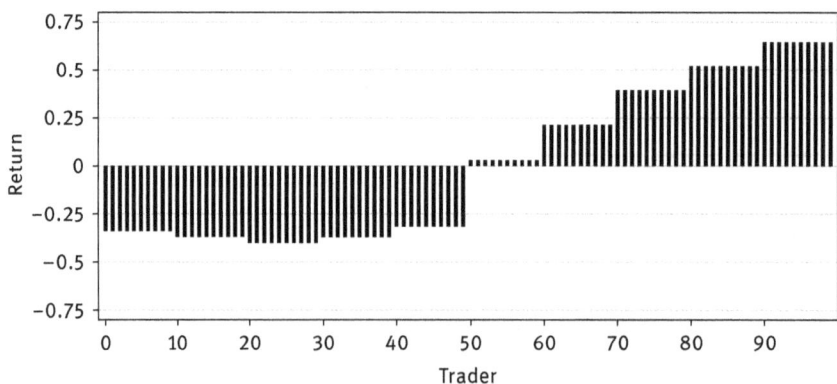

Abb. 4.17: Hauser/Kaempff-Studie Ausgangspunkt

160 *Hauser, Florian; Kaempff, Bob*: Evolution of trading strategies in a market with heterogeneously informed agents, Journal of Evolutionary Economics, doi:10.1007/s00191-011-0232-6.

Bei der Analyse alternativer Informationsstrategien geben *Hauser/Kaempff* aber nicht, so wie oben geschehen, konkrete Alternativen vor, sondern bedienen sich der Methode der genetischen Programmierung,[161] um neue Strategiemuster zu generieren. Bei dieser Methode wird ein evolutorischer Prozess mit unzähligen Schleifen (Generationen) nachgebildet, in dem die einzelnen Trader ihre Strategie mehr oder weniger zufällig verändern. Diese veränderte Strategie wird dann im Markt ausprobiert, und, sollte sie der zuvor praktizierten überlegen sein, tritt sie an deren Stelle. Dieser Vorgang wiederholt sich so lange, bis ein Optimum erreicht ist. Da die Wahrscheinlichkeit für einen Trader, eine Optimierung vorzunehmen, umso höher ist, je schlechter sein aktuelles Ergebnis ist (ähnlich der oben erwähnten „biggest-loser"-Sequenz), ergab sich nach 40 Optimierungsschritten die nachstehende Verteilung (Abb. 4.18), bei der die hellgrauen Balken signalisieren, dass der jeweilige Trader mindestens einmal optimiert hat. Wie leicht zu erkennen ist, sind es überwiegend Trader aus mittleren Informationsniveaus, die bereits Optimierungen vorgenommen haben. Dabei ist es ihnen gelungen, ihre Informationsstrategien so weiterzuentwickeln, dass ihnen kaum noch Verluste, häufig sogar leichte Gewinne entstehen. Für die anderen Trader sind die Konsequenzen unterschiedlich: Während die sehr gut informierten mit geringeren Gewinnen rechnen müssen, können sich die schlecht Informierten über geringere Verluste freuen, da der Markt aufgrund der verminderten Zahl kovariant handelnder Akteure nunmehr ein höheres Maß an Bewertungseffizienz aufweist:

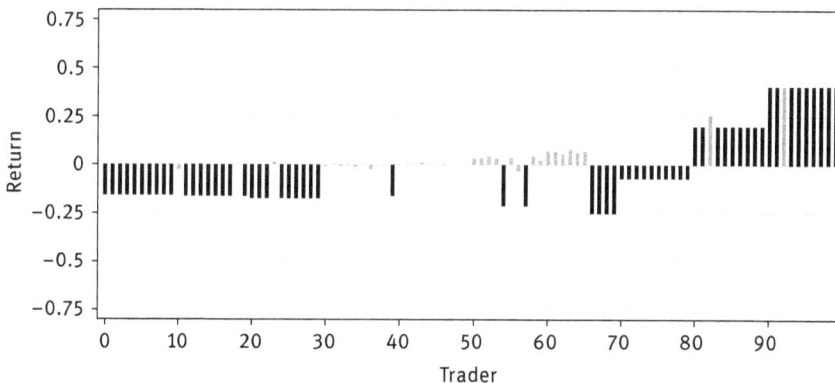

Abb. 4.18: Hauser/Kaempff-Studie nach 40 Optimierungen

Nach 500 Optimierungen haben nahezu alle Agenten (bis auf die wenigen mit schwarzen Balken) zumindest einmal ihre Strategie angepasst und evaluiert (siehe Abb. 4.19). Das Endergebnis zeigt eine Situation, die nicht weit von einem effizienten Markt ent-

---

161 Vgl. *Koza, John R.*: Genetic programming: On the programming of computers by means of natural selection, Cambridge (MIT-Press), 1992.

fernt ist, da nennenswerte Gewinne und Verluste nicht mehr auftreten. Zwar sind es nach wie vor die bestinformierten (T_9) Marktteilnehmer, die leichte Gewinne für sich verbuchen können, doch belaufen sie sich mit 0,05 in äußerst bescheidenem Rahmen, wenn man das mit den 0,64 vergleicht, mit denen sie hätten rechnen können, wenn alle anderen fundamentale Informationsverarbeiter geblieben wären.

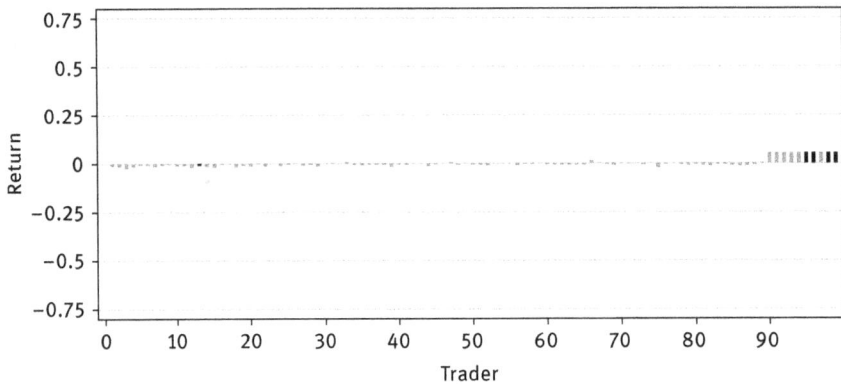

Abb. 4.19: Hauser/Kaempff-Studie nach 500 Optimierungen

Allen anderen ist es allerdings gelungen, ihre Verluste auf ein Mindestmaß zu begrenzen. Leider sind die Strategien, die sich jeweils im Evolutionsprozess durchgesetzt haben, sehr vielschichtig und kompliziert, sodass es kaum möglich ist, sie im Einzelnen zu analysieren.[162] Eines lässt sich jedoch verallgemeinernd sagen: Erfolgreich sind Strategien nur, wenn sie kovariantes Handeln mit anderen Tradern vermeiden; immer wo viele dasselbe tun, nehmen sie Einfluss auf die Marktpreise, was ihnen nur zum Nachteil gereichen kann.

Nur dieses dritte Marktszenario, das „gleichgewichtige Maß an Ineffizienz" ist nicht auf Irrationalität oder auf Fehlinterpretation realer Gegebenheiten gegründet. Information wird zwar verarbeitet, aber niemand verarbeitet Information, für den es sich nicht lohnt. Wir wissen nicht, mit welchem der drei Marktszenarien wir es in den realen Märkten zu tun haben und die empirische Forschung wird uns auch in der nächsten Zukunft auf diese Frage keine verlässliche Antwort geben können. Wir wissen nur, dass die allenthalben vertretene Vorstellung der grundsätzlichen Nützlichkeit von Information (naive Marktvorstellung wie in Abb. 4.13) nicht haltbar ist. Sehen wir uns die drei möglichen Marktszenarien in einer Synopse an:

---

162 Eine Ausnahme ist die Strategie von T_{70}, für den lediglich die letzte (siebte) Münze entscheidungsrelevant ist: liegt sie auf ‚1', so kauft er, liegt sie auf ‚0', so verkauft er. Mit dem Verzicht auf weitere Information entzieht er sich der Herde.

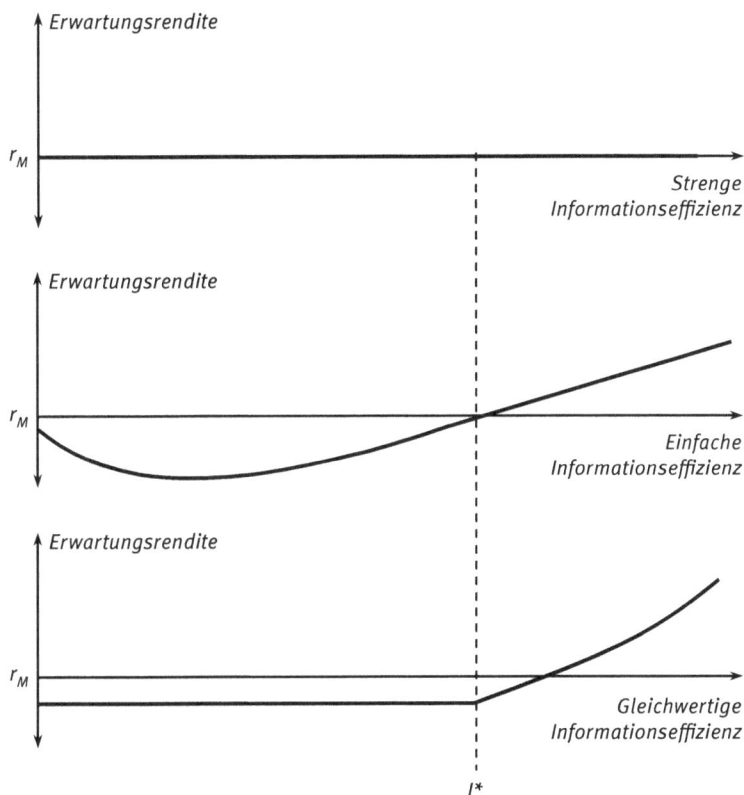

Abb. 4.20: Synopse der Marktszenarien

Offenbar gibt es ein kritisches Informationsniveau I^*, das man erreicht haben muss, um überhaupt mit einem Ergebnis rechnen zu können, das den Einsatz der Information rechtfertigt. Wessen Informationsstand das Informationsniveau I^* nicht übersteigt, kann nie damit rechnen, mit Information besser abzuschneiden als er es ohne Information täte (Abb. 4.20):

(1) Im ersten Marktszenario führt eine passive Informationsstrategie zur selben marktdurchschnittlichen Erwartungsrendite wie eine Fundamentalanalyse, hat aber den Vorteil kostenfrei zu sein.

(2) Im zweiten Marktszenario ist die passive Informationsstrategie der Fundamentalanalyse selbst dann überlegen, wenn die aktive Strategie absolut kostenfrei wäre.

(3) Im dritten Marktszenario führt eine passive Informationsstrategie zum selben leicht unterdurchschnittlichen Ergebnis wie eine aktive, hat aber den Vorteil kostenfrei zu sein.

Eine aktive Informationsstrategie nach dem Muster der Fundamentalanalyse wird somit, wenn wir alle denkbaren Effizienz- und Ineffizienzszenarien in Betracht ziehen, mindestens für die Mehrheit der Marktteilnehmer von einer passiven (u. U. auch konträren) Informationsstrategie streng dominiert. Eine Antwort auf die Frage, wo I^* liegt bzw. wie man es abschätzen könnte, ist allerdings schwer zu geben.

Die hier gezogenen Schlussfolgerungen sind weitreichend und es stellt sich die Frage, ob es wissenschaftlich redlich und vertretbar ist, derartige Konsequenzen aus den Ergebnissen der Simulationsstudie zu ziehen und sie auf reale Marktgegebenheiten zu übertragen. Schließlich sollten wir uns nicht nur der Stärken, sondern auch der Schwächen der Simulationstechnik bewusst sein, insbesondere dessen, dass

- den agenten-basierten Modellen die logische Geschlossenheit theoretischer Gleichgewichtsmodelle fehlt, in denen alle Ergebnisse deduktiv aus den Antezedenzbedingungen abgeleitet werden können;
- mit Simulationen in der Regel nicht gezeigt werden kann, was sein *muss*, sondern nur, was sein *kann*;
- man sich nicht sicher sein kann, ob die Ergebnisse Artefakte des gewählten Modells sind oder tatsächliche Eigenschaften der Realität, auf die sich das Modell bezieht, wiedergeben.

Noch immer herrscht in Theorie und Praxis die Meinung vor, je besser jemand informiert sei, je mehr Erfahrung er habe und je mehr Mühe er sich bei seinen Entscheidungen mache, mit umso besseren Ergebnissen könne er im Durchschnitt rechnen. Die vorstehenden Überlegungen sollten deutlich gemacht haben, dass es sich auch bei dieser Position nicht um „allseits gesichertes Wissen" handeln kann. Es gibt lediglich die gewachsene und aus der ingenieurwissenschaftlichen Denktradition der BWL stammende Überzeugung, dass es so sein müsse. Dies erlaubt es jedem Lehrbuchautor, auf Autoritäten verweisen zu können, statt begründen zu müssen. Den Verfassern ist jedenfalls kein auch nur halbwegs wirtschaftstheoretischen Ansprüchen genügendes Modell bekannt, das als Beleg für die grundsätzliche *decision usefulness* von Kapitalmarktinformationen gelten könnte.

Der Simulationstechnik wird von Seiten der theoretischen Ökonomie neben mangelnder Eleganz oft vorgeworfen, sie leite ihre Resultate nicht zwingend aus den gemachten Annahmen ab. Gerade das ist aber die Stärke der agenten-basierten Modellierung und Grund dafür, dass sich die Simulationstechnik im Laufe der Jahre als anerkannte wissenschaftliche Methode mit hohem heuristischem Potenzial hat etablieren können. Im Gegensatz zur neoklassischen Gleichgewichtsökonomik kann man auf unrealistische Annahmen, die lediglich dem Zweck dienen, geschlossene Lösungen ableiten zu können, verzichten; solche Annahmen sind z. B. die der homogenen Information, der identischen Nutzenfunktionen, der perfekten Rationalität, Annahmen, die *Markowitz* zu der Aussage veranlasst hat: „If we restrict ourselves to models which can be solved analytically, we will be modeling for our mutual entertainment, not to maximize explanatory or predictive power."[163]

---

163 In einer Besprechung von *Levy, Moshe; Levy, Haim; Solomon, Sorin*: Microscopic Simulation of Financial Markets – From Investor Behavior to Market Phenomena, Academic Press 2000.

4.3.7 Experimente zum Informationsnutzen

Neben agenten-basierten Modellen haben sich seit den 1980er-Jahren zunehmend auch Laborexperimente als eine innovative und fruchtbare Forschungsmethode in der Ökonomie und Finanzwirtschaft etabliert. So wurde auch die im agentenbasierten Modell vorgestellte Grundidee experimentell umgesetzt und weiterentwickelt.

Ein Laborexperiment steht methodisch zwischen Empirie (es werden z. B. Handelsdaten von Personen gesammelt) und Simulation (viele Variablen werden vom Experimentleiter vorgegeben). Konkret wurden Märkte programmiert und dann Studierende (und zum Teil auch sogenannte financial professionals wie Fondsmanager, Trader, Investmentbanker) zu Experimenten eingeladen, in denen sie in diesen Märkten handeln konnten. Die Auszahlung an die Studierenden richtete sich dabei nach deren Handelserfolg.[164]

Ausgehend vom Münzmodell wurden schrittweise komplexere oder realistischere Rahmenbedingungen getestet. So wurden die Münzen durch zukünftige Dividenden ersetzt, gab es Abzinsung und Leerverkäufe und wurden schließlich auch Informationskosten eingeführt (d. h. die Information zu Fixpreisen verkauft oder an Bestbietende auktioniert). Die Kernergebnisse dieses Forschungsprogramms werden im Folgenden kurz dargestellt; für weiterführende Lektüre wird auf die entsprechenden Publikationen verwiesen.

Das erste Experiment[165] orientiert sich vom Design sehr eng am agenten-basierten Modell: Zehn Händler kaufen und verkaufen ein fiktives Wertpapier in insgesamt 20 voneinander unabhängigen Handelsperioden. In jeder Periode ergibt sich der innere Wert des Wertpapiers als Summe der Realisierungen von zehn aufeinanderfolgenden und unabhängigen Münzwürfen, die mit gleicher Wahrscheinlichkeit 0 oder 1 zeigen. Die zehn Händler haben unterschiedliche Informationsniveaus über den inneren Wert des Papiers: Der erste Händler kennt keine Realisierung der Münzen (Informationsniveau T_0), der zweite Händler kennt die Realisierung der ersten Münze (T_1), der dritte Händler die Realisierung der ersten beiden Münzen (T_2), usw. Der zehnte Händler (T_9) kennt die Realisierungen der ersten neun der insgesamt zehn Münzen. Das Informationsniveau eines Händlers bleibt für die gesamten 20 Perioden unverändert, um mögliche Lerneffekte beobachten zu können. Als Marktmechanismus wurde einmal, analog zum agenten-basierten Modell, ein Call-Markt,[166] einmal ein Double-Auction-Markt

---

164 Um Anreiz-Kompatibilität sicherzustellen, ist es in der Experimentalökonomie Usus, die Teilnehmer entsprechend ihrer Entscheidungen im Experiment zu bezahlen.

165 *Huber, Jürgen; Kirchler, Michael; Sutter, Matthias:* Vom Nutzen zusätzlicher Information auf Märkten mit unterschiedlich informierten Händlern – Eine experimentelle Studie, Zeitschrift für Betriebswirtschaftliche Forschung 58, 2006, S. 188–211.

166 Jeder Händler hat dabei ein Gebot für das Wertpapier abzugeben. Zur Ermittlung des Marktpreises des Wertpapiers werden die zehn Gebote der Händler gesammelt und nach ihrer Höhe geordnet. Der Median der Gebote bildet den Marktpreis.

verwendet.[167] Mit jedem der beiden Marktmechanismen wurden 7 bzw. 8 Märkte, mit insgesamt 143 Probanden, durchgeführt. Die Ergebnisse beider Marktmechanismen spiegeln sehr klar die Kernergebnisse des ABM wider: Bis zu einem sehr hohen Informationsniveau sind die Renditen identisch und leicht negativ (T_0 bis T_5); erst dann verhilft mehr Information zu einer höheren Rendite. In Abb. 4.21 steht jeder schwarze Diamant für eine Einzelbeobachtung, während die schwarze Linie die Durchschnittsrenditen pro Informationsniveau verbindet. Die Überrendite des bestinformierten T_9 liegt mit rund 0,52 in etwa dort, wo diese auch bei ABM 6c nach zwei Optimierungsschritten lag. In Abb. 4.21 sehen wir auch, dass die bestinformierten Händler nicht nur die höchsten Renditen erzielen, sondern dies auch am zuverlässigsten, denn der Unterschied zwischen den einzelnen Händlern ist hier am geringsten; bei T_0 hingegen am höchsten. Der durchschnittliche Verlust der Händler $T_0 \ldots T_5$ liegt mit rund –0.20 in der Größenordnung, die wir auch in den ABM nach etwa zwei Optimierungsschritten gesehen haben. Dieses erste Experiment bestätigt also im Wesentlichen die Ergebnisse der ABM; nun aber mit realen Akteuren, die in einem kompetitiven Markt interagieren.

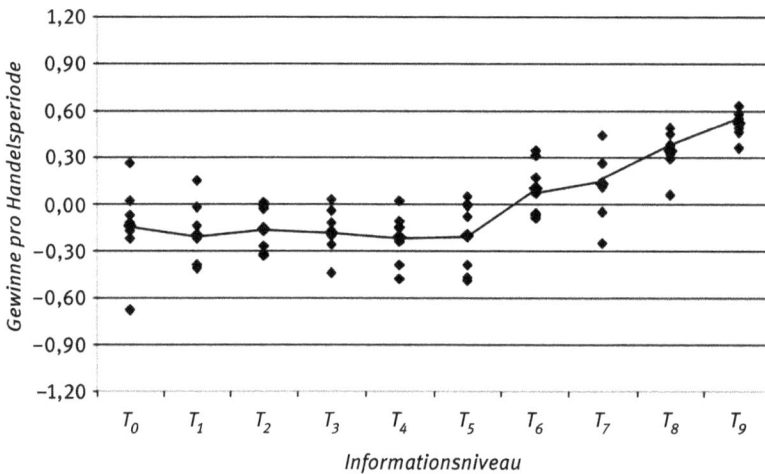

Abb. 4.21: Zusammenhang von Informationsniveau und Gewinnen pro Handelsperiode[168]

---

167 Hier ist der Handelszwang aufgehoben und jeder Händler gibt innerhalb der Handelszeit (üblicherweise drei Minuten pro Handelsrunde) so viele limitierte oder unlimitierte Kauf- und Verkaufsgebote ab, wie er wünscht. Die Handelsaktivität variierte dabei zwischen Händlern deutlich; aber praktisch jeder Teilnehmer handelte wiederholt.

168 Die Abbildung entspricht Abbildung 1 in *Huber, Jürgen; Kirchler, Michael; Sutter, Matthias.:* Vom Nutzen zusätzlicher Information auf Märkten mit unterschiedlich informierten Händlern – Eine experimentelle Studie, Zeitschrift für Betriebswirtschaftliche Forschung 58, 2006, S. 188–211.

In einer weiterführenden Studie[169] wurden die Münzwürfe durch zukünftige Dividenden ersetzt. Nun unterscheiden sich die Informationsniveaus ($T_1 \ldots T_9$) nach der Anzahl der zukünftigen Dividenden, die den Händlern jeweils bekannt sind. Während die meisten Analysten wohl sagen würden, dass es vorteilhaft ist, mehr der (tatsächlich eintretenden) zukünftigen Dividenden zu kennen (besser fünf Dividenden als nur eine oder gar keine), ergibt sich im Markt, dass T_5, der fünf der neun dem Insider T_9 bekannten zukünftigen Dividenden kennt, tatsächlich am schlechtesten abschneidet, während T_0, der keine einzige Dividende kennt, die durchschnittliche Marktrendite erzielt. Nur die zwei höchsten Informationsniveaus T_8 und T_9 erzielen in diesem Experiment eine höhere Rendite als der uninformierte T_0, d. h. der j-förmige Zusammenhang zwischen Informationsniveau und Rendite zeigte sich auch in diesem Experiment, dessen Design mit Dividenden und Zinsen deutlich näher an einem echten Kapitalmarkt orientiert war, als das zuvor getestete Münzmodell (Abb. 4.22). Die Ergebnisse zeigen, dass sich der j-förmige Zusammenhang in diesem Dividendenmodell v. a. dadurch ergibt, dass zusätzliche Information bei klaren Trends nach oben oder unten (entsprechend einer Münzsequenz mit einer klaren Richtung wie 1–1–1–1–1–1–1–1–1–1) nie schädlich ist; bei Dividendenverläufen, die die Richtung wechselnden (wie etwa bei der Münzfolge 1–1–1–1–1–0–0–0–0–0), aber uninformiert zu sein deutlich besser ist als mittelmäßig informiert zu sein. Die Logik folgt damit durchaus den beim Münzmodell dargelegten Zusammenhängen.

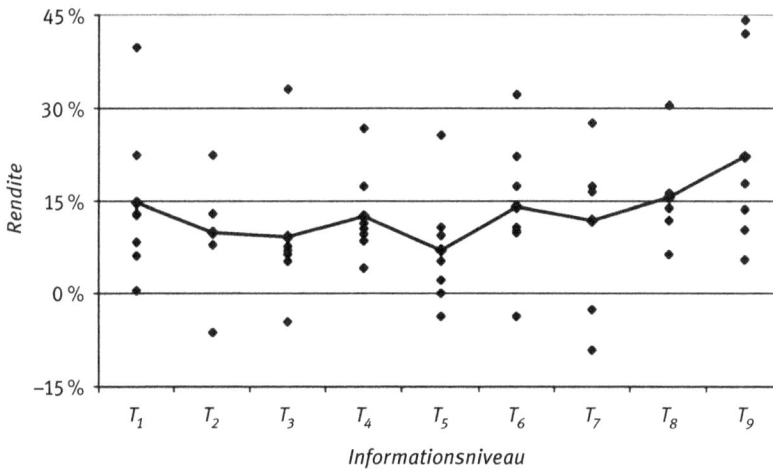

Abb. 4.22: Zusammenhang von Informationsniveau und Renditen[170]

---

169 *Huber, Jürgen; Kirchler, Michael; Sutter, Matthias.:* Is more information always better? Experimental financial markets with cumulative information, Journal of Economic Behavior and Organization 65, 2008, S. 86–104.
170 Die Abbildung basiert auf Fig. 5 in *Huber, Jürgen; Kirchler, Michael; Sutter, Matthias:* Is more information always better? Experimental financial markets with cumulative information, Journal of Economic Behavior and Organization 65, 2008, S. 86–104.

Aufbauend auf diesen Ergebnissen wurde in weiteren Experimenten untersucht, wie sich die Möglichkeit von Leerverkäufen auf den Zusammenhang von Informationsniveau und Rendite auswirkt.[171] Es wurden fünf verschiedene Informationsniveaus verwendet, die den Fundamentalwert bzw. fair value der gehandelten Aktie eine, zwei, drei, vier oder fünf Perioden in die Zukunft korrekt abschätzen konnten (Uninformierte gab es in diesem Experiment nicht). Wieder wurde ein Double-Auction-Markt verwendet und jeder Händler erhielt eine Ausstattung mit Aktien und Geld, sodass jeder, je nach seiner Einschätzung zukünftiger Preisentwicklungen, weitere Aktien kaufen, oder aber Aktien verkaufen und in Cash gehen konnte. Eine Kernfrage war hier neben dem Informationsnutzen, wie sich Leerverkäufe auf die Renditeverteilungen auswirken würden; da ja bisweilen behauptet wird, dass Märkte u. a. deshalb ineffizient sind, weil pessimistische Händler nicht mehr Aktien verkaufen könnten als sie haben (*limits of arbitrage*). Wie in Abb. 4.23 ersichtlich, zeigt sich wieder der bereits bekannte j-förmige Zusammenhang zwischen Informationsniveaus und Renditen. Während im Setting ohne Leerverkäufe die Insider (T_5) rund 10 % Überrenditen erzielen, und die mittelmäßig informierten (T_3) rund -7 % Unterrenditen erleiden, verdoppeln sich diese Nettogewinne bzw. -verluste im Setting mit Leerverkäufen, da die Insider nun bei deutlichen Über- bzw. Unterbewertungen mehr Aktien zu für sie vorteilhaften Preisen handeln können. Dadurch verschwindet im Übrigen eine im ersten Setting beobachtete Überbewertung von rund 7 % des Fundamentalwerts im Setting mit Leerverkäufen vollständig.

In einem abschließenden Projekt zu diesem Forschungsprogramm widmeten sich *Huber/Angerer/Kirchler* der Frage, wie Informationskosten sich auf die Dynamiken in solchen Märkten auswirken.[173] Wieder wurde ein Markt mit fünf Informationsniveaus aufgesetzt, wobei T_0 keine Informationen zum zukünftigen Fundamentalwert der zu handelnden Aktien erhält, während T_1, T_2, T_3 bzw. T_4 den in ein, zwei, drei bzw. vier Handelsrunden gültigen Fundamentalwert (also die zukünftige Wertentwicklung) erfahren. Anders als in den bisher vorgestellten Studien wurden die Informationsniveaus in diesem Experiment nicht exogen zugeteilt, sondern endogen, d. h. von den Händlern selbst ausgewählt. Dabei verwendeten die Autoren zwei verschiedene Zuteilungsmechanismen: Zum einen fixe Preise pro Informationsniveau, wo beliebig viele

---

171 *Huber, Jürgen:* ‚J'-shaped returns to timing advantage in access to information – Experimental evidence and a tentative explanation, Journal of Economic Dynamics and Control 31, 2007, S. 2536–2572. Siehe dazu auch die Simulation und das Experiment in: *Kirchler, Michael:* Partial knowledge is a dangerous thing – On the value of asymmetric fundamental information in asset markets, Journal of Economic Psychology 2010, Vol. 31(4), S. 643–658.
172 Die Abbildung basiert auf Abbildung 3 in *Huber, Jürgen:* ‚J'-shaped returns to timing advantage in access to information – Experimental evidence and a tentative explanation, Journal of Economic Dynamics and Control 31, 2007, S. 2536–2572.
173 *Huber, Jürgen; Angerer, Martin; Kirchler, Michael:* Experimental Asset Markets with Endogenous Choice of Costly Asymmetric Information, Experimental Economics 14(2), 2011, S. 223–240.

ohne Leerverkäufe

mit Leerverkäufen

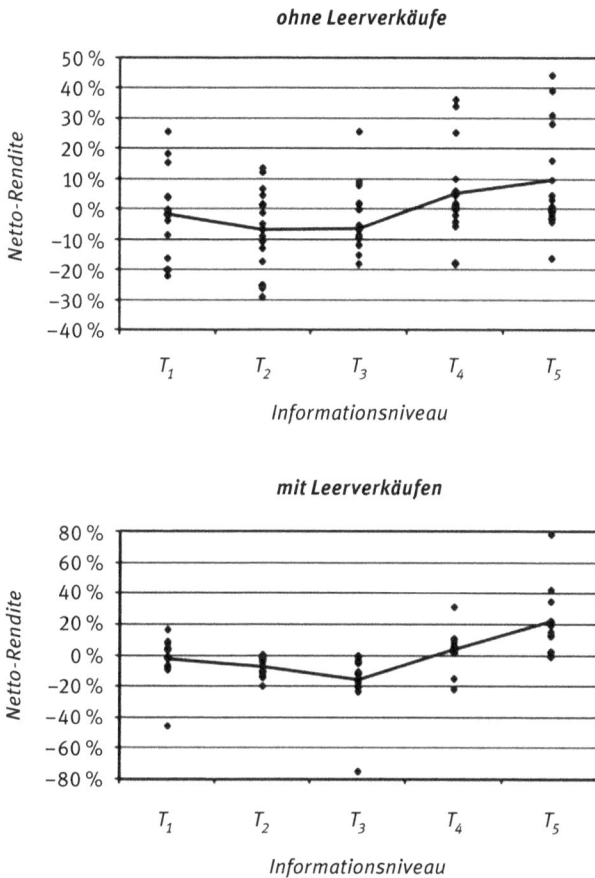

Abb. 4.23: Zusammenhang von Informationsniveau und Nettorenditen ohne und mit Leerverkäufen[172]

Händler jedes Informationsniveau kaufen konnten; und zum anderen einen Auktionsmechanismus, wo jedes Informationsniveau jeweils den zwei Höchstbietenden zugeteilt wurde.[174] Wie Abb. 4.24 zeigt, gab es drei verschiedene Preisniveaus der Informationen im Fixpreissetting (hoch, mittel und niedrig) und ein Auktionssetting (Panel rechts unten). Die dünne Linie in jedem Panel zeigt die aus dem Handel erzielten

---

174 In jedem Markt waren zehn Händler aktiv, sodass es je zwei Händler für jedes der fünf Informationsniveaus gab, wenn genügend Gebote vorlagen. Alle zehn Händler gaben ihre Gebote für alle Informationsniveaus gleichzeitig ein. Auktioniert wurde dann beginnend beim höchsten Informationsniveau T_4. Ersteigerte ein Händler ein Informationsniveau, so wurden seine Gebote für alle niedrigere Informationsniveaus nicht mehr für weitere Auktionen berücksichtigt. Dadurch wurden fast in allen Märkten alle Informationsniveaus je doppelt belegt, d. h. gab es je zwei Händler für jedes der fünf Informationsniveaus.

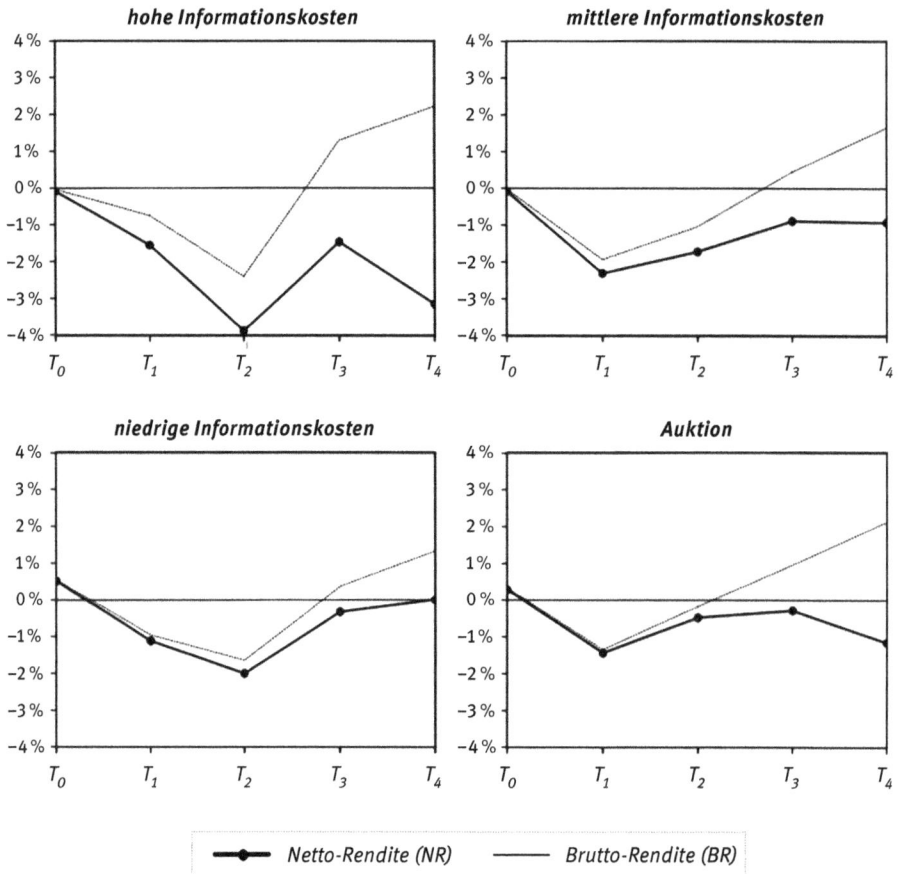

Abb. 4.24: Zusammenhang von Informationsniveau und Brutto- sowie Nettorenditen[175]

Bruttorenditen (BR) vor Informationskosten, während die dickere Linie mit Diamanten die Nettorenditen (NR) nach Abzug der Informationskosten angibt. Die bisherigen Ergebnisse bestätigend verlaufen alle vier Bruttorenditefunktionen j-förmig, mit den höchsten Renditen für die Bestinformierten und den niedrigsten Renditen für die mittelmäßig informierten, während die Uninformierten durchwegs Bruttorenditen nahe null erzielten.

Als neues Ergebnis zeigt diese Studie, dass die Nettorenditen nach Informationskosten (NR) für alle Informationsniveaus außer T_0 durchwegs unter null lagen (Abb. 4.24). Je höher die Informationskosten, desto niedriger waren die Nettorendi-

---

175 Die Abbildung basiert auf Abbildung 1 in *Huber, Jürgen; Angerer, Martin; Kirchler, Michael:* Experimental Asset Markets with Endogenous Choice of Costly Asymmetric Information, Experimental Economics 14(2), 2011, S. 223–240.

ten, d. h. die Händler passten ihr Informationskaufverhalten nicht ausreichend an das jeweilige Kostenniveau an. Auch im Auktionsmechanismus wurden durchwegs zu hohe Preise geboten – speziell für T_4. Hier dürften wir es mit einem *winner's curse* zu tun haben, d. h. diejenigen mit der höchsten Zahlungsbereitschaft erhalten zwar das gewünschte hohe Informationsniveau; im anschließenden Handelsprozess sind sie aber nicht in der Lage, die hohen damit verbundenen Kosten in Form von Überrenditen zu verdienen.

Insgesamt zeigen diese Studien, dass auch in kontrollierten Laborexperimenten mit realen Akteuren die wesentlichen Ergebnisse der oben vorgestellten ABM halten und der j-förmige Zusammenhang zwischen Informationsniveau und Rendite immer wieder anzutreffen ist. Da wir entsprechend umfassende Daten in realen Kapitalmärkten nicht sammeln können (da weder der Fundamentalwert bekannt ist, noch wir oder die Händler selbst in der Lage wären, ihr Informationsniveau relativ zu anderen zuverlässig korrekt einzuschätzen – sind Sie ein T_2, T_4 oder T_6?), liefern uns Laborexperimente damit wertvolle Antworten zur Frage, wie sich Investoren in Märkten mit asymmetrischer Informationsverteilung verhalten.

Zusammenfassend gilt festzuhalten: Trotz ehrlichen Bemühens, den Markt gedanklich zu durchdringen und ihn besser zu verstehen, müssen wir trotz aller neuerer Erkenntnisse zugestehen, noch immer erst am Anfang zu stehen. Letztlich sind es nur einige grundlegende Regeln, die die moderne Finanztheorie dem Leser mit auf den Weg geben kann:[176]

(1) *Do it!* Jede Gesellschaft braucht Risikokapital und zahlt denen, die es bereitstellen, Risiko- und Informationsprämien. Wer nicht mitmacht, verzichtet darauf.

(2) *Diversify!* Nur durch eine breite Streuung der finanziellen Engagements können unsystematische Risiken wirksam vermieden werden.

Der Finanzmarkt ist ein faszinierendes, hochgradig komplexes System, das zu verstehen wir allenfalls gerade begonnen haben. Wir sind gespannt auf weitere Entwicklungen.

---

[176] Vgl. auch *Schredelseker, Klaus*: Den Finanzmarkt verstehen – Warum der Hund es besser kann, Wiesbaden (Springer) 2015, S. 289 ff.

Stichwortverzeichnis

https://doi.org/10.1515/9783110770544-005

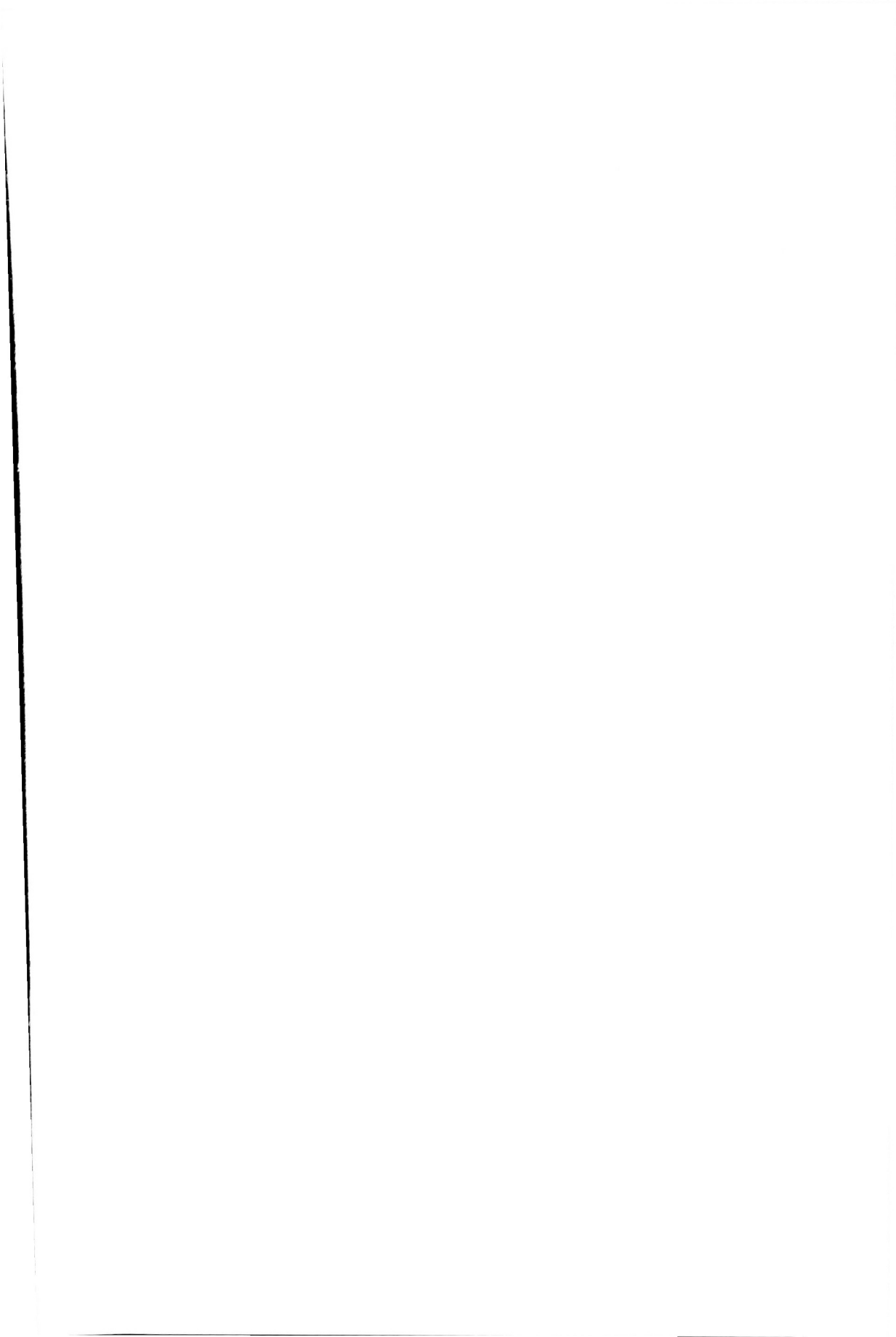

www.ingramcontent.com/pod-product-compliance
Lightning Source LLC
Chambersburg PA
CBHW072008230326
41598CB00082B/6852